Studien zum Arbeitsrecht

herausgegeben von

Prof. Dr. Georg Caspers, Universität Erlangen-Nürnberg
Prof. Dr. Richard Giesen, Universität München
Prof. Dr. Matthias Jacobs, Bucerius Law School, Hamburg
Prof. Dr. Dr. h.c. Dr. h.c. Horst Konzen, Eltville

Band 10

Stefan Witte

Leiharbeit beim Betriebsübergang

Nomos

Die Deutsche Nationalbibliothek verzeichnet diese Publikation in der Deutschen Nationalbibliografie; detaillierte bibliografische Daten sind im Internet über http://dnb.d-nb.de abrufbar.

Zugl.: Hamburg, Bucerius Law School, Diss., 2015

ISBN 978-3-8487-2296-9 (Print)
ISBN 978-3-8452-6400-4 (ePDF)

H 360

1. Auflage 2015

Vorwort

Diese Arbeit wurde der Bucerius Law School, Hamburg, im September 2013 vorgelegt und am 1. August 2014 angenommen. Die mündliche Prüfung fand am 27. Januar 2015 statt.

Der Termin der Einreichung im September 2013 stellt den Rechtsstand dar. Später veröffentlichte, besonders relevante Rechtsprechung wurde für die Drucklegung in den Fußnoten berücksichtigt.

Ich bedanke mich bei meinem Doktorvater Professor Dr. Matthias Jacobs sowie bei dem Zweitgutachter Professor Dr. Klaus-Stefan Hohenstatt.

Dem Institut für Begabtenförderung der Konrad-Adenauer-Stiftung danke ich für die Förderung durch das Promotionsstipendium.

Mein Dank gilt schließlich allen, die mich bei dieser Arbeit unterstützt haben.

Hamburg, im Februar 2015 — Stefan Witte

Inhaltsverzeichnis

Erster Teil Einleitung[1]

§ 1 Problemstellung

Die rechtliche Behandlung der Leiharbeitnehmer bei einem Betriebsübergang schien eindeutig. Die allgemeine Meinung ging dahin, dass Leiharbeitnehmer nur bei einem Betriebsübergang des Leiharbeitsunternehmens (auch: Verleihunternehmen, verleihendes Unternehmen oder schlicht Verleiher) auf den Erwerber übergehen. Ein Übergang der Leiharbeitnehmer bei einem Betriebsübergang des Entleihunternehmens (auch: Entleihendes Unternehmen oder schlicht Entleiher) wurde ausgeschlossen.[2]

Der Europäische Gerichtshof (im Folgenden: EuGH) hat das Problem der Behandlung der Leiharbeitnehmer bei einem Betriebsübergang jedoch neu aufgeworfen. In seinem Urteil in der Rechtssache *Albron* vom 21.10.2010 entschied der EuGH, dass die Leiharbeitnehmer bei einem Betriebsübergang des Entleihunternehmens auf den Erwerber übergehen.[3] Seit dieser Entscheidung wird in der Literatur teilweise schlicht der Entscheidungssatz jener Rechtssache zitiert,[4] ohne dass hierzu nähere Ausführungen gemacht werden. Es ist allerdings keineswegs klar, welche Vor-

---

1 Die grundsätzliche Einteilung der Einleitung in die Teile „Problemstellung" und „Gang der Untersuchung" ist angelehnt an *Jacobs*, Tarifeinheit und Tarifkonkurrenz, S. 35 ff.

2 LAG Köln, Urteil v. 17.3.2000 – 11 Sa 1564/99 (Rn. 16 bei juris); vgl. Staudinger-*Annuß*, § 613a, Rn. 29; ArbRBGB-*Ascheid*, § 613a BGB, Rn. 9; *Forst*, RdA 2011, 228, 231; *Gaul/Ludwig*, DB 2011, 298, 299; MünchKommBGB-*Müller-Glöge*, § 613a, Rn. 80; ErfK-*Preis*, § 613a BGB, Rn. 67; MünchHdbArbR-*Wank*, Band 1, § 102, Rn. 125; *Willemsen*, NJW 2011, 1546; HWK-*Willemsen/Müller-Bonanni*, § 613a BGB, Rn. 225. Vgl. auch *Bauer/von Steinau-Steinrück*, in: *Hölters*, Handbuch Unternehmenskauf, Teil V, Rn. 102; *Hoyningen-Huene/Windbichler*, RdA 1977, 329, 334, die dies geradezu als selbstverständlich voraussetzen. In der Rechtsprechung des BAG finden sich hierzu wohl keine direkten Aussagen. Allerdings stellt das BAG in seinem Urteil vom 9.2.2011 fest, dass „nach bisherigem Verständnis des § 613a Abs. 1 S. 1 BGB entliehene Arbeitnehmer bei einem Übergang des Entleiherbetriebs nicht auf den Erwerber über[gehen]", BAG v. 9.2.2011 – 7 AZR 32/10, NZA 2011, 791, 795.

3 EuGH v. 21.10.2010 – Rs. C-242/09 (*Albron*), NJW 2011, 439.

4 Beispielsweise ErfK-*Preis*, § 613a BGB, Rn. 67.

aussetzungen tatsächlich für einen Übergang der Leiharbeitnehmer bei einem Betriebsübergang des Entleihunternehmens nach Ansicht des EuGH gegeben sein müssen. Daher ist auch unklar, welche Konstellationen der Leiharbeit von einem solchen Übergang erfasst sein sollen.

Überdies besteht eine allgemeine Meinung wie die oben skizzierte nicht ohne Grund. Die im Mittelpunkt stehenden Regelungen der Richtlinie 2001/23/EG[5] und der Umsetzungsnorm des § 613a BGB sind in den Teilen, in denen der Übergang bestimmt ist, nicht verändert worden. Insofern verwundert es auch nicht, dass viele Autoren die Reichweite der Entscheidung in der Rechtssache *Albron* als überaus beschränkt[6] erachten oder gar die Entscheidung insgesamt ablehnen[7]. Immerhin hätte die genannte allgemeine Meinung sonst schon in der Vergangenheit nicht den Vorgaben der Richtlinie und des § 613a BGB entsprochen.

Die Entscheidung des EuGH bietet Anlass dazu, die allgemeine Meinung zu überdenken und gegebenenfalls abzuändern; dass der EuGH sich für einen Übergang der Leiharbeitnehmer ausgesprochen hat, bedeutet aber nicht, dass solch ein Übergang den Vorgaben der Richtlinie notwendigerweise entsprechen muss. Vielmehr können allein die Vorgaben der Richtlinie und für das deutsche Recht möglicherweise zusätzlich die Vorgaben des § 613a BGB entscheidend sein. Unbeeindruckt von der in der Literatur vertretenen allgemeinen Meinung muss eine ausführliche Auslegung vorgenommen werden. Erst dann kann beurteilt werden, ob und inwieweit ein Übergang der Leiharbeitnehmer bei einem Betriebsübergang des Entleihunternehmens überzeugen kann.

Sollte ein Übergang der Leiharbeitnehmer bei einem Betriebsübergang des Entleihunternehmens angenommen werden, knüpfen sich hieran zahlreiche Folgefragen, insbesondere die hierfür erforderlichen Voraussetzungen und die damit einhergehende Reichweite. Ein solches Verständnis hätte natürlich zur Folge, dass viele gefestigte Ansichten, namentlich die Voraussetzungen eines Arbeitsverhältnisses und damit eines Arbeitgebers im

---

5 Richtlinie 2001/23/EG des Rates vom 12.3.2001 zur Angleichung der Rechtsvorschriften der Mitgliedstaaten über die Wahrung von Ansprüchen der Arbeitnehmer beim Übergang von Unternehmen, Betrieben oder Unternehmens- oder Betriebsteilen, ABl. Nr. L 82, 16, vom 22.3.2001. Soweit Artikel (Art.) in dieser Arbeit nicht näher bezeichnet sind, so sind jene solche dieser Richtlinie 2001/23/EG.

6 So beispielsweise *Bauer/von Medem*, NZA 2011, 20, 23; *Kühn*, NJW 2011, 1408, 1411; *Willemsen*, NJW 2011, 1546, 1549; HWK-*Willemsen/Müller-Bonanni*, § 613a BGB, Rn. 225.

7 *Mengel*, Arbeitsrecht im Konzern 2010, 45, 65 ff.

Rahmen der Richtlinie und des § 613a BGB oder auch die Zuordnung der Arbeitnehmer bei einem Betriebsübergang, überdacht und möglicherweise aufgebrochen werden müssen. Es ist möglich, dass bestimmte Feststellungen auf den ersten Blick verwirren oder schlicht „falsch“ erscheinen; bei näherer Betrachtung gibt es hierfür aber möglicherweise eine ausreichende Rechtfertigung und Grundlage in den Regelungen des Betriebsübergangs.

Die nachfolgende Untersuchung lenkt den Fokus darauf, dass das Problem der Leiharbeit bei einem Betriebsübergang des Entleihunternehmens trotz unveränderter Regelungen des Betriebsübergangsrechts überdacht werden muss. Hierbei soll ein Lösungsansatz herausgearbeitet werden, der den Vorgaben der Richtlinie und des § 613a BGB entspricht.

§ 2 Gang der Untersuchung

Nach der Einleitung ist in einem zweiten Teil auf die Regelungen des Betriebsübergangs und auch der Leiharbeit einzugehen. Hierbei wird sich sowohl mit den europäischen als auch den deutschen Regelungen auseinandergesetzt; ein besonderer Fokus wird auf die Konstellation des Dauerverleihs gelegt. Sodann wird in einem dritten Teil das oben angedeutete, im Mittelpunkt dieser Arbeit stehende Problem des Übergangs der Leiharbeitnehmer bei einem Betriebsübergang des Entleihunternehmens ausführlich dargestellt; die Entscheidung des EuGH in der Rechtssache *Albron* wird in diesem Zusammenhang wiedergegeben. Ein vierter Abschnitt erörtert dieses Problem, indem zunächst die möglichen Begründungswege für einen Übergang der Leiharbeitnehmer skizziert werden. Anschließend wird eine ausführliche Auslegung der Betriebsübergangsregelungen vorgenommen, an dessen Ende eine Entscheidung für einen Begründungsweg in Anbetracht dieser Auslegung erfolgt. Allerdings sollen im folgenden fünften Teil weiterhin sämtliche Begründungswege, die zu einem Übergang der Leiharbeitnehmer führen, eine Rolle spielen. Da sich in diesem Teil mit den Auswirkungen eines Übergangs der Leiharbeitnehmer befasst wird, soll die Entscheidung für einen und damit gegen die anderen Begründungswege auch vor diesem Hintergrund der Folgen überprüft werden. Der sechste Teil fasst die Erkenntnisse des vierten und des fünften Teils zusammen. Im abschließenden siebten Teil finden sich die wesentlichen Ergebnisse dieser Arbeit.

Zweiter Teil Grundlagen

§ 3 Betriebsübergang

A. Richtlinie 2001/23/EG und ihre Vorgänger

Am 14.2.1977 wurde die Richtlinie 77/187/EWG[8] vom Rat verabschiedet. Diese trug die Bezeichnung „Richtlinie zur Angleichung der Rechtsvorschriften der Mitgliedstaaten über die Wahrung von Ansprüchen der Arbeitnehmer beim Übergang von Unternehmen, Betrieben oder Betriebsteilen“ und ging auf einen Vorschlag[9] der EG-Kommission vom 29.5.1974 zurück.

Diese Richtlinie erfuhr durch die Richtlinie 98/50/EG[10], verabschiedet am 29.6.1998, gewisse Änderungen und Anpassungen, sie galt jedoch ungeachtet dessen weiter.[11]

Aufgehoben wurde die Richtlinie 77/187/EWG erst durch die nunmehr aktuelle Richtlinie 2001/23/EG[12], welche am 12.3.2001 verabschiedet worden ist. Es handelte sich hier nicht um Änderungen von materiellen

8 Richtlinie 77/187/EWG des Rates vom 14.2.1977 zur Angleichung der Rechtsvorschriften der Mitgliedstaaten über die Wahrung von Ansprüchen der Arbeitnehmer beim Übergang von Unternehmen, Betrieben oder Betriebsteilen, ABl. Nr. L 61, 26, vom 5.3.1977.

9 Vorschlag einer Richtlinie des Rates zur Harmonisierung der Rechtsvorschriften der Mitgliedstaaten über die Wahrung von Ansprüchen und Vergünstigungen der Arbeitnehmer bei Gesellschaftsfusionen, Betriebsübertragungen sowie Unternehmenszusammenschlüssen, KOM(1974) 351 endg. vom 29.5.1974. Auch abgedruckt in RdA 1975, 124 ff. Siehe dazu auch *Alsbæk*, Betriebsübergang, S. 23 f.

10 Richtlinie 98/50/EG des Rates vom 29.6.1998 zur Änderung der Richtlinie 77/187/EWG zur Angleichung der Rechtsvorschriften der Mitgliedstaaten über die Wahrung von Ansprüchen der Arbeitnehmer beim Übergang von Unternehmen, Betrieben oder Betriebsteilen, ABl. Nr. L 201, 88, vom 17.7.1998.

11 *Meyer*, Tatbestand, S. 26.

12 Richtlinie 2001/23/EG des Rates vom 12.3.2001 zur Angleichung der Rechtsvorschriften der Mitgliedstaaten über die Wahrung von Ansprüchen der Arbeitnehmer beim Übergang von Unternehmen, Betrieben oder Unternehmens- oder Betriebsteilen, ABl. Nr. L 82, 16, vom 22.3.2001.

Aussagen,[13] vielmehr blieben die Art. 1 bis 8 identisch.[14] Es wurden lediglich europäische Verfahrensregelungen eingefügt.[15]

B. § 613a BGB als Umsetzungsnorm

In Deutschland wurden die Rechtsfolgen bei Betriebsübergangen schon lange als widersprüchlich zu dem Grundgedanken des Kündigungsschutzes gesehen, wonach ein Arbeitnehmer nur bei einer sozial gerechtfertigten Kündigung seinen Arbeitsplatz verlieren soll.[16] Da die Arbeitsverhältnisse nicht automatisch übergingen und mithin vom Veräußerer – mangels Betriebes – betriebsbedingt gekündigt werden konnten, trat solch ein Arbeitsplatzverlust aber allein aufgrund des Betriebsübergangs ein.[17]

Die Vorschrift des § 613a BGB trat nichtsdestotrotz erst[18] am 19.1.1972 in Kraft, nachdem sie im Zuge der Reform der Betriebsverfassung durch § 122 BetrVG vom 15.1.1972 in das Gesetz eingefügt[19] worden war.[20] Es handelt sich um eine zivilrechtliche Norm, die umfassend auf alle Arbeitsverhältnisse anzuwenden ist.[21]

Wie aus den angegebenen Daten deutlich wird, gab es die Norm des § 613a BGB schon über fünf Jahre vor der Richtlinie 77/187/EWG;[22] die ursprüngliche Vorschrift des § 613a BGB war also keine Umsetzungsnorm. Erst mit dem EG-Anpassungsgesetz vom 13.8.1980 wurde die Richtlinie 77/187/EWG in deutsches Recht umgesetzt, indem § 613a BGB

---

13 *Alsbæk*, Betriebsübergang, S. 26.

14 *Meyer*, Tatbestand, S. 28; HWK-*Willemsen*, § 613a BGB, Rn. 1.

15 *Meyer*, Tatbestand, S. 28.

16 *Meyer*, Tatbestand, S. 29 f.

17 *Alsbæk*, Betriebsübergang, S. 166; *Meyer*, Tatbestand, S. 30; *Sieg/Maschmann*, Unternehmensumstrukturierung, Rn. 18. Die Arbeitsverhältnisse sollten nur bei Zustimmung des Veräußerers und des Erwerbers übergehen. Vgl. auch *Kraft*, in: 25 Jahre BAG, S. 299, 300 f.

18 Zu möglichen Gründen dafür, dass die gesetzliche Kodifikation erst im Jahre 1972 erfolgte, obwohl schon im Jahre 1938 ein Entwurf für ein Gesetz vorlag, *Alsbæk*, Betriebsübergang, S. 168.

19 Betriebsverfassungsgesetz vom 15.1.1972, BGBl. I, S. 13.

20 *Meyer*, Tatbestand, S. 31; vgl. auch Bernsau/Dreher/Hauck-*Dreher*, § 613a BGB, Rn. 1; ErfK-*Preis*, § 613a BGB, Rn. 1; HWK-*Willemsen*, § 613a BGB, Rn. 1.

21 Bernsau/Dreher/Hauck-*Dreher*, § 613a BGB, Rn. 1; vgl. *Meyer*, Tatbestand, S. 31.

22 HWK-*Willemsen*, § 613a BGB, Rn. 2.

um gewisse Teile ergänzt worden ist.[23] Damit wurde § 613a BGB generell die Umsetzungsnorm für die genannte Richtlinie, was die schon seit 1972 vorhandenen Bestimmungen einschließt.[24] Später gab es weitere Gesetzesänderungen, die die Absätze 3 sowie 5 bis 6 betrafen.[25]

Aufgrund dieses europarechtlichen Hintergrundes kommt der europarechtskonformen Auslegung im Rahmen des § 613a BGB eine maßgebliche Bedeutung zu.[26]

C. Regelungen der Richtlinie 2001/23/EG und des § 613a BGB

I. Tatbestand

1. Voraussetzungen eines Betriebsübergangs

Der Tatbestand der Richtlinie 2001/23/EG ergibt sich aus dem in Art. 1 Abs. 1 lit. a) geregelten Anwendungsbereich. Dort heißt es:

> „Diese Richtlinie ist auf den Übergang von Unternehmen, Betrieben oder Unternehmens- bzw. Betriebsteilen auf einen anderen Inhaber durch vertragliche Übertragung … anwendbar.“[27]

Es gibt somit drei Voraussetzungen: Es muss (1.) ein Übergang vorliegen, und zwar (2.) auf einen anderen Inhaber, was (3.) durch vertragliche Übertragung geschehen muss.

---

23 Gesetz über die Gleichbehandlung von Männern und Frauen am Arbeitsplatz und über die Erhaltung von Ansprüchen bei Betriebsübergang (Arbeitsrechtliches EG-Anpassungsgesetz) vom 13.8.1980, BGBl. I, S. 1308.

24 Vgl. Bernsau/Dreher/Hauck-*Dreher*, § 613a BGB, Rn. 2; *Meyer*, Tatbestand, S. 47; *Sieg/Maschmann*, Unternehmensumstrukturierung, Rn. 19.

25 Neufassung des § 613a Abs. 3 BGB durch Art. 2 des Gesetzes zur Bereinigung der Umwandlungsrechts (UmwBerG) vom 28.10.1994, BGBl I, S. 3210. Später Ergänzung um § 613a Abs. 5 und 6 BGB durch das Gesetz zur Änderung des Seemannsgesetzes und anderer Gesetze vom 23.3.2002, BGBl I, S. 1163.

26 Bernsau/Dreher/Hauck-*Dreher*, § 613a BGB, Rn. 11; ErfK-*Preis*, § 613a BGB, Rn. 1; *Sieg/Maschmann*, Unternehmensumstrukturierung, Rn. 19; HWK-*Willemsen*, § 613a BGB, Rn. 2.

27 Die Worte „oder durch Verschmelzung“ wurden hier weggelassen, da sie für diese Arbeit keine Bedeutung haben.

Der Tatbestand des § 613a Abs. 1 S. 1 BGB ist hierzu weitgehend identisch:

> „Geht ein Betrieb oder Betriebsteil durch Rechtsgeschäft auf einen anderen Inhaber über...“

Auch hier muss (1.) ein Übergang vorliegen, und zwar ebenfalls (2.) auf einen anderen Inhaber, was – und hier findet sich in sprachlicher Hinsicht schon ein gewisser Unterschied – (3.) durch Rechtsgeschäft erfolgen muss.

Die Tatbestandsstruktur des Art. 1 Abs. 1 lit. a) der Richtlinie 2001/23/EG und des § 613a Abs. 1 S. 1 BGB ist identisch;[28] es gibt jeweils drei Merkmale.

2. Sprachliche Unterschiede ohne Auswirkungen

Obwohl sich sprachliche Unterschiede zwischen dem Richtlinientext und § 613a Abs. 1 S. 1 BGB zeigen, haben diese inhaltlich keine Auswirkungen.

Die Rechtsprechung des EuGH und des BAG zu dem Merkmal „auf einen anderen Inhaber“ stimmt inhaltlich überein.[29] Zudem wird das Merkmal „durch vertragliche Übertragung“ bzw. „durch Rechtsgeschäft“, trotz der sprachlichen Unterschiede, weitgehend gleich verstanden vom EuGH und dem BAG.[30] Auf die Merkmale „Übergang von Unternehmen, Betrieben oder Unternehmens- bzw. Betriebsteilen auf einen anderen Inhaber“ in Art. 1 Abs. 1 lit. a) der Richtlinie 2001/23/EG sowie „Betriebs(teil)übergang“ in § 613a Abs. 1 S. 1 BGB soll im Folgenden spezieller eingegangen werden.

a) Allgemeine Definitionen im deutschen Arbeitsrecht

Betrachtet man sowohl die Regelung der Richtlinie als auch des § 613a Abs. 1 S. 1 BGB, so findet sich einerseits der Begriff des Unternehmens(teils), andererseits der Begriff des Betriebs(teils).

---

28 *Meyer*, Tatbestand, S. 47.

29 *Meyer*, Tatbestand, S. 155.

30 Bernsau/Dreher/Hauck-*Dreher*, § 613a BGB, Rn. 105; Meyer, Tatbestand, S. 168.

Nach arbeitsrechtlicher Dogmatik im deutschen Recht ist zwischen einem Unternehmen und einem Betrieb strikt zu trennen. Das Bundesarbeitsgericht definiert einen Betrieb dem allgemeinen Betriebsbegriff nach *Jacobi*[31] folgend als „organisatorische Einheit, innerhalb derer ein Arbeitgeber allein oder mit seinen Arbeitnehmern mit Hilfe von technischen und immateriellen Betriebsmitteln bestimmte arbeitstechnische Zwecke fortgesetzt verfolgt"[32]. Ein Unternehmen im arbeitsrechtlichen Sinne meint hingegen „die rechtliche und organisatorische Einheit, mit der der Unternehmer seine wirtschaftlichen Ziele verfolgt"[33]. Anknüpfungspunkt sind demnach „die in den handelsrechtlichen Gesetzen (AktG, GmbHG, HGB) für das Unternehmen vorgeschriebenen Rechts- und Organisationsformen"[34]. Die Begriffe des Betriebs und des Unternehmens unterscheiden sich demnach im Ergebnis dadurch, dass der Betrieb einem arbeitstechnischen Zweck dient, „das Unternehmen dem dahinter stehenden wirtschaftlichen Zweck"[35].[36] Der wirtschaftliche Zweck ist weiter, sodass das Unternehmen dem Betrieb übergeordnet ist;[37] damit ist es auch Rechtsträger des Betriebs.[38] Konsequenterweise kann ein Unternehmen aus mehreren Betrieben bestehen.[39] Möglich ist aber auch ein „Ein-Betriebs-Unternehmen"[40].

---

31 *Jacobi*, in: FS Ehrenberg, S. 1, 8. Auf diesen verweisen *Fitting*, BetrVG, § 1, Rn. 63; *Haupt*, Zuordnung, S. 11; *Pietzko*, Tatbestand, S. 3.

32 St. Rspr. des BAG, bspw. BAG, Beschluss v. 9.2.2000 – 7 ABR 21/98 (unter B. I.); BAG v. 19.2.2002 – 1 ABR 26/01, NZA 2002, 1300, 1301; BAG v. 21.7.2004 – 7 ABR 57/03, NJOZ 2005, 4853, 4855. In der Formulierung ähnlich BAG v. 17.1.2007 – 7 ABR 63/05, NZA 2007, 703, 704 f.; BAG v. 9.12.2009 – 7 ABR 38/08, NZA 2010, 906, 908 (Rn. 22). Dazu *Fitting*, BetrVG, § 1, Rn. 63 ff.; Willemsen/Hohenstatt/Schweibert/Seibt-*Hohenstatt*, Umstrukturierung, D, Rn. 3; Preis/Willemsen-*Hohenstatt*, Umstrukturierung, S. 98.

33 Willemsen/Hohenstatt/Schweibert/Seibt-*Hohenstatt*, Umstrukturierung, B, Rn. 3 (Fn. 3).

34 BAG v. 23.8.1989 – 7 ABR 39/88, NZA 1990, 863, 864.

35 Willemsen/Hohenstatt/Schweibert/Seibt-*Hohenstatt*, Umstrukturierung, D, Rn. 4.

36 BAG v. 3.12.1954 – 1 ABR 7/54, NJW 1955, 277; *Haupt*, Zuordnung, S. 11 f.; Willemsen/Hohenstatt/Schweibert/Seibt-*Hohenstatt*, Umstrukturierung, D, Rn. 4; Richardi-*Richardi*, BetrVG, § 1, Rn. 18.

37 *Haupt*, Zuordnung, S. 12.

38 Preis/Willemsen-*Hohenstatt*, Umstrukturierung, S. 98.

39 *Haupt*, Zuordnung, S. 12; Willemsen/Hohenstatt/Schweibert/Seibt-*Hohenstatt*, Umstrukturierung, G, Rn. 36.

40 *Haupt*, Zuordnung, S. 12.

b) Rechtsprechung des EuGH und des BAG speziell zum Betriebsübergangsrecht

aa) Wirtschaftliche Einheit als maßgeblicher Anknüpfungspunkt des EuGH

Definitionen eines Betriebs oder Betriebsteils finden sich – soweit ersichtlich – in der Rechtsprechung des EuGH nicht. Von den in Art. 1 Abs. 1 lit. a) der Richtlinie 2001/23/EG genannten Begriffen hat der EuGH vielmehr nur den Begriff des Unternehmens definiert.[41] Doch auch bei dieser Definition stellt der EuGH nur fest, dass „der Begriff des Unternehmens [...] jede auf Dauer angelegte wirtschaftliche Einheit"[42] umfasse und „unabhängig von der Rechtsform dieser Einheit und der Art ihrer Finanzierung"[43] gelte. Mit der Definition ist also kein Erkenntnisgewinn verbunden, wird hierbei doch nur die ständige Rechtsprechung wiedergegeben, wonach es für die Richtlinie immer auf den Übergang einer wirtschaftlichen Einheit ankommt.[44] Dies zeigt nicht zuletzt der Verweis auf die Rechtssache *Allen*[45]. Dort wird zwar der wettbewerbsrechtliche Unternehmensbegriff im Rahmen der Betriebsübergangs-Richtlinie abgelehnt,[46] der Begriff des Unternehmens selbst wird jedoch nicht definiert. Vielmehr wird wieder nur deutlich gemacht, dass es auf den Übergang einer wirtschaftlichen Einheit ankommt und *diese* definiert;[47] es wird somit auf die besagte ständige Rechtsprechung abgestellt. Dass es keine speziellen Defi-

41 EuGH v. 26.9.2000 – Rs. C-175/99 (*Mayeur*), NZA 2000, 1327, 1328 (Rn. 32). *Meyer*, Tatbestand, S. 77, spricht von keinerlei Definitionen in der Rechtsprechung des EuGH. *Meyer* ist aber zuzugeben, dass diese Definition wiederum nur die altbekannte Formel der wirtschaftlichen Einheit wiedergibt. Eine solche Begriffsbestimmung ohne Erkenntnisgewinn nach Veröffentlichung der Arbeit von *Meyer* findet sich auch in EuGH v. 6.9.2011 – Rs. C-108/10 (*Scattolon*), NZA 2011, 1077, 1079 f. (Rn. 42).

42 EuGH v. 26.9.2000 – Rs. C-175/99 (*Mayeur*), NZA 2000, 1327, 1328 (Rn. 32).

43 EuGH v. 26.9.2000 – Rs. C-175/99 (*Mayeur*), NZA 2000, 1327, 1328 (Rn. 32).

44 Siehe bspw. EuGH v. 11.3.1997 – Rs. C-13/95 (*Ayse Süzen*), NZA 1997, 433 (Rn. 10); EuGH v. 17.12.1987 – Rs. 287/86 (*Ny Moelle Kro*), Slg. 1987, 5465, 5484 (Rn. 18); EuGH v. 18.3.1986 – Rs. 24/85 (*Spijkers*), Slg. 1986, 1119, 1128 (Rn. 11).

45 EuGH v. 2.12.1999 – Rs. C-234/98 (*Allen u.a.*), NZA 2000, 587.

46 EuGH v. 2.12.1999 – Rs. C-234/98 (*Allen u.a.*), NZA 2000, 587, 588 (Rn. 19 f.).

47 EuGH v. 2.12.1999 – Rs. C-234/98 (*Allen u.a.*), NZA 2000, 587, 588 (Rn. 18 ff. und 23 f.).

nitionen in der Rechtsprechung des EuGH gibt verwundert nicht. Wie gezeigt sind die einzelnen Begriffe schließlich nicht maßgeblich; es kommt entscheidend auf den Übergang einer wirtschaftlichen Einheit an. Mit der Einfügung von Art. 1 Abs. 1 lit. b) wurde dies noch einmal ausdrücklich in der Richtlinie festgemacht. Dort ist als Übergang im Sinne der Richtlinie ein Übergang einer ihre Identität bewahrenden wirtschaftlichen Einheit definiert.[48] Entscheidend ist demnach das Vorliegen einer wirtschaftlichen Einheit im Sinne einer organisierten Zusammenfassung von Ressourcen zur Verfolgung einer wirtschaftlichen Haupt- oder Nebentätigkeit, Art. 1 Abs. 1 lit. b). Konsequenterweise kann auf eine Einordnung als Unternehmen(steil) oder Betrieb(steil) verzichtet werden.

Dass auf solch eine Einordnung verzichtet werden kann, ergibt sich auch aus der Gesetzgebungsgeschichte zur ersten Betriebsübergangs-Richtlinie 77/187/EWG. Im ursprünglichen Kommissionsentwurf hieß es noch in Art. 1 Alt. 2, „einzelne Betriebe, Produktionsstätten, Nebenbetriebe oder sonstige arbeitsorganisatorische Einheiten oder Teile von diesen“[49]. Es wurde also auf den Oberbegriff einer „arbeitsorganisatorischen Einheit“ abgestellt.[50] In dem darauffolgenden Entwurf ist sodann die Rede von „Betrieb- oder Betriebsteil“[51] und „Unternehmenszusammenschlüssen“[52], in der endgültigen Fassung findet sich schließlich die Formulie-

---

48 Durch Art. 1 Abs. 1 lit. b) wurde also lediglich die ständige Rechtsprechung des EuGH in der Richtlinie festgeschrieben, siehe auch Erwägungsgrund Nr. 8 der Richtlinie 2001/23/EG. Siehe zur Rechtsprechung vor der Kodifikation bspw. EuGH v. 11.3.1997 – Rs. C-13/95 (*Ayse Süzen*), NZA 1997, 433 (Rn. 10); EuGH v. 17.12.1987 – Rs. 287/86 (*Ny Moelle Kro*), Slg. 1987, 5465, 5484 (Rn. 18); EuGH v. 18.3.1986 – Rs. 24/85 (*Spijkers*), Slg. 1986, 1119, 1128 (Rn. 11).

49 Vorschlag einer Richtlinie des Rates zur Harmonisierung der Rechtsvorschriften der Mitgliedstaaten über die Wahrung von Ansprüchen und Vergünstigungen der Arbeitnehmer bei Gesellschaftsfusionen, Betriebsübertragungen sowie Unternehmenszusammenschlüssen, KOM(1974) 351 endg. vom 29.5.1974, S. 19.

50 So auch *Meyer*, Tatbestand, S. 79.

51 Art. 1 Abs. 1 des geänderten Vorschlags einer Richtlinie zur Harmonisierung der Rechtsvorschriften der Mitgliedstaaten über die Wahrung von Ansprüchen und Vergünstigung[en, Zusatz des Verfassers] der Arbeitnehmer bei Gesellschaftsfusionen, Betriebsübertragungen sowie Unternehmenszusammenschlüssen, KOM(1975) 429 endg. vom 25.7.1975, Teil 2, S. 3.

52 Art. 1 Abs. 2 des geänderten Vorschlags einer Richtlinie zur Harmonisierung der Rechtsvorschriften der Mitgliedstaaten über die Wahrung von Ansprüchen und Vergünstigung[en, Zusatz des Verfassers] der Arbeitnehmer bei Gesellschaftsfusionen, Betriebsübertragungen sowie Unternehmenszusammenschlüssen, KOM(1975) 429 endg. vom 25.7.1975, Teil 2, S. 3.

rung „Unternehmen, Betrieben oder Betriebsteilen"[53]. Es geht aus den Materialien an keiner Stelle hervor, dass mit der (beispielhaften[54]) Aufzählung eine inhaltliche Veränderung zum ursprünglichen Vorschlag, der auf die arbeitsorganisatorische Einheit abstellte, einhergehen sollte.[55] Es sollte folglich auf den Übergang einer arbeitsorganisatorischen Einheit ankommen; dies entspricht dem heutigen Erfordernis des Übergangs einer wirtschaftlichen Einheit. Dass den einzelnen Begriffen Unternehmen, Betrieb und Betriebsteil neben dem Oberbegriff der wirtschaftlichen Einheit keine eigene Bedeutung zukommen soll, zeigt sich gesetzgebungsgeschichtlich auch durch die oben bereits erwähnte Einfügung des Art. 1 Abs. 1 lit. b). Hier wird der maßgebliche Begriff des Übergangs geklärt[56] und mit Inhalt gefüllt. Damit verliert Art. 1 Abs. 1 lit. a) zumindest im Hinblick auf den Übergang faktisch seine Bedeutung; und gerade dort finden sich ja die Begriffe Unternehmen, Betrieb und Betriebsteil, für die selbiges gilt.

Nach alledem ergibt sich also, dass der Unterscheidung zwischen einem Unternehmen(steil) oder einem Betrieb(steil) keine Bedeutung beizumessen ist. Wenn der EuGH auch, wie *Meyer* zu Recht feststellt, dennoch teilweise die Bezeichnung als Unternehmen(steil)[57], teilweise aber auch als Betrieb(steil)[58] wählt,[59] so ändert das nichts an diesem Ergebnis. Schließlich werden diesbezügliche Kriterien nicht genannt, und es kommt auch in diesen Urteilen einzig auf die wirtschaftliche Einheit an.[60]

---

53 Art. 1 Abs. 1 der Richtlinie 77/187/EWG des Rates vom 14.2.1977 zur Angleichung der Rechtsvorschriften der Mitgliedstaaten über die Wahrung von Ansprüchen der Arbeitnehmer beim Übergang von Unternehmen, Betrieben oder Betriebsteilen, ABl. Nr. L 61, 26, vom 5.3.1977.

54 *Meyer*, Tatbestand, S. 79.

55 So auch *Meyer*, Tatbestand, S. 79.

56 So auch der Erwägungsgrund Nr. 8 der Richtlinie 2001/23/EG.

57 Bspw. EuGH v. 17.12.1987 – Rs. 287/86 (*Ny Moelle Kro*), Slg. 1987, 5465; EuGH v. 10.2.1988 – Rs. 324/86 (*Daddy's Dance Hall*), Slg. 1988, 739 ff.

58 EuGH v. 19.5.1992 – Rs. C-29/91 (*Redmond Stichting*), NZA 1994, 207.

59 *Meyer*, Tatbestand, S. 78.

60 So auch *Meyer*, Tatbestand, S. 78.

bb) Gleicher Anknüpfungspunkt bei § 613a BGB

Das BAG hat sich der Sichtweise des EuGH für das Merkmal „Betriebs(teil)übergang“ in § 613a Abs. 1 S. 1 BGB angeschlossen und stellt ebenfalls auf die wirtschaftliche Einheit ab.[61] Es ergeben sich also keine Unterschiede trotz der unterschiedlichen Begrifflichkeiten in der Richtlinie einerseits und § 613a Abs. 1 S. 1 BGB andererseits. Unabhängig davon, ob ein Betrieb oder ein Betriebsteil betroffen ist, muss es sich hierbei um eine wirtschaftliche Einheit im obigen Sinne handeln.[62] Das BAG behält eine genaue Trennung zwischen Betrieb und Betriebsteil dennoch bei.[63] Dem § 613a Abs. 1 S. 1 BGB folgend wird konsequenterweise nie der arbeitsrechtliche Begriff des Unternehmens (nach deutschem Recht) erwähnt.

c) Ergebnis

Wird vom EuGH in Urteilen zur Richtlinie 2001/23/EG und deren vorhergehenden Richtlinien der Begriff des Unternehmens(teils) verwendet, so ist hierunter nicht der arbeitsrechtliche Begriff des Unternehmens nach dem deutschen Recht zu verstehen. Maßgeblich ist unabhängig von der Bezeichnung als Unternehmen(steil) oder Betrieb(steil) das Vorliegen einer wirtschaftlichen Einheit. Nach dem deutschen Recht geht es ebenfalls einzig um diese wirtschaftliche Einheit.

Auch im Rahmen dieser Arbeit gilt, dass der Bezeichnung als Unternehmen(steil) kein zu einem Betrieb(steil) im Sinne des § 613a Abs. 1 S. 1 BGB nach deutschem Recht unterschiedlicher Inhalt beizumessen ist.[64] Die unterschiedliche Bezeichnung ist einzig den oben dargestellten Begrifflichkeiten des Art. 1 Abs. 1 lit. a) der Richtlinie sowie des § 613a Abs. 1 S. 1 BGB geschuldet, ohne dass der Unterscheidung nach Unternehmen(steil) oder Betrieb(steil) eine Bedeutung zukommt. Dies gilt es bei der Lektüre dieser Arbeit zu beachten.

---

61 Bspw. BAG v. 18.3.1999 – 8 AZR 159/98, NZA 1999, 704, 705; BAG v. 26.8.1999 – 8 AZR 718/98, NZA 2000, 144.

62 Vgl. BAG v. 11.12.1997 – 8 AZR 729/96, NZA 1998, 534.

63 *Meyer*, Tatbestand, S. 78.

64 Etwas anderes gilt natürlich dann, wenn es explizit auf eine andere Bedeutung ankommt bzw. ankommen soll.

II. Rechtsfolge

Die Rechtsfolgen eines Unternehmens- bzw. Betriebsübergangs (oder nur eines Unternehmens*teil*- bzw. Betriebs*teil*übergangs) sind vielschichtig. An dieser Stelle soll nur die ganz grundsätzliche Rechtsfolge interessieren, die in Art. 3 Abs. 1 UAbs. 1 der Richtlinie 2001/23/EG bzw. in § 613a Abs. 1 S. 1 BGB geregelt ist.[65]

Art. 3 Abs. 1 UAbs. 1 der Richtlinie 2001/23/EG bestimmt:

> „Die Rechte und Pflichten des Veräußerers aus einem zum Zeitpunkt des Übergangs bestehenden Arbeitsvertrag oder Arbeitsverhältnis gehen aufgrund des Übergangs auf den Erwerber über."

§ 613a Abs. 1 S. 1 BGB bestimmt als Rechtsfolge:

> „... so tritt [der Inhaber] in die Rechte und Pflichten aus den im Zeitpunkt des Übergangs bestehenden Arbeitsverhältnissen ein."

Die hier bestimmten Rechtsfolgen stimmen inhaltlich und sprachlich weitgehend überein. Auffallend ist einzig, dass die Richtlinie von einem „Arbeitsvertrag oder Arbeitsverhältnis" spricht, § 613a Abs. 1 S. 1 BGB hingegen nur von einem „Arbeitsverhältnis". Wie noch zu zeigen sein wird, kommt gerade der Formulierung „oder Arbeitsverhältnis" in Art. 3 Abs. 1 UAbs. 1 der Richtlinie 2001/23/EG in der Begründung des EuGH eine tragende Rolle zu.

---

65 Auf weitere Rechtsfolgen wird an anderer Stelle eingegangen, dazu unten, fünfter Teil, § 11 A.-D., S. 347 ff.

§ 4 Leiharbeit

A. Richtlinie 2008/104/EG

Seit über dreißig Jahren gibt es Bemühungen, das Recht der Leiharbeit auf europäischer Ebene zu regeln[66]. Allerdings konnte lange keine Einigung erzielt werden. Am 20.3.2002 legte die europäische Kommission einen Vorschlag[67] für eine Richtlinie bezüglich der Arbeitsbedingungen der Leiharbeit vor. Als zentrales Element[68] zur Verwirklichung des Schutzes der Leiharbeitnehmer wurde hierin erstmals der Gleichbehandlungsgrundsatz verankert[69]. Danach sollten die Arbeitsbedingungen, worunter auch das Arbeitsentgelt fällt, denen eines vergleichbaren Arbeitnehmers im entleihenden Unternehmen entsprechen. Nachdem das Parlament zahlreiche Änderungen vorgeschlagen hatte, legte die Kommission am 28.11.2002 einen geänderten Vorschlag[70] vor. Nur aufgrund des Widerstandes einiger Mitgliedstaaten, darunter auch Deutschland, scheiterte dieser Entwurf[71]. Erst fünfeinhalb Jahre später wurde eine Einigung erzielt und am 5.12.2008 trat die Leiharbeitsrichtlinie (2008/104/EG)[72] in Kraft. Diese entspricht dem geänderten Vorschlag vom 28.11.2002 in großen Teilen.

---

66 Entschließung des Rates vom 18.12.1979 über die Anpassung der Arbeitszeit, ABl. Nr. C 2, 1, 3, vom 4.1.1980.

67 Vorschlag für eine Richtlinie des europäischen Parlaments und des Rates über die Arbeitsbedingungen von Leiharbeitnehmern, KOM(2002) 149 endg. vom 20.3.2002.

68 *Fuchs*, NZA 2009, 57, 58.

69 Siehe Art. 5 Abs. 1 des Vorschlags für eine Richtlinie des europäischen Parlaments und des Rates über die Arbeitsbedingungen von Leiharbeitnehmern, KOM(2002) 149 endg. vom 20.3.2002.

70 Geänderter Vorschlag für eine Richtlinie des europäischen Parlaments und des Rates über die Arbeitsbedingungen von Leiharbeitnehmern, KOM(2002) 701 endg. vom 28.11.2002.

71 *Waas*, ZESAR 2009, 207.

72 Richtlinie 2008/104/EG des europäischen Parlaments und des Rates vom 19.11.2008 über Leiharbeit, ABl. Nr. L 327, 9, vom 5.12.2008.

B. Arbeitnehmerüberlassungsgesetz als Umsetzungsgesetz

Die Leiharbeit, im deutschen Recht als Arbeitnehmerüberlassung bezeichnet, ist im Arbeitnehmerüberlassungsgesetz[73] geregelt. Die ursprüngliche Fassung geht auf einen Regierungsentwurf vom 24.4.1971 zurück, welcher am 7.8.1972 verkündet worden ist.[74] Es gab an diesem Gesetz immer wieder einige Änderungen.[75] Im Hinblick auf die Leiharbeitsrichtlinie sind zunächst die Änderungen im Jahre 2002 hervorzuheben. Der deutsche Gesetzgeber entschied sich in jenem Jahr dazu, die Leiharbeit grundlegend im Zuge des „Ersten Gesetzes für moderne Dienstleistungen am Arbeitsmarkt"[76] zu reformieren. Es wurde sich dabei hinsichtlich des neu eingeführten Gleichbehandlungsgrundsatzes an dem Kommissionsvorschlag vom 20.3.2002 orientiert; dies geht aus der Rede des damaligen Bundesministers Wolfgang Clement vom 7.11.2002 deutlich hervor[77]. Allerdings war auf europäischer Ebene zu diesem Zeitpunkt noch vieles umstritten. Später vorgenommene, ausdrückliche Änderungen des Kommissionsvorschlags haben keinen Eingang mehr in das AÜG gefunden. So konnte der geänderte Kommissionsvorschlag vom 28.11.2002 nicht mehr berücksichtigt werden[78]: Der erste Gesetzesbeschluss im Bundestag erfolgte bereits am 15.11.2002. Dementsprechend haben auch weitere Änderungen, die sich in der endgültigen Fassung der Richtlinie 2008/104/EG finden, nicht in dem AÜG Berücksichtigung gefunden. Im Ergebnis war also einerseits schon ein großer Teil im Rahmen eines „vorauseilenden Gehorsams"[79] umgesetzt, bevor die Leiharbeitsrichtlinie 2008/104/EG überhaupt in Kraft getreten war. Andererseits bestand aber dennoch Reformbedarf, weil eben gewisse Änderungen der vorherigen Vorschläge noch nicht berücksichtigt werden konnten und das AÜG insofern lückenhaft und teilweise nicht richtlinienkonform gewesen ist. Durch das „Erste Gesetz zur Änderung des Arbeitnehmerüberlassungsgesetzes – Verhinderung von Missbrauch

---

73 Im Folgenden: AÜG.

74 Gesetz zur Regelung der gewerbsmäßigen Arbeitnehmerüberlassung (AÜG) vom 7.8.1972, BGBl I, S. 1393. Dazu Ulber-*Ulber*, AÜG, Einl. Teil B, Rn. 12.

75 Siehe hierzu Ulber-*Ulber*, AÜG, Einl. Teil B, Rn. 15 ff.

76 Erstes Gesetz für moderne Dienstleistungen am Arbeitsmarkt vom 23.12.2002, BGBl. I, S. 4607.

77 http://dip21.bundestag.de/dip21/btp/15/003/15008003.95.pdf (Abrufdatum: 11.9.2013).

78 *Fuchs*, NZA 2009, 57, 61.

79 *Boemke/Lembke*, AÜG, § 9, Rn. 7.

der Arbeitnehmerüberlassung"[80], das größtenteils mit Wirkung zum 1.12.2011 in Kraft trat,[81] wurden die notwendigen Reformen im Wesentlichen durchgeführt.[82]

C. Anwendungsbereich und Rechtsbeziehungen

I. Leiharbeitsrichtlinie

Nach der Leiharbeitsrichtlinie 2008/104/EG wird ein Drei-Personen-Verhältnis vorausgesetzt: So ist gem. Art. 1 Abs. 1 der Richtlinie 2008/104/EG die Richtlinie auf Arbeitnehmer anzuwenden, die mit einem Leiharbeitsunternehmen einen Arbeitsvertrag geschlossen haben oder ein Beschäftigungsverhältnis eingegangen sind. Die Leiharbeitnehmer müssen in einem nächsten Schritt „entleihenden Unternehmen zur Verfügung gestellt werden, um vorübergehend unter deren Aufsicht und Leitung zu arbeiten". Vertraglicher Arbeitgeber des Leiharbeitnehmers ist weiterhin das Leiharbeitsunternehmen. Verdeutlicht wird diese Tatsache durch die Zielbestimmung in Art. 2, wonach gerade das Leiharbeitsunternehmen als Arbeitgeber anerkannt werden soll. Die Worte „unter deren Leitung und Aufsicht" sollen schließlich ausweislich der Richtlinienbegründung[83] eine „Autoritäts-Abhängigkeitsbeziehung" zwischen Leiharbeitnehmer und entleihendem Unternehmen verdeutlichen. Obwohl somit keinerlei Vertragsbindung zwischen dem Leiharbeitnehmer und dem entleihenden Unternehmen besteht, hat das entleihende Unternehmen dennoch ein Wei-

80 Erstes Gesetz zur Änderung des Arbeitnehmerüberlassungsgesetzes – Verhinderung von Missbrauch der Arbeitnehmerüberlassung vom 28.4.2011, BGBl. I 2011, S. 642.

81 Einige Teile, beispielsweise die Bestimmungen zur Gleichbehandlung von Leiharbeitnehmern, traten bereits am 30.4.2011 in Kraft.

82 Auch weiterhin stellen sich Fragen bezüglich der Richtlinienkonformität einiger Teile des AÜG, so beispielsweise hinsichtlich des Konzernprivilegs, welches keinerlei Stütze in der Richtlinie findet. Siehe zum Konzernprivileg *Lembke*, DB 2011, 414, 415 f.

83 Änderungsantrag 23 des Berichtes des Ausschusses für Beschäftigung und soziale Angelegenheiten über den Vorschlag für eine Richtlinie des Europäischen Parlaments und des Rates über die Arbeitsbedingungen von Leiharbeitnehmern, KOM(2002) 149 – C5-0140/2002 – 2002/0072(COD), Dokument A5-0356/2002 endg. vom 23.10.2002, S. 19.

sungsrecht gegenüber dem Leiharbeitnehmer, was der Konstruktion des AÜG entspricht.[84]

Die Leiharbeitsrichtline erfasst sowohl die gewerbsmäßige als auch die nichtgewerbsmäßige Leiharbeit;[85] entscheidend ist einzig eine wirtschaftliche Tätigkeit des Leiharbeitsunternehmens. Erfasst sind demnach „alle Arbeitgeber, die Arbeitsverträge abschließen, um den Mitarbeiter zu überlassen“[86].

II. Arbeitnehmerüberlassungsgesetz

1. Anwendungsbereich

Nach § 1 Abs. 1 S. 1 AÜG bedürfen „Arbeitgeber, die als Verleiher Dritten (Entleihern) Arbeitnehmer (Leiharbeitnehmer) im Rahmen ihrer wirtschaftlichen Tätigkeit zur Arbeitsleistung überlassen wollen, … der Erlaubnis“. Gem. § 1 Abs. 1 S. 2 AÜG n.F. erfolgt „die Überlassung von Arbeitnehmern an Entleiher … vorübergehend“. Der Anwendungsbereich wurde mit Inkrafttreten der Reform am 1.12.2011 an die Leiharbeitsrichtlinie angepasst, sodass auch nach dem AÜG allein die wirtschaftliche Tätigkeit entscheidend ist und es auf die Gewerbsmäßigkeit nicht mehr ankommt. Dabei findet das AÜG nach heute allgemeiner Meinung auf jeden Fall einer Arbeitnehmerüberlassung Anwendung, unabhängig davon, ob der Unternehmenszweck ausschließlich, überwiegend oder nur nebensächlich in der Verleihung von Arbeitnehmern liegt.[87] Hier ist das deutsche Recht möglicherweise weiter, wenn man von der Richtlinie 2008/104/EG

---

84 *Hamann*, EuZA 2009, 287, 296. Zu dem Weisungsrecht des Entleihers gegenüber dem Arbeitnehmer sogleich im Rahmen des Teils „Beziehungen zum Leiharbeitnehmer“.

85 *Boemke*, RIW 2009, 177, 178.

86 *Boemke*, RIW 2009, 177, 178.

87 BAG v. 15.6.1983 – 5 AZR 111/81, NJW 1984, 2912; BAG v. 8.11.1978 – 5 AZR 261/77, NJW 1979, 2636, 2637; KasselerHandbuch-*Düwell*, Band 2, 4.5, Rn. 165; Schüren-*Hamann*, AÜG, § 1, Rn. 243; Schaub-*Koch*, § 120, Rn. 12; *Urban-Crell/ Schulz*, Arbeitnehmerüberlassung, Rn. 94; ErfK-*Wank*, § 1 AÜG, Rn. 26. Einschränkend ist hervorzuheben, dass sämtliche Äußerungen noch zu der alten Gesetzesfassung gemacht worden sind, als es also immerhin noch auf die Gewerbsmäßigkeit ankam.

nur die sog. unechte Leiharbeit als erfasst ansieht, also den Fall, dass der Arbeitnehmer *ausschließlich* zur Überlassung eingestellt wird.[88]

2. Rechtsbeziehungen

Für die Rechtsbeziehungen zwischen den drei beteiligten Parteien (Leiharbeitsunternehmen, entleihendes Unternehmen und Leiharbeitnehmer) ist die besondere Dreieckskonstellation zu beachten. Zunächst besteht ein Dienstverschaffungsvertrag, oftmals als Überlassungsvertrag bezeichnet, zwischen dem Leiharbeitsunternehmen und dem Entleihunternehmen. Das Leiharbeitsunternehmen verpflichtet sich zur Überlassung eines geeigneten und leistungsbereiten Arbeitnehmers für einen vereinbarten Zeitraum,[89] das entleihende Unternehmen zur Zahlung eines vereinbarten Überlassungsentgelts an das Leiharbeitsunternehmen.[90]

a) Beziehungen zum Leiharbeitnehmer

aa) Vertragliche Beziehungen nur zum Verleiher

*Arbeitsvertrag*liche Beziehungen bestehen nur zwischen dem Leiharbeitsunternehmen und dem Leiharbeitnehmer, nicht zwischen dem entleihenden Unternehmen und dem Leiharbeitnehmer.[91]

---

88 Dafür, dass die Leiharbeitsrichtlinie nur die sog. unechte Leiharbeit erfasst *Boemke*, RIW 2009, 177, 179. Für ein weitreichenderes Verständnis hingegen *Hamann*, EuZA 2009, 287, 297.

89 *Hamann*, Illegale Arbeitnehmerüberlassung, S. 214; *Steuer*, Arbeitnehmerüberlassung, S. 82.

90 Schüren-*Schüren*, AÜG, Einl., Rn. 182; *Steuer*, Arbeitnehmerüberlassung, S. 82 f.

91 BAG v. 21.3.1990 – 7 AZR 198/89, NZA 1991, 269, 272; *Becker*, NJW 1971, 691, 692; *Becker*, NJW 1976, 1827, 1828; *Becker/Kreikebaum*, Zeitarbeit, S. 114; *Eckhardt*, JA 1989, 393, 400; *Gick*, Gewerbsmäßige Arbeitnehmerüberlassung, S. 106; *Hamann*, WiVerw 1996, 212, 214; *Huke/Neufeld/Luickhardt*, BB 2012, 961, 964; Schaub-*Koch*, § 120, Rn. 43, 65; *Säcker/Joost*, Betriebszugehörigkeit, S. 38; Schüren-*Schüren*, AÜG, Einl., Rn. 110; *Tucci*, Arbeitnehmermobilität, S. 166; *Urban-Crell/Schulz*, Arbeitnehmerüberlassung, Rn. 494; *Weber*, Arbeitsverhältnis, S. 41.

bb) Beziehung des Leiharbeitnehmers zum Entleiher

Wie das Rechtsverhältnis zwischen dem entleihenden Unternehmen und dem Leiharbeitnehmer einzuordnen ist, ist umstritten. Anerkannt ist, dass die Arbeitgeber*funktion* hier aufgespalten wird.[92]

Für die folgenden Ausführungen ist zu beachten, dass nach dem bisherigen allgemeinen Verständnis im deutschen Recht nur ein *vertraglicher* Arbeitgeber als Arbeitgeber bezeichnet worden ist und demnach ein Arbeitsverhältnis auch nur dann als ein solches betitelt wurde, wenn es sich um ein *vertragliches* Arbeitsverhältnis handelte.[93]

(1) Entleiher ist nach bisherigem Verständnis nicht Arbeitgeber

Mit diesem Vorverständnis überrascht es dann auch nicht, dass davon ausgegangen wird, dass die Aufspaltung der Arbeitgeber*funktion* keine Verdoppelung der Arbeitgeber*stellung* zur Folge hat, dass es also rechtlich nicht zwei Arbeitgeber gibt.[94] Solch ein Verständnis widerspräche der ge-

---

92 BAG v. 9.9.1982 – 2 AZR 253/80, AP Nr. 1 zu § 611 BGB Hausmeister.

93 BAG v. 8.8.1958 – 4 AZR 173/55, AP Nr. 3 zu § 611 BGB Mittelbares Arbeitsverhältnis; BAG v. 9.9.1982 – 2 AZR 253/80, AP Nr. 1 zu § 611 BGB Hausmeister; BAG v. 8.4.1992 – 7 ABR 56/91, NZA 1993, 415; ArbG Herford v. 13.3.1973 – BV 10/72, BB 1973, 520; *Molitor*, DB 1956, 21; APS-*Preis*, C. Grundbegriffe, Rn. 73, mit Verweis auf BAG v. 9.9.1982 – 2 AZR 253/80, AP Nr. 1 zu § 611 BGB Hausmeister – in jenem Urteil findet sich allerdings nur der erste Halbsatz; Schaub-*Vogelsang*, § 16, Rn. 1; *Willemsen*, NJW 2011, 1546, 1548 (in der Fußnote 9). Vgl. Erman-*Edenfeld*, § 611 BGB, Rn. 53, 99; *Hessel*, AuR 1975, 49, 50; *Walker*, AcP 194 (1994), 295, 306 ff. Die Folgerung besteht dann darin, dass das Verhältnis zwischen Entleiher und Leiharbeitnehmer kein Arbeitsverhältnis ist, so auch RAG v. 5.6.1940 – 265/39, RAGZ 23, 206, 209 f.; RG v. 17.10.1942, VIII 120/42 (Zivilsenat), RGZ 170, 216, 218; LAG Hamm v. 24.5.1973 – 8 TaBV 13/73, DB 1973, 1511; *Becker*, NJW 1971, 691, 692; *Bulla*, DB 1975, 1795, 1797; Erman-*Edenfeld*, § 611 BGB, Rn. 99; *Hessel*, AuR 1975, 49, 50; *Mumot*, Die betriebsverfassungsrechtlichen Beteiligungsrechte, S. 98 f.; *Schleßmann*, Das Arbeitszeugnis, S. 124; *Sturm*, Gewerbsmäßige Arbeitnehmerüberlassung, S. 79; *Trieschmann*, DB 1956, Beilage 16, unter III 1 a); *Vor*, Zeitarbeit, S. 57; *Walker*, AcP 194 (1994), 295, 306 ff.; *Windbichler*, Arbeitsrecht im Konzern, S. 440. Vgl. *Eckardt*, JA 1989, 393, 400.

94 BAG v. 9.9.1982 – 2 AZR 253/80, AP Nr. 1 zu § 611 BGB Hausmeister; Schüren-*Schüren*, AÜG, Einl., Rn. 107; *Steuer*, Arbeitnehmerüberlassung, S. 82; *Willemsen*, NJW 2011, 1546, 1548 (in der Fußnote 9). So aber wohl *Mayer-Maly*, ZfA

setzlichen Regelung.[95] So ergibt sich aus der Systematik des AÜG, dass ein Arbeitsverhältnis nur zwischen dem Leiharbeitnehmer und dem Verleiher besteht, nicht aber zwischen dem Leiharbeitnehmer und dem Entleiher. Dies folgt aus einem Umkehrschluss aus § 10 Abs. 1 AÜG.[96] Denn nur dann, wenn das Arbeitsverhältnis mit dem Verleiher nach § 9 Nr. 1 AÜG unwirksam ist, tritt die gesetzliche Fiktion[97] eines Arbeitsverhältnisses zum Entleiher nach § 10 Abs. 1 AÜG ein. Hieraus kann gefolgert werden, dass im Normalfall gerade kein Arbeitsverhältnis zum Entleiher besteht.[98] Nun betreffen die Ausführungen zwar nur das Arbeitsverhältnis, nicht aber die Arbeitgeberstellung. Dass aber die Arbeitgeberstellung gemeint ist, folgt aus dem Zusammenhang der genannten Fiktion mit § 1 Abs. 1 S. 1 AÜG:[99] § 1 Abs. 1 S. 1 AÜG bestimmt für die Arbeitnehmerüberlassung, dass der Verleiher der Arbeitgeber des Leiharbeitnehmers ist. Hieran soll sich laut dem AÜG nur dann etwas ändern, wenn die genannte Unwirksamkeit dieses Arbeitsverhältnisses nach § 9 Nr. 1 AÜG feststeht. Dann wird bzw. ist der Entleiher der Arbeitgeber des Leiharbeitnehmers, § 10 Abs. 1 AÜG iVm. § 1 Abs. 1 S. 1 AÜG. Im Ergebnis ist Arbeitgeber demnach nur das Leiharbeitsunternehmen, nicht das entleihende Unternehmen.[100] Der Leiharbeitnehmer ist also ausschließlich Arbeitnehmer des Leiharbeitsunternehmens und steht nur zu diesem in einem Arbeitsverhältnis.[101] Wie oben deutlich gemacht, gelten all diese Ausführungen für die vertragliche Arbeitgeberstellung und folglich das vertragliche Arbeitsverhältnis. Dass es gerade auf den Vertrag ankommt, entspricht nicht nur wie oben erwähnt dem allgemeinen Verständnis im deutschen Recht, sondern zeigt sich auch in der Regelung des § 10 Abs. 1 S. 1 AÜG. Die Fiktion ei-

---

1972, 1, 23; *Ramm*, ZfA 1973, 263, 275 ff. Noch weitgehendere a.A. *Weber*, Anmerkung zu BAG, Urteil v. 8.11.1978 – 5 AZR 261/77, AP Nr. 2 zu § 1 AÜG, wonach Arbeitgeber *ausschließlich* der Entleiher sei.

95 *Gick*, Gewerbsmäßige Arbeitnehmerüberlassung, S. 87; Schüren-*Schüren*, AÜG, Einl., Rn. 107. Vgl. *Becker/Kreikebaum*, Zeitarbeit, S. 114.

96 *Gick*, Gewerbsmäßige Arbeitnehmerüberlassung, S. 87; Schüren-*Schüren*, AÜG, Einl., Rn. 111.

97 ErfK-*Wank*, § 10 AÜG, Rn. 2; HWK-*Willemsen/Müller-Bonanni*, § 613a BGB, Rn. 225.

98 *Gick*, Gewerbsmäßige Arbeitnehmerüberlassung, S. 87; Schüren-*Schüren*, AÜG, Einl., Rn. 111.

99 Vgl. Schüren-*Schüren*, AÜG, Einl., Rn. 159.

100 Schüren-*Schüren*, AÜG, Einl., Rn. 106 f.

101 Schüren-*Schüren*, AÜG, Einl., Rn. 109.

nes Arbeitsverhältnisses tritt nämlich bei Unwirksamkeit des *Vertrags* zwischen Verleiher und Leiharbeitnehmer ein. Es geht also um die Fiktion eines vertraglichen Arbeitsverhältnisses; dies verwundert auch nicht, ist doch nach dem auch der Norm zugrundliegenden Verständnis nur das vertragliche Arbeitsverhältnis überhaupt rechtlich ein Arbeitsverhältnis.

(2) Rechtliches Band zwischen Leiharbeitnehmer und Entleiher

Wird das Verhältnis zwischen dem Leiharbeitnehmer und dem Entleiher gemeinhin auch nicht als Arbeitsverhältnis bezeichnet,[102] so besteht doch Einigkeit darüber, dass Leiharbeitnehmer und Entleiher rechtlich miteinander verbunden sind und gegeneinander gewisse Rechte und Pflichten haben. Seit der Gesetzesreform[103] mit Wirkung vom 1.12.2011 sind hier mit den Regelungen wie § 13a AÜG (Informationspflicht des Entleihers über freie Arbeitsplätze) und § 13b AÜG (Gewährung des Zugangs zu den Gemeinschaftseinrichtungen durch den Entleiher) weitere Rechte des Leiharbeitnehmers hinzugekommen. Wie dieses rechtliche Band zwischen Leiharbeitnehmer und Entleiher einzuordnen ist, wird jedoch nicht einheitlich beurteilt.[104]

(a) Der Entleiher und die Arbeitsleistung

Besonderer Bedeutung kommt hierbei der umstrittenen Frage zu, wie der Entleiher zur Hauptleistungspflicht des Leiharbeitnehmers, namentlich zu

---

102 Ausnahmen stellen aber teilweise Äußerungen in der Literatur dar, so beispielsweise *Boemke*, Schuldvertrag und Arbeitsverhältnis, S. 568 f.; *Boemke/Lembke*, AÜG, § 11, Rn. 142, sowie § 13, Rn. 17. So auch *Kim*, Konzerninterne Arbeitnehmerüberlassung, S. 62; *Lembke*, NZA 2011, 319, 321. Sehr ähnlich auch schon *Mayer-Maly*, ZfA 1972, 1, 23, der von einem Doppelarbeitsverhältnis spricht. Letzterer Begriff sollte nach Ansicht von *Ramm*, ZfA 1973, 263, 292, vermieden werden, da nur *ein* Arbeitsverhältnis bestehe, allerdings bestehe dieses laut *Ramm* sowohl zum Verleiher als auch zum Entleiher. Zu der Bezeichnung als Arbeitsverhältnis noch sogleich.

103 Erstes Gesetz zur Änderung des Arbeitnehmerüberlassungsgesetzes – Verhinderung von Missbrauch der Arbeitnehmerüberlassung vom 28.4.2011, BGBl. I 2011, S. 642, mit Wirkung vom 1.12.2011.

104 Dazu *Reinsch*, Rechtsverhältnis, S. 95 ff., sowie Schüren-*Schüren*, AÜG, Einl., Rn. 113 ff.

dessen Arbeitsleistung, steht. Dies hängt davon ab, ob der Arbeitsvertrag zwischen dem Verleiher und dem Leiharbeitnehmer ein unechter oder ein echter Vertrag zugunsten des Entleihers ist. Zur Lösung ist zunächst auf den Vertrag selbst abzustellen und dieser Vertrag gegebenenfalls auszulegen.[105] Hierbei ist grundsätzlich nicht von einem eigenen Forderungsrecht des Entleihers auszugehen,[106] wenn auch allgemein anerkannt ist, dass ein Weisungsrecht des Entleihers gegenüber dem Arbeitnehmer besteht.[107] Erst bei Zweifeln ist die Frage entscheidend, ob von einem unechten oder von einem echten Vertrag zugunsten des Entleihers auszugehen ist.

Überwiegend wird der Arbeitsvertrag zwischen dem Verleiher und dem Leiharbeitnehmer als unechter Vertrag zugunsten des Entleihers eingeordnet.[108] Da hierbei keine primären Leistungspflichten bestehen, hat der Entleiher auch keinen Anspruch auf die Arbeitsleistung des Leiharbeitnehmers.[109] Zur Arbeit ist dieser nur gegenüber dem Verleiher aus seinem Arbeitsvertrag verpflichtet.[110] Allerdings kann der Leiharbeitnehmer mit befreiender Wirkung an den Entleiher leisten.[111] Der Entleiher kann nichtsdestotrotz das Direktionsrecht ausüben. Der Leiharbeitnehmer hat dieser Ausübung des Weisungsrechts durch den Entleiher im Arbeitsvertrag mit

---

105 *Boemke*, Schuldvertrag und Arbeitsverhältnis, S. 559; *Gick*, Gewerbsmäßige Arbeitnehmerüberlassung, S. 94; *Konzen*, ZfA 1982, 259, 280; *Reinsch*, Rechtsverhältnis, S. 113; *Urban-Crell/Schulz*, Arbeitnehmerüberlassung, Rn. 497.

106 *Boemke*, Schuldvertrag und Arbeitsverhältnis, S. 564; vgl. *Gick*, Gewerbsmäßige Arbeitnehmerüberlassung, S. 94. A.A. Schüren-*Schüren*, AÜG, Einl., Rn. 179.

107 Dass ein Weisungsrecht des entleihenden Unternehmens besteht, ist einhellige Auffassung, unabhängig davon, wie man das Verhältnis zwischen dem entleihenden Unternehmen und dem Leiharbeitnehmer rechtlich einordnen mag: *Boemke*, Schuldvertrag und Arbeitsverhältnis, S. 564; *Boemke/Lembke*, AÜG, § 1, Rn. 30; *Gick*, Gewerbsmäßige Arbeitnehmerüberlassung, S. 96 f.; HWK-*Kalb*, § 1 AÜG, Rn. 17; Schüren-*Schüren*, AÜG, Einl., Rn. 108; Ulber-*Ulber*, AÜG, Einl. Teil C, Rn. 136; *Urban-Crell/Schulz*, Arbeitnehmerüberlassung, Rn. 473; Thüsing-*Waas*, AÜG, § 1, Rn. 56; *Weber*, Arbeitsverhältnis, S. 54; *Witten*, Vertragsgestaltung, S. 52.

108 *Becker*, ZfA 1978, 131, 134; *Boemke*, Schuldvertrag und Arbeitsverhältnis, S. 558 f.; *Konzen*, ZfA 1982, 259, 280; *Raab*, ZfA 2003, 389, 392; *Rüthers/Bakker*, ZfA 1990, 245, 274; Schaub-*Koch*, § 120, Rn. 66 f.; Thüsing-*Thüsing*, AÜG, Einf., Rn. 35; *Urban-Crell/Schulz*, Arbeitnehmerüberlassung, Rn. 497; *Waas*, Anmerkung zu BAG v. 18.10.1994 – 1 ABR 9/94, SAE 1996, 160, 162.

109 ErfK-*Wank*, Einl. AÜG, Rn. 32.

110 ErfK-*Wank*, Einl. AÜG, Rn. 32.

111 *Boemke*, Schuldvertrag und Arbeitsverhältnis, S. 559; *Waas*, Anmerkung zu BAG v. 18.10.1994 – 1 ABR 9/94, SAE 1996, 160, 162.

dem Verleiher zugestimmt.[112] Das Recht zur Ausübung des Weisungsrechts erhält der Entleiher durch die Vereinbarung mit dem Verleiher in dem Überlassungsvertrag;[113] es folgt also nicht aus dem Arbeitsvertrag zwischen dem Verleiher und dem Leiharbeitnehmer.

Nach anderer Ansicht sei der zwischen Verleiher und Leiharbeitnehmer bestehende Arbeitsvertrag als echter Vertrag zugunsten des Entleihers einzuordnen.[114] Dies hat zur Folge, dass der Entleiher die Arbeitsleistung vom Leiharbeitnehmer fordern kann, also einen eigenen Anspruch hierauf hat.[115] Der Verleiher kann nur die Leistung an den Entleiher verlangen.[116] Auch nach dieser Ansicht steht dem Entleiher das Weisungsrecht gegenüber dem Leiharbeitnehmer zu.[117] Allerdings folgt dies nicht schon allein aus der Tatsache, dass der Arbeitsvertrag zwischen dem Verleiher und dem Leiharbeitnehmer als echter Vertrag zugunsten des Entleihers eingeordnet wird.[118] Vielmehr gilt wie auch nach der zuerst geschilderten Ansicht, dass der Leiharbeitnehmer einer Ausübung des Weisungsrechts durch den Entleiher im Arbeitsvertrag mit dem Verleiher zugestimmt hat.[119] Rechtsgrund für diese Übertragung des Weisungsrechts ist aber auch nach dieser Ansicht die Vereinbarung mit dem Verleiher in dem Überlassungsvertrag.[120]

Einer Entscheidung bedarf es für diese Arbeit nicht. Entscheidend ist, dass der Entleiher gewisse Rechte gegenüber dem Leiharbeitnehmer innehat. So steht ihm nach beiden Ansichten zumindest ein Weisungsrecht ge-

---

112 MünchAnwHb-*Reiserer/Christ*, § 66, Rn. 35; vgl. *Urban-Crell/Schulz*, Arbeitnehmerüberlassung, Rn. 481.

113 *Gick*, Gewerbsmäßige Arbeitnehmerüberlassung, S. 96 f.; *Konzen*, ZfA 1982, 259, 282; ErfK-*Wank*, Einl. AÜG, Rn. 32; *Urban-Crell/Schulz*, Arbeitnehmerüberlassung, Rn. 481. Wohl auch *Windbichler*, Arbeitsrecht im Konzern, S. 84 f.

114 *Hamann*, WiVerw 1996, 212, 214; *Reinsch*, Rechtsverhältnis, S. 199 ff.; MünchHdbArbR-*Schüren*, Band 2, § 318, Rn. 68; Schüren-*Schüren*, AÜG, Einl., Rn. 179; *Steuer*, Arbeitnehmerüberlassung, S. 106; ErfK-*Wank*, Einl. AÜG, Rn. 33.

115 Schüren-*Hamann*, AÜG, § 1, Rn. 81; *Hamann*, WiVerw 1996, 212, 214 f.; *Reinsch*, Rechtsverhältnis, S. 202; Schüren-*Schüren*, AÜG, Einl., Rn. 179; ErfK-*Wank*, Einl. AÜG, Rn. 33.

116 *Waas*, Anmerkung zu BAG v. 18.10.1994 – 1 ABR 9/94, SAE 1996, 160, 162.

117 Schüren-*Hamann*, AÜG, § 1, Rn. 81 ff.; Schüren-*Schüren*, AÜG, Einl., Rn. 169.

118 So könnte indes Schüren-*Hamann*, AÜG, § 1, Rn. 82, verstanden werden.

119 Schüren-*Hamann*, AÜG, § 1, Rn. 72, 82.

120 Schüren-*Hamann*, AÜG, § 1, Rn. 82; Schüren-*Schüren*, AÜG, Einl., Rn. 169.

genüber dem Leiharbeitnehmer zu.[121] Das normalerweise nur von dem Arbeitgeber auszuübende Weisungsrecht ist bei der Arbeitnehmerüberlassung zwischen dem Verleiher und dem Entleiher aufgeteilt:[122] Der Verleiher behält zwar weiterhin das Weisungsrecht insbesondere bezüglich der Bestimmung der Tätigkeit nach Umfang und Dauer.[123] Auch entscheidet der Verleiher über Arbeitsbefreiungen, er hat das Recht zur Abmahnung und zur Kündigung inne.[124] Jedoch hat der Entleiher für die Zeit der Überlassung ein arbeitsplatzbezogenes Weisungsrecht inne.[125] Der Entleiher bestimmt also die individuelle Arbeitsausführung.[126] Hierzu gehören die Arbeitsaufgabe im Entleihbetrieb, die Zuweisung eines konkreten Arbeitsplatzes und auch die Festlegung der Lage der Arbeitszeit, wozu auch Pausenregelungen gehören.[127] Dieses arbeitsplatzbezogene Weisungsrecht kann der Verleiher während der Überlassung nicht mehr selbst ausüben. Es lässt sich demnach festhalten, dass der Verleiher nicht alle wichtigen Rechte gegenüber dem Leiharbeitnehmer innehat, sondern auch der Entleiher mit dem arbeitsplatzbezogenen Weisungsrecht eine maßgebliche Rolle spielt. Wird dem Entleiher sogar noch ein eigenes Forderungsrecht zugesprochen, und kann der Verleiher somit die Arbeitsleistung nur noch an den Entleiher fordern, so ist die Rechtsposition des Entleihers gegenüber dem Leiharbeitnehmer umso gewichtiger.

(b) Grundlagen vertraglicher Sekundäransprüche

Aus den soeben genannten Rechten des Entleihers und weiteren zwischen Leiharbeitnehmer und Entleiher bestehenden Rechten und Pflichten kön-

---

121 (Siehe schon Fußnote 107:) *Boemke*, Schuldvertrag und Arbeitsverhältnis, S. 564; *Boemke/Lembke*, AÜG, § 1, Rn. 30; *Gick*, Gewerbsmäßige Arbeitnehmerüberlassung, S. 96 f.; HWK-*Kalb*, § 1 AÜG, Rn. 17; Schüren-*Schüren*, AÜG, Einl., Rn. 108; Ulber-*Ulber*, AÜG, Einl. Teil C, Rn. 136; *Urban-Crell/Schulz*, Arbeitnehmerüberlassung, Rn. 473; Thüsing-*Waas*, AÜG, § 1, Rn. 56; *Weber*, Arbeitsverhältnis, S. 54; *Witten*, Vertragsgestaltung, S. 52.

122 Vgl. *Gick*, Gewerbsmäßige Arbeitnehmerüberlassung, S. 96; *Urban-Crell/Schulz*, Arbeitnehmerüberlassung, Rn. 482.

123 *Urban-Crell/Schulz*, Arbeitnehmerüberlassung, Rn. 482.

124 *Urban-Crell/Schulz*, Arbeitnehmerüberlassung, Rn. 482.

125 *Urban-Crell/Schulz*, Arbeitnehmerüberlassung, Rn. 482.

126 *Urban-Crell/Schulz*, Arbeitnehmerüberlassung, Rn. 482.

127 *Urban-Crell/Schulz*, Arbeitnehmerüberlassung, Rn. 482.

nen sich Folgeansprüche ergeben. Hierbei sind insbesondere Schadensersatzansprüche von Bedeutung.

Neben den ohnehin gegebenen deliktischen Ansprüchen können auch vertragliche Sekundäransprüche zwischen Leiharbeitnehmer und Entleiher gegeben sein.[128] Hierbei stellt sich die Frage, auf welchem vertraglichen Schuldverhältnis diese begründet sind.

Geht man bei dem Arbeitsvertrag zwischen dem Verleiher und dem Leiharbeitnehmer von einem unechten Vertrag zugunsten des Entleihers aus, so können vertragliche Sekundäransprüche bei Pflichtverletzungen des Leiharbeitnehmers gegenüber dem Entleiher nur begründet werden, wenn der Arbeitsvertrag zwischen Leiharbeitnehmer und Entleiher als Schuldverhältnis mit Schutzwirkung zugunsten des Entleihers eingeordnet wird.[129] Und auch der Überlassungsvertrag zwischen Verleiher und Entleiher muss als Schuldverhältnis mit Schutzwirkung zugunsten eines Dritten, nämlich dem Leiharbeitnehmer, eingeordnet werden.[130] Leiharbeitnehmer und Entleiher können dann gegeneinander vertragliche Schadensersatzansprüche geltend machen, wenn die andere Partei eine Pflicht verletzt, die auch dem Schutz des Leiharbeitnehmers bzw. des Entleihers dient.[131] Hierbei sind Haftungsbeschränkungen analog § 334 BGB zu beachten.[132] Dieser Ansatz hilft lediglich bei einer Nichtleistung einer Vertragspartei nicht weiter; hierfür müsste der Entleiher tatsächlich einen Anspruch auf die Arbeitsleistung gegen den Arbeitnehmer und die damit einhergehenden Folgeansprüche haben.[133] Ein solches eigenes Forderungsrecht müsste aber ausdrücklich vereinbart werden.[134]

Nimmt man einen eigenen Anspruch des Entleihers auf die Arbeitsleistung und damit einen echten Vertrag zugunsten des Entleihers an, so bestehen die vertraglichen Sekundäransprüche hingegen wie in einem arbeitsvertraglichen Verhältnis.[135] Es kann also speziell auch Schadensersatz bei Nichtleistung und bei jeglicher Schlechterfüllung des Arbeitnehmers ver-

---

128 Vgl. *Urban-Crell/Schulz*, Arbeitnehmerüberlassung, Rn. 496.

129 *Gick*, Gewerbsmäßige Arbeitnehmerüberlassung, S. 106; Schaub-*Koch*, § 120, Rn. 66; *Urban-Crell/Schulz*, Arbeitnehmerüberlassung, Rn. 498.

130 *Urban-Crell/Schulz*, Arbeitnehmerüberlassung, Rn. 479, 498.

131 *Urban-Crell/Schulz*, Arbeitnehmerüberlassung, Rn. 498.

132 *Urban-Crell/Schulz*, Arbeitnehmerüberlassung, Rn. 498.

133 *Urban-Crell/Schulz*, Arbeitnehmerüberlassung, Rn. 498.

134 Vgl. *Urban-Crell/Schulz*, Arbeitnehmerüberlassung, Rn. 498.

135 Schüren-*Schüren*, AÜG, Einl., Rn. 150.

langt werden.[136] Dass immer eine Pflicht verletzt wird, die auch dem Schutz des Entleihers dient, ist demnach nicht erforderlich.

(3) Im Einzelnen: Aus Pflichtverletzungen resultierende Ansprüche

(a) Ansprüche des Entleihers gegen den Leiharbeitnehmer

Immer dann, wenn der Leiharbeitnehmer eine Pflicht aus dem Arbeitsvertrag mit dem Verleiher verletzt, können sich vertragliche Sekundäransprüche des Entleihers gegen den Leiharbeitnehmer ergeben. Geht man bei dem Arbeitsvertrag lediglich von einem Schuldverhältnis mit Schutzwirkung zugunsten des Entleihers aus, ist für einen vertraglichen Schadensersatzanspruch zusätzlich zu fordern, dass die verletzte Pflicht auch dem Schutz des Entleihers dient. Dieses zusätzliche Erfordernis ist nicht erforderlich, wenn man von einem eigenen Forderungsrecht des Entleihers hinsichtlich der Arbeitsleistung ausgeht. Dem Entleiher stehen dann insbesondere auch Ansprüche aus Nichtleistung zu.[137]

Daneben bestehen unabhängig von der rechtlichen Einordnung des Arbeitsvertrages deliktische Ansprüche des Entleihers.

(b) Ansprüche des Leiharbeitnehmers gegen den Entleiher

Bei einem eigenen Forderungsrecht des Entleihers auf die Arbeitsleistung des Arbeitnehmers greift das arbeitsrechtliche Haftungssystem.[138] Wird eine Haftung hingegen mithilfe einer Einordnung des Überlassungsvertrages als Schuldverhältnis mit Schutzwirkung zugunsten des Leiharbeitnehmers begründet, so ist auch hier zu fordern, dass die aus dem Überlassungsvertrag folgende und von dem Entleiher verletzte Pflicht auch dem Schutz des Leiharbeitnehmers dient.

Außerdem können sich Schadensersatzanprüche insbesondere aufgrund von Verstößen gegen §§ 13, 13a und 13b AÜG ergeben, wenn der Entleiher dem Auskunfts-, Informations- oder Zugangsrecht des Leiharbeitneh-

---

136 *Urban-Crell/Schulz*, Arbeitnehmerüberlassung, Rn. 496.
137 Vgl. Schüren-*Schüren*, AÜG, Einl., Rn. 119, 169.
138 Schüren-*Schüren*, AÜG, Einl., Rn. 150.

mers schuldhaft nicht nachkommt. [139] Diese Ansprüche ergeben sich aus Delikt, wobei §§ 13, 13a und 13b AÜG Schutzgesetze im Sinne des § 823 Abs. 2 BGB sind.[140] Ob diese Ansprüche auch vertraglich nach §§ 280 Abs. 1, 241 Abs. 2 BGB geltend gemacht werden können, hängt davon ab, ob es sich um Pflichten handelt, die sich aus dem Überlassungsvertrag ergeben.[141] Ist dies der Fall, dann bestehen bei einer Verletzung dieser Pflichten vertragliche Ansprüche; diese Pflichten dienen gerade dem Schutz des Leiharbeitnehmers, sodass auch dieses bei der Annahme eines Schuldverhältnisses mit Schutzwirkung zugunsten des Entleihers zu fordernde einschränkende Kriterium erfüllt ist. Sind die sich aus §§ 13, 13a und 13b AÜG ergebenden Pflichten nicht zugleich Pflichten aus dem Überlassungsvertrag, so bestehen vertragliche Ansprüche hieraus nur bei einem eigenen Forderungsrecht des Entleihers auf die Arbeitsleistung; diese Pflichten bestehen korrespondierend zu der Arbeitsleistung.[142]

(4) Bezeichnung als Arbeitsverhältnis nach bisherigem Verständnis irreführend

Aufgrund der Gegebenheiten, dass der Entleiher ein Direktionsrecht ausübt, der Arbeitnehmer in den Betrieb des Entleihers eingegliedert ist und weisungsabhängige Tätigkeiten erbringt, bezeichnet neben anderen *Boemke* dieses Verhältnis als Arbeitsverhältnis.[143] Dies entspricht keines-

---

139 BeckOKArbR-*Kock/Milenk*, § 13 AÜG, Rn. 11; BeckOKArbR-*Kock/Milenk*, § 13a AÜG, Rn. 19; BeckOKArbR-*Kock/Milenk*, § 13b AÜG, Rn. 20. Ebenso können sich Ansprüche bei Verletzung der Pflicht nach § 11 Abs. 6 AÜG ergeben, vgl. *Urban-Crell/Schulz*, Arbeitnehmerüberlassung, Rn. 500.

140 *Hamann*, RdA 2011, 321, 335; *Lembke*, NZA 2011, 319, 321.

141 *Hamann* ist hingegen der Ansicht, unabhängig von der Einordnung des rechtlichen Bandes zwischen Leiharbeitnehmer und Entleiher würden §§ 13a, 13b AÜG eine eigene schuldrechtliche Verpflichtung gegenüber dem Leiharbeitnehmer begründen, *Hamann*, RdA 2011, 321, 335.

142 Vgl. Schüren-*Schüren*, AÜG, Einl., Rn. 150.

143 *Boemke*, Schuldvertrag und Arbeitsverhältnis, S. 568 f.; *Boemke/Lembke*, AÜG, § 11, Rn. 142, sowie § 13, Rn. 17. So auch *Kim*, Konzerninterne Arbeitnehmerüberlassung, S. 62; *Lembke*, NZA 2011, 319, 321. Sehr ähnlich auch schon *Mayer-Maly*, ZfA 1972, 1, 23, der von einem Doppelarbeitsverhältnis spricht. Letzterer Begriff sollte nach Ansicht von *Ramm*, ZfA 1973, 263, 292, vermieden werden, da nur ein Arbeitsverhältnis bestehe, allerdings bestehe dieses laut *Ramm* sowohl zum Verleiher als auch zum Entleiher.

wegs dem herkömmlichen arbeitsrechtlichen Sprachgebrauch, wonach ein Arbeitsverhältnis eines Arbeitsvertrags bedarf.[144] *Boemke* macht deutlich, dass es sich hierbei nicht um ein arbeitsrechtliches Grundverhältnis handele (dies entspräche wohl dem allgemein als „Arbeitsverhältnis" bezeichneten Rechtsverhältnis), sondern lediglich um ein arbeitsrechtliches Erfüllungsverhältnis.[145] Insofern ist die Bezeichnung als Arbeitsverhältnis nicht überzubewerten; auch *Boemke* geht nicht von einem Arbeitsvertrag zwischen dem Entleiher und dem Leiharbeitnehmer aus.[146] Gleichwohl erfolgt diese Bezeichnung nicht ohne Grund: Denn seiner Meinung nach entstünden „durch die Erbringung der Arbeitsleistung im Entleiherbetrieb ebenfalls arbeitsrechtliche Beziehungen zwischen Entleiher und Leiharbeitnehmer"[147]. Dies habe der Gesetzgeber dadurch deutlich gemacht, dass er dem Entleiher gewisse Arbeitgeberpflichten zugewiesen habe, wie beispielsweise § 11 Abs. 6 und 7 AÜG. Definitiv mit dem durch *Boemke* bezeichneten Arbeitsverhältnis nicht gemeint sein kann das Verhältnis, welches im AÜG als „Arbeitsverhältnis" bezeichnet ist, so insbesondere das fingierte Arbeitsverhältnis in § 10 AÜG. Wenn nach § 10 Abs. 1 AÜG iVm. § 9 Nr. 1 AÜG ein Arbeitsverhältnis zum Entleiher erst entsteht, kann ein Arbeitsverhältnis nicht bereits vorher bestanden haben. Hier ist wie oben aufgezeigt ein vertragliches Arbeitsverhältnis gemeint.

Wie diese Ausführungen bereits erkennen lassen, kommt es nicht auf die Begrifflichkeiten oder Bezeichnungen wie „arbeitsrechtliche Beziehungen" oder „Arbeitsverhältnis" an; entscheidend sind die Voraussetzungen und Gegebenheiten, die hinter der Wertung als „arbeitsrechtliche Beziehungen" oder als „Arbeitsverhältnis" stehen. Letzteres wird sich im Laufe dieser Arbeit immer wieder zeigen und verdient besonderer Beachtung. Das gilt ebenso für die Bezeichnung als „Arbeitgeber"; es kommt darauf an, worin die Veranlassung besteht, eine Person in einer bestimmten Situation als „Arbeitgeber" zu bezeichnen, nicht jedoch, dass diese Person „Arbeitgeber" genannt wird.

---

144 Dies wurde oben bereits erwähnt, dazu Fußnote 93.

145 *Boemke*, Schuldvertrag und Arbeitsverhältnis, S. 569.

146 *Boemke*, Schuldvertrag und Arbeitsverhältnis, S. 568.

147 *Boemke*, Schuldvertrag und Arbeitsverhältnis, S. 568. Ähnlich auch *Hempel*, Spannungsverhältnis, S. 162.

(5) Ergebnis

Geht es um das Verhältnis zwischen dem Entleiher und dem Leiharbeitnehmer, so bestehen ungeachtet der genauen Einordnung dieses rechtlichen Bandes viele Rechte und Pflichten gegeneinander. Daraus ergibt sich, dass für den Leiharbeitnehmer nicht allein die arbeitsvertragliche Beziehung zum Verleiher entscheidend ist. Vielmehr spielt auch das Verhältnis zum Entleiher eine maßgebliche Rolle für die Rechte und Pflichten des Leiharbeitnehmers und die Rechte und Pflichten ihm gegenüber.

cc) Möglichkeit eines Vertragsbeitritts des Entleihers

Ein Vertrag kann aber unter Umständen auch zwischen dem Entleiher und dem Leiharbeitnehmer bestehen. Möglich ist dies durch einen Vertragsbeitritt des entleihenden Unternehmens zu dem bestehenden Vertrag zwischen dem Leiharbeitnehmer und dem Verleiher.[148] Ein solcher ist jedoch regelmäßig nicht gegeben.

b) Zwischenergebnis

*Arbeitsvertrag*liche Beziehungen bestehen nur zwischen dem Leiharbeitsunternehmen und dem Leiharbeitnehmer, nicht zwischen dem entleihenden Unternehmen und dem Leiharbeitnehmer. Eine Ausnahme ist der Fall eines Vertragsbeitritts des Entleihers. Mangels grundsätzlich fehlenden Arbeitsvertrags wird das Verhältnis zwischen dem entleihenden Unternehmen und dem Leiharbeitnehmer ganz überwiegend auch nicht als Arbeitsverhältnis bezeichnet. Ungeachtet der genauen Einordnung dieses rechtlichen Bandes zwischen dem Leiharbeitnehmer und dem entleihenden Unternehmen bestehen viele Rechte und Pflichten gegeneinander. Für den Leiharbeitnehmer ist daher nicht allein die arbeitsvertragliche Beziehung zum Verleiher entscheidend. Vielmehr spielt auch das Verhältnis zum Entleiher eine maßgebliche Rolle für die Rechte und Pflichten des Leiharbeitnehmers und die Rechte und Pflichten ihm gegenüber.

---

148 *Heinze*, ZfA 1976, 183, 201; *Willemsen*, NJW 2011, 1546, 1548 (in der Fußnote 9).

3. Anwendung allgemeiner Bestimmungen

Schließlich sei angemerkt, dass – sofern das AÜG keine abschließenden Regelungen trifft –, „nach allgemeinen Grundsätzen auf die generellen Bestimmungen außerhalb des AÜG zurückzugreifen“[149] ist. Besonders zu nennen sind hier die Befristungsregelungen des TzBfG, die speziell einer Flexibilisierung der Arbeitnehmerüberlassung im Wege stehen.[150]

D. Problem des Dauerverleihs

Die vorliegende Arbeit behandelt ein betriebsübergangsrechtliches, kein leiharbeitsrechtliches Thema. Dennoch ist auf ein spezielles Problem der Leiharbeit einzugehen, welches sich völlig unabhängig von einem etwaigen Betriebsübergang stellt. Im Rahmen der Leiharbeit stellt sich seit Inkrafttreten der Leiharbeitsrichtlinie 2008/104/EG[151] und der damit einhergehenden Neufassung des Arbeitnehmerüberlassungsgesetzes (AÜG) zum 1.12.2011 die Frage, wie der Begriff „vorübergehend“ zu verstehen ist. Daran schließt sich das Problem an, ob ein Dauerverleih überhaupt zulässig ist. Schließlich wird überdies äußerst kontrovers diskutiert, welche Folge eine Unzulässigkeit auf den dennoch durchgeführten Dauerverleih haben könnte.

I. Definition des Dauerverleihs

Weder in der Richtlinie[152] noch im neuen AÜG[153] findet sich eine Definition des Begriffs „vorübergehend“. Damit ist auch eine Bestimmung des Begriffs des Dauerverleihs problematisch.

Ausgangspunkt für eine Begriffsbestimmung ist, dass eine Überlassung entweder dauerhaft (dann Dauerverleih) oder nur vorübergehend erfolgen

---

149 *Urban-Crell/Schulz*, Arbeitnehmerüberlassung, Rn. 167.

150 *Tucci*, Arbeitnehmermobilität, S. 155.

151 Richtlinie 2008/104/EG des europäischen Parlaments und des Rates vom 19.11.2008 über Leiharbeit, ABl. Nr. L 327, 9, vom 5.12.2008.

152 *Krannich/Simon*, BB 2012, 1414, 1415; *Hamann*, RdA 2011, 321, 324; *Hamann*, NZA 2011, 70, 72; *Giesen/Müller*, KSzW 2012, 20, 22.

153 *Zimmermann*, ArbRAktuell 2011, 62; *Hamann*, RdA 2011, 321, 324; *Giesen/Müller*, KSzW 2012, 20, 22.

kann. Wenn also das eine gegeben ist, ist das andere nicht gegeben. Gleiches gilt auch umgekehrt. Mithin kann ebenso statt der Bestimmung des Begriffs eines Dauerverleihs auch eine Bestimmung des Begriffs „vorübergehend“ erfolgen. Dies hat den Vorteil, dass dieser Begriff dem Gesetzeswortlaut der Leiharbeitsrichtlinie und des § 1 Abs. 1 S. 2 AÜG n.F. entspricht. Dementsprechend befasst sich sowohl die Rechtsprechung als auch die Literatur damit, den Begriff „vorübergehend“ zu definieren. Hierauf kann im Folgenden zurückgegriffen werden.

1. Leiharbeitsrichtlinie 2008/104/EG

a) Wortlaut

Betrachtet man den Wortlaut, dann zeigt sich schon das oben bereits angesprochene Ausschließlichkeitsverhältnis zwischen einem vorübergehenden und einem dauerhaften Verleih: „Vorübergehend ist alles das, was nicht dauerhaft ist“[154].[155]

Durch den Begriff „vorübergehend“ wird die Überlassung nur zeitlich beschränkt.[156] Aus den anderen sprachlichen Fassungen der Richtlinie ergibt sich nichts anderes.[157] Daraus kann man schließen, dass die Arbeitnehmerüberlassung „nur irgendwie mit einem zeitlichen Ende versehen sein muss“[158]. Einschränkend könnte man auch davon ausgehen, dass ein bestimmter Zeitraum festgelegt werden muss, den man als vorübergehend bewerten kann.[159] Allerdings lässt sich aus dem Wortlaut eine solche Einschränkung nicht entnehmen: Ein bestimmter, festgelegter Zeitraum ist immer vorübergehend, ohne dass man ab einer bestimmten Dauer sagen könnte, dass dieser Zeitraum nunmehr dauerhaft ist. Auch ein sehr langer Zeitraum ist also noch vorübergehend, wenn er bestimmt, also ein Ende vereinbart ist.

---

154 *Thüsing/Stiebert*, DB 2012, 632.

155 Ebenso *Boemke*, RIW 2009, 177, 179; *Hamann*, NZA 2011, 70, 72; *Hamann*, RdA 2011, 321, 324; *Rieble/Vielmeier*, EuZA 2011, 474, 487. Vgl. auch *Böhm*, DB 2012, 918, 919; *Leuchten*, NZA 2011, 608, 609.

156 *Thüsing/Stiebert*, DB 2012, 632.

157 *Thüsing/Stiebert*, DB 2012, 632.

158 *Rieble/Vielmeier*, EuZA 2011, 474, 487.

159 So *Ulber*, AuR 2010, 10, 11.

b) Historie

Aus der Entstehungsgeschichte der Richtlinie ergeben sich keine näheren Anhaltspunkte für eine Begriffsbestimmung des Wortes „vorübergehend".[160] Die Frage, ob durch den Begriff „vorübergehend" eine Regelung oder lediglich eine Klarstellung erfolgen sollte, spielt an dieser Stelle noch keine Rolle; hierauf ist erst im Rahmen des Problems der Zulässigkeit des Dauerverleihs einzugehen.[161]

c) Systematik

aa) Anlehnung an Art. 8 Abs. 2 S. 2 Rom I-Verordnung

Systematisch könnte ein Blick auf Art. 8 Abs. 2 S. 2 Rom I-Verordnung helfen.[162] Dort heißt es:

> „Der Staat, in dem die Arbeit gewöhnlich verrichtet wird, wechselt nicht, wenn der Arbeitnehmer seine Arbeit *vorübergehend* [Hervorhebung durch den Verfasser] in einem anderen Staat verrichtet."

Das Wort „vorübergehend" wird hier weit ausgelegt.[163] Es ist nur dann ausgeschlossen, wenn ein Rückkehrwille des Arbeitnehmers und ein Rücknahmewille des Arbeitgebers überhaupt nicht mehr besteht.[164]

Eine Übertragung dieses Grundsatzes auf die Leiharbeitsrichtlinie und das AÜG muss jedoch ausscheiden. Art. 8 Rom I-Verordnung verfolgt zwei Zwecke.[165] Einerseits soll die Parteiautonomie beschränkt werden.[166] Andererseits werden Kriterien für eine objektive Anknüpfung des Arbeits-

---

160 *Krannich/Simon*, BB 2012, 1414, 1415.

161 Siehe ausführlich unten, zweiter Teil, § 4 D. II. 1. c) aa), S. 79.

162 Hiermit befassen sich *Thüsing/Stiebert*, DB 2012, 632, sowie *Krannich/Simon*, BB 2012, 1414, 1416.

163 *Thüsing/Stiebert*, DB 2012, 632.

164 MünchKommBGB-*Martiny*, VO (EG) 593/2008, Art. 8 Individualarbeitsverträge, Rn. 56. Ähnlich auch *Thüsing/Stiebert*, DB 2012, 632; ErfK-*Schlachter*, E 2009/26/EG Art. 9 Eingriffsnormen, Rn. 13.

165 MünchKommBGB-*Martiny*, VO (EG) 593/2008, Art. 8 Individualarbeitsverträge, Rn. 1.

166 MünchKommBGB-*Martiny*, VO (EG) 593/2008, Art. 8 Individualarbeitsverträge, Rn. 1.

verhältnisses aufgestellt.[167] Diese Zielsetzungen sind völlig verschieden von denen der Leiharbeitsrichtlinie und dem AÜG,[168] wonach es um den Schutz einer bestimmten Gruppe von Arbeitnehmern, den Leiharbeitnehmern, geht. Außerdem geht es nicht darum, lediglich das anzuwendende Recht zu bestimmen, sondern das auf die Leiharbeit anzuwendende Recht selbst auszugestalten. Rückschlüsse für die Auslegung sind demnach nicht möglich.[169]

bb) Orientierung an Art. 57 Abs. 3 AEUV

Eine weitere Parallele kann man zu der ebenfalls europarechtlichen Vorschrift des Art. 57 Abs. 3 AEUV ziehen.[170] Es geht hierbei um die Dienstleistungsfreiheit nach Art. 56 AEUV; Art. 57 Abs. 3 AEUV regelt ein Begleitrecht.[171] Dort heißt es:

> „Unbeschadet des Kapitels über die Niederlassungsfreiheit kann der Leistende zwecks Erbringung seiner Leistungen seine Tätigkeit *vorübergehend* [Hervorhebung durch den Verfasser] in dem Mitgliedstaat ausüben, in dem die Leistung erbracht wird, und zwar unter den Voraussetzungen, welche dieser Mitgliedstaat für seine eigenen Angehörigen vorschreibt."

Der Dienstleistungserbringer erhält hierdurch ebenso wie der Dienstleistungsempfänger ein Recht, sich vorübergehend in einem anderen Mitgliedstaat aufzuhalten.[172] Dieses Recht zum Aufenthalt gilt auch für die entsandten Arbeitskräfte des Dienstleistungserbringers.[173] Erst dann, wenn der Aufenthalt nicht mehr vorübergehend ist, gilt die Niederlassungsfreiheit gem. Art. 49 ff. AEUV.[174] Hierzu führt der EuGH aus:

> „Für die Frage, ob die Tätigkeiten des Leistenden im Aufnahmemitgliedstaat vorübergehenden Charakter haben, sind nach der Rechtsprechung des Ge-

---

167 MünchKommBGB-*Martiny*, VO (EG) 593/2008, Art. 8 Individualarbeitsverträge, Rn. 1.

168 *Krannich/Simon*, BB 2012, 1414, 1416.

169 *Krannich/Simon*, BB 2012, 1414, 1416.

170 *Giesen*, FA 2012, 66 ff.

171 Calliess/Ruffert-*Kluth*, Art. 57 AEUV, Rn. 64.

172 Calliess/Ruffert-*Kluth*, Art. 57 AEUV, Rn. 64; Grabitz/Hilf/Nettesheim-*Randelzhofer/Forsthoff*, Art. 57 AEUV, Rn. 168; *Giesen*, FA 2012, 66, 67.

173 Calliess/Ruffert-*Kluth*, Art. 57 AEUV, Rn. 64; Grabitz/Hilf/Nettesheim-*Randelzhofer/Forsthoff*, Art. 57 AEUV, Rn. 168; *Giesen*, FA 2012, 66, 67.

174 *Giesen*, FA 2012, 66, 67.

> richtshofes nicht nur die Dauer der Leistung, sondern auch ihre Häufigkeit, regelmäßige Wiederkehr oder Kontinuität zu berücksichtigen."[175]

Weiter führt der EuGH in diesem Urteil aus, der Gerichtshof habe festgestellt, dass der Staatsangehörige,

> „... der als Angehöriger eines Mitgliedstaats *in stabiler und kontinuierlicher Weise* [Hervorhebung durch den Verfasser] eine Berufstätigkeit in einem anderen Mitgliedstaat ausübt, in dem er sich von einem Berufsdomizil aus u.a. an die Angehörigen dieses Staates wendet [...] unter die Vorschriften des Kapitels über das Niederlassungsrecht und nicht unter die des Kapitels über die Dienstleistungen fällt."[176]
>
> [...]
>
> „Der Vertrag enthält keine Vorschrift, die eine abstrakte Bestimmung der Dauer oder Häufigkeit ermöglicht, ab der die Erbringung einer Dienstleistung oder einer bestimmten Art von Dienstleistung in einem anderen Mitgliedstaat nicht mehr als eine Dienstleistung im Sinne des Vertrages angesehen werden kann."[177]

Diese Rechtsprechung bringt *Giesen* auf den Punkt, in dem er festhält, dass „erst eine dauerhafte Tätigkeit, die unabhängig von einzelnen Aufträgen ist, [...] zur Verstetigung und damit schlussendlich zum Vorliegen einer Niederlassung [führt]"[178]. Dann ist die Tätigkeit nicht mehr vorübergehend. Selbst eine Tätigkeit, die über mehrere Jahre erfolgt, kann also noch vorübergehend sein,[179] solange diese nicht verstetigt ist.

Als Zeitpunkt der Beurteilung kommt eine ex-ante oder eine ex-post Beurteilung in Betracht.[180] Der EuGH hat diese Frage noch nicht geklärt. Für Art. 57 Abs. 3 AEUV haben sich allerdings die EU-Kommission[181] und der Generalanwalt *Mischo*[182] in dem Verfahren *Schnitzer* geäußert und sich dafür ausgesprochen, eine ex-ante-Sichtweise zugrunde zu legen.

---

175 EuGH v. 11.12.2003 – Rs. C-215/01 *(Schnitzer)*, EuZW 2004, 94, 95 (Rn. 28).

176 EuGH v. 11.12.2003 – Rs. C-215/01 *(Schnitzer)*, EuZW 2004, 94, 95 (Rn. 29).

177 EuGH v. 11.12.2003 – Rs. C-215/01 *(Schnitzer)*, EuZW 2004, 94, 95 (Rn. 31).

178 *Giesen*, FA 2012, 66, 67.

179 *Giesen*, FA 2012, 66, 67; *Krannich/Simon*, BB 2012, 1414, 1416. Vgl. EuGH v. 11.12.2003 – Rs. C-215/01 *(Schnitzer)*, EuZW 2004, 94, 95 (Rn. 30).

180 Hierzu *Giesen*, FA 2012, 66, 67.

181 Die Aussage der Kommission stellt der Generalanwalt *Mischo* in seinen Schlussanträgen dar, siehe Schlussanträge Generalanwalt *Mischo* v. 17.9.2002 – Rs. C-215/01 *(Schnitzer)*, Slg. 2003, I-14850, 14861 (Rn. 47).

182 Schlussanträge Generalanwalt *Mischo* v. 17.9.2002 – Rs. C-215/01 *(Schnitzer)*, Slg. 2003, I-14850, 14861 (Rn. 65).

Eine ex-ante-Sichtweise ist sinnvoll.[183] Denn wenn von vornherein beabsichtigt ist, dauerhaft in einem Mitgliedstaat zu verbleiben, kann hierauf auch von Anfang an die Niederlassungsfreiheit angewendet werden.[184] Wird jemand hingegen vorerst nur vorübergehend tätig, so sollte für diesen Zeitraum dann auch nur die Dienstleistungsfreiheit eingreifen; erst ab dem Zeitpunkt der Verstetigung und damit der dauerhaften Tätigkeit liegt ein Fall der Niederlassungsfreiheit vor.[185] Es wäre nicht angebracht, für diesen vorgelagerten Zeitraum, in dem die Dienstleistung durch die Dienstleistungsfreiheit privilegiert ist, ebenfalls die Niederlassungsfreiheit anzuwenden und damit eine rückwirkende Schlechterstellung durchzuführen.[186] Das wäre aber die Folge bei einer ex-post-Sichtweise, die daher abzulehnen ist.

Für die Frage, ob dieses Verständnis für den Begriff vorübergehend auf die Leiharbeit zu übertragen ist, muss sich zunächst klargemacht werden, dass die Leiharbeit nicht unter die Arbeitnehmerfreizügigkeit nach Art. 45 AEUV fällt.[187] Denn die von den Leiharbeitnehmern in einem anderen Mitgliedstaat ausgeübte Beschäftigung ist nach den Vorschriften ihres Heimatlandes reglementiert; es sind gerade nicht die Rechtsvorschriften des Bestimmungslandes maßgeblich, wie es Art. 45 Abs. 3 lit. c) AEUV verlangt.[188] Ein Schutz der Leiharbeitnehmer erfolgt aber über die Dienstleistungsfreiheit. Solange die Dienstleistung, namentlich die Arbeitnehmerüberlassung, vorübergehend erfolgt, ist die Niederlassungsfreiheit noch nicht einschlägig.[189] Beide Grundfreiheiten schließen sich gegenseitig aus.[190] Die Leiharbeit wird also über die Dienstleistungsfreiheit grundsätzlich geschützt. Die Leiharbeitsrichtlinie gestaltet diesen grundsätzlichen Schutz innerlich aus.[191] Insofern kann nicht davon ausgegangen werden, dass durch diese innere Ausgestaltung engere Grenzen gesetzt werden sollen.[192] Zumindest wäre dann zu erwarten gewesen, dass diese Absicht ausdrücklich in den Materialien anklingt; dies ist jedoch nicht der

---

183 *Giesen*, FA 2012, 66, 67.
184 *Giesen*, FA 2012, 66, 67.
185 *Giesen*, FA 2012, 66, 67.
186 *Giesen*, FA 2012, 66, 67.
187 *Krannich/Simon*, BB 2012, 1414, 1416.
188 *Krannich/Simon*, BB 2012, 1414, 1416.
189 *Krannich/Simon*, BB 2012, 1414, 1416.
190 Grabitz/Hilf/Nettesheim-*Randelzhofer/Forsthoff*, Art. 43 AEUV, Rn. 113.
191 *Krannich/Simon*, BB 2012, 1414, 1416.
192 *Krannich/Simon*, BB 2012, 1414, 1416.

Fall.[193] Es ist mithin davon auszugehen, dass durch die gleiche Wortwahl *zumindest*[194] kein engerer Anwendungsbereich geschaffen werden sollte.

Überträgt man diese Rechtsprechung auf die Leiharbeit, so ist folgendes festzuhalten. Bei Art. 57 Abs. 3 AEUV kommt es auf die Dienstleistung an; entsprechend muss die Überlassung selbst vorübergehend sein.[195] Es kommt also auf eine personenbezogene Betrachtungsweise an, bezogen auf den Leiharbeitnehmer, dessen Überlassung in Frage steht.[196] Insofern ist dann, wenn ein Arbeitsplatz beim Entleiher dauerhaft von verschiedenen vorübergehend überlassenen Leiharbeitnehmern besetzt wird, eine dauerhafte Überlassung nicht gegeben.[197] Es kommt bei dieser personenbezogenen Betrachtungsweise weiterhin auf die „Zielsetzung der Arbeitnehmerüberlassung"[198] an; mit der Arbeitnehmerüberlassung muss beabsichtigt sein, „einen vorübergehenden Arbeitskräftebedarf zu decken"[199]. Hat der Entleiher hingegen „ex-ante die Intention, den Arbeitnehmer dauerhaft zu entleihen"[200], liegt ein Dauerverleih vor. Auch wenn sich die Überlassung derart verändert, dass „kein Wechsel mehr zurück zum Einsatz eigener Arbeitnehmer vorgesehen wird, kommt es zur Verstetigung"[201], sodass dann ein Dauerverleih vorliegt.

Nach dieser Lösung ist also kein bestimmter Zweck oder sachlicher Grund erforderlich; eine Verlagerung von einer rein zeitlichen zu einer zweckorientierten Komponente ist demnach nicht gegeben. Doch auch die

193 *Krannich/Simon*, BB 2012, 1414, 1416.

194 Eine etwas andere Schlussfolgerung ziehen *Krannich/Simon*, BB 2012, 1414, 1416. Nach ihrer Meinung sollen die Anwendungsbereiche deckungsgleich sein. Wie noch zu zeigen sein wird, ist die Entscheidung, ob ein Verleih vorübergehend oder dauerhaft erfolgt, für den Anwendungsbereich der Richtlinie und des AÜG jedoch unerheblich. Siehe dazu ausführlich unten, zweiter Teil, § 4 D. II., S. 76 ff. Entscheidend ist die Differenzierung jedoch für einen Übergang der Leiharbeitnehmer bei einem Betriebsübergang, dazu unten, vierter Teil, § 9 A. III. 4. a) bb), S. 187.

195 *Giesen*, FA 2012, 66, 67; *Ludwig*, BB 2013, 1276, 1278.

196 *Ludwig*, BB 2013, 1276, 1278.

197 *Giesen*, FA 2012, 66, 67; *Ludwig*, BB 2013, 1276, 1278. A.A. ArbG Cottbus, Teilurteil v. 24.4.2013 – 2 Ca 1364/12; *Bartl/Romanowski*, NZA Online Aufsatz 3/2012, 1, 3; *Düwell*, ZESAR 2011, 449, 453 f.; vgl. LAG Berlin-Brandenburg v. 9.1.2013 – 15 Sa 1635/12, NZA-RR 2013, 234, 237; *Hamann*, RdA 2011, 321, 325.

198 *Giesen*, FA 2012, 66, 67.

199 *Giesen*, FA 2012, 66, 67.

200 *Krannich/Simon*, BB 2012, 1414, 1416.

201 *Giesen*, FA 2012, 66, 67 f.

zeitliche Komponente benötigt zu ihrer Bestimmung einen gewissen Rahmen, sodass die Gesamtumstände Beachtung finden müssen. Konkret setzt ein Dauerverleih nach diesem Ansatz voraus, dass ein und derselbe Leiharbeitnehmer für den Entleiher auf einem bestimmten Arbeitsplatz tätig wird und der Entleiher beabsichtigt, auf diesem bestimmten Arbeitsplatz keine eigenen Arbeitnehmer mehr einzusetzen, sondern nur diesen Leiharbeitnehmer.[202] Natürlich muss dazu kommen, dass der Verleiher auch gewillt ist, dass jener Leiharbeitnehmer an den Entleiher verliehen bleibt.

d) Zweck

aa) Zweck der Flexibilität

Häufig wird die Aussage getroffen, dass nach den Erwägungen der Richtlinie eine Befriedigung des „Flexibilitätsbedarfs der Unternehmen" verfolgt werde, nicht jedoch die Abdeckung eines Dauerbedarfs.[203] Es ist nicht von der Hand zu weisen, dass die Erwägungsgründe solch einen Flexibilitätsbedarf anerkennen. Allerdings wird aus dem 10. Erwägungsgrund deutlich, dass die Leiharbeit nicht nur der Flexibilität dienen soll, sondern ebenso dem Bedürfnis der Arbeitnehmer. Es sollen Arbeitsplätze geschaffen und Arbeitnehmer in den Arbeitsmarkt eingegliedert werden. Insofern kann nicht gesagt werden, dass die Abdeckung eines Dauerbedarfs verhindert werden soll. Es wäre also verfehlt, nur auf den Flexibilitätsbedarf abzustellen und hieraus zu folgern, die Abdeckung eines Dauerbedarfs sei unzulässig.[204] Dementsprechend sind Begriffsbestimmungen abzulehnen, die die Abdeckung eines Dauerbedarfs als missbräuchlich ansehen und daher zur Bestimmung des Begriffs „vorübergehend" eine Missbrauchskontrolle durchführen wollen.[205]

---

202 Vgl. *Giesen*, FA 2012, 66, 67 f.

203 *Bartl/Romanowski*, NZA Online Aufsatz 3/2012, 1, 2; *Wank*, JArbR 49, 23, 28.

204 Das sagen auch *Bartl/Romanowski*, NZA Online Aufsatz 3/2012, 1, 2, nicht ausdrücklich.

205 Im Übrigen geht es hierbei erneut um das Problem der Zulässigkeit des Dauerverleihs, auf das sogleich einzugehen ist, siehe unten, zweiter Teil, § 4 D. II., S. 76 ff. Es ist allerdings zu beachten, dass für solche Autoren, die einen Dauerverleih für unzulässig halten, die Bestimmung des Begriffs „vorübergehend" in das Problem der Zulässigkeit des Dauerverleihs übergeht. Eine scharfe Trennung dieser beiden Problembereiche ist dann nicht möglich.

bb) Weitere teleologische Gesichtspunkte für die Definition nicht entscheidend

Es gibt viele weitere teleologische Aspekte der Richtlinie 2008/104/EG. Jedoch sind diese für eine konkrete Bestimmung des Begriffs „vorübergehend“ nicht hilfreich. Wiederum gilt auch für jene Aspekte, dass hierauf erst im Rahmen des Problems der Zulässigkeit des Dauerverleihs einzugehen ist.[206]

e) Zwischenergebnis

Eine Orientierung an der Auslegung des Begriffs „vorübergehend“ in Art. 57 Abs. 3 AEUV ist im Hinblick auf die Richtlinie 2008/104/EG und andere europarechtliche Regelungen am überzeugendsten.

Im Folgenden ist noch eine Auslegung des Begriffs „vorübergehend“ mithilfe des nationalen Rechts durchzuführen. Möglicherweise ergeben sich hierdurch weitere Erkenntnisse.

2. Arbeitnehmerüberlassungsgesetz

a) Wortlaut

Zum Wortlaut gilt das bereits zur Leiharbeitsrichtlinie Gesagte entsprechend.

---

206 Siehe ausführlich unten, zweiter Teil, § 4 D. II. 1. d), S. 82 ff.

b) Historie

aa) Keine zweckorientierte Betrachtungsweise

In dem Gesetzesentwurf vom 2.9.2010[207] hieß es noch zu der zunächst geplanten Neuregelung einer Vermutung der Arbeitsvermittlung, die bei einem *nicht nur vorübergehenden Verleih* eingreifen sollte:

> „In der Regel kann *immer dann von einer vorübergehenden Überlassung ausgegangen werden, wenn der Einsatz* in dem Entleihunternehmen nicht dauerhaft sein soll und *beispielsweise im Rahmen einer Urlaubs- oder Krankenvertretung oder zur Durchführung eines besonderen Projekts oder Auftrags stattfindet* [Hervorhebungen durch den Verfasser].“[208]

Der Gesetzgeber hat hier bestimmte Beispielsfälle der vorübergehenden Überlassung genannt. In diesen Fällen erfolgt die Überlassung zu einem bestimmten Zweck. Doch auf solch einen bestimmten Zweck kommt es dem Gesetzgeber nicht mehr an; er verzichtete darauf, diese Passage auch weiterhin aufrechtzuerhalten. Weil diese Passage gestrichen worden ist, kann diese nicht mehr herangezogen werden und die Streichung spricht im Gegenteil dafür, dass eine zweckorientierte Komponente nicht maßgeblich ist.[209]

bb) Keine starre Höchtsüberlassungsgrenze

Zum 1.1.2004[210] ist die Höchstüberlassungsdauer weggefallen. Aus der Gesetzesbegründung[211] zum neuen AÜG vom 17.2.2011 ergibt sich eindeutig, dass keine starre zeitliche Grenze durch den Begriff „vorübergehend“ gewollt ist. Laut der Begründung wird gerade „auf genau bestimmte

---

207 Entwurf der Bundesregierung zu einem „Gesetz zur Verhinderung von Missbrauch der Arbeitnehmerüberlassung“ vom 2.9.2010, abrufbar unter http://www.arbrb.de/media/90CBB74Ed01.pdf (Abrufdatum: 11.9.2013).

208 Entwurf der Bundesregierung zu einem „Gesetz zur Verhinderung von Missbrauch der Arbeitnehmerüberlassung“ vom 2.9.2010, S. 9, abrufbar unter http://www.arbrb.de/media/90CBB74Ed01.pdf (Abrufdatum: 11.9.2013).

209 Vgl. *Krannich/Simon*, BB 2012, 1414, 1416.

210 Durch das Erste Gesetz für moderne Dienstleistungen am Arbeitsmarkt vom 23.12.2002, BGBl. I, S. 4607.

211 BT-Drs. 17/4804.

Höchstüberlassungsfristen verzichtet“[212]. Eine starre Höchstüberlassungsgrenze wäre demnach verfehlt.[213]

c) Systematik

Die obigen Erörterungen zu Art. 8 Abs. 2 S. 2 Rom I-Verordnung und Art. 57 Abs. 3 AEUV gelten ebenso für § 1 Abs. 1 S. 2 AÜG n.F. Daneben kommen aber noch nationale Vorschriften in Betracht, an denen eine Orientierung möglich erscheint.

aa) Orientierung am früheren Konzernprivileg des § 1 Abs. 3 Nr. 2 AÜG a.F.

In § 1 Abs. 3 Nr. 2 AÜG a.F., dem sogenannten Konzernprivileg, fand sich ebenfalls das Wort „vorübergehend“. Nach dieser Vorschrift war die vorübergehende konzerninterne Arbeitnehmerüberlassung keine Arbeitnehmerüberlassung im Sinne des AÜG und damit erlaubnisfrei.[214] Man könnte andenken, sich an der bisherigen Rechtslage hierzu zu orientieren.[215] Das BAG führt hierzu aus:

> „Die Ausnahmeregelung des § 1 Abs. 3 Nr. 2 AÜG [...] greift für [konzernangehörige] Personalführungsgesellschaften nicht ein, weil die Überlassung der Arbeitnehmer an die anderen Konzernunternehmen nicht nur vorübergehend erfolgt. Damit soll verhindert werden, dass durch die Einbeziehung eines reinen Verleihunternehmens in einen Konzern die Überlassung von Arbeitnehmern innerhalb eines Konzerns unbeschränkt zulässig wird. Personalführungsgesellschaften, deren einziger Zweck die Einstellung und Beschäftigung von Arbeitnehmern ist, um sie dauerhaft zu anderen Konzernunternehmen zu

212 BT-Drs. 17/4804, S. 7.

213 *Bartl/Romanowski*, NZA Online Aufsatz 3/2012, 1, 3; *Düwell*, ZESAR 2011, 449, 452; *Krannich/Simon*, BB 2012, 1414, 1417.

214 *Huke/Neufeld/Luickhardt*, BB 2012, 961, 965.

215 So *Thüsing/Stiebert*, DB 2012, 632, 633; ErfK-*Wank*, Einl. AÜG, Rn. 12; *Ulber*, AuR 2010, 10, 11; vgl. *Huke/Neufeld/Luickhardt*, BB 2012, 961, 965; LAG Baden-Württemberg, Urteil v. 22.11.2012 – 11 Sa 84/12. Nach ArbG Cottbus, Beschluss v. 26.9.2012 – 2 BV 36/12 (Rn. 39 f. bei juris), soll es hierauf *neben* § 14 Abs. 1 TzBfG ankommen. Zur bisherigen Rechtsprechung zu § 1 Abs. 3 Nr. 2 AÜG siehe die Verweise bei *Huke/Neufeld/Luickhardt*, BB 2012, 961, 965; Beispiele bei ArbG Cottbus, Beschluss v. 26.9.2012 – 2 BV 36/12 (Rn. 39 bei juris).

> entsenden, unterliegen deshalb den Bestimmungen des Arbeitnehmerüberlassungsgesetzes (vgl. die Begründung zum Bericht des Ausschusses für Arbeit und Sozialordnung BT-Dr 10/3206, S. 33).
> [Es ist] auch unerheblich, ob die überlassenen Arbeitnehmer nur vorübergehend bei einer bestimmten anderen Konzerngesellschaft tätig werden und dann wieder in ein anderes Unternehmen des Konzerns wechseln. Dadurch wird die Überlassung nicht vorübergehend i.S. des § 1 Abs. 3 Nr. 2 AÜG. Entscheidend ist allein, dass eine Beschäftigung dieser Arbeitnehmer *im eigenen Unternehmen überhaupt nicht vorgesehen* [Hervorhebung durch den Verfasser] ist."[216]

Wie sich speziell aus dem letzten Satz ergibt, geht es um die Absicht, ob der Leiharbeitnehmer überhaupt (noch einmal) im Unternehmen des Verleihers tätig werden soll.[217] Es geht also insbesondere um eine beabsichtigte Rückkehr in das Verleihunternehmen.[218]

Systematische Rückschlüsse für den Begriff „vorübergehend" in § 1 Abs. 1 S. 2 AÜG n.F. können aus der Regelung des § 1 Abs. 3 Nr. 2 AÜG jedoch nicht gezogen werden. Hiergegen sprechen zwei Gründe. Zum einen geht es im Rahmen von § 1 Abs. 1 S. 2 AÜG n.F. um die vorübergehende Tätigkeit beim *Entleiher*.[219] Beim Konzernprivileg des § 1 Abs. 3 Nr. 2 AÜG a.F. lag der Fokus indes auf dem Nichttätigwerden für den *Verleiher*,[220] wie sich eindeutig aus dem Wortlaut ergibt. Die Bezugspersonen stimmen also schon nicht überein. Zum anderen ging der Gesetzgeber davon aus, dass die Situation von Leiharbeitnehmern in einem Konzern eine andere sei, als bei Leiharbeit, die nicht konzernintern erfolge.[221] Es bestehe insoweit keine „Gefährdung des arbeits- und sozialrechtlichen Status der Leiharbeitnehmer"[222]. Bei § 1 Abs. 1 S. 2 AÜG n.F. geht es aber um jegliche Leiharbeit, sodass die hinter § 1 Abs. 3 Nr. 2 AÜG a.F. stehenden Erwägungen dagegen sprechen, sich für den Begriff „vorübergehend" an dem alten Konzernprivileg zu orientieren.

---

216 BAG v. 20.4.2005 – 7 ABR 20/04, NZA 2005, 1006, 1008.

217 So auch LAG Düsseldorf, Beschluss v. 2.10.2012 – 17 TaBV 38/12 und 48/12 (Rn. 51 bei juris): Abzustellen sei auf die „Planungsabsicht des Arbeitgebers".

218 *Düwell*, ZESAR 2011, 449, 452; *Huke/Neufeld/Luickhardt*, BB 2012, 961, 965.

219 *Lembke*, DB 2011, 414, 415; *Hamann*, RdA 2011, 321, 325.

220 *Lembke*, DB 2011, 414, 415; *Hamann*, RdA 2011, 321, 325.

221 *Bartl/Romanowski*, NZA Online Aufsatz 3/2012, 1, 3 f.; *Düwell*, ZESAR 2011, 449, 452; *Hamann*, NZA 2011, 70, 72; *Krannich/Simon*, BB 2012, 1414, 1416; *Zimmermann*, ArbRAktuell 2011, 62.

222 BAG v. 5.5.1988 – 2 AZR 795/87, NZA 1989, 18, 20.

bb) Zweckorientierte Betrachtungsweise in Anlehnung an §§ 3 Abs. 1 S. 2 Alt. 2 und 14 TzBfG

In systematischer Hinsicht wird auch eine Anlehnung an das Teilzeit- und Befristungsgesetz (TzBfG) vertreten.[223] Ähnlich wie in §§ 3 Abs. 1 S. 2 Alt. 2 und 14 TzBfG würde eine Begrenzung nach Anlass und Zweck erfolgen.[224] Demnach wäre zu fordern, dass „bei hypothetischer Betrachtung der freie Arbeitsplatz bei Einstellung eines eigenen Stammarbeitnehmers zulässigerweise gem. § 14 Abs. 1 TzBfG befristet werden könnte“[225]. Hierbei kämen als Sachgründe zumindest § 14 Abs. 1 Nr. 1 und 3 TzBfG in Betracht,[226] doch auch für § 14 Abs. 1 Nr. 2, 4 und 5 TzBfG gäbe es Anwendungsfälle.[227]

Im Rahmen des § 14 Abs. 1 TzBfG ist eine auf Tatsachen begründete Prognose im Zeitpunkt des Vertragsabschlusses erforderlich.[228] Die Anforderungen an diese Prognoseentscheidung sind sehr eng, da es darum geht, die wirtschaftliche Existenzgrundlage der Arbeitnehmer zu schützen und diesen Planungssicherheit zu geben.[229] Bei der Arbeitnehmerüberlassung geht es jedoch nicht um die Sicherung einer Existenzgrundlage der verliehenen Arbeitnehmer. Mithin sind die Vertreter, die sich am TzBfG orientieren wollen, überwiegend der Ansicht, an die Prognose könnten geringere Anforderungen gestellt werden.[230] Beispielsweise müsste der Arbeitge-

---

223 ArbG Cottbus, Beschluss v. 26.9.2012 – 2 BV 36/12 (Rn. 35 ff. bei juris); *Bartl/Romanowski*, NZA Online Aufsatz 3/2012, 1, 4; *Düwell*, ZESAR 2011, 449, 454; *Hamann*, NZA 2011, 70, 72 f. (der aber im Ergebnis eine Missbrauchskontrolle bevorzugt); *Zimmermann*, ArbAktuell 2011, 62; Vgl. Ulber-*Ulber*, AÜG, § 1, Rn. 230g f. (nicht auf unbestimmte Zeit, sondern aus einem zeitlich begrenzten Anlass). Ausdrücklich dagegen: *Giesen*, FA 2012, 66, 68; *Thüsing/Stiebert*, DB 2012, 632, 633; LAG Düsseldorf, Beschluss v. 2.10.2012 – 17 TaBV 38/12 und 48/12 (Rn. 47 bei juris). Ebenfalls in einer anderen Erörterung ausdrücklich dagegen: *Hamann*, RdA 2011, 321, 326 (verstieße gegen Art. 4 Abs. 1 RL).

224 *Düwell*, ZESAR 2011, 449, 454. So auch *Hamann*, NZA 2011, 70, 73.

225 *Bartl/Romanowski*, NZA Online Aufsatz 3/2012, 1, 4 f.

226 So *Bartl/Romanowski*, NZA Online Aufsatz 3/2012, 1, 5.

227 Hierzu im Einzelnen *Hamann*, NZA 2011, 70, 73.

228 APS-*Backhaus*, § 14 TzBfG, Rn. 50 ff.; BeckOKArbR-*Bayreuther*, § 14 TzBfG, Rn. 22 f.; *Hamann*, NZA 2011, 70, 73; MünchKommBGB-*Hesse*, § 14 TzBfG, Rn. 13 ff.; Meinel/Heyn/Herms-*Meinel*, § 14, Rn. 19; ErfK-*Müller-Glöge*, § 14 TzBfG, Rn. 16 ff.

229 *Hamann*, NZA 2011, 70, 73.

230 *Düwell*, ZESAR 2011, 449, 454; *Hamann*, NZA 2011, 70, 73. A.A. *Bartl/Romanowski*, NZA Online Aufsatz 3/2012, 1, 5 (gleich strenge Prognose).

ber bei einem erhöhten Arbeitskräftebedarf demnach „nur gute Gründe für die Einschätzung als unsicher“ haben, „ob und wie lange sich dieser zukünftig fortsetzt“[231].

Für eine Anlehnung speziell an § 14 Abs. 1 TzBfG spricht zwar der gleiche Wortlaut „vorübergehend“ in § 14 Abs. 1 Nr. 1 TzBfG und § 1 Abs. 1 S. 2 AÜG n.F.[232] Auch der grundsätzlich gleiche Zweck der Befristung und der Leiharbeit als Instrument der Flexibilisierung können als Argument angeführt werden.[233] Allerdings spricht dagegen, dass dem Wortlaut von „vorübergehend“ nur eine rein zeitliche Komponente zu entnehmen ist. Durch das Erfordernis eines sachlichen Grundes findet hingegen eine Verlagerung von der rein zeitlichen Komponente zu einer zweckbestimmten Komponente statt.[234] Hierfür gibt es keine gesetzliche Grundlage und es ist auch kein Anhaltspunkt für eine solche Auslegung ersichtlich.[235] Vielmehr widerspricht eine solche Auslegung dem bekannten Vorgehen des Gesetzgebers.[236] Denn wenn der Gesetzgeber einen sachlichen Grund fordert, findet dies im Gesetz einen Niederschlag; andernfalls kann ein sachlicher Grund nicht einfach so hineingelesen werden.[237] Letzteres gilt auch für das Wort „vorübergehend“: Es kann nicht davon ausgegangen werden, dass der Gesetzgeber „einen sachlichen Grund hier hineingelesen haben“[238] wollte.[239] Zudem spricht gegen das Erfordernis eines sachlichen Grundes, dass auch nach dem TzBfG nicht immer ein solcher gefordert wird; vielmehr ist auch eine sachgrundlose Befristung nach § 14 Abs. 2

---

231 *Düwell*, ZESAR 2011, 449, 454.

232 ArbG Cottbus, Beschluss v. 26.9.2012 – 2 BV 36/12 (Rn. 36 bei juris); *Bartl/Romanowski*, NZA Online Aufsatz 3/2012, 1, 4.

233 *Bartl/Romanowski*, NZA Online Aufsatz 3/2012, 1, 4.

234 LAG Düsseldorf, Beschluss v. 2.10.2012 – 17 TaBV 38/12 und 48/12 (Rn. 48 bei juris); *Thüsing/Stiebert*, DB 2012, 632, 633.

235 *Thüsing/Stiebert*, DB 2012, 632, 633. Die fehlende gesetzliche Grundlage kritisieren auch *Teusch/Verstege*, NZA 2012, 1326, 1329.

236 LAG Düsseldorf, Beschluss v. 2.10.2012 – 17 TaBV 38/12 und 48/12 (Rn. 48 bei juris); *Teusch/Verstege*, NZA 2012, 1326, 1329; *Thüsing/Stiebert*, DB 2012, 632, 633.

237 LAG Düsseldorf, Beschluss v. 2.10.2012 – 17 TaBV 38/12 und 48/12 (Rn. 48 bei juris); *Teusch/Verstege*, NZA 2012, 1326, 1329; *Thüsing/Stiebert*, DB 2012, 632, 633.

238 *Thüsing/Stiebert*, DB 2012, 632, 633.

239 LAG Düsseldorf, Beschluss v. 2.10.2012 – 17 TaBV 38/12 und 48/12 (Rn. 48 bei juris); *Teusch/Verstege*, NZA 2012, 1326, 1329; *Thüsing/Stiebert*, DB 2012, 632, 633.

TzBfG möglich.[240] Dass aber bei der Leiharbeit immer ein sachlicher Grund gefordert werden muss, die Anforderungen bei der Leiharbeit also enger sein sollen, kann nicht überzeugen.[241] Erneut ist auf den Zweck des TzBfG aufmerksam zu machen, wonach eine Sicherung der wirtschaftlichen Existenzgrundlage des Arbeitnehmers im Vordergrund steht. Dieser Zweck erfordert eher eine engere Beurteilung der Befristung, nicht jedoch engere Anforderungen an die Leiharbeit.[242] Schließlich spricht auch die Gesetzgebungsgeschichte des Arbeitnehmerüberlassungsgesetzes dagegen.[243] Denn in dem Gesetzesentwurf vom 2.9.2010[244] hieß es noch zu der zunächst geplanten Neuregelung einer Vermutung der Arbeitsvermittlung, die bei einem *nicht nur vorübergehenden Verleih* eingreifen sollte:

> „Indem bewusst auf den Wortlaut der Richtlinie Bezug genommen wird, ohne mit Hilfe genau bestimmter Höchstüberlassungsfristen den Begriff „vorübergehend" zu definieren, wird dem Bedarf der Unternehmen nach flexiblen Personallösungen Rechnung getragen. [...] In der Regel kann immer dann von einer vorübergehenden Überlassung ausgegangen werden, wenn der Einsatz in dem Entleihunternehmen nicht dauerhaft sein soll und *beispielsweise im Rahmen einer Urlaubs- oder Krankenvertretung oder zur Durchführung eines besonderen Projekts oder Auftrags stattfindet* [Hervorhebung durch den Verfasser]."[245]

Der Gesetzgeber hat hier zunächst auf eine sachliche Rechtfertigung abgestellt. Später verzichtete der Gesetzgeber dann jedoch auf diese sachliche Rechtfertigung in der Gesetzesbegründung.[246] Daraus muss gefolgert werden, dass der Gesetzgeber solch eine sachliche Rechtfertigung gerade nicht mehr für erforderlich hielt.[247]

---

240 *Teusch/Verstege*, NZA 2012, 1326, 1329.

241 *Teusch/Verstege*, NZA 2012, 1326, 1329.

242 *Teusch/Verstege*, NZA 2012, 1326, 1329.

243 Zu diesem Argument ausführlich *Krannich/Simon*, BB 2012, 1414, 1415 f.

244 Entwurf der Bundesregierung zu einem „Gesetz zur Verhinderung von Missbrauch der Arbeitnehmerüberlassung" vom 2.9.2010, abrufbar unter http://www.arbrb.de/media/90CBB74Ed01.pdf (Abrufdatum: 11.9.2013).

245 Entwurf der Bundesregierung zu einem „Gesetz zur Verhinderung von Missbrauch der Arbeitnehmerüberlassung" vom 2.9.2010, S. 9, abrufbar unter http://www.arbrb.de/media/90CBB74Ed01.pdf (Abrufdatum: 11.9.2013).

246 *Krannich/Simon*, BB 2012, 1414, 1416.

247 Vgl. *Krannich/Simon*, BB 2012, 1414, 1416.

d) Zweck

Laut *Hamann* bestehe der Zweck des § 1 Abs. 1 S. 2 AÜG n.F. darin, die Substitution von Stammarbeitnehmern durch Leiharbeitnehmer auszuschließen.[248] Daher müsse ein anerkennenswerter Grund für den Einsatz des Leiharbeitnehmers bestehen; ansonsten handele es sich um eine unsachliche, unvernünftige oder willkürliche Entscheidung, weswegen der Einsatz des Leiharbeitnehmers als nicht mehr „vorübergehend" zu beurteilen wäre.[249] Sachliche Gründe für den Einsatz eines Leiharbeitnehmers seien laut *Hamann*[250] in Fällen gegeben, in denen Unsicherheit über die Fortdauer eines aktuell bestehenden zusätzlichen Beschäftigungsbedarfs bestehe.[251] Gleiches gelte dann, wenn ein Unternehmen qualifiziertes Personal benötige, das auf dem Arbeitsmarkt aktuell nur über Leiharbeit verfügbar sei.[252] Schließlich bestehe ein sachlicher Grund auch dann, wenn im Rahmen eines Restrukturierungsprogramms Personalkosten eingespart werden müssten, um aus wirtschaftlichen Schwierigkeiten herauszukommen. Kein nachvollziehbarer Grund und damit kein vorübergehender Einsatz sei hingegen dann gegeben, wenn das Unternehmen durch den Einsatz von Leiharbeitnehmern lediglich profitabler gemacht werden solle.

Für diese Missbrauchskontrolle streite nach *Hamanns* Ansicht die grundgesetzlich geschützte Unternehmensfreiheit. Hierunter falle auch die Entscheidung darüber, „wie Arbeitsplätze [...] besetzt werden sollen"[253]. Man könne diese Freiheit nicht über Gebühr einschränken. Dem Argument ist nichts entgegenzusetzen. Doch warum deswegen gerade eine Missbrauchskontrolle vernünftig sei, wird nicht klar. Grundsätzlicher Ansatzpunkt der Lösung ist aber ohnehin der Zweck des AÜG. Dieser bestehe darin, die Substitution von Stammarbeitnehmer durch Leiharbeitnehmer zu verhindern. *Hamann* bezieht sich hierfür auf den Gesetzesentwurf vom 2.9.2010. Dort heißt es: „Zugleich soll aber ausgeschlossen werden,

---

248 *Hamann*, RdA 2011, 321, 325; *Hamann*, NZA 2011, 70, 72; *Hamann*, Anmerkung zu LArbG Hamm – 7 Sa 1583/10, jurisPR-ArbR 34/2011, Anm. 3. So auch ArbG Cottbus, Beschluss v. 26.9.2012 – 2 BV 36/12 (Rn. 36 bei juris); *Düwell*, ZESAR 2011, 449, 453; *Krannich/Simon*, BB 2012, 1414, 1417.

249 *Hamann*, RdA 2011, 321, 326; *Hamann*, NZA 2011, 70, 74.

250 Folgende Beispiele finden sich allesamt bei *Hamann*, RdA 2011, 321, 326; *Hamann*, NZA 2011, 70, 74.

251 So auch *Düwell*, ZESAR 2011, 449, 454.

252 So auch *Düwell*, ZESAR 2011, 449, 454; *Brors*, AuR 2013, 108, 112.

253 *Hamann*, RdA 2011, 321, 326; *Hamann*, NZA 2011, 70, 74.

dass Unternehmen mit Hilfe der Arbeitnehmerüberlassung ihren dauerhaften Bedarf an Arbeitskräften abdecken."[254] Zu beachten ist allerdings, dass diese sachliche Rechtfertigung aus den folgenden Entwürfen gestrichen worden ist und nie mehr auftauchte.[255] Es wurde sich also ersichtlich von diesem Ansatz entfernt. Dass trotz Streichung dieses Passus' keine Distanzierung von diesem erfolgte, kann nicht überzeugen.[256] Damit ist der Missbrauchskontrolle in dieser Form das Fundament entzogen. Schließlich spricht gegen die Missbrauchskontrolle wiederum die Tatsache, dass es für diese Verlagerung von einer rein zeitlichen Komponente zu einer zweckorientierten Komponente keinerlei Grundlage gibt.[257] Es gilt insoweit das zuvor zu § 14 TzBfG Gesagte.[258]

e) Zwischenergebnis zu § 1 Abs. 1 S. 2 AÜG n.F.

Die Auslegung des § 1 Abs. 1 S. 2 AÜG n.F. mit Blick auf nationale Gesichtspunkte bringt keine weiteren Erkenntnisse für eine Definition des Begriffs vorübergehend.

3. Ergebnis zur Definition und Konkretisierung

Wie gezeigt kann nur die sich aus der Systematik ergebende Orientierung an Art. 57 Abs. 3 AEUV überzeugen.[259]

---

254 Entwurf der Bundesregierung zu einem „Gesetz zur Verhinderung von Missbrauch der Arbeitnehmerüberlassung" vom 2.9.2010, S. 9, abrufbar unter http://www.arbrb.de/media/90CBB74Ed01.pdf (Abrufdatum: 11.9.2013).

255 LAG Düsseldorf, Beschluss v. 2.10.2012 – 17 TaBV 38/12 und 48/12 (Rn. 49 bei juris); *Boemke*, Anmerkung zu ArbG Leipzig, Beschluss v. 23.3.2012 – 3 BV 84/11, jurisPR-ArbR 27/2012, Anm. 2; *Krannich/Simon*, BB 2012, 1414, 1415 f.

256 So aber *Bartl/Romanowski*, NZA Online Aufsatz 3/2012, 1, 3.

257 *Thüsing/Stiebert*, DB 2012, 632, 633. Die fehlende gesetzliche Grundlage kritisieren auch *Teusch/Verstege*, NZA 2012, 1326, 1329.

258 Siehe oben, zweiter Teil, § 4 D. I. 2. c) bb), S. 71.

259 A.A. nunmehr LAG Berlin-Brandenburg, Beschluss v. 19.7.2013 – 9 TaBV 749/13 (Rn. 60 bei juris), sowie LAG Hamburg, Beschluss v. 23.9.2014 – 2 TaBV 6/14 (Rn. 42 bei juris): Die Arbeitnehmerüberlassung sei dann nicht mehr vorübergehend, wenn durch die Arbeitnehmerüberlassung ausschließlich ein Dauerbeschäftigungsbedarf im Entleihbetrieb gedeckt werde. Solch ein Verständnis

Konkret setzt ein Dauerverleih nach diesem Ansatz voraus, dass ein und derselbe Leiharbeitnehmer für den Entleiher auf einem bestimmten Arbeitsplatz tätig wird und der Entleiher beabsichtigt, auf diesem bestimmten Arbeitsplatz keine eigenen Arbeitnehmer mehr einzusetzen, sondern nur diesen Leiharbeitnehmer.[260] Natürlich muss dazu kommen, dass der Verleiher auch gewillt ist, dass jener Leiharbeitnehmer an den Entleiher verliehen bleibt. Diese auch als Verstetigung[261] bezeichneten Umstände sind jeweils im Einzelfall zu prüfen. *Giesen* hat einige Indizien zur Beurteilung der schwer zu bestimmenden Absicht des Entleihers, namentlich der Zielsetzung der Arbeitnehmerüberlassung, aufgestellt.[262] So sei ein Dauerverleih naheliegend, wenn bisher mit unbefristet Beschäftigten besetzte Stellen durch Leiharbeitnehmer besetzt würden. Theoretisch könne sich auch aus den Vertragsregeln zwischen Ver- und Entleiher ein Dauerverleih ergeben. Dies sei anzunehmen, wenn die Überlassung unbefristet vereinbart worden und nur mit besonderer Begründung kündbar sei. Hingegen sei bei einem Aushilfeeinsatz ebenso wie in dem Fall, in dem aufgrund betrieblicher Umstellung der Arbeitskräftebedarf auslaufe und eine Ersetzung durch Leiharbeitnehmer erfolge, die Überlassung tendenziell nur vorübergehend beabsichtigt. Allerdings könne es bei einem Aushilfeersatz zur Verstetigung und damit zu einem Dauerverleih kommen, wenn nach einer bestimmten Zeit kein Wechsel zurück zum Einsatz eigener Arbeitnehmer mehr vorgesehen werde. Da es sich aber hierbei nur um Indizien handelt, ist jeweils eine Prüfung im Einzelfall vorzunehmen.

II. Zulässigkeit des Dauerverleihs

Des Weiteren stellt sich die Frage, ob der dauerhafte Verleih eines Arbeitnehmers durch ein Leiharbeitsunternehmen überhaupt zulässig ist.

---

nimmt also keinen Bezug auf die Person des Leiharbeitnehmers, sondern auf den Arbeitsplatz, der besetzt wird.

260 Vgl. *Giesen*, FA 2012, 66, 67 f.

261 So *Giesen*, FA 2012, 66, 68.

262 *Giesen*, FA 2012, 66, 67 f.

1. Leiharbeitsrichtlinie 2008/104/EG

Zunächst soll die Zulässigkeit eines Dauerverleihs nach der Richtlinie 2008/104/EG beurteilt werden.

a) Wortlaut

aa) Kein ausdrückliches Verbot des Dauerverleihs

Das Wort „vorübergehend" in Art. 1 Abs. 1 sowie in Art. 3 Abs. 1 lit. b) – e) der Richtlinie 2008/104/EG legt nahe, dass jeder Verleih, der nicht vorübergehend, also dauerhaft erfolgt, nicht von der Richtlinie erfasst ist.[263]

Allerdings enthält die Richtlinie an keiner Stelle ausdrücklich das Verbot des Dauerverleihs,[264] sodass der Wortlaut ein Verbot nicht nahelegt. Indes entspricht es der üblichen Regelungstechnik, dass in einer Richtlinie ein Verbot nicht ausdrücklich formuliert wird,[265] um es bei den Mitgliedstaaten zu belassen, wie die Regelungsziele erreicht werden.[266] Insofern ist dem (fehlenden) Wortlaut keine Bedeutung zu entnehmen.

bb) Verbot folgt auch nicht aus der englischen Fassung

In der englischen Fassung wird für „vorübergehend" das Wort „temporarily" verwendet. Dies ist allerdings der Tatsache geschuldet, dass Leiharbeitnehmer in der englischen Fassung „temporary agency worker" heißen.[267] Dass im Rahmen des Anwendungsbereichs und bei den Begriffsbestimmungen also das Wort „temporarily" verwendet wird, ist „lediglich typologischer Natur"[268] und spricht demnach nicht für ein Ge- oder Verbot.[269]

---

263 *Bartl/Romanowski*, NZA Online Aufsatz 3/2012, 1, 3; *Boemke*, RIW 2009, 177, 179; *Lembke*, BB 2012, 2497, 2500.

264 *Huke/Neufeld/Luickhardt*, BB 2012, 961, 964; *Lembke*, BB 2012, 2497, 2501.

265 *Brors*, Anmerkung zu ArbG Leipzig, Beschluss v. 15.2.2012 – 11 BV 79/11, jurisPR-ArbR 16/2012, Anm. 6.

266 *Bartl/Romanowski*, NZA Online Aufsatz 3/2012, 1, 3.

267 *Lembke*, BB 2012, 2497, 2500.

268 *Lembke*, BB 2012, 2497, 2500.

269 *Lembke*, BB 2012, 2497, 2500.

cc) Zwischenergebnis

Scheint auch der deutsche Wortlaut mit dem Wort „vorübergehend“ einen dauerhaften Verleih nicht zu erfassen, so ist hierin jedoch kein Verbot zu erblicken, was sich insbesondere aus der englischen Fassung der Richtlinie ergibt.

b) Systematik

aa) Zulässigkeit mangels ausdrücklichen Verbots?

Soeben wurde deutlich gemacht, dass es kein ausdrückliches Verbot des Dauerverleihs in der Richtlinie gibt. Man könnte hieraus den Umkehrschluss ziehen, dass ein solcher deswegen zulässig ist. Wie *Boemke* anmerkt, bedeutet die Tatsache, „dass bestimmte Formen der Gestaltung der Zusammenarbeit nicht in den Anwendungsbereich einer bestimmten Richtlinie fallen [...] [schließlich] nicht zugleich, dass solche Formen der Zusammenarbeit unzulässig sind“[270]. Nach anderer Ansicht soll solch ein Umkehrschluss jedoch gerade möglich sein.[271]

Es erscheint naheliegend, dass ein Verbot aufgrund der im Rahmen des Wortlauts bereits genannten typischen Regelungstechnik nicht in die Richtlinie aufgenommen worden ist. Ein Umkehrschluss hieraus ist also abzulehnen. Allerdings ist *Boemke* ebenso zuzustimmen: Dass etwas möglicherweise nicht in den Anwendungsbereich einer Richtlinie fällt hat nicht notgedrungen zur Folge, dass es unzulässig ist.

bb) „Kleine“ Leiharbeitsrichtlinie 91/383/EWG

Neben der teilweise als „große“ Leiharbeitsrichtlinie bezeichneten Richtlinie 2008/104/EG gibt es auch eine „kleine“ Leiharbeitsrichtlinie aus dem

---

270 *Boemke*, Anmerkung zu ArbG Leipzig, Beschluss v. 23.3.2012 – 3 BV 84/11, jurisPR-ArbR 27/2012, Anm. 2.

271 *Hamann*, Anmerkung zu ArbG Leipzig, Beschluss v. 23.3.2012 – 5 BV 85/11, jurisPR-ArbR 23/2012, Anm. 3.

Jahre 1991, die Richtlinie 91/383/EWG[272].[273] Leiharbeitsverhältnisse sind hier in der englischen Fassung als „temporary employment relationships" bezeichnet. Es findet sich also wiederum das Wort temporary;[274] wie soeben im Rahmen des Wortlauts deutlich gemacht, spricht die englische Fassung der Richtlinie 2008/104/EG von „temporarily". Die Bestimmungen des Anwendungsbereichs der „kleinen" Richtlinie enthalten aber keine Einschränkung, in der deutschen Fassung findet sich also beispielsweise nicht das Wort „vorübergehend".[275] Es ergibt sich hieraus, dass Leiharbeitsverhältnisse nicht notgedrungen vorübergehenden Charakter haben müssen, damit es sich um Leiharbeitnehmer handelt. Eine hiervon abweichende und damit materielle Änderung müsste sich schon deutlich aus anderen Gesichtspunkten ergeben.[276]

cc) Zwischenergebnis

Die Systematik liefert keine eindeutigen Ergebnisse, spricht aber eher gegen ein Verbot des Dauerverleihs.

c) Gesetzgebungsgeschichte

aa) Regelungswille?

Fraglich ist, ob sich aus der Gesetzgebungsgeschichte ergibt, dass der Richtliniengeber allein mit dem Wort „vorübergehend" eine Regelung treffen wollte oder dem keine besondere Bedeutung, sondern beispielsweise nur eine klarstellende Funktion, zukommen sollte.

---

272 Richtlinie 91/383/EWG des Rates vom 25.6.1991 zur Ergänzung der Maßnahmen zur Verbesserung der Sicherheit und des Gesundheitsschutzes von Arbeitnehmern mit befristetem Arbeitsverhältnis oder Leiharbeitsverhältnis, ABl. Nr. L 206, 19, vom 29.7.1991.

273 Vgl. *Lembke*, BB 2012, 2497, 2500.

274 *Lembke*, BB 2012, 2497, 2500.

275 *Lembke*, BB 2012, 2497, 2500.

276 Vgl. *Lembke*, BB 2012, 2497, 2500. Es handelt sich hierbei um die Frage, ob der Richtliniengeber bei Einfügung des Wortes „vorübergehend" einen Regelungswillen hatte oder nicht. Dazu sogleich im Rahmen der Gesetzgebungsgeschichte, zweiter Teil, § 4 D. II. 1. c), S. 79.

Teilweise wird vertreten, dass dem ein eigener Regelungsgehalt zukomme und es nicht nur eine Klarstellung sei.[277] Hierfür wird angeführt, die Einfügung des Wortes „vorübergehend“ sei nicht von vornherein, sondern erst nach einiger Zeit erfolgt.[278] Diese nachträgliche Einfügung und überdies die sich ebenso im Laufe der Gesetzgebung zeigenden Bemühungen um eine zutreffende Übersetzung sprächen für eine Regelung, nicht nur eine Klarstellung.[279] Außerdem könne diese Formulierung kein Zufall sein aufgrund der vielen Begriffsbestimmungen.[280]

Überzeugenderweise ist dem Wort „vorübergehend“ jedoch nur eine Klarstellungsfunktion zuzuerkennen,[281] also kein besonderer Regelungszweck.[282] Dass die vermeintliche Einschränkung erst nach einiger Zeit aufgenommen worden ist, könnte nämlich ebenso für eine Klarstellung angeführt werden.[283] Hierauf kam es dem Richtliniengeber demnach gar nicht an. Dass später der Begriff „zeitweilig“ in die Begriffsbestimmungen aufgenommen worden ist, war lediglich Folge des Bestrebens, aus Vereinfachungsgründen einheitliche Begriffsbestimmungen zu finden.[284] Denn in den Änderungsanträgen Nr. 27 und 30 zu den Begriffsbestimmungen in Art. 3 Abs. 1 der Richtlinie 2008/104/EG heißt es nur, es „erscheint nicht angebracht [...] keine Begriffsbestimmungen [...] aufzunehmen“[285]. Es waren jedoch gerade keine Änderungen in der Sache beabsichtigt.[286] Und da die späteren Änderungen bis hin zu dem Begriff „vorübergehend“ ohne

277 *Bartl/Romanowski*, NZA Online Aufsatz 3/2012, 1, 2; *Wank*, JArbR 49, 23, 27.

278 *Bartl/Romanowski*, NZA Online Aufsatz 3/2012, 1, 2; *Hamann*, RdA 2011, 321, 324.

279 *Bartl/Romanowski*, NZA Online Aufsatz 3/2012, 1, 2.

280 *Hamann*, EuZA 2009, 287, 310 f.

281 *Huke/Neufeld/Luickhardt*, BB 2012, 961, 964.

282 *Rieble/Vielmeier*, EuZA 2011, 474, 488.

283 Vgl. *Rieble/Vielmeier*, EuZA 2011, 474, 488.

284 Bericht des Ausschusses für Beschäftigung und soziale Angelegenheiten über den Vorschlag für eine Richtlinie des Europäischen Parlaments und des Rates über die Arbeitsbedingungen von Leiharbeitnehmern, KOM(2002) 149 – C5-0140/2002 – 2002/0072(COD), Dokument A5-0356/2002 endg. vom 23.10.2002. Dazu ausführlich *Rieble/Vielmeier*, EuZA 2011, 474, 489.

285 Änderungsanträge 27 und 30 zu Art. 3 Abs. 1 aus dem Bericht des Ausschusses für Beschäftigung und soziale Angelegenheiten über den Vorschlag für eine Richtlinie des Europäischen Parlaments und des Rates über die Arbeitsbedingungen von Leiharbeitnehmern, KOM(2002) 149 – C5-0140/2002 – 2002/0072(COD), Dokument A5-0356/2002 endg. vom 23.10.2002, S. 22 f.

286 *Rieble/Vielmeier*, EuZA 2011, 474, 489. Ebenso *Krannich/Simon*, BB 2012, 1414, 1415.

Begründung erfolgten, sind auch darin keine materiellen Änderungen ersichtlich.[287]

Eine solche Sichtweise überzeugt auch im Hinblick auf einen anderen Aspekt der Entstehungsgeschichte der Richtlinie Leiharbeit. Wie *Wank* ausführt, existieren „in den Mitgliedstaaten der EU [...] zwei Grundmodelle“[288]. Diese sind das entleiher- und das verleiherbetriebsbezogene Modell.[289] Die Richtlinie hat sich an ersterem, dem entleiherbetriebsbezogenen Modell orientiert.[290] Kennzeichnend hierfür ist, dass keine Weiterbezahlung zwischen zwei Verleihen erfolgt und der Verleih auf die Dauer beim Entleiher beschränkt ist. [291] Eine der Konsequenzen dieses Modells sei laut *Wank* insbesondere, dass auch sprachlich nicht das Verleihen im Vordergrund stehe, sondern die befristete Beschäftigung. Deswegen sei auch immer die Rede von „temporary work“.[292] Hieraus ergibt sich auch, dass die vermeintliche zeitliche Einschränkung aufgrund dieses Verständnisses in die Richtlinie Eingang gefunden haben muss; es kam nicht darauf an, tatsächlich eine zeitliche Beschränkung der Leiharbeit vorzunehmen.

Aus der Gesetzgebungsgeschichte ergibt sich folglich, dass allein durch das Wort vorübergehend der Anwendungsbereich der Richtlinie nicht derart eingeengt werden sollte, dass der Dauerverleih von der Richtlinie nicht erfasst wird. Erst recht kann hierin nicht die Festlegung der Unzulässigkeit eines Dauerverleihs gesehen werden.

bb) Anerkennung des deutschen Modells – Grundentscheidung der Richtlinie

Für die Zulässigkeit des Dauerverleihs spricht überdies, dass der Richtliniengeber das bekannte deutsche Modell anerkannt hat[293] und dieses zulässt.[294] Seit der Hartz-Reform geht dieses grundsätzlich von unbefristeten Leiharbeitsverträgen aus und kennt keine Höchstüberlassungsdauer

287 *Rieble/Vielmeier*, EuZA 2011, 474, 489. Vgl. *Lembke*, BB 2012, 2497, 2500.
288 *Wank*, JArbR 49, 23, 24.
289 *Wank*, JArbR 49, 23, 24.
290 *Wank*, JArbR 49, 23, 24.
291 *Wank*, JArbR 49, 23, 24.
292 *Wank*, JArbR 49, 23, 24.
293 *Lembke*, BB 2012, 2497, 2501; *Lembke*, DB 2011, 414, 415.
294 *Wank*, JArbR 49, 23, 25.

mehr.[295] Wie *Boemke* zu Recht anmerkt, wären „diesbezügliche konkrete Regelungen oder Äußerungen in den Erwägungsgründen [...] aber zu erwarten gewesen, weil den europäischen Gesetzgebungsorganen bekannt war, dass spätestens seit dem 1.1.2004 in Deutschland auch eine zeitlich unbefristete, nicht nur vorübergehende Arbeitnehmerüberlassung möglich und rechtlich zulässig ist“[296]. Solche konkreten Regelungen oder Erwägungen fehlen gerade.

d) Zweck

aa) Besonders/nicht minder schutzbedürftig

Wie auch Verfechter eines Verbots des Dauerverleihs einräumen, gibt es in den Bestimmungen der Richtlinie und in den Erwägungsgründen keine Anhaltspunkte dafür, dass die Regelungen auf den Dauerverleih keine Anwendung finden sollten.[297] Und gerade weil die Gruppe der dauerhaft verliehenen Arbeitnehmer besonders schutzbedürftig ist,[298] stellte es einen Widerspruch dar, wenn sie nicht dem Schutz unterfielen.[299] In diesem Zusammenhang wird auch die Erwägung Nr. 23 angeführt.[300] Denn blieben die dauerhaft verliehenen Arbeitnehmer ohne jeden Schutz, weil sie nicht in den Anwendungsbereich fielen, wäre dies offensichtlich unvernünftig.[301] Eine Zulässigkeit ohne jede Einschränkung kann nicht überzeugen.[302] Daraus allerdings den Schluss zu ziehen, dass deshalb von einem Verbot auszugehen sei,[303] ist abzulehnen: Ginge man von einem Verbot aus, würde der Schutz der Richtlinie gar nicht eingreifen, was nicht sein kann.[304] Insofern müssen die dauerhaft verliehenen Arbeitnehmer erst

---

295 *Lembke*, DB 2011, 414, 415.

296 *Boemke*, Anmerkung zu ArbG Leipzig, Beschluss v. 23.3.2012 – 3 BV 84/11, jurisPR-ArbR 27/2012, Anm. 2.

297 *Bartl/Romanowski*, NZA Online Aufsatz 3/2012, 1, 2.

298 So auch *Bartl/Romanowski*, NZA Online Aufsatz 3/2012, 1, 2.

299 *Bartl/Romanowski*, NZA Online Aufsatz 3/2012, 1, 2.

300 *Düwell*, ZESAR 2011, 449, 450.

301 *Düwell*, ZESAR 2011, 449, 450.

302 *Bartl/Romanowski*, NZA Online Aufsatz 3/2012, 1 f.

303 *Düwell*, ZESAR 2011, 449, 450. Ähnlich wohl auch *Bartl/Romanowski*, NZA Online Aufsatz 3/2012, 1, 3.

304 *Lembke*, DB 2011, 414, 415, *Rieble/Vielmeier*, EuZA 2011, 774, 486.

recht in den Schutzbereich der Richtlinie fallen.[305] Hierfür spricht zudem der Zweck der Richtlinie, den Schutz solcher Arbeitnehmer zu gewährleisten, die nach dem vereinbarten Zweck nicht bei dem Arbeitgeber eingesetzt werden, der mit ihnen den Arbeitsvertrag geschlossen hat.[306] Und dies gilt für dauerhaft verliehene Arbeitnehmer ebenso wie für nur vorübergehend verliehene.

bb) Leiharbeit nicht prekär

Hamann äußerte im Zuge einer seiner Ausführungen, prekär sei die Tätigkeit der Leiharbeitnehmer an sich.[307] Dieser Aspekt scheint oftmals die Grundlage für eine Argumentation gegen einen Dauerverleih, also die Manifestierung der Leiharbeit, zu sein. In diesem Zusammenhang machen *Rieble/Vielmeier* eine treffende Äußerung. So schreiben sie, dass „entgegen der verbreiteten deutschrechtlichen Wunschvorstellung eines vermeintlichen „Normalarbeitsverhältnisses" [...] die Grundentscheidung der Richtlinie [ist], dass Leiharbeit eine gewöhnliche und gewollte Form der Arbeitsleistung darstellt"[308]. Dies gilt es sich klar zu machen. Die Leiharbeit ist kein schlechteres Arbeitsverhältnis als solche, bei denen es einzig den vertraglichen Arbeitgeber gibt, und damit nicht *per se* zu verurteilen.

cc) Verbot als unzulässige Beschränkung im Sinne des Art. 4 Abs. 1 der Richtlinie 2008/104/EG

Ein Verbot des Dauerverleihs ist überdies im Hinblick auf Art. 4 Abs. 1 der Richtlinie 2008/104/EG problematisch. Hiernach sind Verbote und Einschränkungen von Leiharbeit nur aus Gründen des Allgemeininteresses gerechtfertigt, wozu ausdrücklich und vor allem der Schutz der Leiharbeitnehmer zählt. Zwar ist *Hamann* der Ansicht, ein Verbot des Dauerverleihs sei keine unzulässige Einschränkung der Leiharbeit nach Art. 4 Abs. 1 der Richtlinie 2008/104/EG, da es dem Schutz der Leiharbeitnehmer und der

305 *Boemke*, RIW 2009, 177, 179.
306 *Boemke*, RIW 2009, 177, 179.
307 *Hamann*, Anmerkung zu ArbG Leipzig, Beschluss v. 23.3.2012 – 5 BV 85/11, jurisPR-ArbR 23/2012, Anm. 3.
308 *Rieble/Vielmeier*, EuZA 2011, 474, 490.

Verhinderung von Missbrauch diene, ein Allgemeininteresse also gegeben sei.[309] Allerdings ist dem mit *Rieble/Vielmeier* entgegenzuhalten, dass nicht die Nichtbegrenzung europarechtlich zweifelhaft ist, „sondern vielmehr die grundlose Begrenzung“[310]. Dies geht mit den Ausführungen unter bb) einher, wonach die Leiharbeit an sich gerade nicht zu verurteilen ist. Wie ausgeführt ist es die Grundentscheidung der Richtlinie, dass Leiharbeit eine gewöhnliche und gewollte Form der Arbeitsleistung darstellt.[311] Dann besteht aber kein zur Rechtfertigung eines Verbots erforderliches Allgemeininteresse.[312] Im Ergebnis verstieße ein Verbot des Dauerverleihs gegen Art. 4 Abs. 1 der Richtlinie 2008/104/EG und damit die Vorgaben der Richtlinie.[313]

dd) Keine missbräuchliche Anwendung im Sinne des Art. 5 Abs. 5 der Richtlinie 2008/104/EG

Häufig wird für den Zweck der Richtlinie Art. 5 Abs. 5 der Richtlinie 2008/104/EG angeführt. Hiernach ergreifen die Mitgliedstaaten „die erforderlichen Maßnahmen gemäß ihren nationalen Rechtsvorschriften und/ oder Gepflogenheiten, um eine missbräuchliche Anwendung dieses Artikels zu verhindern und um insbesondere aufeinander folgende Überlassungen, mit denen die Bestimmungen der Richtlinie umgangen werden sollen, zu verhindern.“ Es wird gefolgert, dass diese Vorschrift die Umgehung von dem Merkmal „vorübergehend“ untersage, der Dauerverleih aber solch eine Umgehung und damit unzulässig sei.[314] Allerdings macht Art. 5 Abs. 5 der Richtlinie 2008/104/EG vielmehr gerade deutlich, dass aufeinanderfolgende Überlassungen nicht generell untersagt sind.[315] Aufeinan-

309 *Hamann*, RdA 2011, 321, 324.

310 *Rieble/Vielmeier*, EuZA 2011, 474, 490.

311 *Rieble/Vielmeier*, EuZA 2011, 474, 490. Siehe dazu soeben unter bb).

312 *Rieble/Vielmeier*, EuZA 2011, 474, 490.

313 *Lembke*, BB 2012, 2497, 2501; *Rieble/Vielmeier*, EuZA 2011, 474, 490.

314 *Bartl/Romanowski*, NZA Online Aufsatz 3/2012, 1, 2; *Düwell*, ZESAR 2011, 449, 450; *Hamann*, Anmerkung zu ArbG Leipzig, Beschluss v. 23.3.2012 – 5 BV 85/11, jurisPR-ArbR 23/2012, Anm. 3; *Hamann*, Anmerkung zu LArbG Hannover, Beschluss v. 16.11.2011 – 17 TaBV 99/11, jurisPR-ArbR 13/2012, Anm. 2; *Hamann*, RdA 2011, 321, 324; *Hamann*, EuZA 2009, 287, 311; *Schuster/Grüneberg*, AiB 2012, 81, 83; *Ulber*, AuR 2011, 231; ErfK-*Wank*, § 1 AÜG, Rn. 37.

315 ArbG Leipzig, Beschluss v. 15.2.2012 – 11 BV 79/11.

derfolgende Überlassungen können einem Dauerverleih entsprechen, sodass auch dieser nicht generell untersagt ist, sich ein Verbot des Dauerverleihs aus dieser Vorschrift demnach nicht ergibt.[316]

ee) Ziele der Richtlinie, Art. 2 und Art. 6 Abs. 1-3 der Richtlinie 2008/104/EG

Art. 2 der Richtlinie 2008/104/EG bestimmt, dass der Schutz der Leiharbeitnehmer und die Verbesserung der Qualität der Leiharbeit erreicht werden sollen. Hieraus ergibt sich kein Verbot des Dauerverleihs,[317] ist dieser doch nicht mit einer Umgehung gleichzusetzen. Und nur letztere soll verhindert werden.

Vereinzelt wird aber vertreten, ein Dauerverleih verstoße gegen die Ziele der Richtlinie, die sich aus Art. 6 Abs. 1 bis 3 der Richtlinie 2008/104/EG ergeben.[318] Auf den ersten Blick scheint dies überzeugend, zielen diese Regelungen doch auf eine Festanstellung beim Entleiher ab, die bei einem Dauerverleih rechtlich nicht erreicht wird. Allerdings greifen die Erwägungen des Art. 6 Abs. 1 bis 3 der Richtlinie 2008/104/EG bei einem Dauerverleih nicht in gleichem Maße.[319] Wie *Thüsing/Stiebert* zu Recht anmerken, gleicht der Dauerverleih hier bereits der Festanstellung beim Entleiher.[320] Ihnen ist darin zu folgen, dass dann auch kein genereller, sachlicher Grund mehr besteht, eine solche Festanstellung mit der Hilfe der Art. 6 Abs. 1 bis 3 der Richtlinie 2008/104/EG anzustreben.[321] Dass die Leiharbeit aber an sich prekär sei,[322] und somit eine Festanstellung beim Entleiher schlicht besser, kann nicht überzeugen, wie unter bb) bereits ausgeführt worden ist.

---

316 So ausdrücklich *Lembke*, BB 2012, 2497, 2501.

317 ArbG Leipzig, Beschluss v. 15.2.2012 – 11 BV 79/11. Ähnlich *Lembke*, BB 2012, 2497, 2501.

318 *Düwell*, ZESAR 2011, 449, 450; *Hamann*, Anmerkung zu LArbG Hannover, Beschluss v. 16.11.2011 – 17 TaBV 99/11, jurisPR-ArbR 13/2012, Anm. 2.

319 *Thüsing/Stiebert*, DB 2012, 632, 634, die diese Ausführungen hypothetisch machen, da ihrer Ansicht nach der Dauerverleih schon nicht in den Anwendungsbereich der Richtlinie fällt.

320 *Thüsing/Stiebert*, DB 2012, 632, 634.

321 *Thüsing/Stiebert*, DB 2012, 632, 634.

322 *Hamann*, Anmerkung zu ArbG Leipzig, Beschluss v. 23.3.2012 – 5 BV 85/11, jurisPR-ArbR 23/2012, Anm. 3.

ff) Zweck der Flexibilität

Wie schon im Rahmen der Erörterung zur Definition des Dauerverleihs erwähnt,[323] wird gegen die Zulässigkeit eines Dauerverleihs häufig angeführt, dass nach den Erwägungen der Richtlinie eine Befriedigung des „Flexibilitätsbedarfs der Unternehmen" verfolgt werde, nicht jedoch die Abdeckung eines Dauerbedarfs.[324] Richtig ist, dass die Erwägungsgründe solch einen Flexibilitätsbedarf anerkennen. Allerdings macht beispielsweise der 10. Erwägungsgrund deutlich, dass die Leiharbeit nicht nur der Flexibilität dienen soll, sondern ebenso dem Bedürfnis der Arbeitnehmer, speziell der Schaffung von Arbeitsplätzen und der Eingliederung in den Arbeitsmarkt. Diesem Bedürfnis kann aber auch durch einen Dauerverleih nachgekommen werden. Es ist also verfehlt, nur auf den Flexibilitätsbedarf abzustellen und hieraus zu folgern, die Abdeckung eines Dauerbedarfs sei unzulässig.

gg) Regelung des Dauerverleihs?

Fraglich ist, inwiefern der Dauerverleih durch die Richtlinie nach deren Sinn und Zweck geregelt werden sollte. Es wurde bereits deutlich gemacht, dass mit Blick auf die Gesetzgebungsgeschichte allein durch das Wort vorübergehend der Anwendungsbereich der Richtlinie nicht derart eingeengt werden sollte, dass der Dauerverleih von der Richtlinie nicht erfasst wird und darin demnach keineswegs die Festlegung der Unzulässigkeit eines Dauerverleihs gesehen werden kann.

Solche Autoren, die durch die Aufnahme des Wortes vorübergehend jedoch gerade einen Ausschluss des Dauerverleihs von der Richtlinie anerkennen, überzeugt es konsequenterweise ebenso nicht, dass der Dauerverleih bewusst ungeregelt geblieben sei.[325] Nach Ansicht solcher Autoren muss die Union folglich den Willen gehabt haben, „die Leiharbeit insgesamt zu regeln und nur die „vorübergehende" zuzulassen"[326].

Einige jener Autoren, die nicht von dem Ausschluss eines Dauerverleihs ausgehen, sind allerdings der Ansicht, die dauerhafte Arbeitnehmer-

---

323 Siehe dazu oben, zweiter Teil, § 4 D. I. 1. d) aa), S. 66.

324 *Bartl/Romanowski*, NZA Online Aufsatz 3/2012, 1, 2; *Wank*, JArbR 49, 23, 28.

325 *Bartl/Romanowski*, NZA Online Aufsatz 3/2012, 1.

326 *Düwell*, ZESAR 2011, 449, 450.

überlassung sollte nach der Richtlinie nicht geregelt bzw. reglementiert werden,[327] was eine Bestätigung in Art. 4 Abs. 1 der Richtlinie 2008/104/EG finde, wonach Verbote der Leiharbeit nur unter bestimmten Voraussetzungen (siehe dazu oben cc)) gerechtfertigt seien.[328] Hiernach wäre mit der Richtlinie nur ein Mindestschutz gewollt und man wollte den Mitgliedstaaten einen eigenen Regelungsbereich – namentlich den des Dauerverleihs – belassen.[329]

Allerdings kann eine solche Argumentation nicht überzeugen. Zwar kann an einigen Erwägungsgründen und auch Bestimmungen der Richtlinie 2008/104/EG ein Liberalisierungsgedanke deutlich festgemacht werden.[330] Dieser ist aber nicht derart weit zu verstehen, dass der Dauerverleih gar nicht geregelt werden sollte. Wie *Rieble/Vielmeier* ausführen, sollte nämlich nach dem 12. Erwägungsgrund ein Rahmen für die Leiharbeit geschaffen werden.[331] Allerdings sollte trotz dieses Rahmens die Vielfalt der Arbeitsmärkte und Arbeitsbeziehungen gewahrt werden.[332] Diese Vielfalt betone auch der 10. Erwägungsgrund, in dem es heißt, dass es in Europa in Bezug auf die rechtliche Stellung der Leiharbeitnehmer große Unterschiede gäbe.[333] Ebenso komme der Liberalisierungsgedanke im 18. Erwägungsgrund sowie auch in Art. 4 Abs. 1 der Richtlinie 2008/104/EG zum Ausdruck.[334] Nach Art. 4 Abs. 1 der Richtlinie 2008/104/EG sollen – wie bereits erläutert – Verbote und Einschränkungen überprüft werden und nur noch aus Gründen des Allgemeininteresses zulässig sein. Hieraus ist mit *Rieble/Vielmeier* zu folgern, dass es einerseits unvereinbar wäre, wenn der Dauerverleih nicht erfasst werden und andererseits implizit verboten sein würde.[335] Wie bereits unter cc) ausge-

---

327 *Gerdom*, öAT 2011, 150; *Giesen*, FA 2012, 66; *Thüsing/Stiebert*, DB 2012, 632, 634.

328 *Thüsing/Stiebert*, DB 2012, 632, 634.

329 *Gerdom*, öAT 2011, 150; *Giesen*, FA 2012, 66.

330 *Rieble/Vielmeier*, EuZA 2011, 474, 487. Zu diesen Erwägungsgründen und Bestimmungen sogleich.

331 *Rieble/Vielmeier*, EuZA 2011, 474, 487.

332 *Rieble/Vielmeier*, EuZA 2011, 474, 487.

333 *Rieble/Vielmeier*, EuZA 2011, 474, 487.

334 *Rieble/Vielmeier*, EuZA 2011, 474, 487.

335 *Rieble/Vielmeier*, EuZA 2011, 474, 487.

führt, käme kein Allgemeininteresse für ein „Pauschalverbot“[336] der Dauerüberlassung in Betracht.[337]

Im Ergebnis überzeugt es, dass der Dauerverleih zwar nicht verboten, aber auch nicht uneingeschränkt zulässig ist.[338]

e) Primärrecht, insbesondere Art. 16 GRC

Schließlich sei nur kurz angemerkt, dass ein Verbot des Dauerverleihs nicht zuletzt auch aufgrund des Primärrechts, wobei *Thüsing/Siebert* hier insbesondere die unternehmerische Freiheit nach Art. 16 GRC anführen, äußerst problematisch ist.[339] Es wäre Leiharbeitsunternehmen nicht mehr möglich, Leiharbeitnehmer dauerhaft zu verleihen, was diese in ihren unternehmerischen Freiheiten deutlich einschränkte.

f) Ergebnis

Trotz des Wortlauts ist der Dauerverleih nach der Richtlinie 2008/104/EG zulässig[340] und überdies von dem Anwendungsbereich der Richtlinie erfasst.[341]

---

336 *Rieble/Vielmeier*, EuZA 2011, 474, 487.

337 *Rieble/Vielmeier*, EuZA 2011, 474, 487.

338 So auch *Boemke*, RIW 2009, 177, 179; *Huke/Neufeld/Luickhardt*, BB 2012, 961, 964.; *Lembke*, DB 2011, 414, 415; *Rieble/Vielmeier*, EuZA 2011, 474, 487 und 489. Wohl auch: *Krannich/Simon*, BB 2012, 1414, 1415 ff. A.A. trotz Anerkennung der Zulässigkeit: *Boemke*, Anmerkung zu ArbG Leipzig, Beschluss v. 23.3.2012 – 3 BV 84/11, jurisPR-ArbR 27/2012, Anm. 2; *Gerdom*, öAT 2011, 150; *Giesen*, FA 2012, 66.

339 *Thüsing/Stiebert*, DB 2012, 632, 634.

340 So auch: ArbG Leipzig, Beschluss v. 15.2.2012 – 11 BV 79/11; ArbG Osnabrück, Beschluss v. 18.4.2012 – 2 BV 3/12; *Boemke*, Anmerkung zu ArbG Leipzig, Beschluss v. 23.3.2012 – 3 BV 84/11, jurisPR-ArbR 27/2012, Anm. 2; *Boemke*, RIW 2009, 177, 179; *Gerdom*, öAT 2011, 150; *Giesen*, FA 2012, 66; *Huke/Neufeld/Luickhardt*, BB 2012, 961, 964 f.; *Krannich/Simon*, BB 2012, 1414, 1415 ff.; *Lembke*, BB 2012, 2497, 2501; *Lembke*, DB 2011, 414, 415; *Rieble/Vielmeier*, EuZA 2011, 474, 487; *Thüsing/Stiebert*, DB 2012, 632, 634.

2. Arbeitnehmerüberlassungsgesetz

a) Eigener Regelungswille bei Einfügung des § 1 Abs. 1 S. 2 AÜG n.F.?

Fraglich ist allein, ob der deutsche Gesetzgeber bei Einfügung des § 1 Abs. 1 S. 2 AÜG n.F. einen eigenen Regelungswillen gehabt hat. Dies wäre nach dem zur Zulässigkeit eines Dauerverleihs nach der Richtlinie erhaltenen Ergebnis insbesondere dann der Fall, wenn hiermit ein Verbot des Dauerverleihs festgelegt werden sollte. Schließlich entspräche dies nicht den Vorgaben der Richtlinie. Wäre dieser Regelungswille indes zu verneinen und läge damit nur ein Programmsatz vor, so orientierte sich die Zulässigkeit des Dauerverleihs an der Richtlinie 2008/104/EG; denn dann hätte der deutsche Gesetzgeber keine über die Richtlinie hinausgehenden Einschränkungen der Leiharbeit verfolgt.

aa) Wortlaut

Dem Wortlaut des Begriffs „vorübergehend" könnte wie auch im Rahmen der Richtlinie entnommen werden, dass der nicht nur vorübergehende, also dauerhafte Verleih, nicht erfasst sein soll von den Regelungen des AÜG. Allerdings ist ein Regelungswille dahingehend, dass der Dauerverleih verboten sein soll, nicht aus dem Wortlaut erkennbar.[342] Ebenso gut könnte dieser nämlich zwar nicht erfasst, aber dennoch zulässig sein. Das neue Gesetz enthält hier lediglich eine Definition.[343] Es wird gerade nicht festgelegt, was im Falle einer dauerhaften Überlassung gelten soll.[344]

Der Wortlaut hilft demnach nicht weiter.

Sich nicht ausdrücklich zur Richtlinie äußernd, aber wohl auch für eine Zulässigkeit nach der Richtlinie: *Oberthür*, ArbRB 2011, 146, 147; *Raif*, GWR 2011, 303.

341 So auch *Boemke*, RIW 2009, 177, 179; *Huke/Neufeld/Luickhardt*, BB 2012, 961, 964.; *Lembke*, BB 2012, 2497, 2500 f.; *Lembke*, DB 2011, 414, 415; *Rieble/Vielmeier*, EuZA 2011, 474, 487 und 489. Wohl auch: *Krannich/Simon*, BB 2012, 1414, 1415 ff. A.A. trotz Anerkennung der Zulässigkeit: *Boemke*, Anmerkung zu ArbG Leipzig, Beschluss v. 23.3.2012 – 3 BV 84/11, jurisPR-ArbR 27/2012, Anm. 2; *Gerdom*, öAT 2011, 150; *Giesen*, FA 2012, 66. Ohne sich zur Zulässigkeit zu äußern: Schüren-*Riederer von Paar*, AÜG, Einl., Rn. 617.

342 *Lembke*, BB 2012, 2497, 2501.

343 *Huke/Neufeld/Luickhardt*, BB 2012, 961, 964.

344 *Huke/Neufeld/Luickhardt*, BB 2012, 961, 964; *Lembke*, DB 2011, 414, 415.

bb) Systematik

In systematischer Hinsicht könnte man mit *Rieble/Vielmeier* das Vorliegen einer Regelung schon deswegen verneinen, weil deren *essentialia* fehlen.[345] Jene Autoren kommen zu diesem Ergebnis, da in der Norm des § 1 Abs. 1 S. 2 AÜG keine Konsequenzen genannt seien, es keine Anhaltspunkte für eine Abgrenzung der Begriffe vorübergehend und dauerhaft gebe und überdies im AÜG auch kein Verbot des Dauerverleihs festgesetzt worden sei.[346]

Zum ersten Kriterium, dass keine Konsequenzen genannt seien, führt *Hamann* aus, der Gesetzgeber sei schlicht seiner Pflicht zur Umsetzung der Richtlinie nicht nachgekommen.[347] Dem ist zwar insoweit zuzustimmen, dass der deutsche Gesetzgeber ausweislich Art. 10 der Richtlinie 2008/104/EG für Sanktionen und somit auch die Konsequenzen zuständig ist; ginge man also entgegen hier vertretener Ansicht von einem Verbot des Dauerverleihs nach der Richtlinie aus, so würde die Tatsache, dass der deutsche Gesetzgeber hierfür keine Konsequenz benannt und damit gegen seine Umsetzungspflicht aus Art. 10 der Richtlinie 2008/104/EG verstoßen hat, an der Unzulässigkeit des Dauerverleihs nichts ändern. Geht man jedoch wie auch *Rieble/Vielmeier* überzeugenderweise von der Zulässigkeit eines Dauerverleihs nach der Richtlinie aus, dann könnte man von einer abweichenden Regelung im AÜG, und damit einem Verbot, nur dann ausgehen, wenn eine Konsequenz im AÜG benannt ist. Auf die Umsetzungspflicht nach Art. 10 der Richtlinie 2008/104/EG kommt es dann gar nicht an, weil es kein Verbot gibt, welches es umzusetzen und mit Sanktionen zu versehen gilt. Man kann also von den fehlenden Konsequenzen nicht auf eine Zulässigkeit nach der Richtlinie schließen, aber auf die Zulässigkeit nach dem AÜG bzw. auf die Tatsache, dass im AÜG keine zur Richtlinie verschiedene Regelung aufgenommen werden sollte.

---

345 *Rieble/Vielmeier*, EuZA 2011, 474, 489.

346 *Rieble/Vielmeier*, EuZA 2011, 474, 489.

347 *Hamann*, Anmerkung zu ArbG Leipzig, Beschluss v. 23.3.2012 – 5 BV 85/11, jurisPR-ArbR 23/2012, Anm. 3.

cc) Gesetzgebungsgeschichte

(1) Keine Rechtsfolge trotz Kritik

Wie bereits erwähnt, enthält das neue Gesetz lediglich eine Definition.[348] Es wird nicht festgelegt, was im Falle einer dauerhaften Überlassung gelten solle.[349] Und das, obwohl Sachverständige explizit kritisiert haben, dass keine Rechtsfolge bestimmt sei.[350] Dies lässt nur den Schluss zu, dass der Gesetzgeber bewusst keine einschränkende Regelung aufgenommen hat.[351] Dazu passt schließlich auch die Begründung, wonach die Einfügung lediglich zur „Klarstellung"[352] erfolgte.[353] Es handelt sich um einen bloßen „Programmsatz"[354] ohne Rechtsfolge.[355] § 1 Abs. 1 S. 2 AÜG n.F. ist mithin lediglich als Hinweis auf das Phänomen zu verstehen, „dass Arbeitnehmerüberlassung typischerweise vorübergehend erfolgt"[356].[357] Die Einfügung hat keine rechtlichen Auswirkungen,[358] ist also nur eine Klarstellung.[359] Dies entspricht der Bezeichnung des Gesetzgebers. Die Einordnung als Klarstellung bedeutet, dass der deutsche Gesetzgeber nicht von den Vorgaben zur Zulässigkeit des Dauerverleihs nach der Richtlinie

---

348 *Huke/Neufeld/Luickhardt*, BB 2012, 961, 964.

349 *Huke/Neufeld/Luickhardt*, BB 2012, 961, 964; *Lembke*, BB 2012, 2497, 2501; *Lembke*, DB 2011, 414, 415.

350 *Huke/Neufeld/Luickhardt*, BB 2012, 961, 964; *Krannich/Simon*, BB 2012, 1414, 1416; *Lembke*, BB 2012, 2497, 2501. Die Kritik der Sachverständigen findet sich in BT-Drs. 17/5238, S. 11.

351 *Huke/Neufeld/Luickhardt*, BB 2012, 961, 964.; vgl. *Lembke*, DB 2011, 414, 415.

352 BT-Drs. 17/4804, S. 8.

353 *Huke/Neufeld/Luickhardt*, BB 2012, 961, 964.

354 *Lembke*, DB 2011, 414, 415. Dagegen *Giesen*, FA 2012, 66, 68.

355 *Boemke*, Anmerkung zu ArbG Leipzig, Beschluss v. 23.3.2012 – 3 BV 84/11, jurisPR-ArbR 27/2012, Anm. 2; *Raif*, GWR 2011, 303; *Rieble/Vielmeier*, EuZA 2011, 474, 489.

356 *Lembke*, DB 2011, 414, 415.

357 *Lembke*, BB 2012, 2497, 2501. Auch *Raif*, GWR 2011, 303, greift diese Formulierung auf. Vgl. auch *Oberthür*, ArbRB 2011, 146, 147.

358 *Oberthür*, ArbRB 2011, 146, 147.

359 ArbG Leipzig, Beschluss v. 23.3.2012 – 5 BV 85/11; ArbG Osnabrück, Beschluss v. 18.4.2012 – 2 BV 3/12; *Boemke*, Anmerkung zu ArbG Leipzig, Beschluss v. 23.3.2012 –3 BV 84/11, jurisPR-ArbR 27/2012, Anm. 2; *Oberthür*, ArbRB 2011, 146, 147; *Raif*, GWR 2011, 303. A.A. *Wank*, JArbR 49, 23, 27.

abweichen wollte.[360] Eine Zulässigkeit nach der Richtlinie bedeutet dann auch eine Zulässigkeit nach dem neuen AÜG.[361]

(2) Ausschluss des Dauerverleihs als ausdrückliches Ziel?

(a) Herausnahme dieses Passus'

Viele Autoren, die sich gegen einen Dauerverleih aussprechen, nehmen Bezug auf eine bereits im Rahmen der Definition des Dauerverleihs erwähnte Aussage in dem Gesetzesentwurf vom 2.9.2010 relativ am Anfang der erneuten Reform des AÜG. Dort heißt es: „Zugleich soll aber ausgeschlossen werden, dass Unternehmen mit Hilfe der Arbeitnehmerüberlassung ihren dauerhaften Bedarf an Arbeitskräften abdecken."[362] Hieraus ergebe sich laut dieser Autoren das erklärte Ziel des Gesetzgebers, den dauerhaften Entleih und damit eine Substitution von Stammarbeitnehmern durch Leiharbeitnehmer zu vermeiden.[363]

Zu beachten ist allerdings, dass diese sachliche Rechtfertigung aus den folgenden Entwürfen gestrichen worden ist und nie mehr auftauchte.[364] Es wurde sich also ersichtlich von diesem Ansatz entfernt. Dass trotz Streichung dieses Passus' keine Distanzierung von diesem erfolgte, kann nicht überzeugen.[365]

360 *Boemke*, Anmerkung zu ArbG Leipzig, Beschluss v. 23.3.2012 –3 BV 84/11, jurisPR-ArbR 27/2012, Anm. 2.

361 *Boemke*, Anmerkung zu ArbG Leipzig, Beschluss v. 23.3.2012 –3 BV 84/11, jurisPR-ArbR 27/2012, Anm. 2.

362 Entwurf der Bundesregierung zu einem „Gesetz zur Verhinderung von Missbrauch der Arbeitnehmerüberlassung" vom 2.9.2010, S. 9, abrufbar unter http://www.arbrb.de/media/90CBB74Ed01.pdf (Abrufdatum: 11.9.2013).

363 *Düwell*, ZESAR 2011, 449, 451 und 453; *Zimmermann*, ArbRAktuell 2011, 62. Vgl. auch *Wank*, JArbR 49, 23, 28.

364 *Boemke*, Anmerkung zu ArbG Leipzig, Beschluss v. 23.3.2012 – 3 BV 84/11, jurisPR-ArbR 27/2012, Anm. 2; *Krannich/Simon*, BB 2012, 1414, 1415 f. Bereits bei der Erörterung der Definition eines Dauerverleihs spielte es eine Rolle, dass dieser Passus gestrichen worden ist, siehe dazu oben, zweiter Teil, § 4 D. I. 2. b) aa), S. 68, sowie zweiter Teil, § 4 D. I. 2. c) bb), S. 71 ff.

365 So aber *Bartl/Romanowski*, NZA Online Aufsatz 3/2012, 1, 3.

(b) Schlussfolgerung aus Verzicht auf diesen Passus

Als Schlussfolgerung ergibt sich, dass die Gesetzesänderung nicht dem Austausch von Stammarbeitsplätzen durch einen dauerhaften Einsatz von Leiharbeitnehmern entgegenwirken soll.[366] Denn dieses ausdrückliche Ziel wurde gerade nicht in weitere Entwürfe aufgenommen. Dies macht deutlich, dass es hierauf nicht mehr ankommen soll. *Boemke* führt hierzu treffend aus, „dass Leiharbeit nicht Stammarbeitnehmer substituieren soll, ist – im Hinblick auf Art. 12 Abs. 1 GG – prekäre Rechtspolitik"[367]. Schließlich gelte auch für das AÜG, dass „in der Gesetzesbegründung ausdrücklich betont [wird], dass die Arbeitnehmerüberlassung in der Regel voll sozialversicherungspflichtige Beschäftigungsverhältnisse schaffe". Das Leiharbeitsverhältnis sei „nach der Sicht des Gesetzgebers kein Arbeitsverhältnis zweiter oder gar dritter Klasse."[368]

Ebenso ist aus der Streichung des Passus' zu folgern, dass hier also nur eine Klarstellung erfolgte[369] und keine Änderung der bisherigen Praxis der Arbeitnehmerüberlassung gewollt gewesen ist.[370] Es hätte ansonsten nahegelegen, den Passus wiederum aufzunehmen oder aber ausreichend deutlich zu machen, dass dieses Ziel unverändert fortbestehe.

(3) Einfügung des Begriffs „vorübergehend"

Der Begriff „vorübergehend" war in dem Referentenentwurf[371] des Bundesministeriums für Arbeit und Soziales vom 24.3.2009 und auch dem an-

---

366 *Boemke*, Anmerkung zu ArbG Leipzig, Beschluss v. 23.3.2012 – 3 BV 84/11, jurisPR-ArbR 27/2012, Anm. 2.

367 *Boemke*, Anmerkung zu ArbG Leipzig, Beschluss v. 23.3.2012 – 3 BV 84/11, jurisPR-ArbR 27/2012, Anm. 2.

368 *Boemke*, Anmerkung zu ArbG Leipzig, Beschluss v. 23.3.2012 – 3 BV 84/11, jurisPR-ArbR 27/2012, Anm. 2, mit Verweis auf BT-Drs. 17/4804, S. 7. Dass Leiharbeit nach der Richtlinie nicht *per se* „prekär" ist, wurde oben ausführlich erörtert, siehe zweiter Teil, § 4 D. II. 1. d) bb), S. 83.

369 Dies gesteht wohl auch *Düwell*, ZESAR 2011, 449, 451, ein.

370 *Krannich/Simon*, BB 2012, 1414, 1416.

371 Referentenentwurf des Bundesministeriums für Arbeit und Soziales für ein „Erstes Gesetzes zur Änderung des Arbeitnehmerüberlassungsgesetzes" vom 24.3.2009, abrufbar unter www.zeitarbeit-und-recht.de/tce/frame/data/453.pdf (Abrufdatum: 10.1.2013).

schließenden Diskussionsentwurf[372] vom 4.6.2010 noch nicht enthalten.[373] Erstmals fand sich dieser in dem Entwurf[374] vom 2.9.2010. Es mag sein, dass hiermit in Verbindung mit dem soeben unter (2) erwähnten Passus eine Änderung in Form einer Einschränkung auf nur vorübergehende Leiharbeit beabsichtigt gewesen ist.[375] Allerdings macht die Streichung des genannten Passus' deutlich, dass an dieser vermeintlichen Änderung gerade nicht weiter festgehalten werden sollte, und es sich dementsprechend nicht um eine Änderung, sondern nur eine Klarstellung handelt.[376]

(4) Wegfall der Höchstüberlassungsdauer zum 1.1.2004

Des Weiteren ist im Rahmen der Gesetzgebungsgeschichte zu beachten, dass mit dem Wegfall der Höchstüberlassungsdauer zum 1.1.2004[377] überwiegend vertreten worden ist, dass ein Dauerverleih nunmehr zulässig sei.[378] Es ist *Thüsing/Stiebert* in ihrer Ansicht beizupflichten, dass allein die Aufnahme von § 1 Abs. 1 S. 2 AÜG n.F. für eine Abkehr von dieser Sichtweise nicht überzeugend ist,[379] ein Dauerverleih also auch weiterhin möglich sein muss.

372 Diskussionsentwurf eines Gesetzes zur Änderung des AÜG und des AEntG vom 4.6.2010, abrufbar unter http://www.arbrb.de/media/DiskEntw.pdf (Abrufdatum: 11.9.2013). Dazu *Düwell/Dahl*, DB 2010, 1759.

373 *Bartl/Romanowski*, NZA Online Aufsatz 3/2012, 1, 2.

374 Entwurf der Bundesregierung zu einem „Gesetz zur Verhinderung von Missbrauch der Arbeitnehmerüberlassung" vom 2.9.2010, abrufbar unter http://www.arbrb.de/media/90CBB74Ed01.pdf (Abrufdatum: 11.9.2013).

375 So wohl *Bartl/Romanowski*, NZA Online Aufsatz 3/2012, 1, 2.

376 Siehe dazu schon soeben.

377 Durch das Erste Gesetz für moderne Dienstleistungen am Arbeitsmarkt vom 23.12.2002, BGBl. I, S. 4607.

378 BAG v. 25.1.2005 – 1 ABR 61/03, NZA 2005, 1199, 1200; *Hamann*, EuZA 2009, 287, 310; *Hamann*, NZA 2003, 526, 528; *Lembke*, BB 2010, 1533; Schüren-*Riederer von Paar*, AÜG, Einl., Rn. 617; *Thüsing*, AÜG, 2. Auflage 2008, § 3, Rn. 116.

379 *Thüsing/Stiebert*, DB 2012, 632, 635.

dd) Zweck

(1) Nicht allein Flexibilität maßgeblich

Wie auch im Rahmen der Richtlinie 2008/104/EG spielt das Flexibilitätskriterium beim AÜG eine Rolle. Allerdings gilt auch hier, dass dies keineswegs ein Grundsatz ist, der über allem steht. Dies zeigen schon die Ausführungen im Entwurf[380] vom 17.2.2011. Dort wird zunächst, wie bereits oben dargestellt, deutlich gemacht, dass die Leiharbeit aus Sicht des Gesetzgebers „kein Arbeitsverhältnis zweiter oder gar dritter Klasse“[381] ist. Weiter wird ausgeführt: „Gleichzeitig ist die Arbeitnehmerüberlassung ein wichtiges Instrument für die Unternehmen, die durch Nutzung flexibel auf Nachfragespitzen oder Auftragsflauten reagieren können“[382]. Die Verwendung des Wortes „gleichzeitig“ zeigt, dass die Flexibilisierung eben nicht nur das einzige Ziel bzw. Aufgabe der Arbeitnehmerüberlassung ist. Insofern kann auch hieraus keineswegs gefolgert werden, dass mit der Reform des AÜG ein Dauerverleih unzulässig geworden ist.

(2) Allein Ausschluss des Drehtür-Effekts beabsichtigt

Gegen ein Verbot des Dauerverleihs spricht schließlich, dass der Gesetzgeber ausdrücklich in seiner Begründung Ausführungen zu Sinn und Zweck gemacht hat, den Dauerverleih hierbei jedoch unerwähnt ließ. So führt er aus, es solle unterbunden werden, „dass Arbeitnehmerinnen und Arbeitnehmer entlassen oder nicht weiter beschäftigt werden und innerhalb der nächsten sechs Monate als Leiharbeitnehmerinnen und Leiharbeitnehmer wieder in ihrem ehemaligen Unternehmen oder einem anderen Unternehmen desselben Konzerns zu schlechteren Arbeitsbedingungen eingesetzt werden“[383]. Der Gesetzgeber wollte also solch einen Einsatz der Leiharbeitnehmer unterbinden, nicht den Dauerverleih.[384]

---

380 BT-Drs. 17/4804, S. 7.

381 *Boemke*, Anmerkung zu ArbG Leipzig, Beschluss v. 23.3.2012 – 3 BV 84/11, jurisPR-ArbR 27/2012, Anm. 2, mit Verweis auf BT-Drs. 17/4804, S. 7. Dass Leiharbeit nach der Richtlinie nicht *per se* „prekär“ ist, wurde oben ausführlich erörtert, siehe zweiter Teil, § 4 D. II. 1. d) bb), S. 83.

382 BT-Drs. 17/4804, S. 7.

383 BT-Drs. 17/4804, S. 7.

384 So auch ArbG Leipzig, Beschluss v. 23.3.2012 – 5 BV 85/11.

ee) Art. 12 Abs. 1 GG

Zudem sei für das AÜG kurz darauf hingewiesen, dass das Verbot eines Dauerverleihs kaum mit der Berufsfreiheit des Verleihers nach Art. 12 GG vereinbar ist.[385]

ff) Zwischenergebnis

Der deutsche Gesetzgeber hatte bei der Einfügung des § 1 Abs. 1 S. 2 AÜG n.F. keinen Regelungswillen.[386]

b) Ergebnis: kein Regelungswille

Die Zulässigkeit des Dauerverleihs orientiert sich in erster Linie an der Richtlinie 2008/104/EG, da der deutsche Gesetzgeber bei der Einfügung des § 1 Abs. 1 S. 2 AÜG n.F. keinen Regelungswillen verfolgte.[387]

---

385 *Thüsing/Stiebert*, DB 2012, 632, 635. Ähnlich schon oben im Rahmen der Richtlinie zur Vereinbarkeit mit Primärrecht, insbesondere Art. 16 GRC, zweiter Teil, § 4 D. II. 1. e), S. 88.

386 *Brors*, Anmerkung zu ArbG Leipzig, Beschluss v. 15.2.2012 – 11 BV 79/11, jurisPR-ArbR 16/2012, Anm. 6; *Hamann*, Anmerkung zu ArbG Leipzig, Beschluss v. 23.3.2012 – 5 BV 85/11, jurisPR-ArbR 27/2012, Anm. 2; *Rieble/Vielmeier*, EuZA 2011, 474, 489 f.; *Thüsing/Stiebert*, DB 2012, 632. Auch *Hamann*, Anmerkung zu ArbG Cottbus, Beschluss v. 25.4.2012 – 2 BV 8/12, jurisPR-ArbR 40/2012, Anm. 1, allerdings insoweit vom Wortlaut identische Ausführungen wie in der Anmerkung zu ArbG Leipzig, Beschluss v. 23.3.2012 – 5 BV 85/11. Beachtenswert ist, dass *Hamann* kurz zuvor noch von einer Regelung ausging, siehe *Hamann*, Anmerkung zu LArbG Hannover, Beschluss v. 16.11.2011 – 17 TaBV 99/11, jurisPR-ArbR 13/2012, Anm. 2.

387 *Brors*, Anmerkung zu ArbG Leipzig, Beschluss v. 15.2.2012 – 11 BV 79/11, jurisPR-ArbR 16/2012, Anm. 6; *Hamann*, Anmerkung zu ArbG Cottbus, Beschluss v. 25.4.2012 – 2 BV 8/12, jurisPR-ArbR 40/2012, Anm. 1 (insoweit vom Wortlaut her identische Ausführungen wie in der Anmerkung zu ArbG Leipzig, Beschluss v. 23.3.2012 – 5 BV 85/11); *Hamann*, Anmerkung zu ArbG Leipzig, Beschluss v. 23.3.2012 – 5 BV 85/11, jurisPR-ArbR 27/2012, Anm. 2; *Rieble/Vielmeier*, EuZA 2011, 474, 489 f.; *Thüsing/Stiebert*, DB 2012, 632.

Damit greift das unter 1. gefundene Ergebnis auch hier entsprechend ein. Der Dauerverleih ist also zulässig[388] und darüber hinaus vom Anwendungsbereich des AÜG erfasst.[389]

---

388 So auch: ArbG Leipzig, Beschluss v. 15.2.2012 – 11 BV 79/11; ArbG Leipzig, Beschluss v. 23.3.2012 – 5 BV 85/11; ArbG Leipzig, Beschluss v. 23.3.2012 – 3 BV 84/11; *Boemke*, Anmerkung zu ArbG Leipzig, Beschluss v. 23.3.2012 – 3 BV 84/11, jurisPR-ArbR 27/2012, Anm. 2; *Gerdom*, öAT 2011, 150; *Huke/Neufeld/Luickhardt*, BB 2012, 961, 964 f.; *Krannich/Simon*, BB 2012, 1414, 1418 und 1420; *Lembke*, BB 2012, 2497, 2501; *Lembke*, DB 2011, 414, 415; *Oberthür*, ArbRB 2011, 146, 147; *Raif*, GWR 2011, 303; *Rieble/Vielmeier*, EuZA 2011, 474, 489; *Thüsing/Stiebert*, DB 2012, 632, 634; vgl. *Löwisch/Domisch*, BB 2012, 1408, 1409. Nicht *per se* unzulässig: *Giesen*, FA 2012, 66. Nunmehr ebenfalls für die Zulässigkeit: LAG Nürnberg, Beschluss v. 9.5.2014 – 3 TaBV 29/13 (Rn. 74 ff., 81 bei juris). A.A. BAG v. 10.7.2013 – 7 ABR 91/11, NZA 2013, 1296, 1298; LAG Baden-Württemberg, Urteil v. 22.11.2012 – 11 Sa 84/12; LAG Berlin-Brandenburg v. 9.1.2013 – 15 Sa 1635/12, NZA-RR 2013, 234, 236; LAG Niedersachsen, Beschluss v. 19.9.2012 – 17 TaBV 124/11; *Bartl/Romanowski*, NZA Online Aufsatz 3/2012, 1, 5; *Böhm*, DB 2012, 918, 919; *Düwell*, DB 2011, 1520; *Hamann*, Anmerkung zu ArbG Cottbus, Beschluss v. 25.4.2012 – 2 BV 8/12, jurisPR-ArbR 40/2012, Anm. 1; *Hamann*, Anmerkung zu ArbG Leipzig, Beschluss v. 23.3.2012 – 5 BV 85/11, jurisPR-ArbR 23/2012, Anm. 3; *Hamann*, Anmerkung zu LArbG Hannover, Beschluss v. 16.11.2011 – 17 TaBV 99/11, jurisPR-ArbR 13/2012, Anm. 2; *Hamann*, Anmerkung zu LArbG Hamm, Urteil v. 6.5.2011 – 7 Sa 1583/10, jurisPR-ArbR 34/2011, Anm. 3; *Hamann*, NZA 2011, 70, 77; *Hamann*, RdA 2011, 321, 324; *Leuchten*, NZA 2011, 608, 609; *Schüren/Wank*, RdA 2011, 1, 3; *Ulber*, AuR 2011, 231; *Zimmermann*, ArbRAktuell 2011, 62. Noch zu einem älteren Entwurf, bei dem „vorübergehend" in § 1 Abs. 1 *S. 1* AÜG aufgenommen werden sollte: *Düwell/Dahl*, DB 2010, 1759, 1761. Schon zur früheren Gesetzeslage vor der Reform: *Ulber*, AuR 2010, 10, 11. Des Weiteren nunmehr für ein Verbot: BAG v. 30.9.2014 – 1 ABR 79/12, BB 2015, 379, 380; LAG Berlin-Brandenburg, Beschluss v. 19.7.2013 – 9 TaBV 749/13 (Rn. 59 bei juris); LAG Hamburg, Beschluss v. 23.9.2014 – 2 TaBV 6/14 (Rn. 43, 47 bei juris); LAG Saarland, Beschluss v. 18.12.2013 – 2 TaBV 2/13 (Rn. 94 bei juris); LAG Schleswig-Holstein, Beschluss v. 8.1.2014 – 3 TaBV 43/13 (Rn. 29 bei juris).

389 So auch *Boemke*, Anmerkung zu ArbG Leipzig, Beschluss v. 23.3.2012 – 3 BV 84/11, jurisPR-ArbR 27/2012, Anm. 2; *Gerdom*, öAT 2011, 150; *Huke/Neufeld/Luickhardt*, BB 2012, 961, 964 f.; *Krannich/Simon*, BB 2012, 1414, 1415 ff.; *Lembke*, BB 2012, 2497, 2501; *Lembke*, DB 2011, 414, 415; *Oberthür*, ArbRB 2011, 146, 147; *Raif*, GWR 2011, 303; *Rieble/Vielmeier*, EuZA 2011, 474, 489. Wohl auch ArbG Leipzig, Beschluss v. 15.2.2012 – 11 BV 79/11; ArbG Leipzig, Beschluss v. 23.3.2012 – 5 BV 85/11; ArbG Leipzig, Beschluss v. 23.3.2012 – 3 BV 84/11; *Löwisch/Domisch*, BB 2012, 1408, 1409. Nicht *per se* vom Anwendungsbereich ausgeschlossen: *Giesen*, FA 2012, 66, 68.

3. Ergebnis zur Zulässigkeit des Dauerverleihs

Der Dauerverleih ist sowohl nach der Richtlinie 2008/104/EG als auch dem AÜG zulässig. Er unterfällt allerdings der Richtlinie 2008/104/EG bzw. dem AÜG.

III. Folge eines Dauerverleihs bei Annahme dessen Unzulässigkeit

Um das Ausmaß der Entscheidung für und gegen die Zulässigkeit eines Dauerverleihs einschätzen zu können, soll sich abschließend mit der Frage auseinandergesetzt werden, welche Folgen eine Unzulässigkeit des Dauerverleihs nach sich ziehen würde. Im Folgenden ist also entgegen hier vertretener Ansicht von der Unzulässigkeit des Dauerverleihs auszugehen.

In der Richtlinie sind keinerlei Rechtsfolgen bestimmt.[390]

Auch im AÜG finden sich keine Rechtsfolgen beim Vorliegen eines Dauerverleihs,[391] Sanktionen sucht man vergeblich.[392] Sähe man den Dauerverleih nach der Richtlinie und damit dem AÜG als unzulässig an, wäre hierin einen Verstoß gegen die aus Art. 11 der Richtlinie 2008/104/EG folgende Umsetzungspflicht zu sehen,[393] zumal Art. 10 Abs. 2 der Richtlinie 2008/104/EG Sanktionen fordert.[394]

1. Keine Fiktion eines Arbeitsverhältnisses

Teilweise wird angedacht, die Folge eines Dauerverleihs bestehe darin, dass die Fiktion des § 10 AÜG eingreife und (rückwirkend) ein Arbeits-

---

390 *Bartl/Romanowski*, NZA Online Aufsatz 3/2012, 1, 5; *Raif*, GWR 2011, 303.

391 LAG Berlin-Brandenburg, Urteil v. 16.10.2012 – 7 Sa 1182/12; *Bartl/Romanowski*, NZA Online Aufsatz 3/2012, 1, 5; *Düwell*, DB 2011, 1520, 1522; *Düwell*, ZESAR 2011, 449, 454; *Hamann*, NZA 2011, 70, 74; *Hamann*, RdA 2011, 321, 326; *Krannich/Simon*, BB 2012, 1414, 1418; *Raif*, GWR 2011, 303; *Schuster/Grüneberg*, AiB 2012, 81, 83.

392 *Bartl/Romanowski*, NZA Online Aufsatz 3/2012, 1, 5; *Düwell*, ZESAR 2011, 449, 454; *Schuster/Grüneberg*, AiB 2012, 81, 83; *Zimmermann*, ArbRAktuell 2011, 62.

393 *Hamann*, Anmerkung zu ArbG Leipzig, Beschluss v. 23.3.2012 – 5 BV 85/11, jurisPR-ArbR 23/2012, Anm. 3.

394 *Bartl/Romanowski*, NZA Online Aufsatz 3/2012, 1, 5; *Krannich/Simon*, BB 2012, 1414, 1418.

verhältnis mit dem Entleiher entstehe. Dies hätte zur Folge, dass keine Leiharbeit mehr vorläge und der Verleiher rechtlich keine Rolle mehr spielte. Die Ergebnisse dieser Arbeit könnten also bei einem Betriebsübergang keine Anwendung mehr finden, da es sich nicht mehr um einen Fall von Leiharbeit bei einem Betriebsübergang handeln würde mangels Leiharbeit.

Solch eine Fiktion kann jedoch in keiner Weise überzeugen.[395] Dies erkennen auch fast alle jener Autoren an,[396] die sich ausdrücklich für ein Verbot des Dauerverleihs aussprechen. Schon nach dem Wortlaut des § 10 Abs. 1 S. 1 AÜG ist nur der Fall erfasst, dass keine Erlaubnis des Verleihers vorhanden ist.[397] Eine Fiktion käme nur in Betracht, wenn die Voraussetzungen für eine Analogie zu § 10 AÜG vorlägen. Allerdings liegt keine planwidrige Regelungslücke vor.[398] Erneut sei hier darauf hingewiesen, dass sich der Gesetzgeber ausweislich der Gesetzgebungsgeschichte bewusst gegen eine Rechtsfolge und damit auch gegen die Fiktion nach

---

395 LAG Berlin-Brandenburg, Urteil v. 16.10.2012 – 7 Sa 1182/12; *Düwell*, ZESAR 2011, 449, 454 (der solch eine Fiktion allerdings als sinnvoll erachtet); *Giesen*, FA 2012, 66, 68 f.; *Hamann*, Anmerkung zu ArbG Cottbus, Beschluss v. 25.4.2012 – 2 BV 8/12, jurisPR-ArbR 40/2012, Anm. 1; *Hamann*, RdA 2011, 321, 327; *Krannich/Simon*, BB 2012, 1414, 1418; *Lembke*, BB 2012, 2497, 2501; *Lembke*, DB 2011, 414, 415; *Rieble/Vielmeier*, EuZA 2011, 474, 486. Nunmehr ebenso gegen die Fiktion: BAG v. 10.12.2013 – 9 AZR 51/13, NZA 2014, 196. Dem folgend u.a. BAG v. 3.6.2014 – 9 AZR 111/13, BB 2014, 3007, und BAG v. 23.9.2014 – 9 AZR 1025/12 (Rn. 28 ff. bei juris), sowie LAG Berlin-Brandenburg, Urteil v. 17.12.2013 – 3 Sa 1092/13 (Rn. 37 bei juris). A.A. LAG Baden-Württemberg, Urteil v. 22.11.2012 – 11 Sa 84/12; LAG Baden-Württemberg, Urteil v. 31.7.2013 – 4 Sa 18/13 und 4 Sa 19/13; LAG Berlin-Brandenburg v. 9.1.2013 – 15 Sa 1635/12, NZA-RR 2013, 234, 236; *Böhm*, DB 2012, 918, 919; *Schuster/Grüneberg*, AiB 2012, 81, 83. Auch *Bartl/Romanowski*, NZA Online Aufsatz 3/2012, 1, 5 f., über den Umweg der Arbeitsvermittlung, die die Fiktion eines Arbeitsverhältnisses mit dem Entleiher analog § 10 Abs. 1 S. 1 AÜG nach sich ziehen soll.

396 Bspw. *Düwell*, ZESAR 2011, 449, 454 (der solch eine Fiktion allerdings als sinnvoll erachtet); *Hamann*, Anmerkung zu ArbG Cottbus, Beschluss v. 25.4.2012 – 2 BV 8/12, jurisPR-ArbR 40/2012, Anm. 1; *Hamann*, RdA 2011, 321, 327.

397 *Hamann*, RdA 2011, 321, 327.

398 *Giesen*, FA 2012, 66, 68; *Hamann*, Anmerkung zu ArbG Cottbus, Beschluss v. 25.4.2012 – 2 BV 8/12, jurisPR-ArbR 40/2012, Anm. 1; *Hamann*, RdA 2011, 321, 327; *Krannich/Simon*, BB 2012, 1414, 1418; *Lembke*, BB 2012, 2497, 2501.

§ 10 AÜG entschieden hat.[399] Auch die weitere Voraussetzung einer Analogie, nämlich eine vergleichbare Interessenlage, ist zu verneinen.[400] Wie *Krannich/Simon* zu Recht anmerken, ist bei einer fehlenden Erlaubnis das zwischen dem Verleiher und dem Leiharbeitnehmer geschlossene vertragliche Arbeitsverhältnis unwirksam; zum Schutz des Arbeitnehmers bedarf es der Fiktion nach § 10 AÜG.[401] Bei einem Dauerverleih ändert sich jedoch nichts an der Wirksamkeit des vertraglichen Arbeitsverhältnisses zum Verleiher, sodass die Fiktion nach § 10 AÜG nicht erforderlich ist.[402] Des Weiteren spricht auch ein historisches Argument gegen solch eine Fiktion:[403] *Giesen* macht darauf aufmerksam, dass es zunächst § 13 AÜG a.F. als Rechtsfolge bei der Überschreitung der bis zum 1.1.2004 bestehenden Höchstüberlassungsdauer gab, wonach ein Arbeitsverhältnis zum Entleiher begründet wurde.[404] Nach dem Wegfall des § 13 AÜG a.F. entschied das Bundesarbeitsgericht[405], „dass bei Zeitüberschreitung nicht die Sanktion des § 9 Nr. 1 AÜG und auch nicht die Vertragsschlussfiktion des § 10 Abs. 1 S. 1 AÜG eingreifen könne“[406]. Vielmehr sollte nur die Vermutung der Arbeitsvermittlung nach § 1 Abs. 2 AÜG eingreifen, mit den Folgen aufsichtsrechtlicher Befugnisse und Geldbußen.[407] Und schließlich ist aufgrund des intensiven Eingriffs in die negative Vertragsfreiheit des Entleihers eine eindeutige gesetzliche Grundlage erforderlich,[408] die offensichtlich fehlt.

Bereits aufgrund der Tatsache, dass sich also kein ausschließliches Arbeitsverhältnis mit dem Entleiher ergeben würde und der Verleiher demnach nicht „wegfallen“ würde, spielten die Ergebnisse des in dieser Arbeit vertretenen Lösungswegs auch dann eine Rolle, wenn man von der Unzu-

---

399 *Krannich/Simon*, BB 2012, 1414, 1418; *Lembke*, BB 2012, 2497, 2501. Die Kritik der Sachverständigen findet sich in BT-Drs. 17/5238, S. 11. Dazu auch schon oben, zweiter Teil, § 4 D. II. 2. a) cc) (1), S. 91.

400 *Krannich/Simon*, BB 2012, 1414, 1418.

401 *Krannich/Simon*, BB 2012, 1414, 1418.

402 *Krannich/Simon*, BB 2012, 1414, 1418.

403 Dazu *Giesen*, FA 2012, 66, 69.

404 *Giesen*, FA 2012, 66, 69.

405 BAG v. 28.6.2000 – 7 AZR 100/99, NZA 2000, 1160.

406 *Giesen*, FA 2012, 66, 69.

407 *Giesen*, FA 2012, 66, 69.

408 *Hamann*, Anmerkung zu ArbG Cottbus, Beschluss v. 25.4.2012 – 2 BV 8/12, jurisPR-ArbR 40/2012, Anm. 1; *Hamann*, RdA 2011, 321, 327; *Krannich/Simon*, BB 2012, 1414, 1418.

lässigkeit eines Dauerverleihs ausginge. Die weiteren Folgen, wie insbesondere die gewerberechtlichen Möglichkeiten hinsichtlich der Erlaubnis des Leiharbeitsunternehmens, ändern hieran nichts, sollte man diese als Konsequenz der Unzulässigkeit eines Dauerverleihs überhaupt für anwendbar halten. Hierauf ist im Folgenden kurz einzugehen.

2. Keine Arbeitsvermittlung

Teilweise wird vertreten, ein Dauerverleih sei generell als Arbeitsvermittlung anzusehen.[409] Allerdings ist an die Arbeitsvermittlung keine Rechtsfolge geknüpft, selbst wenn man diese annehmen wollte.[410] Speziell ist als Rechtsfolge nicht die Fiktion eines Arbeitsverhältnisses mit dem Entleiher vorgesehen.[411] Zudem kann schon die Annahme, es handele sich bei einem Dauerverleih um Arbeitsvermittlung, nicht überzeugen. Mit einem Dauerverleih ist keineswegs zwingend verbunden, dass die Arbeitgeberpflichten wegfallen.[412] Auch ein Verweis auf den Passus im Gesetzesentwurf vom 2.9.2010, wonach mit dem neuen AÜG ausgeschlossen werden solle, „dass Unternehmen mit Hilfe der Arbeitnehmerüberlassung ihren dauerhaften Bedarf an Arbeitskräften abdecken"[413], kann wie bereits oben erörtert nicht überzeugen.[414] Diese sachliche Rechtfertigung wurde gerade

---

409 *Leuchten*, NZA 2011, 608, 609. Wohl auch *Bartl/Romanowski*, NZA Online Aufsatz 3/2012, 1, 5; Ulber-*Ulber*, AÜG, § 1, Rn. 230e. Schon zur früheren Gesetzeslage vor der Reform: *Ulber*, AuR 2010, 10, 11.

410 *Hamann*, NZA 2011, 70, 74; *Hamann*, RdA 2011, 321, 326, mit Verweis auf BAG v. 28.6.2000 – 7 AZR 100/99, NZA 2000, 1160, 1161; *Thüsing/Stiebert*, DB 2012, 632, 635; vgl. *Düwell*, ZESAR 2011, 449, 451. Auch *Lembke*, DB 2011, 414, 415, der anmerkt, dass in der Richtlinie keine Rechtsfolge für eine unerlaubte Arbeitsvermittlung vorgesehen ist.

411 BAG v. 28.6.2000 – 7 AZR 100/99, NZA 2000, 1160, 1161; *Huke/Neufeld/Luickhardt*, BB 2012, 961, 964; *Krannich/Simon*, BB 2012, 1414, 1418; *Lembke*, DB 2011, 414, 415. A.A. schon zur früheren Gesetzeslage vor der Reform: *Ulber*, AuR 2010, 10, 11. Für eine zumindest analoge Anwendung des § 10 Abs. 1 AÜG sprechen sich *Bartl/Romanowski*, NZA Online Aufsatz 3/2012, 1, 5 f., aus.

412 *Thüsing/Stiebert*, DB 2012, 632, 634.

413 Entwurf der Bundesregierung zu einem „Gesetz zur Verhinderung von Missbrauch der Arbeitnehmerüberlassung" vom 2.9.2010, S. 9, abrufbar unter http://www.arbrb.de/media/90CBB74Ed01.pdf (Abrufdatum: 11.9.2013).

414 So argumentieren aber *Bartl/Romanowski*, NZA Online Aufsatz 3/2012, 1, 6, die dem Arbeitnehmer zusätzlich – dem Gedanken des § 613a BGB entsprechend – ein Wahlrecht einräumen wollen.

nicht in die weiteren Entwürfe übernommen, es sollte hierauf also nicht mehr ankommen. Deswegen können hieraus auch keine Schlüsse derart gezogen werden, dass automatisch eine Arbeitsvermittlung vorläge.

Ebenso wenig überzeugt es, dass eine Vermutung einer Arbeitsvermittlung analog § 1 Abs. 2 AÜG eingreifen soll. Gegen eine solche Analogie spricht nicht nur die soeben erwähnte Tatsache, dass mit einem Dauerverleih keineswegs zwingend verbunden ist, dass die Arbeitgeberpflichten wegfallen.[415] Es ist besonders die Gesetzgebungsgeschichte, die diese Analogie verbietet.[416] So war im Entwurf[417] vom 2.9.2010 explizit vorgesehen § 1 Abs. 2 AÜG zu ändern; diese Änderung wurde jedoch nicht übernommen.[418]

Dass die Rechtsprechung bei Einfügung dieser Vermutungsregelung möglicherweise Grund dazu gehabt hätte, über eine Änderung ihrer Rechtsprechung nachzudenken und als Rechtsfolge die Begründung eines Arbeitsverhältnisses anzuerkennen,[419] kann dahinstehen. Wie *Hamann* deutlich macht, war dies offensichtlich nicht gewollt, da die Bestimmung in § 1 Abs. 2 AÜG kommentarlos verschwunden ist.[420]

Das Vorliegen eines Dauerverleihs begründet keine Arbeitsvermittlung; auch ist keine Vermutung einer Arbeitsvermittlung hieran geknüpft. Erst recht tritt demnach als Rechtsfolge nicht die Begründung eines Arbeitsverhältnisses zum Entleiher ein.

3. Versagungs- bzw. Widerrufsgrund?

Des Weiteren könnte angedacht werden, dass – wiederum eine Unzulässigkeit des Dauerverleihs vorausgesetzt – das Vorliegen eines Dauerverleihs einen Versagungsgrund im Sinne des § 3 AÜG, einen Rücknahme-

---

415 *Thüsing/Stiebert*, DB 2012, 632, 634.

416 *Krannich/Simon*, BB 2012, 1414, 1418; *Thüsing/Stiebert*, DB 2012, 632, 634.

417 Entwurf der Bundesregierung zu einem „Gesetz zur Verhinderung von Missbrauch der Arbeitnehmerüberlassung“ vom 2.9.2010, S. 4 und 8 f., abrufbar unter http://www.arbrb.de/media/90CBB74Ed01.pdf (Abrufdatum: 11.9.2013).

418 *Bartl/Romanowski*, NZA Online Aufsatz 3/2012, 1, 5; *Düwell*, ZESAR 2011, 449, 451; *Hamann*, RdA 2011, 321, 326; *Huke/Neufeld/Luickhardt*, BB 2012, 961, 964; *Krannich/Simon*, BB 2012, 1414, 1418.

419 So *Bartl/Romanowski*, NZA Online Aufsatz 3/2012, 1, 5; *Hamann*, RdA 2011, 321, 326.

420 *Hamann*, RdA 2011, 321, 326.

grund nach § 4 AÜG sowie einen Widerrufsgrund im Sinne des § 5 AÜG darstellt. Überwiegend wird dies verneint;[421] eine Versagung, eine Rücknahme oder ein Widerruf sind demnach auch bei einem Dauerverleih nicht zwingend.[422] Nach anderer Ansicht kommt schon allein aufgrund des Vorliegens eines Dauerverleihs ein Versagungs- und Widerrufsgrund in Betracht.[423]

Gegen einen Versagungs-, Rücknahme- oder Widerrufsgrund spricht, dass die Begriffsbestimmung des § 1 Abs. 1 S. 1 AÜG durch die Reform nicht präzisiert worden ist;[424] das „vorübergehend" findet sich erst und ausschließlich in dem nachfolgenden Satz 2. Überdies erfolgte keine Aufnahme in die Versagungsgründe des § 3 Abs. 1 AÜG.[425] Hieraus ist zu folgern, dass eine Versagung, eine Rücknahme oder ein Widerruf nicht zwingend ist. Der Dauerverleih an sich stellt jeweils keinen ausreichenden Grund hierfür dar. Diese Folgerung ziehen insbesondere auch solche Autoren, die einen Dauerverleih als unzulässig ansehen; ihrer Ansicht nach bestünden lediglich ein Beurteilungsspielraum auf Tatbestandsseite und ein Ermessenspielraum auf Rechtsfolgenseite.[426] Im Ergebnis käme also „theoretisch"[427] ein Widerruf nach § 5 Abs. 1 Nr. 3 AÜG in Betracht;[428] Gleiches muss auch für eine Versagung und eine Rücknahme gelten. Allerdings können diese besagten gewerberechtlichen Sanktionen nicht allein deswegen eingreifen, weil einzig ein Dauerverleih gegeben ist. Vielmehr müssen noch andere Aspekte hinzutreten.

Zusätzlich ist zu beachten, dass diese gewerberechtlichen Sanktionen ohnehin nur den Verleiher träfen.[429] Zudem wird in der Literatur treffend

421 *Düwell*, ZESAR 2011, 449, 454; *Krannich/Simon*, BB 2012, 1414, 1418; *Rieble/Vielmeier*, EuZA 2011, 474, 486; *Zimmermann*, ArbRAktuell 2011, 62.

422 *Krannich/Simon*, BB 2012, 1414, 1418.

423 *Bartl/Romanowski*, NZA Online Aufsatz 3/2012, 1, 5. Die Rücknahme erwähnen *Bartl/Romanowski* nicht.

424 *Düwell*, ZESAR 2011, 449, 454. Auch *Hamann*, NZA 2011, 70, 74, der allerdings wohl noch von der Fassung ohne § 1 Abs. 1 S. 2 AÜG n.F. ausgeht.

425 *Düwell*, ZESAR 2011, 449, 454. Auch *Hamann*, NZA 2011, 70, 74, der allerdings wohl noch von der Fassung ohne § 1 Abs. 1 S. 2 AÜG n.F. ausgeht.

426 *Düwell*, ZESAR 2011, 449, 454. Auch *Hamann*, NZA 2011, 70, 74, der allerdings wohl noch von der Fassung ohne § 1 Abs. 1 S. 2 AÜG n.F. ausgeht.

427 *Hamann*, RdA 2011, 321, 327.

428 *Hamann*, RdA 2011, 321, 327.

429 *Bartl/Romanowski*, NZA Online Aufsatz 3/2012, 1, 5; *Düwell*, ZESAR 2011, 449, 454.

angemerkt, dass ein Widerruf mit Blick auf Art. 12 Abs. 1 GG nur in gravierenden Fällen, etwa bei einem Wiederholungstäter, gerechtfertigt ist.[430]

4. Zustimmungsverweigerungsrecht nach § 99 Abs. 2 Nr. 1 BetrVG

Ob ein Zustimmungsverweigerungsrecht des Betriebsrates des Entleihbetriebs nach § 99 Abs. 2 Nr. 1 BetrVG besteht, wenn eine Einstellung in Form eines Dauerverleihs beabsichtigt ist, hängt direkt mit dem Ergebnis unter § 12 zusammen.

So wird ein Zustimmungsverweigerungsrecht anerkannt,[431] wenn der Dauerverleih als unzulässig angesehen wird. Wird der Dauerverleih hingegen als zulässig erachtet, besteht ein solches Zustimmungsverweigerungsrecht nicht.[432]

Mit dem unter § 12 gefundenen Ergebnis ist ein Zustimmungsverweigerungsrecht des Betriebsrates nach § 99 Abs. 2 Nr. 1 überzeugenderweise abzulehnen.

---

430 *Bartl/Romanowski*, NZA Online Aufsatz 3/2012, 1, 5; *Hamann*, RdA 2011, 321, 327.

431 BAG v. 10.7.2013 – 7 ABR 91/11, NZA 2013, 1296, 1301; LAG Niedersachsen, Beschluss v. 19.9.2012 – 17 TaBV 124/11; ArbG Cottbus, Beschluss v. 25.4.2012 – 2 BV 8/12; *Bartl/Romanowski*, NZA Online Aufsatz 3/2012, 1, 6; *Brors*, Anmerkung zu ArbG Leipzig, Beschluss v. 15.2.2012 – 11 BV 79/11, jurisPR-ArbR 16/2012, Anm. 6; *Düwell*, ZESAR 2011, 449, 455; *Hamann*, Anmerkung zu ArbG Cottbus, Beschluss v. 25.4.2012 – 2 BV 8/12, jurisPR-ArbR 40/2012, Anm. 1; *Hamann*, Anmerkung zu ArbG Leipzig, Beschluss v. 23.3.2012 – 5 BV 85/11, jurisPR-ArbR 23/2012, Anm. 3; *Hamann*, Anmerkung zu LArbG Hannover, Beschluss v. 16.11.2011 – 17 TaBV 99/11, jurisPR-ArbR 13/2012, Anm. 2; *Hamann*, Anmerkung zu LArbG Hamm, Urteil v. 6.5.2011 – 7 Sa 1583/10, jurisPR-ArbR 34/2011, Anm. 3; *Hamann*, RdA 2011, 321, 327; *Schuster/Grüneberg*, AiB 2012, 81, 83; *Zimmermann*, ArbRAktuell 2011, 62. Vgl. LAG Berlin-Brandenburg v. 9.1.2013 – 15 Sa 1635/12, NZA-RR 2013, 234, 237.

432 U.a. ArbG Leipzig, Beschluss v. 15.2.2012 – 11 BV 79/11; ArbG Leipzig, Beschluss v. 23.3.2012 – 5 BV 85/11; ArbG Leipzig, Beschluss v. 23.3.2012 – 3 BV 84/11; ArbG Osnabrück, Beschluss v. 18.4.2012 – 2 BV 3/12; *Boemke*, Anmerkung zu ArbG Leipzig, Beschluss v. 23.3.2012 – 3 BV 84/11, jurisPR-ArbR 27/2012, Anm. 2; *Giesen*, FA 2012, 66, 69; *Krannich/Simon*, BB 2012, 1414, 1419; *Lembke*, BB 2012, 2497, 2501.

5. Keine Ordnungswidrigkeit

Die Möglichkeit einer Bestrafung als Ordnungswidrigkeit gem. § 16 AÜG iVm. § 17 OWiG erkennt von den Autoren, die einen Dauerverleih für unzulässig halten, – soweit ersichtlich – nur *Böhm* ausdrücklich an.[433] Die übrigen dieser Autoren verneinen trotz des Verbots des Dauerverleihs eine Bestrafung nach dem OWiG.[434] Letzteres ist aufgrund des strafrechtlichen Bestimmtheitsgebots folgerichtig.[435]

Wird ein Dauerverleih überzeugenderweise für zulässig gehalten, besteht ohnehin kein Ansatzpunkt für eine Bestrafung als Ordnungswidrigkeit.[436]

6. Ergebnis

Wie gezeigt worden ist, schließen sich an das Verbot eines Dauerverleihs keine Rechtsfolgen an, selbst wenn man ein solches Verbot annehmen wollte. Dies gilt nur nicht für die Frage nach dem Bestehen eines Zustimmungsverweigerungsrechts, weil sich die Antwort hierauf notgedrungen aus dem Ergebnis zur Frage der Zulässigkeit des Dauerverleihs ergibt. Im Übrigen wurde aber aufgezeigt, dass auch die Verfechter eines Verbots des Dauerverleihs anerkennen, dass es keine Rechtsfolgen, speziell nicht die Fiktion eines Arbeitsverhältnisses zum Entleiher, gibt.

IV. Ergebnis zum Dauerverleih

Für eine Definition des Dauerverleihs muss sich an Art. 57 Abs. 3 AEUV orientiert werden. Konkret setzt ein Dauerverleih nach diesem Ansatz voraus, dass ein und derselbe Leiharbeitnehmer für den Entleiher auf einem bestimmten Arbeitsplatz tätig wird und der Entleiher beabsichtigt, auf die-

---

433 *Böhm*, DB 2012, 918, 919 f.

434 *Bartl/Romanowski*, NZA Online Aufsatz 3/2012, 1, 5; *Düwell*, ZESAR 2011, 449, 454; *Hamann*, NZA 2011, 70, 74; *Hamann*, RdA 2011, 321, 327; *Zimmermann*, ArbRAktuell 2011, 62.

435 *Giesen*, FA 2012, 66, 69.

436 Vgl. *Giesen*, FA 2012, 66, 69; *Krannich/Simon*, BB 2012, 1414, 1418; *Rieble/Vielmeier*, EuZA 2011, 474, 486.

sem bestimmten Arbeitsplatz keine eigenen Arbeitnehmer mehr einzusetzen, sondern nur diesen Leiharbeitnehmer.[437] Natürlich muss dazu kommen, dass der Verleiher auch gewillt ist, dass jener Leiharbeitnehmer an den Entleiher verliehen bleibt. Diese auch als Verstetigung[438] bezeichneten Umstände sind jeweils im Einzelfall zu prüfen.

Der Dauerverleih ist weder nach der Richtlinie 2008/104/EG noch nach dem AÜG unzulässig, unterliegt allerdings diesen Regelungen. Selbst wenn entgegen hier vertretener Ansicht von einer Unzulässigkeit des Dauerverleihs ausgegangen werden sollte, schließen sich keine beachtlichen Rechtsfolgen an.

---

437 Vgl. *Giesen*, FA 2012, 66, 67 f.
438 So *Giesen*, FA 2012, 66, 68.

Dritter Teil Problem: Übergang der Leiharbeitnehmer beim Übergang des Entleihunternehmens?

§ 5 Bisheriges Verständnis: kein Übergang der Leiharbeitnehmer

A. Deutsches Verständnis

Nach dem bisherigen deutschen Rechtsverständnis war geradezu einhellig anerkannt, dass bei einem Betriebs(teil)übergang des entleihenden Unternehmens die in diesem Unternehmen tätigen Leiharbeitnehmer bzw. deren Arbeitsverhältnisse nicht mit auf den Erwerber übergehen.[439]

Maßgeblicher Ausgangspunkt für dieses Ergebnis ist die Rechtsfolge des § 613a Abs. 1 S. 1 BGB. Hiernach gehen die bestehenden Arbeitsverhältnisse auf den Erwerber über. Entscheidend ist demnach, ob ein (übergangsfähiges) Arbeitsverhältnis beim Betriebs(teil)übergang des entleihenden Unternehmens gegeben ist. Bisher wird hierfür als einzig entscheidend angesehen, ob zwischen dem entleihenden Unternehmen und dem Leiharbeitnehmer ein Arbeitsverhältnis vorliegt;[440] das Verhältnis zwi-

---

439 LAG Köln, Urteil v. 17.3.2000 – 11 Sa 1564/99 (Rn. 16 bei juris); vgl. Staudinger-*Annuß*, § 613a, Rn. 29; ArbRBGB-*Ascheid*, § 613a BGB, Rn. 9; *Forst*, RdA 2011, 228, 231; *Gaul/Ludwig*, DB 2011, 298, 299; MünchKommBGB-*Müller-Glöge*, § 613a, Rn. 80; ErfK-*Preis*, § 613a BGB, Rn. 67; MünchHdbArbR-*Wank*, Band 1, § 102, Rn. 125; *Willemsen*, NJW 2011, 1546; HWK-*Willemsen/Müller-Bonanni*, § 613a BGB, Rn. 225. Vgl. auch *Bauer/von Steinau-Steinrück*, in: *Hölters*, Handbuch Unternehmenskauf, Teil V, Rn. 102; *Hoyningen-Huene/Windbichler*, RdA 1977, 329, 334, die dies geradezu als selbstverständlich voraussetzen. In der Rechtsprechung des BAG finden sich hierzu vor der Rechtssache *Albron* wohl keine direkten Aussagen. Allerdings stellt das BAG in seinem Urteil vom 9.2.2011 mit Blick auf die Rechtssache *Albron* fest, dass „nach bisherigem Verständnis des § 613a Abs. 1 S. 1 BGB entliehene Arbeitnehmer bei einem Übergang des Entleiherbetriebs nicht auf den Erwerber über[gehen]", BAG v. 9.2.2011 – 7 AZR 32/10, NZA 2011, 791, 795.

440 Wie noch zu zeigen sein wird, kann aber das Bestehen eines Arbeitsverhältnisses allein zum entleihenden Unternehmen nicht ausreichen; vielmehr ist zumindest auch das bestehende Arbeitsverhältnis zwischen dem Leiharbeitsunternehmen und dem Leiharbeitnehmer von Bedeutung. Siehe dazu unten, insbesondere bei der Darstellung der Lösung über die gespaltene Veräußererstellung, vierter Teil, § 9 E. V., S. 275 ff.

schen dem Leiharbeitsunternehmen und dem Leiharbeitnehmer bleibt unbeachtet.

Ein solches Arbeitsverhältnis liegt jedoch zwischen dem entleihenden Unternehmen und dem Leiharbeitnehmer nach allgemeiner Meinung nicht vor.[441] Die genauen Formulierungen der Begründungen für den Fall der Leiharbeit beim Betriebsübergang variieren indes. So wurde und wird angeführt, dass die Leiharbeitnehmer zu dem entleihenden Unternehmen schlichtweg nicht in einem Arbeitsverhältnis stünden[442]. Hier wird sich also direkt an dem Wortlaut des § 613a Abs. 1 S. 1 BGB orientiert und explizit das Arbeitsverhältnis verneint. Teilweise wird aber auch ganz allgemein von „arbeitsrechtliche[n] Beziehungen nur zwischen Leiharbeitnehmern und Verleiher“[443] gesprochen, weswegen ein Betriebsübergang des entleihenden Unternehmens keine Auswirkungen auf die Leiharbeitnehmer haben könne. Ob diese „arbeitsrechtlichen Beziehungen“ nach jener Ansicht mit dem Arbeitsverhältnis im Sinne des § 613a Abs. 1 S. 1 BGB gleichzustellen sind, ist nicht eindeutig. Zumindest aber sind diese „arbeitsrechtlichen Beziehungen“ hiernach Voraussetzung eines Arbeitsverhältnisses im Sinne des § 613a Abs. 1 S. 1 BGB. Des Weiteren wird teilweise ausdrücklich auf den Arbeitsvertrag abgestellt: Ein Übergang der Leiharbeitsverhältnisse wird verneint, da ein Arbeitsvertrag eben nur zwischen dem Leiharbeitnehmer und dem Leiharbeitsunternehmen bestehe, nicht aber zwischen dem Leiharbeitnehmer und dem entleihenden Unternehmen.[444] Ob der Arbeitsvertrag dem Arbeitsverhältnis im Sinne des § 613a Abs. 1 S. 1 BGB entspricht, wird hierbei nicht gesagt. Jedenfalls ist der Arbeitsvertrag Voraussetzung eines Arbeitsverhältnisses im Sinne des § 613a Abs. 1 S. 1 BGB; hiernach ist ein Arbeitsverhältnis also ohne einen Arbeitsvertrag nicht denkbar. Zu letzter Begründung sehr ähnlich ist jene, bei der argumentiert wird, die Leiharbeitnehmer gingen „mangels eines … Arbeitsverhältnisses (das heißt einer vertraglichen Bindung)“ [445] nicht über. Hier wird das Arbeitsverhältnis im Sinne des § 613a Abs. 1 S. 1 BGB mit dem Bestehen eines Arbeitsvertrags gleichgesetzt. Wieder ist

---

441 Dazu schon oben, zweiter Teil, § 4 C. II. 2. a) bb), S. 48.

442 HWK-*Willemsen/Müller-Bonanni*, § 613a BGB, Rn. 225.

443 *Bauer/von Steinau-Steinrück*, in: *Hölters*, Handbuch Unternehmenskauf, Teil V, Rn. 102.

444 LAG Köln, Urteil v. 17.3.2000 – 11 Sa 1564/99 (Rn. 16 bei juris); *Gaul/Ludwig*, DB 2011, 298, 299.

445 *Heuchemer/Schielke*, BB 2011, 758, 761.

demnach das Vorliegen eines Arbeitsverhältnisses im Sinne der einschlägigen Norm ohne Arbeitsvertrag undenkbar.

Nach allen Ansichten gilt: Zwischen dem entleihenden Unternehmen und den Leiharbeitnehmern liegen keine Arbeitsverhältnisse im Sinne des § 613a Abs. 1 S. 1 BGB vor, die im Rahmen eines Betriebsübergangs übergehen könnten. Nicht immer, aber überwiegend, wird dies mit dem fehlenden Arbeitsvertrag begründet. Wie noch zu zeigen sein wird, kann ein Arbeitsverhältnis im Rahmen der Betriebsübergangsregelungen jedoch mit Blick auf die Richtlinie 2001/23/EG nicht pauschal aufgrund einer fehlenden arbeits*vertraglichen* Beziehung verneint werden.

Diese allgemeine Meinung schloss sämtliche Leiharbeitnehmer mit ein, unabhängig davon, wie lange diese bei dem entleihenden Unternehmen tätig waren.[446] Selbst bei einem Dauerverleih wurde ein Arbeitsverhältnis verneint.[447]

Die Leiharbeitnehmer sollten einzig dann bei einem Betriebsübergang des entleihenden Unternehmens übergehen, wenn nach § 10 Abs. 1 AÜG ein Arbeitsverhältnis zwischen dem Leiharbeitnehmer und dem entleihenden Unternehmen zustande gekommen ist.[448] Diese oben bereits erwähnte gesetzliche Fiktion tritt dann ein, wenn eine Unwirksamkeit nach § 9 Nr. 1 AÜG vorliegt, speziell also bei fehlender Erlaubnis des Verleihers. Nach § 10 Abs. 1 AÜG besteht demnach im Zeitpunkt des Betriebsübergangs ein Arbeitsverhältnis zwischen dem Leiharbeitnehmer und dem entleihenden Unternehmen, was die Situation von dem Normalfall der Leiharbeit unterscheidet. Mithin ist ein Übergang der Leiharbeitnehmer auf den Erwerber bei einem Betriebsübergang des entleihenden Unternehmens in dieser besonderen Konstellation auch nach dem oben genannten allgemeinen Verständnis konsequent.

---

446 *Kühn*, NJW 2011, 1408, 1409.

447 *Kühn*, NJW 2011, 1408, 1409.

448 ArbRBGB-*Ascheid*, § 613a BGB, Rn. 9; *Bauer/von Steinau-Steinrück*, in: *Hölters*, Handbuch Unternehmenskauf, Teil V, Rn. 102; *Gaul/Ludwig*, DB 2011, 298, 299; MünchKommBGB-*Müller-Glöge*, § 613a, Rn. 80; ErfK-*Preis*, § 613a BGB, Rn. 67; *Willemsen*, NJW 2011, 1546; HWK-*Willemsen/Müller-Bonanni*, § 613a BGB, Rn. 225.

B. Äußerungen des EuGH

Bis zu dem Fall *Albron*[449] gab es keine Entscheidung des europäischen Gerichtshofs zu der Frage, ob Leiharbeitnehmer bei einem Betriebsübergang des entleihenden Unternehmens auf den Erwerber übergehen. Entschieden wurde lediglich, dass bei Übernahme einer Gesamtheit, bestehend „aus einer Büroangestellten, einem Filialleiter, Kundenbetreuern, einem Drittel der Leiharbeitnehmer und Geschäftsführern mit Fachkenntnissen“[450] ein Betriebsübergang möglich sei:[451] In jenem Fall wechselten die besagten Personen zu einem anderen Leiharbeitsunternehmen, um dort die gleichen Tätigkeiten für denselben Kunden auszuüben. Es kam dem europäischen Gerichtshof entscheidend auf die menschliche Arbeitskraft an[452]; es müssten „nicht unbedingt bedeutsame materielle oder immaterielle Betriebsmittel“[453] vom Übergang umfasst sein.[454] Wenn sich diese Entscheidung auch explizit mit Leiharbeitnehmern befasste, so ging es doch um den Übergang eines Leiharbeitsunternehmens, nicht indes um den Übergang eines entleihenden Unternehmens. Auch ist zu beachten, dass die Leiharbeitnehmer schon auf der Ebene des Tatbestandes entscheidend waren[455] und nicht erst auf Rechtsfolgenseite.[456]

C. Ergebnis zum bisherigen Verständnis

Nach der allgemeinen Meinung im deutschen Recht wird ein Arbeitsverhältnis zwischen dem entleihenden Unternehmen und dem Leiharbeitnehmer verneint. Deswegen sollen die Leiharbeitnehmer bei einem Betriebs(teil)übergang des entleihenden Unternehmens niemals übergehen. In der Rechtsprechung des EuGH finden sich soweit ersichtlich vor der

---

449 EuGH v. 21.10.2010 – Rs. C-242/09 (*Albron*), NJW 2011, 439.
450 EuGH v. 13.9.2007 – Rs. C-458/05 (*Jouini*), NJW 2007, 3195, 3197 (Rn. 37).
451 EuGH v. 13.9.2007 – Rs. C-458/05 (*Jouini*), NJW 2007, 3195.
452 EuGH v. 13.9.2007 – Rs. C-458/05 (*Jouini*), NJW 2007, 3195, 3196 (Rn. 32).
453 EuGH v. 13.9.2007 – Rs. C-458/05 (*Jouini*), NJW 2007, 3195, 3196 (Rn. 32).
454 Ausführlich noch zu dieser Entscheidung unten im Rahmen der Lösung über die gespaltene Veräußererstellung, vierter Teil, § 9 E. V. 2. c), S. 283 ff.
455 Nämlich bezüglich der Frage, ob eine „wirtschaftliche Einheit“ übernommen wurde.
456 *Thüsing*, ZESAR 2009, 487.

Rechtssache *Albron* keine Äußerungen zu einem Übergang der Leiharbeitnehmer bei einem Betriebs(teil)übergang des entleihenden Unternehmens.

§ 6 Übergang der Leiharbeitnehmer: der Fall Albron des EuGH

A. Verleihkonstruktion und Betriebsübergang im Fall *Albron*

Der Sachverhalt, der den *Gerechtshof te Amsterdam* dazu veranlasste, eine Vorabentscheidung des Europäischen Gerichtshofs einzuholen, war wie folgt:[457]

In dem niederländischen Konzern *Heineken International* sind Brauereien zusammengefasst. Innerhalb dieses Konzerns gibt es eine Personalführungsgesellschaft, die *Heineken Nederlands Beheer BV* (nachfolgend „*HNB*"). Sämtliche Arbeitnehmer des Konzerns sind bei der *HNB* angestellt; diese Gesellschaft dient also als zentraler Arbeitgeber. Die *HNB* stellt Personal zu den verschiedenen Betriebsgesellschaften des *Heineken*-Konzerns in den Niederlanden ab. Die Rechtsbeziehungen zwischen *HNB* und den Betriebsgesellschaften dieser Entsendungen sind dem Urteil des *Europäischen Gerichtshofs* nicht zu entnehmen.[458] Es ist aber davon auszugehen, dass Dienstverschaffungsverträge bestanden haben; Einzelheiten dieser Verträge sind nicht von Bedeutung.

Der Kläger des Ausgangsverfahrens, Herr *Roest*, war bei *HNB* beschäftigt als Mitarbeiter der Abteilung „Lieferung von Mahlzeiten". Herr *Roest* wurde, wie auch etwa 70 weitere Mitarbeiter dieser Abteilung, zur *Heineken Nederland BV* (nachfolgend: *Heineken Nederland*) abgestellt. Im Rahmen dieser Entsendung galt der Unternehmenstarifvertrag.

Heineken Nederland agierte als Caterer für verschiedene Unternehmen des *Heineken*-Konzerns.

Durch Vertrag wurden dann am 1. März 2005 die von *Heineken Nederland* ausgeübten Tätigkeiten der Lieferung von Mahlzeiten auf die *Albron Catering BV* (nachfolgend: *Albron*) übertragen. *Albron* war kein Unternehmen des Konzerns.

Eine Übernahme des Herrn *Roest* als Mitarbeiter erfolgte durch *Albron*, allerdings zu schlechteren Bedingungen als solchen, die zuvor bei *HNB* für ihn gegolten hatten. Aus diesem Grund machte Herr *Roest* einen Unternehmensübergang im Sinne der Richtlinie 2001/23/EG geltend.

---

457 Vgl. hierzu EuGH v. 21.10.2010 – Rs. C-242/09 (*Albron*), NJW 2011, 439 (Rn. 10 ff.), sowie die Zusammenfassungen bei *Kühn*, NJW 2011, 1408, 1409, und *Willemsen*, NJW 2011, 1546.

458 *Willemsen*, NJW 2011, 1546 f.

Willemsen erstellte zur Ausgangssituation folgende anschauliche Grafik:[459]

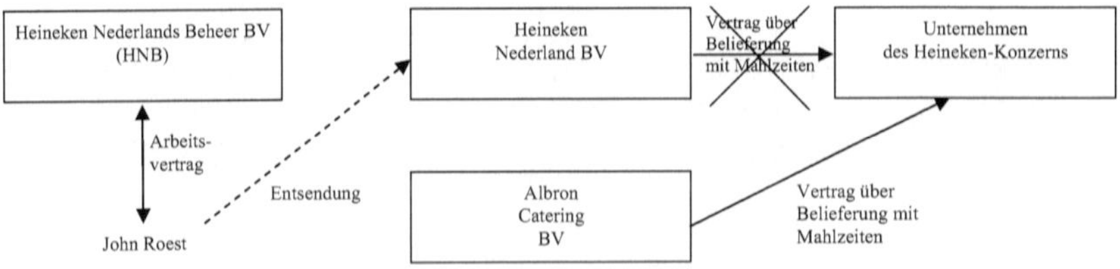

B. Übergang der Leiharbeitnehmer – Entscheidung des EuGH

I. Betriebsübergang zweifelsfrei gegeben

Die maßgebliche Vorlagefrage war die folgende:

> „1. Ist die Richtlinie 2001/23/EG in dem Sinne auszulegen, dass es sich nach Art. 3 Abs. 1 S. 1 der RL 2001/23/EG nur dann um einen Übergang von Rechten und Pflichten auf den Erwerber handelt, wenn der Veräußerer des zu übertragenden Unternehmens *auch formell der Arbeitgeber der betroffenen Arbeitnehmer ist* [Hervorhebung des Verfassers], oder bringt der mit der Richtlinie 2001/23/EG beabsichtigte Schutz der Arbeitnehmer mit sich, dass beim Übergang eines Unternehmens einer zu einem Konzern gehörenden Betriebsgesellschaft die Rechte und Pflichten in Bezug auf die für dieses Unternehmen tätigen Arbeitnehmer auf den Erwerber übergehen, wenn das gesamte innerhalb des Konzerns tätige Personal bei einer (ebenfalls zu diesem Konzern gehörenden) Personalgesellschaft beschäftigt ist, die als zentraler Arbeitgeber fungiert?“[460]

Das vorlegende Gericht nahm also zweifelsfrei einen Betriebsübergang zwischen *Heineken Nederland* und *Albron* an.[461] Die Frage, die sich stellte, betraf allein die Rechtsfolge des Betriebsübergangs: Sind auch die Arbeitsverhältnisse der bei *Heineken Nederland* tätigen Leiharbeitnehmer vom Betriebsübergang erfasst, obwohl sie „formell nicht zu *Heineken Nederland*, sondern zu *HNB* als zentraler Personalführungsgesellschaft bestanden hatten“[462]?

---

459 *Willemsen*, NJW 2011, 1546, 1547.
460 EuGH v. 21.10.2010 – Rs. C-242/09 (*Albron*), NJW 2011, 439.
461 *Willemsen*, NJW 2011, 1546, 1547.
462 *Willemsen*, NJW 2011, 1546, 1547.

Zudem gab es noch eine weitere Vorlagefrage, die die erste Vorlagefrage lediglich etwas modifizierte. Gefragt war danach, ob und ggf. wie sich die Antwort auf die erste Frage ändere,

> „wenn die dort genannten Arbeitnehmer, die für ein zu einem Konzern gehörendes Unternehmen arbeiten, bei einer anderen, ebenfalls zu diesem Konzern gehörenden Gesellschaft beschäftigt sind, *die keine Personalgesellschaft wie in der ersten Frage beschrieben ist* [Hervorhebung des Verfassers]?“[463]

II. Arbeitsverhältnisse der Leiharbeitnehmer erfasst

Der Europäische Gerichtshof hat die *Heineken Nederland* als „Veräußerer“ im Sinne des Art. 2 Abs. 1 lit. a) der RL 2011/23/EG anerkannt, obwohl „formell“ nur die *HNB* Arbeitgeber der entsandten Arbeitnehmer gewesen ist. Auch die Arbeitsverhältnisse der bei *Heineken Nederland* tätigen Leiharbeitnehmer waren demnach vom Betriebsübergang erfasst. Die zweite Frage beantwortete der EuGH nicht ausdrücklich. Allerdings ist davon auszugehen, dass das Ergebnis identisch ist. Denn im Rahmen der Antwort zur ersten Frage unterscheidet der EuGH an keiner Stelle zwischen einer Personalgesellschaft des Konzerns „wie in der ersten Frage beschrieben“ und einer Gesellschaft des Konzerns, die keine Personalgesellschaft ist.[464]

III. Kein Vertrauensschutz für Altfälle

Des Weiteren sei nur kurz erwähnt, dass der Europäische Gerichtshof einen Vertrauensschutz[465] abgelehnt hat.[466]

Der Gerichtshof führt in seinem Urteil aus, dass auf diese Lösung des Vertrauensschutzes nur unter ganz bestimmten Umständen zurückgegriffen worden ist, nämlich

---

463 EuGH v. 21.10.2010 – Rs. C-242/09 (*Albron*), NJW 2011, 439.

464 Zu der Frage der Maßgeblichkeit des Konzernsachverhalts noch unten, vierter Teil, § 9 B., S. 205.

465 *Albron* strebte an, dass der Europäische Gerichtshof „die Wirkungen des vorliegenden Urteils zeitlich auf die bei ihm anhängigen Rechtssachen“ beschränke, EuGH v. 21.10.2010 – Rs. C-242/09 (*Albron*), NJW 2011, 439, 440 (Rn. 33).

466 EuGH v. 21.10.2010 – Rs. C-242/09 (*Albron*), NJW 2011, 439, 440 (Rn. 33 ff.).

> „wenn die Gefahr schwerwiegender wirtschaftlicher Auswirkungen bestand, die insbesondere mit der großen Zahl von Rechtsverhältnissen zusammenhingen, die gutgläubig auf der Grundlage der als gültig betrachteten Regelung eingegangen worden waren, und wenn sich herausstellte, dass die Einzelnen und die nationalen Behörden zu einem mit der Unionsregelung unvereinbaren Verhalten veranlasst worden waren, weil eine objektive, bedeutende Unsicherheit hinsichtlich der Tragweite der Gemeinschaftsbestimmungen bestand, zu der eventuell auch das Verhalten anderer Mitgliedstaaten oder der Kommission beigetragen hatte."[467]

Zu diesen Voraussetzungen bzw. Umständen hatte *Albron* indes nichts Ausreichendes vorgetragen, sodass die Entscheidung des Europäischen Gerichtshofs keinerlei zeitliche Beschränkung erfahren hat. Hierauf soll indes in dieser Arbeit nicht weiter eingegangen werden, da keine neuen oder für den Fall *Albron* spezifischen Ausführungen zum Vertrauensschutz gemacht worden sind.

---

467 EuGH v. 21.10.2010 – Rs. C-242/09 (*Albron*), NJW 2011, 439, 440 (Rn. 37).

§ 7 Verleihkonstruktion im Fall Albron ist zulässige Leiharbeit

Diese Arbeit befasst sich mit Arbeitnehmern, die einen Verleiher als vertraglichen Arbeitgeber haben und von diesem an ein entleihendes Unternehmen verliehen werden. Dies entspricht dem Drei-Personen-Verhältnis und der daraus folgenden Dreieckskonstellation, die sowohl der Richtlinie 2008/104/EG als auch dem AÜG zugrunde liegen. Zwar werden bei der Beurteilung, ob und unter welchen Voraussetzungen die Arbeitnehmer bei einem Betriebs(teil)übergang des entleihenden Unternehmens auf den Erwerber übergehen, auch weitere Aspekte eine Rolle spielen. Dies ändert aber nichts an der grundsätzlichen Verleihkonstruktion, wie sie soeben geschildert worden ist. Insofern verwundert es, dass schon die niederländische Regierung die Abstellung von Arbeitnehmern innerhalb eines Konzerns, wie sie im *Heineken-Konzern* erfolgt ist, lediglich als „mit Leiharbeitnehmern vergleichbar"[468] bezeichnet.[469] Möglicherweise ist der Grund hierfür, dass die Leiharbeitnehmer für einen langen Zeitraum entliehen worden sind. Allerdings liegt, wie bereits gezeigt, sogar bei einem dauerhaften Verleih zulässige Leiharbeit vor, sodass die Aussage der niederländischen Regierung nicht überzeugend ist. Im Fall *Albron* handelt es sich bei den Arbeitnehmern um Leiharbeitnehmer im Sinne der Richtlinie 2008/104/EG. Damit kann erst recht nicht die Aussage des Generalanwalts *Bot* überzeugen, der sogar ausdrücklich schreibt, es handele sich bei den betroffenen Arbeitnehmern nicht um Leiharbeitnehmer.[470] Dies gilt umso mehr, da *Bot* keine Zweifel an der Zulässigkeit der Überlassungen der Arbeitnehmer an das entleihende Unternehmen äußert.

---

468 Es ist davon auszugehen, dass die niederländische Regierung tatsächlich diese Worte gewählt hat, auch wenn als Quellen nur die Schlussanträge des Generalanwalts *Bot* vorliegen.

469 Es wird also gar nicht von Leiharbeitnehmern ausgegangen, zumindest nicht im Sinne des europäischen Rechts, Schlussanträge Generalanwalt *Bot* v. 3.6.2010 – Rs. C-242/09 (*Albron*), Slg. 2010, I-10309 (Rn. 30).

470 Schlussanträge Generalanwalt *Bot* v. 3.6.2010 – Rs. C-242/09 (*Albron*), Slg. 2010, I-10309 (Rn. 44).

Vierter Teil Begründung für den Übergang der Leiharbeitnehmer

§ 8 Mögliche Begründungswege für den Übergang der Leiharbeitnehmer

A. Nichtvertraglicher Arbeitgeber – Begründung des EuGH

Die Begründung des EuGH gliedert sich grob in zwei Argumentationsstränge. Zunächst wird die Begriffsbestimmung des „Veräußerers" nach Art. 2 Abs. 1 lit. a) der RL 2001/23/EG herangezogen, wobei auch der Wortlaut des Art. 3 Abs. 1 UAbs. 1 der RL 2001/23/EG eine Rolle spielt. Sodann wird mit der Definition des „Übergangs" nach Art. 1 Abs. 1 lit. b) der RL 2001/23/EG in Verbindung mit dem dritten Erwägungsgrund, der von einem „Inhaberwechsel" spricht, das Ergebnis – vom Schutzzweck der Richtlinie ausgehend – hergeleitet. Im Folgenden werden diese Argumente eingehend dargestellt.

I. Der „Veräußerer" nach Art. 2 Abs. 1 lit. a) der RL 2001/23/EG

Generalanwalt Bot hat in seinen Schlussanträgen geschrieben, „eine klare und präzise Antwort auf die angesprochene Frage" ließe sich „insbesondere der Definition des Begriffs 'Veräußerer' in Art. 2 Abs. 1 lit. a) [der RL 2001/23/EG] nicht entnehmen"[471]. Dies sieht der EuGH jedoch anders und strengt jene Definition an.

1. Argumentation des EuGH

Gem. Art. 2 Abs. 1 lit. a) der RL 2001/23/EG ist „Veräußerer" jede natürliche oder juristische Person, die aufgrund eines Übergangs im Sinne von Art. 1 Abs. 1 dieser Richtlinie als Inhaber aus dem Unternehmen, dem Betrieb oder dem Unternehmens- bzw. Betriebsteil ausscheidet. Das „Ausscheiden des Inhabers" setzt der EuGH mit einem Verlust der Arbeitgeber-

---

471 Schlussanträge Generalanwalt *Bot* v. 3.6.2010 – Rs. C-242/09 (*Albron*), Slg. 2010, I-10309 (Rn. 35).

stellung gleich.[472] Einerseits ergibt sich diese Gleichsetzung wohl aus der englischen wie auch der französischen Fassung der Richtlinie. Dort heißt es in Art. 2 Abs. 1 lit. a) der RL 2001/23/EG: „Any person, who by reason of a transfer *ceases to be employer* [Hervorhebung durch den Verfasser] in respect of the business or part of the business“ bzw. „toute personne physique ou morale qui, du fait d’un transfert au sens de l’article 1er, paragraphe 1, *perd la qualité d’employeur* [Hervorhebung durch den Verfasser] à l’égard de l’entreprise, de l’établissement ou de la partie d’entreprise ou d’établissement“.[473] Und auch in Art. 1 Abs. 1 lit. a) der RL 2001/23/EG ist die Rede von „another employer“ bzw. „un autre employeur“ statt „anderen Inhaber“. Andererseits hat der EuGH in dem Urteil *Allen* festgestellt, „dass die Richtlinie eine rechtliche Änderung der Person des Arbeitgebers regeln soll”.[474] Solch eine rechtliche Änderung der Person des Arbeitgebers kann nur bedeuten, dass eine Person ihre Arbeitgeberstellung verliert und eine andere diese Arbeitgeberstellung einnimmt. Der EuGH greift hier demnach lediglich seine Rechtsprechung auf. Es überzeugt somit auch nicht, wenn *Forst* schreibt, der EuGH habe hier den Kündigungsschutz der Arbeitnehmer im Blick, weswegen es der Figur des nichtvertraglichen Arbeitgebers bedurft hätte.[475] Die Gründe für die Gleichsetzung des „Ausscheidens des Inhabers“ mit „Verlust der Arbeitgeberstellung“ sind vielmehr die oben genannten.

Der EuGH verlangt also, dass *Heineken Nederland* vor dem Betriebsübergang Arbeitgeber der Leiharbeitnehmer gewesen ist und diese Stellung dann verloren hat. Diese Voraussetzungen liegen nach seiner Ansicht vor. Hierbei bezeichnet der EuGH *Heineken Nederland* als einen nichtvertraglichen Arbeitgeber. Jenen definiert der EuGH als „das Unternehmen … zu dem die Arbeitnehmer ständig entsandt waren, ohne jedoch mit diesem durch einen Arbeitsvertrag verbunden zu sein“[476]. Und auch solch ein nichtvertraglicher Arbeitgeber soll laut EuGH ein vollwertiger Arbeitgeber im obigen Sinne sein, der dementsprechend ebenfalls seine Arbeitgeberstellung verlieren könne. Hiervon ausgehend argumentiert der EuGH,

472 EuGH v. 21.10.2010 – Rs. C-242/09 (*Albron*), NJW 2011, 439, 440 (Rn. 21).

473 Wie *Kühn* zu Recht anmerkt, gibt es schon bei dieser Definition des „Veräußerers“ von der Richtlinie her einen großen Interpretationsspielraum wegen der verschiedenen sprachlichen Fassungen, vgl. *Kühn*, NJW 2011, 1408, 1410.

474 EuGH v. 2.12.1999 – Rs. C-234/98 (*Allen u.a.*), NZA 2000, 587, 588 (Rn. 17).

475 *Forst*, RdA 2011, 228, 230.

476 EuGH v. 21.10.2010 – Rs. C-242/09 (*Albron*), NJW 2011, 439, 440 (Rn. 20).

es ergebe sich aus dem Sachverhalt offenkundig, „dass der nichtvertragliche Arbeitgeber durch die Einstellung der übertragenen Tätigkeit seine Eigenschaft als nichtvertraglicher Arbeitgeber verloren“[477] habe. Mit Bezug auf die oben erwähnte Gleichstellung des Verlustes der Arbeitgeberstellung mit dem Ausscheiden des Inhabers, woraus zu folgern ist, dass Veräußerer derjenige ist, der seine Arbeitgeberstellung verliert, zieht der EuGH folgenden Schluss: Aufgrund des Verlustes der Stellung als nichtvertraglicher Arbeitgeber lasse sich nicht ausschließen, dass der nichtvertragliche Arbeitgeber (also das entleihende Unternehmen *Heineken Nederland*) „Veräußerer“ im Sinne des Art. 2 Abs. 1 lit. a) der RL 2001/23/EG sei. Zur Verdeutlichung dieser These stellt der EuGH auf den Wortlaut des Art. 3 Abs. 1 UAbs. 1 der RL 2001/23/EG ab: Hieraus ergebe sich, dass der Schutz „die Rechte und Pflichten des Veräußerers aus einem zum Zeitpunkt des Übergangs bestehenden Arbeitsvertrag oder Arbeitsverhältnis“[478] betreffe. Auch wenn der EuGH kurz konstatiert, die Begriffe „Arbeitsvertrag“ und „Arbeitsverhältnis“ seien gem. Art. 2 Abs. 1 der RL 2001/23/EG nach einzelstaatlichem Recht zu beurteilen,[479] so macht der EuGH dennoch im Folgenden ganz grundsätzliche Vorgaben hierzu: Aufgrund des „oder“ in Art. 3 Abs. 1 UAbs. 1 der RL 2001/23/EG ergebe sich, dass entweder ein Arbeitsvertrag erforderlich sei oder alternativ ein Arbeitsverhältnis.[480] Der Arbeitsvertrag sei mithin gerade nicht mit dem Arbeitsverhältnis gleichzusetzen, jedoch sei das Arbeitsverhältnis gleichwertig mit dem Arbeitsvertrag.[481] Im Ergebnis sei demzufolge im Rahmen des Arbeitsverhältnisses kein Arbeitsvertrag, also keine vertragliche Bindung, erforderlich.[482] Im letzteren Fall handle es sich um einen nichtvertraglichen Arbeitgeber im oben genannten Sinne,[483] der demnach „Veräußerer“ im Sinne des Art. 2 Abs. 1 lit. a) der RL 2001/23/EG sein

---

477 EuGH v. 21.10.2010 – Rs. C-242/09 (*Albron*), NJW 2011, 439, 440 (Rn. 22).

478 EuGH v. 21.10.2010 – Rs. C-242/09 (*Albron*), NJW 2011, 439, 440 (Rn. 23). Vgl. Insoweit auch Art. 3 Abs. 1 der RL 2001/23/EG: „Die Rechte und Pflichten des Veräußerers aus einem zum Zeitpunkt des Übergangs bestehenden Arbeitsvertrag oder Arbeitsverhältnis gehen aufgrund des Übergangs auf den Erwerber über”.

479 Siehe zu diesem Konflikt mit der Definitionshoheit der Mitgliedstaaten noch unten, vierter Teil, § 9 A. II., S. 173.

480 EuGH v. 21.10.2010 – Rs. C-242/09 (*Albron*), NJW 2011, 439, 440 (Rn. 24).

481 Vgl. EuGH v. 21.10.2010 – Rs. C-242/09 (*Albron*), NJW 2011, 439, 440 (Rn. 24).

482 Vgl. EuGH v. 21.10.2010 – Rs. C-242/09 (*Albron*), NJW 2011, 439, 440 (Rn. 24).

483 Diese Brücke wird spätestens in Rn. 26 geschlagen, vgl. EuGH v. 21.10.2010 – Rs. C-242/09 (*Albron*), NJW 2011, 439, 440 (Rn. 26).

könne.[484] Schließlich merkt der EuGH diesbezüglich noch an, dass der nichtvertragliche Arbeitgeber gleichrangig neben dem vertraglichen Arbeitgeber stehe, es ein Subsidiaritätsverhältnis nicht gäbe.[485] Es müsse gerade nicht vorrangig auf den vertraglichen Arbeitgeber abgestellt werden, was wiederum dafür spreche, den nichtvertraglichen Arbeitgeber im vorliegenden Fall als „Veräußerer“ im Sinne des Art. 2 Abs. 1 lit. a) der RL 2001/23/EG anzusehen.[486]

2. Zwischenergebnis

Zusammenfassend lässt sich festhalten, dass nach dem EuGH ein Arbeitsverhältnis im Sinne der RL 2001/23/EG – und damit im Sinne des § 613a Abs. 1 S. 1 BGB – auch ohne Arbeitsvertrag bestehen können soll. Auch wird aus der Argumentation des EuGH deutlich, dass es beim Vorliegen eines Arbeitsverhältnisses auch immer einen dazugehörigen Arbeitgeber gibt. Fügt man diese beiden Thesen zusammen, so gibt es diesen Arbeitgeber – also die Arbeitgeberstellung – auch ohne die Notwendigkeit eines Arbeitsvertrags zwischen diesem Arbeitgeber und dem dazugehörigen Arbeitnehmer. Dies sei der sogenannte nichtvertragliche Arbeitgeber. Der Wortlaut des Art. 3 Abs. 1 UAbs. 1 der RL 2001/23/EG gibt dies her.

II. Definition des „Übergangs“ nach Art. 1 Abs. 1 lit. b) RL 2001/23/EG

Der EuGH beginnt den zweiten Teil seiner Argumentation mit der Definition des „Übergangs“ nach Art. 1 Abs. 1 lit. b) RL 2001/23/EG:[487]

> „...als Übergang im Sinne dieser Richtlinie [gilt] der Übergang einer ihre Identität bewahrenden wirtschaftlichen Einheit im Sinne einer organisierten Zusammenfassung von Ressourcen zur Verfolgung einer wirtschaftlichen Haupt- oder Nebentätigkeit.“

484 EuGH v. 21.10.2010 – Rs. C-242/09 (*Albron*), NJW 2011, 439, 440 (Rn. 26).
485 EuGH v. 21.10.2010 – Rs. C-242/09 (*Albron*), NJW 2011, 439, 440 (Rn. 25).
486 EuGH v. 21.10.2010 – Rs. C-242/09 (*Albron*), NJW 2011, 439, 440 (Rn. 26).
487 EuGH v. 21.10.2010 – Rs. C-242/09 (*Albron*), NJW 2011, 439 (Rn. 27).

Maßgebliche Voraussetzung eines Übergangs im Sinne der Richtlinie sei daher „ein Wechsel der juristischen oder [natürlichen][488] Person, die für die wirtschaftliche Tätigkeit der übertragenen Einheit verantwortlich“[489] sei. Zudem müsse sie „in dieser Eigenschaft als Arbeitgeber der Arbeitnehmer dieser Einheit Arbeitsverhältnisse mit diesen – gegebenenfalls ungeachtet des Fehlens vertraglicher Beziehungen mit diesen Arbeitnehmern –“ begründen.[490] Diese zwei entscheidungserheblichen Aspekte seien vorliegend erfüllt, was wiederum bestätige, dass kein Vorrang des vertraglichen vor dem nichtvertraglichen Arbeitgeber bestehen könne. Es wird also maßgeblich auf die wirtschaftliche Tätigkeit abgestellt.

Schließlich strengt der EuGH noch den dritten Erwägungsgrund der Richtlinie 2001/23/EG für eine Argumentation mit dem Schutzzweck an:[491]

> „Es sind Bestimmungen notwendig, die die Arbeitnehmer bei einem Inhaberwechsel schützen und insbesondere die Wahrung ihrer Ansprüche gewährleisten.“

Es ergebe sich hieraus, dass die Arbeitnehmer bei einem „Inhaberwechsel“ zu schützen seien. Der Begriff „Inhaberwechsel“ könne „in einem Kontext wie dem des Ausgangsverfahrens den nichtvertraglichen Arbeitgeber bezeichnen“. Sicherlich ist hiermit gemeint, dass der nichtvertragliche Arbeitgeber ein „Inhaber“ in diesem Sinne sein könne; denn ein ganzer „Inhaberwechsel“ kann er nicht sein.

III. Rechtsfolge

1. Interpretation der Aussage des EuGH in der Literatur

In der Literatur sind die Meinungen über den Aussagegehalt des Urteils geteilt. Allerdings gehen die meisten Autoren davon aus, dass der EuGH als Folge den Übergang in ein festes Arbeitsverhältnis mit dem Erwerber gemeint habe, der Leiharbeitnehmer also tatsächlich den Sprung in die

---

488 Fälschlicherweise ist in der Begründung die Rede von einer juristischen oder *persönlichen* [Hervorhebung des Verfassers] Person.

489 EuGH v. 21.10.2010 – Rs. C-242/09 (*Albron*), NJW 2011, 439 (Rn. 28).

490 EuGH v. 21.10.2010 – Rs. C-242/09 (*Albron*), NJW 2011, 439 (Rn. 28).

491 EuGH v. 21.10.2010 – Rs. C-242/09 (*Albron*), NJW 2011, 439 (Rn. 30).

Stammbelegschaft beim Erwerber schaffen soll.[492] Nur wenige Autoren sind der Ansicht, der EuGH habe nur den Übergang des Leiharbeitsverhältnisses gemeint, sodass der Leiharbeitnehmer auch nach dem Betriebsübergang Leiharbeitnehmer bleibe.[493]

2. Festanstellung einzig beim Erwerber als angestrebtes Ergebnis

Für den Übergang nur eines Leiharbeitsverhältnisses wird die strenge Begrifflichkeit des EuGH ins Feld geführt. So wird oftmals ein Umkehrschluss aus der Formulierung des EuGH gezogen, dass der nichtvertragliche Arbeitgeber auf Grund des Betriebsübergangs „offenkundig" seine Eigenschaft als nichtvertraglicher Arbeitgeber verliere.[494] Der nichtvertragliche Arbeitgeber verliere also nicht weniger, aber auch nicht mehr als diese nichtvertragliche Arbeitgeberstellung.[495] Geht aber nur diese nichtvertragliche Arbeitgeberstellung auf den Erwerber über, besteht auch weiterhin nur ein Leiharbeitsverhältnis. Da der EuGH diese begriffliche Trennung von vertraglichem und nichtvertraglichem Arbeitgeber konsequent durchhält, spricht dies durchaus für den Übergang nur eines Leiharbeitsverhältnisses.

Dagegen könnte aber das ursprüngliche Klagebegehren sprechen. *Willemsen* führt hierzu aus, der Kläger strebte an, die gleiche Entlohnung zu erhalten, wie vor dem Betriebsübergang; [496] dies ließ der Gerichtshof unbeanstandet. Da der Verleiher als Vertragspartei den Leiharbeitnehmer ent-

---

492 *Bauer/von Medem*, NZA 2011, 20, 22; *Gaul/Ludwig*, DB 2011, 298, 300; *Junker*, NZA 2011, 950, 952; *Mückl*, GWR 2011, 45; *Sagam*, ZESAR 2011, 412, 421; *Simon*, ELR 2011, 97, 99; *Willemsen*, NJW 2011, 1546, 1549. Zunächst vertrat auch *Forst* noch diese Interpretation des Urteils, *Forst*, Anmerkung zu EuGH v. 21.10.2010 – Rs. C-242/09 (*Albron*), EWiR 2010, 737, 738.

493 *Abele*, FA 2011, 7; *Forst*, RdA 2011, 228, 232; *Hamann*, Anmerkung zu BAG, Urteil v. 9.2.2011 – 7 AZR 32/10, jurisPR-ArbR 29/2011, Anm. 1; *Lembke*, NZA 2011, 319, 321.

494 *Forst*, RdA 2011, 228, 232; *Hamann*, Anmerkung zu BAG, Urteil v. 9.2.2011 – 7 AZR 32/10, jurisPR-ArbR 29/2011, Anm. 1. Diesen Umkehrschluss halten auch *Bauer/von Medem*, NZA 2011, 20, 21, für logisch und möglich, obwohl sie im Ergebnis wohl davon ausgehen, dass laut dem EuGH das Vertragsverhältnis übergeht.

495 *Hamann*, Anmerkung zu BAG, Urteil v. 9.2.2011 – 7 AZR 32/10, jurisPR-ArbR 29/2011, Anm. 1.

496 *Willemsen*, NJW 2011, 1546, 1548.

lohnte, sei davon auszugehen, dass es das Ziel des EuGH gewesen sei, diese Stellung als Vertragspartei übergehen zu lassen.[497] Ähnlich argumentieren auch *Bauer/v. Medem*, die allerdings nicht nur auf die Entlohnung, sondern allgemeiner auf die „früheren Arbeitsbedingungen" abstellen.[498] Diese früheren Arbeitsbedingungen verlangte der Kläger gerade von dem Erwerber und nicht weiterhin von dem Verleiher *HNB*. Gegen solch eine, sich an dem Klagebegehren orientierende Interpretation wendet *Forst* ein, dass der Kläger wohl schon vor dem Betriebsübergang einen Arbeitsvertrag von *Albron* erhalten habe.[499] Insofern müsse das Klagebegehren nicht notgedrungen so verstanden werden, dass die Beziehung zum vertraglichen Arbeitgeber *aufgrund des Betriebsübergangs* endete.[500] Dies kann jedoch nicht überzeugen. Wenn der Kläger seine früheren Arbeitsbedingungen einzig von dem Erwerber fordert, und der Gerichtshof genau dies unbeanstandet lässt, so macht dies deutlich, dass die Beziehung zum Verleiher nach dem Betriebsübergang keine Rolle mehr spielen soll, also mit dem Betriebsübergang endet.

Wenn also auch die Begrifflichkeiten des EuGH in eine andere Richtung deuten, so ist doch davon auszugehen, dass der EuGH im Ergebnis eine Festanstellung einzig beim Erwerber als Folge des Betriebsübergangs ansah. Es geht hierbei um die Aufrechterhaltung sämtlicher früherer Arbeitsbedingungen. Sämtliche Rechte und Pflichten, die vorher aufgespalten zum Verleiher und zum Entleiher bestanden haben, sollen fortan nur noch zum Erwerber bestehen.[501]

---

497 *Willemsen*, NJW 2011, 1546, 1548.

498 *Bauer/von Medem*, NZA 2011, 20, 22.

499 *Forst*, RdA 2011, 228, 232.

500 *Forst*, RdA 2011, 228, 232.

501 Insofern ist es von *Willemsen*, NJW 2011, 1546, 1548, etwas ungenau, wenn er nur auf die Stellung der *HNB* (Verleiher) abstellt, die auf den Erwerber übergehen soll, siehe soeben. Dazu auch noch unten im Rahmen der Stellungnahme zu den Begründungswegen, vierter Teil, § 9 E., S. 223 ff. Dass es gerade auf die vertraglichen und nichtvertraglichen Rechte und Pflichten ankommt, und damit auf alle Rechte und Pflichten, die zum Verleiher und zum Entleiher bestehen, machen *Bauer/von Medem*, NZA 2011, 20, 21 f., sehr deutlich.

IV. Zwischenergebnis

Nach diesem Ansatz wird das Ausscheiden als Inhaber mit einem Verlust der Arbeitgeberstellung gleichgesetzt. Letzteres sei erforderlich, damit von einem Veräußerer im Sinne des Art. 2 Abs. 1 lit. a) der Richtlinie 2001/23/EG die Rede sein könne. Das entleihende Unternehmen verliere die Stellung als nichtvertraglicher Arbeitgeber und könne daher als Veräußerer angesehen werden. Die Figur eines nichtvertraglichen Arbeitgebers folgt aus der Feststellung, dass ein Arbeitsverhältnis im Sinne der RL 2001/23/EG – und damit im Sinne des § 613a Abs. 1 S. 1 BGB – auch ohne Arbeitsvertrag bestehen könne. Entscheidend hierfür sei der Wortlaut des Art. 3 Abs. 1 UAbs. 1 der Richtlinie 2001/23/EG, wonach die Rechte und Pflichten aus einem Arbeitsvertrag *oder* Arbeitsverhältnis übergehen, der Arbeitsvertrag also nicht notwendige Voraussetzung sei. Des Weiteren stellt der EuGH fest, dass kein Vorrang des vertraglichen vor dem nichtvertraglichen Arbeitgeber bestehe. Schließlich sei ein Schutz bei einem Inhaberwechsel nach dem Schutzzweck der Richtlinie geboten, was für einen Schutz der Arbeitnehmer in der zu beurteilenden Konstellation spreche.

Als Folge des Betriebsübergangs geht der EuGH von einer Festanstellung des Arbeitnehmers einzig beim Erwerber aus. Sämtliche Rechte und Pflichten, die vorher aufgespalten zum Verleiher und zum Entleiher bestanden haben, sollen fortan nur noch zum Erwerber bestehen.

B. Zuordnungslösung

I. Zuordnungslösung des Generalanwalts Bot

Der EuGH hat sich zwar für die Formulierung des Ergebnisses an den Schlussanträgen des Generalanwalts orientiert; er hat sich jedoch in keiner Weise in der Begründung auf die Schlussanträge des Generalanwalts gestützt. Insofern bedürfen die Schlussanträge speziell im Hinblick auf die Begründung einer genaueren Betrachtung.

Der Generalanwalt geht in seinen Schlussanträgen von Art. 3 Abs. 1 UAbs. 1 der Richtlinie 2001/23/EG aus. Seine folgende Argumentation ist darauf gerichtet festzustellen, ob ein Übergang von Rechten und Pflichten auch dann angenommen werden kann, wenn der Arbeitnehmer zu dem übertragenen Unternehmen keine vertragliche Beziehung hat. Da der

Wortlaut der Bestimmungen der Richtlinie 2001/23/EG aus Sicht des Generalanwalts Bot nicht eindeutig sei,[502] müsse sich eine Argumentation an dem Zweck und der Systematik der Richtlinie orientieren.[503] Seine Argumentation befasst sich im Wesentlichen mit der Entkräftung von Argumenten wider die Anwendbarkeit der Richtlinie 2001/23/EG auf den vorliegenden Fall. Hierauf ist noch weiter unten einzugehen.[504]

Hiervon abgesehen macht der Generalanwalt im Rahmen von Systematik und dem Zweck der Richtlinie 2001/23/EG als erstes deutlich, wodurch dem Arbeitnehmer die durch die Richtlinie verliehenen Rechte nach der bisherigen Rechtsprechung vermittelt werden. Dies sei die übertragene wirtschaftliche Einheit, zu der der Arbeitnehmer gehören müsse.[505] Die Zugehörigkeit der Arbeitnehmer zur übertragenen wirtschaftlichen Einheit *Heineken Nederland* bejaht der Generalanwalt: Die betroffenen Arbeitnehmer seien vorliegend in die Struktur der Gesellschaft, bei der sie verwendet werden, eingebunden. Dies sei auch dauerhaft der Fall, wobei diese Dauer dieselbe sei, wie jene, die sich aus dem Arbeitsvertrag mit der Anstellungsgesellschaft ergebe. Schließlich profitiere die Gesellschaft, in der die Arbeitnehmer verwendet werden, auch von der Erfahrung, die sie durch die Ausführung ihrer Dienste gerade in dieser Gesellschaft erlangt hätten. Aufgrund der Zugehörigkeit der Arbeitnehmer zu dieser wirtschaftlichen Einheit sei es nach Zweck und Systematik der Richtlinie 2001/23/EG angebracht, den Abschluss der Arbeitsverträge innerhalb eines Konzerns, wenn dieser wie *Heineken International* organisiert sei, so zu behandeln, als ob die Anstellungsgesellschaft (im Fall die *HNB*) die Arbeitsverträge mit den Arbeitnehmern des Konzerns für Rechnung jeder einzelnen Betriebsgesellschaft (im Fall der *Heineken Nederland*) geschlossen habe. Dieser Weg entspricht offensichtlich seiner Meinung; etwaige Verweise auf die Rechtsprechung oder ähnliches erfolgen leider nicht. Die

---

502 Anders der EuGH, der hieraus einen seiner zwei großen Argumentationsstränge hergeleitet hat. Hierzu schon oben, vierter Teil, § 8 A. I., S. 117.

503 Schlussanträge Generalanwalt *Bot* v. 3.6.2010 – Rs. C-242/09 (*Albron*), Slg. 2010, I-10309 (Rn. 35).

504 Siehe dazu unten im Rahmen der Stellungnahme zur Anwendbarkeit der Richtlinie, vierter Teil, § 9 A., S. 170 ff.

505 Schlussanträge Generalanwalt *Bot* v. 3.6.2010 – Rs. C-242/09 (*Albron*), Slg. 2010, I-10309 (Rn. 38 f.) mit Verweis auf EuGH v. 13.7.2007 – Rs. C-458/05 (*Jouini*), NJW 2007, 3195, 3196 (Rn. 23) und EuGH v. 7.2.1985 – Rs. 186/83 (*Botzen*), Slg. 1985, 519, 524 ff.

Arbeitnehmer werden hier dem Entleiher zugeordnet; der Verleiher spielt keine Rolle mehr.

Als zweites tragendes Begründungselement verweist der Generalanwalt auf den zwingenden Charakter der Richtlinie und macht deutlich, warum diese Anwendbarkeit der Richtlinie auf die vorliegende Konstellation erreicht werden müsse. So müsse verhindert werden, dass Konzerne die Anwendung der Richtlinie „dadurch abwehren könn[t]en, dass sie ihre Arbeitsverhältnisse nach dem Vorbild des *Heinekenkonzerns* ausgestalte[te]n“[506]. Es bestehe die Folgegefahr, „dass Konzerne diese Art der Organisierung [gemeint ist die von *Heineken International*, Anmerkung des Verfassers] ihrer Arbeitsverhältnisse übernehmen, um auszuschließen, dass die Richtlinie im Fall eines Übergangs Anwendung findet“[507]. Dies wiederum stellte die Anwendbarkeit ganz in das Belieben der Konzerne, was unvereinbar mit „ihrem zwingenden Charakter und dem mit ihr verfolgten Ziel“[508] sei.

Dieser vom Generalanwalt vertretene alternative Begründungsweg wird teilweise als „Gedanke der rechtsmissbräuchlichen und damit unbeachtlichen Umgehung“[509] eingeordnet.[510] Auf das Rechtsmissbrauchsverbot bzw. eine unzulässige Umgehung wird sogleich noch ausführlich eingegangen.[511] Es kann festgehalten werden, dass der Generalanwalt hier lediglich eine Auslegung vornimmt und in jedem Fall keinen Grundsatz des Rechtsmissbrauchsverbots bzw. einer unzulässigen Umgehung anwenden möchte,[512] bei dem es einen Tatbestand und eine sich hieran anschließende

---

506 Schlussanträge Generalanwalt *Bot* v. 3.6.2010 – Rs. C-242/09 (*Albron*), Slg. 2010, I-10309 (Rn. 49).

507 Schlussanträge Generalanwalt *Bot* v. 3.6.2010 – Rs. C-242/09 (*Albron*), Slg. 2010, I-10309 (Rn. 50).

508 Schlussanträge Generalanwalt *Bot* v. 3.6.2010 – Rs. C-242/09 (*Albron*), Slg. 2010, I-10309 (Rn. 51).

509 So *Bauer/von Medem*, NZA 2011, 20, 21.

510 Ähnlich auch *Raab*, EuZA 2011, 537, 542, der eine Einordnung als Gesetzesumgehung oder als Rechtsmissbrauch für möglich hält. *Raab* sieht in dem Begründungsweg aber im Ergebnis doch eher eine Zuordnungslösung, *Raab*, EuZA 2011, 537, 544, dazu sogleich.

511 Siehe dazu unten, vierter Teil, § 8 C., S. 131 ff.

512 Vgl. *Raab*, EuZA 2011, 537, 542, der zwar bei der Einordnung als Gesetzesumgehung oder als Rechtsmissbrauch mit der Einschränkung „ähnlich“ auf die Schlussanträge des Generalanwalts verweist. Wenige Sätze später schreibt er jedoch, der Generalanwalt beschreite begrüßenswerter Weise den Weg der Auslegung der Norm.

Rechtsfolge gäbe. Auch bei seiner Auslegung[513] verwendet er nicht ausdrücklich den Gedanken des Rechtsmissbrauchs. Er spielt allerdings darauf an, dass die Richtlinie nicht durch bestimmte Konzerngestaltungen umgangen werden dürfe. Hiermit greift er zumindest den Umgehungsgedanken auf. Nichtsdestotrotz unterscheidet sich die Begründung des Generalanwalts durch das erste oben dargestellte tragende Begründungselement, namentlich die Bindung des Arbeitsverhältnisses an die wirtschaftliche Einheit. Dass gerade dies ein Aspekt des Sinn und Zwecks der Richtlinie ist, findet sich nämlich nicht bei den Ausführungen jener Autoren, die den Begründungsweg über den Rechtsmissbrauch bzw. eine unzulässige Umgehung vertreten. Abgestellt wird dort nur auf das zweite, ebenfalls oben dargestellte tragende Begründungselement. Die Lösung des Generalanwalts ist also im Ergebnis als eine eigene zu verstehen; der Konstruktion dieser Lösung folgend ist die Betitelung als Zuordnungslösung[514] überzeugend.[515]

II. Zuordnungslösung von Raab

Raab bietet einen Begründungsweg, dessen Konstruktion im Wesentlichen den Ausführungen des Generalanwalts *Bot* folgt.[516]

---

513 Dass es sich nicht um ein Institut, sondern lediglich um eine Auslegung handelt, entspricht dem Rechtsmissbrauch bzw. einer unzulässigen Umgehung nach der im deutschen Recht herrschenden, objektiven Theorie; dazu sogleich im Rahmen des Rechtsmissbrauchsverbots bzw. der unzulässigen Umgehung nach deutschem Recht, vierter Teil, § 8 C. I., S. 132 ff.

514 Die Idee, dass die „Als-ob-Betrachtung" einer Zuordnung entspricht, stammt von *Raab*, EuZA 2011, 537, 544.

515 Abschließend sei erneut angemerkt, dass der Generalanwalt das Arbeitsverhältnis im vorliegenden Fall als nicht vergleichbar mit dem Arbeitsverhältnis von einem Leiharbeitnehmer im Sinne der Richtlinie 2008/104/EG ansieht. Allerdings ändert dies nichts an der inhaltlichen Begründung des Generalanwalts. Denn es geht dem Generalanwalt um die besonderen Gegebenheiten (Dauer, Einbindung in das entleihende Unternehmen), nicht aber darum, dass rechtlich nicht von einem Leiharbeitnehmer (im Sinne der Leiharbeitsrichtlinie 2008/104/EG) auszugehen sei.

516 *Raab*, EuZA 2011, 537, 550 f.

1. Grundgedanke

Grundgedanke dieses Ansatzes ist – dem Generalanwalt folgend – die Zuordnung der Leiharbeitnehmer zu der übertragenen wirtschaftlichen Einheit *Heineken Nederland*. *Raab* nimmt also ebenfalls eine Auslegung speziell mit Blick auf das Ziel bzw. den Zweck der Richtlinie vor.[517] Die Zuordnung ergebe sich nämlich hieraus. Hierzu macht *Raab* deutlich, dass sich aus der Richtlinie und der hierzu ergangenen Rechtsprechung ergebe, dass „der Bestand des Arbeitsverhältnisses von der Person des Arbeitgebers als Partner des Arbeitsvertrags entkoppelt[518] und allein an den Fortbestand der wirtschaftlichen Einheit geknüpft [werde], innerhalb der der Arbeitnehmer seine Arbeitsleistung erbring[e]“[519]. Dies ist das tragende Element der Begründung: Nicht die rechtliche, gegebenenfalls arbeitsvertragliche Beziehung *zum Arbeitgeber* ist entscheidend, sondern die Zuordnung des Arbeitnehmers zu der übertragenen wirtschaftlichen Einheit. Allein dies entspreche dem Ziel der Richtlinie.[520] Demnach komme es ebenso wenig auf die rechtliche Einordnung der Beziehung des Entleihers zum Leiharbeitnehmer an.[521] Wesentlich sei allein, an welche wirtschaftliche Einheit das Arbeitsverhältnis gekoppelt ist.

Von dieser Koppelung an die wirtschaftliche Einheit ausgehend definiert *Raab* den Veräußerer im Sinne des Art. 2 Abs. 1 lit. a) der Richtlinie 2001/23/EG als diejenige Person, die die Leitungsmacht über diese wirtschaftliche Einheit ausübe. Jene Leitungsmacht habe im Regelfall zugleich

---

517 *Raab*, EuZA 2011, 537, 540 ff. sowie 548 ff.

518 Auf den ersten Blick scheint hierin ein Widerspruch zu der Rechtssache *Allen u.a.* zu liegen, wonach es gerade auf den Verlust der Arbeitgeberstellung ankommen soll, eine Entkopplung vom Arbeitgeber also dagegen zu sprechen scheint, EuGH v. 2.12.1999 – Rs. C-234/98 (*Allen u.a.*), NZA 2000, 587, 588 (Rn. 17). Abgesehen davon, dass die Ausführungen in dieser Rechtssache nicht auf die Dreieckskonstellation der Leiharbeit übertragen werden können (dazu unten, vierter Teil, § 9 A. III. 1. b), S. 180), ist *Raab* wohl eher so zu verstehen, dass die Arbeitnehmer bei einem Betriebsübergang nicht bei ihrem bisherigen Arbeitgeber verbleiben, sondern eben gerade mit der wirtschaftlichen Einheit auf den Erwerber und neuen Arbeitgeber übergehen. Dies spiegelt den Kerngedanken der Richtlinie wider. Auch hier besteht also die Folge des Betriebsübergangs darin, dass der Arbeitgeber seine Stellung verliert.

519 *Raab*, EuZA 2011, 537, 541, mit Verweis auf EuGH v. 15.12.2005 – Rs. C-232,232/04 (*Güney-Görres*), NZA 2006, 29, 30 (Rn. 31).

520 *Raab*, EuZA 2011, 537, 540 f. sowie 548.

521 *Raab*, EuZA 2011, 537, 548.

die Person inne, die mit dem Arbeitnehmer einen Arbeitsvertrag geschlossen habe. Wenn jedoch die Person, die den Arbeitsvertrag schließe, nur formal als Arbeitgeber „zwischengeschaltet" sei, der Arbeitnehmer jedoch von vornherein ausschließlich in einem anderen Unternehmen tätig werden solle, so sei der Arbeitnehmer letzterem Unternehmen in der gleichen Weise zugeordnet, „als [sei] er unmittelbar von dem Entleiher eingestellt worden"[522]. Die Leitungsmacht habe hier ausnahmsweise der Entleiher inne. In diesem Fall sei der Vollzug des Arbeitsverhältnisses untrennbar mit der dem Entleiher zuzuordnenden wirtschaftlichen Einheit verknüpft. Deswegen müsse auch der mit der Richtlinie bezweckte Arbeitnehmerschutz an den Übergang der wirtschaftlichen Einheit ansetzen. Im Ergebnis komme es also für den Eintritt des Erwerbers „nur darauf an, welche Rechte und Pflichten für die in der übernommenen wirtschaftlichen Einheit beschäftigten Arbeitnehmer"[523] bestünden. Unerheblich sei „demgegenüber, *wer* vor der Übernahme Adressat dieser Rechte und Pflichten"[524] gewesen sei.

Es wird deutlich, dass *Raab* seine Begründung an die wirtschaftliche Einheit anbindet und nicht so sehr an den Begriff des Veräußerers, wie dies speziell der EuGH getan hat. Der Begriff des Veräußerers ergibt sich vielmehr erst aus der Anbindung an die wirtschaftliche Einheit. Die Argumentation mit dem Schutzzweck erfolgt sehr viel ausführlicher als dies in den Schlussanträgen des Generalanwalts der Fall war, entspricht aber wie bereits erwähnt dessen Ausführungen. Auch dieser stellte fest, dass die durch die Richtlinie verliehenen Rechte durch die Zugehörigkeit zu der übertragenen wirtschaftlichen Einheit vermittelt würden.[525]

2. Wesentlicher Unterschied zum Ansatz des nichtvertraglichen Arbeitgebers

Im Ergebnis ist auch nach dieser Begründung der Inhaber des Unternehmens oder Betriebs wie auch nach der Lösung des Generalanwalts zugleich als Arbeitgeber zu behandeln.[526] Somit wird das Problem der Auf-

---

522 *Raab*, EuZA 2011, 537, 549.
523 *Raab*, EuZA 2011, 537, 551.
524 *Raab*, EuZA 2011, 537, 551.
525 Siehe dazu oben, vierter Teil, § 8 B. I., S. 124.
526 Vgl. *Raab*, EuZA 2011, 537, 542.

spaltung von vertraglicher Arbeitgeberstellung und Leitungsmacht über die organisatorische Einheit gelöst und beides im Rahmen eines Betriebsübergangs wieder zusammengeführt. Auch dieser Arbeitgeber hat natürlich keinen Arbeitsvertrag mit dem betroffenen Arbeitnehmer abgeschlossen und ist damit ein nichtvertraglicher Arbeitgeber. Jedoch unterscheidet sich der Ansatz der Zuordnung – und also auch der Ansatz des Generalanwalts – von dem Ansatz des EuGH: Für die Begründung des EuGH war die Feststellung, dass es sich bei *Heineken Nederland* um einen nichtvertraglichen Arbeitgeber handelt, ein tragendes Element. Im Rahmen der Zuordnungslösung soll *Heineken Nederland* indes wie ein vertraglicher Arbeitgeber behandelt werden; der Verleiher fällt in der rechtlichen Betrachtung weg. Überlegung dieses Ansatzes ist nämlich, dass die Arbeitsverträge derart angesehen werden, als ob sie gerade mit *Heineken Nederland* (und nicht mit *HNB*) geschlossen worden wären. *Raab* selbst scheint hierin keinen Unterschied zu sehen;[527] in dieser „Als-ob-Betrachtung", die sich nicht in der Begründung des EuGH findet, liegt jedoch ein wichtiger Unterschied, weil es dadurch auch auf die vertragliche Beziehung zum Verleiher und nicht nur auf die nichtvertragliche Beziehung zum Entleiher ankommt.

3. Kein Unterschied zum Ansatz des Generalanwalts

Wie mehrmals erwähnt, entspricht der Gedanke der Zuordnung den Ausführungen des Generalanwalts. Unterschiede zwischen beiden Ansätzen ergeben sich allerdings in den Voraussetzungen der jeweiligen Lösung. Hierauf ist allerdings erst im Rahmen der Stellungnahme zur Zuordnungslösung einzugehen.[528]

III. Rechtsfolge der Zuordnungslösung

Das Anliegen der Zuordnungslösung ist es, dass die „Rechte und Pflichten für die in der übernommenen wirtschaftlichen Einheit beschäftigten Arbeitnehmer"[529] auf den Erwerber übergehen, wobei es unerheblich sein

527 Vgl. *Raab*, EuZA 2011, 537, 548.
528 Siehe dazu unten, vierter Teil, § 9 E. II., S. 247 ff.
529 *Raab*, EuZA 2011, 537, 551.

soll, „wer vor der Übernahme Adressat dieser Rechte und Pflichten war“[530] (nämlich zumindest auch Verleiher). Es sollen demnach sämtliche Rechte und Pflichten, die zum Verleiher und zum Entleiher bestanden haben, auf den Erwerber übergehen. Dies ergibt sich auch aus der rechtlichen Konstruktion dieses Begründungswegs. Die Situation soll so behandelt werden, als ob der Vertrag nicht mit dem Verleiher, *HNB*, sondern dem Entleiher, *Heineken Nederland*, abgeschlossen worden sei. Sämtliche aus dem Vertrag entspringende Rechte und Pflichten sollen vom Übergang erfasst werden, aber daneben auch die ohnehin schon zum Entleiher bestehenden Rechte und Pflichten. Im Ergebnis besteht nach diesem Begründungsweg als Folge des Betriebsübergangs eine Festanstellung einzig beim Erwerber.

C. „Rechtsmissbrauch“ bzw. unzulässige Umgehung

In der Literatur findet sich häufig der Vorschlag, Konstellationen wie die beim Fall *Albron* vorliegende über das Institut des Rechtsmissbrauchs zu lösen.[531]

Leider bleibt es oftmals bei einem pauschalen Verweis auf „das Institut des Rechtsmissbrauchs“[532] oder „einen Rechtsmissbrauch“[533] oder es wird gesagt, die Konstruktion hätte sich „leicht als rechtsmissbräuchlich bezeichnen lassen“[534] können; nur teilweise wird näher konkretisierend auch das genannt, worauf es den Autoren wohl tatsächlich ankommt: Eine (unzulässige) Umgehung der Richtlinie 2001/23/EG.[535]

Was genau unter „Rechtsmissbrauch“ sowohl im deutschen Recht als auch in der Rechtsprechung des EuGH zu verstehen ist, wird nicht einheit-

530 *Raab*, EuZA 2011, 537, 551.

531 *Bauer/von Medem*, NZA 2011, 20, 21; *Forst*, RdA 2011, 228, 230; *Heuchemer/Schielke*, BB 2011, 758, 763. *Thüsing* schlug das Institut des Rechtsmissbrauchs für den Fall *Albron* vor, bevor der EuGH selbst entschieden hatte, siehe dazu *Thüsing*, ZESAR 2009, 487, 488. Der Ansatz des Generalanwalts *Bot* ist als Zuordnungslösung einzuordnen; der Umgehungsaspekt ist nur ein Teil seiner Lösung, siehe dazu ausführlich oben, vierter Teil, § 8 B. I., S. 124 ff.

532 *Thüsing*, ZESAR 2009, 487, 488.

533 *Forst*, RdA 2011, 228, 230.

534 *Heuchemer/Schielke*, BB 2011, 758, 763.

535 So ausdrücklich *Bauer/von Medem*, NZA 2011, 20, 21: „Der Gedanke der rechtsmissbräuchlichen und damit unbeachtlichen Umgehung liegt nahe“.

lich und zudem auch nicht eindeutig beurteilt. Dies gilt umso mehr, wenn es um die Umgehung geht: Sowohl die Dogmatik als auch die Voraussetzungen ebendieser sind im deutschen Recht umstritten. Dies gilt ebenso auf europäischer Ebene, sowohl im Hinblick auf die Rechtsprechung des EuGH als auch der Literatur, die sich hiermit befasst. Besonders problematisch ist, dass der EuGH selbst ohne erkennbare Grundlinie zwischen verschiedenen Ansätzen in durchaus gleich gelagerten Fällen hin- und herspringt und somit für Verwirrung sorgt.

Aufgrund einer weitaus deutlicheren Differenzierung und damit nicht zuletzt größeren dogmatischen Genauigkeit im deutschen Recht soll zunächst die Rechtslage im deutschen Recht in Grundzügen dargestellt werden (I.). Sodann erfolgt solch eine Darstellung auch für die europäische Ebene (II.). Ein besonderes Augenmerk ist jeweils auf das Verhältnis von Rechtsmissbrauch und Umgehung zu legen. Abschließend gilt es dann, eine Subsumtion des konkreten Falles unter das deutsche sowie das europäische Recht vorzunehmen (III.).

I. Rechtslage nach deutschem Recht

1. Rechtsmissbrauchsverbot

a) Dogmatik und Voraussetzungen

Dem Institut des Rechtsmissbrauchs ging eine über Jahrhunderte weilende Diskussion voraus. Im Preußischen Allgemeinen Landrecht von 1794 gab es ein allgemeines Schikaneverbot.[536] Auch im gemeinen Recht fand sich etwas Vergleichbares mit der *exceptio doli*.[537] Nachdem anfänglich noch § 226 BGB[538] oder § 826 BGB iVm. § 249 BGB angestrengt worden ist und später ein allgemeines Prinzip aus §§ 157, 226, 242, 826 BGB gefolgert wurde, wird das Rechtsmissbrauchsverbot heute – der Abhandlung von *Siebert* folgend[539] – im Rahmen von Sonderverbindungen bei § 242

536 Vgl. *Fleischer*, JZ 2003, 865, 866.

537 Vgl. *Fleischer*, JZ 2003, 865, 866.

538 Das Schikaneverbot des § 226 BGB ist wesentlich zu eng. Die Schädigung des anderen muss hier der *einzig denkbare Zweck* sein, siehe *Medicus*, BGB AT, § 15, Rn. 130.

539 *Siebert*, Rechtsausübung, S. 68 ff. sowie S. 83 ff.

BGB, ansonsten bei § 826 BGB verortet.[540] Hiernach bilden Treu und Glauben eine Grenze, welche jeglichen „Rechten, Rechtslagen und Rechtsnormen“[541] innewohnt und diese ihrem Inhalt nach begrenzt.[542] Hierbei sind die besonderen Umstände des jeweiligen Falles zu beachten.[543] Dies hat zur Folge, dass eine zunächst zulässige Rechtsausübung aufgrund sich ändernder Umstände unzulässig werden kann oder eine zunächst unzulässige Rechtsausübung zulässig werden kann.[544] In diesem Zusammenhang wird häufig von der „Relativität des Rechtsinhalts“[545] gesprochen.

Das Institut des Rechtsmissbrauchs ist im deutschen Recht heute allgemein anerkannt.[546]

Zu unterscheiden ist zwischen dem individuellen und dem institutionellen Rechtsmissbrauch. Bei dem institutionellen Rechtsmissbrauch werden Rechtsnormen oder Rechtsinstitute zweckwidrig verwendet.[547] Im Falle des individuellen Rechtsmissbrauchs wird der Rechtsmissbrauch überwiegend nur auf die Ausübung subjektiver Rechte bezogen.[548] Dort wird also die Ausübung eines individuellen Rechts als treuwidrig angesehen.[549] Teilweise wird ein individueller Rechtsmissbrauch – weitreichender –

540 *Fleischer*, JZ 2003, 865, 867. Zu § 242 BGB: Staudinger-*Looschelders/Olzen*, § 242, Rn. 214 f.; *Medicus*, BGB AT, § 15, Rn. 136; *Wolf/Neuner*, Allgemeiner Teil, § 20, Rn. 81.

541 Palandt-*Heinrichs*, § 242, Rn. 38. Es sind also auch Einreden und Einwendungen erfasst, so auch *Larenz/Wolf*, Allgemeiner Teil, § 16, Rn. 16.

542 Sog. „Innentheorie“, hierzu BGH v. 16.2.2005 – IV ZR 18/04, NJW-RR 2005, 619, 620, sowie BAG v. 23.6.1994 – 2 AZR 617/93, BB 1995, 204 f.

543 Palandt-*Heinrichs*, § 242, Rn. 38.

544 Palandt-*Heinrichs*, § 242, Rn. 38.

545 So ursprünglich *Siebert*, Rechtsausübung, S. 89. Dies aufgreifend u.a. OLG Hamm, Urteil v. 13.9.2007 – 28 U 33/05 (unter A. V. 2.); OLG München v. 11.12.1969 – 1 U 1191/69, NJW 1970, 663, 664; Palandt-*Heinrichs*, § 242, Rn. 38.

546 Vgl. hierzu BAG v. 21.5.2008 – 8 AZR 481/07, NZA 2009, 144, sowie BAG v. 23.9.2010 – 8 AZR 67/09, NZA 2011, 197; Palandt-*Heinrichs*, § 242, Rn. 38; Staudinger-*Looschelders/Olzen*, § 242, Rn. 214 f.; *Medicus*, BGB AT, § 15, Rn. 136; *Wolf/Neuner*, Allgemeiner Teil, § 20, Rn. 81.

547 *Larenz/Wolf*, Allgemeiner Teil, § 16, Rn. 16. Vgl. hierzu auch: Staudinger-*Looschelders/Olzen*, § 242, Rn. 218; Jauernig-*Mansel*, § 242, Rn. 32; Bamberger/Roth-*Sutschet*, § 242, Rn. 51.

548 Vgl. Palandt-*Heinrichs*, § 242, Rn. 40, wo von einer Beschränkung subjektiver Rechte die Rede ist. Vgl. auch Bamberger/Roth-*Sutschet*, § 242, Rn. 51.

549 Vgl. Bamberger/Roth-*Sutschet*, § 242, Rn. 51.

dann angenommen, „wenn sich die Rechtsausübung zwar noch innerhalb der vom objektiven Zweck einer Norm oder eines Rechtsinstituts gezogenen Grenzen hält, der Berechtigte aber durch sein individuelles Verhalten treuwidrig gegen die Interessen des anderen verstößt"[550]. [551] Ausgangspunkt ist beim individuellen Rechtsmissbrauch ein subjektives Element, namentlich die Arglist.[552] Allerdings ist auch dieses „subjektive Unwerturteil [...] nur ein akzentuierendes Element, das den Rechtsmissbrauch eindrücklicher, das Ergebnis eindeutiger macht"[553]. „Es kann jedoch die mangelnde objektive Schutzwürdigkeit des Interesses genügen, um die Rechtsausübung unzulässig zu machen"[554]. Demzufolge ist ein Verschulden zur Bejahung eines Rechtsmissbrauchs nicht erforderlich,[555] was allerdings generell und damit insbesondere auch für den institutionellen Rechtsmissbrauch gilt. Maßgeblicher Zeitpunkt für die Beurteilung des Vorliegens eines Rechtsmissbrauchs ist die Geltendmachung des Rechts (das heißt der Zeitpunkt der Rechtsausübung); im Rechtsstreit ist der entscheidende Zeitpunkt die letzte Tatsachenverhandlung.[556] Schließlich sei angemerkt, dass speziellere Normen Vorrang haben vor § 242 BGB und § 826 BGB, soweit solche vorhanden sind.[557]

b) Rechtsfolge

Liegt ein Fall des Rechtsmissbrauchs vor, so tritt die aus einer Rechtsnorm oder einem Rechtsinstitut vermeintlich folgende Rechtsfolge nicht ein oder die Geltendmachung eines Rechts ist unzulässig.[558] Auch kann einer

---

550 *Larenz/Wolf*, Allgemeiner Teil, § 16, Rn. 16.

551 Eine Entscheidung ist nicht erforderlich, da im vorliegenden Fall eines Betriebsübergangs ohnehin nur ein institutioneller Rechtsmissbrauch in Frage kommt, siehe hierzu noch unten, vierter Teil, § 8 C. I. 3., S. 141.

552 MünchKommBGB-*Roth/Schubert*, § 242, Rn. 205.

553 MünchKommBGB-*Roth/Schubert*, § 242, Rn. 235.

554 MünchKommBGB-*Roth/Schubert*, § 242, Rn. 235.

555 BGH v. 3.3.1986 – II ZR 54/85, NJW-RR 1986, 764, 765; Palandt-*Heinrichs*, § 242, Rn. 39; vgl. auch Staudinger-*Looschelders/Olzen*, § 242, Rn. 217.

556 BGH v. 29.5.1954 – II ZR 223/53, NJW 1954, 1402, 1403; Palandt-*Heinrichs*, § 242, Rn. 38; Staudinger-*Looschelders/Olzen*, § 242, Rn. 219.

557 Palandt-*Heinrichs*, § 242, Rn. 38; Staudinger-*Looschelders/Olzen*, § 242, Rn. 221.

558 Palandt-*Heinrichs*, § 242, Rn. 38; vgl. Staudinger-*Looschelders/Olzen*, § 242, Rn. 226.

Partei ein Recht, welches ihr an sich nicht zusteht, durch „Ersetzung“[559] der fehlenden Umstände zuerkannt werden,[560] weil dieser Partei gegenüber rechtsmissbräuchlich gehandelt worden ist.

2. Unzulässige Umgehung

Der Fall einer unzulässigen Umgehung ist nicht mit dem Institut des Rechtsmissbrauchs insgesamt gleichzusetzen. Allerdings entspricht die unzulässige Umgehung einem Teilbereich hiervon.[561] Die Umgehung kann unterteilt werden in die Tatbestandserschleichung und die Tatbestandsvermeidung. Im ersten Fall soll eine bestimmte Norm – entgegen deren Zweck – eingreifen; im zweiten Fall soll das Eingreifen einer – nach dem Sinn und Zweck einschlägigen – Norm gerade vermieden werden.

a) Dogmatik

Es ist im deutschen Recht weiterhin umstritten, ob es sich bei der unzulässigen Umgehung lediglich um ein Problem der Rechtsanwendung handelt oder ob die unzulässige Umgehung ein eigenständiges Rechtsinstitut ist. Dieser Streit betrifft insbesondere die Frage, ob neben dem Vorliegen von objektiven Elementen zusätzlich (zwingend) eine subjektive Komponente, insbesondere eine Umgehungsabsicht, zu fordern ist.

---

559 So bezeichnet bei Staudinger-*Looschelders/Olzen*, § 242, Rn. 226.

560 Staudinger-*Looschelders/Olzen*, § 242, Rn. 226; Jauernig-*Mansel*, § 242, Rn. 36; MünchKommBGB-*Roth/Schubert*, § 242, Rn. 277.

561 Dazu unten beim Verhältnis der Gesetzesumgehung zum Rechtsmissbrauch, vierter Teil, § 8 C. I. 3., S. 141.

aa) Verschiedene Theorien[562]

(1) Subjektive Theorie

Nach der subjektiven Theorie sei die Umgehungsabsicht eine wesentliche Voraussetzung der Gesetzesumgehung.[563] Zwar wird zusätzlich im Tatbestand gefordert, dass eine Tatbestandserschleichung und/oder Tatbestandsvermeidung vorliege. Doch sei es die Umgehungsabsicht, deren Vorhandensein oder Fehlen über die Anwendung dieses dann eigenständigen Rechtsinstituts der Umgehung entscheide.[564]

(2) Objektive Theorie

Die objektive Theorie verzichtet auf solch eine Umgehungsabsicht. Einzig entscheidend seien objektive Elemente.[565] Nach dieser Ansicht liege kein eigenständiges Rechtsinstitut vor; vielmehr griffen die „allgemeinen methodischen Regeln der Normanwendung"[566]. Tatbestandserschleichungen bekomme man hiernach durch eine einschränkende Auslegung in den Griff, gegebenenfalls sei auch eine teleologische Restriktion erforderlich. Im umgekehrten Fall, der Tatbestandsvermeidung, sei die erweiternde Auslegung und eventuell die Bildung einer Analogie das probate Mittel.[567]

(3) Weitere Theorien

Des Weiteren gibt es zwischen diesen beiden Theorien liegende Ansichten, die der Umgehungsabsicht jeweils nur bedingt – aber immerhin – Bedeutung beimessen. So wird nach einer Ansicht immer dann eine Umgehungsabsicht für erforderlich gehalten, wenn dies nach Sinn und Zweck

---

562 Vgl. zum Ganzen *von Lackum*, Gesetzesumgehung, S. 39 ff.
563 Zu den verschiedenen vertretenen Spielarten der subjektiven Theorie vgl. *von Lackum*, Gesetzesumgehung, S. 39 f.
564 *Von Lackum*, Gesetzesumgehung, S. 39.
565 *Von Lackum*, Gesetzesumgehung, S. 39.
566 *Mader*, Rechtsmißbrauch, S. 141.
567 *Mader*, Rechtsmißbrauch, S. 141.

der umgangenen Norm angemessen sei.[568] Nach einer anderen Ansicht stellt die Umgehungsabsicht einen Wertungsgesichtspunkt im Rahmen der Analogiebildung dar.[569]

bb) Bundesarbeitsgericht vertritt die objektive Theorie

Die an dieser Stelle besonders interessierende Rechtsprechung des BAG folgt im Grundsatz der objektiven Theorie.[570] Es ist anzumerken, dass das BAG dennoch die unzulässige Umgehung als eigenen Nichtigkeitsgrund ansieht, was begrifflich im Widerspruch zur objektiven Theorie steht:[571] Da es sich nach dieser Theorie nicht um ein eigenständiges Institut handelt, gibt es auch keine eigenständige Rechtsfolge. Laut BAG soll die – eigenständige – Rechtsfolge aber die Nichtigkeit sein.

cc) Auseinandersetzung mit den verschiedenen Theorien

Diese Arbeit verfolgt in keiner Weise die Absicht, eine ausschöpfende Erörterung dieser Problematik mit Zuhilfenahme sämtlicher Für und Wider der jeweiligen Theorien durchzuführen. Insofern erfolgt im Folgenden nur eine kurze Stellungnahme.[572]

---

568 *Kracht*, Kündigungsverbot, S. 139; *Larenz/Wolf*, Allgemeiner Teil, § 40, Rn. 31; *Müller-Freienfels*, AcP 156 (1957), 522, 537. Anders *Neuner* in der Neuauflage des soeben genannten Werkes von *Larenz/Wolf*, siehe *Wolf/Neuner*, Allgemeiner Teil, § 46, Rn. 27.

569 Hierzu: *Von Lackum*, Gesetzesumgehung, S. 46 ff., mit weiteren Nachweisen.

570 *Von Lackum*, Gesetzesumgehung, S. 48. Zur Rechtsprechung des Bundesarbeitsgerichts siehe bspw. BAG v. 12.10.1960 – 3 AZR 65/56 (Gr. Senat 1/59), NJW 1961, 798, 799; BAG v. 13.6.1986 – 7 AZR 650/84, NZA 1987, 241, 242 f.; BAG v. 10.2.1999 – 2 AZR 422/98, NJW 1999, 2541; BAG v. 18.3.2009 – 5 AZR 355/08, NJW 2554, 2555; BAG v. 19.3.2009 – 8 AZR 722/07, NZA 2009, 1091, 1093; BAG v. 24.2.2010 – 10 AZR 1038/08, NJOZ 2010, 1707, 1709.

571 *Von Lackum*, Gesetzesumgehung, S. 48.

572 Siehe hierzu insbesondere *von Lackum*, Gesetzesumgehung, S. 39 ff., an dessen Ausführungen sich die folgende Stellungnahme weitgehend orientiert.

(1) Erfordernis einer Umgehungsabsicht überzeugt nicht

Zur Begründung der subjektiven Theorie wird unter anderem das römische Recht herangezogen, wonach diese genannte Absicht Voraussetzung der Umgehung gewesen sei.[573] Auch spreche die Bezeichnung „Umgehung“ für das Erfordernis einer Absicht.[574] Allerdings ergibt sich aus dem römischen Recht keineswegs eindeutig eine solche Voraussetzung; die an den Begriff *fraus legis* des römischen Rechts angelehnte Übersetzung „Umgehung“ kann somit ebenfalls nicht maßgeblich sein.[575] Des Weiteren argumentieren die Vertreter der subjektiven Theorie, das Vertrauen darin, dass eine Norm keine Anwendung finde, wenn ihr Wortlaut nicht erfüllt sei, dürfe einzig dann enttäuscht werden, wenn eine Umgehungsabsicht vorläge aufgrund dann fehlender Schutzwürdigkeit des Vertrauens.[576] Allerdings widerspricht dieses Argument anerkannter Dogmatik: Wird eine Norm entgegen ihrem Wortlaut angewandt, so wäre dies nur noch beim Vorliegen einer Umgehungsabsicht möglich. Da solch eine Anwendung durch eine teleologische Auslegung oder Reduktion, gegebenenfalls sogar durch Bildung einer Analogie erfolgt, wäre hier dann immer eine Absicht zu fordern. Dass dies nicht der Fall ist, ist allgemein anerkannt. Ebenfalls kann es nicht überzeugen, wenn die Vertreter argumentieren, die Anwendung der umgangenen Norm auf den Umgehungssachverhalt entgegen ihrem Wortlaut stelle eine strafähnliche Sanktion dar, weswegen eine Umgehungsabsicht zu fordern sei.[577] Folgte man dem, so müsste bei jeder Analogie, also einer Anwendung der Norm entgegen ihrem Wortlaut, Vorsatz verlangt werden; anerkanntermaßen ist dies aber nicht der Fall.[578] Schließlich handelte es sich durch das Erfordernis einer Umgehungsabsicht bei der Gesetzesumgehung um ein eigenes Rechtsinstitut.[579] Wie *von Lackum* deutlich macht, lässt sich die rechtsdogmatische Grundlage hierfür indes nicht überzeugend erklären:[580] Für eine Ableitung aus Gewohn-

---

573 *Von Lackum*, Gesetzesumgehung, S. 40; *Pfaff*, Lehre, S. 68, 83.

574 *Von Lackum*, Gesetzesumgehung, S. 41; *Pfaff*, Lehre, S. 82; *Hueck*, RdA 1953, 85, 86.

575 *Von Lackum*, Gesetzesumgehung, S. 51.

576 *Von Lackum*, Gesetzesumgehung, S. 52; *Mebes*, Rechtsumgehung, S. 38; *Serick*, Rechtsform, S. 23 ff.

577 *Heeder*, Fraus legis, S. 215; *von Lackum*, Gesetzesumgehung, S. 41.

578 *Von Lackum*, Gesetzesumgehung, S. 52.

579 *Von Lackum*, Gesetzesumgehung, S. 39.

580 Siehe hierzu die Ausführungen bei *von Lackum*, Gesetzesumgehung, S. 54.

heitsrecht fehlt es an einer *opinio iuris*, also an einer gemeinsamen Rechtsüberzeugung. Gegen eine Gesamtanalogie zu den im Bürgerlichen Gesetzbuch vorhandenen speziellen Umgehungsverboten spricht nicht zuletzt der Wille des Gesetzgebers. Es wurde sich ausdrücklich gegen die Kodifizierung eines allgemeinen Umgehungsinstituts entschieden.[581] Im Ergebnis kann demnach nicht überzeugend begründet werden, warum eine Umgehungsabsicht, die gesetzlich nicht vorgesehen ist, als unbedingte Voraussetzung vorliegen muss.

Die Mittelmeinung, die je nach Sinn und Zweck der Norm eine Umgehungsabsicht für erforderlich oder entbehrlich hält, geht zumindest in den Fällen, in denen eine Umgehungsabsicht verlangt wird, von einem eigenen Rechtsinstitut aus.[582] Das Erfordernis einer Umgehungsabsicht und damit ein eigenes Institut der Umgehung kann indes wie gezeigt nicht überzeugen.

(2) Umgehungsabsicht auch als Wertungsgesichtspunkt abzulehnen

Wird eine Umgehungsabsicht als Wertungsgesichtspunkt im Rahmen der Analogie angenommen, so widerspricht dies den anerkannten Voraussetzungen einer Analogie.[583] Voraussetzung ist zunächst eine planwidrige Regelungslücke, sodann muss der normierte Sachverhalt dem Sachverhalt, der in Frage steht, in rechtlich-wertender Hinsicht entsprechen, also die Interessenlage vergleichbar sein.[584] Aufgrund dieser Vergleichbarkeit kommt es hinsichtlich subjektiver Elemente nur auf die in Frage stehende Norm an, die analog angewendet werden soll. Sind subjektive Elemente nach dieser Norm nicht vorausgesetzt, sind solche auch nicht zu berücksichtigen. Dass die Umgehungsabsicht indes stets als Wertungsgesichtspunkt Berücksichtigung finden soll, ist hiermit nicht zu vereinbaren und abzulehnen.

---

581 *Mugdan*, Materialien, I. Band, S. 725.

582 *Von Lackum*, Gesetzesumgehung, S. 54.

583 *Von Lackum*, Gesetzesumgehung, S. 55.

584 *Von Lackum*, Gesetzesumgehung, S. 55; *Schwacke*, Methodik, S. 130. Vgl. auch *Pawlowski*, Methodenlehre, Rn. 481 ff.

(3) Objektive Theorie entspricht anerkannter Methodik der Auslegung und Analogie

Die objektive Theorie stützt sich auf anerkannte Methoden der Auslegung und Analogie. Diese Methoden reichen für die Handhabung der Umgehungsfälle aus.[585] Mag auch in der Praxis häufig eine Umgehungsabsicht vorliegen,[586] so darf deren (Nicht-)Vorhandensein das Ergebnis nicht beeinflussen, würde doch sonst die Durchsetzbarkeit der in Frage stehenden Norm einzig vom Willen der Partei abhängen,[587] wobei dieser Wille zudem noch schwer zu beweisen ist. Identische Vorgänge müssen gleich behandelt werden, unabhängig von etwaigen Absichten der Beteiligten. Dem wird nur die objektive Theorie gerecht.

Kommt man – der objektiven Theorie folgend – mit diesen anerkannten Methoden zu dem Ergebnis, dass eine Norm anzuwenden ist, so darf also nicht zusätzlich gefordert werden, dass eine Umgehungsabsicht vorliegen muss.[588] *Vice versa* darf eine Umgehungsabsicht auch nicht zur Anwendung einer Norm führen, wenn eine solche Anwendung nicht der Auslegung und Analogiebildung zu entnehmen ist.[589] Diese Methoden sind bestens geeignet für die Problemfälle der Umgehung und es ist nicht ersichtlich, warum diese dann nicht auch – ohne Einschränkungen oder Erweiterungen – Anwendung finden sollten.[590]

Mithin ist der objektiven Theorie zu folgen, die im Übrigen auch der sogenannten „herrschenden Meinung“ entspricht.

b) „Rechtsfolge“

Nur im Falle der subjektiven Theorie gäbe es tatsächlich eine Rechtsfolge im juristischen Sinne. Da im Weiteren indes der objektiven Theorie gefolgt wird, handelt es sich nicht um eine Rechtsfolge sondern lediglich um ein Ergebnis der Auslegung bzw. gegebenenfalls einer Analogie. So findet

---

585 So auch *von Lackum*, Gesetzesumgehung, S. 56.
586 *Teichmann*, Gesetzesumgehung, S. 70.
587 *Teichmann*, Gesetzesumgehung, S. 69.
588 So neben anderen auch *von Lackum*, Gesetzesumgehung, S. 56; *Mader*, Rechtsmißbrauch, S. 142.
589 *Von Lackum*, Gesetzesumgehung, S. 56; *Mader*, Rechtsmißbrauch, S. 141.
590 So auch *von Lackum*, Gesetzesumgehung, S. 56.

im Ergebnis die in Frage stehende Norm bei einer unzulässigen Gesetzesumgehung Anwendung.

3. Verhältnis und Abgrenzung der Gesetzesumgehung zum Rechtsmissbrauch

Zunächst ist festzuhalten, dass ein individueller Rechtsmissbrauch grundsätzlich[591] eine andere Situation erfasst als die Gesetzesumgehung und mithin nicht vergleichbar ist.[592] In der Regel ergibt sich der Vorwurf beim individuellen Rechtsmissbrauch aus subjektiven Elementen.[593] Da im Rahmen der Gesetzesumgehung indes – der herrschenden objektiven Theorie folgend – nur objektive Elemente maßgeblich sind, können sich die Konstellationen hier nicht überschneiden.[594]

Anders verhält es sich bei dem institutionellen Rechtsmissbrauch: Nach herrschender Meinung geht es sowohl hier als auch bei der Gesetzesumgehung um die Rechtsanwendung; zumindest bei der Gesetzesumgehung in Form der Tatbestandserschleichung soll gar eine Identität zu dem institutionellen Rechtsmissbrauch bestehen.[595]

In den Fällen der Tatbestandserschleichung wird versucht, das Eingreifen einer Norm für ein bestimmtes Verhalten zu erreichen, obwohl dieses Verhalten nicht von der Norm erfasst sein soll. Es wird hierbei nicht gegen den Wortlaut, jedoch gegen den Sinn einer Rechtsnorm oder eines Rechtsinstituts verstoßen.[596] Die Situation unterscheidet sich also nicht von der beim institutionellen Rechtsmissbrauch. Dass die Norm trotz des einschlägigen Wortlauts im Ergebnis nicht eingreift, wird jeweils durch eine „ein-

---

591 Vgl. zu einer möglichen Überschneidung, die vorliegend jedoch außer Betracht bleiben kann: *Von Lackum*, Gesetzesumgehung, S. 64 f.

592 *Teichmann*, Gesetzesumgehung, S. 76. So auch *von Lackum*, Gesetzesumgehung, S. 64 f.

593 *Von Lackum*, Gesetzesumgehung, S. 64; MünchKommBGB-*Roth/Schubert*, § 242, Rn. 205.

594 *Von Lackum*, Gesetzesumgehung, S. 64.

595 *Baur*, Mißbrauch, S. 96 ff.; *von Lackum*, Gesetzesumgehung, S. 62; *Mader*, Rechtsmißbrauch, S. 140; *Sieker*, Umgehungsgeschäfte, S. 17, spricht von „einem gemeinsamen Nenner“; *Teichmann*, Gesetzesumgehung, S. 76 ff.

596 *Von Lackum*, Gesetzesumgehung, S. 63.

schränkende Auslegung und teleologische Reduktion“[597] erreicht.[598] Somit orientiert sich die Beurteilung „im einen wie im anderen Fall am Regelungsgehalt der maßgeblichen Normen und an den allgemeinen Regeln der Gesetzesanwendung.“[599] Hieraus folgt auch, dass es sich bei dem institutionellen Rechtsmissbrauch ebenso wie bei der Gesetzesumgehung (hier in Form der Tatbestandserschleichung) um „ bloße Problembegriffe“[600] handelt, sodass es jeweils keine – und das trifft auch auf den institutionellen Rechtsmissbrauch zu[601] – eigenen Rechtsinstitute sind.[602]

Ein anderes Verhältnis besteht zu der Tatbestandsvermeidung. Wie bereits oben skizziert, wird hier ein Tatbestand dem Wortlaut nach nicht erfüllt. Allerdings entspricht die vorgefundene Konstellation bzw. das Verhalten genau dem, was durch die Norm erfasst werden soll. Dies unterscheidet sich von Fällen des institutionellen Rechtsmissbrauchs[603], da es gerade keine Norm gibt, auf die sich berufen wird. Eine Identität ist also nicht gegeben.[604] Nur dann, wenn eine Tatbestandsvermeidung mit einer Tatbestandserschleichung einhergeht, das eine quasi die Kehrseite des anderen bildet, ist eine korrekte Abgrenzung häufig nicht zu leisten.[605] Auch hier mag wieder von einer Identität, zumindest aber von einem „gewissen Naheverhältnis“[606] gesprochen werden können. Im Rahmen eines Betriebsübergangs kann es jedoch – wenn überhaupt – einzig um die Vermeidung des Übergangs der Arbeitsverhältnisse aufgrund des Betriebsüber-

597 *Von Lackum*, Gesetzesumgehung, S. 63.

598 *Baur*, Mißbrauch, S. 101 f.; *von Lackum*, Gesetzesumgehung, S. 63; *Teichmann*, Gesetzesumgehung, S. 77.

599 *Sieker*, Umgehungsgeschäfte, S. 17.

600 *Baur*, Mißbrauch, S. 102.

601 *Teichmann*, Gesetzesumgehung, S. 77.

602 Dass der institutionelle Rechtsmissbrauch also gemeinhin als Fall des allgemeinen Instituts des Rechtsmissbrauchs gesehen wird, ist damit zumindest fragwürdig. Allerdings soll in dieser Arbeit nicht weiter darauf eingegangen werden. *Teichmann*, Gesetzesumgehung, S. 78, meint, eine weitere Verwendung des Begriffs des institutionellen Missbrauchs solle nur erfolgen, weil sich der Begriff eingebürgert habe; dessen Unselbständigkeit müsse aber hierbei beachtet werden.

603 *Von Lackum*, Gesetzesumgehung, S. 63; vgl. wohl auch *Teichmann*, Gesetzesumgehung, S. 78.

604 Dies behauptet auch nicht *Teichmann*, Gesetzesumgehung, S. 76 ff. Bei *von Lackum*, Gesetzesumgehung, S. 62, wird indes der Eindruck vermittelt, auch *Teichmann* gehe von einer Identität aus.

605 *Von Lackum*, Gesetzesumgehung, S. 64; *Mader*, Rechtsmißbrauch, S. 139.

606 *Mader*, Rechtsmißbrauch, S. 139.

gangs gehen; eine etwaige Erschleichung im oben genannten Sinne spielt keine Rolle. Es fehlt eine „Umgehungsnorm“, d.h. eine für den Betroffenen günstige Norm, auf die sich ausdrücklich gestützt wird.

Damit kann zumindest für den Fall eines Betriebsübergangs festgehalten werden, dass überhaupt nur eine vom Rechtsmissbrauch zu trennende Gesetzesumgehung in Form der Tatbestandsvermeidung vorliegen kann. Dies führt zu dem Ergebnis, dass eine Lösung über „den Rechtsmissbrauch“ nach der herrschenden Meinung im deutschen Recht für das erstrebte Ergebnis (Übergang auch der Arbeitsverhältnisse der Leiharbeitnehmer) nicht erfolgsversprechend ist. Freilich handelt es sich hierbei nur um die korrekte Bezeichnung des Problems. An der rechtlichen Bewertung und Vorgehensweise ändert dies kaum etwas: Eine Lösung erfolgt wie gezeigt über die Gesetzesauslegung und Gesetzesanwendung, bei der Tatbestandsvermeidung gegebenenfalls auch durch Bildung einer Analogie.

II. Rechtslage nach der Rechtsprechung des EuGH

Solche Autoren[607], die Konstellationen wie die beim Fall *Albron* vorliegende über das Institut des Rechtsmissbrauchs lösen wollen, haben sich aber wahrscheinlich in erster Linie auf die Rechtsprechung und Terminologie des EuGH bezogen. Wie sogleich zu zeigen sein wird, ist dann die Bezeichnung Rechtsmissbrauchsverbot richtig, da der EuGH keineswegs zwischen dem Rechtsmissbrauch und der Umgehung trennt.

1. Verhältnis der Gesetzesumgehung zum Rechtsmissbrauch

Anders als im deutschen Recht findet sich in der Rechtsprechung des EuGH keine Unterscheidung zwischen dem individuellen und dem institutionellen Rechtsmissbrauch.[608] Zudem werden auch die Fälle der Umge-

---

607 (Siehe schon Fußnote 531:) *Bauer/von Medem*, NZA 2011, 20, 21; *Forst*, RdA 2011, 228, 230; *Heuchemer/Schielke*, BB 2011, 758, 763. *Thüsing* schlug das Institut des Rechtsmissbrauchs für den Fall *Albron* vor, bevor der EuGH selbst entschieden hatte, siehe dazu *Thüsing*, ZESAR 2009, 487, 488.

608 *Von Lackum*, Gesetzesumgehung, S. 93; *Zimmermann*, Rechtsmißbrauchsverbot, S. 185 f.

hung vielfach unter dem Begriff des „Rechtsmissbrauchs" subsumiert.[609] Im Ergebnis wird unter „Rechtsmissbrauch" also eine Vielzahl von Konstellationen gefasst, wodurch unter anderem die gleichwohl wichtige Unterscheidung zwischen Fällen individuellen Rechtsmissbrauchs und solchen der Umgehung verwischt wird.[610] Diese Unzulänglichkeiten in der Terminologie gilt es bei der Lektüre der Rechtsprechung des EuGH zu beachten.

Jedenfalls lässt sich festhalten, dass die Umgehung als ein (Unter-)Fall des „Rechtsmissbrauchs" verstanden wird, was sich vom deutschen Verständnis unterscheidet. Auch wenn häufig von einer „Umgehungsrechtsprechung" die Rede ist, so findet sich in diesem Zusammenhang ebenfalls in der Literatur oftmals der Begriff der „Missbrauchsrechtsprechung".[611] Beide Begriffe werden also synonym gebraucht. Dies hat dann auch zur Folge, dass auf der Ebene des Unionsrechts das Problem, ob eine Umgehungsabsicht zu fordern ist, der Fragestellung, ob eine Missbrauchsabsicht notwendig ist, entspricht.[612] Wie *von Lackum* im Ergebnis zutreffend festhält, werden „unter den Topoi der Gesetzesumgehung bzw. des Rechtsmissbrauchs … also dieselben Fälle unter identischen rechtlichen Gesichtspunkten diskutiert"[613].

---

609 *Fleischer*, JZ 2003, 865, 870. Beispielsweise schreibt der EuGH zu Art. 11 Abs. 1 lit. a) der Richtlinie 90/434/EWG, welcher Steuerumgehungen regelt, dass diese Regelung den allgemeinen Grundsatz des Gemeinschaftsrechts widerspiegele, wonach Rechtsmissbrauch verboten sei, EuGH v. 5.7.2007 – Rs. C-321/05 (*Kofoed*), EuZW 2007, 641, 642 (Rn. 38). Ähnlich schreibt auch Generalanwalt *Colomer* in seinen Schlussanträgen v. 4.9.2008 in der Rechtssache C-396/07 (*Juuri*), Slg. 2008, I-8883 (in der Fn. 17), „...ob die Gesetzesumgehung (oder auch der Rechtsmissbrauch)...". Die Umgehung ist also vom Begriff des Rechtsmissbrauchs erfasst.

610 *Fleischer*, JZ 2003, 865, 870.

611 *Von Lackum*, Gesetzesumgehung, S. 96.

612 *Von Lackum*, Gesetzesumgehung, S. 96; vgl. dazu *Ottersbach*, Rechtsmissbrauch, S. 38 ff.

613 *Von Lackum*, Gesetzesumgehung, S. 96.

2. Unterscheidung zwischen einem nationalen und dem genuin unionsrechtlichen Rechtsmissbrauchsverbot

a) Nationale Missbrauchsverbote zur Begrenzung unionsrechtlicher Rechtspositionen

Unter anderem in den Vorabentscheidungsverfahren *Kefalas*[614] und *Diamantis*[615] hat der EuGH das nationale Institut des Rechtsmissbrauchs auch für das Unionsrecht anerkannt.[616] In beiden Verfahren ging es darum, dass das nationale Gericht Art. 281 des Griechischen Zivilgesetzbuches anwenden wollte, worin der Rechtsmissbrauch kodifiziert ist. Grund war, dass sich der Kläger aus Sicht des Gerichts in rechtsmissbräuchlicher Weise auf Art. 25 der Kapitalrichtlinie berufen habe. Es ging also um die Beschränkung des Unionsrechts durch die nationale Regelung des Rechtsmissbrauchs. In dem Urteil *Diamantis*[617] heißt es beispielsweise:

> „33. Jedoch ist die missbräuchliche oder betrügerische Berufung auf Gemeinschaftsrecht nicht gestattet (Urteil Kefalas u.a., Rdn. 20, m.w.N.). Eine solche läge vor, wenn der sich auf Art. 25 I der Zweiten RichtL berufende Aktionär eine Klage erhöbe, um widerrechtliche und mit dem Zweck dieser Vorschrift offensichtlich unvereinbare Vorteile zu Lasten der Gesellschaft zu erlangen (Urteil Kefalas u.a., Rdn. 28).
> 34. Die nationalen Gerichte können deshalb das missbräuchliche Verhalten des Betroffenen auf der Grundlage objektiver Kriterien in Rechnung stellen, um ihm ggf. die Berufung auf die geltend gemachte Bestimmung des Gemeinschaftsrechts zu verwehren. Dabei müssen sie jedoch die mit dieser Bestimmung verfolgten Zwecke beachten (Urteil vom 2. 5. 1996 in der Rs C-206/94, Paletta, Slg. 1996, I-2357, Rdn. 25). Die Anwendung einer nationalen Vorschrift wie Art. 281 des Zivilgesetzbuchs darf somit die Wirksamkeit und die einheitliche Anwendung des Gemeinschaftsrechts in den Mitgliedstaaten nicht beeinträchtigen (Urteil Pafitis u.a. Rdn. 68).
> 35. Es obliegt dem vorlegenden Gericht, im bei ihm anhängigen Rechtsstreit festzustellen, ob die Anwendung von Art. 281 des Zivilgesetzbuchs mit dieser Anforderung vereinbar ist. Allerdings liegt es in der Zuständigkeit des Ge-

---

614 EuGH v 12.5.1998 – Rs. C-367/96 (*Kefalas*), EuZW 1999, 56.
615 EuGH v. 23.3.2000 – Rs. C-373/97 (*Diamantis*), NZG 2000, 534, 536.
616 *Fleischer*, JZ 2003, 865, 868.
617 EuGH v. 23.3.2000 – Rs. C-373/97 (*Diamantis*), NZG 2000, 534, 536 (Rn. 33-35).

richtshofs, dem nationalen Gericht alle für die Beurteilung dieser Frage geeigneten Auslegungskriterien an die Hand zu geben."[618]

In den genannten Entscheidungen *Kefalas* und *Diamantis* ging es um Fälle des individuellen Rechtsmissbrauchs. Es zeigt sich, dass der EuGH den Gerichten der Mitgliedstaaten einen „Rückgriff auf nationale Rechtsmissbrauchsverbote"[619] erlaubt. Dies gilt auch hinsichtlich solcher nationalen Normen, „die auf EG-Richtlinien [heute EU-Richtlinien, Anmerkung des Verfassers] beruhen und diese umsetzen"[620].[621] Es müssen lediglich der Grundsatz des *effet utile* und eine einheitliche Anwendung des Unionsrechts gewahrt bleiben.[622]

b) Genuin unionsrechtliches Rechtsmissbrauchsverbot

Bei dem Rechtsmissbrauchsverbot, um das es im Folgenden gehen soll, handelt es sich hingegen um ein genuin unionsrechtliches Rechtsmissbrauchsverbot. Es geht also nicht um den Rückgriff auf nationale Rechtsmissbrauchsverbote, sondern um die Existenz und Anwendung eines genuin unionsrechtlichen Rechtsmissbrauchsverbots. Ein solches hat zur Folge, dass es keiner nationalen Regelungen zur Behandlung eines Rechtsmissbrauchs oder einer unzulässigen Umgehung mehr bedarf und somit der Missbrauchseinwand einheitlich eingreifen kann. Dass es nicht auf nationale Regelungen ankommt, ist nicht zuletzt deswegen so wichtig, weil „einige Mitgliedstaaten ... keine allgemeinen Normen oder Rechtsprechungsgrundsätze, die einer Normumgehung oder -erschleichung ent-

---

618 EuGH v. 23.3.2000 – Rs. C-373/97 (*Diamantis*), NZG 2000, 534, 536 (Rn. 33-35).

619 *Fleischer*, JZ 2003, 865, 873.

620 *Larenz/Wolf*, Allgemeiner Teil, § 16, Rn. 36.

621 Vgl. hierzu auch die Schlussanträge des Generalanwalts *Tesauro* v. 8.4.1992 zur Rs. C-83/91 (*Meilicke*), Slg. 1992, I-4871, 4916 (Rn. 21). Der EuGH hat diese Rechtssache gar nicht entschieden, da aus seiner Sicht keine Veranlassung zur Entscheidung bestanden hat, EuGH v. 16.7.1992 – Rs. C-83/91 (*Meilicke*), Slg. 1992, I-4871, 4919 ff. Bezüglich einer Verordnung siehe EuGH v. 21.6.1988 – Rs. 39/86 (*Lair*), NJW 1988, 2165, 2166 (Rn. 43). Auf nationaler Ebene vgl. BGH v. 29.3.1993 – II ZR 69/92, NJW 1993, 2181. Aus der Literatur hierzu *Fleischer*, JZ 2003, 865, 869.

622 *Wolf/Neuner*, Allgemeiner Teil, § 20, Rn. 75.

gegengehalten werden können“[623], kennen. Dort gibt es dann nur spezifische Regelungen für einige wenige Bereiche.[624] Würde der EuGH also lediglich darauf verweisen, dass nationale Rechtsmissbrauchsverbote angewendet werden sollen bzw. können, wäre eine Einschränkung über den Rechtsmissbrauchsgedanken in einigen Mitgliedstaaten nicht möglich. Schließlich erweitert der Unionsrechtsbezug die Anwendbarkeit bzw. den Anwendungsbereich des Missbrauchsvorwurfs nach nationalem Recht nicht.[625] Das Ziel einer einheitlichen[626] Auslegung des Unionsrechts, hier der Richtlinie 2001/23/EG, könnte so nicht ebenso effektiv erreicht werden, wenn lediglich nationale Regelungen Anwendung fänden, wie beispielsweise in den Urteilen *Kefalas* und *Diamantis*.

3. Herleitung

Zur Herleitung des Rechtsmissbrauchsverbots wird allgemein auf die Rechtsgrundsätze der Mitgliedstaaten rekurriert.[627] Dass hierdurch allgemeine Rechtsgrundsätze des Unionsrechts gewonnen werden können, ist allgemein anerkannt.[628] So ist auf europäischer Ebene zu beachten, dass die Rechtsordnungen der anderen Mitgliedstaaten jeweils eigene Rechtsausübungsschranken haben. Wie auch im deutschen Recht besteht deren Grundgedanke darin, dass eine treuwidrige Rechtsausübung, die dem Sinn und Zweck des Gesetzes widerspricht, unzulässig ist.[629] Es handelt sich mithin um einen „gemeinsamen Grundsatz der nationalen Rechtsordnungen“[630]. Dass der Rechtsmissbrauch nicht in allen Mitgliedstaaten bekannt

623 *Schön*, in: FS Wiedemann, S. 1271, 1281.
624 *Schön*, in: FS Wiedemann, S. 1271, 1281.
625 *Schön*, in: FS Wiedemann, S. 1271, 1282.
626 Dies ist die Aufgabe des Gerichtshofs, wie sich aus Art. 267 AEUV ergibt. Siehe *Ottersbach*, Rechtsmissbrauch, S. 47.
627 Vgl. *Fleischer*, JZ 2003, 865, 871, der aber selbst die Existenz eines allgemeinen Missbrauchsverbots des EuGH ablehnt; *Larenz/Wolf*, Allgemeiner Teil, § 16, Rn. 36. Zum alternativen Weg siehe ebenso *Fleischer*, JZ 2003, 865, 871. Hierbei geht es um die Verallgemeinerung unionsrechtlicher Missbrauchstatbestände, die jedoch aufgrund verschiedener Bezugspunkte und damit mangels „einende[m] geistigen Band“ (Zitat *Fleischer*) abzulehnen ist.
628 *Fleischer*, JZ 2003, 865, 871; *Haratsch/Koenig/Pechstein*, Europarecht, Rn. 434 ff.
629 *Larenz/Wolf*, Allgemeiner Teil, § 16, Rn. 36.
630 *Larenz/Wolf*, Allgemeiner Teil, § 16, Rn. 36.

oder anerkannt ist,[631] ist für den Nachweis eines allgemeinen Rechtsgrundsatzes in dem soeben genannten Sinne nicht erforderlich.[632]

4. Voraussetzungen

a) EuGH Rechtsprechung vor dem Fall Emsland-Stärke[633]

Bis zur Jahrtausendwende gab es viele Urteile des EuGH, in denen es um einen Rechtsmissbrauch ging. Diese Rechtsprechung ist allerdings sowohl aufgrund der schwammigen Terminologie als auch aufgrund der immer wieder unterschiedlich geforderten Voraussetzungen insgesamt sehr widersprüchlich. Eine klare Linie ist hierbei nicht zu erkennen.

Da es im Fall *Albron* um einen Rechtsmissbrauch in Form der Umgehung geht, soll diese Rechtsprechung nur bezogen auf die Umgehungskonstellationen untersucht werden, wobei grob zwischen zwei Konstellationen unterschieden werden kann:[634] zum einen die Situation, in der die Anwendung des Unionsrechts erschlichen wird, um nationales Recht zu umgehen. Zum anderen jene, bei der es einzig um das Erschleichen der Anwendung des – häufig mit finanziellen Vorteilen verbundenen – Unionsrechts geht. Soweit ersichtlich hatte sich der EuGH bisher nicht mit einer zum Fall *Albron* vergleichbaren Konstellation zu befassen, bei der ausschließlich die Anwendung des Unionsrechts vermieden werden sollte; es ging immer nur um die Erschleichung der Vorteile einer Vorschrift. Nichtsdestotrotz ist die hierbei ergangene Rechtsprechung in der Hinsicht beachtlich, dass es dort zumindest auch um Umgehungsfälle (und damit allgemein um Missbrauchsfälle) ging und der EuGH keinerlei Konsequenz in der Anwendung entweder einer objektiven oder einer subjektiven Theorie erkennen lässt. Auch wenn natürlich jeweils die Einzelheiten des Falles zu berücksichtigen sind, so ist doch erstaunlich, dass in solchen Fällen, in

---

631 So beispielswiese in dem Vereinigten Königreich, siehe *Fleischer*, JZ 2003, 865, 871.

632 *Fleischer*, JZ 2003, 865, 871.

633 EuGH v. 14.12.2000 – Rs. C-110/99 (*Emsland-Stärke*), Slg. 2000, I-11569, 11595 ff.

634 Diese Umgehungskonstellationen stellen einen Fall des institutionellen Rechtsmissbrauchs dar (wenn auch der EuGH diese Unterscheidung terminologisch nicht vornimmt, siehe soeben). Fälle des individuellen Rechtsmissbrauchs sollen hier außer Acht gelassen werden.

denen die Anwendung des Unionsrechts erschlichen wird, um nationales Recht zu umgehen, häufig eine subjektive Theorie vom EuGH vertreten wurde,[635] mehrmals indes auch die objektive Theorie Anwendung fand.[636] Ging es einzig um das Erschleichen der Anwendung des Unionsrechts, so wurde häufig vom EuGH die objektive Theorie vertreten.[637] Dennoch findet sich auch hier zumindest ein Urteil, in welchem die subjektive Theorie Anwendung findet.[638] Dies ist umso mehr verwunderlich, da die Begründung mit einem Verweis auf eines der zuvor genannten Urteile, bei dem der EuGH die objektive Theorie verwendet hatte, erfolgte.[639]

Es lässt sich also festhalten, dass eine stringente Linie des EuGH jedenfalls bis zum Jahre 2000 nicht zu erkennen ist.

b) EuGH Rechtsprechung seit dem Fall Emsland-Stärke[640]

Erst in dem Urteil *Emsland-Stärke* hat der EuGH deutlich gemacht, welche Voraussetzungen vorliegen müssen, damit von einem Rechtsmissbrauch ausgegangen werden kann. Der EuGH stellte hierin fest, dass für

---

635 Siehe bspw. EuGH v. 10.1.1985 – Rs. 229/83 (*Leclerc I*), GRUR Int 1985, 190 (Rn. 27); EuGH v. 11.7.1985 – Rs. 299/83 (*Leclerc II*), Slg. 1985, 2515, 2520 f. (Rn. 9); EuGH v. 10.7.1986 – Rs. 95/84 (*Boriello*), Slg. 1986, 2253, 2260, (Rn. 8). Vgl. auch EuGH v. 7.7.1992 – Rs. C-370/90 (*Singh*), NVwZ 1993, 261 (Rn. 24).

636 Siehe bspw. EuGH v. 19.1.1988 – Rs. 292/86 (*Gullung*), NJW 1989, 658 (Rn. 29 f.); EuGH v. 23.3.1982 – Rs. 53/81 (*Levin*), Slg. 1982, 1035, 1051 f. (Rn. 20 ff.).

637 Siehe bspw. EuGH v. 11.10.1977 – Rs. 125/76 (*Cremer*), Slg. 1977, 1593, 1607 (Rn. 21); EuGH v. 2.6.1976 – Rs. 125/75 (*Eier-Kontor I*), Slg. 1976, 771, 784 (Rn. 12 f.); EuGH v. 2.3.1977 – Rs. 44/76 (*Eier-Kontor II*), Slg. 1977, 393, 408 f. (Rn. 12 f.); EuGH v. 11.7.1984 – Rs. 89/83 (*Dimex*), Slg. 1984, 2815, 2831 (Rn. 9); EuGH v. 27.10.1981 – Rs. 250/80 (*Töpfer*), Slg. 1981, 2465, 2478 f. (Rn. 14 ff.); EuGH v. 9.8.1994 – Rs. C-347/93 (*Boterlux*), Slg. 1994, 3933, 3953 (Rn. 30).

638 EuGH v. 3.3.1993 – Rs. C-8/92 (*General Milk Products*), Slg. 1993, I-779, 797 (Rn. 13), 799 (Rn. 21).

639 Vgl. *von Lackum*, Gesetzesumgehung, S. 227.

640 EuGH v. 14.12.2000 – Rs. C-110/99 (*Emsland-Stärke*), Slg. 2000, I-11569, 11595 ff.

die Annahme eines Rechtsmissbrauchs zwei Elemente, ein objektives und ein subjektives, erforderlich seien:[641]

> „Die Feststellung eines Missbrauchs setzt zum einen voraus, dass eine Gesamtwürdigung der objektiven Umstände ergibt, dass trotz formaler Einhaltung der gemeinschaftsrechtlichen Bedingungen das Ziel der Regelung nicht erreicht wurde.
> Zum anderen setzt sie ein subjektives Element voraus, nämlich die Absicht, sich einen gemeinschaftsrechtlich vorgesehenen Vorteil dadurch zu verschaffen, dass die entsprechenden Voraussetzungen willkürlich geschaffen werden."

Seit diesem Urteil wird teilweise von der Anerkennung eines allgemeinen Rechtsgrundsatzes des Rechtsmissbrauchs durch den EuGH ausgegangen.[642] Die Existenz eines solchen allgemeinen Instituts auf Unionsebene ist jedoch sehr umstritten und wurde von vielen Autoren abgelehnt,[643] auch nach der Veröffentlichung des *Emsland-Stärke* Urteils.[644] Wirft man jedoch einen Blick auf die Rechtsprechung des EuGH nach dem genannten Urteil *Emsland-Stärke*, so zeigt sich, dass der EuGH diese Ausführungen in späteren Urteilen fast[645] wortgleich wiederholte und sich immer wieder auf das Urteil *Emsland-Stärke* bezog, wenn ein möglicher Rechtsmissbrauch in Frage stand.[646] Dementsprechend ist nunmehr eine Kon-

---

641 EuGH v. 14.12.2000 – Rs. C-110/99 (*Emsland-Stärke*), Slg. 2000, I-11569, 11612 f. (Rn. 52 f.).

642 Grabitz/Hilf/Nettesheim-*von Rintelen*, Art. 43 AEUV, Rn. 142. Zwar finden sich diese Ausführungen im Rahmen des Art. 43 AEUV („Grundlinien für gemeinsame Agrarpolitik"). Jedoch wird aus dem Zusammenhang, speziell aus der Einleitung zu diesem Teil der Kommentierung des Art. 43 AEUV deutlich, dass dieser Rechtsgrundsatz nicht nur für das Agrarrecht, sondern laut *von Rintelen* wohl allgemein Geltung beansprucht. Ebenso *Wolf/Neuner*, Allgemeiner Teil, § 20, Rn. 75. Wohl auch *Heiderhoff*, Gemeinschaftsprivatrecht, S. 130 ff.

643 *Fleischer*, JZ 2003, 865, 874; *von Lackum*, Gesetzesumgehung, S. 308 (zur Umgehung); *Ottersbach*, Rechtsmissbrauch, S. 66; *Schön*, in: FS Wiedemann, S. 1271, 1282.

644 So *Fleischer*, JZ 2003, 865, 874; auch *von Lackum*, Gesetzesumgehung, S. 308.

645 Es wurde lediglich das Wort „willkürlich" durch „künstlich" ersetzt, so bspw. in EuGH v. 11.1.2007 – Rs. C-279/05 (*Vonk*), Slg. 2007, I-239, 283 f. (Rn. 31 ff.).

646 EuGH v. 29.4.2004 – Rs. C-487/01 (*Gemeente Leusden*), Slg. 2004, I-5337, 5397 (Rn. 78); EuGH v. 21.7.2005 – Rs. C-515/03 (*Eichsfelder Schlachtbetrieb*), Slg. 2005, I-7355, 7386 (Rn. 39); EuGH v. 21.2.2006 – Rs. C-255/02 (*Halifax*), Slg. 2006, I-1609, 1675 (Rn. 69), 1678 (Rn. 81); EuGH v. 12.9.2006 – Rs. C-196/04 (*Cadbury/Schweppes*), EuZW 2006, 633, 637 (Rn. 64); EuGH v. 11.1.2007 – Rs. C-279/05 (*Vonk*), Slg. 2007, I-239, 283 f. (Rn. 31 ff.); EuGH

stanz in der Rechtsprechung zu finden, die es so vor dem Urteil *Emsland-Stärke* nicht gegeben hat. Es kann also davon ausgegangen werden, dass der EuGH nunmehr Fälle des Rechtsmissbrauchs in der oben beschriebenen Weise behandelt. Die subjektive Komponente ist wohl lediglich je nach Umgehungskonstellation anzupassen, sodass in dem Fall einer Tatbestandsvermeidung eine Absicht vorliegen muss, eine unionsrechtlich vorgesehene Situation, die als Nachteil empfunden wird, dadurch zu vermeiden, dass die entsprechenden Voraussetzungen willkürlich nicht geschaffen werden bzw. willkürlich umgangen werden

Da der EuGH im Vorabentscheidungsverfahren nach Art. 267 AEUV nicht einen bestimmten Fall entscheidet, sondern nur die genaue Auslegung des Unionsrechts beurteilt,[647] ist es konsequenterweise auch nie der EuGH, der das Vorliegen des objektiven und subjektiven Elements feststellt. Dies ist Sache des nationalen Gerichts; lediglich die Wirksamkeit des Unionsrechts darf hierdurch nicht beeinträchtigt werden.[648] Natürlich bleibt es dem EuGH aber unbenommen, den Mitgliedstaaten handfeste Kriterien an die Hand zu geben; hierdurch engt der EuGH die Mitgliedstaaten häufig schon sehr ein.[649]

5. Rechtsfolge

Die Rechtsfolge einer unzulässigen Umgehung besteht im Fall der Tatbestandserschleichung darin, dass die Norm keine Anwendung findet, die *prima facie* einschlägig war bzw. einschlägig sein sollte. Und im Fall der Tatbestandsvermeidung findet die Norm, die durch die Umgehung (zunächst) vermieden wurde bzw. werden sollte, Anwendung.[650]

---

v. 5.5.2011 – Rs. C-230/09 (*Hauptzollamt Koblenz*), Slg. 2011, I-3097, 3146 (Rn. 78).

647 Calliess/Ruffert-*Wegener*, Art. 267 AEUV, Rn. 3. Vgl. *Borchardt*, Gerichtshof, Art. 234 EGV, Rn. 55.

648 Vgl. EuGH v. 14.12.2000 – Rs. C-110/99 (*Emsland-Stärke*), Slg. 2000, I-11569, 11613 (Rn. 54). Siehe hierzu auch *Ottersbach*, Rechtsmissbrauch, S. 46 ff; *Schön*, in: FS Wiedemann, S. 1271, 1283.

649 *Fleischer*, JZ 2003, 865, 873.

650 Nur der Vollständigkeit halber sei noch erwähnt, dass sich die Rechtsfolge bei einem individuellen Rechtsmissbrauch nach den Rechtsprechungsgrundsätzen des EuGH nicht von derjenigen im deutschen Recht unterscheidet.

III. Anwendung der unzulässigen Umgehung auf den konkreten Fall

1. Literaturäußerungen zur Anwendung dieses Begründungswegs auf den Fall *Albron*

Auch wenn *Willemsen* den Rückgriff auf das Institut des Rechtsmissbrauchs für den Fall *Albron* als „sehr fragwürdig" bezeichnet und ein Bedürfnis hierfür nicht anerkennt[651], so befürworten doch viele Autoren ebendiesen Begründungsweg. [652]

Bauer/v. Medem bezeichnen das Institut des Rechtsmissbrauchs als naheliegend, auch weil Generalanwalt *Bot* in seinen Schlussanträgen[653] speziell darauf hingewiesen habe.[654] *Bot* hielt die Anwendung der Richtlinie für geboten, „um zu verhindern, dass Konzerne ihre Anwendung dadurch abwehren können, dass sie ihre Arbeitsverhältnisse nach dem Vorbild des *Heinekenkonzerns* ausgestalten"[655]. Ihrer Ansicht nach meinte der Generalanwalt *Bot* hiermit wohl[656] gerade die Gefahr der Normenvermeidung (nämlich eines Übergangs nach Art. 3 Abs. 1 UAbs. 1 RL 2001/23/EG bzw. § 613a Abs. 1 S. 1 BGB) als Fall der Umgehung. In diesem Sinne schreiben *Bauer/v. Medem* ausdrücklich: „Der Gedanke der rechtsmissbräuchlichen *und damit unbeachtlichen Umgehung* [Hervorhebung des

---

651 *Willemsen*, NZA 2011, 1546, 1549, allerdings ohne nähere Begründung. *Willemsen* zieht dieses Fazit lediglich, nachdem er seine eigene Zurechnungslösung (dazu noch unten, vierter Teil, § 8 D., S. 164) dargestellt hat.

652 (Siehe schon Fußnote 531:) *Bauer/von Medem*, NZA 2011, 20, 21; *Forst*, RdA 2011, 228, 230; *Heuchemer/Schielke*, BB 2011, 758, 763. *Thüsing* schlug das Institut des Rechtsmissbrauchs für den Fall *Albron* vor, bevor der EuGH selbst entschieden hatte, siehe dazu *Thüsing*, ZESAR 2009, 487, 488.

653 Schlussanträge Generalanwalt *Bot* v. 3.6.2010 – Rs. C-242/09 (*Albron*), Slg. 2010, I-10309 (Rn. 49 ff.).

654 *Bauer/von Medem*, NZA 2011, 20, 21.

655 Schlussanträge Generalanwalt *Bot* v. 3.6.2010 – Rs. C-242/09 (*Albron*), Slg. 2010, I-10309 (Rn. 49). Diese Gefahr ebenso ansprechend *Forst*, RdA 2011, 228, 230.

656 Oben wurde dargestellt, dass es indes näher liegt, von einer Auslegung durch den Generalanwalt auszugehen, nicht aber von einer Anwendung eines eigenen Instituts. Und auch bei dieser Auslegung gibt es neben dem Umgehungsgedanken noch ein weiteres tragendes Begründungselement, sodass der Generalanwalt einen anderen Begründungsweg als den des Rechtsmissbrauchs bzw. einer Umgehung vertritt. Es handelt sich vielmehr um eine Zuordnungslösung, siehe vierter Teil, § 8 B., S. 124.

Verfassers] liegt nahe". Wie auch nach der Rechtsprechung des EuGH[657] wird die Umgehung als Fall des Rechtsmissbrauchs angesehen und für einschlägig gehalten.

Forst gibt zwar zu bedenken, dass durch einen Rückgriff des EuGH auf dieses Rechtsinstitut die Zulässigkeit der konzerninternen Arbeitnehmerüberlassung generell in Frage gestellt worden wäre, was innerhalb von Konzernen seiner Einschätzung nach zu erheblicher Unruhe hätte führen können.[658] Indes sei die geschaffene Unruhe durch die gewählte Begründung zumindest vergleichbar.[659] *Forst* bezeichnet die Konstellation nicht ausdrücklich als Umgehung, sondern verwendet den Begriff des Rechtsmissbrauchs, eines – so *Forst* – seit langem anerkannten Instituts des Unionsrechts.[660] Aus seiner Argumentation ergibt sich indes, dass auch er einen Fall der Umgehung für gegeben hält. Hierfür mag zum einen erneut der Verweis auf die Ausführungen des Generalanwalts *Bot* sprechen, der sich auch bei *Bauer/v. Medem* findet. Deutlicher indes wird dies dadurch, dass er zum anderen als tragenden Beweggrund des EuGH für dessen Entscheidung den Aspekt der anderweitigen Umgehung der Richtlinie 2001/23/EG ansieht. Diesen Beweggrund scheint *Forst* auch selbst zu teilen. Somit ist dieser Gesichtspunkt der Umgehung ebenso bei seiner vorgeschlagenen Lösung, das Institut des Rechtsmissbrauchs anzustrengen, von Bedeutung.

Ganz grundsätzlich ist jeweils der tragende Gedanke, dass es rechtsmissbräuchlich sei (bzw. ein Fall der Umgehung vorliege), wenn ein Konzern ein Verleihunternehmen gründe und Leiharbeitnehmer an andere Konzernunternehmen verleihe, nur damit im Fall eines Betriebsübergangs eines dieser anderen Konzernunternehmen die Arbeitnehmer nicht auf den Erwerber übergingen. Durch diese Gestaltung werde also demnach auch die (zwingende) Anwendbarkeit der Richtlinie 2001/23/EG in unzulässiger Weise *umgangen*. Die Vertreter dieses Begründungswegs stellen nicht wie solche der Zuordnungslösung zusätzlich auf die Bindung des Arbeitsverhältnisses an die wirtschaftliche Einheit ab, sondern beschränken sich auf den genannten Umgehungsaspekt. Keiner der genannten Autoren nimmt in seinem jeweiligen Aufsatz jedoch ausdrücklich eine Auslegung

---

657 Siehe soeben, EuGH v. 14.12.2000 – Rs. C-110/99 (*Emsland-Stärke*), Slg. 2000, I-11569, 11612 f. (Rn. 51-55).
658 *Forst*, RdA 2011, 228, 230.
659 *Forst*, RdA 2011, 228, 230.
660 *Forst*, RdA 2011, 228, 230.

aufgrund des rechtsmissbräuchlichen Verhaltens bzw. einer unzulässigen Umgehung (nach der im deutschen Recht herrschenden objektiven Theorie) bzw. eine Subsumtion unter das Institut des Rechtsmissbrauchs (nach den Rechtsprechungsgrundsätzen des EuGH) vor. Im Folgenden soll dies nunmehr ganz grundsätzlich erfolgen; die Einzelheiten zur Anwendbarkeit der Richtlinie und des § 613a Abs. 1 S. 1 BGB nach Sinn und Zweck werden ausführlich im Rahmen der sich an die Darstellung der vertretenen Begründungswege anschließenden Stellungnahme erörtert.

2. Vorliegen der unzulässigen Umgehung und Rechtsfolge

a) Beurteilung mit der herrschenden Meinung im deutschen Recht

Da Fälle der Umgehung nach der herrschenden Meinung im deutschen Recht lediglich durch Anwendung der anerkannten Methoden von Auslegung und gegebenenfalls einer Analogiebildung „gelöst" werden, müsste in einem Fall wie bei *Albron* der Begriff des „Arbeitsverhältnisses" in § 613a Abs. 1 S. 1 BGB dahingehend ausgelegt werden, dass nunmehr auch das Verhältnis eines Leiharbeitnehmers zu dem Entleiher hierunter fällt.[661]

Das Hauptanliegen des Leiharbeitnehmers würde allerdings nicht erreicht, wenn nach diesem Begründungsweg die einzige Folge jene wäre, dass auch das Verhältnis zwischen dem Leiharbeitnehmer und dem Entleiher erfasst wäre, ohne dass gewisse Modifikationen erfolgten. Das Hauptanliegen besteht in dem Erhalt des der Höhe nach gleichen Arbeitsentgelts auch nach dem Betriebsübergang. Das Arbeitsentgelt war aber zwischen dem Leiharbeitnehmer und dem Verleiher vereinbart; zwischen dem Leiharbeitnehmer und dem Entleiher bestand keine Entgeltabrede. Auch wenn das Verhältnis zwischen dem Leiharbeitnehmer und dem Entleiher erfasst werden würde, ginge die gewünschte Entgeltabrede nicht auf den Erwerber über. Insofern soll die Annahme eines Rechtsmissbrauchs vorliegend dazu führen, dass die Situation so zu behandeln sei, als bestünde der Arbeitsvertrag des Leiharbeitnehmers zum Verleiher gerade zum Entlei-

661 Beachte: Dieses Arbeitsverhältnis muss noch gewisse „Modifikationen" erhalten, damit die gewünschte Rechtsfolge überhaupt eintreten kann, dazu sogleich.

her.[662] Es wird also das *gesamte (vertragliche) Arbeitsverhältnis* zum Verleiher als zum Entleiher bestehend angesehen. Dadurch wird auch die gewünschte Rechtsfolge erreicht. Im Ergebnis besteht eine Festanstellung nur beim Erwerber.

Für diesen Lösungsweg müsste man die Richtlinie und § 613a Abs. 1 S. 1 BGB dem Zweck nach für einschlägig halten. Genau das macht eine Umgehungskonstellation aus. Es ist davon auszugehen, dass die Vertreter der Begründung über den Rechtsmissbrauch dieses Schutzbedürfnis – wenn auch teilweise nur hypothetisch[663] – bejahen, die Richtlinie bzw. § 613a Abs. 1 S. 1 BGB dem Sinn und Zweck nach also für einschlägig erachten und im Rahmen einer extensiven Auslegung anwenden.[664] Diese extensive Auslegung ergibt, dass aufgrund sonst unzulässiger Umgehung auch Leiharbeitsverhältnisse „Arbeitsverhältnisses" im Sinne des § 613a Abs. 1 S. 1 BGB sind. Diese durchgeführte Auslegung entspricht einem klassischen Fall der richtlinienkonformen Auslegung.

Für solch eine Behandlung der Umgehung nach nationalem Recht würden sich wohl jene Autoren aussprechen, die auch weiterhin kein allgemeines Institut des Rechtsmissbrauchs nach der Rechtsprechung des EuGH anerkennen. In diesem Fall kommt nämlich nur in Betracht, das nationale Rechtsmissbrauchsverbot bzw. Umgehungsverbot und deren Behandlung anzuwenden. Das Unionsrecht würde dann lediglich den Rahmen bilden, innerhalb dessen diese Behandlung des Rechtsmissbrauchs bzw. der Umgehung nach nationalem Recht entfaltet werden kann.[665] Der nationalen Rechtsauslegung und -anwendung werden also durch das Unionsrecht Grenzen gesetzt.[666]

---

662 Obwohl der Zuordnungslösung eine andere Begründung zugrunde liegt, unterscheidet sich deren (Rechts-)Folge von der vorliegenden nicht.

663 Bspw. verneinen *Bauer/von Medem*, NZA 2011, 20, 22, die Schutzbedürftigkeit; sofern aber das Ergebnis dennoch erreicht werden soll (u.a. weil die Schutzbedürftigkeit anders beurteilt wird), halten sie eine Lösung über die unzulässige Umgehung für am besten.

664 Im vierten Teil, § 9 A. III. und IV., S. 178 ff. und S. 203 ff., erfolgt eine ausführliche Auslegung der Richtlinie und des § 613a Abs. 1 S. 1 BGB. Hierauf sei an dieser Stelle insbesondere für die Schutzbedürftigkeit der Arbeitnehmer verwiesen.

665 *Schön*, in: FS Wiedemann, S. 1271, 1282.

666 *Schön*, in: FS Wiedemann, S. 1271, 1282.

b) Beurteilung nach den Rechtsprechungsgrundsätzen des EuGH

Der neuesten Rechtsprechung des EuGH folgend müssten, wie in dem Fall *Emsland-Stärke*[667] hervorgehoben, ein objektives Element und ein subjektives Element gegeben sein. Zu prüfen hätten dies die nationalen Gerichte, nicht der EuGH.[668] Diese müssten sich, da es um die Beurteilung der Anwendbarkeit der Richtlinie und damit der Anwendbarkeit von Europarecht geht, an den Ausführungen des EuGH orientieren, die dieser allgemein zum Rechtsmissbrauchsverbot aufgestellt hat. Es handelt sich insofern um eine unionsrechtskonforme Auslegung, die aufgrund des Vorrangs des Unionsrechts erfolgen muss.[669] Dieser – nach dem EuGH[670] – uneingeschränkte Anwendungsvorrang[671] besteht aufgrund der Tatsache, dass die Mitgliedstaaten auf unbestimmte Zeit den Organen der Union Teile ihrer Souveränitätsrechte übertragen haben.[672]

Eine – soeben aufgezeigte – Behandlung der unzulässigen Umgehung allein im Sinne der deutschen Rechtsprechung bzw. der herrschenden Meinung im deutschen Recht, und damit lediglich eine Auslegung der Normen, reicht aufgrund dieses Vorrangs des Unionsrechts nicht aus.

aa) Vorliegen der Voraussetzungen

(1) Objektives Element

Zunächst müsste trotz formaler Einhaltung der unionsrechtlichen Bedingungen das Ziel der Regelung nicht erreicht worden sein. Hierbei ist eine Gesamtwürdigung der objektiven Umstände maßgeblich.

Unter der formalen Einhaltung unionsrechtlicher Bedingungen wäre dann zu fassen, dass Leiharbeitnehmer von einem Entleiher eingesetzt werden; dies ist rechtlich möglich, natürlich auch auf Unionsebene. Da ein

---

667 EuGH v. 14.12.2000 – Rs. C-110/99 (*Emsland-Stärke*), Slg. 2000, I-11569, 11612 f. (Rn. 51-55).

668 EuGH v. 14.12.2000 – Rs. C-110/99 (*Emsland-Stärke*), Slg. 2000, I-11569, 11613 (Rn. 54).

669 Vgl. ErfK-*Wißmann*, Vorbemerkung zum AEUV, Rn. 26.

670 Vgl. hierzu EuGH v. 15.7.1964 – Rs. 6/64 (*Costa/E.N.E.L.*), Slg. 1964, 1253, 1269 ff.

671 Vgl. hierzu ErfK-*Wißmann*, Vorbemerkung zum AEUV, Rn. 32.

672 Vgl. EuGH v. 15.7.1964 – Rs. 6/64 (*Costa/E.N.E.L.*), Slg. 1964, 1253, 1269.

Arbeitsverhältnis hier zwischen beiden Parteien nicht besteht,[673] gehen die Leiharbeitnehmer bzw. deren Arbeitsverhältnisse auch nicht auf den Erwerber des Entleihunternehmens über nach Art. 3 Abs. 1 UAbs. 1 RL 2001/23/EG. Letzteres müsste zur Folge haben, dass „das Ziel der Regelung" nicht erreicht wird. Das Ziel der Regelung ist der Schutz der Arbeitnehmer bei einem Inhaberwechsel, wie sich aus dem 3. Erwägungsgrund RL 2001/23/EG ergibt. Es müsste eine differenzierte Betrachtung des zu beurteilenden Falles erfolgen, wobei es nach dem Gesagten darauf ankommt, ob den Arbeitnehmern ein ausreichender Schutz auch ohne die Anwendung der Richtlinie zukommt oder ob dies nicht der Fall ist. Wiederum sei diesbezüglich für die Einzelheiten auf die ausführliche Auslegung der Richtlinie im Rahmen der Stellungnahme verwiesen.[674] Wendete man aber diesen Lösungsweg an, so täte man dies nur, weil man die Schutzbedürftigkeit als gegeben ansehen würde.[675]

(2) Subjektives Element

Wenn die objektive Komponente bejaht werden würde, so wäre des Weiteren noch in subjektiver Hinsicht die Absicht, eine unionsrechtlich vorgesehene Situation, die als Nachteil empfunden wird, dadurch zu vermeiden, dass die entsprechenden Voraussetzungen willkürlich nicht geschaffen werden bzw. willkürlich umgangen werden, erforderlich.[676]

Ob eine solche Absicht im *Fall Albron* vorlag, geht aus dem Urteil nicht hervor. Es bedürfte hier weiterer Feststellungen durch das nationale Gericht.

673 Hier muss nun natürlich von der rechtlichen Beurteilung vor der Entscheidung des EuGH im Fall *Albron* ausgegangen werden. Die Autoren, die eine Lösung über „den Rechtsmissbrauch" präferieren, gehen ebenfalls davon aus, dass kein solches Arbeitsverhältnis bestehe.

674 Siehe dazu unten, vierter Teil, § 9 A. III. und IV., S. 178 ff. und S. 203 ff.

675 Insofern gelten die Ausführungen, die bereits im Rahmen der Subsumtion nach deutschem Recht gemacht worden sind, entsprechend. Siehe dazu oben, vierter Teil, § 8 C. III. 2. a), S. 154.

676 Vgl. hierzu die oben dargestellte Anpassung der subjektiven Komponente auf Fallkonstellationen der Tatbestandvermeidung, vierter Teil, § 8 C. II. 4. b), S. 149.

(3) Widerlegbare Vermutung bei Konzernsachverhalten?

Gerade im Hinblick auf die Rechtsprechung des EuGH und des sich hieraus ergebenden Erfordernisses eines subjektiven Elements erscheint es indes möglich und sinnvoll, bei Konzernsachverhalten aufgrund der typischerweise gegebenen Planung der Konzernstruktur zur Umgehung von nachteiligen Regelungen, wie beispielsweise jenen zum Betriebsübergangsrecht, eine widerlegbare Vermutung aufzustellen.

(a) Widerspruch zur EuGH-Rechtsprechung?

Es könnte argumentiert werden, dieser naheliegenden Vermutungsregelung stehe die ständige Rechtsprechung des EuGH im Weg. In der Tat hat der EuGH Typisierungen zur Bejahung eines missbräuchlichen Verhaltens ohne eine Prüfung der Gegebenheiten im Einzelfall in seiner bisherigen Rechtsprechung eine klare Absage erteilt.[677]

Allerdings muss sich zunächst näher mit den Entscheidungen des EuGH befasst werden, bei denen es um Vermutungsregelungen bzw. Typisierungen im Zusammenhang mit einem Rechtsmissbrauch ging, bevor diese Rechtsprechung auf den vorliegenden Fall für Konzernsachverhalte übertragen und der obigen Vermutungsregelung damit eine Absage erteilt wird. So lehnt der EuGH in sämtlichen Entscheidungen hierzu die Typisierungen deswegen ab, weil durch die Bejahung eines Missbrauchs aufgrund der Typisierungen das EU-Recht *keine* Anwendung finden würde. In der Rechtssache *Kommission/Belgien*[678] gab es eine belgische Norm, die gegen das Verbot der Beschränkung des freien Kapitalverkehrs verstieß. Eine Rechtfertigung hierfür aufgrund der Gefahr der Steuerumgehung und damit des Missbrauchs lehnte der EuGH ab, zumindest wenn solch eine Regelung eine Zeichnung einer Auslandsanleihe durch in Belgien ansässige Personen pauschal verbiete. Art. 73b EGV a.F.[679] fände sonst in diesen

677 EuGH v. 26.9.2000 – Rs. C-478/98 (*Kommission/Belgien*), Slg. 2000, I-7587, 7626 (Rn. 45); EuGH v. 16.7.1998 – Rs. C-264/86 (*ICI*), NZG 1998, 650, 652 (Rn. 26); EuGH v. 17.7.1997 – Rs. C-28/95 (*Leur-Bloem*), Slg. 1997, I-4161, 4204 (Rn. 41), 4205 (Rn. 44 f.). Dazu *Schön*, in: FS Wiedemann, S. 1271, 1288 f.

678 EuGH v. 26.9.2000 – Rs. C-478/98 (*Kommission/Belgien*), Slg. 2000, I-7587, 7613 ff.

679 Später bis zum 30.11.2009 Art. 56 EGV, heute Art. 63 AEUV.

Fällen *keine Anwendung.* Im Fall *Leur-Bloem*[680] ging es um die Richtlinie 90/434/EWG[681] mit einer gemeinsamen Besteuerungsregel, die steuerlich vorteilhaft war. Die Richtlinie selbst sieht in Art. 11 Abs. 1 lit. a) vor, dass die Mitgliedstaaten vorsehen können, dass von einer Steuerumgehung auszugehen ist, wenn der beabsichtigte Vorgang nicht auf vernünftigen wirtschaftlichen Gründen beruht.[682] Allerdings lehnte der EuGH in diesem Urteil eine generelle Vorschrift ab, wonach in bestimmten Konstellationen automatisch die genannten Voraussetzungen für die Annahme einer Steuerumgehung gegeben sein sollten, ohne dass es eine Prüfung im Einzelfall gegeben habe.[683] Durch die generelle Vorschrift wäre die vorteilhafte Richtlinie 90/434/EWG generell in diesen Konstellationen *nicht anwendbar* gewesen. Ähnlich war auch die Problematik im Fall *ICI*[684]. Eine steuerlich vorteilhafte nationale Regel sollte unter bestimmten Voraussetzungen pauschal nicht anwendbar sein. Diese bestimmten Voraussetzungen schränkten aber die Niederlassungsfreiheit unzulässig ein, was allein mit dem Argument der ansonsten zu erwartenden Steuerumgehung nicht gerechtfertigt werden könne.[685] Schließlich wäre im Urteil *Paletta II*[686] die Wirksamkeit der dort in Rede stehenden Verordnung (EWG) Nr. 574/72[687] bei Anwendung einer nationalen Beweislastregel unzulässig verkürzt worden.[688] In all diesen Urteilen hätte die Typisierung eines Missbrauchs bzw. eine Beweislastregel in diesem Zusammenhang dazu geführt, dass eine EU-Norm (EGV-, Verordnungs- oder Richtliniennorm) nicht anwendbar gewesen wäre oder – im Fall der Beweislastregel – faktisch nicht die beabsichtigte Wirksamkeit erhalten hätte. So besteht die Argumentation des EuGH darin, dass die jeweilige Typisierung bzw. Beweislastregel nicht

680 EuGH v. 17.7.1997 – Rs. C-28/95 (*Leur-Bloem*), Slg. 1997, I-4161, 4190 ff.

681 Richtlinie 90/434/EWG des Rates über das gemeinsame Steuersystem für Fusionen, Spaltungen, die Einbringung von Unternehmensteilen und den Austausch von Anteilen, die Gesellschaften verschiedener Mitgliedstaaten betreffen, vom 23.7.1990, ABl. EG, Nr. L 225/1 vom 20.8.1990.

682 EuGH v. 17.7.1997 – Rs. C-28/95 (*Leur-Bloem*), Slg. 1997, I-4161, 4204 (Rn. 7).

683 EuGH v. 17.7.1997 – Rs. C-28/95 (*Leur-Bloem*), Slg. 1997, I-4161, 4204 (Rn. 7), 4205 (Rn. 44).

684 EuGH v. 16.7.1998 – Rs. C-264/86 (*ICI*), NZG 1998, 650.

685 EuGH v. 16.7.1998 – Rs. C-264/86 (*ICI*), NZG 1998, 650, 652 (Rn. 24 ff., speziell 26).

686 EuGH v. 2.5.1996 – Rs. C-206/94 (*Paletta II*), NZA 1996, 635.

687 Verordnung (EWG) Nr. 574/72 des Rates vom 21.3.1972 über die Durchführung der Verordnung (EWG) Nr. 1408/71.

688 EuGH v. 2.5.1996 – Rs. C-206/94 (*Paletta II*), NZA 1996, 635, 636 (Rn. 26).

mit den Zielen der jeweiligen EU-Norm vereinbar sei,[689] also gegen den Grundsatz des *effet utile* spräche.[690] Für die vorliegende Konstellation im Fall *Albron* hätte eine Vermutung aber ganz im Gegenteil zur Folge, dass die Richtlinie 2001/23/EG gerade Anwendung finden würde. Die in ständiger Rechtsprechung des EuGH erfolgte Ablehnung von Typisierungen und Beweislastregeln für die Bejahung eines Missbrauchs ist mithin nicht *per se* auf die vorliegende Situation übertragbar.

(b) Typisierungen des europäischen Gesetzgebers

Schaut man andererseits auf die Typisierungen, die der europäische Gesetzgeber selbst in Richtlinien vorgenommen hat, so zeigt sich hieraus, dass solche Typisierungen auf Gemeinschaftsebene nicht generell unzulässig sein können. In Art. 3 Abs. 2 der Richtlinie 90/435/EWG[691] wird ein kurzfristiges Beteiligungsverhalten pauschal als Missbrauch eingeordnet, was dazu führt, dass in diesen Fällen die steuerlichen Vorteile durch die Richtlinie nicht eingreifen. Hier wird also die Anwendbarkeit der Richtlinie für gewisse Situationen abgelehnt, was ebenso das gegenteilige Ergebnis dessen ist, was mit einer Vermutung für Konstellationen wie im Fall *Albron* erreicht werden soll. Einzig in Art. 11 Abs. 1 der Richtlinie 77/91/EWG[692] findet sich ein Umgehungsschutz,[693] der zur Anwendbarkeit der strengen Offenlegungspflichten der Richtlinie führt, also ebenso die Anwendbarkeit der EU-Norm bezweckt. Dort wird pauschal eine verdeckte Sacheinlage angenommen beim Vorliegen der in Art. 11 Abs. 1 nä-

---

689 EuGH v. 26.9.2000 – Rs. C-478/98 (*Kommission/Belgien*), Slg. 2000, I-7587, 7626 (Rn. 45); EuGH v. 17.7.1997 – Rs. C-28/95 (*Leur-Bloem*), Slg. 1997, I-4161, 4204 (Rn. 7), 4205 (Rn. 44); EuGH v. 2.5.1996 – Rs. C-206/94 (*Paletta II*), NZA 1996, 635, 636 (Rn. 26).

690 *Schön*, in: FS Wiedemann, S. 1271, 1288.

691 Richtlinie 90/435/EWG des Rates vom 23.7.1990 über das gemeinsame Steuersystem der Mutter- und Tochtergesellschaften verschiedener Mitgliedstaaten, ABl. Nr. L 225, 6, vom 20.8.1990.

692 Zweite Richtlinie des Rates vom 13.12.1976 zur Koordinierung der Schutzbestimmungen, die in den Mitgliedstaaten den Gesellschaften im Sinne des Artikels 58 Abs. 2 des Vertrages im Interesse der Gesellschafter sowie Dritter für die Gründung der Aktiengesellschaft sowie für die Erhaltung und Änderung ihres Kapitals vorgeschrieben sind, um diese Bestimmungen gleichwertig zu gestalten (sog. Kapital-Richtlinie), ABl. Nr. L 26, 1, vom 31.1.1977.

693 Vgl. *Hüffer*, AktG, § 52, Rn. 1; MünchKommAktG-*Pentz*, § 52, Rn. 10.

her bezeichneten Voraussetzungen.[694] Art. 11 Abs. 1 der Richtlinie 77/91/EWG zeigt demnach, dass die Typisierung eines Missbrauchs bzw. einer Umgehung, die zur Anwendbarkeit einer Richtlinie führt, durchaus zulässig ist.

(c) Zwischenergebnis

Insgesamt zeigt sich, dass der vom EuGH angeführte Grund für die Ablehnung von Typisierungen in der Wahrung der vollen Wirksamkeit, des *effet utile*, besteht. Zielt eine Regelung indes, wie vorliegend angedacht, ganz im Gegenteil gerade darauf ab, einer Richtlinie zur Anwendbarkeit zu verhelfen, so muss eine solche zulässig sein. Dies muss erst recht gelten, wenn es lediglich um eine widerlegbare Vermutung geht und nicht um eine festgeschriebene Regel, die keinem Gegenbeweis zugänglich ist.

Es lässt sich im Ergebnis festhalten, dass eine widerlegbare Vermutung, die zunächst zur Bejahung des subjektiven (und objektiven) Elements eines Rechtsmissbrauchs nach der Rechtsprechung des EuGH führt, möglich ist. Liegt ein Konzernsachverhalt vor, könnte diese widerlegbare Vermutung eingreifen. In diesen Fällen ist typischerweise damit zu rechnen, dass die Konstruktion einer Personalführungs- und einer Betriebsführungsgesellschaft nur deswegen gewählt worden ist, damit im Falle eines Übergangs der Betriebsgesellschaft das Eingreifen der Richtlinie 2001/23/EG vermieden wird. Ein Konzernsachverhalt allein reicht indes noch nicht aus. Es müssen weitere Kriterien erfüllt sein. Diese Kriterien sollen im Folgenden jedoch nur angeschnitten werden, da sich einerseits die Vertreter dieses Begründungswegs selbst gar nicht mit solch einer Vermutung auseinandersetzen; andererseits wird darauf verzichtet, bestimmte Kriterien abschließend festzulegen, da dieser Begründungsweg insgesamt – wie noch zu zeigen sein wird – den Vorgaben der Richtlinie 2001/23/EG nicht entspricht und daher ohnehin abzulehnen ist.[695] Als Kriterien wären hier beispielsweise die Dauer der Überlassung(en) sowie die Häufigkeit der Wechsel der Einsatzorte der jeweiligen Leiharbeitnehmer anzudenken. Zeitliche Grenzen und Grenzwerte sind hierbei natürlich immer ein Produkt einer gewissen Willkür und damit angreifbar. Insofern sollten diese

---

694 Vgl. MünchKommAktG-*Pentz*, § 52, Rn. 10.
695 Siehe dazu ausführlich unten, vierter Teil, § 9 E. III., S. 263 ff.

vermieden werden. Die Vermutung könnte mithin bei Konzernsachverhalten eingreifen, wenn die Mehrzahl der Leiharbeitnehmer dauerhaft bei ein und demselben Konzernunternehmen tätig ist. Ist diese Dauerhaftigkeit nicht abzusehen oder nicht zu bestimmen, muss es darauf ankommen, ob die Mehrzahl der Leiharbeitnehmer häufig ihren Einsatzort gewechselt hat.

In einer Konstellation wie im Fall *Albron* würde die Vermutung also eingreifen. Gibt es in einem konzernangehörigen Unternehmen 300 hierzu arbeitsvertragliche verbundene Arbeitnehmer, von denen 100 in diesem Unternehmen tatsächlich tätig sind, 200 indes in einem weiteren konzernangehörigen Unternehmen dauerhaft tätig sind, so würde die Vermutung ebenfalls eingreifen. Würden diese 200 genannten Arbeitnehmer jedoch jeweils mehrmals wechselnd in verschiedenen konzernangehörigen Unternehmen tätig sein, ohne dauerhaft bei ein und demselben Unternehmen ihre Arbeit zu verrichten, griffe die Vermutung nicht mehr an, auch wenn diese zwei Drittel der Belegschaft nicht in dem Unternehmen arbeiten, mit dem sie einen Arbeitsvertrag abgeschlossen haben. Bei diesem Beispiel wird auch deutlich, warum häufige Wechsel der Einsatzunternehmen (obgleich sämtliche diese Unternehmen zu den Arbeitnehmern keinen Arbeitsvertrag haben) gegen das Eingreifen der Vermutung sprechen: Auf Rechtsfolgenseite des Rechtsmissbrauchs fiele es schwer, das Unternehmen zu bestimmen, zu dem der Arbeitsvertrag als bestehend angesehen werden sollte. Aufgrund der häufigen Wechsel wäre eine Bindung gerade zu dem Unternehmen, in dem der Arbeitnehmer zum Zeitpunkt des Betriebsübergangs tätig ist, nicht gegeben. Ein Übergang der Leiharbeitnehmer hinge hier vom Zufall ab. Wann genau solch eine Häufigkeit der Wechsel des Einsatzortes gegeben ist, dass die Vermutung nicht mehr eingreift, muss wiederum im Einzelfall geklärt werden. Es ist nicht von der Hand zu weisen, dass dies der Vermutung zumindest teilweise ihre klärende Wirkung wieder entzieht.

bb) Rechtsfolge

Die Rechtsfolge entspricht derjenigen bei einer Beurteilung mit der herrschenden Meinung im deutschen Recht:[696] Die Annahme eines Rechts-

696 Siehe dazu soeben, vierter Teil, § 8 C. III. 2. a), S. 154.

missbrauchs führt vorliegend dazu, dass die Situation so zu behandeln ist, als bestünde der Arbeitsvertrag des Leiharbeitnehmers zum Verleiher gerade zum Entleiher.[697] Es wird also das *gesamte (vertragliche) Arbeitsverhältnis* zum Verleiher als zum Entleiher bestehend angesehen. Dadurch wird auch die gewünschte Rechtsfolge erreicht.

IV. Zwischenergebnis

Nach diesem Begründungsweg wird die Situation so behandelt, als bestünde der Arbeitsvertrag des Leiharbeitnehmers zum Verleiher gerade zum Entleiher.[698] Es wird also das *gesamte (vertragliche) Arbeitsverhältnis* zum Verleiher als zum Entleiher bestehend angesehen. Als Folge des Betriebsübergangs ergibt sich eine Festanstellung einzig beim Erwerber. Diesem Begründungsweg liegt der Gedanke einer Umgehung der Richtlinie 2001/23/EG zugrunde. Es ergeben sich erhebliche Unterschiede in den Anforderungen, die an eine Umgehung bzw. einen Rechtsmissbrauch zu stellen sind, je nachdem, ob für diese Umgehung der im deutschen Recht herrschenden objektiven Theorie gefolgt wird oder ob die Rechtsprechungsgrundsätze des EuGH zum Rechtsmissbrauch zur Anwendung kommen sollen. Die geschilderte Rechtsfolge ist jedoch identisch.

Nach der im deutschen Recht herrschenden objektiven Theorie ist die korrekte Bezeichnung eine „unzulässige Umgehung“, die von einem Rechtsmissbrauch zu unterscheiden ist. Es handelt sich hierbei um eine Frage der Auslegung, ohne dass subjektive Elemente, insbesondere eine Umgehungsabsicht, eine Rolle spielen.

Mit den Rechtsprechungsgrundsätzen des EuGH lautet die korrekte Bezeichnung hingehen „Rechtsmissbrauch“. Hierunter fallen auch Fälle der unzulässigen Umgehung, ohne dass hierfür andere Voraussetzungen gelten. Nach der neueren Rechtsprechung des EuGH ist hierfür neben einem objektiven Element auch ein subjektives Element erforderlich. Gerade

---

697 Obwohl der Zuordnungslösung eine andere Begründung zugrunde liegt, unterscheidet sich deren (Rechts-)Folge von der vorliegenden nicht.

698 Unabhängig davon, dass der Generalanwalt *Bot* wohl eine Auslegung vornimmt und keinen Grundsatz des Rechtsmissbrauchs bzw. der Umgehung anwendet, unterscheidet sich die (Rechts-)Folge nicht. Insofern kann auf die Ausführungen in den Schlussanträgen verwiesen werden, Schlussanträge Generalanwalt *Bot* v. 3.6.2010 – Rs. C-242/09 (*Albron*), Slg. 2010, I-10309 (Rn. 46).

deswegen unterscheidet sich dieser Begründungsweg im Hinblick auf die Anforderungen von einer unzulässigen Umgehung nach der im deutschen Recht herrschenden objektiven Theorie.

D. Zurechnungslösung

Willemsen bevorzugt einen anderen Begründungsweg.[699] Aufhänger seiner Argumentation ist, dass der vertragliche Arbeitgeber *HNB* als Veräußerer im Sinne der Richtlinie anzusehen sei. Er erkennt den Einwand zwar an, dass der Veräußerer „als „Inhaber" des Unternehmens/Betriebs bzw. Unternehmens- oder Betriebsteils definiert" werde, was *HNB* als das lediglich entsendende Unternehmen keineswegs sei; er ist allerdings der Meinung, dem lasse sich mit dem Gedanken der Zurechnung begegnen.

I. Voraussetzungen

Willemsen stellt zunächst ein Merkmal auf, welches „positiv" erfüllt sein müsse. So müsse eine dauerhafte Entsendung von mit dem entsendenden Unternehmen arbeitsvertraglich verbundenen Arbeitnehmern zu einem anderen (Konzern-)Unternehmen vorliegen.[700] Wann eine solche dauerhafte Entsendung anzunehmen ist, sagt *Willemsen* nicht. Es ist insofern von der in dieser Arbeit gefundenen Definition auszugehen.[701]

Sodann sei auch ein negatives Merkmal zu fordern, welches also nicht vorliegen dürfe. Entweder liege dies darin, dass eigene Arbeitsplätze für diese Arbeitnehmer vorgehalten werden.[702] Oder – alternativ – dass im Fall der Beendigung der Entsendung über gesicherte Einsatzmöglichkeiten in anderen (Konzern-)Unternehmen verfügt werde.[703] Liegt nur eine dieser Voraussetzungen vor, so wäre folglich dieser Begründungsweg nicht einschlägig. Zusammengefasst geht es hier um das Erfordernis keiner anderweitigen Einsatzmöglichkeit für den Leiharbeitnehmer.

---

699 *Willemsen*, NJW 2011, 1546, 1548 f.
700 *Willemsen*, NJW 2011, 1546, 1548.
701 Siehe dazu oben, zweiter Teil, § 4 D. I., S. 59 ff.
702 *Willemsen*, NJW 2011, 1546, 1548.
703 *Willemsen*, NJW 2011, 1546, 1548.

II. Rechtsfolge

Als Rechtsfolge sieht *Willemsen* vor, dass „bei Übertragung des Einsatzbetriebs auf einen außenstehenden Dritten für Zwecke der Richtlinie“ eine Behandlung des entsendenden Unternehmens erfolge, als hätte es „die dortige Beschäftigungsmöglichkeit im Wege der rechtsgeschäftlichen Betriebs(teil)veräußerung in Wegfall gebracht“.[704] Dies bedeutet, dass das entsendende Unternehmen als Veräußerer anzusehen ist. Als Folge soll es „zur vollen Übertragung sämtlicher Arbeitgeberpflichten einschließlich der Stellung als Vertragspartei“[705] auf den Erwerber kommen. Die Leiharbeitnehmer machen also einen Sprung in die Stammbelegschaft beim Erwerber und bleiben nicht lediglich Leiharbeitnehmer.

III. Begründung

Der Argumentation liegt eine Begründung mit dem Zweck der Richtlinie 2001/23/EG zugrunde. *Willemsen* stellt darauf ab, wovor genau die Richtlinie die Arbeitnehmer zu schützen beabsichtige. Dies sei der „Verlust ihres Arbeitsverhältnisses infolge rechtsgeschäftlicher Disposition über das zu Grunde liegende betriebliche „Substrat“ (Arbeitsplätze)“[706]. Entscheidend komme es auf diese Disposition an und darauf, wer diese treffe. Im Normalfall sei dies der Arbeitgeber, der „Vertragspartei eines solchen Arbeitsverhältnisses“ sei. Hier sei der Schutz gewährleistet. Es gäbe aber auch atypische Fälle, namentlich dann, wenn die Arbeitgeberfunktion dauerhaft gespalten sei wie im Fall *Albron*. Es komme hier zu einem Auseinanderfallen von vertraglichem Arbeitgeber und derjenigen „Person, die gegenüber den Arbeitnehmern dauerhaft die betriebliche Leitungsmacht“[707] ausübe. Der von der Richtlinie beabsichtigte Schutz „bei einer Veräußerung des Entleihbetriebs durch *dessen* Inhaber“[708] sei dann nicht gewährleistet. Dies sei indes nicht angebracht, da „das „Bedrohungspotential“ für die Arbeitsverhältnisse … dasselbe [sei] wie im „unmittelbaren“ Anwen-

---

704 *Willemsen*, NJW 2011, 1546, 1548 f.

705 *Willemsen*, NJW 2011, 1546, 1549. Hier wird deutlich, dass sämtliche Rechte und Pflichten übergehen, nicht nur jene, die zum Verleiher bestanden haben.

706 *Willemsen*, NJW 2011, 1546, 1549.

707 *Willemsen*, NJW 2011, 1546, 1549.

708 *Willemsen*, NJW 2011, 1546, 1549.

dungsbereich der Richtlinie und des § 613a BGB“[709]. *Willemsen* schließt seine Begründung mit der Feststellung, dass „methodologisch von einer verdeckten Regelungslücke auszugehen“[710] sei, die durch das beschriebene Vorgehen zu lösen sei. Dies bedeutet, dass seiner Ansicht nach die Richtlinie für diesen „atypischen Fall“ demnach ausdrücklich keine Regelung vorsehe. Da diese Lücke nicht beabsichtigt gewesen sei, sondern solch ein Fall ebenfalls erfasst werden müsse, sei diese Lücke insofern durch die beschriebene Zurechnung zu schließen.

Willemsen ist es offensichtlich außerordentlich wichtig klarzustellen, dass er diese Lösung nur in Konstellationen des *dauerhaften* Auseinanderfallens von Arbeitgeber- und Betriebsinhaberstellung für geeignet hält. Dies lässt zugleich Rückschlüsse darauf zu, wie er die „Weite“ des Urteils einschätzt. Konsequenterweise kann er auch nur ebensolche Konstellationen von dem Urteil im Fall *Albron* als erfasst ansehen, da es andernfalls weiterer Begründungswege für Konstellationen nicht dauerhafter Entsendung bedurft hätte.

IV. Zwischenergebnis

Im Ergebnis wird nach diesem Begründungsweg der vertragliche Arbeitgeber als der Veräußerer angesehen. Dies wird durch eine Zurechnung der Veräußerung erreicht. Diese Zurechnung soll eingreifen, wenn eine dauerhafte Entsendung von mit dem entsendenden Unternehmen arbeitsvertraglich verbundenen Arbeitnehmern zu einem anderen (Konzern-)Unternehmen vorliegt. Überdies darf es keine anderweitige Einsatzmöglichkeit für den Leiharbeitnehmer im Leiharbeitsunternehmen oder in einem anderen entleihenden Unternehmen geben.

E. Andere Begründungswege: keine Festanstellung beim Erwerber

Es sind neben den bisher genannten noch andere Lösungswege denkbar, die zugleich zu anderen Ergebnissen für die vorliegende Fallkonstellation führen.

---

709 *Willemsen*, NJW 2011, 1546, 1549.
710 *Willemsen*, NJW 2011, 1546, 1549.

I. Übergang nur als Leiharbeitsverhältnis

Nach sämtlichen bisher genannten Lösungswegen soll die Richtlinie 2001/23/EG auf die vorliegende Konstellation anwendbar sein. Als Rechtsfolge soll sich nach all diesen Lösungswegen das vormalige Leiharbeitsverhältnis mit dem Verleiher aufgrund des Betriebsübergangs zu einem festen Arbeitsverhältnis *einzig* mit dem Erwerber umwandeln.

Es wäre aber auch denkbar, dass die Beziehung des Verleihers zu seinem Leiharbeitnehmer vom Betriebsübergang unberührt bliebe. Der Leiharbeitnehmer wäre dann weiterhin als Leiharbeitnehmer tätig, jedoch nicht mehr für den Entleiher, sondern nunmehr für den Erwerber. Arbeitgeber bliebe das Verleihunternehmen.[711]

Begründbar ist diese Lösung zumindest mit dem oben bereits erläuterten Rechtsmissbrauchsgedanken bzw. dem Gedanken einer unzulässigen Umgehung. Die Ausführungen dazu gelten hier entsprechend, ein näherer Blick muss indes auf die (Rechts-)Folge geworfen werden: Der herrschenden objektiven Theorie im deutschen Recht folgend ergibt die Auslegung, dass aufgrund sonst unzulässiger Umgehung auch Leiharbeitsverhältnisse „Arbeitsverhältnisses" im Sinne des § 613a Abs. 1 S. 1 BGB sind.[712] So findet im Ergebnis die in Frage stehende Norm des § 613a Abs. 1 S. 1 BGB bei einer unzulässigen Gesetzesumgehung auch auf diese Arbeitsverhältnisse Anwendung. Vergleichbares gilt auch unter Anwendung des Rechtsmissbrauchsverbots nach der Rechtsprechung des EuGH, nämlich dass die Richtlinie 2001/23/EG auch diese Arbeitsverhältnisse erfasst. Bei schlichter Anwendung der (Rechts-)Folge führt dieser Lösungsweg also dazu, dass die Leiharbeitsverhältnisse erfasst werden, aber eben nur als Leiharbeitsverhältnisse. Damit tritt der Erwerber auch nur in die Rechte und Pflichten aus diesem Leiharbeitsverhältnis ein, nur diese Rechte und Pflichten gehen auf den Erwerber über.[713]

---

711 *Hamann*, Anmerkung zu BAG, Urteil v. 9.2.2011 – 7 AZR 32/10, jurisPR-ArbR 29/2011, Anm. 1. Wohl auch *Forst*, RdA 2011, 228, 232 ff. Diese Lösung wird auch von *Bauer/von Medem*, NZA 2011, 20, 21, angedacht, allerdings von diesen Autoren im Ergebnis abgelehnt.

712 Siehe oben, vierter Teil, § 8 C. III. 2. a), S. 154.

713 Zumindest in Konstellationen wie im Fall *Albron* soll dieser Lösungsweg indes abweichend von der soeben aufgezeigten allgemeinen Rechtsfolge nach überwiegender Auffassung dazu führen, dass die Situation gerade so zu behandeln sei, als bestünde das Arbeitsverhältnis des Leiharbeitnehmers zum Verleiher gerade mit dem Entleiher. Es wird also das *gesamte Arbeitsverhältnis* zum Verleiher als zum

II. Keine Anwendbarkeit der Richtlinie 2001/23/EG

Schließlich wird auch vertreten, dass die Richtlinie 2001/23/EG keine Anwendung auf die vorliegende Konstellation finden sollte.

Koch verankert sein Verständnis der Entscheidung – und damit seine Lösung der vorliegenden Fallkonstellation – im Rahmen der Rechtsfolge eines Betriebsübergangs bei der Frage, wer Arbeitnehmer des Veräußerers ist.[714] Seiner Meinung nach habe der EuGH „als Arbeitnehmer des Veräußerers […] auch die Arbeitnehmer angesehen, die von einer Konzernführungsgesellschaft dauerhaft an andere Konzernunternehmen verliehen worden sind und mit denen der Erwerber des Konzernunternehmens nach der Übernahme ein Arbeitsverhältnis begründet hat“[715]. Schon an der zweitgenannten Voraussetzung zeigt sich, dass *Koch* keineswegs von einem Übergang des Arbeitsverhältnisses *kraft Gesetzes* ausgeht, was *Koch* dann auch ausdrücklich feststellt.[716] Diese Lösung kann aber nur bedeuten, dass die Richtlinie 2001/23/EG gerade keine Anwendung findet. Letzteres wird allerdings aus *Kochs* Ausführungen nicht deutlich; seine Feststellungen scheinen daher inhaltsleer. Schließlich sollen weder die Arbeitsverhältnisse in der vorliegenden Konstellation auf den Erwerber kraft Gesetzes übergehen, noch soll der von dem Verleiher mit dem Veräußerer geschlossene Überlassungsvertrag auf den Erwerber übergehen.[717] Ob der Erwerber den Leiharbeitnehmer nach der Übernahme bei sich einsetzen müsse, beurteile sich dann mangels Übergangs des Überlassungsvertrags nur nach den zwischen dem Erwerber und dem Verleiher getroffenen Absprachen.[718] Es gehen keinerlei „Verhältnisse“ in Bezug auf die Arbeitnehmer auf den Erwerber über, also gehen auch die Arbeitnehmer selbst nicht mit über, auch nicht als Leiharbeitnehmer. Es bleibt lediglich die Feststellung *Kochs*, dass der EuGH als Arbeitnehmer des Veräußerers auch die Arbeitnehmer angesehen habe, die von einer Konzernführungsgesellschaft dauerhaft an andere Konzernunternehmen verliehen worden sind *und* mit denen der Erwerber des Konzernunternehmens nach der Übernahme ein

Entleiher bestehend angesehen. Siehe dazu oben, vierter Teil, § 8 C. III. 2. a), S. 154.

714 Schaub-*Koch*, § 118, Rn. 2.

715 Schaub-*Koch*, § 118, Rn. 2.

716 Schaub-*Koch*, § 118, Rn. 2.

717 Schaub-*Koch*, § 118, Rn. 2.

718 Schaub-*Koch*, § 118, Rn. 2.

Arbeitsverhältnis begründet hat.[719] Doch weil eben ein Arbeitsverhältnis durch den Erwerber erst begründet werden muss und der Arbeitnehmer auch nicht als Leiharbeitnehmer übergeht, spielt § 613a Abs. 1 S. 1 BGB und dessen Rechtsfolge hier keine Rolle. Dass es sich vorliegend um „Arbeitnehmer des Veräußerers" handelt, ist für die Rechtsfolgen des § 613a Abs. 1 S. 1 BGB nichtssagend, da es sich nur bei erneuter Begründung eines Arbeitsverhältnisses durch den Erwerber um Arbeitnehmer des Veräußerers handelt, die dann nach § 613a Abs. 1 S. 1 BGB übergehen könnten. Gerade die erneute Begründung will § 613a Abs. 1 S. 1 BGB aber vermeiden, indem es eine Rechtsfolge kraft Gesetzes vorsieht. Auch für den Übergang als Leiharbeitnehmer verlangt Koch eine (neue) Vereinbarung zwischen dem Verleiher und dem Erwerber. Es lässt sich also festhalten, dass *Koch* sich hier indirekt für die Nichtanwendbarkeit der Richtlinie auf die vorliegende Konstellation ausspricht.

Deutlicher spricht sich *Mengel* gegen eine Anwendbarkeit der Richtlinie 2001/23/EG auf die vorliegende Konstellation aus.[720] *Mengel* vertritt die Ansicht, dass für die Anwendung der Betriebsübergangsregeln erforderlich bleiben solle, „dass der Arbeitnehmer über einen Arbeitsvertrag mit dem übertragenen Unternehmen verfügt"[721]. Daraus folgt, dass ihrer Ansicht nach ein Arbeitsverhältnis im Sinne der Betriebsübergangsregeln nur beim gleichzeitigen Vorliegen eines Arbeitsvertrags bestehen kann.

---

719 Schaub-*Koch*, § 118, Rn. 2.
720 *Mengel*, Arbeitsrecht im Konzern 2010, 45, 65 ff.
721 *Mengel*, Arbeitsrecht im Konzern 2010, 45, 67.

§ 9 Voraussetzungen und Reichweite eines Übergangs der Leiharbeitnehmer und Entscheidung für einen Begründungsweg

A. Können Leiharbeitnehmer bei einem Betriebs(teil)übergang des Entleihbetriebs(teils) überhaupt auf den Erwerber übergehen?

I. Die Rechtssache *Jouini*

Unter anderem von der niederländischen Regierung wurde ein Vergleich mit dem vom EuGH im Jahre 2007 entschiedenen Fall *Jouini*[722] angestrengt. Dort habe der EuGH entschieden, dass Leiharbeitnehmer nur dem sie beschäftigenden Leiharbeitsunternehmen als wirtschaftlicher Einheit angehörten, und die Richtlinie daher nur beim Übergang des Leiharbeitsunternehmens gelte, nicht aber beim Übergang des entleihenden Unternehmens. Aufgrund dieser Rechtsprechung „bezweifelt die niederländische Regierung, dass durch die Überlassung von Arbeitnehmern die Zugehörigkeit zu einer dauerhaften wirtschaftlichen Einheit, die das übertragene Unternehmen darstellen müsse, vermittelt werde“[723].

1. Andere Konstellation: kein Übergang des Entleihunternehmens

Wie schon im Rahmen der Ausführungen zum bisherigen Verständnis von Leiharbeit beim Betriebsübergang nach der Rechtsprechung des EuGH angedeutet,[724] liegt vorliegend keine Konstellation wie im Fall *Jouini* vor, weil im Fall *Albron* gerade nicht das Leiharbeitsunternehmen veräußert worden ist, sondern das entleihende Unternehmen. In dem Urteil *Jouini* wurde nur die Anwendbarkeit der Richtlinie 2001/23/EG auf Leiharbeitsunternehmen festgestellt; dass hieraus im Umkehrschluss eine Nichtanwendbarkeit auf das entleihende Unternehmen folgt, stellt dieses Urteil keineswegs ausdrücklich fest. Insofern findet sich in dem Urteil keine direkte, auf den Fall *Albron* übertragbare Aussage.

---

722 EuGH v. 13.9.2007 – Rs. C-458/05 (*Jouini*), NJW 2007, 3195.

723 Schlussanträge Generalanwalt *Bot* v. 3.6.2010 – Rs. C-242/09 (*Albron*), Slg. 2010, I-10309 (Rn. 30).

724 Siehe dazu oben, dritter Teil, § 5 B., S. 110.

2. Keine Rückschlüsse aus dieser Rechtssache möglich

Sowohl in der Rechtssache *Jouini* als auch der Rechtssache *Albron* wurden Arbeitnehmer an einen Entleiher verliehen, weswegen Rückschlüsse aus der Rechtssache *Jouini* auf den ersten Blick nicht ausgeschlossen erscheinen. An dieser Stelle kommt es nur auf Rückschlüsse für die (Nicht-)Anwendbarkeit der Richtlinie hinsichtlich Art. 3 Abs. 1 UAbs. 1 an.

Auch in dem Urteil *Jouini* stellte der EuGH seiner ständigen Rechtsprechung folgend fest, dass maßgebliche Voraussetzung für die Anwendbarkeit der Richtlinie ein Übergang einer ihre Identität bewahrenden wirtschaftlichen Einheit ist.[725] In dem Urteil *Jouini* wurde nun festgestellt, dass in bestimmten Wirtschaftszweigen materielle und immaterielle Betriebsmittel oft nur in ihrer einfachsten Form vorlägen, und es in diesen Fällen im Wesentlichen auf die menschliche Arbeitskraft ankäme.[726] Es könne damit auch eine organisierte Gesamtheit von Arbeitnehmern eine wirtschaftliche Einheit darstellen, wie dies speziell bei Leiharbeitsunternehmen der Fall sein könne.[727] Grundaussage des Urteils ist es also, dass Leiharbeitnehmer wesentliche Elemente des Leiharbeitsunternehmens als wirtschaftliche Einheit darstellen können und mithin für die Bejahung eines Übergangs dieser wirtschaftlichen Einheit konstituierend sein können.

Das grundsätzliche Erfordernis für die Anwendbarkeit der Richtlinie, nämlich der Übergang einer wirtschaftlichen Einheit, verändert der EuGH folglich auch nicht für solche Fälle, in denen Leiharbeitnehmer involviert sind. Es werden nur das Merkmal ausfüllende Aussagen gemacht. Dass der Übergang einer wirtschaftlichen Einheit auch im Fall *Albron* vorliegt, ist nicht zu bezweifeln. Hiervon geht der *Gerechtshof te Amsterdam* aus, was sich deutlich aus seiner Vorlagefrage ergibt. So finden sich dort die Worte „bij overgang van een onderneming“[728], was übersetzt „beim Über-

725 EuGH v. 13.9.2007 – Rs. C-458/05 (*Jouini*), NJW 2007, 3195, 3196 (Rn. 23 und 31).

726 EuGH v. 13.9.2007 – Rs. C-458/05 (*Jouini*), NJW 2007, 3195, 3196 (Rn. 32).

727 EuGH v. 13.9.2007 – Rs. C-458/05 (*Jouini*), NJW 2007, 3195, 3196 (Rn. 32 f.).

728 Urteil des Gerechtshof te Amsterdam v. 30.6.2009, Rn. 3, „Vragen van uitleg van Richtlijn 2011/23/EG“. Die komplette Vorlagefrage lautet: „Moet Richtlijn 2001/23/EG aldus worden uitgelegd dat van de in artikel 3 lid 1 eerste volzin bedoelde overgang van rechten en verplichtingen op de verkrijger uitsluitend sprake is indien de vervreemder van de over te dragen onderneming ook de formele werkgever is van de betrokken werknemers of brengt de door de richtlijn beoog-

gang eines Unternehmens"[729] heißt. Dieses „bij"/„beim" zeigt, dass ein Übergang als Voraussetzung der Frage vorliegt, und sich *hiervon ausgehend* eine Vorlagefrage stellt, die sich auf die Auslegung des Art. 3 Abs. 1 UAbs. 1 der Richtlinie und damit nur auf die Rechtsfolgen eines Übergangs bezieht. Insofern ist also von einer Anwendbarkeit der Richtlinie auf die vorliegende Konstellation auszugehen; dass die Leiharbeitnehmer im Fall *Jouini* für den Tatbestand konstituierend waren, und sie es möglicherweise für den Fall *Albron* nicht sind, ändert daran nichts. Ganz unabhängig davon, was der *Gerechtshof te Amsterdam* hier auf Tatbestandsebene entschieden haben mag, so befasst sich der EuGH – der Vorlagefrage entsprechend – nur mit der Rechtsfolgenseite eines Übergangs. So schreibt der EuGH zu Beginn seines Urteils, das Vorabentscheidungsersuchen betreffe die Auslegung des Art. 3 Abs. 1 UAbs. 1 der Richtlinie 2001/23/EG.[730] Und in Art. 3 Abs. 1 UAbs. 1 geht es um die Rechtsfolgen eines Betriebsübergangs. Später nimmt der EuGH zunächst die Vorlagefrage derart auf, wie sie sich auch beim Generalanwalt in dessen Schlussanträgen findet. Diese Vorlagefrage ist identisch mit derjenigen von dem

---

de bescherming van werknemers mee dat *bij overgang van een* ***onderneming*** [Hervorhebung des Verfassers] van de tot een concern behorende werkmaatschappij de rechten en verplichtingen ten opzichte van de ten behoeve van deze onderneming werkzame werknemers op de verkrijger overgaan indien al het binnen het concern werkzame personeel in dienst is van een (eveneens tot dat concern behorende) personeelsvennootschap die fungeert als centrale werkgeefster?".

729 So auch die Übersetzung in den Schlussanträgen des Generalanwalts Bot v. 3.6.2010 – Rs. C-242/09 (*Albron*), Slg. 2010, I-10309 (Rn. 23) und in dem Urteil des EuGH v. 21.10.2010 – Rs. C-242/09 (*Albron*), NJW 2011, 439 (Rn. 19); allerdings ändert der EuGH die Vorlagefrage danach etwas ab (Rn. 20), siehe dazu sogleich. Die komplette Übersetzung der Vorlagefrage lautet: „Ist die Richtlinie 2001/23 in dem Sinne auszulegen, dass es sich nach Art. 3 Abs. 1 Satz 1 nur dann um einen Übergang von Rechten und Pflichten auf den Erwerber handelt, wenn der Veräußerer des zu übertragenden Unternehmens auch formell der Arbeitgeber der betroffenen Arbeitnehmer ist, oder bringt der mit der Richtlinie beabsichtigte Schutz der Arbeitnehmer mit sich, dass *beim Übergang eines Unternehmens* [Hervorhebung des Verfassers] einer zu einem Konzern gehörenden Betriebsgesellschaft die Rechte und Pflichten in Bezug auf die für dieses Unternehmen tätigen Arbeitnehmer auf den Erwerber übergehen, wenn das gesamte innerhalb des Konzerns tätige Personal bei einer (ebenfalls zu diesem Konzern gehörenden) Personalgesellschaft beschäftigt ist, die als zentraler Arbeitgeber fungiert?".

730 EuGH v. 21.10.2010 – Rs. C-242/09 (*Albron*), NJW 2011, 439 (Rn. 1).

Gerechtshof te Amsterdam;[731] es findet sich auch dort die Formulierung „beim Übergang eines Unternehmens“, das Vorliegen eines Übergangs wird also vorausgesetzt. Und auch wenn der EuGH anschließend diese Vorlagefrage dahingehend abändert, dass er die Frage zu klären gedenkt, wer Veräußerer im Sinne des Art. 2 Abs. 1 lit. a) der Richtlinie sein kann, so schreibt er doch auch dort „beim Übergang“, sieht also weiterhin diesen Übergang als gegebene Voraussetzung an, auf der die Folgefrage – Klärung der Eigenschaft des Veräußerers – aufbaut.[732]

Es ist demnach festzuhalten, dass sich die Frage der Anwendbarkeit auf unterschiedlichen Ebenen stellt. Im Fall *Jouini* geht es um die Anwendbarkeit der Richtlinie auf die Arbeitnehmer für den Tatbestand nach Art. 1 Abs. 1 der Richtlinie. Im Fall *Albron* hingegen geht es um die Anwendbarkeit der Richtlinie auf die Arbeitnehmer hinsichtlich des Art. 3 Abs. 1 UAbs. 1 der Richtlinie und damit die Rechtsfolgenseite. Aufgrund dieser unterschiedlichen Ebenen sind Rückschlüsse aus dieser Rechtsprechung zur (Nicht-)Anwendbarkeit der Richtlinie für den Fall *Albron* nicht möglich.

3. Ergebnis

Aus der Rechtsprechung des EuGH im Fall *Jouini* lassen sich keine Rückschlüsse für die grundsätzliche (Nicht-)Anwendbarkeit der Richtlinie auf die vorliegende Konstellation ziehen.

II. Maßgeblichkeit welcher Norm(en)?

Für die nun folgende Auslegung gilt es vorab zu klären, inwiefern es auf die Richtlinie und bzw. oder die deutsche Umsetzungsnorm ankommt. Das besondere Augenmerk liegt dabei auf Art. 3 Abs. 1 UAbs. 1 der Richtlinie sowie § 613a Abs. 1 S. 1 BGB, da die Frage zu klären ist, ob ein Leiharbeitnehmer bei einem Betriebs(teil)übergang des entleihenden Betriebs(teils), in dem er tätig ist, auf den Erwerber übergeht. Diese jeweili-

---

731 EuGH v. 21.10.2010 – Rs. C-242/09 (*Albron*), NJW 2011, 439 (Rn. 19).
732 EuGH v. 21.10.2010 – Rs. C-242/09 (*Albron*), NJW 2011, 439, 440 (Rn. 20).

gen Bestimmungen machen den Kern der Richtlinie aus,[733] indem sie den Übergang der Rechte und Pflichten zu den Arbeitnehmern bestimmen.

1. Vorrang der Vorgaben der Richtlinie

Es könnte ein Vorrang des Europarechts angedacht werden und damit ein Vorrang der Vorgaben der Richtlinie. Dann wären allein die Auslegung und die daraus folgende Anwendbarkeit der Richtlinie maßgeblich.

Wie bereits im ersten Teil dieser Ausarbeitung dargestellt, handelt es sich bei § 613a BGB um die Umsetzung der Richtlinie 2001/23/EG.[734] Das Institut der Richtlinie ist in Art. 288 Abs. 3 AEUV (Ex-Art. 249 Abs. 3 EG) geregelt; es handelt sich hierbei um Sekundärrecht. Für die Umsetzungsnorm des § 613a BGB gilt das Gebot der richtlinienkonformen Auslegung.

Dieses Gebot ist Ausfluss des Gedankens des „effet utile“, vergleiche nunmehr Art. 291 AEUV, wonach das nationale Recht unionsrechtskonform auszulegen ist.[735] Diese generelle unionsrechtskonforme Auslegung liegt in dem Vorrang des Unionsrechts begründet.[736] Dieser – nach dem EuGH[737] – uneingeschränkte Anwendungsvorrang[738] besteht aufgrund der Tatsache, dass die Mitgliedstaaten auf unbestimmte Zeit den Organen der Union Teile ihrer Souveränitätsrechte übertragen haben.[739] Kommt es zu einer Kollision mit nationalem Recht, so besitzen die Mitgliedstaaten nunmehr keine Regelungskompetenz mehr für diesen Bereich bzw. diese Konstellationen.[740] Des Weiteren wäre das erklärte Ziel eines gemeinsamen Marktes nicht zu erreichen, wenn nationales Recht das europäische Recht

---

733 Vorschlag einer Richtlinie des Rates zur Harmonisierung der Rechtsvorschriften der Mitgliedstaaten über die Wahrung von Ansprüchen und Vergünstigungen der Arbeitnehmer bei Gesellschaftsfusionen, Betriebsübertragungen sowie Unternehmenszusammenschlüssen, KOM(1974) 351 endg. vom 29.5.1974, S. 5.

734 Siehe oben, zweiter Teil, § 3 B., S. 34.

735 *Stenslik*, Anmerkung zu EuGH v. 19.1.2010 – Rs. C-555/07 (*Kücükdeveci*), RdA 2010, 247, 249; ErfK-*Wißmannn*, Vorbemerkung zum AEUV, Rn. 26.

736 *Forst*, RdA 2011, 228, 231; ErfK-*Wißmann*, Vorbemerkung zum AEUV, Rn. 26.

737 Vgl. hierzu EuGH v. 15.7.1964 – Rs. 6/64 (*Costa/E.N.E.L.*), Slg. 1964, 1253, 1269 ff.

738 Vgl. hierzu ErfK-*Wißmann*, Vorbemerkung zum AEUV, Rn. 32.

739 Vgl. EuGH v. 15.7.1964 – Rs. 6/64 (*Costa/E.N.E.L.*), Slg. 1964, 1253, 1269.

740 Vgl. EuGH v. 15.7.1964 – Rs. 6/64 (*Costa/E.N.E.L.*), Slg. 1964, 1253, 1269 ff.

wieder aushebeln könnte.[741] Auch hier spiegelt sich das Effizienzgebot, „effet utile“, wider.[742]

Aufgrund der richtlinienkonformen Auslegung sind die Mitgliedstaaten dazu aufgefordert, nationale Regelungen soweit wie möglich derart auszulegen, dass sie mit dem Richtlinienrecht vereinbar sind.[743] Hiervon sind sämtliche Träger öffentlicher Gewalt betroffen, mithin auch die Gerichte im Rahmen ihrer Zuständigkeit.[744] Es sei nur kurz angemerkt, dass diese richtlinienkonforme Auslegung auch unmittelbar zwischen zwei Privaten greift. Wenn es auch nach ständiger Rechtsprechung des EuGH keine unmittelbare horizontale Wirkung von Richtlinien zwischen Privaten gibt[745], so ist eine richtlinienkonforme Auslegung, mag sie sich auch nachteilig auf einen privaten Dritten auswirken, dennoch geboten.[746]

2. Ausnahme

Eine richtlinienkonforme Auslegung ist jedoch nur dann erforderlich und möglich, wenn das europäische Recht auch tatsächlich Vorrang vor dem nationalen Recht hat. Der oben beschriebene Anwendungsvorrang greift nur dort ein, wo die Mitgliedstaaten ihre Regelungskompetenz auf die Organe der Union übertragen haben. Auch müssen die Organe dann regelnd tätig geworden sein und dürfen den Mitgliedstaaten nicht wiederum eigene Spielräume belassen haben.

---

741 EuGH v. 15.7.1964 – Rs. 6/64 (*Costa/E.N.E.L.*), Slg. 1964, 1253, 1270 f.

742 Vgl. EuGH v. 15.7.1964 – Rs. 6/64 (*Costa/E.N.E.L.*), Slg. 1964, 1253, 1269 ff.

743 *Stenslik*, Anmerkung zu EuGH v. 19.1.2010 – Rs. C-555/07 (*Kücükdeveci*), RdA 2010, 247, 248 f.; vgl. ErfK-*Wißmann*, Vorbemerkung zum AEUV, Rn. 26.

744 EuGH v. 10.4.1984 – Rs. 14/83 (*Van Colson & Kamann*), NZA 1984, 157, 158; EuGH v. 19.1.2010 – Rs. C-555/07 (*Kücükdeveci*), NZA 2010, 85, 88 (Rn. 47); *Forst*, RdA 2011, 228, 231; ErfK-*Wißmann*, Vorbemerkung zum AEUV, Rn. 32.

745 Vgl. bspw. EuGH v. 19.1.2010 – Rs. C-555/07 (*Kücükdeveci*), NZA 2010, 85, 88 (Rn. 46); vgl. EuGH v. 14.7.1994 – Rs. C-91/92 (*Faccini Dori*), NJW 1994, 2473, 2474 (Rn. 20); vgl. *Forst*, RdA 2011, 228, 231.

746 Wenn auch jeweils in der Rechtsprechung des EuGH nicht ausdrücklich erwähnt, so geht dies doch aus dem Zusammenhang hervor, vgl. EuGH v. 19.1.2010 – Rs. C-555/07 (*Kücükdeveci*), NZA 2010, 85, 88 (Rn. 47 f.); vgl. EuGH v. 27.1.2005 – Rs. C-188/03 (*Junk*), NJW 2005, 1099; vgl. EuGH v. 10.9.2009 – Rs. C-44/08 (*AEK/Fujitsu Siemens Computers*), EuZW 2009, 779; vgl. *Forst*, RdA 2011, 228, 231.

In dem hier vorliegenden speziellen Fall ist Art. 2 Abs. 2 UAbs. 1 RL 2001/23/EG zu beachten. Hiernach lässt die Richtlinie „das einzelstaatliche Recht in Bezug auf die Begriffsbestimmung des Arbeitsvertrags oder Arbeitsverhältnisses unberührt“. Dieser Satz scheint bei unbefangener Betrachtung deutlich zu machen, dass das nationale (hier: deutsche oder niederländische) Recht maßgeblich ist und gerade kein Vorrang des Europarechts gegeben ist. Folge dessen wäre, dass auch das Gebot der richtlinienkonformen Auslegung nicht eingreifen kann.[747]

Gegen diese Erkenntnis spricht auch nicht die in Art. 2 Abs. 2 UAbs. 2 zu findende Rückausnahme.[748] Dort heißt es:

> „Die Mitgliedstaaten können jedoch vom Anwendungsbereich der Richtlinie Arbeitsverträge und Arbeitsverhältnisse nicht allein deshalb ausschließen, weil
> c) es sich um Leiharbeitsverhältnisse im Sinne von Artikel 1 Nummer 2 der Richtlinie 91/383/EWG und bei dem übertragenen Unternehmen oder dem übertragenen Betrieb oder Unternehmens- bzw. Betriebsteil als *Verleihunternehmen oder Teil eines Verleihunternehmens* [Hervorhebung des Verfassers] um den Arbeitgeber handelt.“

Wie sich hieraus deutlich ergibt, greift diese Ausnahme nur für Leiharbeitsverhältnisse im Sinne von Art. 1 Nr. 2 der Richtlinie 91/383/EWG[749] ein. Dies sind „Leiharbeitsverhältnisse zwischen einem Leiharbeitsunternehmen als Arbeitgeber einerseits und einem Arbeitnehmer andererseits [...]“. Das Verhältnis von dem entleihenden Unternehmen als möglichem Arbeitgeber ist hiervon also gar nicht erfasst. Zudem greift die genannte Rückausnahme nur im Falle der Übertragung des Verleihunternehmens ein, nicht indes in dem vorliegenden Fall einer Veräußerung des entleihenden Unternehmens.[750]

Aufgrund der Bestimmung in Art. 2 Abs. 2 UAbs. 1 RL 2001/23/EG könnte man nun von einer uneingeschränkten Definitionsmacht der Mit-

---

747 Vgl. soeben: Das Gebot der richtlinienkonformen Auslegung folgt ja gerade aus dem Anwendungsvorrang des Unionsrechts.

748 So auch *Bauer/von Medem*, NZA 2011, 20, 21.

749 Richtlinie 91/383/EWG des Rates vom 25.6.1991 zur Ergänzung der Maßnahmen zur Verbesserung der Sicherheit und des Gesundheitsschutzes von Arbeitnehmern mit befristetem Arbeitsverhältnis oder Leiharbeitsverhältnis, ABl. Nr. L 206, 19, vom 29.7.1991.

750 So auch: *Bauer/von Medem*, NZA 2011, 20, 21; *Thüsing*, ZESAR 2009, 487, 488.

gliedstaaten ausgehen,[751] wenn es um den Arbeitsvertrag oder das Arbeitsverhältnis geht. Man könnte die Definitionsmacht aber auch wesentlich enger beurteilen, wie dies *Bauer/von Medem* tun.[752] Hierzu ziehen sie Art. 2 Abs. 1 lit. d) RL 2001/23/EG heran. Dieser bestimmt:

> „"Arbeitnehmer" ist jede Person, die in dem betreffenden Mitgliedstaat aufgrund des einzelstaatlichen Arbeitsrechts geschützt[,][753] ist."

Ohne nähere Begründung kommen sie zu dem Ergebnis, dass die mitgliedstaatliche Definitionsmacht darauf zu beschränken sei, „was inhaltlich ein Arbeitsverhältnis"[754] ausmache, wobei sie konkret die Weisungsabhängigkeit als Aspekt erwähnen.[755] Nicht erfasst sei hingegen die Frage, „welche Personen *Parteien* eines inhaltlich als Arbeitsverhältnis zu qualifizierenden Rechtsverhältnisses"[756] seien. Die Beschränkung darauf, „was inhaltlich ein Arbeitsverhältnis" ausmache, überzeugt, allerdings in anderer Hinsicht als bei *Bauer/v. Medem* dargelegt: Die einzelnen Begriffsbestimmungen verbleiben weiterhin im Definitionsbereich der Mitgliedstaaten. Allerdings ergibt sich aus Art. 3 Abs. 1 UAbs. 1, dass der genannte Arbeitsvertrag aufgrund des „oder" nicht gleichzusetzen sein könne mit dem ebenfalls genannten Arbeitsverhältnis. Der Rest, nämlich was ein Arbeitsvertrag bzw. ein Arbeitsverhältnis inhaltlich ausmache, kann dann weiterhin frei durch den jeweiligen Mitgliedstaat bestimmt werden. Dem ist zwar zuzugeben, dass der Gehalt des Art. 2 Abs. 2 UAbs. 1 RL 2001/23/EG dann sehr gering bleibt. Doch andererseits liefe ja auch der Teil „oder Arbeitsverhältnis" in Art. 3 Abs. 1 UAbs. 1 der RL 2001/23/EG leer.

---

751 So wohl *Willemsen*, NJW 2011, 1546, 1548, der allerdings – sollte diese Definitionshoheit doch nicht bestehen – zumindest eine eingehende Begründung des EuGH erwarten würde. Ähnlich wohl auch *Thüsing*, ZESAR 2009, 487, 488.

752 *Bauer/von Medem*, NZA 2011, 20, 21.

753 Das Komma hinter „geschützt" findet sich so in dem Richtlinientext, obwohl dort kein Komma zu setzen ist.

754 *Bauer/von Medem*, NZA 2011, 20, 21.

755 *Bauer/von Medem*, NZA 2011, 20, 21.

756 *Bauer/von Medem*, NZA 2011, 20, 21.

3. Dennoch: „Praktische Konkordanz" von Richtlinie und Umsetzungsnorm/Definition

Doch auch wenn den Mitgliedstaaten hier eine gewisse Definitionshoheit zusteht, so kann dies nicht bedeuten, dass die Vorgaben der Richtlinie unbeachtlich sind. Die Ausübung der Definitionshoheit darf nicht dazu führen, dass das sich hieraus ergebende Ergebnis gegen die Vorgaben der Richtlinie verstößt. Insofern hat zunächst eine Auslegung der Richtlinie 2001/23/EG zu erfolgen, um zu klären, ob die Richtlinie auf das Verhältnis zwischen Leiharbeitnehmer und Entleiher anzuwenden ist, ob dieses also auf den Erwerber, in welcher Weise auch immer, übergehen muss. In einem nächsten Schritt muss sodann – mit dem gleichen Ziel – § 613a Abs. 1 S. 1 BGB ausgelegt werden.

III. Richtlinie 2001/23/EG

Es gilt erst einmal die Frage zu klären, ob die Richtlinie 2001/23/EG auf die vorliegende Konstellation überhaupt Anwendung finden soll bzw. muss. Hierzu finden sich zahlreiche Argumente für und wider eine Anwendbarkeit. Besonders die niederländische Regierung hat hierzu ausführlich vorgetragen, womit sich Generalanwalt *Bot* in seinen Schlussanträgen auseinanderzusetzen hatte.[757]

1. Wortlaut der Richtlinienbestimmungen

a) Arbeitsvertragliches Verhältnis für den Übergang unbedingt erforderlich?

aa) Alternative Nennung in Art. 3 Abs. 1 UAbs. 1

Dass der Wortlaut des Art. 3 Abs. 1 UAbs. 1 der Richtlinie durch die Formulierung „Arbeitsvertrag oder Arbeitsverhältnis" durchaus nahelegt, dass nicht notwendigerweise ein Arbeitsvertrag zu dem Arbeitnehmer vorlie-

---

757 Schlussanträge Generalanwalt *Bot* v. 3.6.2010 – Rs. C-242/09 (*Albron*), Slg. 2010, I-10309 (Rn. 29 ff.).

gen muss, wurde bereits festgestellt.[758] Aufgrund des Wortes „oder“ muss kein Arbeitsvertrag gegeben sein, das Arbeitsverhältnis kann im Gegensatz zum Arbeitsvertrag also auch nichtvertraglich sein. Ohne zu entscheiden, ob tatsächlich eine Konstellation vorliegt, die nicht (wie) vertraglicher Art ist, lässt sich doch festhalten, dass die Anwendbarkeit der Richtlinie jedenfalls dem Wortlaut des Art. 3 Abs. 1 UAbs. 1 nach nicht an dem Fehlen eines Arbeitsvertrags scheitern würde.

bb) Definitionsmacht der Mitgliedstaaten ändert nichts an der Möglichkeit eines nichtvertraglichen Arbeitsverhältnisses

Die niederländische Regierung und *Albron* argumentieren, „aus Art. 2 Abs. 1 in Verbindung mit Art. 3 Abs. 1 UAbs. 1 der Richtlinie 2001/23[/EG] folge, dass die Bestimmungen dieser Richtlinie nur dann für einen Arbeitnehmer gälten, wenn er über einen Arbeitsvertrag mit dem übertragenen Unternehmen verfüge und seine Tätigkeiten in diesem Unternehmen ausführe.“[759] Diese Voraussetzungen seien in der Rechtsprechung bestätigt worden“ [760].

Auch wenn hierzu keine näheren Erläuterungen erfolgen, so ist doch davon auszugehen, dass insbesondere die Bestimmung des Art. 2 Abs. 1 *lit. d)* der Richtlinie 2001/23/EG gemeint ist. Insofern ist es wiederum die Definitionshoheit der Mitgliedstaaten, die hier angeführt wird: Nach dem niederländischen Recht kommt es also gerade auf das Bestehen eines Arbeitsvertrags an. So ist auch der Verweis auf die Bestätigung durch die Rechtsprechung zu verstehen, denn der EuGH hat in früheren Urteilen nicht auf das Bestehen eines Arbeitsvertrags abgestellt.[761] Gemeint ist die niederländische Rechtsprechung. Im Kern geht es bei diesem Argument um die bereits behandelte Frage, wie weit die Definitionshoheit der Mitgliedstaaten reicht, sodass auf die obigen Ausführungen verwiesen werden

---

758 Siehe oben, vierter Teil, § 8 A. I., S. 117 ff.

759 Schlussanträge Generalanwalt *Bot* v. 3.6.2010 – Rs. C-242/09 (*Albron*), Slg. 2010, I-10309 (Rn. 29).

760 Schlussanträge Generalanwalt *Bot* v. 3.6.2010 – Rs. C-242/09 (*Albron*), Slg. 2010, I-10309 (Rn. 29).

761 Aus dem letzten Jahrzehnt bspw. EuGH v. 27.11.2008 – Rs. C-396/07 (*Juuri*), NZA 2008, 1405, 1406 (Rn. 20 ff.); EuGH v. 16.10.2008 – Rs. C-313/07 (*Kirtruna u.a.*), NZA 2008, 1231, 1232 (Rn. 41). In diesen Urteilen heißt es immer – ganz dem Richtlinientext folgend – Arbeitsvertrag *oder Arbeitsverhältnis*.

kann.[762] Der Wortlaut des Art. 2 Abs. 1 und des Art. 3 Abs. 1 UAbs. 1 allein lässt jedoch nicht bereits darauf schließen, dass ein Arbeitsvertrag unbedingt erforderlich ist; im Gegenteil zeigt sich daraus, dass auch Verhältnisse ohne arbeitsvertragliche Beziehung erfasst sein können.

b) Bezugsperson für die Rechte und Pflichten ist nicht eindeutig

Art. 3 Abs. 1 UAbs. 1 der Richtlinie 2001/23/EG bestimmt: „Die Rechte und Pflichten *des Veräußerers* [Hervorhebung des Verfassers] aus einem zum Zeitpunkt des Übergangs bestehenden Arbeitsvertrags oder Arbeitsverhältnis gehen aufgrund des Übergangs auf den Erwerber über.“ Es geht daher einzig um die Rechte und Pflichten *des Veräußerers*. Problematisch gestaltet sich indes die Bestimmung der Person des Veräußerers und damit der zentrale Bezugspunkt der Norm. So lassen schon die verschiedenen sprachlichen Fassungen der Richtlinie einen, wie *Kühn* es bezeichnet, „erheblichen Interpretationsspielraum“[763] offen, denn die Definition des Veräußerers ist in der Richtlinie nicht eindeutig getroffen worden.

So heißt es in Art. 2 Abs. 1 lit. a) der deutschen Fassung „als Inhaber aus dem Unternehmen … ausscheidet“. Die niederländische Bestimmung spricht – sehr ähnlich – von „de hoedanigheid van ondernemer ten aanzien van de onderneming … verliest“. In der englischen und französischen Fassung indes ist die gewählte Formulierung „ceases to be employer“ bzw. „perd la qualité d‘employeur“. Dass einerseits das Wort Inhaber bzw. etwas weitreichender Unternehmer (ondernemer) verwendet wird, anderseits jedoch die Bezeichnung als Arbeitgeber (employer/ employeur) zeigt, dass die Bezugsperson des Veräußerers keineswegs klar ist, dies also vorliegend möglicherweise Verleiher und Entleiher sein kann. Zuzugeben ist allerdings, dass auch für die als „employer“ bzw. „employeur“ bezeichnete Person ein Bezug zum übertragenen Unternehmen hergestellt wird. Nicht einschlägig ist hier indes die weiter oben bereits erwähnte[764] Feststellung des EuGH in dem Urteil *Allen*, „dass die Richtlinie eine rechtliche Änderung der Person des Arbeitgebers regeln soll”[765]. Diese Aussage wurde für den Fall getroffen, dass es nur zwei involvierte Personen gibt, nämlich den

---

762 Siehe oben, vierter Teil, § 9 A. II., S. 173 ff.
763 *Kühn*, NJW 2011, 1408, 1410.
764 Vierter Teil, § 8 A. I. 1., S. 117.
765 EuGH v. 2.12.1999 – Rs. C-234/98 (*Allen u.a.*), NZA 2000, 587, 588 (Rn. 17).

Arbeitnehmer und den Inhaber, der zugleich Arbeitgeber sein muss bzw. ist. Vor dem Hintergrund der Leiharbeit indes, für die die eingangs erwähnte Dreieckskonstellation charakteristisch ist, muss beim Übergang des Entleihunternehmens der Inhaber dieses Unternehmens jedoch nicht notgedrungen zugleich der – nach bisherigem Verständnis *vertragliche* – Arbeitgeber sein. Insofern besteht hier trotz dieses Urteils der genannte Interpretationsspielraum, weil es sich um eine besondere Konstellation handelt, die so nicht von den Ausführungen in der Rechtssache *Allen* abgedeckt ist. Dieser Interpretationsspielraum war es ja im Übrigen auch, der gerade vom EuGH „genutzt“ worden ist, indem argumentiert worden ist, auch der nichtvertragliche Arbeitgeber könne seine Arbeitgeberstellung verlieren.

Da demnach die Person des Veräußerers von der Richtlinie selbst nicht eindeutig bestimmt wird, kann der Wortlaut insoweit nicht weiterhelfen.

c) Ergebnis zum Wortlaut

Der Wortlaut der Richtlinie spricht durchaus dafür, dass ein Arbeitsvertrag des Arbeitnehmers zu dem übertragenen Unternehmen nicht notwendigerweise bestehen muss, damit Rechte und Pflichten auf den Erwerber übergehen. Weitere Anhaltspunkte für eine Anwendbarkeit der Richtlinie auf den vorliegenden Fall ergeben sich jedoch nicht, ist der Wortlaut doch nicht eindeutig mit Blick auf die Person bzw. Definition des Veräußerers.

2. Systematik

a) Systematik der Richtlinie – Art. 3 Abs. 1 UAbs. 1

In Art. 3 Abs. 1 UAbs. 1 ist die Rede von „Arbeitsvertrag oder Arbeitsverhältnis“. Durch das Wort „oder“ wird nahegelegt, dass der Arbeitsvertrag einerseits und das Arbeitsverhältnis andererseits voneinander zu trennen sind. Hieraus könnte man schließen, dass für das Arbeitsverhältnis gerade kein Arbeitsvertrag notwendig ist, hätte sich die zusätzliche Nennung des „Arbeitsverhältnis“ doch sonst erübrigt. Es lässt sich also festhalten, dass durchaus auch nichtvertragliche Arbeitsverhältnisse von der Richtlinie erfasst sein können. Was allerdings neben der Tatsache, dass es sich bei dem Verhältnis um ein Arbeitsverhältnis handeln muss, möglicherweise noch vorzuliegen hat, um unter die Richtlinie zu fallen, ergibt sich aus dieser Systematik nicht.

b) Systematik der Richtlinie – Art. 2 Abs. 2 UAbs. 2

Möglicherweise kann ein Gegenargument aus der Systematik der Richtlinie 2001/23/EG gewonnen werden. In Art. 2 sind Begriffsbestimmungen geregelt, in dessen Abs. 2 UAbs. 1 – hiermit wurde sich oben bereits ausführlich befasst – ist die Definitionshoheit der Mitgliedstaaten in Bezug auf die Begriffsbestimmungen des Arbeitsvertrags oder der Arbeitsverhältnisse geregelt.

In Art. 2 Abs. 2 UAbs. 2 ist geregelt, dass bestimmte Arbeitsverträge und Arbeitsverhältnisse nicht aus dort näher bezeichneten Gründen vom Anwendungsbereich der Richtlinie ausgeschlossen werden können. Art. 2 Abs. 2 UAbs. 2 lit. c) regelt den Fall der Übertragung des Unternehmens des Verleihers. Nur dieser Fall ist geregelt und damit ausdrücklich vom Anwendungsbereich der Richtlinie umfasst. Keine vergleichbare Regelung findet sich für den Fall der Übertragung des Unternehmens des Entleihers. Hieraus folgt zwar im Umkehrschluss nicht, dass der Übergang eines Entleihunternehmens nicht erfasst sein soll; natürlich ist er erfasst, da Art. 1 Abs. 1 der Richtlinie auf sämtliche Unternehmen Anwendung findet. Indes ordnet Art. 2 Abs. 2 UAbs. 2 lit. c) die Leiharbeitnehmer dem Verleihunternehmen zu. [766] Leiharbeitnehmer sollen sich also auf den Schutz der Richtlinie dann berufen können, wenn „ihr" Verleihunternehmen übertragen wird. Dies lässt durchaus den Umkehrschluss zu, dass dieser Schutz durch die Richtlinie nicht eingreift, wenn das *Entleih*unternehmen übertragen wird.[767] Denn es gibt keine vergleichbare Aussage für Leiharbeitsverhältnisse bei solch einer Übertragung.

Dieser Umkehrschluss kann jedoch nicht überzeugen. Der Umkehrschluss hätte nämlich zur Folge, dass keinerlei Schutz der Leiharbeitnehmer durch die Richtlinie bezweckt ist, wenn das Entleihunternehmen übertragen wird. Dem kann nicht gefolgt werden. Naheliegender ist es, dass durch Art. 2 Abs. 2 UAbs. 2 lit. c) lediglich klargestellt werden sollte, dass

---

766 *Gaul/Ludwig*, DB 2011, 298, 300, die allerdings fälschlicherweise Art. 2 Abs. 1 lit. c) der Richtlinie zitieren, aber augenscheinlich Art. 2 Abs. 2 UAbs. 2 lit. c) meinen.

767 So wohl auch *Gaul/Ludwig*, DB 2011, 298, 300.

das Verhältnis eines Leiharbeitnehmers zu dem Verleihunternehmen mindestens ebenso des Schutzes bedarf wie das Verhältnis jedes anderen Arbeitnehmers zu seinem vertraglichen Arbeitgeber.[768] Dies bestätigen auch die Motive des Richtliniengebers: So ging es dem Richtliniengeber bei der Einführung des Art. 2 Abs. 2 UAbs. 2 lit. c), wie auch des Art. 2 Abs. 2 UAbs. 2 generell, um eine Mindestharmonisierung des Arbeitnehmerbegriffs.[769] Das Leiharbeitsverhältnis sollte nicht deshalb von den Mitgliedstaaten aus dem Anwendungsbereich herausgenommen werden können, weil es eine atypische Erscheinungsform darstellt;[770] es ist ein Arbeitsverhältnis[771] wie jedes andere und dementsprechend auch so zu behandeln. Dieses Motiv wurde in dem 9. Erwägungsgrund des Entwurfs[772] der Kommission zur Änderung der Richtlinie 77/187/EWG durch die Richtlinie 98/50/EG geäußert.[773] Es kann davon ausgegangen werden, dass der Rat bei der endgültigen Einführung der Vorschrift dem gleichen Beweggrund folgte. Insofern folgt aus Art. 2 Abs. 2 UAbs. 2 lit. c) aber keineswegs, dass die Richtlinie die Leiharbeitnehmer beim Übergang des Entleihunternehmens gänzlich schutzlos stellen will.

Ein Umkehrschluss aus Art. 2 Abs. 2 UAbs. 2 lit. c) der Richtlinie 2001/23/EG scheidet mithin aus.

---

768 Dass der EuGH im Fall *Albron* mit dem nichtvertraglichen Arbeitgeber argumentiert, ändert an dieser Aussage nichts. Es geht hier um die Feststellung, dass beides arbeitsrechtliche Verhältnisse im Sinne eines Arbeitsvertrags zwischen dem Arbeitnehmer und dem Arbeitgeber sind, wenn auch das Leiharbeitsverhältnis verbreitet als „atypische Erscheinungsform“ angesehen wird.

769 Vorschlag für eine Richtlinie des Rates zur Angleichung der Rechtsvorschriften der Mitgliedstaaten über die Wahrung von Ansprüchen der Arbeitnehmer beim Übergang von Unternehmen, Betrieben oder Betriebsteilen, KOM(1994) 300 endg. vom 8.9.1994, S. 15 f. (Rn. 32).

770 *Wenking*, Betriebsübergang, S. 204.

771 Der Begriff Arbeitsverhältnis ist hier als Oberbegriff zu verstehen, ohne dass es notgedrungen auf einen Arbeitsvertrag ankäme. Hierauf sei hingewiesen, auch wenn zwischen dem Leiharbeitsunternehmen und dem Leiharbeitnehmer ein Arbeitsvertrag gerade besteht.

772 Vorschlag für eine Richtlinie des Rates zur Angleichung der Rechtsvorschriften der Mitgliedstaaten über die Wahrung von Ansprüchen der Arbeitnehmer beim Übergang von Unternehmen, Betrieben oder Betriebsteilen, KOM(1994) 300 endg. vom 8.9.1994.

773 So auch *Wenking*, Betriebsübergang, S. 197.

c) Ergebnis zur Systematik

Aus der Systematik ergeben sich keine Anhaltspunkte, die gegen die Anwendbarkeit der Richtlinie auf den vorliegenden Fall sprechen. Allerdings spricht die Systematik auch nicht für die Anwendbarkeit, sodass diese für die Frage der Anwendbarkeit der Richtlinie nicht weiterhilft. Vielmehr kann sich die Anwendbarkeit nur aus der Historie oder dem Zweck der Richtlinie (positiv) ergeben.

3. Historie

Im ursprünglichen Vorschlag der Kommission findet sich bei der Definition des Veräußerers noch eine Fassung, die der oben dargestellten englischen[774] bzw. französischen[775] entspricht. Es ist die Rede davon, dass Veräußerer derjenige ist, der „auf Grund der in Artikel 1 genannten Vorgänge als Arbeitgeber ausscheidet"[776]. Dieser Definition sollte „nur rechtstechnische Bedeutung"[777] zukommen und „der Vereinfachung der Sprachregelung im Richtlinienvorschlag dienen" [778]. An jenen Motiven änderte sich trotz der Änderung der Definition in sprachlicher Hinsicht nichts.[779] Inso-

---

774 Art. 2 Abs. 1 lit. a): der englischen Fassung lautet „...ceases to be *employer*" [Hervorhebungen sind solche des Verfassers].

775 Art. 2 Abs. 1 lit. a) der französischen Fassung lautet: „... perd la qualité d'*employeur*" [Hervorhebungen sind solche des Verfassers].

776 Vorschlag einer Richtlinie des Rates zur Harmonisierung der Rechtsvorschriften der Mitgliedstaaten über die Wahrung von Ansprüchen und Vergünstigungen der Arbeitnehmer bei Gesellschaftsfusionen, Betriebsübertragungen sowie Unternehmenszusammenschlüssen, KOM(1974) 351 endg. vom 29.5.1974, S. 19.

777 Vorschlag einer Richtlinie des Rates zur Harmonisierung der Rechtsvorschriften der Mitgliedstaaten über die Wahrung von Ansprüchen und Vergünstigungen der Arbeitnehmer bei Gesellschaftsfusionen, Betriebsübertragungen sowie Unternehmenszusammenschlüssen, KOM(1974) 351 endg. vom 29.5.1974, S. 5.

778 Vorschlag einer Richtlinie des Rates zur Harmonisierung der Rechtsvorschriften der Mitgliedstaaten über die Wahrung von Ansprüchen und Vergünstigungen der Arbeitnehmer bei Gesellschaftsfusionen, Betriebsübertragungen sowie Unternehmenszusammenschlüssen, KOM(1974) 351 endg. vom 29.5.1974, S. 5.

779 Geänderter Vorschlag einer Richtlinie zur Harmonisierung der Rechtsvorschriften der Mitgliedstaaten über die Wahrung von Ansprüchen und Vergünstigung[en, Zusatz des Verfassers] der Arbeitnehmer bei Gesellschaftsfusionen, Betriebsübertragungen sowie Unternehmenszusammenschlüssen, KOM(1975) 429 endg. vom 25.7.1975, S. 6.

fern ist davon auszugehen, dass keine inhaltliche Änderung beabsichtigt war. Dass Veräußerer nur derjenige sein kann, der auch Inhaber des übergehenden Betriebs(teils) ist, entspricht also nicht dem Willen des Richtliniengebers. Dies geht einher mit den obigen Ausführungen, dass schon die unterschiedlichen sprachlichen Fassungen Interpretationsspielräume zulassen, wenn auch ein gewisser Zusammenhang des ausscheidenden Arbeitgebers mit dem übertragenen Betrieb(steil) nahegelegt wird. Im Ergebnis ist es aber nicht ausgeschlossen, dass auch beim Übergang des entleihenden Betriebs(teils) das Leiharbeitsunternehmen für die Rechtsfolgen eines Betriebsübergangs eine gewisse Rolle spielen kann.

4. Zweck

a) Allgemeine Schutzzweckproblematik

Nach ständiger Rechtsprechung des EuGH besteht das Ziel der Richtlinie 2001/23/EG darin, „die Kontinuität der im Rahmen einer wirtschaftlichen Einheit bestehenden Arbeitsverhältnisse unabhängig von einem Inhaberwechsel [zu] gewährleisten“[780]. Als Kurzformel findet sich dieses Ziel auch in dem dritten Erwägungsgrund, nach dem es um den Schutz bei einem Inhaberwechsel geht.[781] Die Arbeitnehmer sollen also ihren Arbeitsplatz nicht allein deswegen verlieren, weil der Betrieb auf einen neuen Inhaber übergeht.[782]

Dieser Schutzgedanke wird durch Art. 3 Abs. 1 UAbs. 1 gewährleistet, nach dem die Rechte und Pflichten des Veräußerers aus einem Arbeitsvertrag oder Arbeitsverhältnis kraft Gesetzes auf den neuen Inhaber übergehen, wenn ein Betriebsübergang vorliegt.

780 Schlussanträge Generalanwalt *Bot* v. 3.6.2010 – Rs. C-242/09 (*Albron*), Slg. 2010, I-10309 (Rn. 36), mit Verweis auf EuGH v. 13.7.2007 – Rs. C-458/05 (*Jouini*), NJW 2007, 3195, 3196 (Rn. 23).

781 So ausdrücklich EuGH v. 21.10.2010 – Rs. C-242/09 (*Albron*), NJW 2011, 439, 440 (Rn. 30), mit Verweis auf den Erwägungsgrund Nr. 3 der Richtlinie 2001/23/EG.

782 *Raab*, EuZA 2011, 537, 541.

aa) Schutz nur über das Leiharbeitsunternehmen grundsätzlich ausreichend – vorübergehender Verleih

Das bisherige (deutsche) Rechtsverständnis, nach dem ein Arbeitsvertrag zwischen dem bisherigen Inhaber und dem Arbeitnehmer unbedingt erforderlich ist,[783] hat zur Folge, dass aufgrund des Fehlens eines solchen Vertrags zum übertragenen Entleihunternehmen keinerlei Rechte und Pflichten gegenüber den im Fall *Albron* betroffenen Leiharbeitnehmern übergehen, also auch diese Leiharbeitnehmer nicht auf den neuen Inhaber übergehen.

War hierbei auch einzig die vertragliche Bindung das Kriterium – was angesichts des Wortlauts des Art. 3 Abs. 1 UAbs. 1 und der nur eingeschränkten Definitionshoheit der Mitgliedstaaten wohl nicht allein maßgeblich sein kann –[784], so ist diese Rechtsfolge nichtsdestotrotz nicht weiter problematisch, wenn es sich um Leiharbeitnehmer handelt, die nur für kurze Zeit im Entleihunternehmen tätig sind, jedoch weiterhin eine feste Beziehung zu ihrem Leiharbeitsunternehmen haben. Ihr Schutz wird über das Leiharbeitsunternehmen gewährleistet, was ausreichend ist.[785] Ein Schutz auch beim Übergang des Entleihunternehmens entspräche wohl oftmals auch nicht dem Interesse der Leiharbeitnehmer, ginge dann doch womöglich die Bindung zum Leiharbeitsunternehmer verloren, für dass sie sich selbst entschieden haben; das Entleihunternehmen wird hingegen vom Verleiher zugeteilt, ohne dass der Leiharbeitnehmer hierauf in der Regel Einfluss hat. Es ergäbe sich zudem für den Leiharbeitnehmer eine unübersichtliche Situation: So könnte schon ein kurzer Einsatz beim Entleiher zum Übergang seines Verhältnisses führen, ohne dass dies für den Arbeitnehmer absehbar oder gar erkennbar ist, wird er aufgrund der kurzen Zeit doch kaum Einblicke in den Betrieb des Entleihers und dessen Situation erhalten. Der Übergang der Leiharbeitnehmer gestaltete sich zudem als zufällig. Beispielsweise gingen sämtliche Leiharbeitnehmer auf den Erwerber über, nur weil diese gerade im Zeitpunkt des Betriebs(teil)übergangs im übertragenen Betrieb(steil) eingesetzt würden, dieser Einsatz aber möglicherweise erst seit kurzem besteht und auch nur

783 Siehe dazu ausführlich oben, dritter Teil, § 5, S. 107 ff.

784 Siehe dazu oben, vierter Teil, § 9 A. II. und III. 1., S. 173 ff. und S. 178 ff.

785 Unter besonderen Umständen ist dieser Schutz über das Leiharbeitsunternehmen jedoch nicht ausreichend, sodass ein Schutz über das Entleihunternehmen erforderlich ist. Siehe dazu sogleich unter bb) und dd).

für kurze Dauer geplant ist. Schließlich kann der Arbeitnehmer auch beim Wegfall der Einsatzmöglichkeit im veräußerten Entleihbetrieb regelmäßig in einem anderen Entleihbetrieb eingesetzt werden. Eine Kündigung des Leiharbeitnehmers ist nicht schon aufgrund des Wegfalls *dieser* Einsatzmöglichkeit möglich; vielmehr muss eine Prognose ergeben, dass auch in Zukunft keine andere Einsatzmöglichkeit besteht.[786] Und sollte hiernach tatsächlich eine Kündigung möglich sein, dann entspricht dies dem Risiko der Leiharbeit; mit einem Risiko des Betriebs(teil)übergangs hat dies nichts zu tun.[787]

bb) Andere Beurteilung beim Dauerverleih?

Dies könnte zumindest in dem Extremfall anders zu beurteilen sein, in dem eine dauerhafte Aufspaltung derjenigen Person, die einzig den Verleih der Arbeitnehmer zum Ziel hat (Verleiher), und derjenigen Person, die dauerhaft die betriebliche Leitungsmacht innehat (Entleiher), vorliegt. Dann ist ein Schutz über das Leiharbeitsunternehmen möglicherweise nicht ausreichend.

In solch einem Fall ist anzuerkennen, dass obige Argumente – namentlich eine geringe Kenntnis des Entleihbetriebs aufgrund eines kurzen Einsatzes sowie eine anderweitige Einsatzmöglichkeit – zumindest nicht gleichermaßen eingreifen. Bei einem Dauerverleih ist der Arbeitnehmer über lange Zeit in den Betrieb des Entleihers eingegliedert, sodass er diesen auch ausreichend kennenlernen wird und sich damit möglicherweise der an ihn gerichtete Informationsfluss über eine bevorstehende Veräußerung nicht von dem an die Stammarbeitnehmer gerichteten unterscheiden wird. Allerdings muss dies keineswegs die Regel sein. Schließlich müsste der Entleiher das Verhältnis zu seinen Stammarbeitnehmern möglicherweise abändern oder beenden, sodass er diesen wesentlich mehr Informationen zukommen lässt; das Verhältnis zum Leiharbeitnehmer kann er aber nur

---

786 BAG v. 18.5.2006 – 2 AZR 412/05, AP Nr. 7 zu § 9 AÜG (Rn. 18); Hümmerich/Boecken/Düwell-*Golücke*, § 1 AÜG, Rn. 11; *Löwisch/Buschbaum*, BB 2010, 1789, 1790; MünchAnwHb-*Reiserer/Christ*, § 66, Rn. 59; Schüren-*Schüren*, AÜG, Einl., Rn. 279; ErfK-*Wank*, Einl. zum AÜG, Rn. 27. Einzelheiten zu den Anforderungen, die an diese Prognose zu stellen sind, sind umstritten, können vorliegend aber außer Betracht bleiben.

787 *Bauer/von Medem*, NZA 2011, 20, 22.

über den Dienstverschaffungsvertrag zum Verleiher abändern oder beenden. Dann liegt es nahe, dass er eher den Verleiher als den Leiharbeitnehmer selbst informiert. Dass der Verleiher im Falle (der Beendigung) eines Dauerverleihs keine andere Einsatzmöglichkeit für den Leiharbeitnehmer bereithält, ist durchaus eher möglich als bei einem nur vorübergehenden Verleih, bei dem der Verleiher mit einer zügigen Rückkehr des Leiharbeitnehmers rechnet. Dies muss aber nicht notwendigerweise der Fall sein, sodass dies nur im jeweiligen Einzelfall eine Rolle spielen kann und nicht allgemeingültig ist.[788] Auch ist – wirft man ausnahmsweise im Rahmen der Auslegung der Richtlinie einen Blick auf das deutsche Recht – zu beachten, dass eine Kündigung des Leiharbeitnehmers zudem, wenn das Kündigungsschutzgesetz eingreift, eine Sozialauswahl nach § 1 Abs. 3 KSchG erfordert; hier sind aber grundsätzlich erst einmal sämtliche Leiharbeitnehmer des Verleihers einzubeziehen, sodass keineswegs gesagt ist, dass gerade dem Leiharbeitnehmer, der dauerhaft bei einem veräußerten Entleihbetrieb eingesetzt gewesen ist, wirksam gekündigt werden kann. Zuzugeben ist allerdings, dass sich ein Übergang der Leiharbeitnehmer bei nur vorübergehendem Verleih als zufällig darstellen würde und sich für den Leiharbeitnehmer (und auch den Verleiher) geradezu als willkürlich darstellte. Bei einem Dauerverleih hingegen wären „zufällige" Übergänge von Arbeitnehmern nicht möglich. Vielmehr müssten die Arbeitnehmer ohnehin über einen langen Zeitraum beim gleichen Entleiher eingesetzt worden sein oder solch ein langer Einsatz müsste zumindest für die Zukunft beabsichtigt sein, sodass eine stärkere Bindung des Leiharbeitnehmers an den Entleiher hier gerade gewollt ist.

Mithin kann ein Schutz über das Entleihunternehmen überhaupt nur im Falle des Dauerverleihs in Betracht kommen. Allein ein Dauerverleih stellt aber für sich keinen Grund dar, einen Schutz über das Entleihunternehmen zu gewährleisten.

cc) Keine anderweitige Einsatzmöglichkeit

Zunächst muss ein Schutz über das Entleihunternehmen dann nicht erfolgen, wenn ein Schutzdefizit trotz des Dauerverleihs nicht besteht. Dies ist

788 Zu dem Erfordernis keiner anderweitigen Einsatzmöglichkeit sogleich, vierter Teil, § 9 A. III. 4. a) cc), S. 188.

dann der Fall, wenn das Leiharbeitsunternehmen den betroffenen Leiharbeitnehmer anderweitig einsetzen kann.[789] Diese anderweitige Einsatzmöglichkeit kann entweder im Leiharbeitsunternehmen selbst oder in einem dritten Unternehmen gegeben sein. In diesem Fall sind nämlich ungeachtet der obigen und der folgenden Erkenntnisse eine Kontinuität und damit eine Sicherung der Ansprüche des Arbeitnehmers trotz des Betriebs(teil)übergangs gegeben. Dann aber bedarf es des Schutzes beim Übergang des Entleihunternehmens nicht. Für die Beurteilung ist der Zeitpunkt des Betriebs(teil)übergangs maßgeblich. Auf die Voraussetzung keiner anderweitigen Einsatzmöglichkeit wird noch gesondert eingegangen.[790]

dd) Schutz über das Entleihunternehmen

Auch beim Vorliegen eines Dauerverleihs und dem Umstand, dass keine anderweitige Einsatzmöglichkeit vorhanden ist, stellt sich vorab jedoch die Frage, warum überhaupt ein Schutz über das *Entleih*unternehmen und damit beim Betriebs(teil)übergang dieses Entleihunternehmens zu fordern ist.

Die Richtlinie bezweckt den Schutz der Arbeitnehmer vor dem Verlust ihrer Arbeitsverhältnisse. Wie sich aus den Tatbestandsvoraussetzungen nach Art. 1 Abs. 1 lit. a) ergibt, greift dieser Schutz dann ein, wenn eine vertragliche Übertragung erfolgt. Maßgeblich ist also eine rechtsgeschäftliche Disposition über den Betrieb(steil) und somit das betriebliche Substrat, namentlich die Arbeitsplätze.[791] Die Arbeitsplätze fielen weg, als Konsequenz verlöre der Arbeitnehmer auch sein Arbeitsverhältnis. Damit dieser Verlust des Arbeitsverhältnisses nicht eintritt, wenn der Arbeitsplatz an sich unverändert fortbesteht, greift hier die Richtlinie ein.

Die Besonderheit bei Verleihkonstruktionen der vorliegenden Art besteht darin, dass – will man den Gedanken des Arbeitsplatzes als Substrat

---

789 Dies entspricht der negativen Voraussetzung des Begründungswegs von *Willemsen*, der allerdings daneben als positive Voraussetzung nur den Dauerverleih verlangt, ohne auf eine wirtschaftliche Einheit des Leiharbeitsunternehmen im übertragenen Entleihbetrieb(steil) (dazu sogleich) einzugehen. Siehe dazu *Willemsen*, NJW 2011, 1546, 1548.

790 Siehe dazu unten, vierter Teil, § 9 E. V. 2. b), S. 276 ff.

791 *Willemsen*, NJW 2011, 1546, 1549.

auch hier anwenden – quasi „zwei Arbeitsplätze" des Arbeitnehmers bestehen, nämlich zum einen der beim Entleiher, zum anderen der beim Verleiher. Wenn es bei einem Dauerverleih keine anderweitige Einsatzmöglichkeit für den Leiharbeitnehmer gibt, hängt der Arbeitsplatz beim Verleiher jedoch unmittelbar am Arbeitsplatz beim Entleiher. Die Disposition über den Arbeitsplatz beim Entleiher wirkt sich direkt auf den Arbeitsplatz beim Verleiher aus;[792] damit stellt sich diese Disposition faktisch als Disposition über beide Arbeitsplätze dar und die Konsequenz besteht darin, dass der Arbeitnehmer sowohl sein Verhältnis zum Entleiher als auch zum Verleiher verliert. Auch hinsichtlich des Verhältnisses zum Verleiher wirkt sich hier aufgrund des aufgezeigten engen Zusammenhangs doch das Betriebsübergangsrisiko aus, und gerade nicht nur ein verleihspezifisches Risiko, welches nicht von der Richtlinie 2001/23/EG erfasst sein würde. Ein verleihspezifisches Risiko läge nur bei einem nur vorübergehenden Verleih vor. Unter den genannten Voraussetzungen eines Dauerverleihs und keiner anderweitigen Einsatzmöglichkeit stellt sich damit das „Bedrohungspotential"[793] für den Arbeitnehmer in gleicher Weise wie für einen Stammarbeitnehmer des Entleihers dar.[794]

Da die maßgebliche rechtsgeschäftliche Disposition vom *Entleiher* ausgeht und das Bedrohungspotential in gleicher Weise wie für Stammarbeitnehmer des Entleihers gegeben ist, muss hier ein Schutz auch beim Betriebs(teil)übergang *des Entleihunternehmens* erfolgen.

Trotz des Schutzes über das Entleihunternehmen ist eine Ausweitung auf Fälle, die möglicherweise nichts mit der vorherigen Tätigkeit der Leiharbeitnehmer im Entleihbetrieb zu tun haben, nicht zu befürchten. Immerhin muss bei einem Schutz über das Entleihunternehmen erst einmal ein Betriebs(teil)übergang des Entleihbetriebs(teils) gegeben sein. So ist gesichert, dass der gleiche Betriebszweck, im Fall *Albron* das Catering, und damit die gleiche Tätigkeit der Leiharbeitnehmer fortgeführt wird. Andernfalls würde es nämlich schon an der Identität der wirtschaftlichen Einheit des Entleihbetriebs(teils) mangels gleichen Betriebszwecks fehlen; ein

---

792 Die Situation bedarf also einer anderen Beurteilung als bei einer nur vorübergehenden Überlassung, wo es gerade das typische verleihspezifische Risiko darstellt, dass der Verleiher den Leiharbeitnehmer bezahlen muss, auch wenn er den Leiharbeitnehmer nicht beschäftigen kann. Siehe dazu bereits oben, vierter Teil, § 9 A. III. 4. a) aa), S. 186 f.

793 *Willemsen*, NJW 2011, 1546, 1549.

794 *Willemsen*, NJW 2011, 1546, 1549.

Betriebs(teil)übergang des Entleihbetriebs(teils) läge gar nicht vor. Ein Schutz der Leiharbeitnehmer *beim* Betriebs(teil)übergang des Entleihbetriebs(teils) würde ausscheiden.

ee) Weitere Einschränkung dieses Schutzes

Allerdings überzeugt es nicht, dass die Richtlinie hier, abgesehen von den Voraussetzungen eines Dauerverleihs und keiner anderweitigen Einsatzmöglichkeit, uneingeschränkt zur Anwendung kommt. Vielmehr bedarf es einer weiteren, einschränkenden Voraussetzung.

(1) Lediglich Ausgleich des Schutzdefizits aufgrund der Verleihkonstruktion beabsichtigt

Eine weitere einschränkende Voraussetzung ergibt sich aus folgenden Erwägungen. Grundsätzlich ist ein Schutz der Leiharbeitnehmer über das Leiharbeitsunternehmen ausreichend und hierüber gewährleistet. Ein Schutz über das Entleihunternehmen kommt hingegen nur ausnahmsweise in Betracht, wenn sich die Disposition über den Arbeitsplatz beim Entleiher direkt auf den Arbeitsplatz beim Verleiher auswirkt.[795] Hauptaugenmerk bei einem Schutz über das Entleihunternehmen muss in diesem Fall sein, Schutzdefizite aufgrund der Verleihkonstruktion auszugleichen. Es muss der Schutz gewährleistet sein, der eingreifen würde, wenn es keinen Verleih und damit zwei Parteien, sondern nur eine Partei geben würde. Es muss hierfür immer von dem Schutz über das Leiharbeitsunternehmen ausgegangen werden. Sollte ein Schutz über das Entleihunternehmen zu gewähren sein, so muss hierbei an der Schutzsituation beim Leiharbeitsunternehmen angeknüpft werden, um nur die sich dazu ergebenden Schutzdefizite auszugleichen und nicht mehr Schutz zu gewährleisten, als dies bei einem Schutz über das Leiharbeitsunternehmen der Fall wäre. Dabei spielen Aspekte des Tatbestandes eines Betriebs(teil)übergangs des Leiharbeitsunternehmens eine Rolle, da nur so ein Schutz überhaupt eingreifen

795 Warum grundsätzlich ein Schutz über das Leiharbeitsunternehmen ausreichend ist, ausnahmsweise aber ein Schutz über das Entleihunternehmen erfolgen muss, wurde soeben ausführlich erläutert, siehe vierter Teil, § 9 A. III. 4. a) aa), bb) und dd), S. 186 ff.

kann. Da es sich bei dem Schutz über das Entleihunternehmen um ein Problem der Rechtsfolge handelt, ein Betriebs(teil)übergang des Entleihbetriebs(teils) demnach unabhängig hiervon gegeben sein muss, spielen die genannten Aspekte des Tatbestandes (eines Betriebs(teil)übergangs des Leiharbeitsunternehmens) dann notgedrungen eine Rolle in der Rechtsfolge (eines Betriebs(teil)übergangs des Entleihunternehmens).

Gewährt man dem Arbeitnehmer, dessen Arbeitsplatz wegfällt, auf Rechtsfolgenseite den Schutz der Richtlinie, dann muss obiger Gedanke wieder eingreifen: Es sollen nur Schutzdefizite aufgrund der Verleihkonstruktion ausgeglichen werden. Nicht ist beabsichtigt, den Arbeitnehmern mehr Schutz zu gewährleisten, als dies über das Leiharbeitsunternehmen möglich wäre. Aus diesem Grund ist zu fordern, dass innerhalb des übertragenen Entleihbetriebs(teils) eine wirtschaftliche Einheit des Leiharbeitsunternehmens gegeben ist.[796] Denn sind in dem übertragenen Entleihbetrieb(steil) nur einige wenige dauerhaft verliehene Arbeitnehmer tätig, die für sich keine wirtschaftliche Einheit bilden, so käme diesen selbst dann kein Schutz zu, wenn der Erwerber diese Arbeitnehmer übernehmen würde. Es läge schon mangels Übernahme einer wirtschaftlichen Einheit des Leiharbeitsunternehmens kein Betriebs(teil)übergang im Sinne der Richtlinie vor.[797] Käme diesen Arbeitnehmer nun dennoch ein Schutz über das Entleihunternehmen zu, so würde im Ergebnis nicht nur das Schutzdefizit aufgrund der Verleihkonstruktion ausgeglichen, sondern mehr Schutz gewährleistet, als es dem Zweck der Richtlinie entspräche.

(2) Beispielsfall: Vereinigung

Besonders deutlich wird dies in dem Fall, dass der Erwerber wie im Fall *Albron* den übertragenen Entleihbetrieb(steil) und den dazugehörigen Teil der Leiharbeitnehmer in einem Betrieb „vereint". Die Leiharbeitnehmer agieren fortan als Stammarbeitnehmer, führen aber die gleichen Tätigkeiten wie vor dem Betriebs(teil)übergang aus.

---

796 Zu den Einzelheiten dieser Voraussetzung und zu der Frage, wann diese Voraussetzung gegeben ist, siehe unten im Rahmen der Darstellung der Lösung über die gespaltene Veräußererstellung, vierter Teil, § 9 E. V. 2. c), S. 283 ff.

797 Vgl. EuGH v. 13.9.2007 – Rs. C-458/05 (*Jouini*), NJW 2007, 3195, 3196 (Rn. 28 ff.).

Angenommen, hinsichtlich des Entleihbetriebs(teils) läge ein Betriebs(teil)übergang vor, so gingen die Leiharbeitnehmer nach bisherigem Verständnis nicht aufgrund der Richtlinie auf den Erwerber über. Ein Übergang kraft der Richtlinie und damit ein Schutz der Arbeitnehmer wären nur bei einem Betriebs(teil)übergang eines Betriebs(teils) des Leiharbeitsunternehmens gewährleistet. Grundvoraussetzung für diesen Schutz ist der Übergang einer ihre Identität bewahrenden wirtschaftlichen Einheit. Doch schon an dem Vorliegen dieser wirtschaftlichen Einheit mangelte es, wenn die Leiharbeitnehmer in dem übertragenen Entleihbetrieb(steil) für sich keine wirtschaftliche Einheit darstellten. Diesen Arbeitnehmern dann dennoch einen Schutz (dann über das Entleihunternehmen) einzuräumen, zeigt sehr deutlich auf, dass kein Schutzdefizit ausgeglichen, sondern ein nicht von der Richtlinie bezweckter Schutz gewährt werden würde. Deswegen ist das Erfordernis des Vorliegens einer wirtschaftlichen Einheit des Leiharbeitsunternehmens im übertragenen Entleihbetrieb(steil) so wichtig und unbedingt zu fordern.

ff) Überdies: Aspekt der Vermeidung

Dass ein Schutz über das Entleihunternehmen erfolgen muss und hierbei die genannte dritte, einschränkende Voraussetzung zu fordern ist, ergibt sich auch dann, wenn man auf den Aspekt der Vermeidung eines Betriebs(teil)übergangs durch die Verleihkonstruktion abstellt.[798] *Raab* konstatiert, ein Betriebs(teil)übergang des Leiharbeitsunternehmens – und damit der Übergang der Rechte und Pflichten gegenüber den vertraglich verbundenen Arbeitnehmern – ließe sich sehr einfach vermeiden[799] bzw. werde oft nicht gegeben sein.[800]

---

798 Dieser Aspekt der Vermeidung scheint für *Raab*, EuZA 2011, 537, 540, ausschlaggebend zu sein.

799 *Raab*, EuZA 2011, 537, 540.

800 Ein Betriebsübergang scheiterte aufgrund der fehlenden Identität, weil nicht weiterhin ein Leiharbeitsunternehmen betrieben wird, sondern eine konkrete Tätigkeit, wie im Fall *Albron* das Catering, dazu sogleich.

(1) Erfordernis des gleichen Betriebszwecks

Hierzu ist festzuhalten, dass es nach ständiger Rechtsprechung des EuGH, nunmehr kodifiziert in Art. 1 Abs. 1 lit. b), auf die Übernahme einer wirtschaftlichen Einheit ankommt, die zudem ihre Identität bewahrt. Für die Übernahme der wirtschaftlichen Einheit müsste, dem Urteil *Ayse Süzen*[801] folgend, ein Großteil der für diese Einheit wesentlichen Arbeitnehmer übernommen werden. Dies wird zumeist daran scheitern, dass der vertragliche Arbeitgeber, der einzig den Verleih der Arbeitnehmer zum Ziel hat, viele Arbeitnehmer auch an andere Betriebe veräußert hat, die Übernahme nur einiger dieser verliehenen Arbeitnehmer also kaum die Übernahme einer wirtschaftlichen Einheit darstellen wird. Sollte dies dennoch der Fall sein, beispielsweise weil immerhin ein Betriebsteil übernommen wird,[802] so muss noch die zweite Voraussetzung vorliegen, nämlich die Wahrung der bisherigen Identität. Dieses Kriterium wird als unverzichtbar erachtet, da es der Abgrenzung einerseits von der bloßen Betriebsmittelübernahme und andererseits der bloßen Funktionsnachfolge dient.[803] Für diese Identität muss unter anderem der nach dem Übergang verfolgte Betriebszweck dem vor dem Übergang verfolgten entsprechen. Im Hinblick auf das Leiharbeitsunternehmen müsste also vorher wie nachher nur das Ziel des Verleihs der Arbeitnehmer beabsichtigt sein. Fehlt es hieran (wie wohl meistens),[804] liegt kein Betriebs(teil)übergang vor.

(2) Folgerung beim Nichtvorliegen des gleichen Betriebszwecks – Vermeidung

Ein Betriebs(teil)übergang könnte demnach sehr leicht durch eine bestimmte Verleihkonstruktion vermieden werden. Man müsste nur einerseits einen Entleihbetrieb gründen, andererseits einen Leiharbeitsbetrieb(steil), der die für den Entleihbetrieb notwendigen Arbeitnehmer

---

801 EuGH v. 11.3.1997 – Rs. C-13/95 (*Ayse Süzen*), NZA 1997, 433, 434 (Rn. 21).

802 So auch im Fall *Jouini*, EuGH v. 13.9.2007 – Rs. C-458/05 (*Jouini*), NJW 2007, 3195, 3196 (Rn. 29 f.).

803 *Hamann*, Anmerkung zu BAG, Urteil v. 21.5.2008 – 8 AZR 481/07, AP Nr. 354 zu § 613a BGB; *Thüsing*, Europäisches Arbeitsrecht, 2008, § 5, Rn. 15; *Willemsen*, NZA 2009, 289, 292 f.

804 Vgl. hierzu für eine ähnliche Fallgestaltung BAG v. 23.9.2010 – 8 AZR 567/09, NZA 2011, 197, 199 (Rn. 36).

(ab-)stellt. Diese Konstruktion entspricht derjenigen im Fall *Albron*. Bei einem Erwerb sowohl des Entleihbetriebs als auch des dazugehörigen Leiharbeitsbetriebs(teils) mit dem Ziel der Vereinigung beider in einem einzigen Betrieb, blieben die Leiharbeitnehmer nach dem bisherigen Verständnis ohne den Schutz der Richtlinie. Oben wurde der Fall der „Vereinigung" bereits angesprochen: Ein Schutz der Arbeitnehmer über das Entleihunternehmen käme nach bisherigem Verständnis nicht in Betracht. Ein Schutz der Arbeitnehmer über das Leiharbeitsunternehmen schiede ebenfalls aus; denn es mangelte zumindest an der Identität der wirtschaftlichen Einheit aufgrund der Änderung des Betriebszwecks. Dieser besteht nicht mehr in der Arbeitnehmerüberlassung, sondern in der Tätigkeit, die die Arbeitnehmer vor dem Übergang schon genau so betrieben haben, nur eben als Leiharbeitnehmer. Im Fall *Albron* wäre dies das Catering.

Man könnte den Standpunkt vertreten, dies sei hinzunehmen, da die Voraussetzungen der Richtlinie, nämlich der Übergang einer ihre Identität bewahrenden wirtschaftlichen Einheit, nicht vorliegen. Unberücksichtigt bliebe dann jedoch hinsichtlich des Leiharbeitsbetriebs(teils) die Tatsache, dass hierzu die Vermeidung eines Betriebs(teil)übergangs geradezu „vorprogrammiert" wäre. Das Erfordernis des gleichen Betriebszwecks könnte „vorprogrammiert" vermieden werden mithilfe der geschilderten Verleihkonstruktion. Hinsichtlich des Entleihbetriebs(teils) könnte dieser veräußert werden, ohne dass sich auch nur ein Arbeitnehmer auf den Schutz der Richtlinie berufen könnte,[805] obwohl das Entleihunternehmen und damit die Einheit, in der die Leiharbeitnehmer dauerhaft tätig waren, fortbesteht. Nur aufgrund der Verleihkonstruktion und der hiermit einhergehenden Aufspaltung greift die Richtlinie also „von beiden Seiten" nicht ein. Es muss den Arbeitnehmern aber in der geschilderten Situation von einer dieser zwei Seiten aus ein Schutz zukommen, um eine mit der Richtlinie unvereinbare völlige Schutzlosstellung zu verhindern.

Vom Leiharbeitsbetrieb(steil) auszugehen und zur Lösung des geschilderten Problems den Weg zu wählen, für die dauerhafte Leiharbeit unter den geschilderten Umständen die Tatbestandsvoraussetzungen eines Betriebs(teil)übergangs, namentlich das Kriterium des gleichen Betriebszwecks[806] und damit das Identitätskriterium, aufzuweichen, überzeugt

---

805 *Raab*, EuZA 2011, 537, 541.

806 Beispielsweise könnte man die Identität auch dann noch anerkennen, wenn die ehemaligen Leiharbeitnehmer die identische Tätigkeit nunmehr als Stammarbeitnehmer verrichten. Man hielte dann den unterschiedlichen Betriebszweck – erst

nicht. Hierbei setzte man ohnehin einen Betriebs(teil)übergang des Entleihbetriebs(teils) voraus. Andernfalls könnten die Arbeitnehmer schon nicht[807] der Tätigkeit genau so nachgehen, wie sie dies vor dem Übergang bereits gemacht haben, nur eben als Leiharbeitnehmer. Dann überzeugt es jedoch mehr, sogleich nur auf den Übergang des Entleihbetriebs(teils) abzustellen. Zudem griffe die Lösung sonst nur bei den Fällen der Vereinigung, was den Schutz der Arbeitnehmer zu sehr einschränken würde. Und schließlich ist ein Schutz über den Entleihbetrieb(steil) auch aus dem weiter oben dargestellten Grund vorzuziehen, dass die maßgebliche rechtsgeschäftliche Disposition, die schließlich zum Arbeitsplatz- und damit Arbeitsverhältnisverlust führt, *vom Entleiher* ausgeht.[808] Ein Schutz kann und muss mithin über das Entleihunternehmen erfolgen. Andernfalls würde man den dauerhaft in einem Entleihbetrieb tätigen Leiharbeitnehmern regelmäßig *jeglichen* Schutz über die Richtlinie versagen, was nicht hinzunehmen ist.

Auch hier zeigt sich, dass der zusätzliche[809] Aspekt der Vermeidung nur dann überhaupt eingreifen kann, wenn der betroffene Teil des Leiharbeitsbetriebs eine wirtschaftliche Einheit darstellt, diesem also überhaupt der Schutz der Richtlinie zukommen könnte. Dies wäre dann der Fall, wenn dieser Teil übernommen und weiterhin Arbeitnehmerüberlassung betrieben werden würde. Liegt keine wirtschaftliche Einheit des Leiharbeitsbe-

---

Arbeitnehmerüberlassung, sodann (im Fall *Albron*) Catering – für unbeachtlich. In gewisser Weise würde man ähnlich – nämlich in „umgedrehter" Weise – wie das BAG in seiner Entscheidung vom 21.5.2008 entscheiden. Dort hatte es den gleichen Betriebszweck bejaht, obwohl die Arbeitnehmer die gleiche Tätigkeit nunmehr als Leiharbeitnehmer (und nicht mehr als Stammarbeitnehmer) verrichteten. Allerdings handelte es sich um eine betriebsmittelarme Tätigkeit, sodass diese Entscheidung möglicherweise nicht auf den Fall eines betriebsmittelgeprägten Betriebs – als welches sich das Catering in der Regel darstellt – übertragbar ist. Vgl. hierzu BAG v. 21.5.2008 – 8 AZR 481/07, NZA 2009, 144.

807 Dies wäre theoretisch nur dann der Fall, wenn der Entleiher und nicht ein dritter Erwerber die Arbeitnehmer übernähme. Aber das wird praktisch bei dieser Konstruktion nie der Fall sein, weil diese dauerhafte Aufspaltung ja gerade bewusst gewählt worden ist und nicht durch eine solche Übernahme der Arbeitnehmer durch den Entleiher wieder aufgelöst werden soll.

808 Dazu bereits oben, vierter Teil, § 9 A. III. 4. a) dd), S. 189.

809 Neben den oben schon dargestellten Aspekten, dass die maßgebliche rechtsgeschäftliche Disposition, die schließlich zum Arbeitsplatz- und damit Arbeitsverhältnisverlust führt, *vom Entleiher* ausgeht und dennoch nur ein Schutzdefizit ausgeglichen werden soll.

triebs vor, dann kann von einer Vermeidung eines „eigentlich" bestehenden Schutzes nicht die Rede sein. Die genannte „vorprogrammierte" Vermeidung geht also einher mit dem (Nicht-)Bestehen einer wirtschaftlichen Einheit des Leiharbeitsbetriebs im Entleihbetrieb(steil): Diese „vorprogrammierte" Vermeidung ist überhaupt nur möglich, wenn eine wirtschaftliche Einheit des Leiharbeitsbetriebs in dem Entleihbetrieb(steil) tätig ist.

(3) Ergebnis zur Problematik der Vermeidung eines Betriebs(teil)übergangs

Auch wenn man von dem Aspekt der Vermeidung ausgeht, zeigt sich, dass die einschränkende Voraussetzung einer wirtschaftlichen Einheit des Leiharbeitsbetriebs im Entleihbetrieb(steil) unabdingbare Voraussetzung für das Eingreifen eines Schutzes der Leiharbeitnehmer beim Betriebs(teil)übergang des Entleihbetriebs(teils) ist.

gg) Weitere Einwände tragen nicht

(1) Bruch mit bekannter Dogmatik hinzunehmen

Es ließe sich einwenden, dass es grundsätzlich nur auf Tatbestandsseite auf das Erfordernis einer wirtschaftlichen Einheit ankomme und damit auf das Zusammenwirken der Arbeitnehmer, Betriebsmittel usw. Die Rechtsfolgen hingegen seien immer auf den *einzelnen* Arbeitnehmer, das *einzelne* Betriebsmittel usw. bezogen. Verlangte man aber für den Eintritt einer bestimmten Rechtsfolge zusätzlich, dass eine wirtschaftliche Einheit des Leiharbeitsunternehmens im übertragenen Entleihbetrieb(steil) gegeben sein muss, würde man hiermit brechen. Ist solch eine Feststellung für den Grundfall eines Betriebsübergangs – neben dem Arbeitnehmer und dem Erwerber gibt es nur eine weitere Person – auch zutreffend, so kann eine solch eingeengte Sichtweise nicht überzeugen. Sie ist wie gezeigt der Tatsache geschuldet, dass den Arbeitnehmern sonst ein Schutz auch in solchen Fällen zukommen würde, in denen sie im Normalfall gar keinen Schutz erhalten könnten, was der Richtlinie nicht entsprechen würde. Diese Einschränkung ist also erforderlich, mag sie auch mit bekannter Dogmatik brechen.

(2) Schutz wird nicht grundlos versagt

Schließlich trägt auch der mögliche Einwand nicht, in teleologischer Hinsicht erscheine es unbillig, dem Einzelnen den Schutz der Richtlinie zu versagen, weil neben ihm nicht genügend weitere Leiharbeitnehmer dauerhaft im Entleihbetrieb(steil) tätig sind. Wenn eine wirtschaftliche Einheit des Leiharbeitsunternehmens im übertragenen Entleihbetrieb(steil) schon nicht besteht, besteht der obigen Auslegung folgend eben kein Grund dafür, den einzelnen Leiharbeitnehmer zu schützen. Ein Schutz entspräche dann gerade nicht der Richtlinie, sodass dieser auch nicht (grundlos) versagt wird bzw. werden könnte.

hh) Zwischenergebnis zur allgemeinen Schutzzweckproblematik

Es lässt sich festhalten, dass beim Betriebs(teil)übergang des Entleihunternehmens eine andere Beurteilung und damit ein Schutz der Leiharbeitnehmer über dieses Entleihunternehmen geboten ist, wenn die dauerhaft in dem übertragenen Entleihunternehmen eingesetzten Leiharbeitnehmer für sich eine wirtschaftliche Einheit des Leiharbeitsunternehmens ausmachen und das Leiharbeitsunternehmen eine anderweitige Einsatzmöglichkeit für den betroffenen Leiharbeitnehmer im Zeitpunkt des Betriebs(teil)übergangs nicht vorgesehen hat.

b) Doppelter Schutz?

aa) „Zu viel“ Schutz?

Aus der Sicht der niederländischen Regierung habe die Ausdehnung des Geltungsbereichs der Richtlinie 2001/23/EG auf Entsendefälle zur Folge, „dass den abgestellten Arbeitnehmern ein doppelter Schutz gewährt werde, weil sie auch beim Übergang des Unternehmens, das sie formell beschäftige, unter die Richtlinie 2001/23 fallen würden"[810]. Dieser „doppelte Schutz" wird gegen die Anwendbarkeit der Richtlinie ins Feld geführt.[811]

Wie auch der Generalanwalt ausführt[812], ist indes nicht ersichtlich, warum dies gegen eine Anwendbarkeit sprechen sollte. Dem erklärten Ziel, Schutz der Arbeitnehmer, wäre hierdurch gedient. Stellt man demnach allein auf einen möglicherweise zu großen Schutz ab, so kann dieses Argument schon deswegen nicht überzeugen. Zwar ist damit noch nichts darüber gesagt, ob nicht möglicherweise in systematischer Hinsicht ein *argumentum e contrario* aus Art. 2 Abs. 1 lit. c) der Richtlinie 2001/23/EG überzeugen kann: Denn nur für den Betrieb des Verleihers findet sich hier eine (die Leiharbeitnehmer schützende) Regelung, nicht hingegen auch für den Betrieb des Entleihers. Allerdings wurde oben ausführlich dargelegt, warum ein solches systematisches Argument nicht überzeugen kann.[813]

Zu beachten ist allerdings, dass dieser doppelte Schutz zwar nicht gegen, aber auch keineswegs für eine Anwendbarkeit der Richtlinie spricht. Schließlich soll der Schutz der Richtlinie nicht um seiner selbst willen eingreifen, sondern nur dann, wenn die von der Richtlinie bestimmten Voraussetzungen unter besonderer Beachtung des Zwecks der Richtlinie vorliegen. Insofern sei auf die obigen Ausführungen zur allgemeinen Schutzzweckproblematik verwiesen.[814]

bb) Regelmäßig kein doppelter Schutz

Es ist allerdings fraglich, ob ein solcher doppelter Schutz regelmäßig überhaupt gegeben wäre. Dies ist mit den folgenden Ausführungen, die größtenteils dem Aufsatz von *Raab* entstammen,[815] zu verneinen, was exem-

---

810 Schlussanträge Generalanwalt *Bot* v. 3.6.2010 – Rs. C-242/09 (*Albron*), Slg. 2010, I-10309 (Rn. 33).

811 *Gaul/Ludwig*, DB 2011, 298, 299; *Mengel*, Arbeitsrecht im Konzern 2010, 45, 67. So auch schon die niederländische Regierung, vgl. Schlussanträge Generalanwalt *Bot* v. 3.6.2010 – Rs. C-242/09 (*Albron*), Slg. 2010, I-10309 (Rn. 33).

812 Schlussanträge Generalanwalt *Bot* v. 3.6.2010 – Rs. C-242/09 (*Albron*), Slg. 2010, I-10309 (Rn. 53). Der Generalanwalt legt sich hier nicht fest, ob diese Möglichkeit überhaupt mit der Richtlinie vereinbar ist, geht hiervon aber in seiner folgenden Argumentation aus.

813 Vierter Teil, § 9 A. III. 2. b), S. 182.

814 Siehe dazu soeben, vierter Teil, § 9 A. III. 4. a), S. 185 ff.

815 Siehe zur folgenden Argumentation *Raab*, EuZA 2011, 537, 549 f.

plarisch am Fall *Albron* dargestellt werden soll. Im Rahmen der allgemeinen Schutzzweckproblematik wurde bereits angedeutet, dass eine Übernahme der Personalführungsgesellschaft *HNB* – oder wohl eher: eines Betriebsteils hiervon – praktisch nur denkbar ist, wenn die Verbindung zu der bisherigen Betriebsgesellschaft *Heineken Nederland* bestehen bleibt.

Es wurde dargestellt, dass die einzigen Ressourcen der *HNB* deren Arbeitnehmer sind. Bei solch einem betriebsmittelarmen Betrieb wie einer Verleihgesellschaft kann die wirtschaftliche Einheit (nur) aus der Gesamtheit von Arbeitnehmern entweder eines Betriebs oder eines abgrenzbaren Betriebsteils bestehen.[816] Es muss also ein nach Zahl und Sachkunde wesentlicher Teil des Personals vom Erwerber übernommen werden,[817] damit eine Übernahme der wirtschaftlichen Einheit „Personalführungsgesellschaft" anzunehmen ist. Die Übernahme dieser Arbeitnehmer ist indes für den Erwerber nur dann sinnvoll, wenn zugleich die Betriebsgesellschaft auf ihn übergeht, in der die Arbeitnehmer tätig sind. Es ist kaum ersichtlich, warum der Erwerber nur die Arbeitnehmer übernehmen sollte.

Möglicherweise macht er dies, um die Arbeitnehmer in seinem eigenen Betrieb einzusetzen; dann wiederum ist an der Identität der wirtschaftlichen Einheit mangels gleichartigen Betriebszwecks zu zweifeln.[818] Denn zuvor bestand der Betriebszweck in dem Verleih der Arbeitnehmer (Personalführungsgesellschaft), nach der Übernahme der Arbeitnehmer indes in einem direkten Einsatz, bspw. im Catering, ohne einen Verleih. Ein Betriebsübergang wäre zu verneinen,[819] ein Schutz der Arbeitnehmer durch die Richtlinie 2001/23/EG demnach ohnehin nicht gegeben.

---

816 Grundsätzlich zu betriebsmittelarmen Betrieben in diesem Zusammenhang: EuGH v. 11.3.1997 – Rs. C-13/95 (*Ayse Süzen*), NZA 1997, 433, 434 (Rn. 21); BAG v. 21.5.2008 – 8 AZR 481/07, NZA 2009, 144, 146 (Rn. 25); BAG v. 27.9.2007 – 8 AZR 941/06, NZA 2008, 1130, 1132 (Rn. 20); BAG v. 22.7.2004 – 8 AZR 350/03, NZA 2004, 1383, 1386; BAG v. 11.12.1997 – 8 AZR 729/96, NZA 1998, 534.

817 EuGH v. 11.3.1997 – Rs. C-13/95 (*Ayse Süzen*), NZA 1997, 433, 434 (Rn. 21); BAG v. 21.5.2008 – 8 AZR 481/07, NZA 2009, 144, 146 (Rn. 25).

818 Vgl. hierzu BAG v. 21.5.2008 – 8 AZR 481/07, NZA 2009, 144.

819 Dies spricht *Raab* nicht an, dies ist aber das Ergebnis einer konsequenten Subsumtion unter die in ständiger Rechtsprechung aufgestellten Merkmale eines Betriebsübergangs, namentlich dem „Übergang einer ihre Identität bewahrenden wirtschaftlichen Einheit". Vgl. hierzu für eine ähnliche Fallgestaltung BAG v. 23.9.2010 – 8 AZR 567/09, NZA 2011, 197, 199 (Rn. 36).

Nur dann, wenn der Betriebszweck des Verleihs beibehalten werden würde, der Verleih fortan jedoch an eine dritte Gesellschaft erfolgte, könnte von einer Bewahrung der Identität aufgrund gleichartiger[820] Tätigkeit und damit einem Betriebsübergang des Leiharbeitsunternehmens ausgegangen werden, ohne dass das ursprüngliche Entleihunternehmen involviert ist. Auch hier ist zwar nicht ganz klar, ob auch die Tätigkeit im Entleihbetrieb[821] eine Rolle spielt oder die Arbeitnehmerüberlassung allein als Zweck ausreicht[822]. Ein Betriebsübergang und damit ein Schutz durch die Richtlinie 2001/23/EG wären aber wohl zu bejahen. Praktisch wird dieser Fall jedoch nicht allzu häufig vorkommen.

Übernimmt der Erwerber *nicht* zugleich die Betriebsgesellschaft, so ist die Übernahme allein der Arbeitnehmer für ihn praktisch nur dann sinnvoll, wenn er diese Arbeitnehmer wiederum an die Betriebsgesellschaft verleiht, in der die Arbeitnehmer zuvor tätig waren. Dies würde auf einen Arbeitnehmerüberlassungsvertrag mit der Betriebsgesellschaft hinauslaufen, der Erhalt des Arbeitsplatzes wäre also weiterhin an die ursprüngliche wirtschaftliche Einheit der Betriebsgesellschaft gebunden, ein doppelter Schutz mithin zu verneinen.

Somit zeigt sich, dass bei der Übernahme der Leiharbeitnehmer entweder nach den allgemeinen Voraussetzungen schon gar kein Schutz durch

---

820 Zu dem Erfordernis derselben oder einer gleichartigen Tätigkeit siehe EuGH v. 12.2.2009 – Rs. C-466/07 (*Klarenberg*), NZA 2009, 251, 254 (Rn. 53). Dort heißt es: „… sofern die funktionelle Verknüpfung […] es dem Erwerber erlaubt, diese Faktoren zu nutzen, um derselben oder einer gleichartigen wirtschaftlichen Tätigkeit nachzugehen; …“. Aufgrund dieser Formulierung ist zugegebenermaßen unklar, wie sehr der EuGH das Identitätserfordernis lockern möchte, wann also noch von einer Gleichwertigkeit auszugehen ist. Dies stellt *Hamann* fest in: *Hamann*, Anmerkung zu BAG, Urteil v. 21.5.2008 – 8 AZR 481/07, Nr. 354 zu § 613a BGB.

821 Dies hat der EuGH ausdrücklich in seine Antwort aufgenommen, EuGH v. 13.9.2007 – Rs. C-458/05 (*Jouini*), NJW 2007, 3195, 3197 (Rn. 38), auch wenn dies aus der Argumentation nicht so deutlich wird (siehe speziell Rn. 35 und 37). Dass es auf die Tätigkeit im Entleihbetrieb ankommt scheinen *Simon/Hinrichs* anzunehmen, obwohl dies zugegebenermaßen aus ihren kurzen Ausführungen nicht ganz klar wird, *Simon/Hinrichs*, BB 2008, 115. Ähnlich *Klumpp*, EuZA 2009, 69, 75 f. und 78. Zu diesem Problem auch noch unten, vierter Teil, § 9 E. V. 2. c) cc) (2) (d), S. 291 ff.

822 So versteht *Klumpp* die Ausführungen des EuGH im Urteil *Jouini*, er ist jedoch anderen Meinung, *Klumpp*, EuZA 2009, 69, 73. *Laskawy/Lomb* scheinen allein den Zweck der Arbeitnehmerüberlassung für ausschlaggebend zu halten, *Laskawy/Lomb*, EWiR 2008, 155, 156. Ebenso *Beauregard*, RIW 2007, 937, 941.

die Richtlinie 2001/23/EG gegeben ist. Oder es ist zwar ein Schutz durch die Richtlinie 2001/23/EG gegeben, die Betriebsgesellschaft bzw. das Entleihunternehmen praktisch aber ohnehin involviert, sodass der mit der Personalführungsgesellschaft verbundene Schutz der Arbeitnehmer mit dem durch die Betriebsgesellschaft verliehenen Schutz einhergeht. Ein „doppelter Schutz“ liegt demnach nicht vor. Sollte sich aber in Ausnahmefällen doch ein doppelter Schutz ergeben – dies ist zumindest nicht ausgeschlossen –, so spricht dies wie oben aufgezeigt nicht gegen eine Anwendbarkeit der Richtlinie.

c) Ergebnis zum Zweck

Nach Sinn und Zweck der Richtlinie ist von einer Anwendbarkeit der Richtlinie und damit einem Übergang der Leiharbeitnehmer beim Übergang des Entleihunternehmens unter bestimmten Voraussetzungen auszugehen. Dies ist namentlich dann der Fall, wenn die dauerhaft in dem übertragenen Entleihunternehmen eingesetzten Leiharbeitnehmer für sich eine wirtschaftliche Einheit des Leiharbeitsunternehmens ausmachen und das Leiharbeitsunternehmen eine anderweitige Einsatzmöglichkeit für den betroffenen Leiharbeitnehmer im Zeitpunkt des Betriebsübergangs nicht vorgesehen hat. Dies hat regelmäßig nicht zur Folge, dass ein doppelter Schutz der Leiharbeitnehmer besteht; sollte dies ausnahmsweise der Fall sein, so spricht dies indes keineswegs gegen eine Anwendbarkeit der Richtlinie.

5. Ergebnis zur Auslegung

Die Auslegung der Richtlinie hat ergeben, dass teleologische Aspekte dafür entscheidend sind, dass die Richtlinie unter bestimmten Voraussetzungen auch dann auf die an das Entleihunternehmen versandten Arbeitnehmer anwendbar sein muss, wenn das Entleihunternehmen im Rahmen eines Betriebs(teil)übergangs auf den Erwerber übergeht. Diese schon mehrmals erwähnten bestimmten Voraussetzungen sind neben dem dauerhaften Einsatz des Leiharbeitnehmers in dem übertragenen Entleihunternehmen keine anderweitige Einsatzmöglichkeit für den betroffenen Leiharbeitnehmer im Zeitpunkt des Betriebs(teil)übergangs im Leiharbeitsunternehmen oder einem dritten Unternehmen und die Tatsache, dass diese so eingesetzten Arbeitnehmer eine wirtschaftliche Einheit des Leiharbeitsunternehmens im Entleihunternehmen ausmachen müssen.

IV. § 613a Abs. 1 S. 1 BGB

1. Auslegung

a) Wortlaut

In § 613a Abs. 1 S. 1 BGB ist die Rede von Arbeitsverhältnissen, ohne dass explizit auf vertragliche Arbeitsverhältnisse abgestellt werden würde. Da man durchaus das Verhältnis zwischen dem Leiharbeitnehmer und dem Entleiher – zumindest dem Sprachgebrauch nach – als Arbeitsverhältnis bezeichnen könnte, spricht der Wortlaut zumindest nicht gegen eine Anwendbarkeit des § 613a Abs. 1 S. 1 BGB auch auf dieses Verhältnis, wie es der Fäll wäre, wenn ausschließlich die Rede von einem Arbeitsvertrag wäre.

b) Systematik

aa) § 613a Abs. 1 S. 1 BGB

In § 613a Abs. 1 S. 1 BGB findet sich, anders als in Art. 3 Abs. 1 UAbs. 1 der Richtlinie, nicht die Formulierung „Arbeitsvertrag oder Arbeitsverhältnis", vielmehr ist nur allgemein die Rede von Arbeitsverhältnis. Das Arbeitsverhältnis ist dem Arbeitsvertrag nicht gegenübergestellt, sodass auch nicht aus der Existenz des einen („Arbeitsvertrag") auf die Voraussetzungen des anderen („Arbeitsverhältnis") geschlossen werden könnte. 613a Abs. 1 S. 1 BGB legt also nicht ebenso wie Art. 3 Abs. 1 UAbs. 1 der Richtlinie 2001/23/EG nahe, dass das Arbeitsverhältnis ohne vertragliche Bindung bestehen könne. Weil allerdings an keiner Stelle in § 613a BGB ein Arbeitsvertrag erwähnt ist, spricht der Wortlaut auch keineswegs für das Erfordernis eines Arbeitsvertrags.

bb) §§ 611-630 BGB

Die Vorschrift des § 613a BGB findet sich in dem Bürgerlichen Gesetzbuch im 2. Buch in dessen 8. Abschnitt und dem Titel 8 „Dienstvertrag". Diese Eingliederung legt es nahe, dass es auch in § 613a Abs. 1 S. 1 BGB eines Vertrags bedarf.

c) Historie

Aus der Gesetzgebungsgeschichte ergibt sich nicht ausdrücklich, dass es dem Gesetzgeber bei § 613a Abs. 1 S. 1 BGB gerade auf einen Arbeitsvertrag ankam.

Es kam dem Gesetzgeber in erster Linie auf eine Eingliederung in das Bürgerliche Gesetzbuch an sich an. Dies sollte deutlich machen, dass eine allgemeine Regelung der Rechtsfolgen für die Arbeitsverhältnisse gewollt war.[823] Die Grundsätze der Regelung sollten sich auf alle Arbeitnehmer erstrecken.[824] Aufgrund der Regelungen des Arbeitsverhältnisses in den §§ 611 ff. BGB lag es nahe, auch die Regelung des § 613a BGB hier zu platzieren. Doch ergibt sich hieraus nicht ausdrücklich das Erfordernis eines Arbeitsvertrags, sondern vielmehr nur die allgemeine Anwendbarkeit der Regelung auf alle Arbeitnehmer.

d) Zweck

Für die teleologische Auslegung gilt das für die Richtlinie Geschriebene entsprechend. Dies ist insofern auch ausschlaggebend dafür, dass ein Übergang der Leiharbeitnehmer auf den Erwerber nach § 613a Abs. 1 S. 1 BGB beim Betriebsübergang des Entleihunternehmens unter bestimmten Voraussetzungen anzunehmen ist. Diese Voraussetzungen sind namentlich ein dauerhafter Verleih des Leiharbeitnehmers an das Entleihunternehmen, keine anderweitige Einsatzmöglichkeit sowie das Vorhandensein einer wirtschaftlichen Einheit des Verleihers in dem übertragenen Entleihbetrieb(steil).

---

823 BT-Drs. 6/1786, S. 59.
824 BT-Drs. 6/1786, S. 59.

2. Ergebnis

Ein Übergang der Leiharbeitnehmer auf den Erwerber beim Betriebs(teil)übergang des Entleihunternehmens ist auch nach § 613a Abs. 1 S. 1 BGB unter den herausgearbeiteten Voraussetzungen ausnahmsweise zu bejahen.

V. Ergebnis

Eine Anwendbarkeit des Art. 3 Abs. 1 UAbs. 1 der Richtlinie 2001/23/EG sowie des § 613a Abs. 1 S. 1 BGB und damit ein Übergang der Leiharbeitnehmer beim Betriebs(teil)übergang des Entleihunternehmens ist (nur dann!) anzunehmen, wenn der in Frage stehende Leiharbeitnehmer dauerhaft an das Entleihunternehmen verliehen worden ist, es für ihn keine anderweitige Einsatzmöglichkeit im Zeitpunkt des Betriebs(teil)übergangs gibt und in dem übertragenen Entleihbetrieb(steil) eine wirtschaftliche Einheit des Verleihers vorhanden ist.

B. Keine Beschränkung auf Konzernsachverhalte

Weder die Richtlinie 2001/23/EG noch die Umsetzungsnorm des § 613a BGB sehen eine Beschränkung auf Konzernsachverhalte vor. Eine solche Beschränkung ergibt sich auch nicht aus systematischen oder historischen Gesichtspunkten. Schließlich folgt auch aus dem Ziel der Richtlinie 2001/23/EG, „die Kontinuität der im Rahmen einer wirtschaftlichen Einheit bestehenden Arbeitsverhältnisse unabhängig von einem Inhaberwechsel [zu] gewährleisten“[825], nichts anderes. Dieser Gedanke des Schutzes bei einem Inhaberwechsel greift unabhängig davon, ob der Inhaber der wirtschaftlichen Einheit innerhalb oder außerhalb eines Konzerns wechselt; in beiden Fällen muss eine Kontinuität der Arbeitsverhältnisse und der hieraus folgenden Rechte und Pflichten gewährleistet sein.

Eine Ausnahme ist auch in der dieser Arbeit maßgeblich zugrundeliegenden Konstellation nicht zu machen. Ein Blick auf die Auslegung der

---

825 Schlussanträge Generalanwalt *Bot* v. 3.6.2010 – Rs. C-242/09 (*Albron*), Slg. 2010, I-10309 (Rn. 36), mit Verweis auf EuGH v. 13.7.2007 – Rs. C-458/05 (*Jouini*), NJW 2007, 3195, 3196 (Rn. 23).

Richtlinie und des § 613a Abs. 1 S. 1 BGB zeigt,[826] dass es hiernach in keiner Weise darauf ankommt, dass ein Konzernsachverhalt gegeben ist. Es kann also nur auf die dort aufgeführten Voraussetzungen ankommen. Nicht entscheidend ist es, ob die Entsendung der Arbeitnehmer zwischen konzernangehörigen Unternehmen stattfindet oder aber zwischen Unternehmen, die nicht derart verbunden sind.[827] Ein „gute[r] Grund“[828] dafür, nur bei einem Konzernsachverhalt von einem Übergang der Rechte und Pflichten aus den Arbeitsverhältnissen der Leiharbeitnehmer auszugehen, ist nicht ersichtlich.

C. Maßgeblichkeit des Status‘ und der Rolle des Personals im Entleihbetrieb

Gaul/Ludwig werfen die Frage auf, ob die Leiharbeitnehmer nur dann auf den Erwerber übergehen, wenn das gesamte oder jedenfalls das nach Zahl und Sachkunde wesentliche Personal in dem von der Übertragung betroffenen Entleihbetrieb oder -betriebsteil dauerhaft als Leiharbeitnehmer eingesetzt gewesen ist.[829]

Nicht zuletzt aufgrund der Tatsache, dass sich keinerlei Ausführungen der Autoren zu dieser Frage in ihrem Aufsatz finden, ist nicht ganz klar, wie diese von *Gaul/Ludwig* angedachte „Voraussetzung“ zu verstehen ist. Man könnte diese als eine Voraussetzung des Tatbestandes eines Betriebsübergangs deuten (dazu unter I.). Andererseits ist es ebenso möglich, dass dies keine Frage des Tatbestandes eines Betriebsübergangs, sondern eine Frage der Rechtsfolge darstellen soll: Liegt ein Betriebsübergang ungeachtet dessen vor, dann gehen – neben den bekannten Folgen – zusätzlich die Leiharbeitnehmer auf den Erwerber über, wenn eine zusätzliche Voraussetzung, nämlich die von *Gaul/Ludwig* formulierte – gegeben ist (dazu

---

826 Siehe zur Auslegung oben, vierter Teil, § 9 A. III. und IV., S. 178 ff. und S. 203 ff.

827 *Bauer/von Medem*, NZA 2011, 20, 22; *Forst*, RdA 2011, 228, 232 und 236; *Mückl*, GWR 2011, 45; *Kühn*, NJW 2011, 1408, 1409; *Willemsen*, NJW 2011, 1546, 1549. Wohl auch *Sagam*, ZESAR 2011, 412, 421. A.A. *Junker*, NZA 2011, 950, 952. Die Konzernsituation wird von den Autoren zwar angesprochen, jedoch argumentativ nicht verarbeitet.

828 *Junker*, NZA 2011, 950, 952. *Junker* nennt den „gute[n] Grund“ in seinen Ausführungen nicht.

829 *Gaul/Ludwig*, DB 2011, 298, 299.

unter II.). Das Vorliegen eines Betriebsübergangs würde hierdurch aber nicht tangiert.

Aufgrund der Tatsache, dass sich diese von *Gaul/Ludwig* formulierte Voraussetzung nicht sinnvoll einordnen lässt, war dieser Teil nicht bereits im Rahmen der Auslegung der Betriebsübergangsregelungen zu erörtern, sondern dieser Teil ist gesondert abzuhandeln.

I. Als Voraussetzung auf Tatbestandsseite eines Betriebsübergangs

Als Voraussetzung des Tatbestandes eines Betriebsübergangs hätte die von *Gaul/Ludwig* genannte Voraussetzung Bedeutung dafür, *ob* ein Betriebsübergang vorläge oder nicht.

1. Allgemein zur Rolle des Personals bei einem Betriebsübergang

a) Bedeutung der Übernahme des Personals durch den Erwerber

Geht es um die Rolle der im übertragenen Unternehmen tätigen Arbeitnehmer, so kann zumindest deren Übernahme nach ständiger Rechtsprechung des EuGH und des BAG maßgeblich für die Frage sein, ob ein Betriebsübergang gegeben ist oder nicht. Die frühere Ansicht, Arbeitnehmer seien auf Rechtsfolgenseite maßgeblich und könnten damit nicht zugleich Voraussetzung eines Betriebsübergangs sein (sog. Konfusionsargument),[830] ist spätestens seit dem EuGH-Urteil *Ayse Süzen*[831] nicht mehr mit den europäischen Vorgaben vereinbar. Das BAG hat sich dementsprechend den Ausführungen des EuGH mit Urteil vom 22.5.1997 angeschlossen.[832]

830 So die zuvor ständige Rechtsprechung des BAG, bspw. BAG v. 14.7.1994 – 2 AZR 55/94, NZA 1995, 27. Zwar wurde schon vorher bspw. in BAG v. 9.2.1994 – 2 AZR 781/93, NZA 1994, 612, die Übernahme eines Arbeitnehmers als Indiz herangezogen. Die ständige Rechtsprechung entsprach aber dennoch der Ansicht, die sich für das Konfusionsargument aussprach.

831 EuGH v. 11.3.1997 – Rs. C-13/95 (*Ayse Süzen*), NZA 1997, 433. Zuvor auch schon EuGH v. 18.3.1986 – Rs. 24/85 (*Spijkers*), Slg. 1986, 1119, 1128 f. (Rn. 13), allerdings wurde erst in der Rechtssache *Ayse Süzen* deutlich gemacht, wie die Ausführungen in der Rechtssache *Spijkers* zu verstehen sind.

832 BAG v. 22.5.1997 – 8 AZR 101/96, NJW 1997, 3188, 3189.

Ausgangspunkt der Überlegungen ist, dass die Anwendbarkeit der Richtlinie 2001/23/EG – und dem folgend auch des § 613a BGB – voraussetzt, dass eine auf Dauer angelegte wirtschaftliche Einheit übergegangen ist, deren Tätigkeit nicht auf die Ausführung eines bestimmten Vorhabens beschränkt ist.[833] Nach den wiederkehrenden Aussagen des EuGH[834] müssen „bei der Prüfung, ob die Voraussetzungen für den Übergang einer auf Dauer angelegten wirtschaftlichen Einheit erfüllt sind, sämtliche den betreffenden Vorgang kennzeichnenden Tatsachen berücksichtigt werden" (Gesamtbetrachtung). Hierzu gehören „namentlich die Art des betreffenden Unternehmens oder Betriebes, der etwaige Übergang der materiellen Betriebsmittel wie Gebäude und bewegliche Güter, der Wert der immateriellen Aktiva im Zeitpunkt des Übergangs, *die etwaige Übernahme der Hauptbelegschaft durch den neuen Inhaber* [Hervorhebung durch den Verfasser], der etwaige Übergang der Kundschaft sowie der Grad der Ähnlichkeit zwischen den vor und nach dem Übergang verrichteten Tätigkeiten und die Dauer einer eventuellen Unterbrechung dieser Tätigkeiten". Entscheidend ist der folgende Aspekt: Laut dem EuGH sind diese Umstände „jedoch nur Teilaspekte der vorzunehmenden Gesamtbewertung und dürfen deshalb nicht isoliert betrachtet werden". Das nationale Gericht habe "bei der Bewertung der maßgeblichen Tatsachen die Art des betroffenen Unternehmens oder Betriebs zu berücksichtigen", wobei hierunter speziell die Unterscheidung nach betriebsmittelgeprägten und betriebsmittelarmen, also im Wesentlichen dienstleistungsorientierten Tätigkeiten fällt. Deswegen kann die Tatsache allein, dass das gesamte Personal übernommen worden ist, nicht für sich betrachtet einen Betriebsübergang begründen. Es kommt noch darauf an, ob dieses Personal prägend für genau den in Frage stehenden Betrieb ist. Auch kann eine geänderte Organisationsstruktur trotz Übernahme des Personals gegen einen Betriebsübergang sprechen. Dies ist Ausdruck der eingangs erwähnten Gesamtbetrachtung.

Zu betriebsmittelarmen Betrieben führt der EuGH aus:

> „Soweit in bestimmten Branchen, in denen es im wesentlichen auf die menschliche Arbeitskraft ankommt, eine Gesamtheit von Arbeitnehmern, die

833 Ständige Rechtsprechung des EuGH, bspw. EuGH v. 20.11.2003 – Rs. C-340/01 (*Abler*), NZA 2003, 1385; EuGH v. 15.12.2005 – Rs. C-232,232/04 (*Güney-Görres*), NZA 2006, 29.

834 Die folgenden Ausführungen in Anführungszeichnen sind Zitate aus den Urteilen des EuGH und stellen die ständige Rechtsprechung des EuGH dar, bspw. EuGH v. 20.11.2003 – Rs. C-340/01 (*Abler*), NZA 2003, 1385, 1386 (Rn. 33 ff.).

durch eine gemeinsame Tätigkeit dauerhaft verbunden sind, eine wirtschaftliche Einheit darstellt, kann eine solche Einheit ihre Identität über ihren Übergang hinaus bewahren, wenn der neue Unternehmensinhaber nicht nur die betreffende Tätigkeit weiterführt, sondern auch eine[n] nach Zahl und Sachkunde wesentlichen Teil des Personals übernimmt, das sein Vorgänger gezielt bei dieser Tätigkeit eingesetzt hatte. Denn in diesem Fall erwirbt – entsprechend den Ausführungen im Urteil Rygaard, Tz. 21 – der neue Unternehmensinhaber eine organisierte Gesamtheit von Faktoren, die ihm die Fortsetzung der Tätigkeiten oder bestimmter Tätigkeiten des übertragenden Unternehmens auf Dauer erlaubt."[835]

Da die Rolle der Arbeitnehmer je nach Art des übertragenen Betriebs unterschiedlich zu gewichten ist, ergibt sich konsequenterweise, dass selbst bei Übernahme eines wesentlichen Teils des Personals sowohl nach der Rechtsprechung des EuGH[836] als auch des BAG[837] nicht automatisch ein Betriebsübergang zu bejahen wäre. Andersherum schließt aber auch die Tatsache, dass keinerlei Personal übernommen wird, keineswegs aus, dass dennoch ein Betriebsübergang gegeben sein kann.[838]

b) Bedeutung des Personals und seiner Zusammensetzung vor dem Betriebsübergang

Besteht auch für die Übernahme des Personals eine gefestigte Rechtsprechung, so wurde sich mit der Frage, inwiefern das Personal und dessen Zusammensetzung vor dem Betriebsübergang für das Vorliegen eines Betriebsübergangs bedeutsam ist, noch nicht unmittelbar befasst.

Aus dem unter a) Dargestellten lassen sich allerdings mittelbar Kenntnisse gewinnen. So heißt es, wie soeben bereits zitiert, in ständiger Rechtsprechung, dass eine Einheit unter bestimmten Umständen ihre Identität bewahren könne, „soweit in bestimmten Branchen, in denen es im Wesentlichen auf die menschliche Arbeitskraft ankommt, eine Gesamtheit von Arbeitnehmern, die durch eine gemeinsame Tätigkeit dauerhaft verbunden

---

835 EuGH v. 11.3.1997 – Rs. C-13/95 (*Ayse Süzen*), NZA 1997, 433, 434 (Rn. 21).

836 Beispielsweise EuGH v. 25.1.2001 – Rs. C- 172/99 (*Oy Liikenne*), NZA 2001, 249.

837 BAG v. 23.9.2010 – 8 AZR 567/09, NZA 2011, 197; BAG, Urteil v. 3.11.1998 – 3 AZR 484/97. Zu der letztgenannten Entscheidung *Meyer*, Tatbestand, S. 126.

838 Aus der Rechtsprechung des EuGH: EuGH v. 20.11.2003 – Rs. C-340/01 (*Abler*), NZA 2003, 1385. Aus der Rechtsprechung des BAG: BAG, Urteil v. 25.5.2000 – 8 AZR 337/99.

sind, eine wirtschaftliche Einheit darstellt [...]"[839]. Aus dem Zusammenhang ergibt sich, dass dies als Voraussetzung dafür angesehen wird, dass überhaupt ein Übergang einer ihre Identität bewahrenden Einheit aufgrund der Übernahme von Personal in Betracht kommt. Infolgedessen müssen die Arbeitnehmer, deren Übernahme in Frage steht, vor dem Betriebsübergang durch eine gemeinsame Tätigkeit dauerhaft verbunden gewesen sein.

2. Voraussetzung ist auf Tatbestandsseite abzulehnen

Jetzt lässt sich auch der mögliche Anknüpfungspunkt für die Überlegung von *Gaul/Ludwig* erkennen. Die im Entleihbetrieb tätigen Arbeitnehmer müssten durch eine gemeinsame Tätigkeit dauerhaft verbunden gewesen sein. Handelte es sich bei den dort tätigen Arbeitnehmern ausschließlich um Leiharbeitnehmer, so müssten diese dort dauerhaft eingesetzt gewesen sein, könnte sonst doch auch keine dauerhafte Verbindung zwischen den Arbeitnehmern entstehen. Ein dauerhafter Einsatz der Leiharbeitnehmer im Entleihbetrieb ist auch dann erforderlich, wenn dort neben den Leiharbeitnehmern Stammarbeitnehmer tätig gewesen sind. Damit die Leiharbeitnehmer als Teil dieser Gesamtheit angesehen werden könnten, müssten sie jeweils dauerhaft im Entleihbetrieb eingesetzt worden sein. Dies gilt unabhängig davon, ob der wesentliche Teil der im Entleihbetrieb tätigen Arbeitnehmer aus Stamm- oder aus Leiharbeitnehmern besteht. Allerdings darf nicht übersehen werden, dass dieses Erfordernis der dauerhaften Verbindung zwischen den Arbeitnehmern eine entscheidende Rolle lediglich bei betriebsmittel*armen* Betrieben spielt; für den Übergang eines betriebsmittel*geprägten* Betriebes ist solch eine dauerhafte Verbundenheit der Arbeitnehmer indes keineswegs ein notwendiges Kriterium zur Bejahung eines Betriebsübergangs.[840]

Würde man die Voraussetzung, dass das gesamte oder jedenfalls das nach Zahl und Sachkunde wesentliche Personal in dem von der Übertragung betroffenen Betrieb oder Betriebsteil dauerhaft als Leiharbeitnehmer

---

839 EuGH v. 11.3.1997– Rs. C-13/95 (*Ayse Süzen*), NZA 1997, 433, 434 (Rn. 21).

840 Aus diesem Grund wäre es auch falsch, den Schluss zu ziehen, dass Leiharbeitnehmer von dem Übergang gerade *deswegen* ausschließlich bei einem *dauerhaften* Verleih erfasst sind. Der Übergang nur solcher Leiharbeitnehmer, die dauerhaft an das übertragene Unternehmen verliehen gewesen sind, hat vielmehr andere Gründe, siehe dazu oben, vierter Teil, § 9 A. III. 4. a) bb), S. 187.

eingesetzt gewesen sein muss, als Voraussetzung des Tatbestandes eines Betriebsübergangs sehen, so wäre dies aus mehreren Gründen problematisch.

a) Möglicherweise Verkennung der Art des übertragenen Unternehmens

Zunächst würde eine solche Voraussetzung der Art des übertragenen Unternehmens nicht gerecht. Bereits oben wurde deutlich gemacht, dass bei der vorzunehmenden Gesamtbetrachtung auch nach der Art des übertragenen Unternehmens zu unterscheiden ist,[841] also danach, ob es sich um ein betriebsmittelarmes oder betriebsmittelgeprägtes Unternehmen handelt.

aa) Art des übertragenen Entleihbetriebs je nach Betriebszweck unterschiedlich

Steht in Frage, ob Leiharbeitnehmer wie im Fall *Albron* bzw. in der dieser Arbeit maßgeblich zugrundeliegenden Konstellation auf den Erwerber übergehen, so geht es darum, ob ein Betriebsübergang des Entleihunternehmens anzunehmen ist. Folglich ist die Art des Entleihunternehmens maßgeblich: Es ist festzustellen, ob es sich hierbei um ein betriebsmittelarmes oder ein betriebsmittelgeprägtes Unternehmen handelt. Dies kann wie immer je nach Einzelfall variieren. Es geht ja gerade nicht um den Übergang des Verleihunternehmens – ein solches ist anerkanntermaßen betriebsmittelarm –[842], sondern um das Entleihunternehmen. Dieses kann jedweden anderen Betriebszweck verfolgen, was sich je nach dem auf die Art des Unternehmens auswirkt. Ein Beispiel für ein betriebsmittelgeprägtes Entleihunternehmen stellt das Cateringunternehmen im Fall *Albron* dar. Der EuGH hat hierzu festgestellt, dass dies nicht als eine Tätigkeit an-

---

841 Siehe soeben, vierter Teil, § 9 C. I. 1. a), S. 207.

842 EuGH v. 13.9.2007 – Rs. C-458/05 (*Jouini*), NJW 2007, 3195, 3197 (Rn. 35). Der EuGH stellte hier fest, die Tätigkeit von Leiharbeitsunternehmen erfordere „insbesondere Fachkenntnisse, eine geeignete Verwaltungsstruktur zur Organisation dieses Verleihens der Arbeitnehmer und eine Gesamtheit von Leiharbeitnehmern, die sich in die entleihenden Unternehmen integrieren und für diese die geforderten Aufgaben wahrnehmen können". Dagegen seien „weitere bedeutende Betriebsmittel für die Ausübung der in Rede stehenden wirtschaftlichen Tätigkeit nicht notwendig". Dazu auch *Forst*, RdA 2011, 228, 235.

gesehen werden könne, bei der es im Wesentlichen auf die menschliche Arbeitskraft ankomme. Grund hierfür sei, dass Inventar in beträchtlichem Umfang erforderlich sei.[843] Gingen die Räumlichkeiten und das zur Verfügung gestellte Inventar über, reiche dies – natürlich entschieden nur für den speziellen Fall – für die Erfüllung der Merkmale des Übergangs der wirtschaftlichen Einheit aus.[844] Dass auf der anderen Seite der Erwerber keinen nach Zahl und Sachkunde wesentlichen Teil des Personals, welches der Veräußerer für die Durchführung der Verpflegung eingesetzt hatte, übernommen habe, reiche hingegen nicht aus, einen Übergang einer ihre Identität bewahrenden Einheit im Sinne der Richtlinie auszuschließen.[845] Und auch die Rechtsprechung des BAG stimmt hiermit überein. Eine Betriebskantine wird vom 8. Senat als regelmäßig nicht betriebsmittelarmer Betrieb angesehen,[846] sodass auch hiernach den Betriebsmitteln eine entscheidende Rolle zukommt.

bb) Personal muss nicht in jedem Fall maßgeblich sein

Da das in Frage stehende, übertragene Entleihunternehmen somit durchaus betriebsmittelgeprägt sein kann, ist folgendes zu beachten: In der Rechtsprechung gab es Fälle bei der Übertragung betriebsmittelgeprägter Unternehmen, in denen keinerlei Personal übernommen worden ist.[847] Dennoch wurde ein Betriebsübergang angenommen.[848] Wenn aber ein Betriebsübergang unter Umständen auch dann bejaht werden kann, wenn keinerlei Personal übernommen wird, kann konsequenterweise auch die dem vorgelagerte Voraussetzung einer Gesamtheit von Arbeitnehmern, die durch eine gemeinsame Tätigkeit dauerhaft verbunden sind, in diesen Fällen keine Rolle spielen. Es kommt in diesen Fällen folglich auf die Situation der Ar-

---

843 EuGH v. 20.11.2003 – Rs. C-340/01 (*Abler*), NZA 2003, 1385, 1386 (Rn. 36).

844 EuGH v. 20.11.2003 – Rs. C-340/01 (*Abler*), NZA 2003, 1385, 1386 (Rn. 36).

845 EuGH v. 20.11.2003 – Rs. C-340/01 (*Abler*), NZA 2003, 1385, 1386 (Rn. 37).

846 BAG v. 17.12.2009 – 8 AZR 1019/08, NZA 2010, 499, 502. Das BAG macht allerdings am Ende der Entscheidung deutlich, dass die menschliche Arbeitskraft deswegen aber natürlich nicht ohne Weiteres bedeutungslos ist.

847 Aus der Rechtsprechung des EuGH: EuGH v. 20.11.2003 – Rs. C-340/01 (*Abler*), NZA 2003, 1385. Aus der Rechtsprechung des BAG: BAG, Urteil v. 25.5.2000 – 8 AZR 337/99.

848 EuGH v. 20.11.2003 – Rs. C-340/01 (*Abler*), NZA 2003, 1385; BAG, Urteil v. 25.5.2000 – 8 AZR 337/99.

beitnehmer vor dem Betriebsübergang nicht an. Damit ist die Voraussetzung als eine solche des Tatbestandes eines Betriebsübergangs abzulehnen.

b) Widerspruch zur Gesamtbetrachtung des EuGH

Hieran schließt sich auch die Feststellung an, dass eine solch starre Voraussetzung gegen die in ständiger Rechtsprechung vertretene Gesamtbetrachtung verstößt. Der EuGH führt immer wieder aus, sämtliche Umstände seien „nur Teilaspekte der vorzunehmenden Gesamtbewertung und dürfen deshalb nicht isoliert betrachtet werden"[849]. Es gibt demnach kein K.O.-Kriterium, dessen (Nicht-)Vorhandensein *per se* zur Bejahung oder Verneinung eines Betriebsübergangs führen kann. Ein solches K.O.-Kriterium stellte die in Frage stehende Voraussetzung jedoch dar, würde man diese ungeachtet der sonstigen Umstände zwingend als Voraussetzung zur Erfüllung des Tatbestandes eines Betriebsübergangs fordern, zumal wie gezeigt die Betriebszwecke und damit die Art des Unternehmens (betriebsmittelarm oder –geprägt) variieren kann. Auch aus diesem Grund ist die Voraussetzung, dass das gesamte oder jedenfalls das nach Zahl und Sachkunde wesentliche Personal in dem von der Übertragung betroffenen Betrieb oder Betriebsteil dauerhaft als Leiharbeitnehmer eingesetzt gewesen sein muss, abzulehnen.

3. Ergebnis zur Voraussetzung als Voraussetzung des Tatbestandes eines Betriebsübergangs

Als Voraussetzung des Tatbestandes eines Betriebsübergangs kann die Voraussetzung, dass das gesamte oder jedenfalls das nach Zahl und Sachkunde wesentliche Personal in dem von der Übertragung betroffenen Betrieb oder Betriebsteil dauerhaft als Leiharbeitnehmer eingesetzt gewesen sein muss, nicht überzeugen und ist abzulehnen.

---

849 So bspw. EuGH v. 20.11.2003 – Rs. C-340/01 (*Abler*), NZA 2003, 1385, 1386 (Rn. 34).

II. Als Voraussetzung auf Rechtsfolgenseite eines Betriebsübergangs

Es ist aber auch möglich, diese Voraussetzung derart zu verstehen, dass sie das (Nicht-)Vorliegen eines Betriebsübergangs nicht tangiert. Sie hätte dann Auswirkungen lediglich auf der Rechtsfolgenseite bei der Frage, welche Arbeitnehmer übergehen. Es handelte sich mithin um eine zusätzliche Voraussetzung, die gegeben sein müsste, damit – neben den bekannten Rechtsfolgen eines Betriebsübergangs – eine zusätzliche Rechtsfolge, namentlich der Übergang der Leiharbeitnehmer, eintreten würde.

Jetzt wird deutlich, dass solch eine Voraussetzung der Art nach nichts anderes ist als die Voraussetzungen, die beispielweise nach der Zurechnungs-, der Zuordnungs- oder auch der Lösung der gespaltenen Veräußererstellung gefordert werden. Wie soeben gezeigt, wurde das Kriterium eines nach Zahl und Sachkunde wesentlichen Teils des Personals bisher nur auf Tatbestandsseite verwandt, um die Identität einer wirtschaftlichen Einheit zu begründen. Eine wirtschaftliche Einheit als Voraussetzung auf der Rechtsfolgenseite mutet demnach zunächst befremdlich an; wie jedoch ausführlich im Rahmen der teleologischen Auslegung der Richtlinie gezeigt, bedarf es ausnahmsweise solch einer zusätzlichen Voraussetzung auf Rechtsfolgenseite, allerdings nicht in der Art, wie *Gaul/Ludwig* diese vorliegend andenken. *Gaul/Ludwig* nehmen Bezug auf den übertragenen Entleihbetrieb(steil). Es geht um das nach Zahl und Sachkunde wesentliche Personal dieses übertragenen *Entleih*betriebs(teils). Im Rahmen der teleologischen Auslegung wurde jedoch deutlich gemacht, dass eine wirtschaftliche Einheit – und damit ein nach Zahl und Sachkunde wesentlicher Teil des Personals –[850] des *Leiharbeits*unternehmens im übertragenen Entleihbetrieb(steil) vorhanden sein muss. Der Bezug muss also zum Leiharbeitsunternehmen, nicht zum Entleihunternehmen bestehen. Insofern kann die Voraussetzung, die *Gaul/Ludwig* zugegebenermaßen lediglich andenken, auch auf Rechtsfolgenseite nicht überzeugen.

850 Zu den Einzelheiten dieser Voraussetzung einer wirtschaftlichen Einheit des Leiharbeitsunternehmens im übertragenen Entleihbetrieb(steil) siehe ausführlich unten, vierter Teil, § 9 E. V. 2. c), S. 283 ff.

III. Ergebnis

Es lässt sich festhalten, dass der Übergang der Leiharbeitnehmer nicht davon abhängig sein kann, dass bzw. ob das gesamte oder jedenfalls das nach Zahl und Sachkunde wesentliche Personal in dem von der Übertragung betroffenen Betrieb oder Betriebsteil dauerhaft als Leiharbeitnehmer eingesetzt gewesen ist.

D. Folge der Anwendbarkeit: festes Arbeitsverhältnis einzig mit dem Erwerber

Nachdem festgestellt worden ist, dass die Richtlinie 2001/23/EG unter bestimmten Voraussetzungen auf Leiharbeitnehmer bei einem Betriebs(teil)übergang des entleihenden Unternehmens Anwendung finden muss, gilt es im Folgenden zu klären, welche Folge in dieser Konstellation nach den Vorgaben der Richtlinie und des § 613a Abs. 1 S. 1 BGB überzeugt: Ein Übergang nur als Leiharbeitsverhältnis oder eine Umwandlung zu einem festen Arbeitsverhältnis *einzig* mit dem Erwerber?

I. Wortlaut

Häufig wird der Wortlaut des Art. 3 Abs. 1 UAbs. 1 der Richtlinie 2001/23/EG für einen Übergang nur eines Leiharbeitsverhältnisses angeführt.[851] Hiernach gehen die Rechte und Pflichten „des Veräußerers" auf den Erwerber über; wenn nur der Entleiher als Veräußerer angesehen werden würde, so könnten auch nur die zu diesem bestehenden Rechte und Pflichten übergehen.[852] Der Arbeitnehmer bliebe danach also ein Leiharbeitnehmer des Verleihers. Fortan wäre er aber an den Erwerber ausgeliehen. Damit ginge nur das Leiharbeitsverhältnis über. Auch bei dieser Argumentation zeigt sich, dass die Frage, ob nur das Leiharbeitsverhältnis übergeht, direkt mit den übergehenden Rechten und Pflichten zusammenhängt. Diese wiederum hängen maßgeblich von der Bezugsperson des Veräußerers ab. Diesbezüglich ist der Wortlaut allerdings nicht eindeutig, wie bereits im Rahmen der Anwendbarkeit der Richtlinie ausführlich auf-

851 *Bauer/von Medem*, NZA 2011, 20, 21 f.; *Forst*, RdA 2011, 228, 232 f.
852 *Bauer/von Medem*, NZA 2011, 20, 21.

gezeigt worden ist, was nicht zuletzt an den verschiedenen sprachlichen Fassungen der Richtlinie liegt.[853] Insofern ist eine reine Argumentation mit dem Wortlaut für einen Übergang nur des Leiharbeitsverhältnisses nicht überzeugend.

In § 613a Abs. 1 S. 1 BGB ist die Rede von Arbeitsverhältnissen. Man könnte das Verhältnis zwischen dem Leiharbeitnehmer und dem Entleiher durchaus – zumindest dem Sprachgebrauch nach – als Arbeitsverhältnis bezeichnen. Auch hier spricht der Wortlaut jedoch nicht ausschließlich für diese Interpretation, geht die Bezugsperson, zu der das Arbeitsverhältnis bestanden haben muss, aus § 613a Abs. 1 S. 1 BGB doch nicht deutlich hervor.

Der Wortlaut hilft vorliegend nicht weiter.

II. Vertrag zu Lasten Dritter

Gegen eine Umwandlung zu einem festen Arbeitsverhältnis *einzig* mit dem Erwerber und damit für einen Übergang als Leiharbeitsverhältnis wird zudem angeführt, „der Unternehmenskaufvertrag würde sich als Vertrag zu Lasten Dritter (des Leiharbeitnehmers und des Verleihers) auswirken“[854]. Der Grundsatz eines Verbots des Vertrags zu Lasten Dritter sei nicht nur im deutschen Recht allgemein anerkannt, sondern zähle überdies „zum gemeinsamen Besitzstand vieler Mitgliedstaaten“[855]. Dass Verträge zu Lasten Dritter im deutschen Recht verboten sind, entspricht der allgemeinen Meinung.[856] Aus dem Grundsatz der Privatautonomie folgt, dass sich jeder selbstbestimmt einigen kann.[857] Wenn andere sich aber für einen Dritten ohne dessen Einverständnis zu dessen Lasten einigen, so sind hieraus folgende Verpflichtungen oder Verfügungen nicht selbst-, sondern fremdbestimmt und damit grundsätzlich unzulässig. Dieses Verbot ist auch auf europäischer Ebene verankert und dementsprechend auch auf dieser Ebene – gerade von dem EuGH – zu beachten.

---

853 Siehe dazu oben, vierter Teil, § 9 A. III. 1. b), S. 180.
854 *Forst*, RdA 2011, 228, 233.
855 *Forst*, RdA 2011, 228, 232.
856 *Roth*, in: FS Hadding, S. 253.
857 *Roth*, in: FS Hadding, S. 253 f.

1. Rechtssache Werhof

So hat der EuGH bereits das Verbot von Verträgen zu Lasten Dritter selbst als Grundsatz bezeichnet.[858] In seinem Urteil *Werhof* ging es ebenfalls um einen Unternehmensübergang. Problematisch war die Weitergeltung eines Kollektivvertrags auch für den Erwerber, obwohl dieser nicht Mitglied einer Arbeitgeberorganisation und durch keinen Kollektivvertrag gebunden war. Der EuGH führte aus, dass eine dennoch entstehende Bindung des Erwerbers an Kollektivverträge grundsätzlich einen „Verstoß gegen den Grundsatz, dass Verträge zu Lasten Dritter unzulässig sind“[859], darstelle. Im Folgenden machte der EuGH aber deutlich, dass der Gemeinschaftsgesetzgeber[860] den Arbeitnehmern beim Übergang des Unternehmens einen besonderen Schutz garantiere und deswegen gewissermaßen eine Ausnahme hiervon zu machen sei. Wiederum einschränkend sei eine Bindung aber nur derart gerechtfertigt, dass der Kollektivvertrag in seiner Fassung am Tag des Übergangs aufrechterhalten werde; nur der *status quo* werde demnach bewahrt, nicht hingegen zukünftige günstige Änderungen des Tarifvertrags.[861] Im Ergebnis gibt es folglich eine statische Weitergeltung der bisherigen kollektivvertraglichen Arbeitsbedingungen.[862]

Es lässt sich also festhalten, dass der genannte Grundsatz des Verbots von Verträgen zu Lasten Dritter vom EuGH anerkannt ist. In dem Urteil *Werhof* handelte es sich allerdings bei dem Verweis auf das Verbot von

---

858 EuGH v. 9.3.2006 – Rs. C-499/04 (*Werhof*), NZA 2006, 376, 377 (Rn. 23). Der EuGH verweist auf die Schlussanträge des Generalanwalts *Ruiz-Jarabo*, wo dieser von dem „allgemeinen Grundsatz pacta tertiis nec nocent“ spricht, siehe Schlussanträge Generalanwalt *Ruiz-Jarabo* v. 15.11.2005 – Rs. C-499/04 (*Werhof*), Slg. 2006, I-2397 (Rn. 52). Der Generalanwalt bezieht sich auf die späteren, nach dem Unternehmensübergang geänderten Kollektivverträge, die für den Erwerber wegen dieses Grundsatzes nicht bindend sein dürfen. Der EuGH scheint sich weitgehender *zusätzlich* auf den Kollektivvertrag schon vor dem Übergang zu beziehen; hier war der Erwerber ja auch nicht am Vertrag(sschluss) beteiligt, doch gelte dann quasi eine Ausnahme vom genannten Grundsatz *pacta tertiis nec nocent*.

859 EuGH v. 9.3.2006 – Rs. C-499/04 (*Werhof*), NZA 2006, 376, 377 (Rn. 23).

860 Heute ist dies der *Unions*gesetzgeber.

861 EuGH v. 9.3.2006 – Rs. C-499/04 (*Werhof*) NZA 2006, 376, 378 (Rn. 28 f.).

862 Der Frage, ob aufgrund des Urteils *Werhof* möglicherweise die neue Rechtsprechung des BAG zu kleinen dynamischen Bezugnahmeklauseln (keine Auslegung als Gleichstellungsabrede) unionsrechtswidrig ist, soll in dieser Arbeit nicht nachgegangen werden. Siehe dazu *Thüsing*, NZA 2006, 473, 474 f.

Verträgen zu Lasten Dritter lediglich um einen Verweis einleitender Art. Damit sollte einzig deutlich gemacht werden, dass zwei Parteien keinesfalls in einem Vertrag Verpflichtungen eines unbeteiligten Dritten begründen können. In einem nächsten Schritt wurde dann jedoch einschränkend klargestellt, dass bei einem Unternehmensübergang Verträge auf den Erwerber übergehen können, und somit quasi ein Vertrag zu Lasten des Erwerbers vorliege, dies jedoch aufgrund des überwiegenden Schutzgedankens hinzunehmen sei. Im Ergebnis macht der EuGH damit das Verhältnis zwischen dem allgemeinen Verbot von Verträgen zu Lasten Dritter und den gesetzlichen Regelungen zum Unternehmensübergang deutlich. Es steht also bei einem Unternehmensübergang gar nicht in Frage, ob nicht möglicherweise aufgrund des besonderen Schutzes bei Unternehmensübergängen die negativen Auswirkungen für den Dritten hinzunehmen sind und daher das Verbot von Verträgen zu Lasten eines Dritten einzuschränken ist, sondern diese Einschränkung des allgemeinen Instituts ist vielmehr *immer* der Fall beim Vorliegen von Unternehmensübergängen. Kurz gesagt: Greift die Richtlinie ein, bringt dies automatisch eine Einschränkung des Verbots von Verträgen zu Lasten Dritter mit sich. Dies stellt der EuGH aber im Urteil *Werhof* nur für solche Verträge fest, die im Vorfeld von dem Veräußerer mit anderen Parteien geschlossen worden sind und im Rahmen eines Unternehmensübergangs auf den Erwerber kraft Gesetzes übergehen. Der Fall *Werhof* enthält keine Aussage zu anderen Verträgen, die im Rahmen eines Unternehmensübergangs stehen, wie beispielsweise auch der Unternehmenskaufvertrag selbst.

Damit lässt sich nur festhalten, dass es das Verbot von Verträgen zu Lasten Dritter auch nach der Rechtsprechung des EuGH gibt, der EuGH im Fall *Werhof* jedoch keinerlei übertragbare Vorgaben für den Fall *Albron* macht, und insofern die allgemeinen Grundsätze zu dem Verbot von Verträgen zu Lasten Dritter eingreifen.

2. Unternehmenskaufvertrag hier kein unzulässiger Vertrag zu Lasten eines Dritten

Forst behauptet, nicht nur der Verleiher, sondern auch der Leiharbeitnehmer sei ein Dritter, zu dessen Lasten sich der Unternehmenskaufvertrag auswirke. Doch hier bleibt *Forst* eine Erklärung schuldig, warum es sich um einen Vertrag *zu Lasten* des Leiharbeitnehmers handeln soll. Immerhin erhielte der Leiharbeitnehmer ein festes Arbeitsverhältnis zum Erwerber, weswegen eine Auswirkung zu seinen Lasten *prima facie* nicht ersichtlich ist. Zu Recht geht *Forst* aber davon aus, dass sich der Unternehmenskaufvertrag zwischen Entleiher und Erwerber zu Lasten des Verleihers auswirken würde, da dieser seine Arbeitnehmer verlöre.

Allerdings ist trotz solch einer Auswirkung nicht gesagt, dass tatsächlich ein Vertrag zu Lasten des Verleihers vorliegt, kann es sich doch lediglich um einen rechtlich unbeachtlichen Reflex handeln.[863] Ein unzulässiger Vertrag zu Lasten eines Dritten liegt nämlich „nur dann vor, wenn durch ihn unmittelbar eine Rechtspflicht eines am Vertrag nicht beteiligten Dritten – ohne seine Autorisierung – entstehen soll“[864]. In diesen Fällen ist es von den Vertragsparteien gerade gewollt, dass „die juristischen Folgen des Vertrags den Dritten treffen“[865]. Anders ist dies bei einem Reflex; die Drittwirkung tritt „nicht unmittelbar als Folge eines Willens“[866] ein. Im Einzelfall kann aber auch hier die Vereinbarung unzulässig sein.[867] Vorliegend regeln der Entleiher und Erwerber mit dem Unternehmenskaufvertrag erst einmal nur den (Ver-)Kauf des Unternehmens. Die Drittwirkung – der Verleiher verliert seine im übertragenen entleihenden Unternehmen(steil) tätigen Arbeitnehmer – tritt nicht unmittelbar als Folge eines Willens der Parteien ein. Vielmehr verliert der Verleiher seine Arbeitnehmer erst aufgrund der gesetzlichen Regelungen zum Betriebsübergang. Damit ist nur ein Reflex gegeben. Unter den im Rahmen der Auslegung zur Anwendbarkeit der Richtlinie 2001/23/EG und des § 613a Abs. 1 S. 1 BGB herausgearbeiteten Voraussetzungen muss in diesen Fällen der Schutz der Leiharbeitnehmer überwiegen, sodass der Unternehmenskaufvertrag keinen unzulässigen Vertrag zu Lasten des Verleihers darstellt.

Zudem kann der Verweis auf einen unzulässigen Vertrag zu Lasten des Verleihers als Drittem in solchen Fällen nicht überzeugen, in denen es zwischen dem Veräußerer und Erwerber überhaupt keine vertraglichen Beziehungen gibt, aber dennoch ein Betriebsübergang gegeben ist.[868] *Forst* selbst hat sich jedoch wohl nur auf die vorliegende Konstellation des Fal-

---

863 Solch ein Reflex lag vor in BGH v. 29.6.2004 – VI ZR 211/03, NJW 2004, 3326, 3327.

864 BGH v. 29.6.2004 – VI ZR 211/03, NJW 2004, 3326, 3327.

865 *Roth*, in: FS Hadding, S. 253, 254.

866 *Roth*, in: FS Hadding, S. 253, 254.

867 *Roth*, in: FS Hadding, S. 253, 254.

868 Der EuGH hat hier einen Betriebsübergang bejaht, EuGH v. 10.2.1988 – Rs. 324/86 (*Daddy's Dance Hall*), Slg. 1988, 739, 753 (Rn. 10); EuGH v. 11.3.1997 – Rs. C-13/95 (*Ayse Süzen*), NZA 1997, 433 (Rn. 12).

les *Albron* bezogen: Dort war eben ein Vertrag zwischen dem Veräußerer und dem Erwerber gegeben, jedoch, wie zuvor gezeigt, liegen die Voraussetzungen eines Vertrags zu Lasten eines Dritten nicht vor.

3. Ergebnis zum Vertrag zu Lasten eines Dritten

Wie gezeigt worden ist, bedeutet eine Umwandlung zu einem festen Arbeitsverhältnis *einzig* mit dem Erwerber nicht, dass es sich bei dem Unternehmenskaufvertrag zwischen dem Entleiher und dem Erwerber um einen unzulässigen Vertrag zu Lasten des Verleihers handelt. Vielmehr stellt der Verlust seiner Arbeitnehmer nur einen rechtlich unbeachtlichen Reflex dar.

III. Zweck der Richtlinie

Schließlich spräche nach Meinung einiger Autoren der Zweck der Richtlinie dafür, nur den Übergang als *Leih*arbeitsverhältnis anzunehmen.[869]

1. Inhaltsänderung

So wird ausgeführt, die Richtlinie beabsichtige den Erhalt des *status quo*,[870] den „Erhalt des Besitzstandes“[871]. Ginge nicht nur das Leiharbeitsverhältnis über, sondern stünde der Leiharbeitnehmer nach dem Betriebs(teil)übergang in einem festen Arbeitsverhältnis *einzig* mit dem Erwerber, so erfolge eine unzulässige Inhaltsänderung:[872] Denn vorher ging es um den Einsatz bei wechselnden Entleihern, nach dem Übergang indes allein um die Arbeit im Einsatzbetrieb des Erwerbers, da der Erwerber ja kein Verleihunternehmen sei.[873] Solch eine Inhaltsänderung sei aber allein aufgrund des Betriebsübergangs nicht gerechtfertigt.[874] Für die Frage der Inhaltsänderung ist im Folgenden nur entscheidend, dass statt eines Leih-

---

869 *Bauer/von Medem*, NZA 2011, 20, 22; *Forst*, RdA 2011, 228, 233.
870 *Forst*, RdA 2011, 228, 233.
871 *Bauer/von Medem*, NZA 2011, 20, 22.
872 *Forst*, RdA 2011, 228, 233.
873 *Bauer/von Medem*, NZA 2011, 20, 22.
874 *Forst*, RdA 2011, 228, 233.

arbeitsverhältnisses ein Stammarbeitsverhältnis gegeben wäre. Die konkret nach dem Betriebsübergang geltenden Rechte und Pflichten für den Erwerber können an dieser Stelle noch außer Betracht bleiben.[875]

Ob eine Rechtfertigung tatsächlich nicht gegeben ist, kann nur beurteilt werden, wenn die Konsequenzen eines Übergangs nur des Leiharbeitsverhältnisses – exemplarisch am Fall *Albron* – untersucht werden. Geht nur das Leiharbeitsverhältnis über, so sind die Arbeitnehmer zwar erst einmal weiterhin als Leiharbeitnehmer beschäftigt, mit dem Unterschied, dass der Einsatz fortan bei *Albron* erfolgt, und nicht mehr bei *Heineken Nederland*. Geht auch der Arbeitnehmerüberlassungsvertrag auf den Erwerber über, so ist der Erwerber zunächst an die hierin vereinbarte Überlassung gebunden. Jedoch sehen diese Verträge typischerweise nur kurze Kündigungsfristen vor,[876] sodass der Erwerber den Einsatz der Leiharbeitnehmer zügig wieder beenden könnte. Ginge der Arbeitnehmerüberlassungsvertrag nicht über, so sollte eine Beendigung des Einsatzes des Leiharbeitnehmers im Betrieb des Erwerbers noch einfacher möglich sein. Die Beendigung des Entleihs führt in einer Konstellation wie im Fall *Albron*, in der die Arbeitnehmer nur im Bereich des Caterings eingesetzt werden können,[877] es diesen Bereich durch den Übergang auf *Albron* jedoch nicht mehr gibt, zu einem dauerhaften Wegfall der Beschäftigungsmöglichkeit. Damit wäre für den Verleiher zumindest einmal ein Grund für eine betriebsbedingte Kündigung gegeben, wenn auch weitere Voraussetzungen für eine wirksame Kündigung vorliegen müssen. Dies wurde im Rahmen der teleologischen Auslegung der Richtlinie und des § 613a Abs. 1 S. 1 BGB zur Anwendbarkeit ausführlich dargestellt. Betrachtet man die Situation der Ar-

875 Welche Rechte und Pflichten nach dem Betriebsübergang konkret zwischen dem Arbeitnehmer und dem Erwerber gelten, wird weiter unten ausführlich behandelt, siehe dazu vierter Teil, § 9 E. V. 4., S. 303 ff.

876 Siehe hierzu: Liebers-*Lembke/Fesenmeyer*, Formularbuch, H. Fremdpersonaleinsatz, S. 333, Rn. 9 (Vorzeitige Kündigung mit einer Frist von einem Kalendertag mit Wirkung zum Ende des folgenden Kalendertages); Bauer/Lingemann/Diller/Haußmann-*Lingemann*, Kapitel 10, II., (Muster M 10.2), S. 396 (Kündigung mit einer Frist von zwei Wochen zum Monatsende). Eine wesentlich schlechtere Gestaltung für den Erwerber und gar eine automatische Verlängerung um drei Monate, wenn der Überlassungsvertrag nicht zwei Wochen vor Ablauf des Vertrages schriftlich gekündigt wird, wird vorgeschlagen von Hümmerich/Lücke/Mauer-*Wisswede*, Arbeitsrecht, § 1, Kapitel 1, VII, 3., S. 438.

877 Hiervon ist vorliegend wohl auszugehen, da es sich um Mitarbeiter der Abteilung „Lieferung von Mahlzeiten“ handelte, siehe EuGH v. 21.10.2010 – Rs. C-242/09 (*Albron*), NJW 2011, 439 (Rn. 11).

beitnehmer ohne die tatsächlichen Folgen des Betriebsübergangs, so bestünde diese Gefahr einer Kündigung der betroffenen Arbeitnehmer zumindest *faktisch* nicht. Dann gäbe es weiterhin den Bereich des Caterings, in dem die Arbeitnehmer eingesetzt würden und es wäre faktisch nicht davon auszugehen, dass diese Arbeitnehmerüberlassung von *Heineken Nederland* beendet werden würde. Damit gäbe es weiterhin die Beschäftigungsmöglichkeit der Leiharbeitnehmer und ein betriebsbedingter Kündigungsgrund wäre für den Verleiher nicht gegeben. Im Ergebnis zeigt sich demnach, dass der Schutz der Arbeitnehmer unabhängig von einem Inhaberwechsel faktisch nicht gewährleistet wäre, wenn lediglich das Leiharbeitsverhältnis überginge. Es besteht für die Leiharbeitnehmer faktisch die Gefahr der Kündigung wesentlich mehr, als dies der Fall wäre, wenn kein Inhaberwechsel vorliegen würde. Dies widerspricht aber dem Ziel der Richtlinie; der *status quo* bliebe nicht erhalten. Der Einwand, es verwirkliche sich lediglich ein der Leiharbeit immanentes Risiko, greift unter gewissen, im Rahmen der teleologischen Auslegung dargestellten Voraussetzungen, gerade nicht.

Mithin liegt zwar in der Tat eine Inhaltsänderung vor. Jedoch ist dies aus soeben genannten Gründen hinzunehmen, da ansonsten faktisch eine Kündigung der Arbeitnehmer drohen würde und damit eine Verschlechterung der Situation der Arbeitnehmer.[878]

2. Teleologische Aspekte für die Anwendbarkeit der Betriebsübergangsregelungen

Schließlich ist erneut auf die teleologische Auslegung der Richtlinie und des § 613a Abs. 1 S. 1 BGB zur Anwendbarkeit auf Leiharbeitnehmer beim Betriebs(teil)übergang des entleihenden Unternehmens zu verweisen.[879]

Es wurde deutlich gemacht, dass in erster Linie ein Schutz der Leiharbeitnehmer über das Leiharbeitsunternehmen ausreichend und hierüber gewährleistet ist. Ein Schutz über das Entleihunternehmen sollte hingegen nur ausnahmsweise in Betracht kommen. Hierbei ist nicht beabsichtigt,

---

878 A.A. *Thüsing*, ZESAR 2010, 69, 70, der der Meinung ist, solch eine Verbesserung lasse sich auch unter starker Betonung teleologischer Auslegung mit dem Anliegen der Richtlinie nicht vereinbaren.

879 Siehe dazu oben, vierter Teil, § 9 A. III. 4. a), S. 185 ff.

den Arbeitnehmern mehr Schutz zu gewähren, als dies über das Leiharbeitsunternehmen möglich wäre. Der Schutz über das Entleihunternehmen soll dem Schutz, der über das Leiharbeitsunternehmen gewährleistet sein würde, also entsprechen, nicht jedoch darüber hinausgehen.

Würde ein Schutz des Leiharbeitnehmers über das Leiharbeitsnehmen eingreifen, so ginge gerade das Vertragsverhältnis über und eben nicht nur das Leiharbeitsverhältnis. Entsprechend entspricht es dem *Telos* der Richtlinie, dass unter den genannten Voraussetzungen eine Umwandlung in ein festes Arbeitsverhältnis *einzig* mit dem Erwerber erfolgt.

3. Ergebnis zum Zweck

Im Ergebnis kann nach dem Zweck dann, wenn den Leiharbeitnehmern ausnahmsweise ein Schutz über das Entleihunternehmen gewährt werden muss, nur überzeugen, dass der Betriebsübergang zu einem festen Arbeitsverhältnis des ehemaligen Leiharbeitnehmers *einzig* mit dem Erwerber führt.[880]

IV. Ergebnis

Im Ergebnis ist davon auszugehen, dass der Betriebsübergang zu einem festen Arbeitsverhältnis des ehemaligen Leiharbeitnehmers *einzig* mit dem Erwerber führt.

E. Entscheidung für einen Begründungsweg

Im Folgenden wird sich mit den oben bereits dargestellten Begründungswegen eingehend auseinandergesetzt. Hierbei sind die jeweiligen Voraussetzungen, die rechtliche Konstruktion und die angeführten Argumente ausführlich zu erörtern und speziell mit Blick auf die Auslegung der Richtlinie und des § 613a Abs. 1 S. 1 BGB zur Anwendbarkeit auf Leihar-

---

880 Erneut sei darauf hingewiesen, dass auf die nach dem Betriebsübergang konkret zwischen dem Arbeitnehmer und dem Erwerber geltenden Rechte und Pflichten weiter unten ausführlich eingegangen wird, siehe dazu vierter Teil, § 9 E. V. 4., S. 303 ff.

beitnehmer bei einem Betriebs(teil)übergang des entleihenden Unternehmens kritisch zu würdigen. Im Anschluss gilt es, einen eigenen Begründungsweg herauszuarbeiten, der insbesondere der teleologischen Auslegung der Richtlinie und des § 613a Abs. 1 S. 1 BGB Rechnung trägt.

I. Ansatz des nichtvertraglichen Arbeitgebers

1. Konstruktion des nichtvertraglichen Arbeitgebers

Ausgehend von der Definition des Veräußerers in Art. 2 Abs. 1 lit. a) der RL 2001/23/EG führt der EuGH aus, maßgebliche Voraussetzung für die Bejahung der Eigenschaft als Veräußerer sei der Verlust der Arbeitgeberstellung durch *Heineken Nederland. Heineken Nederland* wurde hierbei vom EuGH als nichtvertraglicher Arbeitgeber behandelt, definiert als „das Unternehmen … zu dem die Arbeitnehmer … entsandt waren, ohne jedoch mit diesem durch einen Arbeitsvertrag verbunden zu sein“[881]. Es wurde kurz festgestellt, dass ein nichtvertraglicher Arbeitgeber durchaus nach dem Wortlaut des Art. 3 Abs. 1 UAbs. 1 der Richtlinie möglich erscheint.

a) Gewünschte Rechtsfolge kann nicht erreicht werden

Allerdings ist solch eine Argumentation nicht zielführend. Wenn die Rechte und Pflichten dieses nichtvertraglichen Arbeitgebers als Veräußerer nach Art. 3 Abs. 1 UAbs. 1 auf den Erwerber übergehen, so gehen eben nur die sich aus der Stellung als nichtvertraglicher Arbeitgeber ergebenden Rechte und Pflichten über. Dies entspricht einem Übergang nur des Leiharbeitsverhältnisses. Dies kann indes zum einen, wie oben gezeigt,[882] nicht überzeugen, zum anderen entspricht es auch nicht dem vom EuGH angestrebten Ergebnis, nämlich dem Übergang sämtlicher vertraglicher und nichtvertraglicher Rechte und Pflichten. Das vom EuGH gewünschte Ergebnis besteht ja gerade darin, dass *Albron* den Leiharbeitnehmern die gleichen Arbeitsbedingungen bieten muss, die für die Leiharbeitnehmer

881 EuGH v. 21.10.2010 – Rs. C-242/09 (*Albron*), NJW 2011, 439, 440 (Rn. 20).
882 Siehe dazu oben, vierter Teil, § 9 D., S. 215 ff.

unmittelbar vor dem Betriebsübergang beim Veräußerer galten.[883] Das Vorliegen eines Unternehmensübergangs im Sinne der RL 2001/23/EG hat nämlich nach Art. 3 Abs. 1 UAbs. 1 RL 2001/23/EG zur Folge, dass „die Rechte und Pflichten des *Veräußerers* [Hervorhebung des Verfassers]... auf den Erwerber über[gehen]". Unmittelbar vor dem Betriebsübergang ergaben sich die Arbeitsbedingungen der Leiharbeitnehmer auch[884] aus dem Arbeitsvertrag mit der Personalführungsgesellschaft *HNB*, so insbesondere das Arbeitsentgelt. *Heineken Nederland* hatte zwar die nichtvertraglichen Rechte und Pflichten, darunter speziell das Weisungsrecht, inne. Folgt[e] man indes der EuGH-Ansicht, so mag der Veräußerer auch ein nichtvertraglicher Arbeitgeber sein können; weiterhin können aber nur solche Rechte und Pflichten auf den Erwerber übergehen, die gerade gegenüber dem Veräußerer bestanden, hier also beispielsweise ebendiese Stellung als nichtvertraglicher Arbeitgeber,[885] wenn man denn (nur) *Heineken Nederland* als Veräußerer ansehen wollte. Jene Rechte und Pflichten, die nur mit der *HNB* bestanden, können aber dadurch nicht übergehen.[886] Es kann eben nicht *mehr* auf den Erwerber übertragen werden, als der Veräußerer selbst inne hatte.[887] Sieht man mit dem EuGH *Heineken Nederland* als (einen) Veräußerer an, so müsste dann entweder auch die *HNB* als Veräußerer angesehen werden,[888] und diese müsste zudem ebenso maßgeblich sein wie die *Heineken Nederland*; oder aber man muss diese Rechte und Pflichten der *HNB* als zu *Heineken Nederland* bestehend ansehen. Die ausschließliche Maßgeblichkeit des nichtvertraglichen Arbeitgebers *Heineken Nederland* kann aber nicht überzeugen. Nur darauf stellt der EuGH aber ab.

Dass die *Heineken Nederland* nach Ansicht des EuGH der – wenn auch nichtvertragliche – Arbeitgeber der Leiharbeitnehmer unmittelbar vor dem Unternehmensübergang gewesen ist, hat im Ergebnis zwar den Mehrge-

---

883 Dass dieses das vom EuGH gewünschte Ergebnis ist, wurde bereits deutlich gemacht, siehe dazu oben, vierter Teil, § 8 A. III., S. 121 ff.

884 Nichtvertragliche Rechte und Pflichten, bspw. das Weisungsrecht, bestanden zum Entleiher *Heineken Nederland.*

885 Vgl. *Willemsen*, NJW 2011, 1546, 1548.

886 Vgl. *Willemsen*, NJW 2011, 1546, 1548.

887 *Willemsen*, NJW 2011, 1546, 1548: *Nemo plus iuris transferre potest quam ipse habet* – Niemand kann mehr Rechte übertragen, als er selbst besitzt. Dieser Grundsatz stammt aus dem *corpus iuris civilis*, Digesten Buch 50, Titel 17, *lex* 54.

888 Zu solch einem Verständnis unten, vierter Teil, § 9 E. V. 3. a), S. 298 ff.

winn, dass die Leiharbeitnehmer mit auf den Erwerber übergehen; nicht aber ist hiermit also erreicht, dass die Rechte und Pflichten, die gegenüber der *HNB* bestehen, gleichfalls übertragen werden. Da die Begründung die gewünschte Rechtsfolge nicht trägt, betitelt *Willemsen* diese Begründung des EuGH zutreffend als eine „Scheinbegründung“[889].

b) Widerspruch zum nationalen Verständnis unbeachtlich

aa) Widerspruch zum nationalen Verständnis

Dass das entleihende Unternehmen *Heineken Nederland* vom EuGH als – wenn auch nichtvertraglicher – Arbeitgeber der Leiharbeitnehmer beurteilt wird, ist mit Blick auf das nationale Verständnis kritisch zu sehen.

(1) Deutsches Recht

Es gibt keine Legaldefinition des Arbeitgebers im deutschen Recht. Vielmehr wird dieser Begriff vom Gesetzgeber vorausgesetzt.[890] Eine Begriffsbestimmung erfolgt lediglich mittelbar über den Arbeitnehmer, indem der Arbeitgeber als der „Vertragspartner des Arbeitnehmers“ bestimmt wird.[891] Im Kontext der vertraglichen Schuldverhältnisse ist nach dem allgemeinen arbeitsrechtlichen Begriff des Arbeitgebers derjenige Arbeitgeber, der der jeweilige Gläubiger des Anspruchs auf Arbeitsleistung und zugleich Schuldner des Arbeitsentgelts gegenüber dem Arbeitnehmer ist.[892] Teilweise spricht das Bundesarbeitsgericht den Arbeitsvertrag auch explizit an und definiert den Arbeitgeber als denjenigen, der die Dienstleistungen vom Arbeitnehmer kraft Arbeitsvertrags fordern könne.[893] In der Literatur wird oftmals letztere Bestimmung und damit ausdrücklich der Arbeitsvertrag aufgegriffen und der zweite Halbsatz der erstgenannten

---

889 *Willemsen*, NJW 2011, 1546, 1548.

890 APS-*Preis*, C. Grundbegriffe, Rn. 73.

891 BAG v. 8.4.1992 – 7 ABR 56/91, NZA 1993, 415, 417; APS-*Preis*, C. Grundbegriffe, Rn. 73; Schaub-*Vogelsang*, § 16, Rn. 1.

892 BAG v. 16.10.1974 – 4 AZR 29/74, NJW 1975, 710; BAG v. 8.4.1992 – 7 ABR 56/91, NZA 1993, 415, 417.

893 BAG v. 9.9.1982 – 2 AZR 253/80, AP Nr. 1 zu § 611 BGB Hausmeister.

Definition angefügt, sodass Arbeitgeber hiernach derjenige sei, der die Dienstleistungen vom Arbeitnehmer kraft Arbeitsvertrags fordern könne und zugleich Schuldner des Vergütungsanspruchs des Arbeitnehmers sei.[894] Zusammenfassend lässt sich festhalten, dass nach allgemeiner Meinung im deutschen Recht also ein Arbeitsvertrag zum Arbeitnehmer für die Stellung als Arbeitgeber dieses Arbeitnehmers notwendig ist.[895] Auch die eingangs erwähnte allgemeine arbeitsrechtliche Bestimmung, die den Arbeitsvertrag nicht ausdrücklich erwähnt, muss einen Vertrag zwischen beiden Parteien doch voraussetzen. Woraus sonst sollte sich speziell der Anspruch auf die Vergütung ergeben, wenn nicht aus einem Vertrag zu dem jeweiligen Leiharbeitnehmer?

Wendet man dieses Verständnis auf den Fall *Albron* an, so war *Heineken Nederland* nicht Arbeitgeber der Leiharbeitnehmer: Es gab einen Arbeitsvertrag nur zwischen der *HNB* und den Leiharbeitnehmern, nicht jedoch zwischen *Heineken Nederland* und den Leiharbeitnehmern.[896] Daher ist die Arbeitgeberstellung von *Heineken Nederland* in Bezug auf die Leiharbeitnehmer zu verneinen.

Dieses Ergebnis entspricht der herrschenden Ansicht im deutschen Recht zur generellen Beziehung des entleihenden Unternehmens zum Leiharbeitnehmer. Hiernach ist trotz der besonderen Dreieckskonstellation nur das Leiharbeitsunternehmen Arbeitgeber des Leiharbeitnehmers, nicht jedoch das entleihende Unternehmen.[897]

---

894 APS-*Preis*, C. Grundbegriffe, Rn. 73, mit Verweis auf BAG v. 9.9.1982 – 2 AZR 253/80, AP Nr. 1 zu § 611 BGB Hausmeister – in jenem Urteil findet sich allerdings nur der erste Halbsatz; *Willemsen*, NJW 2011, 1546, 1548 (in der Fußnote 9).

895 *Ausdrücklich* einen Arbeitsvertrag fordernd: Bamberger/Roth-*Fuchs*, § 611, Rn. 32; BeckOKArbR-*Joussen*, § 611, Rn. 30; *Kortstock*, Nipperdey Lexikon Arbeitsrecht, Arbeitgeber; APS-*Preis*, C. Grundbegriffe, Rn. 73; ErfK-*Preis*, § 611 BGB, Rn. 183; Küttner-*Röller*, Personalbuch, Arbeitgeber, Rn. 1.

896 Dies gilt generell bei der Leiharbeit: Vertragliche Beziehungen bestehen nur zwischen dem Verleiher und dem Leiharbeitnehmer, nicht zwischen dem Entleiher und dem Leiharbeitnehmer, Schaub-*Koch*, § 120, Rn. 43, 65.

897 Siehe zur besonderen Dreieckskonstellation schon oben, zweiter Teil, § 4 C. II. 2., S. 47.

(2) Niederländisches Recht

Da das Ausgangsverfahren in den Niederlanden stattfand, sollte auch ein Blick auf das niederländische Recht geworfen werden. In Buch 7 Art. 610 Abs. 1 Burgerlijk Wetboek heißt es:

> „De arbeidsovereenkomst is de overeenkomst waarbij de ene partij, de werknemer, zich verbindt in dienst van de andere partij, de werkgever, tegen loon gedurende zekere tijd arbeid te verrichten."

Wörtlich übersetzt heißt dies:[898]

> „Der Arbeitsvertrag ist der Vertrag, durch den sich eine Partei, der Arbeitnehmer, gegenüber der anderen Partei, dem Arbeitgeber, für bestimmte Zeit zur entgeltlichen Arbeitsleistung verpflichtet."

Auch hier bedarf es demzufolge eines Arbeitsvertrags zwischen dem Arbeitnehmer und dem Arbeitgeber. Aus dieser Definition des Arbeitsvertrags ergibt sich, dass der Arbeitgeber eine der zwei Parteien eines Arbeitsvertrags ist. Das niederländische Recht entspricht hier also dem deutschen. Nach dem oben Gesagten widerspricht die Konstruktion eines nichtvertraglichen Arbeitgebers damit ebenfalls dem niederländischen Rechtsverständnis.[899]

Dass der Veräußerer bei einem Betriebsübergang Arbeitgeber sein muss, und dass diese Arbeitgeberstellung eines Arbeitsvertrags bedarf, macht auch die Anfrage des *Gerechtshof te Amsterdam* deutlich. Grund der Anfrage war, dass nach dem niederländischen Recht der Veräußerer Arbeitgeber der betroffenen Arbeitnehmer sein muss, was offensichtlich nach niederländischem Recht nicht der Fall war, hätte sich doch sonst die Anfrage erübrigt. Das Erfordernis der Arbeitgeberstellung ergibt sich aus Buch 7 Art. 663 Burgerlijk Wetboek:

> „Door de overgang van een onderneming gaan de rechten en verplichtingen die op dat tijdstip voor de werkgever in die onderneming voortvloeien uit een arbeidsovereenkomst tussen hem en een daar werkzame werknemer van rechtswege over op de verkrijger. [...]"

898 Diese Übersetzung der niederländischen Fassung findet sich in den Schlussanträgen des Generalanwalts *Bot* v. 3.6.2010 – Rs. C-242/09 (*Albron*), Slg. 2010, I-10309 (Rn. 11).

899 So auch *Forst*, RdA 2011, 228, 230.

Wörtlich übersetzt heißt dies:[900]

> „Durch den Übergang eines Unternehmens gehen die Rechte und Pflichten, die sich zu diesem Zeitpunkt für den Arbeitgeber in diesem Unternehmen aus einem Arbeitsvertrag zwischen ihm und einem dort beschäftigten Arbeitnehmer ergeben, von Rechts wegen auf den Erwerber über. […]"

Und aus dieser Norm ergibt sich nicht nur ausdrücklich, dass der Veräußerer auch Arbeitgeber der betroffenen Arbeitnehmer sein muss, sondern auch, dass ein Arbeitsvertrag bestehen muss. Nur die sich aus diesem Arbeitsvertrag ergebenden Rechte und Pflichten können dann bei einem Betriebsübergang übergehen. Im Ergebnis widerspricht die Konstruktion eines nichtvertraglichen Arbeitgebers bei einem Betriebsübergang also auch dieser Norm des niederländischen Rechts.

bb) Widerspruch unbeachtlich

Dieser Widerspruch eines nichtvertraglichen Arbeitgebers zum nationalen (in diesem Fall dem deutschen und niederländischen) Verständnis müsste aber auch beachtlich sein, damit er überhaupt einen Kritikpunkt an diesem Begründungsweg darstellen könnte. Weiter oben wurde bereits ausgeführt, dass aufgrund des Vorrangs des Unionsrechts ein Widerspruch grundsätzlich nicht beachtlich wäre. Es wurde aber auch aufgezeigt, dass den Mitgliedstaaten nach der Richtlinie eine gewisse Definitionsmacht zusteht,[901] was einen Widerspruch als beachtlich erscheinen lassen könnte. Allerdings wurde ebenso deutlich gemacht, dass diese Definitionsmacht erst die inhaltliche Ausgestaltung der Begriffe „Arbeitsvertrag" oder „Arbeitsverhältnis" betrifft, dem vorgeschaltet – und damit der Definitionsmacht entzogen – es aber durchaus der Richtlinie entsprechen kann, dass ein Arbeitsverhältnis im Sinne der Richtlinie auch ohne einen Arbeitsvertrag besteht. Damit ist der Widerspruch der Existenz eines nichtvertraglichen Arbeitgebers im Rahmen eines Betriebsübergangs nach der Richtlinie unbeachtlich.

---

900 Diese Übersetzung der niederländischen Fassung findet sich in den Schlussanträgen des Generalanwalts *Bot* v. 3.6.2010 – Rs. C-242/09 (*Albron*), Slg. 2010, I-10309 (Rn. 12).

901 Siehe dazu oben, vierter Teil, § 9 A. II., S. 173 ff.

c) Kein Subsidiaritätsverhältnis

Schließlich merkt der EuGH noch an, dass der nichtvertragliche Arbeitgeber gleichrangig neben dem vertraglichen Arbeitgeber stehe, es ein Subsidiaritätsverhältnis also nicht gäbe.[902] Es müsse gerade nicht vorrangig auf den vertraglichen Arbeitgeber abgestellt werden, was wiederum dafür spreche, den nichtvertraglichen Arbeitgeber im vorliegenden Fall als „Veräußerer" im Sinne des Art. 2 Abs. 1 lit. a) der RL 2001/23/EG anzusehen.[903] Der Wortlaut des Art. 3 Abs. 1 UAbs. 1 der Richtlinie 2001/23/EG spricht in der Tat gegen ein Subsidiaritätsverhältnis des vertraglichen im Verhältnis zu dem nichtvertraglichen Arbeitgeber. Die Verwendung des Wortes „oder" zwischen den Worten „Arbeitsvertrag" und „Arbeitsverhältnis" macht eine Gleichrangigkeit deutlich.

2. Definition des Übergangs

Des Weiteren stellte der EuGH fest, dass sich aus der Definition des Übergangs nach Art. 1 Abs. 1 die Voraussetzung eines Wechsels der Person, die für die wirtschaftliche Tätigkeit der übertragenen Einheit verantwortlich ist, ergibt. Für die wirtschaftliche Tätigkeit des übertragenen entleihenden Unternehmens ist vor dem Betriebsübergang der Entleiher verantwortlich.[904] Nach dem Betriebsübergang geht diese Verantwortlichkeit auf den Erwerber über; ein Wechsel ist gegeben. Der EuGH gewinnt hier im Rahmen seiner Argumentation allerdings nichts entscheidend Neues: Dass kein Subsidiaritätsverhältnis vorliegt, wurde ja bereits mit dem wesentlich überzeugenderen Wortlautargument aus Art. 3 Abs. 1 UAbs. 1 RL 2001/23/EG begründet.[905]

---

902 EuGH v. 21.10.2010 – Rs. C-242/09 (*Albron*), NJW 2011, 439, 440 (Rn. 25).

903 EuGH v. 21.10.2010 – Rs. C-242/09 (*Albron*), NJW 2011, 439, 440 (Rn. 26).

904 Bei der Arbeitnehmerüberlassung hat nach allgemeiner Meinung weiterhin der vertragliche Arbeitgeber die „wirtschaftliche und organisatorische Dispositionsbefugnis über die Arbeitsleistung des Arbeitnehmers und den Nutzen davon", *Willemsen*, NJW 2011, 1546, 1548. Die wirtschaftliche Dispositionsbefugnis bezieht sich allerdings auf den jeweiligen Leiharbeitnehmer; die wirtschaftliche Tätigkeit im Sinne der genannten Norm der Richtlinie hingegen stellt auf den gesamten Betrieb des Veräußerers ab, und eben nicht auf die einzelnen (Leih-)Arbeitnehmer.

905 Siehe hierzu soeben, vierter Teil, § 9 E. I. 1. c), S. 230.

Zudem führte der EuGH aus, dass diese Person zusätzlich in dieser Eigenschaft als Arbeitgeber der Arbeitnehmer dieser Einheit Arbeitsverhältnisse begründen müsse. Hierzu sei angemerkt, dass es ständiger Rechtsprechung des EuGH entspricht, dass sich die Tragweite der Vorschriften der Richtlinie wegen der Unterschiede zwischen den sprachlichen Fassungen nicht allein aufgrund einer wörtlichen Auslegung bestimmen lässt.[906] Hieraus folgernd führt der EuGH ebenfalls in ständiger Rechtsprechung aus, dass „diese Richtlinie in allen Fällen anwendbar ist, in denen die für den Betrieb des Unternehmens verantwortliche oder juristische Person, die die Arbeitgeberverpflichtungen gegenüber den Beschäftigten des Unternehmens eingeht, im Rahmen vertraglicher[907] Beziehungen wechselt“[908]. Neben der Verantwortlichkeit für den Betrieb muss die Person also auch die Arbeitgeberverpflichtungen gegenüber den Beschäftigten des Unternehmens eingehen. Das Eingehen dieser Arbeitgeberverpflichtungen setzt der EuGH im vorliegenden Urteil *Albron* mit dem Begründen von Arbeitsverhältnissen gleich. Allerdings bleibt der EuGH hier einer Subsumtion schuldig: Ausführungen dazu, inwiefern das entleihende Unternehmen gegenüber den Leiharbeitnehmern die Arbeitgeberverpflichtungen eingeht, fehlen. Da es nach dem Begründungsweg des EuGH jedoch *einzig* auf das Verhältnis zwischen dem entleihenden Unternehmen und dem Leiharbeitnehmer ankommen soll, wäre dies angebracht gewesen. Die Stellung als Leiharbeitnehmer begründet sich ja zunächst auf dem Arbeitsvertrag des Verleihers mit dem Leiharbeitnehmer, der diesen dann an das entleihende Unternehmen entsendet. Diese Entsendung ist eine notwendige Voraussetzung dafür, dass ein Verhältnis zwischen dem entleihenden Unternehmen und dem Leiharbeitnehmer überhaupt entstehen kann und das entleihende Unternehmen Arbeitgeberverpflichtungen dem Leiharbeitnehmer gegenüber eingehen kann. Überdies sind allein durch etwaige Arbeitgeberverpflichtungen des entleihenden Unternehmens nicht alle Arbeitgeberverpflichtungen gegenüber dem Leiharbeitnehmer erfasst. Insbesondere die

---

906 EuGH v. 20.1.2011 – Rs. C-463/09 (*CLECE*), NZA 2011, 148, 149 (Rn. 29); EuGH v. 19.5.1992 – Rs. C-29/91 (*Redmond Stichting*), NZA 1994, 207 (Rn. 10).

907 Gemeint ist hier die vertragliche Übertragung, also beispielsweise der Unternehmenskaufvertrag, nicht ein Arbeitsvertrag.

908 EuGH v. 20.1.2011 – Rs. C-463/09 (*CLECE*), NZA 2011, 148, 149 (Rn. 30); EuGH v. 7.3.1996 – Rs. C-171/94 und 172/94 (*Merckx, Neuhuys*), NZA 1996, 413, 414 (Rn. 28); EuGH v. 10.12.1998 – Rs. C- 127/96, C-74/97, C-229/96 (*Hernández Vidal*), NZA 1999, 253, 254 (Rn. 23); EuGH v. 19.5.1992 – Rs. C-29/91 (*Redmond Stichting*), NZA 1994, 207 (Rn. 10 und 11).

Entlohnung erfolgt durch den Verleiher. Weil der EuGH ausschließlich auf das entleihende Unternehmen abstellt, hätte er überdies deutlich machen müssen, welches Maß an Arbeitgeberverpflichtungen im Sinne seiner Argumentation ausreichend ist.[909] Allein die Feststellung ohne eingehende Subsumtion kann aber wie gezeigt nicht überzeugen.

Schließlich ist das zusätzlich angeführte Schutzzweckargument nicht überzeugend. Der EuGH stellte fest, dass die Arbeitnehmer bei einem „Inhaberwechsel" zu schützen seien. Der Begriff „Inhaberwechsel" könne „in einem Kontext wie dem des Ausgangsverfahrens den nichtvertraglichen Arbeitgeber bezeichnen". Neben der oben erläuterten sprachlichen Ungenauigkeit, dass der nichtvertragliche Arbeitgeber nur ein „Inhaber" in dem genannten Sinne sein kann, nicht jedoch ein ganzer „Inhaberwechsel",[910] ist die mögliche Ausweitung des Anwendungsbereichs der Richtlinie, die durch die Ausführungen des EuGH erfolgt sein könnte, weitaus bedeutender. Der EuGH sagt nämlich nichts anderes, als dass ein Inhaberwechsel vorliege, weil die Arbeitnehmer bei einem Betriebsübergang zu schützen seien.[911] Das würde aber dazu führen, dass ein Inhaberwechsel und damit eine Übergang im Sinne der Richtlinie immer vorläge, wenn die Arbeitnehmer zu schützen seien. Stellt sich nämlich in der Praxis die Frage, ob ein Übergang vorliegt und die Richtlinie mithin anwendbar ist, so wäre die Anwendung der Richtlinie für die Arbeitnehmer regelmäßig für diese günstig und würde demnach auch ihrem Schutz dienen.[912] Letzteres führte im Ergebnis zur Anwendbarkeit der Richtlinie, was deren Anwendungsbereich erheblich ausdehnen würde.[913] Dass der EuGH das Schutzzweckargument derart „diffus"[914] gebrauchen könne, habe er laut *Willemsen* schon mehrmals[915] gezeigt. Ein solcher Gebrauch des Schutzzweckarguments

909 Ähnlich *Raab*, EuZA 2011, 537, 545.

910 Dazu oben im Rahmen der Darstellung dieses Begründungswegs, vierter Teil, § 8 A. II., S. 120.

911 So auch Willemsen, vgl. *Willemsen*, NJW 2011, 1546, 1548.

912 *Willemsen*, NJW 2011, 1546, 1548.

913 *Willemsen*, NJW 2011, 1546, 1548.

914 *Willemsen*, NJW 2011, 1546, 1548.

915 *Willemsen*, NJW 2011, 1546, 1548, verweist hier auf das Urteil des EuGH v. 12.2.2009 – Rs. C-466/07 (*Klarenberg*), NZA 2009, 251. *Willemsen* nimmt hier wohl darauf Bezug, dass der EuGH ausführt, einer allein auf das Kriterium der organisatorischen Selbständigkeit abstellenden Auffassung könne insbesondere angesichts des mit der Richtlinie 2001/23/EG verfolgten Zwecks nicht gefolgt werden. Weiter heißt es: „Sie würde nämlich dazu führen, dass die Anwendbar-

habe dann aber laut *Willemsen* zur Folge, dass auch die „schlichte" Funktionsnachfolge erfasst sei; dieses habe aber gerade der EuGH vor Kurzem verneint.[916] Dass der EuGH hier von dieser Rechtsprechung abkehren wollte, ist nicht ersichtlich. Folglich kann dann aber dieses Schutzzweckargument nicht überzeugen, weil es – gebrauchte man es wie der EuGH im Fall *Albron* – sogar der eigenen Rechtsprechung des EuGH widerspräche. Zudem müsste der EuGH herausarbeiten, wann (und ob) ein Inhaberwechsel vorliegt, damit eben der Schutz der Richtlinie einzugreifen hat. Den Inhaberwechsel aber dadurch festzustellen, dass die Arbeitnehmer zu schützen seien, kann nicht überzeugen: Die Rechtsfolge – Schutz der Arbeitnehmer – kann nicht zugleich Teil des Tatbestandes – Inhaberwechsel – sein.[917] Der EuGH stellt hier lediglich fest, der nichtvertragliche Arbeitgeber könne ein Inhaber sein, legt aber nicht dar, dass tatsächlich ein Wechsel des Inhabers gegeben ist, sondern hält dies schlichtweg für möglich.

3. Schutzzweckproblematik nicht ausreichend berücksichtigt

Schließlich hat sich im Rahmen der Auslegung gezeigt, dass ein Schutz der Leiharbeitnehmer beim Übergang des Entleihunternehmens nur unter ganz bestimmten Voraussetzungen angezeigt ist. Die Ausführungen des EuGH lassen jedoch auf den ersten Blick keinerlei Einschränkungen erkennen.

---

keit der Richtlinie 2001/23/EG auf diesen Unternehmens- oder Betriebsteil allein deshalb ausgeschlossen wäre, weil sich der Erwerber entschließt, den erworbenen Unternehmens- oder Betriebsteil aufzulösen und in seine eigene Struktur einzugliedern, wodurch den betreffenden Arbeitnehmern der von dieser Richtlinie gewährte Schutz vorenthalten würde", EuGH v. 12.2.2009 – Rs. C-466/07 (*Klarenberg*), NZA 2009, 251, 253 (Rn. 43).

916 *Willemsen* verweist hier auf das Urteil des EuGH v. 20.1.2011 – Rs. C-463/09 (*CLECE*), NZA 2011, 148. Dass die schlichte Funktionsnachfolge von der Richtlinie nicht erfasst ist, entschied der EuGH erstmals deutlich in EuGH v. 11.3.1997 – Rs. C-13/95 (*Ayse Süzen*), NZA 1997, 433, 434 (Rn. 15).

917 Zu Recht bezeichnet *Willemsen* daher die Begründung als tautologisch, nicht teleologisch, siehe *Willemsen*, NJW 2011, 1546, 1548.

a) Auch vorübergehender Verleih erfasst?

Es ist zu klären, ob der Begründungsweg des EuGH nur für Konstellationen dauerhaften Verleihs gilt oder auch auf Konstellationen übertragen werden kann, in denen der Arbeitnehmer nur vorübergehend verliehen wird. Einleitend soll der Meinungsstand in der Literatur kurz skizziert werden, um die Problematik deutlich zu machen; es geht insbesondere darum, inwieweit sich der EuGH an der Begründung des Generalanwalts *Bot* anlehnt, nach der gerade ein Dauerverleih gegeben sein muss.

Willemsen sieht eine Erfassung auch dieser Fälle durch die Entscheidung im Fall *Albron* als ausdrücklich ausgeschlossen an.[918] Eine Übertragbarkeit scheidet danach aus. Der EuGH habe sich „den gedanklichen Ansatz des Generalanwalts gewissermaßen zu eigen gemacht“[919], indem die ständige Abstellung ausdrücklich in die Vorlagefrage aufgenommen worden sei. Die „Beständigkeit“ sieht Willemsen also als tragendes Element an.

Heuchemer/Schielke sind hingegen der Auffassung, der EuGH habe gerade keine Beschränkung auf Fälle dauerhafter Entsendung gewollt.[920] Diese Beschränkung lasse sich den Urteilsgründen nicht entnehmen. Die gegenteilige Ansicht bezeichnen *Heuchemer/Schielke* im Folgenden als „Wunschdenken“ [921].

Die übrigen Autoren, die sich zu dem Fall *Albron* geäußert haben, sehen in dem Urteil zwar keine ausdrückliche Aussage zur Anwendbarkeit der Richtlinie 2001/23/EG für Fälle nicht dauerhaften Verleihs, halten eine Übertragbarkeit allerdings mindestens für möglich.[922] So stellen *Bauer/v. Medem* zwar in ihrem Fazit fest, dass die normale, vorübergehende Leiharbeit nicht erfasst sei.[923] Anders als in ihrem kurzen Fazit lassen *Bauer/v. Medem* in ihren vorherigen Ausführungen jedoch anklingen, dass der EuGH diese Konstellation eben nicht ausdrücklich ausgeschlossen und dies in Zukunft noch zu entscheiden habe,[924] die Anwendbarkeit der

---

918 *Willemsen*, NJW 2011, 1546, 1549.

919 *Willemsen*, NJW 2011, 1546, 1549.

920 *Heuchemer/Schielke*, BB 2011, 758, 763.

921 *Heuchemer/Schielke*, BB 2011, 758, 763.

922 *Bauer/von Medem*, NZA 2011, 20, 22; *Forst*, RdA 2011, 228, 230, auch 232 sowie 236; *Gaul/Ludwig*, DB 2011, 298, 300; *Kühn*, NJW 2011, 1408, 1409, 1411; *Mückl*, GWR 2011, 45; *Sagam*, ZESAR 2011, 412, 421.

923 *Bauer/von Medem*, NZA 2011, 20, 23.

924 *Bauer/von Medem*, NZA 2011, 20, 22.

Richtlinie 2001/23/EG demnach für möglich halte. *Kühn* versteht den EuGH so, dass nur solche Fälle als erfasst anzusehen seien, die einem dauerhaften Verleih sehr nahe kämen.[925] So spricht er von Leiharbeitnehmern, die „(fast) ausschließlich für den Einsatz in einem entleihenden Betrieb vorgesehen sind"[926], wobei es auf die Absicht des Verleihers ankomme, den Leiharbeitnehmer nach seiner Rückkehr vom Entleiher woanders einzusetzen.[927] Eine Übertragbarkeit auf weitere Konstellationen schließt *Kühn* hiermit jedoch nicht aus. Ähnlich – teilweise aber auch weitergehender – werden die Ausführungen des EuGH von anderen Autoren verstanden, die sich hierzu geäußert haben, ohne dass sich genauer festgelegt wird. So verwendet *Forst* das Wort „jedenfalls"[928] und schließt damit eine Übertragbarkeit auf sämtliche Fälle vorübergehender Entsendung nicht aus. *Gaul/Ludwig, Lembke* und auch *Mückl* sprechen nur allgemein von „Leiharbeitnehmern"[929] bzw. „Leiharbeitsverhältnisse[n]"[930], womit (auch) der vorübergehende Verleih erfasst sein muss, und *Sagam* schließlich sieht eine bestehende „Unklarheit"[931], ob sich die Entscheidung auf Fälle vorübergehender Arbeitnehmerüberlassung übertragen lässt.

Bis auf *Willemsen* sind sich die zu der Entscheidung des EuGH im Fall *Albron* äußernden Autoren darin einig, dass eine Übertragbarkeit auf Konstellationen nur vorübergehenden Verleihs mit dem Begründungsweg, den der EuGH verfolgt,[932] zumindest nicht ausgeschlossen ist.

aa) Urteil und die Schlussanträge

(1) Tenor und Vorlagefrage

Der Tenor des Urteils im Fall *Albron* entspricht, wenn auch nicht in der Begründung, so doch in der Formulierung des Ergebnisses, weitestgehend dem Vorschlag des Generalanwalts *Bot*. Der EuGH spricht von Arbeitneh-

925 *Kühn*, NJW 2011, 1408, 1411.
926 *Kühn*, NJW 2011, 1408, 1411.
927 Vgl. *Kühn*, NJW 2011, 1408, 1411.
928 *Forst*, RdA 2011, 228, 232, 236.
929 *Gaul/Ludwig*, DB 2011, 298, 300; *Lembke*, NZA 2011, 319, 321.
930 *Mückl*, GWR 2011, 45.
931 *Sagam*, ZESAR 2011, 412, 421.
932 Erneut sei darauf hingewiesen, dass dies nicht bedeutet, dass die Autoren diesen Begründungsweg auch befürworten.

mern, die „ständig abgestellt waren".[933] Der Generalanwalt Bot schlägt eine Anwendbarkeit der Richtlinie für die bei der in Frage stehenden Gesellschaft „ständig eingesetzten Arbeitnehmer" vor.[934]

Anders als im Tenor findet sich in der Vorlagefrage des *Gerechtshof te Amsterdam* keine solche möglicherweise als Beschränkung zu verstehende Formulierung wie ein ständiger Einsatz oder eine ständige Abstellung. Vielmehr fand das Wort „ständig" erst durch den Generalwalt Bot im Zuge seiner Ausführungen Eingang in die Bewertung.[935] Dieses kehrt sodann in der umformulierten Vorlagefrage im Rahmen der Begründetheit des Urteils wieder, wird dem vorlegenden Gericht also geradezu „in den Mund gelegt". Eine solche Umformulierung der Vorlagefrage ist aber zulässig und erfolgt normalerweise dann, wenn diese unpräzise gefasst ist oder den Kompetenzbereich des EuGH übersteigt.[936] Ziel ist es oftmals, eine zulässige Vorlagefrage zu formulieren.[937] Inwiefern aber gerade dem eingefügten Wort „ständig" eine besondere Bedeutung beizumessen ist, kann sich nur aus einer Beurteilung der Begründung des EuGH ergeben, nicht hingegen aus der Aufnahme in den Tenor.

(2) Begründungen

Die Begründung des Generalanwalts *Bot* einerseits und die des EuGH andererseits weichen erheblich voneinander ab. Dies wurde bereits bei der Darstellung und Kritik dieser Begründungswege hervorgehoben. Der EuGH misst der Figur des nichtvertraglichen Arbeitgebers eine besondere Bedeutung bei, der Generalanwalt Bot hingegen verfolgt eine in dieser Arbeit als „Zuordnungslösung" bezeichnete Lösung. Im Folgenden soll demnach nur auf die Unterschiede mit Blick auf das Kriterium des Dauerverleihs eingegangen werden.

Der Generalanwalt macht immer wieder deutlich, wie entscheidend die Dauerhaftigkeit des Einsatzes der Arbeitnehmer in dem übertragenen Un-

---

933 EuGH v. 21.10.2010 – Rs. C-242/09 (*Albron*), NJW 2011, 439, 440 (Rn. 32).

934 Schlussanträge Generalanwalt *Bot* v. 3.6.2010 – Rs. C-242/09 (*Albron*), Slg. 2010, I-10309 (Rn. 61).

935 Schlussanträge Generalanwalt *Bot* v. 3.6.2010 – Rs. C-242/09 (*Albron*), Slg. 2010, I-10309 (Rn. 24).

936 Rengeling/Middeke/Gellermann-*Middecke*, Rechtsschutz, § 10, Rn. 74.

937 Vgl. Grabitz/Hilf/Nettesheim-*Karpenstein*, Art. 267 AEUV, Rn. 33; Rengeling/Middeke/Gellermann-*Middecke*, Rechtsschutz, § 10, Rn. 74.

ternehmen für die Beantwortung der Frage sei. So komme es auf die „Zugehörigkeit“ zur übertragenen Einheit an, der Arbeitnehmer müsse der übertragenen Einheit „angehören“.[938] Wenig später wird darauf angestellt, dass der Arbeitnehmer „ständig für eine andere Gesellschaft … arbeitet“,[939] sodann wird die „Dauerhaftigkeit“ bzw. eine „unbestimmte Zeit“ als maßgeblich herausgestellt.[940] Zusammenfassend hält der Generalanwalt fest, dass es „entscheidend auf die Beständigkeit des Verhältnisses zwischen Arbeitnehmer und der übertragenen wirtschaftlichen Einheit“ ankomme.[941] Nach Ansicht des Generalanwalts gelte die gemachte Auslegung mithin zunächst nur für Konstellationen der ständigen Entsendung. Allerdings könne eine Ausweitung auf andere Fälle durchaus erfolgen, nur sage die vorliegende Beurteilung für den Fall *Albron* eben nichts dazu aus, da es sich um eine Konstellation der *dauerhaften* bzw. *ständigen* Entsendung zu einer anderen Gesellschaft handele. Diese anderen Fälle müssten aber auch das Kriterium der „Beständigkeit“ erfüllen.

Eine derartige Beschränkung lässt sich der Begründung des EuGH keineswegs mit solch einer Deutlichkeit entnehmen. Lediglich an einer Stelle in der Begründung findet sich das Wort „ständig“. So heißt es in dem Urteil: „Somit hindert in einem Kontext wie dem des Ausgangsverfahrens die Richtlinie 2001/23 nicht daran, dass der nichtvertragliche Arbeitgeber, *an den die Arbeitnehmer ständig überstellt sind* [Hervorhebung des Verfassers], ebenfalls als „Veräußerer“ im Sinne der Richtlinie 2001/23 betrachtet werden kann.“[942] Doch hier handelt es sich um ein (Zwischen-)Ergebnis, nicht um einen Teil der eigentlichen Begründung. Für die Argumentation selbst ist die Beständigkeit – bzw. eine ständige Entsendung als ein Unterfall hiervon – bis hierhin und auch im Folgenden nämlich unerheblich. Daran ändert auch die Tatsache nichts, dass der EuGH vorab im Rahmen der umformulierten Vorlagefrage den nichtvertraglichen Arbeitgeber definiert und hierbei die ständige Entsendung als Kriterium hineinnimmt. Sämtliche Argumente greifen nämlich auch dann gleichermaßen

---

938 Schlussanträge Generalanwalt *Bot* v. 3.6.2010 – Rs. C-242/09 (*Albron*), Slg. 2010, I-10309 (Rn. 39).

939 Schlussanträge Generalanwalt *Bot* v. 3.6.2010 – Rs. C-242/09 (*Albron*), Slg. 2010, I-10309 (Rn. 42).

940 Schlussanträge Generalanwalt *Bot* v. 3.6.2010 – Rs. C-242/09 (*Albron*), Slg. 2010, I-10309 (Rn. 43).

941 Schlussanträge Generalanwalt *Bot* v. 3.6.2010 – Rs. C-242/09 (*Albron*), Slg. 2010, I-10309 (Rn. 55).

942 EuGH v. 21.10.2010 – Rs. C-242/09 (*Albron*), NJW 2011, 439, 440 (Rn. 26).

ein, wenn keine ständige Entsendung vorliegt:[943] Weiterhin könnte das übertragene Unternehmen seine Arbeitgeberstellung verlieren. Auch an der Alternativität von Arbeitsvertrag und Arbeitsverhältnis und der Tatsache, dass zwischen diesen beiden kein Subsidiaritätsverhältnis besteht, änderte sich nichts. Und schließlich würde eine nicht ständige Entsendung nichts an dem Vorliegen eines Inhaberwechsels beeinflussen.

(3) Auswirkungen der Schlussanträge auf das Urteil

Es wurde gezeigt, dass die von Generalanwalt *Bot* angestrebte Beschränkung auf Fälle, in denen eine Beständigkeit des Verhältnisses zwischen dem Arbeitnehmer und dem übertragenen Unternehmen vorliegt, vom EuGH nicht übernommen worden ist. Lediglich in der umformulierten Vorlagefrage und im Tenor wurde das Wort „ständig" übernommen; dies hat aber keine Berücksichtigung in der Argumentation gefunden. Es wird hierdurch zumindest der Anschein erweckt, als spiele die Beständigkeit für den EuGH – im Unterschied zum Generalanwalt – gerade keine bedeutsame Rolle. Die Auslegung im Fall *Albron* sollte also auch auf sämtliche Fälle nur vorübergehender Entsendung Anwendung finden können, wenn dies auch dem Urteil selbst nicht ausdrücklich entnommen werden kann. Nun hatte auch der Generalanwalt schon deutlich gemacht, dass ihm eine Ausweitung auf andere Entsendungsfälle durchaus möglich erscheint und der EuGH hierzu in Zukunft Feststellungen treffen müsse.[944] Indes gingen seine Ausführungen nur soweit, dass der EuGH in weiteren Fällen feststellen könne, *wann* eine Beständigkeit vorliege (wie beispielsweise im Fall der ständigen Entsendung); *dass* diese Beständigkeit aber vorliegen müsse, hält der Generalanwalt offensichtlich für erforderlich.[945]

Damit stellt sich abschließend die Frage, inwiefern den Ausführungen des Generalanwalts zur Beständigkeit noch eine Bedeutung für das eigentliche Urteil beizumessen ist.

943 Zu den Argumenten oben, vierter Teil, § 8 A., S. 117 ff.

944 Schlussanträge Generalanwalt *Bot* v. 3.6.2010 – Rs. C-242/09 (*Albron*), Slg. 2010, I-10309 (Rn. 55).

945 Vgl. Schlussanträge Generalanwalt *Bot* v. 3.6.2010 – Rs. C-242/09 (*Albron*), Slg. 2010, I-10309 (Rn. 55).

(a) Grundsätzliche Bedeutung der Schlussanträge für die Entscheidungen des EuGH

Die Schlussanträge der Generalanwälte sind „unverbindliche, den Europäischen Gerichtshof bei der Erfüllung seiner Aufgaben … unterstützende Rechtsgutachten“.[946] Hieraus folgt unter anderem, dass einzig das Urteil selbst maßgeblich ist. Die Schlussanträge können lediglich dabei helfen, Urteile des EuGH besser zu verstehen und zu erläutern.[947] Denn die Begründungen des EuGH sind oftmals – „geprägt von der französischen Rechtskultur der apodiktischen Urteilsabfassung“[948] – nur sehr kurz. Weicht das Urteil von den Schlussanträgen ab, so geben letztere wichtige Anhaltspunkte für andere vertretbare Ansichten. Schließlich können in nationalen Verfahren die Ansichten eines Generalanwalts eine besondere Rolle spielen, wenn der EuGH auf diese gar nicht eingegangen ist, weil im konkreten Fall schließlich doch kein Anlass dazu bestand.[949]

(b) Bedeutung der Schlussanträge für die Entscheidung des EuGH im konkreten Fall *Albron*

Im Fall *Albron* gibt es nun die Besonderheit, dass der EuGH den Schlussanträgen zwar im Ergebnis folgt, jedoch mit einer völlig anderen Begründung. Aufgrund dieser völlig anderen Begründung ist es fernliegend, den Schlussanträgen eine Erläuterungsfunktion für das im Tenor festgeschriebene – und mit den Ausführungen in den Schlussanträgen übereinstimmende – Ergebnis zuzuschreiben. Insofern ist es auch nicht angebracht, das Kriterium der Beständigkeit des Verhältnisses zwischen dem Arbeitnehmer und der übertragenen wirtschaftlichen Einheit als notwendig anzuerkennen, hat doch der EuGH hierauf in seiner Begründung gar nicht abgestellt. Die diesbezüglich divergierenden Ausführungen des Generalanwalts sind demnach unbeachtlich.

---

946 BVerfG v. 28.10.2009 – 2 BvR 2236/09, NJOZ 2010, 1428, 1430 (Rn. 35). Siehe dazu auch Grabitz/Hilf/Nettesheim-*Karpenstein*, Art. 252 AEUV, Rn. 13 ff.

947 *Borgsmidt*, EuR 1987, 162, 165; Grabitz/Hilf/Nettesheim-*Karpenstein*, Art. 252 AEUV, Rn. 16, 20; *Kokott*, Generalanwälte, S. 11; *Marsch/Sanders*, EuR 2008, 345, 357; Callies/Ruffert-*Wegener*, Art. 252 AEUV, Rn. 3.

948 *Kokott*, Generalanwälte, S. 11.

949 Grabitz/Hilf/Nettesheim-*Karpenstein*, Art. 252 AEUV, Rn. 17.

bb) Ergebnis: Vorübergehender Verleih ist erfasst

Auch wenn es nach dem EuGH also nicht auf die Beständigkeit ankommt, hat der EuGH doch eine Anwendbarkeit der Richtlinie 2001/23/EG *ausdrücklich* nur für den Fall der ständigen Entsendung festgestellt. Allerdings hat der EuGH eine Übertragbarkeit und damit die Anwendbarkeit der Richtlinie 2001/23/EG auch auf (sämtliche) Fälle nur vorübergehender Entsendung keineswegs ausgeschlossen. Für die Argumentation selbst ist die ständige Entsendung nämlich unerheblich. Sämtliche Argumente greifen auch dann gleichermaßen ein, wenn keine ständige Entsendung vorliegt. In die gleiche Richtung gehen auch die Ausführungen vieler Autoren, die sich zu dem Urteil geäußert haben: Die Möglichkeit einer Übertragbarkeit und damit einer Anwendbarkeit der Richtlinie 2001/23/EG auf normale, vorübergehende Leiharbeit besteht und ist nach Ansicht vieler sogar zu erwarten.[950]

Allerdings hat die Auslegung der Richtlinie und des § 613a Abs. 1 S. 1 BGB gezeigt, dass es nicht überzeugen kann, nur vorübergehend verliehene Arbeitnehmer bei einem Betriebs(teil)übergang des Entleihbetriebs(teils) als erfasst anzusehen. Dass dies nach dem Begründungsweg des nichtvertraglichen Arbeitgebers dennoch möglich sein soll, stellt einen deutlichen Kritikpunkt an dieser Lösung dar.

b) Nur befristete Wirkung der Richtlinie und des § 613a BGB?

Gaul/Ludwig denken an, dass – wenn auch der nur vorübergehende Verleih erfasst ist – der Übergang selbst auch nur auf die Dauer der vorübergehenden Überlassung befristet sein müsste;[951] eine Begründung hierfür erfolgt nicht. Fraglich ist, ob solch eine Rechtsfolge überhaupt jemals – unabhängig davon, ob Leiharbeitnehmer involviert sind – nach der Richtlinie 2001/23/EG und dem § 613a BGB möglich ist; dies ist zunächst zu prüfen. Anschließend ist das gefundene Ergebnis mit dem Begründungsweg des EuGH abzugleichen und insofern eine Bewertung vorzunehmen.

---

950 Vgl. *Gaul/Ludwig*, DB 2011, 298, 300; *Lembke*, NZA 2011, 319, 321; *Mückl*, GWR 2011, 45.

951 Vgl. *Gaul/Ludwig*, DB 2011, 298, 300.

aa) Auslegung

(1) Wortlaut

Art. 3 Abs. 1 UAbs. 1 der Richtlinie bestimmt, „die Rechte und Pflichten … gehen über". Und in § 613a Abs. 1 S. 1 BGB heißt es, dass der andere Inhaber „in die Rechte und Pflichten eintritt", wenn ein Betrieb(steil) auf ihn übergeht. Der Wortlaut des Art. 3 Abs. 1 UAbs. 1 der Richtlinie lässt, ebenso wie § 613a Abs. 1 S. 1 BGB, die Möglichkeit einer nur befristeten Wirkung nicht erkennen. Vielmehr gehen die Rechte und Pflichten ohne zeitliche Beschränkung auf den Erwerber über. Der Wortlaut anderer Bestimmungen, namentlich die zeitlichen Einschränkungen, die sich in § 613a Abs. 1 S. 2 sowie Abs. 2 BGB finden, beziehen sich nicht auf den Übergang des Arbeitsvertrags oder Arbeitsverhältnisses an sich, sondern lediglich auf die Ausformung der übergegangenen Rechte und Pflichten und die Weiterhaftung hierfür. Im Ergebnis spricht der uneingeschränkte Wortlaut gegen eine befristete Wirkung der Richtlinie bzw. des § 613a Abs. 1 S. 1 BGB im obigen Sinne.

(2) Systematik

Aus systematischen Gesichtspunkten ist speziell ein Blick auf die zeitlichen Einschränkungen zu werfen, die sich in der Richtlinie und in § 613a BGB selbst finden.

(a) Zeitraum der Aufrechterhaltung der Arbeitsbedingungen, Art. 3 Abs. 3 UAbs. 2 der Richtlinie bzw. des § 613a Abs. 1 S. 2 BGB

Nach Art. 3 Abs. 3 UAbs. 2 der Richtlinie können die Mitgliedstaaten den Zeitraum der Aufrechterhaltung der Arbeitsbedingungen aus einem Kollektivvertrag begrenzen. In Ausformung dessen bestimmt § 613a Abs. 1 S. 2 BGB, dass die Arbeitsbedingungen erst nach Ablauf eines Jahres nach dem Übergang zum Nachteil des Arbeitnehmers abgeändert werden dürfen. Daraus, dass eine Änderung nach Ablauf eines Jahres stattfinden darf, ergibt sich, dass der Übergang an sich jedoch hiervon nicht betroffen ist. Es ist lediglich die Ausformung der Rechte und Pflichten, die nach Art. 3 Abs. 1 UAbs. 1 übergangen sind, betroffen. Keineswegs aber soll eine Beendigung des Arbeitsvertrags oder Arbeitsverhältnisses an sich möglich sein, zumal die Möglichkeit der Änderung der Rechte und Pflichten dann auch keinen Sinn mehr machen würde. In den genannten Normen wird damit vorausgesetzt, dass der Arbeitsvertrag oder das Arbeitsverhältnis weiterhin ohne zeitliche Befristung zum Erwerber bestehen bleibt. Dies spricht demnach gegen eine befristete Wirkung der Richtlinie bzw. des § 613a Abs. 1 S. 1 BGB im obigen Sinne.

(b) Weiterhaftung, Art. 3 Abs. 1 UAbs. 2 der Richtlinie bzw. des § 613a Abs. 2 BGB

Nach Art. 3 Abs. 1 UAbs. 2 der Richtlinie können die Mitgliedstaaten eine Weiterhaftung des Veräußerers für die Verpflichtungen aus dem übergegangenen Arbeitsvertrag oder Arbeitsverhältnis vorsehen.[952] In § 613a Abs. 2 BGB ist diese Weiterhaftung für das deutsche Recht umgesetzt. Dadurch, dass allein die Weiterhaftung eingeschränkt werden kann bzw. eingeschränkt ist, ergibt sich im Umkehrschluss, dass Gleiches gerade nicht für den Erwerber gilt. Diesen treffen die Verpflichtungen aus dem Arbeitsvertrag oder dem Arbeitsverhältnis uneingeschränkt. Dieser systematische Gesichtspunkt spricht deutlich gegen eine zeitliche Einschränkung der Wirkungen eines Betriebsübergangs.

(3) Zweck

Zweck der Richtlinie ist der Schutz der Arbeitnehmer bei einem Inhaberwechsel. Es soll die Kontinuität ihrer Arbeitsverträge oder Arbeitsverhältnisse gewährleistet werden.[953] Würde der Übergang der Arbeitnehmer auf den Erwerber nur für eine beschränkte zeitliche Dauer erfolgen und würden die Arbeitnehmer dementsprechend automatisch nach Beendigung der vorgesehenen Dauer zum alten Unternehmen zurückkehren, so könnte es sein, dass dieses gar nicht mehr existiert. Aufgrund der Automatik dieser Folge hätten die Arbeitnehmer aber auch keinen Anspruch, beim Erwerber

---

952 Siehe zur Weiterhaftung noch ausführlich unten, fünfter Teil, § 11 A., S. 347 ff.

953 EuGH v. 11.3.1997 – Rs. C-13/95 (*Ayse Süzen*), NZA 1997, 433 (Rn. 10); EuGH v. 24.1.2002 – Rs. C-51/00 (*Temco*), NZA 2002, 265, 266 (Rn. 23). Siehe auch Erwägungsgrund Nr. 3 der Richtlinie 2001/23/EG.

zu verbleiben. Im Ergebnis stünden die Arbeitnehmer damit völlig schutzlos und oftmals schlechter dar, *weil* die Richtlinie bzw. § 613a BGB eingreift. Das aber stünde dem Sinn und Zweck diametral entgegen, weswegen eine solche, zeitlich befristete Wirkung mit dem Zweck der Regelungen unvereinbar ist.

(4) Ergebnis zur Auslegung

Eine zeitlich befristete Wirkung der Richtlinie und des § 613a BGB bis zum Ende der geplanten Überlassungsdauer widerspricht den Regelungen in jeder Hinsicht und ist deswegen entschieden abzulehnen.

bb) EuGH zieht eine befristete Wirkung selbst nicht in Betracht

Würde die Tatsache, dass nach dem Ansatz des nichtvertraglichen Arbeitgebers auch der nur vorübergehende Verleih erfasst ist, dazu führen, dass die Wirkung der Richtlinie 2001/23/EG und damit des § 613a BGB nur befristet ist, so wäre dies ein weiterer Kritikpunkt an diesem Lösungsweg. Einen nur befristeten Betriebsübergang kann es niemals geben. Allerdings lässt der EuGH in seiner Entscheidung eine solche befristete Wirkung auch nicht erkennen,[954] sodass sich der EuGH dieser möglichen zusätzlichen Kritik nicht aussetzt. Damit kann *Gaul/Ludwig* nicht gefolgt werden, wenn diese als einen Kritikpunkt an der Entscheidung des EuGH anführen, dass nicht einmal eine solche befristete Wirkung in der Entscheidung zu erkennen sei.[955]

---

954 *Gaul/Ludwig*, DB 2011, 298, 300.

955 Vgl. *Gaul/Ludwig*, DB 2011, 298, 300. *Gaul/Ludwig* setzen sich an dieser Stelle damit auseinander, dass der Verleiher seine Arbeitnehmer an den Erwerber verliere und kritisieren diesbezüglich, dass dieser Verlust endgültig sei, weil eine befristete Wirkung des Übergangs der Arbeitsverhältnisse nicht erkennbar sei. Daraus folgt, dass *Gaul/Ludwig* der Meinung sind, dass eine nur befristete Wirkung angebracht wäre, wenn man diesem Ansatz des EuGH folgte. Es ist anzumerken, dass *Gaul/Ludwig* dem Ansatz des EuGH ohnehin nicht folgen.

c) Weitere Voraussetzungen fehlen

Der Ansatz über den nichtvertraglichen Arbeitgeber stellt weder auf die Voraussetzung keiner anderweitigen Einsatzmöglichkeit ab noch soll es nach diesem Lösungsweg entscheidend sein, dass eine wirtschaftliche Einheit des Leiharbeitsunternehmens im übertragenen Entleihbetrieb(steil) vorliegt. Auch insoweit ist dieser Lösungsansatz zu kritisieren.

d) Ergebnis zur Schutzzweckproblematik

In dem Ansatz über den nichtvertraglichen Arbeitgeber findet sich keine der sich aus teleologischen Gesichtspunkten ergebenden Voraussetzungen wieder. Dies ist ein deutlicher Kritikpunkt an dieser Begründung.

4. Keine Beschränkung auf Konzernsachverhalte

Es ist zu klären, ob die gemachten Ausführungen des EuGH nur Konzernsachverhalte erfassen oder ob auch solche Konstellationen erfasst sein können, in denen die Arbeitnehmer von dritten, konzernexternen Gesellschaften verliehen werden.

Sowohl die Schlussanträge des Generalanwalts *Bot* als auch die Ausführungen des EuGH beschränken sich ausdrücklich auf Konzernsachverhalte. Diese Einschränkung findet sich in dem Urteil an zahlreichen Stellen,[956] sodass eine solche Beschränkung offensichtlich gewollt war.[957] Nichtsdestotrotz sind zahlreiche Autoren der Meinung, dass eine Übertragung auf nicht konzerninterne Entsendekonstruktionen möglich ist.[958] Ein

---

956 EuGH v. 21.10.2010 – Rs. C-242/09 (*Albron*), NJW 2011, 439 ff. (Rn. 2, 19, 20, 31, 32, 41).

957 A.A. *Gaul/Ludwig*, DB 2011, 298, 299. Der EuGH lasse diese Frage ihrer Meinung nach offen.

958 *Bauer/von Medem*, NZA 2011, 20, 22; *Forst*, RdA 2011, 228, 232 und 236; *Mückl*, GWR 2011, 45; *Willemsen*, NJW 2011, 1546, 1549. Wohl auch *Sagam*, ZESAR 2011, 412, 421. *Kühn*, NJW 2011, 1408, 1409, meint sogar, nicht konzerninterne Sachverhalte seien schon durch diese Entscheidung des EuGH erfasst, da eine Differenzierung der in den Schlussanträgen dargestellten konzerninternen Arbeitnehmerüberlassung und Leiharbeitnehmern nach deutschem Recht nicht möglich sei.

ausdrücklicher Ausschluss der Übertragbarkeit auf diese Konstellation durch den EuGH, wie *Willemsen* ihn beispielsweise für die nur vorübergehende Entsendung angenommen hat, wird auch von ihm in dem Urteil nicht gesehen. Der Konzernsachverhalt wird dementsprechend nicht als tragendes Element der Aussage des EuGH angesehen. Einzig *Junker* ist wohl anderer Ansicht und verneint eine solche Übertragbarkeit, indes ohne dies näher zu begründen.[959]

Für eine solche Übertragbarkeit spricht wiederum die Tatsache, dass für die Argumentation des EuGH die Beschränkung auf Konzernsachverhalte – wenn auch häufig erwähnt – keine Rolle spielt. Speziell die Unterscheidung zwischen vertraglichem und nichtvertraglichem Arbeitgeber beansprucht auch außerhalb von Konzernsachverhalten Geltung.[960] Daher ist von einer Übertragbarkeit auch auf nicht konzerninterne Sachverhalte auszugehen. Dass dieser Lösungsweg unabhängig von einem Konzernsachverhalt anzuwenden ist, überzeugt mit Blick auf die Auslegung der Richtlinie 2001/23/EG und des § 613a Abs. 1 S. 1 BGB

5. Zwischenergebnis

Die Begründung ist nicht überzeugend und insgesamt abzulehnen.

6. Exkurs: bindende Wirkung des EuGH-Urteils

Das Urteil *Albron* bindet jedoch wie jedes Urteil im Vorabentscheidungsverfahren „nach Maßgabe seines im Lichte der Entscheidungsgründe zu interpretierenden Tenors“[961]. Eine Bindung an den Tenor besteht also trotz der nicht überzeugenden Begründung, wenn auch die Reichweite der Aussage im Tenor von der Begründung abhängen mag. Letztinstanzlich entscheidende nationale Gerichte sind nunmehr für eine Konstellation wie im Fall *Albron* von ihrer Vorlagepflicht nach Art. 267 Abs. 3 AEUV befreit.[962] Dies gilt allerdings nur, soweit sie dem EuGH folgen; sie müssen

959 *Junker*, NZA 2001, 950. 952.

960 So auch *Forst*, RdA 2011, 228, 230.

961 Calliess/Ruffert-*Wegener*, Art. 267 AEUV, Rn. 46.

962 Siehe grundsätzlich zu dieser Befreiung von der Vorlagepflicht *Borchardt*, Gerichtshof, Art. 234 EGV, Rn. 55, mit Verweis auf EuGH v. 6.10.1982 – Rs. 283/81

also die Entscheidung des EuGH ihrem Urteil zugrunde legen.[963] Wollten sie vom Ergebnis des EuGH abweichen, so wären sie weiterhin zur Vorlage verpflichtet.[964] *Borchardt* hält zutreffend fest, dass die „Präjudizwirkung von Auslegungsurteilen des EuGH damit der von höchstrichterlichen Urteilen im nationalen Recht ähnelt"[965]. Wenn auch keine *erga-omnes*-Wirkung vorliegt,[966] so besteht doch für die Instanzgerichte die Gefahr, dass Urteile mit abweichendem Ergebnis aufgehoben werden, sodass auch diese im Sinne des EuGH entscheiden werden.[967] *Borchardt* spricht dementsprechend von einer „de facto … *erga-omnes*-Wirkung"[968].

Abschließend sei der Hinweis angebracht, dass das *Ergebnis* des EuGH – anders als die Begründung – in der Literatur auf breite Zustimmung gestoßen ist,[969] auch wenn die Reichweite des Tenors völlig unterschiedlich beurteilt wird.[970] Eine erneute Vorlage für die exakt gleiche Konstellation ist dementsprechend nicht zu erwarten. Allenfalls solche Vorlagefragen, die ähnliche Konstellationen betreffen, sind zu erwarten, speziell wenn es um die genaue Reichweite der im Fall *Albron* gemachten Aussage geht.

(*C.I.L.F.I.T.*), AP Nr. 11 zu Art. 177 EWG-Vertrag (speziell Rn. 13). Auch Calliess/Ruffert-*Wegener*, Art. 267 AEUV, Rn. 49.

963 *Borchardt*, Gerichtshof, Art. 234 EGV, Rn. 55.

964 *Everling*, Vorabentscheidungsverfahren, S. 66; Grabitz/Hilf/Nettesheim-*Karpenstein*, Art. 267 AEUV, Rn. 102; Calliess/Ruffert-*Wegener*, Art. 267 AEUV, Rn. 49.

965 *Borchardt*, Gerichtshof, Art. 234 EGV, Rn. 55. Ebenso *Everling*, Vorabentscheidungsverfahren, S. 66.

966 Das Urteil im Vorabentscheidungsverfahren bindet nur „*inter-partes*", siehe *Borchardt*, Gerichtshof, Art. 234 EGV, Rn. 50; *Everling*, Vorabentscheidungsverfahren, S. 63; Grabitz/Hilf/Nettesheim-*Karpenstein*, Art. 267 AEUV, Rn. 99 f.; Calliess/Ruffert-*Wegener*, Art. 267 AEUV, Rn. 47.

967 *Borchardt*, Gerichtshof, Art. 234 EGV, Rn. 55; *Everling*, Vorabentscheidungsverfahren, S. 66.

968 *Borchardt*, Gerichtshof, Art. 234 EGV, Rn. 55.

969 Siehe hierzu etwa: *Heuchemer/Schielke*, BB 2011, 758, 763; *Willemsen*, NJW 2011, 1546, 1547. Ähnlich im Ergebnis auch *Bauer/von Medem*, NZA 2011, 20, 21; *Forst*, RdA 2011, 228, 230; *Junker*, RiW 2011, 97, 105. Das Ergebnis des EuGH erkennen folgende Autoren an, ohne Kritik an der Begründung zu üben: *Kühn*, NJW 2011, 1408, 1410; *Lembke*, NZA 2011, 319, 321. A.A. *Gaul/Ludwig*, DB 2011, 298, 299, wobei diese Ablehnung des Ergebnisses indes auf einem den Anwendungsbereich der Richtlinie sehr ausweitendem Verständnis der Entscheidung des EuGH beruht.

970 Dies betrifft insbesondere die Frage, ob eine Ausweitung auch auf Fälle des nur vorübergehenden Verleihs möglich ist, siehe dazu soeben, vierter Teil, § 9 E. I. 3. a), S. 234 ff.

Sollte der *Gerechtshof te Amsterdam* allerdings nicht mit dem konkreten Ergebnis im Fall *Albron* zufrieden sein, so könnte er dem EuGH im Rahmen eines erneuten Vorabentscheidungsverfahren neue Gesichtspunkt darlegen, um eine abweichende Antwort des EuGH zu erreichen.[971] Die Erfolgsaussichten wären allerdings gering.

Zusammenfassend besteht fortan eine Bindung an die Aussage des EuGH für die Auslegung der Richtlinie 2001/23/EG, gleichwohl die Begründung nicht zu überzeugen vermag.

II. Zuordnungslösung

Die Zuordnungslösung lässt sich nach hier vertretener Ansicht im Wesentlichen bereits in den Schlussanträgen des Generalanwalts finden. Weil oftmals davon ausgegangen wird, der EuGH folge in seiner Begründung dem Generalanwalt, diese Begründungswege tatsächlich jedoch erheblich voneinander abweichen, gilt es zunächst die Unterschiede beider Wege herauszuarbeiten. Sodann wird zu der Zuordnungslösung Stellung genommen.

1. Unterschiede zum Ansatz über den nichtvertraglichen Arbeitgeber

Die Zuordnungslösung des Generalanwalts *Bot* und – mit leichten Abänderungen – von *Raab* unterscheidet sich erheblich von der Begründung des EuGH. Dies gilt es zunächst klarzustellen, macht doch auch *Raab* selbst diese Unterschiede nicht allzu deutlich oder ist möglicherweise der Ansicht, die Begründungen glichen sich größtenteils.

a) Anderer Ansatz der Prüfung

Der EuGH geht der Frage nach, ob *Heineken Nederland* auch als Veräußerer im Sinne von Art. 2 Abs. 1 lit. a) der Richtlinie betrachtet werden

971 So allgemein zum Vorabentscheidungsverfahren *Borchardt*, Gerichtshof, Art. 234 EGV, Rn. 77; *Ehricke*, Bindungswirkung, S. 41; Grabitz/Hilf/Nettesheim-*Karpenstein*, Art. 267 AEUV, Rn. 100. Aus der Rechtsprechung hierzu bspw. EuGH v. 5.3.1986 – Rs. 69/85 (*Wünsche III*), Slg. 1986, 947, 953 (Rn. 15).

kann.[972] Somit ist die gesamte Argumentation darauf ausgerichtet, die Veräußerereigenschaft zu bejahen. Maßgeblich ist die Person des Veräußerers. Weil sich unter anderem aus der Rechtsprechung des EuGH ergibt, dass Veräußerer derjenige ist, der die Arbeitgeberstellung verliert,[973] muss die Arbeitgeberstellung von *Heineken Nederland* ausführlich begründet werden. Der Generalanwalt hingegen prüft, ob die Bestimmungen des Art. 3 Abs. 1 UAbs. 1 der Richtlinie (auf den vorliegenden Fall) anwendbar sind.[974] Es zeigt sich, dass maßgeblicher Ansatzpunkt nicht der Veräußerer ist, sondern der Arbeitnehmer. Dessen Verhältnis zur *Heineken Nederland* wird beurteilt, ohne dass es dem Generalanwalt darauf ankäme, zu klären, warum *Heineken Nederland* als Veräußerer und Arbeitgeber angesehen werden könne.

Die unterschiedlichen Ansatzpunkte zeigen sich auch im Rahmen der jeweiligen Argumentation, wenn mit dem Anwendungsbereich der Richtlinie nach Art. 1 Abs. 1 lit. b) argumentiert wird. Hiernach muss eine ihre Identität bewahrende wirtschaftliche Einheit übergehen. Der EuGH folgert hieraus, dass der Übergang einen Wechsel der Person voraussetzt, die für die wirtschaftliche Tätigkeit der übertragenen Einheit verantwortlich ist.[975] Maßgeblich ist also hiernach die Verantwortlichkeit. Der Generalanwalt führt im Rahmen seiner Zuordnungslösung aus, die Richtlinie sei anwendbar auf den Übergang einer wirtschaftlichen Einheit; maßgeblich sei die Zugehörigkeit zu dieser wirtschaftlichen Einheit.[976] Wenn auch der erste Ansatz des EuGH und der Zuordnungslösung in diesem Teil gleich ist (Übergang einer wirtschaftlichen Einheit), so ist doch die Folgerung des EuGH personenbezogen, indem auf die Verantwortlichkeit der Person für die wirtschaftliche Einheit abgestellt wird: Es wird vom Veräußerer ausgegangen. Die Folgerung der Zuordnungslösung nimmt indes Bezug auf die wirtschaftliche Einheit und gerade nicht auf die Person des Veräußerers.

Keiner der Ansätze ist *per se* zu verurteilen; wichtig ist an dieser Stelle jedoch, dass die Begründungen schon aus diesem Grund unterschiedlich

---

972 EuGH v. 21.10.2010 – Rs. C-242/09 (*Albron*), NJW 2011, 439, 440 (Rn. 20).

973 Siehe dazu oben, vierter Teil, § 8 A. I. 1., S. 117.

974 Schlussanträge Generalanwalt *Bot* v. 3.6.2010 – Rs. C-242/09 (*Albron*), Slg. 2010, I-10309 (Rn. 24 und 60).

975 EuGH v. 21.10.2010 – Rs. C-242/09 (*Albron*), NJW 2011, 439, 440 (Rn. 28 f.).

976 Schlussanträge Generalanwalt *Bot* v. 3.6.2010 – Rs. C-242/09 (*Albron*), Slg. 2010, I-10309 (Rn. 38 f.).

sind. Der EuGH macht sich demnach keinesfalls den Ansatz des Generalanwalts zu eigen.[977]

b) Kein Rückgriff auf den nichtvertraglichen Arbeitgeber

Die Zuordnungslösung verzichtet auf einen Rückgriff auf den nichtvertraglichen Arbeitgeber.[978] Insofern ist es für diese Lösung unbeachtlich, dass es nach dem Wortlaut des Art. 3 Abs. 1 UAbs. 1 auch den nichtvertraglichen Arbeitgeber geben kann. Im Ergebnis wird die Konstellation so behandelt, als hätten die Arbeitnehmer ihre Arbeitsverträge mit dem Veräußerer *Heineken Nederland* geschlossen, *Heineken Nederland* wird also *wie ein vertraglicher Arbeitgeber* behandelt. Damit spielt sich diese Lösung weiterhin nur in der ersten Alternative des Art. 3 Abs. 1 UAbs. 1 („aus einem Arbeitsvertrag") ab, ohne dass auf die zweite Alternative („oder Arbeitsverhältnis") Bezug genommen wird. Nicht überzeugend ist es daher, wenn *Raab* feststellt, der Generalanwalt wolle ausgehend von Art. 3 Abs. 1 UAbs. 1 begründen (wie auch später der EuGH), dass zwar kein Arbeitsvertrag, jedoch ein Arbeitsverhältnis vorliege und dieses allein ausreiche.[979] Denn dann stellte er auf die zweite Alternative ab, was jedoch nicht seiner Begründung entspricht: So schreibt der Generalanwalt selbst nur, es sei zu prüfen, ob die Bestimmungen des Art. 3 Abs. 1 UAbs. 1 anwendbar seien. Zwar bezieht auch er sich durch den folgenden Halbsatz auf die Situation, dass die Arbeitnehmer rechtlich bei einer anderen Gesellschaft des Konzerns beschäftigt waren; aber anders als der EuGH stellt er nicht ausdrücklich auf die nicht vorhandene Verbindung durch einen Arbeitsvertrag ab. Zudem wurde der Ansatz des EuGH ohnehin aus dem Wortlaut des Art. 3 Abs. 1 UAbs. 1 entwickelt („Arbeitsvertrag *oder* Arbeitsverhältnis"), welcher nach Ansicht des Generalanwalts keine klare und präzise Antwort gibt. Weil der Generalanwalt somit nicht auf den Wortlaut des Art. 3 Abs. 1 UAbs. 1 („oder") und damit nicht auf die Gleichwertigkeit oder Alternativität abstellt, lässt sich nicht annehmen, dass es dem Generalanwalt darauf ankam, über die Konstruktion eines Ar-

---

977 Anders: *Willemsen*, NJW 2011, 1546, 1549. Ähnlich auch *Raab*, EuZA 2011, 537, 544, der aber konstatiert, der EuGH greife die Argumentation des Generalanwalts „nicht direkt auf", sondern gehe einen etwas anderen Weg.

978 Anders *Raab*, EuZA 2011, 537, 548.

979 So aber *Raab*, EuZA 2011, 537, 543.

beitsverhältnisses ohne Arbeitsvertrag zur Anwendbarkeit der Richtlinie zu gelangen. Vielmehr legt sich *Bot* am Anfang seiner Begründung noch nicht auf eine Alternative fest; mit seiner im Zwischenergebnis vertretenen „Als-ob-Betrachtung" macht er jedoch deutlich, dass er lediglich auf die erste Alternative des Art. 3 Abs. 1 UAbs. 1 („Arbeitsvertrag") abstellt. Gegen diesen Befund könnte eingewendet werden, dass *Bot* in seinen Anträgen von einem „Arbeitsverhältnis" spricht indem er schreibt, die Dauerhaftigkeit „verleiht dem Arbeitsverhältnis [mit *Heineken Nederland*] dieselbe Dauer, wie sie sich aus dem Arbeitsvertrag mit der [*HNB*] ergibt"[980]. Man könnte meinen, *Bot* stelle hier das Arbeitsverhältnis dem Arbeitsvertrag gegenüber. Auch bezeichnet er das Verhältnis der Arbeitnehmer kurz darauf als „ein solches Arbeitsverhältnis".[981] Allerdings ist nicht davon auszugehen, dass *Bot* mit etwaigen Aussagen auf die Alternativität eines Arbeitsvertrags und eines Arbeitsverhältnisses im Sinne des EuGH abstellt. Wie sich aus einer Gesamtschau seiner Ausführungen ergibt, verwendet er vielmehr den Begriff „Arbeitsverhältnis" als einen Oberbegriff. So beginnt *Bot* seine Begründung mit der Verdeutlichung des Ziels der Richtlinie 2001/23/EG, welches nach ständiger Rechtsprechung darin bestehe, „die Kontinuität der im Rahmen einer wirtschaftlichen Einheit bestehenden Arbeitsverhältnisse unabhängig von einem Inhaberwechsel [zu] gewährleisten"[982]. Diese Aussage bezieht sich auf die Richtlinie insgesamt, der Begriff „Arbeitsverhältnisse" stellt einen Oberbegriff dar, unter den sowohl Arbeitsverträge als auch Arbeitsverhältnisse (ohne Arbeitsverträge) fallen; dies ergibt sich nicht zuletzt aus dem Verweis auf das Urteil *Jouini*, bei dem es sich um vertragliche Arbeitsverhältnisse handelte (demnach die Alternative „aus einem Arbeitsvertrag"). Verwendet *Bot* also im Folgenden das Wort Arbeitsverhältnis ohne nähere Erläuterung, so ist dabei ebenso von einem Oberbegriff auszugehen. Unterstrichen wird dies durch eine weitere allgemein auf die Richtlinie bezogene Aussage, bei der wiederum „Arbeitsverhältnis" als Oberbegriff verwendet wird. So führt *Bot* aus, dass die Richtlinie 2001/23/EG „einen automatischen Übergang

980 Schlussanträge Generalanwalt *Bot* v. 3.6.2010 – Rs. C-242/09 (*Albron*), Slg. 2010, I-10309 (Rn. 43).

981 Schlussanträge Generalanwalt *Bot* v. 3.6.2010 – Rs. C-242/09 (*Albron*), Slg. 2010, I-10309 (Rn. 44).

982 Schlussanträge Generalanwalt *Bot* v. 3.6.2010 – Rs. C-242/09 (*Albron*), Slg. 2010, I-10309 (Rn. 36) mit Verweis auf EuGH v. 13.9.2007 – Rs. C-458/05 (*Jouini*), NJW 2007, 3195, 3196 (Rn. 23).

der Pflichten aus den Arbeitsverhältnissen auf den Erwerber [...] vorsieht"[983]. Als allgemeine Aussage erfasst dies sämtliche von der Richtlinie geregelten Fälle, mithin Arbeitsverträge und (nichtvertragliche) Arbeitsverhältnisse.

c) Schutz bei einem Inhaberwechsel lediglich als Einleitung

Der Generalanwalt schreibt, Ziel der Richtlinie sei es, „die Arbeitnehmer im Fall eines Übergangs zu schützen"[984]. Die Richtlinie solle also nach ständiger Rechtsprechung „die Kontinuität der im Rahmen einer wirtschaftlichen Einheit bestehenden Arbeitsverhältnisse unabhängig von einem Inhaberwechsel gewährleisten".[985] Die Worte „Kontinuität [...] unabhängig von einem Inhaberwechsel" entsprechen dem Gedanken des in der Richtlinie zu findenden dritten Erwägungsgrundes, den auch der EuGH in seiner Argumentation anstrengt:[986] Dem Schutz bei einem Inhaberwechsel. Es ist also festzuhalten, dass der Generalanwalt sich ebenfalls auf diesen Erwägungsgrund bezieht. Allerdings findet dies bei seiner Argumentation keine weitere direkte Bedeutung. Es dient nur als Einleitungs- bzw. Ausgangspunkt für die Feststellung, dass der EuGH „unter Berücksichtigung dieses Ziels [...] systematisch Voraussetzungen für die Anwendung des Unionsrechts beim Übergang von Unternehmen festgelegt"[987] habe. Sodann greift der Generalanwalt *Bot* die zwei tragenden Anwendungsvoraussetzungen auf, namentlich den zwingenden Charakter der Richtlinie und die Koppelung des Arbeitsverhältnisses an die wirtschaftliche Einheit. Die folgende Argumentation erfolgt dann ohne direkten Bezug zu dem Zweck eines Schutzes bei einem Inhaberwechsel; schon gar

---

983 Schlussanträge Generalanwalt *Bot* v. 3.6.2010 – Rs. C-242/09 (*Albron*), Slg. 2010, I-10309 (Rn. 50).

984 Schlussanträge Generalanwalt *Bot* v. 3.6.2010 – Rs. C-242/09 (*Albron*), Slg. 2010, I-10309 (Rn. 36).

985 Schlussanträge Generalanwalt *Bot* v. 3.6.2010 – Rs. C-242/09 (*Albron*), Slg. 2010, I-10309 (Rn. 36) mit Verweis auf EuGH v. 13.9.2007 – Rs. C-458/05 (*Jouini*), NJW 2007, 3195, 3196 (Rn. 23).

986 EuGH v. 21.10.2010 – Rs. C-242/09 (*Albron*), NJW 2011, 439, 440 (Rn. 30).

987 Schlussanträge Generalanwalt *Bot* v. 3.6.2010 – Rs. C-242/09 (*Albron*), Slg. 2010, I-10309 (Rn. 36).

nicht findet sich beim Generalanwalt eine tautologische[988] Begründung wie beim EuGH.

d) Zwischenergebnis zu den Unterschieden

Es wurde gezeigt, dass sich die Argumentation des Generalanwalts *Bot* deutlich von derjenigen des EuGH unterscheidet; der Ansatz über den nichtvertraglichen Arbeitgeber ist damit von der Zuordnungslösung zu trennen.

2. Kritik an der Zuordnungslösung

a) Zwingender Charakter

Ein tragendes Begründungselement der Zuordnungslösung ist der Umgehungsaspekt.[989] Die Anwendbarkeit der Betriebsübergangsregeln dürfe nicht in das Belieben der Parteien gestellt werden. Dies wäre aber der Fall, wenn aufgrund des Einsatzes von Leiharbeitnehmern im Falle eines Betriebs(teil)übergangs des entleihenden Unternehmens diese Arbeitnehmer nicht auf den Erwerber übergingen, obwohl ein Schutz der Arbeitnehmer aufgrund der Vorgaben der Betriebsübergangsregeln erforderlich wäre. Dieses Argument der Umgehung überzeugt, gerade auch im Hinblick auf den Gedanken des *effet utile*: Um der Richtlinie zur praktischen Wirksamkeit zu verhelfen, muss eine solche Umgehung vermieden werden.

b) Bindung an die wirtschaftliche Einheit

Raab argumentiert, der Zweck der Richtlinie bestehe darin, dass das Arbeitsverhältnis mit dem neuen Inhaber fortgesetzt werden solle, „wenn

---

988 So die Bezeichnung von *Willemsen*, NJW 2011, 1546, 1548. Siehe bereits oben, vierter Teil, § 9 E. I. 2., S. 230.

989 Schlussanträge Generalanwalt *Bot* v. 3.6.2010 – Rs. C-242/09 (*Albron*), Slg. 2010, I-10309 (Rn. 40 und 49); *Raab*, EuZA 2011, 537, 540. Siehe dazu bereits oben, vierter Teil, § 8 B., S. 124 ff.

und soweit die Arbeitsaufgabe innerhalb des Betriebs erhalten bleibt"[990]. Der Bestand des Arbeitsverhältnisses werde demnach „von der Person des Arbeitgebers als Partei des Arbeitsvertrages entkoppelt"[991]. Eine Bindung des Arbeitsverhältnisses bestehe einzig an die wirtschaftliche Einheit, innerhalb der der Arbeitnehmer seine Arbeitsleistung erbringe.

Diese Koppelung der Arbeitsverhältnisse an die wirtschaftliche Einheit und deren Fortbestand ist das tragende Begründungselement der Zuordnungslösung. Nur durch die Zugehörigkeit der Arbeitnehmer zu der übertragenen wirtschaftlichen Einheit würden diesen die Rechte der Richtlinie vermittelt.[992] Insofern stehe über allem vorrangig die Zuordnung der Arbeitnehmer zu ihrer jeweiligen wirtschaftlichen Einheit; die genaue Einordnung der rechtlichen Beziehung zwischen dem Leiharbeitnehmer und dem Entleiher sei dabei nicht ausschlaggebend.[993] Die genannte Vorüberlegung, dass der Bestand des Arbeitsverhältnisses „von der Person des Arbeitgebers als Partei des Arbeitsvertrages entkoppelt" werde, spricht auch nicht gegen das sich aus der Rechtsprechung und den anderen sprachlichen Fassungen der Richtlinie ergebende Kriterium des Verlusts der Arbeitgeberstellung.[994] Denn diese Entkoppelung bedeutet keineswegs, dass es auf den Verlust der Arbeitgeberstellung nicht mehr ankäme, was der Richtlinie widersprechen würde. Vielmehr soll wohl lediglich klargestellt werden, dass es nicht auf das rechtliche Band zwischen dem Arbeitnehmer und dem Arbeitgeber ankomme, sondern die Bindung des Arbeitsverhältnisses an die wirtschaftliche Einheit entscheidend sei. Auch nach der Zuordnungslösung besteht die (gesetzliche) Folge eines Betriebsübergangs aber darin, dass der Arbeitgeber diese Stellung verliert.

Konsequenterweise muss nach diesem Begründungsweg für das Eingreifen des Schutzes ebendiese wirtschaftliche Einheit, der die Arbeitnehmer angehören, veräußert werden. Derjenige, der die Leitungsmacht über die maßgebliche wirtschaftliche Einheit hat, muss die Veräußerung tätigen, damit der Schutz eingreift. So wird weiter argumentiert, normalerweise habe die Leitungsmacht jene Person inne, die Arbeitsverträge mit den der wirtschaftlichen Einheit zugeordneten Arbeitnehmern geschlossen

---

990 *Raab*, EuZA 2011, 537, 541. Dazu auch Soergel-*Raab*, § 613a, Rn. 19.

991 *Raab*, EuZA 2011, 537, 541.

992 Schlussanträge Generalanwalt *Bot* v. 3.6.2010 – Rs. C-242/09 (*Albron*), Slg. 2010, I-10309 (Rn. 36 und 39); *Raab*, EuZA 2011, 537, 543.

993 Vgl. *Raab*, EuZA 2011, 537, 548.

994 Siehe dazu oben, vierter Teil, § 8 A. I. 1., S. 117.

habe.[995] Im atypischen Fall – und solch einer sei auch vorliegend gegeben – könne jedoch die Leitungsmacht auch ohne das Vorliegen eines Vertrags zu dem Arbeitnehmer gegeben sein:[996] Der Vollzug des Arbeitsverhältnisses sei untrennbar mit der wirtschaftlichen Einheit *Heineken Nederland* verbunden, weil der Arbeitsvertrag zur *HNB* nur formaler Natur sei, jedoch keine Auswirkungen auf den Vollzug des Arbeitsverhältnisses allein bei *Heineken Nederland* habe.[997] Insofern sei es nur sinnvoll, den Arbeitnehmerschutz an die Einheit anzuknüpfen, die für den Vollzug maßgeblich ist, mithin die *Heineken Nederland*.[998] Dies führe dazu, dass letztere als Veräußerer im Sinne des Art. 2 Abs. 1 lit. a) der Richtlinie anzusehen sei.[999]

Dem Begründungsweg ist zuzugeben, dass eine Anbindung an die wirtschaftliche Einheit grundsätzlich überzeugt. Die Richtlinie regelt gem. Art. 1 Abs. 1 lit. a) den Fall des Übergangs von Unternehmen oder Unternehmens- bzw. Betriebsteilen. Der Übergang ist mittlerweile aus Klarstellungsgründen[1000] in Art. 1 Abs. 1 lit. b) definiert worden als der Übergang einer ihre Identität bewahrenden wirtschaftlichen Einheit. Maßgeblicher Anknüpfungspunkt auf Tatbestands- wie auf Rechtsfolgenseite ist demnach, wie schon des Öfteren erwähnt, die wirtschaftliche Einheit. Für die Tatbestandsseite ergibt sich dies, wie soeben gezeigt, aufgrund des Anwendungsbereichs gem. Art. 1 Abs. 1 lit. a). Dass diese wirtschaftliche Einheit auch auf Rechtsfolgenseite tragend ist, ergibt sich aus Art. 3 Abs. 1 UAbs. 1: Hiernach gehen nur die „zum Zeitpunkt des *Übergangs*" bestehenden Rechte und Pflichten über, und zwar gehen diese „aufgrund des *Übergangs*" über. Mit diesem Übergang ist jeweils – der Definition in Art. 1 Abs. 1 lit. b) folgend – der Übergang einer ihre Identität bewahrenden wirtschaftlichen Einheit gemeint. Es gehen die Rechte und Pflichten demnach überhaupt nur kraft Gesetzes über, weil die wirtschaftliche Einheit übergangen ist.

995 *Raab*, EuZA 2011, 537, 549.
996 *Raab*, EuZA 2011, 537, 549.
997 *Raab*, EuZA 2011, 537, 549.
998 *Raab*, EuZA 2011, 537, 549.
999 *Raab*, EuZA 2011, 537, 549.
1000 Vgl. den Hinweis im Erwägungsgrund Nr. 8 der Richtlinie 2001/23/EG.

c) Voraussetzungen bleiben unklar

Nichtsdestotrotz ist für diesen Begründungsweg kritisch anzumerken, dass die Voraussetzungen für sein Eingreifen nicht klar zu erkennen sind.

aa) Dauerverleih wird ebenfalls gefordert

Aus *Raabs* abschließenden Ausführungen ergibt sich nur, dass die Lösung dann eingreifen soll, wenn den Arbeitnehmern innerhalb des Leiharbeitsunternehmens keine eigenständige, von der Tätigkeit im Entleihunternehmen zu trennende Funktion zukomme.[1001] Andererseits schreibt er auch – nun aus Sicht des Leiharbeitsunternehmens, nicht der Leiharbeitnehmer –, die Lösung greife wiederum nicht ein, wenn das Leiharbeitsunternehmen einen eigenständigen unternehmerischen Zweck verfolge, wie dies beim klassischen Verleihunternehmen der Fall sei, welches anderen Unternehmen vorübergehend geeignete Arbeitskräfte überlasse.[1002] Hieraus lässt sich ableiten, dass auch nach der von *Raab* vertretenen Zuordnungslösung ein Dauerverleih gegeben sein muss, was sich mit den Ausführungen des Generalanwalts *Bot* deckt.[1003]

In diesem Zusammenhang ist *Raabs* Erörterungen eine weitere, einschränkende Voraussetzung für das Eingreifen seiner Lösung zu entnehmen. So müsse sich die Situation so darstellen, dass „der Arbeitnehmer [...] seine Arbeitsleistung von vornherein ausschließlich im Rahmen der Zwecksetzung eines anderen Unternehmens erbringen soll“[1004]. Durch das „soll“ wird deutlich, dass es sich um eine subjektive Komponente und damit eine subjektive Voraussetzung handeln muss. Zwar entspricht eine solche subjektive Voraussetzung in keiner Weise der erfolgten Auslegung der Richtlinie 2001/23/EG und des § 613a BGB. Jedoch ist gezeigt worden, dass es für die Definition des Dauerverleihs auch auf die Absicht des Entleihers und damit einhergehend ebenfalls den Willen des Verleihers ankommt. Die von *Raab* genannte subjektive Komponente ist demnach nicht *per se* zu kritisieren. Allerdings kommt es nach der für einen Dauerverleih gefundenen Definition nicht darauf an, dass diese Absicht „von vornhe-

1001 *Raab*, EuZA 2011, 537, 552.
1002 *Raab*, EuZA 2011, 537, 551 f.
1003 Siehe dazu oben, vierter Teil, § 8 B. I., S. 124.
1004 *Raab*, EuZA 2011, 537, 549.

rein" besteht; es ist für einen Dauerverleih auch ausreichend, wenn diese Absicht erst später gefasst wird. Insofern ist die von *Raab* aufgestellte subjektive Voraussetzung also abzulehnen.

bb) Keine anderweitige Verleihtätigkeit oder keine anderweitige Einsatzmöglichkeit?

Bot selbst scheint keinerlei weitere Voraussetzungen für erforderlich zu halten. Nach den Ausführungen *Raabs* kann das Vorliegen eines Dauerverleihs allein jedoch nicht ausreichen. Aus seinen Ausführungen könnte man zunächst zusätzlich schließen, mit dieser Lösung gehe einher, dass es keine anderweitige Einsatzmöglichkeit für die Leiharbeitnehmer geben dürfe. Dies könnte man daraus folgern, dass das Verleihunternehmen im Rahmen dieser Zuordnungslösung keinen anderen Zweck verfolgt als den dauerhaften Verleih an das Entleihunternehmen; dann kann es aber auch keine anderweitige Einsatzmöglichkeit in einem dritten Unternehmen geben.[1005] Und weil dem Arbeitnehmer innerhalb des Leiharbeitsunternehmens keine eigenständige, von der Tätigkeit im Entleihunternehmen zu trennende Funktion zukommt, kann es konsequenterweise auch keine anderweitige Einsatzmöglichkeit im Leiharbeitsunternehmen geben. Die Voraussetzung keiner anderweitigen Einsatzmöglichkeit liegt also immer vor, wenn keine anderweitige Verleihtätigkeit im genannten Sinne betrieben wird. Allerdings kann auch bei einer anderweitigen Verleihtätigkeit trotzdem der Fall eintreten, dass es keine anderweitige Einsatzmöglichkeit gibt; die beiden Voraussetzungen sind demnach nicht deckungsgleich. Vielmehr erfasst die allgemeinere Voraussetzung keiner anderweitigen Einsatzmöglichkeit mehr Fälle, als dies bei den bestimmteren Voraussetzungen des eigenen Betriebszwecks und der eigenständigen Funktion des Arbeitnehmers der Fall wäre. Die Voraussetzungen *Raabs* wären demnach enger: Sobald eine anderweitige Verleihtätigkeit im obigen Sinne gegeben wäre, wäre ein

1005 Sollte der Zweck des Verleihunternehmens darin bestehen, Leiharbeitnehmer *an mehrere, verschiedene* Entleihunternehmen dauerhaft zu verleihen, könnte möglicherweise eine anderweitige Einsatzmöglichkeit in jenen anderen Entleihunternehmen bestehen. Dann ist wohl nicht von (dem Vorliegen) der Voraussetzung keiner anderweitigen Einsatzmöglichkeit trotz des besagten Zwecks des Verleihunternehmens auszugehen.

Übergang und damit ein Schutz der Leiharbeitnehmer beim Betriebsübergang des Entleihbetriebs(teils) ausgeschlossen.

Im Folgenden ist damit zu klären, ob sich an der Beurteilung der Rechtsfolgen, und damit dem Übergang der Leiharbeitnehmer, wirklich allein aus dem Grund etwas ändert, dass das Leiharbeitsunternehmen neben dem Dauerverleih an das übertragene und andere Unternehmen nur *vorübergehende* Leiharbeit an ebendieses Unternehmen, aber auch andere Unternehmen betreibt.[1006] Folge dieser teilweise nur vorübergehenden Leiharbeit wäre, dass es einer Betriebsorganisation hierfür bedürfte. Das Leiharbeitsunternehmen müsste einen Organisationsapparat vorweisen, mithilfe dessen diese andere Verleihtätigkeit möglich wäre. Werden Arbeitnehmer nämlich nur vorübergehend verliehen, so müssen diese nach dem Ende der Einsatzzeiten wiederum an andere Entleiher verliehen werden, wobei üblicherweise gerade ein nahtloser Übergang gewollt sein wird.

Raab ist der Ansicht, dass allein aufgrund solch einer anderweitigen Tätigkeit des Leiharbeitsunternehmens der Schutz der Leiharbeitnehmer über das Entleihunternehmen zu versagen ist.[1007] Schließlich könnte bereits aufgrund der anderweitigen Verleihtätigkeit eine Betriebsorganisation gegeben sein, und die Leiharbeitnehmer könnten über die sich unter anderem daraus ergebende wirtschaftliche Einheit ausreichend geschützt sein.

(1) Dauerverleih gilt nur für Leiharbeitnehmer im übertragenen Entleihbetrieb(steil)

Zunächst ist festzuhalten, dass das Erfordernis des Dauerverleihs sich nur auf die im übertragenen Entleihbetrieb(steil) tätigen Leiharbeitnehmer bezieht. Nur diese müssen dauerhaft verliehen sein; ob die übrigen Leiharbeitnehmer des Leiharbeitsunternehmens dauerhaft oder vorübergehend verliehen sind, ist für diese Voraussetzung unerheblich.

1006 So wohl *Raab*, EuZA 2011, 537, 551 f.

1007 *Raab*, EuZA 2011, 537, 551 ff.

(2) Ausgleich des Schutzdefizits auch hier erforderlich

Aus der Auslegung der Richtlinie und des § 613a Abs. 1 S. 1 BGB ging hervor, dass es das Ziel einer Anwendung der Regelungen auf die Leiharbeitnehmer beim Übergang des Entleihunternehmens sein muss, ein Schutzdefizit auszugleichen. Dieses Schutzdefizit besteht unter anderem darin, dass ein Schutz über das Leiharbeitsunternehmen quasi „vorprogrammiert“ nicht gewährleistet wäre.

Es muss sich gefragt werden, ob solch ein Schutzdefizit gleichermaßen besteht, wenn das Leiharbeitsunternehmen anderweitigen, vorübergehenden Verleih betreibt und bereits dadurch einen eigenständigen Betriebszweck und eine eigene Betriebsorganisation hat. Dann könnten auch im Rahmen dieses Verleihbereichs eine oder mehrere wirtschaftliche Einheiten des Leiharbeitsunternehmens bestehen.

Ein Schutzdefizit bestünde dann nicht, wenn die im übertragenen Entleihbetrieb(steil) tätigen Leiharbeitnehmer mit jener bzw. jenen wirtschaftlichen Einheit(en) mit übergingen. Sie müssten dafür ein Teil jener wirtschaftlichen Einheit des Leiharbeitsunternehmens sein und ihnen müsste hierüber ein Schutz auch tatsächlich zukommen. Dass die Leiharbeitnehmer im übertragenen entleihenden Unternehmen ein Teil jener wirtschaftlichen Einheit darstellen, ist durchaus möglich. Allerdings gilt dies dann nicht, wenn sämtliche Voraussetzungen für einen Übergang der Leiharbeitnehmer bei einem Betriebs(teil)übergang des entleihenden Unternehmens gegeben sind, die sich aus der Auslegung der Richtlinie und des § 613a Abs. 1 S. 1 BGB ergeben haben. Unter anderem ist hierbei eine wirtschaftliche Einheit des Leiharbeitsunternehmens im übertragenen Entleihbetrieb(steil) zu fordern. Ist aber eine solche gegeben, so können die Leiharbeitnehmer im Umkehrschluss nicht Teil der anderen, durch den anderweitigen Verleih bestehenden wirtschaftlichen Einheit des Leiharbeitsunternehmens sein. Durch letztere käme ihnen also kein Schutz zu. Damit den Leiharbeitnehmern, die die wirtschaftliche Einheit des Leiharbeitsunternehmens im übertragenen Entleihbetrieb(steil) darstellen, der Schutz der Betriebsübergangsregelungen zukommen kann, müsste gerade diese wirtschaftliche Einheit übergehen und ihre Identität bewahren. Wie ausführlich in der teleologischen Auslegung der Betriebsübergangsregelungen dargestellt, wird genau dies aber regelmäßig nicht der Fall sein. Sie müssen folglich beim Übergang des Entleihbetriebs(teils) auf den Erwerber übergehen, damit sie nicht schutzlos stehen. Liegt hingegen keine wirtschaftliche Einheit des Leiharbeitsunternehmens im übertragenen Entleihbetrieb(steil) vor, so wurde ausführlich dargestellt, warum die dauerhaft tätigen Leiharbeitnehmer im übertragenen Entleihbetrieb(steil) nicht beim Übergang des Entleihbetriebsteils geschützt sein dürfen. Dies wird vorliegend bestätigt: Denn sind die im übertragenen Entleihbetriebsteil tätigen Leiharbeitnehmer nicht für sich eine wirtschaftliche Einheit sondern nur ein Teil der durch die anderweitige Verleihtätigkeit konstituierten wirtschaftlichen Einheit, so ist ein Schutz darüber (und damit über das Leiharbeitsunternehmen) ausreichend und überdies nur dann gerechtfertigt, wenn eben *jene* wirtschaftliche Einheit auch übergeht. Die anderweitige Verleihtätigkeit hat aber keinen Einfluss auf den Übergang der Leiharbeitnehmer bei einem Betriebs(teil)übergang des entleihenden Unternehmens, solange nur die sich aus der Auslegung der Betriebsübergangsregeln ergebenden Voraussetzungen vorliegen.

(3) Voraussetzung keiner anderweitigen Verleihtätigkeit nicht ebenso geeignet wie Voraussetzung keiner anderweitigen Einsatzmöglichkeit

Eine anderweitige Verleihtätigkeit, bei der andere Arbeitnehmer des Leiharbeitsunternehmens *nur vorübergehend* an dasselbe oder dritte Entleihunternehmen verliehen werden, kann in praktischer Hinsicht erhebliche Auswirkungen haben. Bei einer anderweitigen Verleihtätigkeit in der soeben beschriebenen Form liegt es nahe, dass aufgrund des Netzwerks von dritten Entleihern und der Ausrichtung auch auf den Verleih an diese anderen Entleihunternehmen eine der Auslegung der Richtlinie und des § 613a Abs. 1 S. 1 BGB entsprechende anderweitige Einsatzmöglichkeit besteht. Anders wird dies wohl dann sein, wenn die anderweitige Tätigkeit in einem dauerhaften Verleih von Arbeitnehmern an andere Entleihunternehmen besteht. Es kann dahinstehen, ob das daran liegt, dass dann tatsächlich keine Betriebsorganisation besteht. Einzig entscheidend ist, dass typischerweise bei der Ausrichtung (auch) auf nur vorübergehende Leiharbeit andere Einsatzmöglichkeiten bestehen oder vorgehalten werden als in dem Fall, in dem das Leiharbeitsunternehmen nur dauerhaft Arbeitnehmer verleiht. Bei einem Dauerverleih werden nun einmal anschließende Einsatzmöglichkeiten üblicherweise nicht gebraucht und dementsprechend auch nicht vorgehalten.

Es wird deutlich, dass das Problem einer anderweitigen Tätigkeit des Leiharbeitsunternehmens direkt mit der Voraussetzung keiner anderweitigen Einsatzmöglichkeit zusammenhängt. Indem man jedoch auf letztere

Voraussetzung abstellt und nicht allein auf eine „anderweitige Verleihtätigkeit“ oder eine „eigene Betriebsorganisation“ bzw. einen „eigenständigen Betriebszweck“, ist es besser möglich, auf den jeweiligen Einzelfall einzugehen. Zudem könnte sonst allein schon durch eine geringe anderweitige Tätigkeit ein Schutz der Leiharbeitnehmer für die in dieser Arbeit behandelten Fälle vermieden werden. Das Schutzanliegen der Richtlinie und des § 613a BGB würde dann wiederum nicht erfüllt.

(4) Ergebnis

Im Ergebnis lässt sich festhalten, dass es keinen Unterschied macht, ob das Leiharbeitsunternehmen einen anderweitigen Verleih betreibt. Liegen die Voraussetzungen vor, die sich aus der Auslegung der Richtlinie und des § 613a Abs. 1 S. 1 BGB ergeben haben, so besteht das Schutzdefizit ungeachtet einer anderweitigen Verleihtätigkeit des Leiharbeitsunternehmens. Ein Schutz über das Entleihunternehmen ist dann unter den bestimmten, engen Voraussetzungen angebracht.

Es wurde deutlich gemacht, dass das Problem einer anderweitigen Verleihtätigkeit direkt mit der Frage zusammenhängt, ob eine anderweitige Einsatzmöglichkeit für den Leiharbeitnehmer gegeben ist. Hierbei wurde herausgestellt, dass es vielmehr auf diese anderweitige Einsatzmöglichkeit ankommt. Dass die von *Raab* vertretene Zuordnungslösung ausdrücklich nur dann eingreifen soll, wenn das Leiharbeitsunternehmen keinen zusätzlichen, eigenständigen[1008] Betriebszweck im Sinne eines anderweitigen, vorübergehenden Verleihs verfolgt, überzeugt hierbei nicht, da dieses Kriterium wie gezeigt zu kurz greift.

1008 Auch bei einer Verleihtätigkeit wie im Fall *Albron*, bei der Leiharbeitnehmer ausschließlich dauerhaft an verschiedene entleihende Unternehmen verliehen werden, besteht wohl ein eigenständiger Betriebszweck, nämlich ebendieser Verleih. Insofern überzeugt es mehr, von einem *zusätzlichen* Betriebszweck auszugehen, der in diesem anderweitigen vorübergehenden Verleih gesehen werden kann. *Raab* hingegen attestiert dem Leiharbeitsunternehmen im Fall *Albron* keinerlei eigenständigen Betriebszweck.

cc) Voraussetzung einer wirtschaftlichen Einheit des Leiharbeitsunternehmens im übertragenen Entleihbetriebs(teil) fehlt

Überdies fehlt bei der Zuordnungslösung die dritte, sich aus einer teleologischen Auslegung ergebende Voraussetzung einer wirtschaftlichen Einheit des Leiharbeitsunternehmens im übertragenen Entleihbetriebs(teil). Mag diese auch häufig bei Anwendungsfällen der Zuordnungslösung gegeben sein,[1009] so ist eine Anwendung der Zuordnungslösung aber immerhin auch ohne Vorliegen dieser Voraussetzung möglich.

dd) Zwischenergebnis

Bis auf das Erfordernis eines Dauerverleihs überzeugen die Voraussetzungen der Zuordnungslösung nicht. Die von *Raab* aufgestellte subjektive Voraussetzung ist mit Blick auf die gefundene Definition des Dauerverleihs abzulehnen. Es überzeugt nicht, dass die Absicht, den Arbeitnehmer ausschließlich im Entleihunternehmen einzusetzen, „von vornherein" bestehen muss und nicht erst später gefasst werden kann. Das Kriterium einer anderweitigen Verleihtätigkeit ist mit Blick auf die Auslegung der Richtlinie und des § 613a Abs. 1 S. 1 BGB zu eng. Zudem spielt das Bestehen einer wirtschaftlichen Einheit des Leiharbeitsunternehmens im übertragenen Entleihbetrieb(steil) nach diesem Begründungsweg keine Rolle.

d) Keine Beschränkung auf Konzernsachverhalte

Für die Zuordnungslösung spielt es keine Rolle, ob das Leiharbeitsunternehmen und das Entleihunternehmen ein und demselben Konzern angehören. Es ist gleichsam möglich, Überlassungsverträge mit einem externen Leiharbeitsunternehmen zu schließen und hierbei einen dauerhaften Ver-

1009 So immer dann, wenn das Leiharbeitsunternehmen einzig an ein und dasselbe Entleihunternehmen dauerhaft verleiht. Dann handelt es sich immer bei den Leiharbeitnehmern im Entleihunternehmen um eine wirtschaftliche Einheit des Leiharbeitsunternehmens. Siehe dazu noch ausführlich unten im Rahmen der Lösung über die gespaltene Veräußererstellung, vierter Teil, § 9 E. V. 2. c), S. 283 ff.

leih der Arbeitnehmer zu vereinbaren; möglicherweise kommt dem Entleihunternehmen dann auch kein eigenständiger Betriebszweck zu, weil es eben nur diesen Dauerverleih betreibt, und der Arbeitnehmer soll auch nur an dieses eine entleihende Unternehmen verliehen werden.[1010] Zwar wird die Vergütung hier auch nicht – wie bei Konzernsachverhalten üblich – zum Selbstkostenpreis erfolgen, sondern das Leiharbeitsunternehmen wird einen Preis verlangen, der höher ist als der Lohn, den der Arbeitnehmer letzten Endes erhält. Dennoch kann sich dieses Vorgehen für das Entleihunternehmen lohnen und wird deswegen in der Praxis gegeben sein, besteht doch hinsichtlich der Vergütung eine Abweichungsmöglichkeit von dem Equal-pay-Grundsatz durch Tarifvertrag, wodurch der an das Leiharbeitsunternehmen zu zahlende Preis, welcher sowohl den Lohn als auch eine Gewinnmarge des Entleihunternehmens enthält, weiterhin unter dem Betrag liegen wird, den das Entleihunternehmen an seine Stammarbeitnehmer zu zahlen hat. Zumindest besteht ja zudem weiterhin der Vorteil, den Verleih zeitnah zu beenden, ohne die langen gesetzlichen Kündigungsfristen für die Beendigung von Arbeitsverhältnissen einhalten zu müssen. Mit Blick auf die Auslegung der Richtlinie 2001/23/EG und des § 613a Abs. 1 S. 1 BGB überzeugt es, dass dieser Lösungsweg unabhängig von einem Konzernsachverhalt anzuwenden ist.

e) Rechtliche Konstruktion

Nach der Zuordnungslösung wird der Arbeitsvertrag als zum Entleiher bestehend angesehen. Dadurch wird eine involvierte Person, namentlich der Verleiher, völlig ausgeblendet. Allerdings werden so trotzdem alle zum Verleiher und zum Entleiher bestehenden Rechte und Pflichten erfasst. Alle Rechte und Pflichten werden also auf die Person des Entleihers vereint.

Die Ausblendung des Verleihers wird den tatsächlichen Umständen jedoch nicht gerecht. Als Folge wäre nur der Entleiher für sämtliche Folgefragen und Auswirkungen des Betriebsübergangs berechtigt und verpflichtet. Dies ist schon deswegen problematisch, weil sich die Arbeitnehmer nur den Verleiher selbst aussuchen konnten. Dass dieser nun keine Rolle im Rahmen des Betriebsübergangs spielen soll, kann vor diesem Hinter-

---

1010 Diese Voraussetzungen hielt *Raab* für erforderlich, *Raab*, EuZA 2011, 537, 549 und 551 f.

grund nicht überzeugen.[1011] Dies gilt nicht zuletzt deswegen, weil sich erhebliche Probleme im Zusammenhang mit der Ausübung des Widerspruchsrechts ergeben.[1012]

3. Ergebnis

Es wurde gezeigt, dass die Zuordnungslösung entgegen teilweise geäußerter Ansicht nicht mit dem Ansatz über einen nichtvertraglichen Arbeitgeber vergleichbar ist. Entspricht auch eine Anbindung an die wirtschaftliche Einheit im Rahmen eines Betriebsübergangs im Grundsatz den gesetzlichen Vorgaben, so kann dieser Begründungsweg dennoch nicht überzeugen. Dies liegt an den nicht klar benannten, zumindest aber nicht ausreichenden Voraussetzungen, die nach diesem Ansatz gegeben sein müssen. Auch ist die völlige Außerachtlassung des Verleihers ein Kritikpunkt.

III. Rechtsmissbrauch bzw. unzulässige Umgehung

1. Konturenlosigkeit des Umgehungsaspekts

a) Umgehungsaspekt an sich überzeugend

Den Begründungen ist der tragende Gedanke gemein, dass es rechtsmissbräuchlich sei (bzw. ein Fall der Umgehung vorliege), wenn ein Verleihunternehmen gegründet bzw. „vorgeschaltet" werde und Leiharbeitnehmer so an andere Unternehmen verliehen würden, nur damit im Fall eines Betriebsübergangs dieser anderen Unternehmen die Arbeitnehmer nicht auf den Erwerber übergingen. Dadurch werde die (zwingende) Anwendbarkeit der Richtlinie 2001/23/EG *umgangen*, zumal ein Schutz über das Leiharbeitsunternehmen typischerweise nicht gewährleistet sei, weil ein Übergang des Leiharbeitsunternehmens typischerweise nicht vorliegen werde.

1011 Siehe hierzu auch noch ausführlich unten im Rahmen der Auswirkungen, fünfter Teil, § 11, S. 347 ff. Gerade diese Ausblendung des Verleihers erscheint dort problematisch.

1012 Siehe dazu ausführlich unten, fünfter Teil, § 11 B. und C., S. 361 ff. und S. 373 ff. Insbesondere sei hier auf die Ausführungen im Rahmen der Beurteilung der Begründungswege für die Folge der Ausübung des Widerspruchsrechts verwiesen, siehe fünfter Teil, § 11 C. I. 3., S. 383.

Aufgrund der zwingenden Anwendbarkeit könne es nicht sein, dass die Anwendbarkeit letzten Endes doch im Belieben der Parteien stehe. Wie schon bei der Auseinandersetzung mit der Zuordnungslösung ist zu konstatieren, dass dieses Argument der Umgehung überzeugt, speziell auch im Hinblick auf den Gedanken des *effet utile*: Um der Richtlinie zur praktischen Wirksamkeit zu verhelfen, muss eine solche Umgehung vermieden werden.[1013]

b) Teleologische Aspekte nicht ausreichend berücksichtigt

Allerdings ist dieser Begründungsweg dennoch abzulehnen, da die Vertreter dieser Ansicht sich nicht ausreichend an einer teleologischen Auslegung der Richtlinie bzw. des § 613a Abs. 1 S. 1 BGB und den sich hieraus ergebenden Voraussetzungen orientieren.

aa) Greift der Lösungsansatz nur bei einem Dauerverleih ein?

(1) Nach dem deutschen Recht (objektive Theorie)

Nach der hier – in Anbetracht der Lösung über einen Rechtsmissbrauch bzw. eine unzulässige Umgehung nach dem deutschen Recht – vertretenen objektiven Theorie greifen lediglich die „allgemeinen methodischen Regeln der Normanwendung“[1014] ein.[1015] Für den Fall der Tatbestandsvermeidung als möglicherweise einschlägigen Fall für das behandelte Problem ist eine erweiternde Auslegung und gegebenenfalls die Bildung einer Analogie das geeignete Mittel.[1016]

Die Beantwortung der Frage, ob dieser Lösungsansatz nur bei einem Dauerverleih greift oder auch dann zu einer Anwendbarkeit der Richtlinie 2001/23/EG bzw. des § 613a Abs. 1 S. 1 BGB führen kann, wenn ein nur vorübergehender Verleih gegeben ist, entspricht im Ausgangspunkt der Argumentation anhand der Schutzgesichtspunkte im Rahmen der Anwendbarkeit der Richtlinie. Dort wurde festgehalten, dass ein der Richtli-

---

1013 Vgl. *Thüsing*, ZESAR 2009, 487, 488; *Thüsing*, ZESAR 2010, 69, 70.
1014 *Mader*, Rechtsmißbrauch, S. 141.
1015 Zu den verschiedenen Theorien schon oben, vierter Teil, § 8 C. I. 2. a), S. 135.
1016 *Mader*, Rechtsmißbrauch, S. 141.

nie bzw. dem § 613a Abs. 1 S. 1 BGB entsprechender Schutz der Arbeitnehmer in dem Extremfall des Dauerverleihs (nach bisherigem Verständnis) nicht erreicht wird. Neben anderen Umständen, die im Rahmen der teleologischen Auslegung eine Rolle spielten,[1017] war das Vorliegen eines Dauerverleihs gerade maßgeblich. Dass aber immer ein Dauerverleih nach diesem Lösungsweg vorliegen muss, kann bezweifelt werden. Es können bestimmte Konstellationen auch ohne einen Dauerverleih möglicherweise als unzulässige Umgehung beurteilt werden, wenn andere Umstände für solch eine unzulässige Umgehung sprechen. Damit lässt sich zwar konstatieren, dass im Ausgangspunkt wohl nur unter den oben ausführlich genannten Voraussetzungen von einem Rechtsmissbrauch bzw. einer unzulässigen Umgehung ausgegangen werden kann. Nichtsdestotrotz kann dieser Begründungsweg zumindest theoretisch weitaus mehr Konstellationen erfassen als nur solche des Dauerverleihs.

(2) Nach der Rechtsprechung des EuGH (zwei Elemente)

Im Rahmen der Rechtsprechung des EuGH sind ein objektives und ein subjektives Element erforderlich. Das subjektive Element, namentlich die Absicht, die Anwendung der Richtlinie 2001/23/EG willkürlich zu umgehen, ist völlig unabhängig davon, ob ein dauerhafter oder ein nur vorübergehender Verleih gegeben ist und kann daher im Folgenden außer Betracht gelassen werden. Es kommt nur auf das objektive Element an. Objektiv ist laut dem EuGH erforderlich, dass bei einer Gesamtwürdigung der objektiven Umstände trotz formaler Einhaltung unionsrechtlicher (früher: gemeinschaftsrechtlicher) Bedingungen das Ziel der Richtlinie 2001/23/EG nicht erreicht worden ist. Das Ziel der Richtlinie 2001/23/EG ist der Schutz der Arbeitnehmer.

Die Antwort auf die Frage, ob ein Schutz der Arbeitnehmer trotz Einhaltung unionsrechtlicher Bedingungen erreicht worden ist, entspricht wiederum im Ausgangspunkt der Argumentation im Rahmen der Anwendbarkeit der Richtlinie.[1018] Dort wurde festgehalten, dass ein Schutz der Arbeitnehmer zumindest in dem Extremfall des Dauerverleihs (wenn zudem noch andere Voraussetzungen gegeben sind)[1019] nicht erreicht wird.

1017 Dazu oben, vierter Teil, § 9 A. III. 4. a), S. 185 ff.
1018 Siehe ausführlich oben, vierter Teil, § 9 A. III. 4. a), S. 185 ff.
1019 Siehe ausführlich oben, vierter Teil, § 9 A. III. 4. a), S. 185 ff.

Es liegt also nahe, einen Dauerverleih in jedem Fall zu fordern. Allerdings bringt es die Lösung über einen Rechtsmissbrauch bzw. eine unzulässige Umgehung auch nach der Rechtsprechung des EuGH mit sich, dass immer eine Einzelfallbetrachtung erfolgen muss. Hierbei muss sowohl das subjektive als eben auch das objektive Element positiv festgestellt werden. Mithin ist an dieser Stelle keine allgemeine Lösung möglich. So kann auch bei einem vorübergehenden Verleih ein Schutz der Arbeitnehmer aufgrund besonderer Umstände zu verneinen sein, trotz formaler Einhaltung unionsrechtlicher Bedingungen. Ein Rechtsmissbrauch bzw. eine unzulässige Umgehung könnte dann vorliegen, obwohl kein Dauerverleih gegeben ist.

Bei der Lösung über den Rechtsmissbrauch bzw. die unzulässige Umgehung nach der Rechtsprechung des EuGH lässt sich demnach eine Einschränkung der erfassten Fälle hinsichtlich der Dauer des Verleihs nicht *per se* feststellen. Dies verhindert das Erfordernis einer Einzelfallbetrachtung. Eine sehr lange Dauer des Verleihs allein mag zwar ein Indiz dafür sein, dass der Schutz der Arbeitnehmer als Ziel der Richtlinie 2001/23/EG trotz formaler Einhaltung unionsrechtlicher Vorgaben nicht erreicht wird, bedingt dies jedoch keineswegs.

(3) Dauerverleih im Ergebnis nicht zwingend

Dass die Lösungen über eine unzulässige Umgehung nach deutschem Recht und auch über einen Rechtsmissbrauch nach der Rechtsprechung des EuGH sich nicht auf einen Dauerverleih beschränken, ist diesen Begründungswegen immanent. Diese Lösungen sind von sich aus flexibler und können auch sämtliche andere Umstände in die Bewertung miteinbeziehen, sodass trotz eines nur vorübergehenden Verleihs eine unzulässige Umgehung oder ein Rechtsmissbrauch aus ganz anderen Gründen bejaht werden kann. Für den grundsätzlichen Übergang der Leiharbeitnehmer bei einem Betriebs(teil)übergang des Entleihbetriebs(teils) kann es jedoch nicht überzeugen, dass die Leiharbeitnehmer auch bei einem nur vorübergehenden Verleih auf den Erwerber übergehen können.

bb) Konzernsachverhalt nicht erforderlich

Eine Umgehung wird teilweise gerade bei Konzernsachverhalten als naheliegend erachtet.[1020] Allerdings ist es für die Lösung über eine unzulässige Umgehung nach deutschem Recht und auch über einen Rechtsmissbrauch nach der Rechtsprechung des EuGH unerheblich, ob ein Konzernsachverhalt gegeben ist oder nicht. Eine unzulässige Umgehung oder ein Rechtsmissbrauch ist im Einzelfall festzustellen und kann bei konzernexternen Betriebsübergängen ebenso vorliegen wie bei Konzernsachverhalten.[1021] Dies entspricht der Auslegung der Richtlinie 2001/23/EG und des § 613a Abs. 1 S. 1 BGB.

cc) Weitere Voraussetzungen fehlen

Weder die Voraussetzung keiner anderweitigen Einsatzmöglichkeit noch die Voraussetzung einer wirtschaftlichen Einheit des Leiharbeitsunternehmens im übertragenen Entleihbetrieb(steil) finden bei der Lösung über eine unzulässige Umgehung nach deutschem Recht und auch über einen Rechtsmissbrauch nach der Rechtsprechung des EuGH Beachtung.

c) Ergebnis zum Umgehungsaspekt und teleologischen Aspekten

Keine der drei im Rahmen der teleologischen Auslegung genannten Voraussetzungen spielt im Rahmen dieses Begründungswegs eine direkte Rolle. Überhaupt sind nähere Voraussetzungen, die an eine unzulässige Umgehung zu stellen sind, nicht ersichtlich. Die Argumentation ist zu oberflächlich. Mithin bleibt die gesamte Argumentation im Ansatz stecken und bildet keine fundierte Grundlage dafür, die vorliegende Konstellation unter die Richtlinie fallen zu lassen. Dafür ist der Umgehungsaspekt allein zu konturenlos.

1020 Vgl. *Bauer/von Medem*, NZA 2011, 20, 21 f.

1021 Zu einer möglichen widerlegbaren Vermutung bei Konzernsachverhalten siehe schon oben, vierter Teil, § 8 C III. 2. b) aa) (3), S. 158.

2. Eigenes Institut des Rechtsmissbrauchs ist abzulehnen

Es wurde deutlich gemacht, dass sich aus der Rechtsprechung des EuGH ein Institut des Rechtsmissbrauchs herausgebildet hat, welches eine unzulässige Umgehung umfasst. Als eigenes Institut wird auch eine subjektive Komponente vorausgesetzt; es handelt sich damit nicht lediglich um einen Fall der Auslegung bzw. Analogiebildung. Doch bereits im Rahmen der Darstellung des Rechtsmissbrauchs bzw. einer unzulässigen Umgehung nach dem deutschen Rechte wurde deutlich, dass eine objektive Theorie – und damit der Verzicht auf subjektive Elemente – überzeugender ist, solche Fälle also mithilfe einer Auslegung bzw. – sollte eine Lücke gegeben sein – Analogiebildung gelöst werden sollten.[1022] Die dort genannten Argumente greifen entsprechend gegen das Institut des Rechtsmissbrauchs nach der Rechtsprechung des EuGH. Und da es sich bei der Gesetzesumgehung um ein Rechtsanwendungsproblem handelt, ist zusätzlich zu konstatieren, dass für Entscheidungen über die Geltung von Unionsrecht ausschließlich der EuGH zuständig ist.[1023] Dadurch, dass jedoch die nationalen Gerichte für die Feststellung des Vorliegens des objektiven und subjektiven Elements zuständig sind, wird hiergegen verstoßen.

Zusätzlich sei angemerkt, dass auch die Privatautonomie gegen die Anerkennung eines eigenen Instituts spricht. Wie *Raab* zu Recht anmerkt, bestimmt der Gesetzgeber mit der Ausgestaltung gesetzlicher Tatbestände gerade die Grenze zwischen solchen Konstellationen, die unter die Norm und somit deren Rechtsfolge fallen sollen und jenen Konstellationen, bei denen dies nicht der Fall sein soll.[1024] Wird demnach beispielsweise ein Konzern derart strukturiert, dass die betroffene Norm nicht eingreift, so ist dies erst einmal anzuerkennen. Weiter führt *Raab* zutreffend aus, dass solche Gestaltungen nur dann ein Problem darstellen, „wenn sie dieselben (negativen) Wirkungen haben, die der Gesetzgeber mit der Schaffung der Norm gerade verhindern wollte“[1025]. In diesen Fällen gilt es zu klären, ob die Norm dennoch anwendbar sein muss. Dies indes ist eine Frage der

---

1022 Siehe oben im Rahmen der Darstellung einer unzulässigen Umgehung nach dem deutschen Recht, vierter Teil, § 8 C. I. 2. a) cc), S. 137.

1023 *Von Lackum*, Gesetzesumgehung, S. 232. Vgl. zudem *Commichau*, Gemeinschaftsverfassung, S. 101; *Oppermann/Classen/Nettesheim*, Europarecht, § 13, Rn. 70.

1024 *Raab*, EuZA 2011, 537, 542.

1025 *Raab*, EuZA 2011, 537, 542.

Auslegung der Norm oder einer möglicherweise einschlägigen Analogie, wie oben bereits ausführlich dargestellt. Mithin kann der Gedanke einer unzulässigen Umgehung – wenn überhaupt – nur über eine Auslegung oder Analogiebildung überzeugen.

3. Unklare Rechtsfolge

Die schon beim Umgehungsaspekt kritisierte Konturenlosigkeit gilt gleichermaßen für die Rechtsfolge. So steht es nahezu im Belieben des Rechtsanwenders, die Rechtsfolge zu formulieren, wie dies ja auch für diesen Begründungsweg geschehen ist.[1026] Grundsätzlich hat die unzulässige Umgehung zur Folge, dass die Rechtsfolge der umgangenen Norm nichtsdestotrotz Anwendung auf die betroffene Konstellation findet. Dies könnte vorliegend derart verstanden werden, dass das Leiharbeitsverhältnis von der Richtlinie auch, allerdings dann auch *nur dieses* erfasst ist; es ginge also nur als Leiharbeitsverhältnis über. Wie erwähnt mag die unzulässige Umgehung auch einen Übergang sämtlicher Rechte und Pflichten zulassen, und damit einen Übergang auch des Vertragsverhältnisses, wie es die Vertreter dieses Begründungswegs befürworten. Warum letzteres aber nach diesem Begründungsweg die (einzige) Folge sein soll und kann wird nicht klar. Dies ist ein weiterer Kritikpunkt.

4. Rechtliche Konstruktion

Schließlich wird wie auch nach der Zuordnungslösung der Arbeitsvertrag als zum Entleiher bestehend angesehen. Dadurch wird in identischer Weise eine involvierte Person, namentlich der Verleiher, völlig ausgeblendet. Wiederum ist zwar zuzugeben, dass hierdurch trotzdem alle zum Verleiher und zum Entleiher bestehenden Rechte und Pflichten erfasst werden, alle Rechte und Pflichten also auf die Person des Entleihers vereint werden. Dennoch wäre folglich nur der Entleiher für sämtliche Folgefragen und Auswirkungen des Betriebsübergangs berechtigt und verpflichtet. Dies ist, wie bereits erwähnt, problematisch, weil sich die Arbeitnehmer nur den Verleiher selbst aussuchen konnten. Dass dieser nun keine Rolle im Rah-

---

1026 Siehe hierzu oben, vierter Teil, § 8 C. III. 2., S. 154 ff.

men des Betriebsübergangs spielen soll, kann vor diesem Hintergrund nicht überzeugen.[1027] Dies gilt nicht zuletzt deswegen, weil sich erhebliche Probleme im Zusammenhang mit der Ausübung des Widerspruchsrechts ergeben.[1028] Die zur Zuordnungslösung geäußerte Kritik gilt insofern entsprechend.

5. Ergebnis zum Rechtsmissbrauch bzw. der unzulässigen Umgehung

Es wurde gezeigt, dass generell nur eine Herangehensweise über eine Auslegung oder gegebenenfalls eine Analogie überzeugen kann, ein eigenes Institut des Rechtsmissbrauchs mit einem Unterfall der unzulässigen Umgehung somit abzulehnen ist. Doch auch wenn man mit der im deutschen Recht herrschenden objektiven Theorie die vorliegenden Konstellationen lösen wollte, so fehlen hierfür genaue Voraussetzungen; dieser Ansatz bleibt insgesamt viel zu allgemein und vage. Schließlich wird der Verleiher bei der rechtlichen Beurteilung völlig ausgeblendet. Dies stellt ebenso wie schon für die Zuordnungslösung einen deutlichen Kritikpunkt dar.

Im Ergebnis kann dieser Begründungsweg nicht überzeugen.

IV. Zurechnungslösung

1. Vermeidung des Rückgriffs auf einen nichtvertraglichen Arbeitgeber

Willemsen schreibt, seine Zurechnungslösung vermeide den problematischen Rückgriff auf den nichtvertraglichen Arbeitgeber.[1029] Allerdings spricht die Tatsache, dass es nach (nahezu) einhelliger Meinung im deutschen Recht ohne einen Arbeitsvertrag kein Arbeitsverhältnis und damit keinen Arbeitgeber geben kann, wie oben dargestellt nicht gegen die Existenz eines nichtvertraglichen Arbeitgebers auf europäischer Ebene im

---

1027 Siehe hierzu auch noch ausführlich unten im Rahmen der Auswirkungen, fünfter Teil, § 11, S. 347 ff. Gerade diese Ausblendung des Verleihers erscheint dort problematisch.

1028 Siehe dazu ausführlich unten, fünfter Teil, § 11 B. und C., S. 361 ff. und S. 373 ff. Insbesondere sei hier auf die Ausführungen im Rahmen der Beurteilung der Begründungswege für die Folge der Ausübung des Widerspruchsrechts verwiesen, siehe fünfter Teil, § 11 C. I. 3., S. 383.

1029 *Willemsen*, NJW 2011, 1546, 1549.

Rahmen des Betriebsübergangsrechts.[1030] Des Weiteren macht *Willemsen* geltend, aufgrund des fehlenden Rückgriffs auf den nichtvertraglichen Arbeitgeber stelle sich das Problem der Definitionshoheit der Mitgliedstaaten im Rahmen des Art. 2 ebenfalls nicht. Wie jedoch schon am Anfang der Stellungnahme gezeigt worden ist,[1031] besteht diese Definitionshoheit ohnehin nur sehr eingeschränkt. Sie ist allein aufgrund der Feststellung, dass es einen nichtvertraglichen Arbeitgeber geben kann, nicht verletzt. Treffend an der Kritik *Willemsens* ist nichtsdestotrotz die Tatsache, dass allein die Behandlung des nichtvertraglichen Arbeitgebers als Veräußerer nicht ausreichend sein kann, da allein hiermit nicht die gewünschte Rechtsfolge eintreten kann. Es könnten dann nur die sich aus der Stellung als nichtvertraglicher Arbeitgeber ergebenden Rechte und Pflichten auf den Erwerber übergehen, also nur das Leiharbeitsverhältnis. Weil aber von den dargestellten Begründungswegen nur bei jenem des EuGH ausschließlich mit dem nichtvertraglichen Arbeitgeber argumentiert wird, ist die Vermeidung des Rückgriffs auf den nichtvertraglichen Arbeitgeber kein Aspekt, der die Zurechnungslösung überzeugender erscheinen lässt als die übrigen Begründungsansätze. Positiv ist zu bewerten, dass lediglich objektive Aspekte für die Lösung ausschlaggebend sind.

2. Voraussetzungen

Besonders positiv hervorzuheben ist allerdings die Tatsache, dass die genannten Voraussetzungen solche sind, die nach hier durchgeführter Auslegung entscheidend sind. So überzeugt die Voraussetzung eines Dauerverleihs und zudem die negative Voraussetzung keiner anderweitigen Einsatzmöglichkeit, weil aufgrund gewährleisteter Kontinuität ein Schutz durch die Regelungen des Betriebsübergangs nicht erforderlich ist. Eine engere Voraussetzung wie beispielsweise die keiner anderweitigen Verleihtätigkeit, keiner eigenen Betriebsorganisation oder keines eigenständigen Betriebszwecks ist hiernach nicht vorgesehen.[1032] Der Begründung *Willem-*

1030 Dazu oben im Rahmen der Auseinandersetzung mit dem Ansatz über den nichtvertraglichen Arbeitgeber, vierter Teil, § 9 E. I. 1., S. 224.

1031 Siehe oben, vierter Teil, § 9 A. II., S. 173.

1032 Für *Raab* sind diese Voraussetzungen hingegen maßgeblich, vgl. *Raab*, EuZA 2011, 537, 551 f. Dazu auch schon oben, vierter Teil, § 9 E. II. 2. c) bb), S. 256 ff.

sens ist zu zwar entnehmen, dass durch die genannte negative Voraussetzung gerade die Fälle anderweitigen, vorübergehenden Verleihs ausgeschlossen werden sollten. So schreibt er, für Leiharbeitsunternehmen sei „charakteristisch, dass sie einen eigenen Betrieb [...] führen"[1033]. Im Umkehrschluss könnte man folgern, dies gelte nicht für die Anwendungsfälle seiner Lösung. Deutlicher führt er an anderer Stelle aus, der Vertragsarbeitgeber habe in den Anwendungsfällen keinen „eigenen Geschäftsbetrieb"[1034]. Dennoch sollte trotz dieser dahinterstehenden Gedanken davon ausgegangen werden, dass *Willemsen* nur die allgemeinere Voraussetzung keiner anderweitigen Einsatzmöglichkeit gewollt hat, hat er diese doch ausdrücklich als Voraussetzung festgeschrieben. Diese allgemeinere Voraussetzung überzeugt aus den im Rahmen der Kritik zur Zuordnungslösung gezeigten Gründen.[1035] Schließlich ist es nach der Zurechnungslösung nicht erforderlich, dass ein Konzernsachverhalt vorliegt;[1036] dies entspricht dem Ergebnis der Auslegung der Richtlinie 2001/23/EG und des § 613a Abs. 1 S. 1 BGB. Es müssen lediglich die soeben erwähnten Voraussetzungen gegeben sein. Die positive Voraussetzung einer dauerhaften Entsendung von mit dem entsendenden Unternehmen arbeitsvertraglich verbundenen Arbeitnehmern zu einem anderen Unternehmen kann ohne Probleme auch außerhalb eines Konzerns erfolgen. Die negativen, zueinander in Alternativität stehenden Voraussetzungen beziehen sich ohnehin einzig auf die Situation des Leiharbeitnehmers im Leiharbeitsunternehmen; auf die Beziehung zum Entleihunternehmen kommt es hierfür gar nicht an.

Kritisch anzumerken ist jedoch das Fehlen der dritten, im Rahmen der teleologischen Auslegung genannten Voraussetzung einer wirtschaftlichen Einheit des Leiharbeitsunternehmens im übertragenen Entleihbetrieb(steil). Hierdurch soll erreicht werden, dass die Leiharbeitnehmer nicht mehr Schutz erhalten, als sie – normalerweise – über das Leiharbeitsunternehmen erhielten bzw. erhalten könnten.[1037] Mangels dieser einschränkenden Voraussetzung ist aber ein größerer Schutz möglich, was dem Sinn und Zweck der Richtlinie und des § 613a BGB nicht entspricht.

1033 *Willemsen*, NJW 2011, 1546, 1550.

1034 Willemsen/Hohenstatt/Schweibert/Seibt-*Willemsen*, Umstrukturierung, G, Rn. 128.

1035 Siehe dazu oben, vierter Teil, § 9 E. II. 2. c) bb), S. 256 ff.

1036 *Willemsen*, NJW 2011, 1546, 1549.

1037 Siehe dazu ausführlich oben, vierter Teil, § 9 A. III. 4. a) ee), S. 191.

3. Rechtliche Konstruktion

Nach der rechtlichen Konstruktion *Willemsens* ist der Vertragsarbeitgeber als Veräußerer zu behandeln. Er schreibt selbst, der Veräußerer sei definiert als der Inhaber des Unternehmens/Betriebs bzw. Unternehmensteils/Betriebsteils, wobei diese Rechtsstellung dem (lediglich) entsendenden Unternehmen unzweifelhaft nicht zukomme.[1038] Der Feststellung, dass der Vertragsarbeitgeber hier nicht Betriebsinhaber ist, ist zuzustimmen: Der Verleiher hat gerade nicht die erforderliche betriebliche Leitungsmacht und Organisationsbefugnis über die organisierte Gesamtheit, die den übergehenden Betrieb ausmacht.[1039] Genau deswegen soll ja der Gedanke der Zurechnung zum Tragen kommen. Dass eine Zurechnung erfolgen muss, leitet *Willemsen* aus dem Zweck der Richtlinie her. Dieser bestehe darin, die Arbeitnehmer „vor dem Verlust ihres Arbeitsverhältnisses infolge rechtsgeschäftlicher Disposition über das zu Grunde liegende betriebliche ‚Substrat‘ "[1040], nämlich die Arbeitsplätze, zu schützen. Dieses Verständnis fußt darauf, dass das Arbeitsverhältnis objektbezogen ist, es dem Arbeitnehmer also primär auf seinen Arbeitsplatz und nicht auf seinen Arbeitgeber ankommt.[1041] Dieser Objektbezug ist überwiegend anerkannt und keineswegs eine neue Feststellung im Rahmen der Argumentation zur Zurechnungslösung.[1042] *Willemsen* folgert aus dem Objektbezug, dass demnach entscheidend sei, wer die Disposition über dieses Substrat, namentlich den Arbeitsplatz, treffe. Diese Disposition trifft vorliegend das Entleihunternehmen *Heineken Nederland*, indem es seinen Betrieb an *Albron* veräußert. Es liegt also nahe, *Heineken Nederland* als diejenige juristische Person anzusehen, die die maßgebliche Disposition trifft. Zwar sieht dies auch *Willemsen* so. Dann jedoch zieht *Willemsen* die Arbeitnehmer aufgrund ihres Arbeitsvertrags zu dem Vertragsarbeitgeber und rechnet die Veräußerung letzterem zu. Letzten Endes stellt *Willemsen* mit seiner Lösung damit doch wieder einzig auf den Vertrag und daraus folgend den

---

1038 *Willemsen*, NJW 2011, 1546, 1548. Auch *Thüsing*, ZESAR 2010, 69.

1039 *Thüsing*, ZESAR 2010, 69. Ähnlich auch *Raab*, EuZA 2011, 537, 550.

1040 *Willemsen*, NJW 2011, 1546, 1549.

1041 Willemsen/Hohenstatt/Schweibert/Seibt-*Willemsen*, Umstrukturierung, G, Rn. 20.

1042 So schon BAG v. 26.5.1955 – 2 AZR 38/54, NJW 1955, 1413; *Kühn*, NJW 2011, 1408, 1410 f.; *Pietzko*, Tatbestand, S. 245 f., mit weiteren Nachweisen (speziell Fn. 106); *Raab*, EuZA 2011, 537, 541; Willemsen/Hohenstatt/Schweibert/Seibt-*Willemsen*, Umstrukturierung, G, Rn. 1.

Vertragsarbeitgeber ab. Obwohl letzterer nicht die Disposition über die Arbeitsverhältnisse trifft, soll er entscheidend sein und ihm die rechtsgeschäftliche Disposition (Veräußerung) zugerechnet werden. Den Entleiher als diejenige Person, die den Betriebsübergang maßgeblich mitgestaltet, völlig außen vor zu lassen und einzig auf den Verleiher abzustellen, wird jedoch – wie entsprechend die Ausblendung des Verleihers nach der Zuordnungslösung und der Lösung über einen Rechtsmissbrauch bzw. eine unzulässige Umgehung – den tatsächlichen Umständen nicht gerecht. Als Folge wäre nur der Verleiher für sämtliche Folgefragen und Auswirkungen des Betriebsübergangs berechtigt und verpflichtet. Es ist aber wünschenswert, auch den Entleiher hier zu involvieren. Schließlich ist der Entleiher typischerweise maßgeblich an den zum Übergang führenden Handlungen, insbesondere dem Unternehmenskaufvertrag, beteiligt und überdies handelt es sich nun einmal um „seinen" Betrieb, der übergeht. Durch die Zurechnung im obigen Sinne sind zwar Folgefragen des Betriebsübergangs leichter zu beantworten aufgrund der einfachen Bestimmung des Veräußerers; die tatsächlichen Umstände werden aber rechtlich nicht ausreichend abgebildet. Außerdem spricht für eine Berücksichtigung des Entleihers auch die Überlegung, dass letzterem bestimmte Rechte, speziell das Weisungsrecht, gegenüber dem Leiharbeitnehmer im Zeitpunkt des Betriebsübergangs zustanden; würde man nur die übrigen Rechte und Pflichten, die dem Verleiher gegenüber dem Leiharbeitnehmer zustanden, als vom Übergang erfasst ansehen, bliebe fraglich, wie der Erwerber auch beispielsweise das Weisungsrecht erlangt haben kann bzw. haben könnte.

4. Ergebnis zur Zurechnungslösung

Im Ergebnis ist die Zurechnungslösung trotz der überzeugenden Voraussetzungen abzulehnen. Grund hierfür ist einerseits das Fehlen der zusätzlichen Voraussetzung einer wirtschaftlichen Einheit des Leiharbeitsunternehmens im übertragenen Entleihbetrieb(steil). Hierin besteht wie auch speziell bei der Zuordnungslösung ein Kritikpunkt. Andererseits ist die Tatsache, dass der Entleiher völlig aus der Betrachtung ausscheidet, unangemessen und verhindert überdies, dass unter anderem das erforderliche Weisungsrecht gegenüber dem Leiharbeitnehmer ebenfalls auf den Erwerber übergeht.

V. Eigener Begründungsweg – die gespaltene Veräußererstellung

Wie sich gezeigt hat, ist keiner der bisher genannten Begründungswege im Hinblick auf die Auslegung der Richtlinie wie auch des § 613a Abs. 1 S. 1 BGB oder aus anderen Gründen überzeugend. Dies ist nicht zuletzt darin begründet, dass sowohl die Richtlinie als auch die Umsetzungsnorm nicht für solche Fälle, bei denen neben dem Arbeitnehmer drei weitere Personen eine Rolle spielen, konzipiert worden ist. Vielmehr liegt den Normen der grundsätzliche Gedanke zugrunde, dass es nur zwei weitere Personen gibt: Einerseits den Erwerber, andererseits den Veräußerer, der zugleich Arbeitgeber der Arbeitnehmer ist. Bisher wurden auch nur solche Fälle entschieden, sodass in der Rechtsprechung und auch der Literatur die Begriffe Veräußerer, bisheriger Arbeitgeber und auch Betriebsinhaber synonym gebraucht werden. Die aufgezeigten Begründungswege – auch der folgende, eigene Begründungsweg – muten teilweise auf den ersten Blick schon deswegen befremdlich an, weil immer ein gewisser „Bruch“ mit dem bisherigen Verständnis und dem damit einhergehenden Gebrauch dieser Begriffe erfolgt. Insofern liegt das Hauptaugenmerk des folgenden, eigenen Begründungswegs darauf, in seinen Voraussetzungen den sich aus der Auslegung, speziell dem Zweck, ergebenden Kriterien Rechnung zu tragen; dass hierbei nicht vermieden werden kann, dass Definitionen aufgebrochen und bekannte Begriffe überdacht werden müssen, wird hierbei aus obigen Gründen in Kauf genommen. Friktionen mit dem bisherigen Begriffsverständnis sind nach Ansicht des Verfassers nicht zu vermeiden, um den Vorgaben der Richtlinie und auch des § 613a BGB für die problematische(n) Konstellation(en) zu entsprechen.

1. Verfolgte Ziele

Zunächst wird das Ziel verfolgt, der Figur des nichtvertraglichen Arbeitgebers bzw. dieser nichtvertraglichen Beziehung keinen ausschließlichen Wert beizumessen. Wie gezeigt würde man allein hiermit der verfolgten Rechtsfolge – Übergang speziell der Rechte und Pflichten aus dem Vertrag zum Verleiher – nicht gerecht.

Zum anderen soll die Personenmehrheit – Verleiher und Entleiher –, die vor dem Betriebsübergang bestanden hat, anders als beispielsweise nach der Zurechnungslösung auch weiterhin abgebildet werden, um die tatsächlichen Gegebenheiten nicht zu verzerren. Somit können sowohl der Verleiher als auch der Entleiher „Veräußerer“ sein.[1043] Dies wird besonders im Rahmen der Auswirkungen noch eine Rolle spielen.[1044]

Schließlich soll sich für die Voraussetzungen dieses Begründungswegs direkt an den Erwägungen im Rahmen des Zwecks der Richtlinie bzw. des § 613a Abs. 1 S. 1 BGB orientiert werden; sämtliche Begründungswege kranken nämlich – mal mehr, mal weniger – daran, dass die Voraussetzungen, wenn solche überhaupt genau benannt werden, nicht direkt an die Auslegung angeknüpft werden.

2. Voraussetzungen

Die Voraussetzungen ergeben sich direkt aus den Erwägungen im Rahmen der teleologischen Auslegung der Richtlinie und des § 613a Abs. 1 S. 1 BGB.

a) Dauerverleih

Ein Dauerverleih ist erforderlich, da bei einem vorübergehenden Verleih ein Schutz über das Leiharbeitsunternehmen gegeben und ausreichend ist. Im Übrigen sei hierzu auf die Begründung im Rahmen der teleologischen Auslegung verwiesen.[1045]

b) Keine anderweitige Einsatzmöglichkeit

Das negative Erfordernis, dass es keine anderweitige Einsatzmöglichkeit für den Leiharbeitnehmer im Verleihbetrieb selbst oder aber in einem dritten Unternehmen geben darf, folgt daraus, dass ansonsten eine Kontinuität und damit ein Schutz auch trotz des Betriebsübergangs gegeben sind.

1043 Zu der Veräußerereigenschaft noch unten bei der Beschreibung der rechtlichen Konstruktion dieser Lösung über die gespaltene Veräußererstellung, vierter Teil, § 9 E. V. 3. a), S. 298 ff.

1044 Siehe dazu unten, fünfter Teil, § 11, S. 347 ff.

1045 Siehe dazu oben, vierter Teil, § 9 A. III. 4. a) bb), S. 187.

Das Erfordernis keiner anderweitigen Einsatzmöglichkeit entspricht den beiden negativen Voraussetzungen der Lösung von *Willemsen.*[1046] Demnach ist dieses Kriterium erfüllt, wenn der Arbeitgeber keinen eigenen Arbeitsplatz im eigenen Unternehmen/Betrieb vorhält und im Fall der Beendigung der Entsendung auch nicht über eine gesicherte Einsatzmöglichkeit (als Leiharbeitnehmer) in anderen (Konzern-)Unternehmen verfügt.[1047] Ob ein eigener Arbeitsplatz im eigenen Unternehmen/Betrieb oder eine gesicherte Einsatzmöglichkeit in anderen (Konzern-)Unternehmen gegeben ist, ist im Ausgangspunkt entsprechend den zu § 1 Abs. 2 KSchG aufgestellten Grundsätzen zu beurteilen. Bei § 1 Abs. 2 KSchG ist die Weiterbeschäftigungspflicht „eine Ausprägung des das gesamte Kündigungsrecht beherrschenden Verhältnismäßigkeitsgrundsatzes"[1048]. Nur wenn eine Weiterbeschäftigungsmöglichkeit als milderes Mittel nicht zur Verfügung steht, um dem Wegfall des bisherigen Arbeitsplatzes zu begegnen, kommt hiernach eine Beendigungskündigung in Betracht.[1049] Dieser Rechtsgedanke kann auf die Voraussetzung keiner anderweitigen Einsatzmöglichkeit übertragen werden: Nur wenn keine anderweitige Einsatzmöglichkeit besteht, ist ein Übergang des Arbeitsverhältnisses des Leiharbeitnehmers auf den Erwerber erforderlich, da ein Schutz des Arbeitnehmers sonst nicht gewährleistet ist. Allerdings bedarf es einiger Anpassungen der zu § 1 Abs. 2 KSchG aufgestellten Grundsätze; diese Grundsätze stehen ohnehin nicht im Gesetz, sondern sind das Ergebnis einer Rechtsfortbildung. Die Anpassungen sind notwendig, da die Folge keiner anderweitigen Einsatzmöglichkeit im Unterschied zu § 1 Abs. 2 KSchG nicht in der Beendigung der Beschäftigung durch eine Beendigungskündigung, sondern vielmehr in einer Weiterbeschäftigung besteht; diese Weiterbeschäftigung erfolgt dann allerdings bei dem Erwerber.

Als Ausgangspunkt gilt auch für die Voraussetzung einer anderweitigen Einsatzmöglichkeit, dass objektiv ein freier, vergleichbarer, gleichwertiger Arbeitsplatz vorhanden sein muss.[1050] Zudem muss eine Weiterbeschäfti-

---

1046 Siehe hierzu *Willemsen*, NJW 2011, 1546, 1548 f. *Willemsen* führt allerdings nicht aus, wann diese Voraussetzungen konkret gegeben sind.

1047 *Willemsen*, NJW 2011, 1546, 1548.

1048 BAG v. 27.11.1991 – 2 AZR 255/91, NZA 1992, 644, 645; BAG v. 23.11.2004 – 2 AZR 24/04, NZA 2005, 929, 931.

1049 BAG v. 27.11.1991 – 2 AZR 255/91, NZA 1992, 644, 645; BAG v. 23.11.2004 – 2 AZR 24/04, NZA 2005, 929, 931.

1050 Vgl. für § 1 Abs. 2 KSchG: APS-*Dörner/Vossen*, § 1 KSchG, Rn. 98; ErfK-*Oetker*, § 1 KSchG, Rn. 250 ff.; MünchAnwHb-*Ulrich*, § 43, Rn. 141.

gung dem Arbeitgeber und dem Arbeitnehmer auch objektiv möglich und zumutbar sein.[1051]

aa) Freier Arbeitsplatz

Ein anderer Arbeitsplatz muss frei sein.[1052] Das setzt voraus, dass er unbesetzt ist.[1053] Es darf also für diesen Arbeitsplatz keinen bestimmten Arbeitnehmer geben, der verpflichtet ist, die hiermit verbundenen Tätigkeiten auszuführen.[1054] Daher ist ein Arbeitsplatz auch dann nicht frei, wenn der hierauf verpflichtete Arbeitnehmer erkrankt ist.[1055]

Damit eine gesicherte Einsatzmöglichkeit für den in Frage stehenden Arbeitnehmer als Leiharbeitnehmer in anderen (Konzern-)Unternehmen vorliegt, muss mit dem zukünftigen Entleiher eine verbindliche Abrede bestehen. Es muss vereinbart sein, dass der in Frage stehende Arbeitnehmer mit seinen jeweiligen Qualifikationen beim Entleiher arbeiten wird. Eine derart gesicherte Einsatzmöglichkeit muss bereits *beim Betriebsübergang* feststehen; der Einsatz selbst kann aber auch erst kurze Zeit nach dem Betriebsübergang beginnen.

Für einen eigenen Arbeitsplatz im eigenen Unternehmen/Betrieb kann noch eine Ausweitung des Begriffs des „freien" Arbeitsplatzes angedacht werden. Ein Arbeitsplatz ist nach der Rechtsprechung des BAG im Rahmen von § 1 Abs. 2 KSchG ebenfalls als frei anzusehen, „sofern der Arbeitgeber bei Ausspruch der Kündigung mit hinreichender Sicherheit vorhersehen kann, da[ss] ein Arbeitsplatz bis zum Ablauf der Kündigungsfrist, z. B. aufgrund des Ausscheidens eines anderen Arbeitnehmers zur Verfügung stehen wird"[1056]. Dieser Grundsatz ist auf die zu beurteilende Voraussetzung keiner anderweitigen Einsatzmöglichkeit für die Lösung

---

1051 Vgl. für § 1 Abs. 2 KSchG: APS-*Dörner/Vossen*, § 1 KSchG, Rn. 98; MünchKommBGB-*Hergenröder*, § 1 KSchG, Rn. 303, 306; ErfK-*Oetker*, § 1 KSchG, Rn. 254.

1052 BAG v. 29.3.1990 – 2 AZR 369/89, NZA 1991, 181, 182; BAG v. 7.2.1985 – 2 AZR 91/84, NZA 1986, 260, 261 f.; BAG v. 13.9.1973 – 2 AZR 601/72, NJW 1974, 470.

1053 BAG v. 29.3.1990 – 2 AZR 369/89, NZA 1991, 181, 182; BeckOKArbR-*Rolfs*, § 1 KSchG, Rn. 113.

1054 APS-*Dörner/Vossen*, § 1 KSchG, Rn. 98.

1055 APS-*Dörner/Vossen*, § 1 KSchG, Rn. 98.

1056 BAG v. 29.3.1990 – 2 AZR 369/89, NZA 1991, 181, 182.

über die gespaltene Veräußererstellung jedoch nicht übertragbar. Bei der Kündigung gibt es mit der Kündigungserklärung ein gestaltendes Ereignis; die Wirkung, namentlich die Beendigung des Arbeitsverhältnisses, tritt aber erst mit Ablauf der Kündigungsfrist ein. Bei einem Betriebsübergang hingegen gibt es nur den Zeitpunkt des Betriebsübergangs, nicht jedoch eine etwaige Frist. Es kann also grundsätzlich nur der Zeitpunkt des Betriebsübergangs maßgeblich sein, wenn zu beurteilen ist, ob (k)eine anderweitige Einsatzmöglichkeit besteht und damit, ob (k)ein freier Arbeitsplatz vorhanden ist. Allerdings könnte als Ausnahme hierzu angedacht werden, einen Arbeitsplatz dann als frei anzusehen, wenn in absehbarer Zeit nach dem Betriebsübergang ein Arbeitsplatz frei wird. Dies entspräche der Rechtsprechung des BAG für § 1 Abs. 2 KSchG, wonach „solche Arbeitsplätze in die Beurteilung einzubeziehen [sind], bei denen im Zeitpunkt der Kündigung bereits feststeht, da[ss] sie in absehbarer Zeit nach Ablauf der Kündigungsfrist frei werden, sofern die Überbrückung dieses Zeitraums dem Arbeitgeber zumutbar ist“[1057]. Steht demnach im Zeitpunkt des Betriebsübergangs hinreichend sicher fest, dass es in absehbarer Zeit einen freien Arbeitsplatz geben wird, wäre dies ausreichend. Auch dann wäre nämlich eine Kontinuität und damit eine Sicherung der Ansprüche der Leiharbeitnehmer trotz des Betriebsübergangs gegeben, worum es ja bei der Voraussetzung (k)einer anderweitigen Einsatzmöglichkeit geht. Für die Zumutbarkeitserwägungen ist im Rahmen der Lösung über die gespaltene Veräußererstellung allerdings zu beachten, dass es für den Arbeitnehmer anders als bei § 1 Abs. 2 KSchG gar nicht darum geht, entweder weiterbeschäftigt oder gekündigt zu werden. Vielmehr kommt es in jedem Fall zu einer Weiterbeschäftigung. Zu klären bleibt nur, ob diese Weiterbeschäftigung beim bisherigen Vertragsarbeitgeber (Verleiher) oder aber beim Erwerber erfolgen wird. Damit muss die Zumutbarkeit sowohl aus Sicht des Arbeitgebers als auch speziell aus der Sicht des Arbeitnehmers beurteilt werden.

1057 BAG v. 15.12.1994 – 2 AZR 327/94, NZA 1995, 521, 525.

bb) Vergleichbarer (gleichwertiger) Arbeitsplatz

Der anderweitige Arbeitsplatz muss auch vergleichbar (gleichwertig) sein.[1058] Ein vergleichbarer Arbeitsplatz ist gegeben, „wenn der Arbeitgeber aufgrund seines Weisungsrechts den Arbeitnehmer ohne Änderung seines Arbeitsvertrages weiterbeschäftigen kann", wobei „die Vergleichbarkeit der Arbeitsplätze [...] von der jeweiligen inhaltlichen Ausgestaltung des Arbeitsvertrages ab[hängt]"[1059].[1060]

Gibt es keinen freien vergleichbaren Arbeitsplatz, so ist für § 1 Abs. 2 KSchG überdies anerkannt, dass der Arbeitgeber dem Arbeitnehmer auch freie Arbeitsplätze zu geänderten, schlechteren Bedingungen anbieten muss, soweit dies objektiv möglich und beiden Parteien zumutbar ist.[1061] Dies kann für die Voraussetzung keiner anderweitigen Einsatzmöglichkeit im Rahmen der Lösung über die gespaltene Veräußererstellung nicht gelten. Wenn nämlich sämtliche Voraussetzungen dieser Lösung vorliegen und diese Lösung daher bei einem Betriebsübergang des entleihenden Unternehmens eingreift, so besteht die Konsequenz gerade darin, dass die Arbeitsbedingungen der übergehenden Leiharbeitnehmer nicht verändert werden. Dieser Bestandsschutz ist das Kernelement der arbeitnehmerschützenden Betriebsübergangsregelungen. Würde man als anderweitige Einsatzmöglichkeit auch einen Arbeitsplatz zu schlechteren Bedingungen für zulässig halten, würde der hinter dieser Voraussetzung stehende Sinn nicht erreicht:[1062] Eine Kontinuität und damit eine Sicherung der Ansprüche der Leiharbeitnehmer trotz des Betriebs(teil)übergangs wäre nicht gegeben.

Anders ist die Situation zu beurteilen, wenn der Verleiher ausnahmsweise einen Arbeitsplatz zu geänderten, besseren Bedingungen anbietet. Im Rahmen der Weiterbeschäftigungsmöglichkeit nach § 1 Abs. 2 KSchG hat der Arbeitnehmer zwar grundsätzlich keinen Anspruch auf eine Beförderung.[1063] Er kann also nicht fordern, auf einem höherwertigen Arbeits-

---

1058 BAG v. 29.3.1990 – 2 AZR 369/89, NZA 1991, 181, 182; APS-*Dörner/Vossen*, § 1 KSchG, Rn. 98.

1059 BAG v. 29.3.1990 – 2 AZR 369/89, NZA 1991, 181, 182.

1060 Vgl. auch BAG v. 27.9.1984 – 2 AZR 62/83, NZA 1985, 455, 456.

1061 BAG v. 27.9.1984 – 2 AZR 62/83, NZA 1985, 455, 457.

1062 Siehe dazu oben, vierter Teil, § 9 A. III. 4. a) cc), S. 188.

1063 BAG v. 29.3.1990 – 2 AZR 369/89, NZA 1991, 181, 182 ff.; APS-*Dörner/Vossen*, § 1 KSchG, Rn. 98.

platz beschäftigt zu werden.[1064] Sollte der Arbeitgeber (Verleiher) dem Leiharbeitnehmer jedoch ein Vertragsangebot machen, welches eine Beförderung und damit eine Beschäftigung auf einem höherwertigen Arbeitsplatz beinhaltet, und besteht dieses Angebot zum Zeitpunkt des Betriebsübergangs, so muss es dem Arbeitnehmer freistehen, dieses Angebot anzunehmen. Immerhin sind seine Ansprüche dann nicht nur gesichert, sondern seine Situation verbessert sich.

Da aber in jedem Fall die Annahme des Angebots und demnach die Zustimmung des Leiharbeitnehmers erforderlich ist, ist erst einmal auch beim Vorliegen eines wie soeben beschriebenen Angebots des Arbeitgebers davon auszugehen, dass *keine* anderweitige Einsatzmöglichkeit besteht. Rechtsdogmatisch handelt es sich nämlich um einen Verzicht auf den Schutz der Betriebsübergangsregelungen, welcher möglich ist, weil *zum Vorteil* des Arbeitnehmers abgewichen wird:[1065] Solange der Arbeitnehmer nicht zugestimmt hat, kann allein das Angebot nicht ausreichen; eine Kontraktionspflicht steht der Privatautonomie entgegen. Obwohl also ein höherwertiger Arbeitsplatz in Aussicht steht, kann dies nicht als vorhandene, anderweitige Einsatzmöglichkeit angesehen werden, da eine Vertragsänderung erforderlich wäre. Sofern die übrigen Voraussetzungen der Lösung über die gespaltene Veräußererstellung vorliegen, gehen die Rechte und Pflichten des Arbeitnehmers also aufgrund des Betriebsübergangs auf den Erwerber über. Erst mit seiner Zustimmung verzichtet der Arbeitnehmer auf diesen Übergang und damit den Schutz der Betriebsübergangsregelungen.

cc) Weiterbeschäftigung objektiv möglich und zumutbar

Eine Weiterbeschäftigung auf dem anderen Arbeitsplatz muss dem Arbeitgeber und dem Arbeitnehmer objektiv möglich und zumutbar sein.[1066] Da eine objektive Möglichkeit entscheidend ist, geht es nur darum, ob „tat-

---

1064 APS-*Dörner/Vossen*, § 1 KSchG, Rn. 98.

1065 Vgl. EuGH v. 10.2.1988 – Rs. 324/86 (*Daddy's Dance Hall*), Slg. 1988, 739, 754 (Rn. 14); BAG v. 29.10.1975 – 5 AZR 444/74, NJW 1976, 535, 536; BAG v. 12.5.1992 – 3 AZR 247/91, NZA 1992, 1080, 1081; BAG v. 19.3.2009 – 8 AZR 722/07, NZA 2009, 1091, 1094. Zum Verzicht auch noch unten, fünfter Teil, § 11 E. V. 1. a), S. 436.

1066 BAG v. 29.3.1990 – 2 AZR 369/89, NZA 1991, 181, 182; APS-*Dörner/Vossen*, § 1 KSchG, Rn. 98; MünchKommBGB-*Hergenröder*, § 1 KSchG, Rn. 303, 306.

sächlich ein anderer freier Arbeitsplatz vorhanden"[1067] ist, auf dem der Arbeitnehmer weiterbeschäftigt werden kann.[1068] Dem Arbeitgeber wäre der Einsatz auf einem anderen Arbeitsplatz beispielsweise dann objektiv unmöglich, wenn hierdurch eine Versetzung im Sinne des § 99 BetrVG gegeben wäre und der Betriebsrat seine Zustimmung (vorab) verweigerte.[1069]

Mit dem Kriterium der Zumutbarkeit kommt der Grundsatz der Verhältnismäßigkeit zum Tragen.[1070] Im Rahmen des § 1 Abs. 2 KSchG spielt hier der konkrete Kündigungsgrund eine erhebliche Rolle. Da bei der Lösung über die gespaltene Veräußererstellung jedoch immer ein Betriebsübergang dazu führt, dass zu beurteilen ist, ob es eine anderweitige Einsatzmöglichkeit gibt, kann der konkrete Grund (Betriebsübergang) zumindest nicht nachteilig für den Arbeitnehmer wirken. Damit ist der Verhältnismäßigkeitsgrundsatz unabhängig von einem etwaigen Grund zu prüfen. Probleme der Zumutbarkeit werden sich nur dann ergeben, wenn es um die fachlichen und persönlichen Anforderungen des anderen Arbeitsplatzes geht. Der Arbeitnehmer muss diesen Anforderungen gerecht werden können. Für § 1 Abs. 2 KSchG ist anerkannt, dass es andernfalls dem Arbeitgeber nicht zuzumuten ist, den Arbeitnehmer auf jenem Arbeitsplatz einzusetzen.[1071] Nur ausnahmsweise soll es dem Arbeitgeber zumutbar sein, den Arbeitnehmer umzuschulen oder fortzubilden, damit der Arbeitnehmer die Anforderungen schließlich erfüllt.[1072] Hierbei fließen die Dauer und die Kosten dieser Maßnahmen in die Erwägungen zur Zumutbarkeit ein. Für die Zumutbarkeitserwägungen ist im Rahmen der Lösung über die gespaltene Veräußererstellung erneut zu beachten, dass es für den Arbeitnehmer anders als bei § 1 Abs. 2 KSchG gar nicht darum geht, entweder weiterbeschäftigt oder gekündigt zu werden. Vielmehr kommt es in jedem Fall zu einer Weiterbeschäftigung, und zwar entweder beim bisherigen Vertragsarbeitgeber (Verleiher) oder aber beim Erwerber. Es muss daher gerade auch auf die Zumutbarkeit für den Arbeitnehmer ankommen. Für den Arbeitnehmer ist es nach dem Dauerverleih in der Regel eher zu-

---

1067 BAG v. 3.2.1977 – 2 AZR 476/75, NJW 1977, 1846.

1068 BAG v. 3.2.1977 – 2 AZR 476/75, NJW 1977, 1846.

1069 MünchAnwHb-*Ulrich*, § 43, Rn. 143. Wie auch für § 1 Abs. 2 KSchG kann von dem Arbeitgeber nicht verlangt werden, ein Zustimmungsersetzungsverfahren durchzuführen, vgl. MünchAnwHb-*Ulrich*, § 43, Rn. 143.

1070 Vgl. BAG v. 27.9.1984 – 2 AZR 62/83, NZA 1985, 455, 457.

1071 MünchKommBGB-*Hergenröder*, § 1 KSchG, Rn. 306.

1072 Vgl. MünchKommBGB-*Hergenröder*, § 1 KSchG, Rn. 306.

mutbar, auf einem unveränderten Arbeitsplatz beim Erwerber weiterzuarbeiten, als bei dem Vertragsarbeitgeber auf einem anderen Arbeitsplatz – möglicherweise nach Umschulung etc. – beschäftigt zu werden. Damit kommt also aus Sicht des Arbeitnehmers eine Fortbildung oder Umschulung nur ausnahmsweise in Betracht.

dd) Unternehmensbezug, ausnahmsweise auch Konzernbezug

Es ist unternehmensbezogen zu prüfen, ob eine anderweitige Einsatzmöglichkeit in Form von eigenen Arbeitsplätzen im eigenen Unternehmen besteht. Geht es um anderweitige Einsatzmöglichkeiten in anderen (Konzern-)Unternehmen für den Arbeitnehmer als Leiharbeitnehmer, so ist allein entscheidend, dass ein Einsatz des Arbeitnehmers dort gesichert ist.[1073] Insofern kommt es nicht darauf an, ob es sich um ein konzernangehöriges oder ein konzernexternes Unternehmen handelt, das den Leiharbeitnehmer entleihen wird; es kann nur nicht das Unternehmen sein, welches den Leiharbeitnehmer entsendet.

c) Wirtschaftliche Einheit des Leiharbeitsunternehmens im übertragenen Entleihbetrieb(steil)

Als dritte Voraussetzung des Begründungswegs der gespaltenen Veräußererstellung muss eine wirtschaftliche Einheit des Leiharbeitsunternehmens im übertragenen Entleihbetrieb(steil) gegeben sein. Diese Voraussetzung mag auf den ersten Blick etwas deplatziert wirken, spielt das Erfordernis der wirtschaftlichen Einheit doch im Tatbestand und nicht wie vorliegend in der Rechtsfolge eine Rolle. Im Rahmen der teleologischen Auslegung wurde jedoch ausführlich dargestellt, warum es hierauf ankommen muss, will man die Leiharbeitnehmer nicht mehr schützen, als dies – normalerweise – über das Leiharbeitsunternehmen der Fall sein könnte.

Im Folgenden soll geklärt werden, wann denn überhaupt von einer wirtschaftlichen Einheit des Leiharbeitsunternehmens in diesem Sinne auszugehen ist.

1073 Hierzu soeben unter aa).

aa) Definition der wirtschaftlichen Einheit

Die wirtschaftliche Einheit war schon vor der Kodifikation einer Definition in Art. 1 Abs. 1 lit. b) nach ständiger Rechtsprechung[1074] definiert als „eine organisierte Gesamtheit von Personen und Sachen zur Ausübung einer wirtschaftlichen Tätigkeit mit eigener Zielsetzung“[1075]. Mit der Einfügung von Art. 1 Abs. 1 lit. b) wurde dies noch einmal ausdrücklich in der Richtlinie festgemacht. Hiernach ist ein Übergang im Sinne der Richtlinie ein Übergang einer ihre Identität bewahrenden wirtschaftlichen Einheit.[1076] Maßgebliche Voraussetzung ist demnach das Vorliegen einer wirtschaftlichen Einheit im Sinne einer organisierten Zusammenfassung von Ressourcen zur Verfolgung einer wirtschaftlichen Haupt- oder Nebentätigkeit. Zu beachten ist ferner, dass dieser Begriff „unabhängig von der Rechtsform der Einheit und der Art ihrer Finanzierung“[1077] gilt.

bb) Besonderheiten bei betriebsmittelarmen Betrieben

Weiterhin führt der EuGH in ständiger Rechtsprechung aus:

> „Eine solche Einheit muss nicht unbedingt bedeutsame materielle oder immaterielle Betriebsmittel umfassen. In bestimmten Wirtschaftszweigen liegen diese Betriebsmittel nämlich oft nur in ihrer einfachsten Form vor, und es kommt dort im Wesentlichen auf die menschliche Arbeitskraft an. Daher kann eine organisierte Gesamtheit von Arbeitnehmern, denen eigens und auf Dauer eine gemeinsame Aufgabe zugewiesen ist, eine wirtschaftliche Einheit darstellen, ohne dass weitere Betriebsmittel vorhanden sind.“[1078]

Bei der betriebsmittelarmen Arbeitnehmerüberlassung kommt es demnach im Wesentlichen auf die menschliche Arbeitskraft an, weitere Betriebsmit-

---

1074 Siehe speziell die vor der Kodifikation einer Definition der wirtschaftlichen Einheit in Art. 1 Abs. 1 lit. b) ergangenen Entscheidungen, bspw. EuGH v. 11.3.1997 – Rs. C-13/95 (*Ayse Süzen*), NZA 1997, 433 (Rn. 10); EuGH v. 17.12.1987 – Rs. 287/86 (*Ny Moelle Kro*), Slg. 1987, 5465, 5484 (Rn. 18); EuGH v. 18.3.1986 – Rs. 24/85 (*Spijkers*), Slg. 1986, 1119, 1128 f. (Rn. 9 ff.).

1075 EuGH v. 11.3.1997 – Rs. C-13/95 (*Ayse Süzen*), NZA 1997, 433 f. (Rn. 13).

1076 Durch Art. 1 Abs. 1 lit. b) wurde also lediglich die ständige Rechtsprechung des EuGH in der Richtlinie festgeschrieben, siehe auch Erwägungsgrund Nr. 8 der Richtlinie 2001/23/EG.

1077 EuGH v. 26.9.2000 – Rs. C-175/99 (*Mayeur*), NZA 2000, 1327, 1328 (Rn. 32).

1078 EuGH v. 13.9.2007 – Rs. C-458/05 (*Jouini*), NJW 2007, 3195, 3197 (Rn. 32).

tel müssen nicht vorhanden sein. Es muss den eingesetzten Arbeitnehmern also eigens und dauerhaft eine gemeinsame Aufgabe zugewiesen sein; anders formuliert müssen sie „durch eine gemeinsame Tätigkeit dauerhaft verbunden"[1079] sein. Schließlich müssen die Leiharbeitnehmer auch eine organisierte Gesamtheit darstellen.[1080]

Zusammenfassend ergibt sich allgemein für betriebsmittelarme Branchen, dass eine wirtschaftliche Einheit (1) eine organisierte Gesamtheit von Arbeitnehmern fordert, die (2) durch eine gemeinsame Tätigkeit (3) dauerhaft verbunden sind, (4) ohne dass es weiterer Betriebsmittel bedarf.

cc) Spezielle Kriterien für Leiharbeitsunternehmen

In der Rechtssache *Jouini*[1081] ging es um den Betriebsteilübergang eines Leiharbeitsunternehmens. In dieser Entscheidung hat der EuGH gewisse Modifizierungen dieser allgemeinen Voraussetzungen für betriebsmittelarme Branchen vorgenommen. Dies betrifft speziell den organisatorischen Rahmen, der sich aufgrund des Erfordernisses einer organisierten Gesamtheit ergibt. Der EuGH stellte in diesem Urteil fest, dass Leiharbeitsunternehmen gerade keine abgrenzbare Organisationsstruktur hätten.[1082] Dem müsse bei der Prüfung des Vorliegens einer wirtschaftlichen Einheit Rechnung getragen werden.[1083] Für die Prüfung formuliert der EuGH, es sei zu prüfen,...

> „...ob die vom Veräußerer übertragenen Betriebsmittel bei ihm eine einsatzbereite Gesamtheit darstellten, die als solche dazu ausreichte, die für die wirtschaftliche Tätigkeit des Unternehmens charakteristischen Dienstleistungen ohne Inanspruchnahme anderer wichtiger Betriebsmittel oder anderer Unternehmensteile erbringen zu können."[1084]

Modifikationen erfolgen also für das Erfordernis der organisierten Gesamtheit. Es muss sich bei Leiharbeitsunternehmen nicht um eine organi-

1079 EuGH v. 11.3.1997 – Rs. C-13/95 (*Ayse Süzen*), NZA 1997, 433, 434 (Rn. 21).

1080 EuGH v. 11.3.1997 – Rs. C-13/95 (*Ayse Süzen*), NZA 1997, 433, 434 (Rn. 13); EuGH v. 13.9.2007 – Rs. C-458/05 (*Jouini*), NJW 2007, 3195, 3197 (Rn. 32).

1081 EuGH v. 13.9.2007 – Rs. C-458/05 (*Jouini*), NJW 2007, 3195.

1082 EuGH v. 13.9.2007 – Rs. C-458/05 (*Jouini*), NJW 2007, 3195, 3196 (Rn. 33). Zustimmend *Leitner*, ZESAR 2008, 350, 354.

1083 EuGH v. 13.9.2007 – Rs. C-458/05 (*Jouini*), NJW 2007, 3195, 3196 (Rn. 34).

1084 EuGH v. 13.9.2007 – Rs. C-458/05 (*Jouini*), NJW 2007, 3195, 3197 (Rn. 34).

sierte, sondern um eine einsatzbereite Gesamtheit handeln, da es eine eigene Betriebsorganisation und damit einhergehend eine abgrenzbare Organisationsstruktur nicht gibt. Die dauerhafte Verbundenheit durch eine gemeinsame Aufgabe soll keine Änderungen erfahren, ebenso wenig wie die Feststellung, dass es keiner weiteren Betriebsmittel bedürfe.

Betrachtet man sämtliche Leiharbeitnehmer im übertragenen Entleihbetrieb(steil), so müssten diese demzufolge eine einsatzbereite Gesamtheit darstellen (unter (1)). Diese Gesamtheit müsste ausreichen, um die für die wirtschaftliche Tätigkeit des Leiharbeitsunternehmens charakteristischen Dienstleistungen, durch die die betroffenen Arbeitnehmer dauerhaft verbunden sind, gemeinsam zu erbringen (unter (2)).

(1) Einsatzbereite Gesamtheit

Das Erfordernis einer einsatzbereiten Gesamtheit lässt erst einmal nur darauf schließen, dass mehrere Arbeitnehmer an den übertragenen Entleihbetrieb(steil) verliehen sein müssen. Allerdings erweckt eine Entscheidung des EuGH den Eindruck, dass auch einzelne Arbeitnehmer eine wirtschaftliche Einheit darstellen können. So führte der EuGH in der Rechtssache *Christel Schmidt* aus:

> „Daß die betreffende Arbeit vor der Übertragung *von einer einzigen Arbeitnehmerin* ausgeführt wurde, genügt ebenfalls nicht, um die Anwendung der Richtlinie auszuschließen, die nicht von der Zahl der in dem übertragenen Unternehmensteil beschäftigten Arbeitnehmern abhängt. Die Richtlinie soll nach ihrer zweiten Begründungserwägung die Arbeitnehmer bei einem Inhaberwechsel schützen und insbesondere die Wahrung ihrer Ansprüche gewährleisten. Dieser Schutz gilt für alle Arbeitnehmer und ist deshalb auch dann zu gewährleisten, wenn von der Übertragung nur *ein einziger Arbeitnehmer betroffen* ist.“[1085]

Doch diese Entscheidung ist im zeitlichen und dem damit verbundenen rechtlichen Zusammenhang zu sehen. Der EuGH hatte zur Zeit dieses Urteils schon deutlich gemacht, dass die (Nicht-)Übernahme von Arbeitnehmern durch den Erwerber eines der Kriterien für das Vorliegen eines Betriebsübergangs sein könne, Arbeitnehmer also auf Tatbestandsseite eine

---

1085 EuGH v. 14.4.1994 – Rs. C-392/92 (*Christel Schmidt*), NJW 1994, 2343 (Rn. 15).

Rolle spielen können.[1086] Allerdings wurde erst in der Rechtssache *Ayse Süzen* vom EuGH deutlich gemacht, wie dieses Kriterium zu verstehen ist.[1087] Zentral ist hierbei die Aussage, dass es auf eine *Gesamtheit von Arbeitnehmern* ankomme, zumindest bei betriebsmittelarmen Branchen;[1088] die Leiharbeitsbranche stellt eine solche betriebsmittelarme Branche dar. Wenn man also auch dem Urteil *Christel Schmidt* entnehmen wollte, dass eine einzelne Arbeitnehmerin eine wirtschaftliche Einheit darstellen können soll, dann zeigt sich zumindest mit dem Urteil *Ayse Süzen*, dass der EuGH so nicht verstanden werden wollte. Diese Ausführungen im Urteil *Ayse Süzen* sind mittlerweile ständige Rechtsprechung,[1089] sodass den Ausführungen im Urteil *Christel Schmidt* insoweit keine Geltung mehr zukommt.

Es sind im Ergebnis folglich mehrere Arbeitnehmer zu fordern.

1086 EuGH v. 18.3.1986 – Rs. 24/85 (*Spijkers*), Slg. 1986, 1119, 1128 f. (Rn. 13). A.A. zu dieser Zeit noch das BAG. Die ständige Rechtsprechung des BAG bestand auch zu diesem Zeitpunkt noch darin, dass Arbeitnehmer nur auf Rechtsfolgenseite maßgeblich sind und damit nicht zugleich Voraussetzung eines Betriebsübergangs sein könnten (sog. Konfusionsargument). Arbeitnehmer begründen damit überhaupt nicht die wirtschaftliche Einheit, damit erst recht kein einzelner Arbeitnehmer. Siehe hierzu bspw. BAG v. 14.7.1994 – 2 AZR 55/94, NZA 1995, 27. Zwar wurde schon vorher bspw. in BAG v. 9.2.1994 – 2 AZR 781/93, NZA 1994, 612, die Übernahme eines Arbeitnehmers als Indiz herangezogen. Die ständige Rechtsprechung entsprach aber dennoch der Ansicht, die sich für das Konfusionsargument aussprach.

1087 EuGH v. 11.3.1997 – Rs. C-13/95 (*Ayse Süzen*), NZA 1997, 433. Der EuGH machte deutlich, dass die Ansicht des BAG abzulehnen sei, Arbeitnehmer also auf Tatbestandsseite eines Betriebsübergangs eine Rolle spielen können. Das BAG schloss sich dem an, BAG v. 22.5.1997 – 8 AZR 101/96, NJW 1997, 3188, 3189.

1088 EuGH v. 11.3.1997 – Rs. C-13/95 (*Ayse Süzen*), NZA 1997, 433, 434 (Rn. 21).

1089 Bspw. EuGH v. 10.12.1998 – verb. Rs. C-173/96 u. C-247/96 (*Hidalgo*), NZA 1999, 189, 191 (Rn. 32); EuGH v. 24.1.2002 – Rs. C-51/00 (*Temco*), NZA 2002, 265, 267 (Rn. 26); EuGH v. 20.1.2011 – Rs. C-463/09 (*CLECE*), NZA 2011, 148, 150 (Rn. 36). Ebenso ist dies ständige Rechtsprechung des BAG, bspw. BAG, Urteil v. 21.6.2012 – 8 AZR 243/11 (Rn. 27); BAG v. 23.9.2010 – 8 AZR 567/09, NZA 2011, 197, 198 (Rn 30).

(2) Charakteristische Dienstleistung

Fraglich ist, was die charakteristische Dienstleistung des Leiharbeitsunternehmens darstellt, also die gemeinsame Aufgabe, durch die die Arbeitnehmer dauerhaft verbunden sind. Auch hierzu macht der EuGH im Urteil *Jouini* Ausführungen, wobei er auch auf die Erfordernisse eingeht, die zur Ausübung dieser Tätigkeit gegeben sein müssen.

> „Die Tätigkeit von Leiharbeitsunternehmen ist dadurch gekennzeichnet, dass sie entleihenden Unternehmen Arbeitnehmer [...] zur Verfügung stellen, damit diese dort verschiedene Aufgaben entsprechend den Bedürfnissen und nach Anweisung dieser entleihenden Unternehmen wahrnehmen. Die Ausübung einer solchen Tätigkeit erfordert insbesondere Fachkenntnisse, eine geeignete Verwaltungsstruktur zur Organisation dieses Verleihens der Arbeitnehmer und eine Gesamtheit von Leiharbeitnehmern, die sich in die entleihenden Unternehmen integrieren und für diese die geforderten Aufgaben wahrnehmen können."[1090]

Der EuGH streicht hier zunächst zwei Tätigkeitskennzeichen heraus. Einerseits müssen Arbeitnehmer dem entleihenden Unternehmen zur Verfügung gestellt werden. Andererseits ist erforderlich, dass diese Arbeitnehmer dort die vom entleihenden Unternehmen gewünschten Aufgaben nach dessen Anweisungen ausführen; zur Wahrnehmung dieser Aufgaben müssen sie sich in die entleihenden Unternehmen integrieren. Neben dem Zweck der Arbeitnehmerüberlassung spielt also auch die bzw. eine Tätigkeit beim Entleiher eine gewisse Rolle. Des Weiteren wird deutlich gemacht, dass für die Ausübung dieser Tätigkeit(en) drei Voraussetzungen gegeben sein müssen. Dies sind Fachkenntnisse, eine geeignete Verwaltungsstruktur zur Organisation des Verleihs innerhalb des Leiharbeitsunternehmens und die bereits unter (1) erwähnte Gesamtheit von Arbeitnehmern, die sich in das entleihende Unternehmen integrieren und die dort geforderten Aufgaben wahrnehmen können muss.

Das Erfordernis der „Fachkenntnisse" wird nicht ganz deutlich. Es kann derart verstanden werden, dass hiermit Fachkenntnisse im Sinne eines Verleih-Know-Hows gemeint sind.[1091] Dann aber handelt es sich um einen Teilaspekt der geeigneten Verwaltungsstruktur zur Organisation des Verleihs und ist dort zu behandeln (unten (c)). Oder aber, man versteht die „Fachkenntnisse" als Fachkenntnisse zur Tätigkeit beim Entleiher, also

1090 EuGH v. 13.9.2007 – Rs. C-458/05 (*Jouini*), NJW 2007, 3195, 3197 (Rn. 35).
1091 So *Klumpp*, EuZA 2011, 69, 75.

beispielsweise Fachkenntnisse für entleihende Unternehmen aus der IT-Branche oder Fachkenntnisse für entleihende Unternehmen aus der Branche des Catering. Bei einem solchen Verständnis sind diese Fachkenntnisse Teil der noch zu klärenden Frage, inwiefern die konkrete bzw. eine Tätigkeit beim entleihenden Unternehmen eine Rolle spielt für das Vorliegen einer wirtschaftlichen Einheit des Leiharbeitsunternehmens (unten (d)). Das Erfordernis der „Fachkenntnisse" ist demnach nicht einzeln, sondern innerhalb der genannten Komplexe zu behandeln.

(a) Gesamtheit von Arbeitnehmern

Hierauf wurde bereits oben unter (1) eingegangen. Die Frage nach der Integration dieser Gesamtheit in das entleihende Unternehmen sowie die Wahrnehmung der dort geforderten Aufgaben hängt direkt mit den sogleich zu erörternden Erfordernissen zusammen, sodass auf jene Ausführungen verwiesen wird.

(b) Zweck der Gesamtheit

Der Zweck der Gesamtheit ist die Arbeitnehmerüberlassung.[1092] Denn das Leiharbeitsunternehmen erwirtschaftet seinen Umsatz und Gewinn durch die Arbeitnehmerüberlassung, nicht durch die aus der Tätigkeit beim Entleiher hervorgegangenen Produkte bzw. Ergebnisse im Allgemeinen.[1093] Die Arbeitnehmerüberlassung ist dauerhaft und besteht unabhängig von möglichen Fluktuationen bei den Entleihern oder Nichteinsatzzeiten des Leiharbeitnehmers.[1094]

1092 So auch *Beauregard*, RIW 2007, 937, 941; *Klumpp*, EuZA 2009, 69, 72; *Laskawy/Lomb*, EWiR 2008, 155, 156; *Simon/Hinrichs*, BB 2008, 115. Die Ausführungen dieser Autoren unterscheiden sich allerdings dahingehend, ob die Arbeitnehmerüberlassung alleiniger Zweck ist oder neben einem anderen Zweck besteht, der mit der Tätigkeit im entleihenden Unternehmen zusammenhängt. Dazu ausführlich unter (d).

1093 *Beauregard*, RIW 2007, 937, 941.

1094 *Beauregard*, RIW 2007, 937, 941.

(c) Verwaltungsstruktur zur Organisation des Verleihs inklusive Verleih-Know-How

Der EuGH fordert explizit „eine geeignete Verwaltungsstruktur zur Organisation dieses Verleihens der Arbeitnehmer"[1095]. Insofern verwundert es, dass *Klumpp* – seiner Meinung nach „im Gegensatz zur Auffassung des EuGH"[1096] – eine Binnenorganisation im Sinne einer abgrenzbaren Verleihstruktur fordert.[1097] Diese beiden Ansätze entsprechen sich. Zwar spricht der EuGH zunächst davon, dass es keine „abgrenzbare Organisationsstruktur"[1098] gebe; gemeint ist aber hiermit wohl lediglich die Tatsache, dass viele der Arbeitnehmer des Leiharbeitsunternehmens in die Organisationsstrukturen der entleihenden Unternehmen eingegliedert sind,[1099] und eben nicht im „eigenen" Betrieb des Leiharbeitsunternehmens.[1100] Mit dem Erfordernis einer geeigneten „Verwaltungsstruktur zur Organisation dieses Verleihens der Arbeitnehmer"[1101] fordert der EuGH dann ja doch wieder zumindest eine interne Organisation im Leiharbeitsunternehmen. Der EuGH ist also so zu verstehen, dass lediglich kein äußerer, organisatorischer Rahmen festgestellt werden könne.

Dem ist zuzustimmen. Eine übergangsfähige wirtschaftliche Einheit eines Leiharbeitsunternehmens erfordert auch, dass der Verleih an sich mit den übertragenen Personen und Sachen organisiert werden kann. Hierzu gehört auch ein etwaiges Verleih-Know-How. Andernfalls wäre die Gesamtheit der Arbeitnehmer ja schon nicht einsatzbereit. Der Erwerber hätte gerade keine für sich allein „funktionierende" Einheit übernommen. Schließlich gehört zu dem Verliehensein ebenso und zunächst das Verliehenwerden, was durch verwaltende und organisierende Personen erfolgt. Allein für den Dauerverleih ist hierfür möglicherweise eine Ausnahme zu machen, da sich die Handlung des Verliehenwerdens regelmäßig in einem einzigen Akt erschöpft. Allerdings gilt dies nicht in jedem Fall; es muss

1095 EuGH v. 13.9.2007 – Rs. C-458/05 (*Jouini*), NJW 2007, 3195, 3197 (Rn. 35).
1096 *Klumpp*, EuZA 2011, 69, 76.
1097 *Klumpp*, EuZA 2011, 69, 76.
1098 EuGH v. 13.9.2007 – Rs. C-458/05 (*Jouini*), NJW 2007, 3195, 3196 (Rn. 34).
1099 So auch EuGH v. 13.9.2007 – Rs. C-458/05 (*Jouini*), NJW 2007, 3195, 3197 (Rn. 36). Ebenso schon der Oberste Gerichtshof der Republik Österreich in dem Verfahren, welches die Rechtssache *Jouini* betrifft, OHG v. 16.11.2005 – 8 ObA 140/04b, S. 11 f.
1100 OHG v. 16.11.2005 – 8 ObA 140/04b, S. 11.
1101 EuGH v. 13.9.2007 – Rs. C-458/05 (*Jouini*), NJW 2007, 3195, 3197 (Rn. 35).

eine solche Ausnahme zusätzlich auch aus Schutzgesichtspunkten erforderlich sein. Hierauf wird noch weiter unten für den speziellen Fall des Vorliegens der Voraussetzungen der Lösung über die gespaltene Veräußererstellung eingegangen.

(d) Maßgeblichkeit der Tätigkeit beim Entleiher

Wie in diesem Teil einleitend herausgestrichen,[1102] kommt es dem EuGH ausweislich seiner Argumentation nicht nur auf die Verleihtätigkeit an, sondern auch auf die bzw. eine Tätigkeit im Entleihunternehmen. Lediglich in seiner abschließenden Zusammenfassung wird einzig auf die Arbeitnehmerüberlassung abgestellt. Der EuGH stellt fest, dass der eigene Zweck allein[1103] darin bestehen könne,

> „...Dienstleistungen zu erbringen, die darin bestehen, den entleihenden Unternehmen Arbeitnehmer gegen Entgelt vorübergehend zur Verfügung zu stellen....“[1104]

Klumpp schließt hieraus, es komme dem EuGH als identitätsstiftendem Zweck des Leiharbeitsunternehmens nur auf die Überlassung von Arbeitskraft an.[1105] Die Tätigkeit beim Entleiher sei nicht maßgeblich. Doch trotz seiner engen, abschließenden Feststellung hat der EuGH – wie gezeigt – in der Argumentation auf eine Gesamtheit von Arbeitnehmern abgestellt, „die für diese [die entleihenden Unternehmen, Anmerkung des Verfassers] die geforderten Aufgaben wahrnehmen können.“[1106] Es geht dem EuGH demnach um die vom Entleiher geforderten Aufgaben, nicht lediglich um die Fortsetzung der „Verleihtätigkeit“[1107] bei einem Entleiher.[1108] Zuzugeben ist, dass der EuGH dies durch seine erwähnte, abschließende Feststellung undeutlich darstellt.

1102 Siehe Einleitung oben unter (2).

1103 So ebenfalls EuGH v. 13.9.2007 – Rs. C-458/05 (*Jouini*), NJW 2007, 3195, 3197 (Rn. 37).

1104 EuGH v. 13.9.2007 – Rs. C-458/05 (*Jouini*), NJW 2007, 3195, 3197 (Rn. 37).

1105 *Klumpp*, EuZA 2011, 69, 72. Ähnlich auch *Beauregard*, RIW 2007, 937, 941; *Laskawy/Lomb*, EWiR 2008, 155, 156.

1106 EuGH v. 13.9.2007 – Rs. C-458/05 (*Jouini*), NJW 2007, 3195, 3197 (Rn. 35).

1107 *Klumpp*, EuZA 2011, 69, 74.

1108 So aber *Klumpp*, EuZA 2011, 69, 74. Wie hier wohl *Simon/Hinrichs*, BB 2008, 115.

Ob und in welchem Maße die Tätigkeit beim Entleiher eine Rolle spielt oder nicht ist bei Betriebsübergängen des Leiharbeitsunternehmens oder Teilen hiervon natürlich immens wichtig. Durch die Tätigkeit wird der identitätsschaffende Zweck bestimmt; die sich hieraus ergebende Identität muss ja gerade bewahrt werden, damit ein Betriebsübergang bejaht werden kann.

Im Folgenden soll zwischen dem nur vorübergehenden Verleih und dem Dauerverleih unterschieden werden, da hierbei jeweils andere Ansatzpunkte möglich sind.

(aa) Vorübergehender Verleih

Bei nur vorübergehenden Verleihen wechseln die Entleiher häufig. Damit wechselt zumindest auch die konkrete Tätigkeit beim Entleiher.[1109] Es kann also die konkrete Tätigkeit beim Entleiher zum Zeitpunkt des Betriebsübergangs nicht maßgeblich sein aufgrund dieser Unbeständigkeit.[1110] Wenn mehrere Arbeitnehmer an dasselbe Unternehmen überlassen werden, gilt dies ebenso. Die Arbeitnehmer können nämlich in unterschiedlichen Bereichen des entleihenden Unternehmens eingesetzt werden, in denen wiederum jeweils eigene Zwecke verfolgt werden.[1111] Auch die Arbeitnehmer verfolgen dann keinen einheitlichen Zweck, trotz Entsendung in dasselbe Unternehmen.[1112]

Möglich erscheint es aber, die Einsatzmöglichkeit der Leiharbeitnehmer als Kriterium anzuerkennen.[1113] Dann spielt also nicht die konkrete Tätigkeit beim Entleiher eine Rolle, allerdings wäre die Tätigkeit, die der Leiharbeitnehmer in den entleihenden Unternehmen erbringt bzw. erbringen kann, maßgeblich. Eine solche Ansicht scheint auch der EuGH zu verfol-

---

1109 So auch *Klumpp*, EuZA 2011, 69, 72.

1110 So auch *Klumpp*, EuZA 2011, 69, 72 und 76.

1111 OHG v. 16.11.2005 – 8 ObA 140/04b, S. 13 f.

1112 OHG v. 16.11.2005 – 8 ObA 140/04b, S. 13 f.

1113 Diese Möglichkeit erwähnen auch *Beauregard*, RIW 2007, 937, 941, und *Klumpp*, EuZA 2011, 69, 75. *Klumpp* lehnt dies ausdrücklich ab, *Klumpp*, EuZA 2011, 69, 76, allerdings nur als ausschließliche Definition für eine übergangsfähige Einheit. Im Ergebnis erkennt *Klumpp* unter anderem dieses Kriterium an, verlangt aber daneben die zuvor erwähnte Verleihstruktur im Sinne einer Binnenorganisation, die einen spezifischen Verleihzweck verfolgt, *Klumpp*, EuZA 2011, 69, 76.

gen. So verlangt der EuGH wie gezeigt eine Gesamtheit von Arbeitnehmern, „die für diese [die entleihenden Unternehmen, Anmerkung des Verfassers] die geforderten Aufgaben wahrnehmen können."[1114] Die Möglichkeit der Wahrnehmung dieser Aufgaben geht einher mit dem Erfordernis von Fachwissen für die Tätigkeit beim Entleiher. Hierbei kann es sich wie oben kurz erwähnt beispielsweise um Fachwissen für entleihende Unternehmen aus der IT-Branche oder aus der Branche des Catering handeln.

Besonders dann, wenn das Leiharbeitsunternehmen sich auf eine Branche spezialisiert haben sollte, ist (zusätzlich) auch das Kriterium der Qualifikation der Arbeitnehmer zielführend.[1115] Hierbei bliebe die im entleihenden Unternehmen zu erbringende Tätigkeit ebenfalls nicht außer Betracht. Auch hier kommt es ja auf die im entleihenden Unternehmen zu erbringende Tätigkeit an. Erst in einem zweiten Schritt ist dann die Qualifikation entscheidend.

Im Ergebnis ist festzuhalten, dass die Tätigkeit im Entleihbetrieb immer eine gewisse Rolle spielen muss. Allerdings kann sich dies wie gezeigt auf verschiedene Art und Weise äußern. Es ist im Einzelfall zu prüfen, ob bei dem in Frage stehenden Leiharbeitsunternehmen(steil) eine bestimmte Einteilung im obigen Sinne oder vergleichbarer Art vorliegt; die obigen Einteilungsmöglichkeiten sind nicht abschließend zu verstehen.[1116]

(bb) Dauerverleih

Der Dauerverleih bringt es mit sich, dass der Entleiher und damit auch die Tätigkeit bei diesem gleich bleiben. Auch die konkrete Tätigkeit beim Entleiher könnte mithin Beachtung finden, ohne dass dies die besagten Probleme aufgrund eines wechselnden Entleihers mit sich führte.

Allerdings gilt auch hier, dass bei Überlassung mehrerer Arbeitnehmer an dasselbe Unternehmen möglicherweise trotzdem nicht die gleiche Tätigkeit verfolgt wird, ein gleicher Zweck also ausscheidet. Wie oben bereits erwähnt, können die Arbeitnehmer in unterschiedlichen Bereichen

---

1114 EuGH v. 13.9.2007 – Rs. C-458/05 (*Jouini*), NJW 2007, 3195, 3197 (Rn. 35).

1115 Diese Möglichkeit nennt *Beauregard*, RIW 2007, 937, 941, allerdings als generelles Kriterium, ohne dass *Beauregard* hierfür eine Spezialisierung des Leiharbeitsunternehmens oder ähnliches fordert.

1116 *Klumpp*, EuZA 2011, 69, 76, bezeichnet solch eine Einteilung als „spezifischen Verleihzweck".

des entleihenden Unternehmens eingesetzt werden, in denen wiederum jeweils eigene Zwecke verfolgt werden.[1117] Auch die Arbeitnehmer verfolgen dann keinen einheitlichen Zweck, trotz Entsendung in dasselbe Unternehmen.[1118] Es muss auch hier auf die Einteilung im unter (aa) beschriebenen Sinne ankommen. Lediglich dann, wenn im entleihenden Unternehmen *ausschließlich* Leiharbeitnehmer tätig sind und damit keinerlei Stammarbeitnehmer, ist hierin regelmäßig eine eigene Einteilung zu sehen.

(cc) Zwischenergebnis

Es ist im Einzelfall zu prüfen, ob bei dem in Frage stehenden Leiharbeitsunternehmen(steil) eine bestimmte Einteilung im obigen Sinne oder vergleichbarer Art vorliegt. Es wird hierbei oftmals auf die Einsatzmöglichkeiten bei einem Entleiher ankommen, ohne dass direkt auf die ganz konkrete Tätigkeit beim entleihenden Unternehmen abzustellen ist.

dd) Spezieller Fall beim Vorliegen der Voraussetzungen der Lösung über die gespaltene Veräußererstellung

Damit die Lösung der gespaltenen Veräußererstellung überhaupt eingreift, müssen bestimmte Voraussetzungen erfüllt sein. Hervorzuheben ist hierbei das Erfordernis eines Betriebsübergangs des Entleihbetriebs(teils) sowie ein Dauerverleih der in dem übertragenen Entleihbetrieb(steil) tätigen Leiharbeitnehmer. Aufgrund dieser Gegebenheiten sind die soeben erörterten Kriterien für das Vorliegen einer wirtschaftlichen Einheit des Leiharbeitsunternehmens im übertragenen Entleihbetriebsteil möglicherweise zu modifizieren, um den besonderen Umständen dieser Konstellationen gerecht zu werden. Zwar ist auch weiterhin eine Gesamtheit (soeben unter (1) und (a)) von Leiharbeitnehmern (soeben unter (b)) zu fordern, die in bestimmter Art und Weise eingeteilt sind, also einen spezifischen Verleihzweck verfolgen (soeben unter (d)). Fraglich ist allerdings, ob auch für die besonderen Konstellationen, in denen die Lösung der gespaltenen Ver-

1117 OHG v. 16.11.2005 – 8 ObA 140/04b, S. 13 f.
1118 OHG v. 16.11.2005 – 8 ObA 140/04b, S. 13 f.

äußererstellung eingreift, eine abgrenzbare Verwaltungsstruktur zur Organisation des Verleihs erforderlich ist.

(1) Ausgleich des Schutzdefizits entsprechend dem Schutz über das Leiharbeitsunternehmen

Für das Erfordernis einer Verwaltungsstruktur vor dem Betriebsübergang spricht der Gedanke, dass Ausgangspunkt für einen Schutz der Leiharbeitnehmer über das Entleihunternehmen die Feststellung ist, dass ein Schutz über das Leiharbeitsunternehmen oftmals nicht gewährleistet ist. Der Schutz über das Entleihunternehmen soll dem Schutz, der über das Leiharbeitsunternehmen gewährleistet sein würde, entsprechen, nicht jedoch darüber hinausgehen. Aufgrund dessen sollen die Voraussetzungen eines Schutzes über das Leiharbeitsunternehmen eine Rolle spielen, namentlich die wirtschaftliche Einheit des Leiharbeitsunternehmens (im übertragenen Entleihbetrieb(steil)). Stellte man allein auf die Situation eines Schutzes über das Leiharbeitsunternehmen ab, so müsste lediglich geklärt werden, wann denn ein Schutz über das Leiharbeitsunternehmen nach der Richtlinie überhaupt eingreifen könnte. Es bedürfte hierfür des Bestehens einer wirtschaftlichen Einheit; hierfür wären die oben ausführlich behandelten Kriterien allesamt erforderlich. Damit muss vor dem Betriebsübergang auch eine abgrenzbare Verwaltungsstruktur vorgelegen haben, da der Verleih nur dann fortgesetzt werden kann, wenn jemand diesen organisiert und koordiniert; die Leiharbeitnehmer allein dienen nur dem Zweck des Verliehenseins, nicht dem Verliehenwerden. Beides zusammen macht grundsätzlich die Arbeitnehmerüberlassung aber erst aus.

(2) Verwaltungsstruktur beim Dauerverleih nicht entscheidend

Grundsätzlich gehört zum Verliehensein dementsprechend auch das Verliehenwerden. Weil also der Verleih organisiert und koordiniert werden muss, ist grundsätzlich eine abgrenzbare Verwaltungsstruktur erforderlich, damit eine übergangsfähige wirtschaftliche Einheit des Leiharbeitsunternehmens konstituiert werden kann. In den von der Lösung über die gespaltene Veräußererstellung erfassten Konstellationen liegt nun allerdings ein Dauerverleih vor, und anderweitige Einsatzmöglichkeiten für die betroffenen Arbeitnehmer gibt es im Zeitpunkt des Betriebsübergangs, aber auch regelmäßig während der gesamten Zeit des Verleihs, nicht. Die erwähnte Handlung des Verliehenwerdens erschöpft sich in diesen Konstellationen folglich regelmäßig in einem einzigen Akt. Eine weitere verleihspezifische Organisation und Koordination ist dann nicht mehr erforderlich; es bedarf keines besonderen Verleih-Know-Hows mehr. Deswegen spielt die Verwaltungsstruktur hier keine entscheidende Rolle und es kann argumentiert werden, dass diese nicht notwendigerweise vorliegen muss, damit eine wirtschaftliche Einheit des Leiharbeitsunternehmens überhaupt gegeben sein kann.

Dies gilt umso mehr, da neben dem unter (1) genannten Zweck, einen Schutz zu gewähren, wie er über das Leiharbeitsunternehmen überhaupt nur zu gewähren sein könnte, ein weiterer Aspekt eine Rolle gespielt hat. So wurde deutlich gemacht, dass unter den besonderen Voraussetzungen eines Dauerverleihs und keiner anderweitigen Einsatzmöglichkeit der Arbeitsplatz beim Verleiher unmittelbar am Arbeitsplatz beim Entleiher hängt. Eine Disposition des Entleihers über diesen Arbeitsplatz wirkt sich also direkt auf den Arbeitsplatz beim Verleiher aus. Insofern sollte zwar im Ausgangspunkt der Schutz über das Leiharbeitsunternehmen eine Rolle spielen (siehe soeben unter (1)). Daneben gilt es aber auch, das sich gerade aufgrund dieser speziellen Verleihkonstruktion ergebende Schutzdefizit auszugleichen. Es sollten danach Schutzlücken, die sich allein aufgrund dieser Verleihkonstruktion ergeben, geschlossen werden, um einen Schutz zu gewähren, der eingreifen würde, wenn es sich um nur eine Partei, und nicht wie im Fall eines Verleihs um zwei Parteien handelte.

Somit ergibt sich, dass zwar von dem Leiharbeitsunternehmen ausgegangen werden muss, Betriebsmittel oder ähnliches vom entleihenden Unternehmen also außer Betracht bleiben. Nichtsdestotrotz wird der Verleih für die Feststellung einer wirtschaftlichen Einheit des Leiharbeitsunternehmens ausgeblendet. Die Situation ist so zu behandeln, als gäbe es nur eine Partei. Damit spielt die Verwaltungsstruktur keine Rolle. Entscheidend ist demzufolge nur noch, ob eine Gesamtheit von Leiharbeitnehmern[1119] im übertragenen Entleihbetrieb(steil) gegeben ist, die den wesentlichen Teil einer abgrenzbaren Einteilung im obigen Sinne ausmachen.

1119 Es geht hierbei um Arbeitnehmer des Leiharbeitsunternehmens im entleihenden Unternehmen. Um Verwechselungen zu vermeiden, sind diese auch weiterhin als Leiharbeitnehmer bezeichnet, obwohl der Verleih hier gerade ausgeblendet wird.

(3) Anwendung auf den Fall *Albron*

Im *Heineken-Konzern* im Fall *Albron* stellt sich die Situation so dar, dass *sämtliche* Arbeitnehmer des jeweiligen Entleihbetriebsteils Leiharbeitnehmer vom Leiharbeitsunternehmen sind. Schon deswegen muss in diesen Fällen eine abgrenzbare Gesamtheit von Leiharbeitnehmern angenommen werden. Zwar kann sich dies auch daraus ergeben, dass sie einen wesentlichen Teil der Einteilung des Leiharbeitsunternehmens ausmachen. Regelmäßig liegt eine eigene Einteilung aber wohl schon vor, weil sie die einzigen Arbeitnehmer im entleihenden Unternehmen sind.

Zugegebenermaßen hat die vorliegend erörterte Voraussetzung der wirtschaftlichen Einheit des Leiharbeitsunternehmens in diesen speziellen Fällen wie im Fall *Albron* durch die notwendige Modifikation keinen Mehrgewinn, wenn sämtliche Arbeitnehmer des Entleihbetriebsteils Leiharbeitnehmer vom Leiharbeitsunternehmen sind. Sie bildet dann nur die Gegebenheiten ab: Eine Gesamtheit von Leiharbeitnehmern bildet für sich eine geschlossene und damit abgrenzbare Einheit (hier: Einteilung) des Leiharbeitsunternehmens im entleihenden Unternehmen.

(4) Übrige Voraussetzungen müssen weiterhin vorliegen

Auch beim Vorliegen der Voraussetzungen der Lösung über die gespaltene Veräußererstellung bedeutet eine solche Modifikation der Voraussetzungen für eine wirtschaftliche Einheit des Leiharbeitsunternehmens allerdings wie eingangs erwähnt nicht, dass dieser Voraussetzung einer wirtschaftlichen Einheit dadurch keine Bedeutung zukommt. Schließlich müssen immer – abgesehen von der abgrenzbaren Verwaltungsstruktur – die übrigen Erfordernisse dieser Voraussetzung einer wirtschaftlichen Einheit vorliegen. Das gilt auch für den soeben geschilderten speziellen Fall, wie er in der Rechtssache *Albron* vorgelegen hat; dort sind diese Erfordernisse allerdings wie gezeigt auch regelmäßig gegeben, was eine Besonderheit darstellt.

Gefordert ist zunächst, dass eine Gesamtheit von Leiharbeitnehmern im übertragenen Entleihbetriebsteil tätig ist; ein einzelner Arbeitnehmer reicht hierfür nicht aus. Weitaus einschränkender ist das Erfordernis einer Einteilung im oben erörterten Sinn, sodass die in dem übertragenen Entleihbetriebsteil tätigen Leiharbeitnehmer den wesentlichen Teil dieser Einteilung, also dieses spezifischen Verleihzwecks, ausmachen müssen.

Dies sei an einem Beispielsfall verdeutlicht:

> Das Leiharbeitsunternehmen L verleiht dauerhaft zwei Arbeitnehmer A_1 und A_2 der Einteilung „Reinigung" an das entleihende Unternehmen E1. Daneben verleiht L zehn Arbeitnehmer der Einteilung „Reinigung" dauerhaft an ein anderes entleihendes Unternehmen E_2. Die zwei bei E1 tätigen Arbeitnehmer A_1 und A_2 machen hier nicht die Einteilung „Reinigung" von L aus, sodass eine wirtschaftliche Einheit von L im entleihenden Unternehmen E_1 allein durch die Tätigkeit der beiden Arbeitnehmer A_1 und A_2 zu verneinen ist.

Dass A_1und A_2 in E_1 tätig sind, reicht nicht aus, damit A_1 und A_2 bei einem Betriebsübergang von E_1 mit übergehen. Anders wäre die Situation für die übrigen zehn Arbeitnehmer: Bei einem Betriebsübergang von E_2 gingen diese mit auf den Erwerber über: Sie bilden den wesentlichen Teil der Einteilung „Reinigung". Natürlich müssen für einen Übergang immer auch die Voraussetzungen eines Dauerverleihs und keiner anderweitigen Einsatzmöglichkeit gegeben sein.

3. Konstruktion

a) Zwei Veräußerer (zumindest) im Sinne des Art. 3 Abs. 1 UAbs. 1

Die Besonderheit dieses Begründungswegs besteht darin, dass es zwei Veräußerer (zumindest) im Sinne des Art. 3 Abs. 1 UAbs. 1 gibt. Zum einen ist dies der Entleiher, *daneben aber auch der Verleiher.*[1120]

1120 Dass sowohl Verleiher als auch Entleiher als Veräußerer angesehen werden könnten (ohne dass in irgendeiner Weise etwaige Voraussetzungen hierfür angeführt werden), denken auch *Bauer/von Medem*, NZA 2011, 20, 22, an. Sie folgen dem jedoch nicht. Vgl. auch *Junker*, NZA 2011, 950, 952. Anders müssen die Ausführungen bei *Raab*, Anmerkung zu EuGH v. 21.10.2010 – Rs. C-242/09 (*Albron*), EWiR 2010, 737, verstanden werden. Auch wenn *Raab* schreibt, der EuGH komme zu dem Ergebnis, „dass sowohl der Verleiher als auch der Entleiher als Veräußerer i. S. d. Art. 2 Abs. 1 lit. a RL 2001/23/EG anzusehen sind", so bezieht sich diese Aussage nicht auf ein und denselben Betriebsübergang. Vielmehr scheint *Forst* den EuGH derart zu verstehen, dass jeder dieser beiden Personen Veräußerer sein kann, je nachdem, wer von den beiden seinen Betrieb überträgt. Nach der Lösung der gespaltenen Veräußererstellung hingegen sind Verleiher und Entleiher *bei ein und demselben Betriebsübergang* als Veräußerer anzusehen. Dies verkennt *Raab*, EuZA 2011, 537, 550, wenn er in Fußnote 47 auf die dargestellte Aussage *Forsts* verweist.

Wie schon im Rahmen der Wortlautauslegung der Richtlinie deutlich gemacht, ergibt sich bereits aus den verschiedenen sprachlichen Fassungen der Richtlinie keineswegs ausdrücklich, dass Veräußerer einzig der bisherige Betriebsinhaber sein kann. Dies legt zwar die deutsche Definition nahe; die englische und auch französische Fassung hingegen stellt deutlich auf den Verlust der Arbeitgeberstellung ab. Eine Betriebsinhaberschaft wird hierbei nicht erwähnt. Allerdings wird ein Bezug der Arbeitgeberstellung zu dem übertragenen Unternehmen hergestellt („in respect of the undertaking...“/ „à l'égard de l'entreprise...“). Da Art. 1 Abs. 1 auch nur von einem „transfer... to another employer“ bzw. einem „transfert... à un autre employeur“ spricht, muss dieser Bezug in der Definition so gemeint sein, dass der Arbeitgeber eben der „des Unternehmens“[1121] ist, welches übergeht. Deswegen wird in Art. 2 wohl nur dieser Arbeitgeber und damit grundsätzlich der Entleiher gemeint sein. Allerdings ist dieser Bezug unter den obigen besonderen Voraussetzungen zumindest aufzubrechen bzw. zu lockern. Dies ist der besonderen Konstellation mit dem aufgezeigten Schutzdefizit geschuldet. Man mag hiergegen neben dem dargestellten Bezug die bisher vertretene Meinung anführen, Betriebsinhaber und bisheriger Arbeitgeber seien identisch, sog. Grundsatz der Identität von Betriebsinhaberschaft und Arbeitgeberstellung.[1122] Allerdings kann dies aufgrund der Ergebnisse der obigen Auslegung der Richtlinie ebenfalls nicht uneingeschränkt – nämlich nicht beim Vorliegen der herausgearbeiteten Voraussetzungen – Geltung beanspruchen. Ist dies auch für den Grundfall eines Betriebsübergangs anzuerkennen, so bringt es der notwendige Schutz der Leiharbeitnehmer über das Entleihunternehmen mit sich, dass dieser Grundsatz ebenfalls aufzubrechen ist. Arbeitgeber ist (zumindest)[1123] der Verleiher; der Verleiher ist jedoch keineswegs Betriebsinhaber, sondern nur der Entleiher. Nur der Entleiher hat die erforderliche betriebliche Leitungsmacht und Organisationsbefugnis über die organisierte Gesamtheit, die den übergehenden Betrieb ausmacht.[1124] Würde man an dem Grundsatz der Identität von Betriebsinhaberschaft und Arbeitgeberstellung festhalten wollen, dann könnte man den erforderlichen Schutz der

1121 Diese Formulierung ist der englischen Fassung geschuldet: „... any transfer of an undertaking, business [...] to another employer [...]“.

1122 BAG, Urteil v. 18.1.1984 – 5 AZR 425/81; *Pietzko*, Tatbestand, S. 83.

1123 Auf die Möglichkeit eines nichtvertraglichen Arbeitgebers soll an dieser Stelle nicht eingegangen werden.

1124 Vgl. *Thüsing*, ZESAR 2010, 69.

Leiharbeitnehmer über das Entleihunternehmen – wie dies nach hier vertretener Ansicht unter bestimmten Voraussetzungen der Richtlinie und § 613a Abs. 1 S. 1 BGB entspricht – niemals erreichen. Dies liegt darin begründet, dass gerade das Schutzdefizit ausgeglichen werden soll, welches sich ergibt, weil ein Schutz über das Leiharbeitsunternehmen nicht möglich ist (siehe oben). Es soll also ein Schutz der Arbeitnehmer von dem Maße ermöglicht werden, wie er auch – normalerweise – über das Leiharbeitsunternehmen bestünde. Dann aber gingen neben den zum Entleiher bestehenden Rechten und Pflichten auch die übrigen Arbeitgeberrechte und -pflichten, die zwischen dem Leiharbeitsunternehmen und dem Leiharbeitnehmer bestehen, auf den Erwerber über. Würde man vorliegend das Leiharbeitsunternehmen nicht auch als Veräußerer behandeln, so wäre ein Übergang all dieser Rechte und Pflichten auf den Erwerber nicht möglich, was den Vorgaben der Richtlinie widerspräche. Der Kritik, ein solches Verständnis des Veräußererbegriffs widerspräche der bzw. den Definitionen in der Richtlinie bzw. den anderssprachigen Richtlinienfassungen,[1125] ist entgegenzuhalten, dass der Zweck der Richtlinie ein solches weites Verständnis unter den – engen – Voraussetzungen erfordert. Der Richtliniengeber hatte bei Ausformulierung der Richtlinie den Grundfall vor Augen, dass es neben dem Erwerber und dem Arbeitnehmer nur eine weitere Person gibt. Letztere ist Veräußerer, wobei dies im Grundfall mit der Arbeitgeberstellung und auch der Betriebsinhaberschaft einhergeht. Damit erklärt sich auch die Verwendung der Einzahl in den verschiedenen Richtlinienbestimmungen.[1126] In der fraglichen Konstellation sind unter den oben genannten Voraussetzungen allerdings neben dem Erwerber und dem Arbeitnehmer *zwei* weitere Personen involviert. Dies gilt es dann auch rechtlich abzubilden, um der besonderen Situation gerecht zu werden. Wollte man nicht der Verwendung der Einzahl, aber zumindest den Definitionen gerecht werden, so könnte man hier ähnlich wie *Willemsen* eine Zurechnung der Veräußerung zum Verleiher konstruieren. Es handelte sich indes nur um eine teilweise Zurechnung, da zu einem anderen Teil eben auch der Entleiher Veräußerer ist und auch die zu diesem bestehenden Rechte und Pflichten übergehen müssen. Diese Zurechnung ist aber nicht zwingend notwendig: Tritt der Wortlaut in dieser besonderen Kon-

1125 So *Bauer/von Medem*, NZA 2011, 20, 22; *Raab*, EuZA 2011, 537, 550; *Thüsing*, ZESAR 2010, 69; *Willemsen*, NJW 2011, 1546, 1548.

1126 Bspw. Art. 3 Abs. 1 („des Veräußerers"), Art. 4 („den Veräußerer") oder Art. 7 Abs. 1 („Der Veräußerer").

stellation, die nicht der ursprünglichen Denkweise des Richtliniengebers entspricht, in den Hintergrund, und erfolgt die Behandlung der Situation nach Sinn und Zweck, so kann die zu fordernde rechtliche Konstruktion wohl schon allein darin gesehen werden, sowohl Ver- als auch Entleiher als Veräußerer zu behandeln. Wie erläutert darf es für die Veräußerereigenschaft auf eine Betriebsinhaberschaft nicht mehr notwendigerweise ankommen, sondern es reicht unter den besonderen Voraussetzungen die Stellung als vertraglicher Arbeitgeber aus. Einer Zurechnung speziell der Inhaberschaft bedarf es dann nicht mehr.

Mit diesen Ausführungen geht einher, dass zwei Veräußerer auch deswegen zu fordern sind, weil zwischen dem Entleiher und den Leiharbeitnehmern nichtvertragliche Rechte und Pflichten bestanden haben. Insbesondere hat der Entleiher vor dem Betriebsübergang über die Arbeitnehmer dauerhaft das Weisungsrecht in dem übertragenen Betrieb ausgeübt; dem Verleiher stand dieses nicht mehr zu, da er es auf den Entleiher übertragen hat.[1127] Auch können im Verhältnis zwischen dem Entleiher und den Leiharbeitnehmern Schadensersatzansprüche begründet worden sein, die bei einem Betriebsübergang Beachtung finden müssen.[1128] Zwischen dem Verleiher und den Arbeitnehmern bestanden weitere Arbeitgeberrechte und -pflichten. Diese Aufspaltung muss – unter den oben benannten Voraussetzungen – im Rahmen des Betriebsübergangs Beachtung finden, was durch diese Personenmehrheit erreicht wird. Erst auf Erwerberseite findet dann eine Vereinigung[1129] sämtlicher Arbeitgeberrechte und -pflichten statt.

Es ist anzumerken, dass dieses Verständnis nicht zur Folge hat, dass nach dieser Begründung notwendigerweise immer sowohl der Verleiher als auch der Entleiher erfasst sind, wenn die Richtlinie von „Veräußerer" spricht; die obigen Feststellungen gelten erst einmal nur für die Grundnorm des Art. 3 Abs. 1 UAbs. 1. Vielmehr ist für jeden Bereich einzeln eine Auslegung vorzunehmen, um beurteilen zu können, ob nur der Verleiher, nur der Entleiher oder aber doch beide von der jeweiligen Regelung

---

1127 Thüsing-*Waas*, AÜG, § 1, Rn. 56.

1128 Siehe zu den Schadensersatzansprüchen zwischen Entleiher und Leiharbeitnehmer oben, zweiter Teil, § 4 C. II. 2. a) (3), S. 55. Zur Berücksichtigung dieser Schadensersatzansprüche im Rahmen eines Betriebsübergangs siehe unten, vierter Teil, § 9 E. V. 4. c), S. 308.

1129 Diese Formulierung verwendet *Raab*, EuZA 2011, 537, 550, der diesen Weg indes ablehnt. Er vertritt, wie ausführlich dargestellt, die Zuordnungslösung.

erfasst sind bzw. sein müssen.[1130] Konkret ist beispielsweise danach zu fragen, ob sowohl Verleiher als auch Entleiher nach dem Betriebsübergang weiterhaften oder ob einer von beiden aus bestimmten Gründen dieser Weiterhaftung nicht unterfällt. Ebenso ist im Rahmen der Unterrichtung und des damit einhergehenden Widerspruchsrechts zu klären, ob nur einer von beiden oder aber beide der Unterrichtungspflicht unterliegen und inwiefern Ver- und Entleiher bei der Ausübung des Widerspruchsrechts eine Rolle spielen. Im Rahmen des § 613a Abs. 1 S. 1 BGB ist dieses Verständnis derart zu übertragen, dass das dort erwähnte Arbeitsverhältnis sich aus dem Verhältnis zum Verleiher *und* zum Entleiher zusammensetzt. Für die Folgefragen ist dann entsprechend den soeben gemachten Ausführungen jeweils die Auslegung dafür entscheidend, welche dieser beiden Personen berechtigt und verpflichtet wird; dass in § 613a BGB die Rede von einem „Inhaber“ oder dem „bisherigen Arbeitgeber“ ist, ist also ebenfalls nicht entscheidend.

b) Weiterhin Betriebsübergang des Entleihbetriebs

All dies ändert aber auch nach dem vorliegenden Begründungsweg nichts daran, dass – den tatsächlichen Umständen entsprechend – ein Betriebsübergang des *Entleih*betriebs(teils) gegeben ist und gegeben sein muss. Früherer Betriebsinhaber ist der Entleiher, nicht der Verleiher (siehe oben). Es handelt sich also nur um die Rechtsfolge eines Betriebs(teil)übergangs; das Vorliegen des Tatbestandes ist unabhängig von dieser Lösung festzustellen. Wenn allerdings ein Betriebs(teil)übergang des Entleihbetriebs(teils) gegeben ist, gehen die Leiharbeitnehmer unter den genannten Voraussetzungen auf den Erwerber über, obwohl ein Betriebs(teil)übergang des Entleihunternehmens und nicht des Leiharbeitsunternehmens gegeben ist. Dass und warum ein Schutz über das Entleihunternehmen erfolgt, wurde im Rahmen der teleologischen Auslegung ausführlich dargestellt, worauf an dieser Stelle verwiesen wird.[1131]

1130 Siehe hierzu weiter unten unter den Auswirkungen, fünfter Teil, § 11, S. 347 ff. A.A. wohl *Junker*, NZA 2011, 950, 952.

1131 Siehe oben, vierter Teil, § 9 A. III. 4. a) dd), S. 189.

4. Rechtsfolge dieser Lösung

a) Wesentliche Arbeits- und Beschäftigungsbedingungen

Aufgrund dieses Begründungswegs gehen auf den Erwerber sowohl alle Rechte und Pflichten, die zu dem Verleiher aufgrund des Arbeitsvertrages bestanden haben, als auch alle Rechte und Pflichten, die zu dem Entleiher aufgrund des zu diesem bestehenden Verhältnis, das fortan als nichtvertragliches Arbeitsverhältnis bezeichnet werden soll, bestanden haben, über. Diese Rechte und Pflichten vereinen sich auf den Erwerber. Im Folgenden ist insbesondere zu klären, welche individualrechtlichen und auch kollektivrechtlichen Regelungen dadurch für das Arbeitsverhältnis des Arbeitnehmers beim Erwerber gelten. Zudem wird auf etwaige weitere Ansprüche eingegangen.

aa) Arbeitsaufgabe

Die Arbeitsaufgabe beim Erwerber bestimmt sich nach der bisherigen Arbeitsaufgabe des Arbeitnehmers im Entleiherbetrieb.[1132] Der Grund hierfür liegt darin, dass der Entleiher diesbezüglich das Weisungsrecht innehatte.[1133] Zudem erfolgt ein Schutz über das Entleihunternehmen bei dessen Übergang; es ist demnach die Tätigkeit beim Entleiher entscheidend. Es geht um die rechtliche Situation, die aufgrund des Verleihs an den Entleiher besteht. Hierfür ist eine abweichende arbeitsvertragliche Vereinbarung nicht maßgeblich, die nur dann ausschließlich greift, wenn der Arbeitnehmer nicht verliehen wird und daher kein Überlassungsvertrag besteht, der die rechtlichen Gegebenheiten für den Verleih bestimmt. Sollten nach dem Arbeitsvertrag zwischen dem Verleiher und dem Arbeitnehmer auch andere Arbeitsaufgaben vereinbart sein, so kann der Erwerber demnach nicht einseitig anordnen, dass der Arbeitnehmer für diese Tätigkeiten eingesetzt wird. Die vor dem Betriebsübergang aus dem Arbeitsvertrag diesbezüglich folgenden Rechte werden dadurch folglich eingeschränkt.

1132 Vgl. Schüren-*Schüren*, AÜG, § 10, Rn. 74.

1133 Das arbeitsplatzbezogene Weisungsrecht des Entleihers erfasst die Arbeitsaufgabe des Leiharbeitnehmers, siehe dazu bereits oben, zweiter Teil, § 4 C. II. 2. a) bb) (2), S. 50.

bb) Dauer der Arbeitszeit

Die Arbeitsdauer richtet sich nach dem Arbeitsvertrag zwischen dem Verleiher und dem Leiharbeitnehmer. Da der Schutz über das Entleihunternehmen erfolgt und daher die Situation beim Entleiher entscheidend ist, könnte man meinen, dass damit auch die konkret bei dem Entleiher zu leistende Dauer der Arbeitszeit maßgeblich sei. Jedoch ist der Arbeitnehmer vor dem Betriebsübergang nicht dazu verpflichtet, länger beim Entleiher zu arbeiten als in dem mit dem Verleiher geschlossenen Arbeitsvertrag vorgesehen. Hiergegen könnte man noch einwenden, dass eine solche Abweichung der Arbeitsdauer nach oben auch nicht bestehen werde: Wird der Arbeitnehmer aufgrund des Überlassungsvertrages beim Entleiher tätig und arbeitet er aufgrund dessen mehr als ursprünglich in seinem Arbeitsvertrag mit dem Verleiher vorgesehen, so liegt hierin eine einvernehmliche Änderung der arbeitsvertraglich vereinbarten Arbeitsdauer. Doch zumindest im umgekehrten Fall, wenn der Arbeitnehmer also nach dem Überlassungsvertrag weniger als arbeitsvertraglich vorgesehen arbeitet, ist der Arbeitsvertrag für den Erwerber von Bedeutung. Auch wenn sich die Dauer der Arbeitszeit auf die im Überlassungsvertrag vereinbarte Dauer konkretisiert haben mag, so konnte der Arbeitnehmer jedoch nicht darauf vertrauen, nur für diese Dauer jeweils arbeiten zu müssen. Jederzeit hätten Ver- und Entleiher einvernehmlich die Dauer der Arbeitszeit ändern können, solange die Dauer noch vom Arbeitsvertrag zwischen dem Verleiher und dem Leiharbeitnehmer gedeckt wäre. Zudem hat der Verleiher das Weisungsrecht über die Dauer der Arbeitszeit auch während der Überlassung inne, nicht hingegen der Entleiher. Obwohl ein Schutz über das Entleihunternehmen erfolgt und die Situation beim Entleiher maßgeblich ist, muss es aus den genannten Gründen für die Dauer der Arbeitszeit auf den Arbeitsvertrag ankommen; durch den Arbeitsvertrag ist insoweit die Situation beim Entleiher festgelegt.

cc) Lage der Arbeitszeit

Für die Lage der Arbeitszeit kann es indes nur auf den Überlassungsvertrag zwischen Verleiher und Entleiher ankommen.[1134] Hierfür spricht, dass

---

1134 Vgl. hierzu ebenfalls § 10 Abs. 1 S. 3 AÜG. Diese Norm greift trotz der nicht eindeutigen Gesetzesbegründung auch hinsichtlich der Lage der Arbeitszeit, da die Lage der Arbeitszeit in Zeiten des Verleihs in dem Arbeitsvertrag zwischen Verleiher und Leiharbeitnehmer nicht festgelegt wird, da der Verleiher den Leiharbeitnehmer nach den Wünschen des Entleihers zur Verfügung stellen können muss. Die Lage der Arbeitszeit wird vielmehr zwischen dem Verleiher und dem Entleiher bestimmt und damit erst in dem Überlassungsvertrag für den Verleih konkretisiert. Der Entleiher erhält hierdurch ja gerade das arbeitsplatzbezogene Weisungsrecht, wozu die Festlegung der Lage der Arbeitszeit gehört.[1135]

dd) Arbeitsentgelt

Vor dem Betriebsübergang schuldete nur der Verleiher dem Leiharbeitnehmer eine Vergütung.[1136] Das fortan vom Erwerber zu zahlende Arbeitsentgelt bestimmt sich daher nach dem Arbeitsvertrag zwischen dem Verleiher und dem Arbeitnehmer. Bestand ausnahmsweise aufgrund einer Vereinbarung im Überlassungsvertrag eine Verpflichtung des Entleihers dahingehend, den Lohn an den Leiharbeitnehmer auszuzahlen oder neben dem Verleiher Entgelt zu erbringen, beispielsweise Zuschüsse wie Essensgeld zu zahlen,[1137] so wird der Verleiher dies regelmäßig bereits im Arbeitsvertrag mit dem Arbeitnehmer vereinbart haben. Dann folgen diese Pflichten für den Erwerber bereits aus dem Arbeitsvertrag. Findet sich keine solche Vereinbarung im Arbeitsvertrag, so ist der Überlassungsvertrag tatsächlich auch für die Höhe des Arbeitsentgelts oder Teile des Entgelts maßgeblich. Im Ergebnis muss der Arbeitnehmer insgesamt das gleiche Entgelt erhalten, das er auch vor dem Betriebsübergang erhalten hat.

ee) Kollektivrechtliche Regelungen

Vor dem Betriebsübergang können Individualnormen für das einzelne Arbeitsverhältnis nur aus Tarifverträgen folgen, die zwischen dem Verleiher

---

der Gesetzgeber in der Begründung ein Beispiel angibt, das selbst eine bestimmte Verteilung enthält. Siehe dazu Schüren-*Schüren*, AÜG, § 10, Rn. 82; BeckOKArbR-*Kock/Milenk*, § 10 AÜG, Rn. 14.

1135 Dazu bereits oben, zweiter Teil, § 4 C. II. 2. a) bb) (2), S. 50.

1136 Schüren-*Hamann*, AÜG, § 14, Rn. 269.

1137 Vgl. Schüren-*Hamann*, AÜG, § 14, Rn. 269.

und dem Leiharbeitnehmer Anwendung finden oder auf die arbeitsvertraglich Bezug genommen wird. Ein für den Entleiher geltender Tarifvertrag spielt hierfür keine Rolle. Dies liegt darin begründet, dass das Tarifvertragsgesetz „an das auf dem Arbeitsvertrag fußende rechtsgeschäftliche Arbeitsverhältnis an[knüpft]“[1138], das nur zum Verleiher besteht. Allerdings kann ein für den Entleiher geltender Tarifvertrag für den Leiharbeitnehmer dann maßgeblich sein, wenn es um betriebliche und betriebsverfassungsrechtliche Fragen geht; hierfür kommt es nur auf die Eingliederung in die Arbeitsorganisation an.[1139]

Etwaige tarifvertragliche Regelungen gelten nach den allgemeinen Grundsätzen des Art. 3 Abs. 3 der Richtlinie 2001/23/EG und des § 613a Abs. 1 S. 2-4 BGB beim Erwerber fort.[1140] Nach den gleichen Regelungen gelten auch Betriebsvereinbarungen des Verleihers fort. Es bestehen insoweit keine Besonderheiten.

Betriebsvereinbarungen des Entleihers können ebenfalls nach Art. 3 Abs. 3 der Richtlinie 2001/23/EG und § 613a Abs. 1 S. 2-4 BGB beim Erwerber fortgelten. Voraussetzung ist jedoch, dass der Leiharbeitnehmer in die konkrete Betriebsvereinbarung einbezogen worden ist und sich deren normative Wirkung daher auf ihn erstreckt hat. Dies ist immer dann möglich, wenn die Regelungen nicht auf das Bestehen eines Arbeitsvertrages mit dem Entleiher abstellen, sondern nur die tatsächliche Eingliederung in die Organisation des Entleihbetriebs maßgeblich ist oder Art und Weise der zu leistenden Arbeit oder das Verhalten des Leiharbeitnehmers im Entleihbetrieb geregelt wird.[1141] Hat sich die Betriebsvereinbarung hiernach auf den Leiharbeitnehmer normativ erstreckt, so gilt auch diese beim Erwerber nach den allgemeinen Grundsätzen fort.

b) Regelungen zur Leiharbeit hinfällig

Regelungen, die ein Leiharbeitsverhältnis denklogisch voraussetzen, sind nach dem Betriebsübergang hinfällig.

1138 *Löwisch/Rieble*, TVG, § 1, Rn. 179.

1139 *Löwisch/Rieble*, TVG, § 1, Rn. 180, 365.

1140 Siehe zu diesen allgemeinen Grundsätzen BeckOKArbR-*Gussen*, § 613a BGB, Rn. 179 ff.; MünchKommBGB-*Müller-Glöge*, § 613a, Rn. 129 ff.; ErfK-*Preis*, § 613a BGB, Rn. 111 ff.; APS-*Steffan*, § 613a BGB, Rn. 107 ff.

1141 Schüren-*Hamann*, AÜG, § 14, Rn. 218, 240.

Konkret bedeutet dies, dass der regelmäßig in Arbeitsverträgen auftauchenden Erklärung des Verleihers, eine gültige Erlaubnis zur Arbeitnehmerüberlassung zu besitzen,[1142] keine Bedeutung mehr zukommt. Gleiches gilt für die Erklärung des Leiharbeitnehmers, dass Merkblatt für Leiharbeitnehmer der Bundesagentur für Arbeit erhalten zu haben.[1143] Da der Arbeitnehmer nicht mehr „im Rahmen der Arbeitnehmerüberlassung“[1144] tätig wird, ist der Passus, der sich hierauf bezieht, zu streichen.[1145] Weitere konkrete Regelungen zur Überlassung wie das Einverständnis mit der (wechselnden) Überlassung[1146] und auch etwaige Regelungen dazu, dass der Entleiher das Weisungsrecht für die Zeit der Überlassung inne hat,[1147] haben ebenso keinen Gehalt mehr. Das Weisungsrecht besitzt der Erwerber ohnehin nach dem Betriebsübergang. Schließlich bestehen sämtliche Rechte und Pflichten, die bisher sowohl gegenüber dem Verleiher als auch dem Entleiher bestanden haben, nunmehr nur noch gegenüber dem Erwerber. Dies gilt namentlich für die Anzeigepflicht bei Krankheit[1148] und für die Pflicht, die Unfallverhütungsvorschriften[1149] zur Kenntnis zu nehmen und einzuhalten.

1142 Vgl. hierzu bspw. die Musterverträge bei Küttner-*Küttner/Röller*, Personalbuch, M9.7 (dort § 13); *Schrader/Hilgenstock*, in: Schaub/Schrader/Straube/Vogelsang, Arbeitsrechtliches Formular- und Verfahrenshandbuch, Rn. 418 (dort § 1).

1143 Vgl. hierzu bspw. die Musterverträge bei Küttner-*Küttner/Röller*, Personalbuch, M9.7 (dort § 11); *Schrader/Hilgenstock*, in: Schaub/Schrader/Straube/Vogelsang, Arbeitsrechtliches Formular- und Verfahrenshandbuch, Rn. 418 (dort § 13).

1144 Küttner-*Küttner/Röller*, Personalbuch, M9.7 (dort § 13).

1145 Vgl. hierzu bspw. die Musterverträge bei Küttner-*Küttner/Röller*, Personalbuch, M9.7 (dort § 2); *Schrader/Hilgenstock*, in: Schaub/Schrader/Straube/Vogelsang, Arbeitsrechtliches Formular- und Verfahrenshandbuch, Rn. 418 (dort § 2).

1146 Vgl. hierzu Küttner-*Küttner/Röller*, Personalbuch, M9.7 (dort § 2 Abs. 3).

1147 Vgl. hierzu bspw. die Musterverträge bei Küttner-*Küttner/Röller*, Personalbuch, M9.7 (dort § 2 Abs. 4); *Schrader/Hilgenstock*, in: Schaub/Schrader/Straube/Vogelsang, Arbeitsrechtliches Formular- und Verfahrenshandbuch, Rn. 418 (dort § 10).

1148 Vgl. hierzu bspw. die Musterverträge bei Küttner-*Küttner/Röller*, Personalbuch, M9.7 (dort § 7).

1149 Vgl. hierzu bspw. die Musterverträge bei Küttner-*Küttner/Röller*, Personalbuch, M9.7 (dort § 12); *Schrader/Hilgenstock*, in: Schaub/Schrader/Straube/Vogelsang, Arbeitsrechtliches Formular- und Verfahrenshandbuch, Rn. 418 (dort § 14).

c) Nebenansprüche aus dem Arbeitsverhältnis

Bei einem Betriebsübergang gehen auf den Erwerber auch sämtliche Nebenansprüche aus dem Arbeitsverhältnis über.[1150] Der Erwerber wird „Gläubiger aller entstandenen und fällig gewordenen Ansprüche, die mit dem Arbeitsverhältnis in engem Zusammenhang stehen“[1151]. Hierzu gehören insbesondere auch im Arbeitsverhältnis begründete Schadensersatzansprüche.[1152] Dies können Ansprüche des Verleihers oder des Entleihers gegen den Leiharbeitnehmer sein. Umgekehrt kann der Leiharbeitnehmer auch seine Ansprüche gegen den Erwerber geltend machen, die zuvor ausschließlich gegenüber dem Verleiher und dem Entleiher bestanden haben.

Im Rahmen der Ausführungen zum Rechtsverhältnis zwischen dem Leiharbeitnehmer und dem Entleiher wurde aufgezeigt, welche Ansprüche zwischen diesen Parteien entstehen können.[1153] Es wurde deutlich gemacht, dass sich unabhängig von der Einordnung des Verhältnisses zwischen Leiharbeitnehmer und Entleiher Schadensersatzansprüche beider Parteien ergeben können. Diese Ansprüche können deliktischer Natur sein. Zudem können Schadensersatzansprüche auf der Grundlage eines Schuldverhältnisses mit Schutzwirkung zugunsten des Entleihers oder des Leiharbeitnehmers entstehen oder aber auf der Grundlage eines echten Vertrages zugunsten des Entleihers, wodurch das arbeitsrechtliche Haftungssystem eingreift. Sofern diese Ansprüche mit dem Arbeitsverhältnis in engem Zusammenhang stehen, gehen sie auf den Erwerber über. Hierzu zählen insbesondere auch solche Ansprüche, die sich aus Verstößen des Arbeitnehmers gegen seine Arbeitspflicht ergeben;[1154] daneben gehen auch Schadensersatzansprüche aus Verstößen des Entleihers gegen §§ 13,

---

1150 BAG v. 22.5.2007 – 3 AZR 334/06, NZA 2007, 1169, 1171 f.; BeckOKArbR-*Gussen*, § 613a BGB, Rn. 102; vgl. MünchKommBGB-*Müller-Glöge*, § 613a, Rn. 100.

1151 BeckOKArbR-*Gussen*, § 613a BGB, Rn. 102; ErfK-*Preis*, § 613a BGB, Rn. 79; APS-*Steffan*, § 613a BGB, Rn. 99.

1152 MünchKommBGB-*Müller-Glöge*, § 613a, Rn. 100; vgl. BeckOKArbR-*Gussen*, § 613a BGB, Rn. 102; ErfK-*Preis*, § 613a BGB, Rn. 79; *Rolfs*, NZA 2008, Beilage, 164, 166; APS-*Steffan*, § 613a BGB, Rn. 99.

1153 Siehe dazu ausführlich oben, zweiter Teil, § 4 C. II. 2. a) bb) (3), S. 55.

1154 In dem Fall der Nichtleistung des Arbeitnehmers oder auch dann, wenn die verletzte Pflicht nicht auch dem Schutz des Entleihers dient, kann der Entleiher keine vertraglichen Ansprüche geltend machen, wenn man der Ansicht folgt, nach der der Arbeitsvertrag zwischen dem Leiharbeitnehmer und dem Entleiher nur ein unechter Vertrag zugunsten des Entleihers ist, siehe dazu bereits oben, zwei-

13a oder 13b AÜG auf den Erwerber über. Speziell die aus § 13 AÜG und § 13b AÜG folgenden Rechte des Arbeitnehmers hängen unmittelbar mit der täglichen Arbeitsleistung des Arbeitnehmers im Betrieb des Entleihers zusammen, wodurch der erforderliche enge Bezug zum Arbeitsverhältnis gegeben ist.

d) Ergebnis zur Rechtsfolge

Die zuvor gegenüber dem Verleiher oder dem Entleiher bestehenden Rechte und Pflichten gehen im Zuge des Betriebsübergangs auf den Erwerber über und vereinen sich dort. Die Dauer der Arbeitszeit und das Arbeitsentgelt bestimmen sich hierbei nach den zuvor im Arbeitsvertrag zwischen dem Verleiher und dem Leiharbeitnehmer getroffenen Vereinbarungen. Die Arbeitsaufgabe sowie die Lage der Arbeitszeit bestimmen sich jedoch nach der zum Zeitpunkt des Betriebsübergangs herrschenden Situation beim Entleiher. Zudem gehen kollektivrechtliche Regelungen – auch solche zwischen Entleiher und Leiharbeitnehmer – auf den Erwerber über. Sämtliche zuvor geltenden Regelungen zur Leiharbeit sind hinfällig und für das Arbeitsverhältnis des Erwerbers zum Arbeitnehmer nicht mehr von Bedeutung. Schließlich gehen auf den Erwerber insbesondere auch im Arbeitsverhältnis begründete Schadensersatzansprüche über. Dies können Ansprüche des Verleihers oder des Entleihers gegen den Leiharbeitnehmer sein. Umgekehrt kann der Leiharbeitnehmer auch seine Ansprüche gegen den Erwerber geltend machen, die zuvor ausschließlich gegenüber dem Verleiher und dem Entleiher bestanden haben.

5. Ergebnis

Überzeugenderweise ist der vorgehend dargestellte Begründungsweg unter den Voraussetzungen anzuwenden, die aus der Auslegung der Richtlinie 2001/23/EG und des § 613a Abs. 1 S. 1 BGB folgen. Es muss demnach ein Leiharbeitnehmer dauerhaft an das übertragene Entleihunternehmen verliehen werden, es darf im Zeitpunkt des Betriebsübergangs keine anderweitige Einsatzmöglichkeit für den Leiharbeitnehmer bestehen und zu-

---

ter Teil, § 4 C. II. 2. a) bb), S. 48. In diesem Fall hat aber der Verleiher vertragliche Ansprüche gegen den Arbeitnehmer, die dann auf den Erwerber übergehen.

dem muss eine wirtschaftliche Einheit des Leiharbeitsunternehmens im übertragenen Entleihbetrieb(steil) gegeben sein. Unter diesen Voraussetzungen gehen mithin die Leiharbeitnehmer auf den Erwerber über. Dabei sind Veräußerer – zumindest im Sinne des Art. 3 Abs. 1 UAbs. 1 der Richtlinie – sowohl der Verleiher als auch der Entleiher. Im Rahmen des § 613a Abs. 1 S. 1 BGB ist dieses Verständnis derart zu übertragen, dass das dort erwähnte Arbeitsverhältnis sich aus dem Verhältnis zum Verleiher *und* zum Entleiher zusammensetzt. Für Folgefragen, die sich aufgrund der Anwendbarkeit der Richtlinie bzw. des § 613a BGB ergeben, ist allerdings jeweils eine eigenständige Auslegung erforderlich, um zu klären, ob nur eine der zwei Personen oder beide berechtigt bzw. verpflichtet werden. Schließlich ist zu beachten, dass demnach ein Schutz der Leiharbeitnehmer beim Übergang des *Entleih*unternehmens erfolgt.

VI. Ergebnis zu den Begründungswegen

In Anbetracht der allgemeinen Argumente, die sich aus einer Auslegung der Richtlinie und des § 613a Abs. 1 S. 1 BGB ergeben, ist die Lösung über eine gespaltene Veräußererstellung in der soeben beschriebenen Ausformung am überzeugendsten. Hiernach ist die Veräußerereigenschaft nicht von vornherein auf den Ver- oder den Entleiher festgelegt. Vielmehr können grundsätzlich sowohl Verleiher als auch Entleiher Veräußerer im Sinne des Art. 3 Abs. 1 UAbs. 1 der Richtlinie sein. Allerdings ist für die besonderen Folgen wie beispielsweise die Weiterhaftung, die Unterrichtung und das Widerspruchsrecht jeweils einzeln eine Auslegung vorzunehmen, um beurteilen zu können, ob nur der Verleiher, nur der Entleiher oder aber doch beide von der jeweiligen Regelung erfasst sind bzw. sein müssen.

Obwohl die Lösung über eine gespaltene Veräußererstellung in der soeben beschriebenen Ausformung in Anbetracht der allgemeinen Argumente am überzeugendsten ist, sollen im Folgenden noch die Folgen und Auswirkungen aller Begründungswege untersucht werden, um eine abschließende Bewertung des überzeugendsten Begründungswegs speziell auch im Hinblick auf die praktischen Konsequenzen vornehmen zu können.

Fünfter Teil Auswirkungen nach den jeweiligen Begründungswegen

Leiharbeitnehmer gehen unter bestimmten Voraussetzungen beim Betriebs(teil)übergang des entleihenden Unternehmens auf den Erwerber über. Dies widerspricht der vor der Rechtssache *Albron* allgemeinen Meinung. Insofern wurde sich mit den sich hieran anschließenden Folgefragen bisher kaum befasst, die Auswirkungen nicht erörtert.

Aufgrund der tatsächlichen Personenmehrheit (Verleiher und Entleiher) ist fraglich, wer in den verschiedenen von den Betriebsübergangsregelungen erfassten Bereichen berechtigt und verpflichtet ist. Je nach Begründungsweg gibt es erhebliche Abweichungen in der Beurteilung der Folgefragen. Dies liegt nicht zuletzt daran, dass aufgrund der jeweils gewählten Konstruktion bereits nur der Verleiher oder nur der Entleiher für Folgefragen in Betracht kommt. Um dies zu verdeutlichen, soll zunächst erläutert werden, wer nach dem jeweiligen Begründungsweg Veräußerer ist, wer Arbeitgeber ist und wie die Zuordnung der Arbeitnehmer erfolgt. Anschließend ist für die besonderen Folgen wie beispielsweise die Weiterhaftung, die Unterrichtung und das Widerspruchsrecht jeweils einzeln eine Auslegung vorzunehmen, um beurteilen zu können, ob nur der Verleiher, nur der Entleiher oder aber doch beide von der jeweiligen Regelung erfasst sind bzw. sein müssen. Im Zuge dessen wird untersucht, inwiefern die jeweiligen Begründungswege diesen Auslegungsergebnissen gerecht werden (können), was für eine abschließende Bewertung eine erhebliche Rolle spielt.

Schließlich ist auch auf weitere Auswirkungen einzugehen. Hierbei geht es um die Abwicklung des Vertrages zwischen dem Verleiher und dem Entleiher. Des Weiteren ist die Haftung des Entleihers gegenüber dem Erwerber aus Mängelgewährleistungsrecht zu untersuchen.

§ 10 Erläuterungen zu den involvierten Personen

A. Wer ist alles „Veräußerer" im Sinne der Richtlinie 2001/23/EG?

Für die folgenden Ausführungen zu den Auswirkungen der Begründungswege ist es hilfreich zu bestimmen, welche Person bzw. Personen nach den jeweiligen Lösungswegen grundsätzlich als Veräußerer im Sinne der Richtlinie anzusehen ist bzw. sind. An dieser Stelle geht es lediglich um die Feststellung, nicht um eine Bewertung. Wie noch zu zeigen sein wird, legen sich nämlich viele Lösungen *generell* auf eine bestimmte Person des Veräußerers fest. Dies soll im Folgenden dargestellt werden.

I. Ansatz des nichtvertraglichen Arbeitgebers

Aus dem Urteil des EuGH im Fall *Albron* geht hervor, dass zumindest auch der nichtvertragliche Arbeitgeber, also der Entleiher, als „Veräußerer" im Sinne des Art. 2 Abs. 1 lit. a) der Richtlinie 2001/23/EG betrachtet werden kann. Veräußerer ist laut dem EuGH somit zumindest der Entleiher. Fraglich ist, ob im Fall *Albron* nach Ansicht des EuGH auch der Verleiher „Veräußerer" im Sinne des Art. 2 Abs. 1 lit. a) der Richtlinie 2001/23/EG ist.

1. Verwendung des Wortes „auch"

Der EuGH urteilt, dass „als „Veräußerer" im Sinne von Art. 2 Abs. 1 lit. a) dieser Richtlinie [2001/23/EG] auch das Konzernunternehmen, zu dem die Arbeitnehmer ständig abgestellt waren, ohne jedoch mit ihm durch einen Arbeitsvertrag verbunden gewesen zu sein, betrachtet werden kann"[1155]. Schon das Wort „auch" mutet an, dass der Entleiher neben einem weiteren Veräußerer ein Veräußerer im Sinne der Richtlinie ist bzw. sein kann. Allerdings ist dieses „auch" wohl nur derart zu verstehen, dass der typische Veräußerer, auf den die Richtlinie anwendbar ist, auch vertraglicher Arbeitgeber der betroffenen Arbeitnehmer ist. Vorliegend wird allerdings festgestellt, dass es überdies eine andere Konstellation gibt, nämlich jene,

1155 EuGH v. 21.10.2010 – Rs. C-242/09 (*Albron*), NJW 2011, 439, 440 (Rn. 32).

in der der Veräußerer nicht vertraglicher Arbeitgeber der betroffenen Arbeitnehmer ist. Insofern bezieht sich das „auch" auf diese beiden Konstellationen, jedoch macht der EuGH *allein* durch dieses Wort keine Aussage für ein und denselben Fall. Hierfür spricht auch die ursprüngliche Vorlagefrage. Gefragt wurde gerade danach, ob Rechte und Pflichten „nur" übergingen, wenn „der Veräußerer des zu übertragenden Unternehmens auch formell [gemeint ist „vertraglich", Anmerkung des Verfassers] der Arbeitgeber der betroffenen Arbeitnehmer ist"[1156] oder ob die Rechte und Pflichten auch übergehen könnten, wenn kein formelle Arbeitgeberstellung, also kein Arbeitsvertrag, vorliege. Es ging dem *Gerechtshof te Amsterdam* demzufolge darum, ob die Richtlinie überhaupt auf die Konstellation anwendbar sei, obwohl eben keine vertragliche Verbindung gegeben ist. Nicht zielte die Frage darauf ab, ob diese Anwendbarkeit *neben* eine Anwendbarkeit in Bezug auf die Rechte und Pflichten des vertraglichen Arbeitgebers trete; es ist keineswegs ersichtlich, dass letztere nach Ansicht des vorlegenden Gerichts gegeben war.

Die Verwendung des Wortes „auch" kann im Ergebnis nicht dahingehend verstanden werden, dass in der vorliegenden Konstellation der vertragliche Arbeitgeber, namentlich das Leiharbeitsunternehmen, ohnehin schon Veräußerer im Sinne der Richtlinie 2001/23/EG ist.

2. Verlust der Arbeitgebereigenschaft

Der EuGH argumentierte, es ergebe „sich aus Art. 2 Abs. 1 lit. a) der Richtlinie 2001/23/EG, dass Veräußerer ist, wer aufgrund eines Übergangs im Sinne von Art. 1 Abs. 1 der Richtlinie die Arbeitgebereigenschaft verliert"[1157]. Sodann stellte der EuGH fest, dass der nichtvertragliche Arbeitgeber, namentlich der Entleiher, diese Eigenschaft verloren habe.[1158] Doch auch der vertragliche Arbeitgeber könnte seine Arbeitgebereigenschaft verloren haben. Dass diese Arbeitgebereigenschaft zumindest vor dem Übergang bestanden hat, ergibt sich bereits aus der umformulierten Vorlagefrage, in der der vertragliche Arbeitgeber vom EuGH definiert wird. Der vertragliche Arbeitgeber ist hiernach „das Unternehmen [...], mit dem die

---

1156 EuGH v. 21.10.2010 – Rs. C-242/09 (*Albron*), NJW 2011, 439 (Rn. 19).

1157 EuGH v. 21.10.2010 – Rs. C-242/09 (*Albron*), NJW 2011, 439, 440 (Rn. 21). Dazu schon oben, vierter Teil, § 8 A. I., S. 117.

1158 EuGH v. 21.10.2010 – Rs. C-242/09 (*Albron*), NJW 2011, 439, 440 (Rn. 22).

betreffenden Arbeitnehmer[1159] durch einen Arbeitsvertrag verbunden waren“[1160], also das Leiharbeitsunternehmen. Versucht man den Verlust dieser Arbeitgebereigenschaft zu beurteilen, so bereitet dies Schwierigkeiten. Der EuGH hat nämlich einzig festgestellt, dass der Entleiher „seine Eigenschaft als *nichtvertraglicher* [Hervorhebung des Verfassers] Arbeitgeber verloren hat“[1161]. Keine Ausführungen finden sich insofern für den Verleiher als den vertraglichen Arbeitgeber, sodass es auf den ersten Blick durchaus möglich erscheint, dass dieser vertraglicher Arbeitgeber bleibt, diese Eigenschaft also nicht verliert[1162] und demnach auch nicht „Veräußerer“ im Sinne des Art. 2 Abs. 1 lit. a) der Richtlinie 2001/23/EG[1163] – und damit der Richtlinie insgesamt – ist. Es wurde jedoch gezeigt, dass nach Ansicht des EuGH die vertragliche Stellung auf den Erwerber übergeht;[1164] der Verleiher kann daher nicht vertraglicher Arbeitgeber bleiben, muss diese Arbeitgeberstellung vielmehr ebenfalls verloren haben. Insofern könnte man die Ausführungen des EuGH wie unter anderem *Junker* derart verstehen, dass sowohl der Verleiher als auch der Entleiher „Veräußerer“ im Sinne der Richtlinie seien,[1165] weil beide ihre Arbeitgeberstellung verlieren.

3. Maßgeblichkeit nur des nichtvertraglichen Arbeitgebers in der Argumentation

Betrachtet man die Argumentation des EuGH insgesamt, so wird deutlich, dass einzig der nichtvertragliche Arbeitgeber im Rahmen des Betriebsübergangs maßgeblich ist.

Es kann zwar nicht bestritten werden, dass nach Ansicht des EuGH auch der Verleiher „Veräußerer“ im Sinne des Art. 2 Abs. 1 lit. a) und all-

---

1159 In der deutschen Fassung findet sich hier fälschlicherweise das Wort „Arbeitgeber“.

1160 EuGH v. 21.10.2010 – Rs. C-242/09 (*Albron*), NJW 2011, 439, 440 (Rn. 20).

1161 EuGH v. 21.10.2010 – Rs. C-242/09 (*Albron*), NJW 2011, 439, 440 (Rn. 22).

1162 So *Forst*, RdA 2011, 228, 232.

1163 Dies sah *Forst* in einer früheren Anmerkung zum Fall *Albron* noch anders, *Forst*, Anmerkung zu EuGH v. 21.10.2010 – Rs. C-242/09 (*Albron*), EWiR 2010, 737.

1164 Siehe oben, vierter Teil, § 8 A. III., S. 121.

1165 *Junker*, NZA 2011, 950, 952. Dies ziehen auch *Bauer/von Medem*, NZA 2011, 20, 22, in Betracht.

gemein der Richtlinie 2001/23/EG ist. Allerdings trifft dies in dem Fall nicht zu, in dem bei einem Betriebs(teil)übergang bereits der Entleiher „Veräußerer" in diesem Sinne ist und umgekehrt. Bei *ein und demselben Betriebs(teil)übergang* ist also immer nur einer der beiden Personen „Veräußerer". Andernfalls hätte es nahegelegen, dass der EuGH auch den Verleiher als den vertraglichen Arbeitgeber in seine Argumentation mit aufnimmt und die übergehenden Rechte und Pflichten zumindest auch an den Verleiher anknüpft. Offensichtlich stellt der EuGH jedoch einzig und allein auf den Entleiher als nichtvertraglichen Arbeitgeber ab und sieht den Übergang der Rechte und Pflichten auf den Erwerber allein durch dessen Heranziehung begründet.

Im Rahmen der Frage, ob Leiharbeitnehmer *bei einem Betriebs(teil)übergang des Entleihunternehmens* übergehen, ist demnach nach dem Begründungsweg des nichtvertraglichen Arbeitgebers einzig der Entleiher als nichtvertraglicher Arbeitgeber „Veräußerer" im Sinne der Richtlinie 2001/23/EG.

4. Ergebnis

Zwar kann der Verleiher nach diesem Begründungsweg offensichtlich „Veräußerer" im Sinne des Art. 2 Abs. 1 lit. a) und allgemein der Richtlinie 2001/23/EG sein. Jedoch im Rahmen der Frage, ob Leiharbeitnehmer *bei einem Betriebs(teil)übergang des Entleihunternehmens* übergehen, ist einzig der Entleiher als nichtvertraglicher Arbeitgeber „Veräußerer" im Sinne der Richtlinie 2001/23/EG.[1166] Es gibt also nach Ansicht des EuGH bei ein und demselben Betriebs(teil)übergang immer nur jeweils einen Veräußerer.[1167]

Im Ergebnis ist einzig der Entleiher „Veräußerer" im Sinne der Richtlinie 2001/23/EG.

1166 Auf die Folgen für den Verleiher nach diesem Ansatz wird noch weiter unten eingegangen, siehe dazu fünfter Teil, § 10 B. II. 1., S. 318, sowie fünfter Teil, § 10 D., S. 345.

1167 A.A. *Junker*, NZA 2011, 950, 952.

II. Zuordnungslösung

Nach der Zuordnungslösung ist ausschließlich das Entleihunternehmen Veräußerer im Sinne der Richtlinie.[1168] Der Verleiher wird nach diesem Begründungsweg ausgeblendet und dadurch als inexistent behandelt; er spielt bei der rechtlichen Bewertung keine Rolle.

III. Lösung über den Rechtsmissbrauch bzw. eine unzulässige Umgehung

Die Frage danach, wer nach der Lösung über den Rechtsmissbrauch bzw. eine unzulässige Umgehung „Veräußerer“ im Sinne der Richtlinie 2001/23/EG ist, hängt in gewissem Maße mit der (Rechts-)Folge[1169] eines Rechtsmissbrauchs bzw. einer unzulässigen Umgehung zusammen.

Bei konsequenter Anwendung der herrschenden objektiven Theorie im deutschen Recht ergibt sich wohl die Auslegung, dass aufgrund sonst unzulässiger Umgehung auch Leiharbeitsverhältnisse „Arbeitsverhältnisses“ im Sinne des § 613a Abs. 1 S. 1 BGB sind.[1170] So findet im Ergebnis die in Frage stehende Norm des § 613a BGB bei einer unzulässigen Gesetzesumgehung auch auf diese Arbeitsverhältnisse Anwendung. Vergleichbares gilt auch unter Anwendung des Rechtsmissbrauchsverbots nach der Rechtsprechung des EuGH, nämlich dass die Richtlinie 2001/23/EG auch diese Arbeitsverhältnisse erfasst. Allerdings führt dieser Lösungsweg bei schlichter Anwendung der (Rechts-)Folge dazu, dass die Leiharbeitsverhältnisse zwar erfasst werden; über die (juristische oder natürliche) Person des Veräußerers ist indes nichts gesagt.

Zumindest in Konstellationen wie im Fall *Albron* soll dieser Lösungsweg allerdings abweichend[1171] von der soeben aufgezeigten allgemeinen Rechtsfolge nach überwiegender Auffassung dazu führen, dass die Situation so zu behandeln ist, als bestünde das Arbeitsverhältnis des Leiharbeit-

---

1168 *Raab*, EuZA 2011, 537, 550.

1169 Nach der herrschenden objektiven Theorie im deutschen Recht gibt es ja gerade keine Rechtsfolge, sondern nur ein Ergebnis einer Auslegung. Nach der Rechtsprechung des EuGH handelt es sich indes um eine Rechtsfolge.

1170 Siehe oben, vierter Teil, § 8 C. III. 2., S. 154.

1171 Nach der allgemeinen Rechtsfolge würde nämlich das gewünschte Ergebnis – Übergang gerade der Rechte und Pflichten *aus dem Arbeitsvertrag* – nicht erreicht.

nehmers zum Verleiher gerade mit dem Entleiher.[1172] Es wird also das *gesamte Arbeitsverhältnis* zum Verleiher als zum Entleiher bestehend angesehen. Veräußerer im Sinne der Richtlinie 2001/23/EG ist damit einzig der Entleiher; lediglich dessen Rechte und Pflichten zum Leiharbeitnehmer werden um die Rechte und Pflichten des Verleihers zum Leiharbeitnehmer erweitert. Der Verleiher wird hierbei völlig ausgeblendet.

IV. Zurechnungslösung

Nach der Zurechnungslösung von *Willemsen* ist im Ergebnis das Leiharbeitsunternehmen „Veräußerer" im Sinne der Richtlinie 2001/23/EG.[1173] Dies stellt Willemsen ausdrücklich fest.[1174] Ebenso ausdrücklich schreibt *Willemsen*, dass „nur dieser und nicht etwa zugleich der „tatsächliche Arbeitgeber" [Entleiher, Anmerkung des Verfassers] Veräußerer im Sinne der Richtlinie und des § 613a BGB"[1175] ist. Gerade diese Veräußererstellung (und damit die Betriebsinhaberschaft des übertragenen Entleihbetriebs(teils)) ist es ja, die Willemsen dem Verleiher unter bestimmten Voraussetzungen zurechnet.

V. Lösung der gespaltenen Veräußererstellung

Im Rahmen der Darstellung dieser Lösung wurde bereits ausführlich aufgezeigt, dass und warum es zwei Veräußerer gibt, nämlich einerseits den Verleiher, andererseits den Entleiher.[1176] Es wurde allerdings bereits mehrmals darauf hingewiesen, dass diese Feststellung erst einmal nur für die Grundnorm des Art. 3 Abs. 1 UAbs. 1 der Richtlinie gilt. Für die Folgefragen (Unterrichtungsverpflichteter, Adressat des Widerspruchs etc.) gilt es jeweils zu klären, ob tatsächlich auch beide erfasst sind oder nur einer dieser beiden. Festzuhalten bleibt, dass dieser Lösungsweg dadurch sehr fle-

---

1172 Siehe oben, vierter Teil, § 8 C. III. 2., S. 154.
1173 Siehe bereits oben, vierter Teil, § 8 D., S. 164.
1174 *Willemsen*, NJW 2011, 1546, 1548.
1175 *Willemsen*, NJW 2011, 1546, 1550. Da nur die Richtlinie, nicht aber § 613a BGB von „Veräußerer" spricht, ist diese Aussage etwas ungenau.
1176 Siehe hierzu ausführlich oben, vierter Teil, § 9 E. V. 3. a), S. 298.

xibel ist und – anders als bei den übrigen Lösungen – überhaupt zwei Personen in Betracht kommen.

B. Wer ist Arbeitgeber der (vormaligen) Leiharbeitnehmer?

I. Nach dem Betriebsübergang

Vertritt man die Ansicht, dass der Betriebsübergang zu einem festen Arbeitsverhältnis *einzig* mit dem Erwerber führt,[1177] dann wird der Erwerber Arbeitgeber des Leiharbeitnehmers und nur er.

II. Vor dem Betriebsübergang

1. Ansatz des nichtvertraglichen Arbeitgebers

Der EuGH macht in seinen Ausführungen in der Rechtssache *Albron* ganz deutlich, dass es seiner Ansicht nach vor dem Betriebsübergang zwei Arbeitgeber gebe. Das eine Unternehmen, welches die Arbeitnehmer entsendet, wird als formeller Arbeitgeber bezeichnet,[1178] später auch (indirekt) als vertraglicher Arbeitgeber.[1179] Der zweite Arbeitgeber wird nichtvertraglicher Arbeitgeber genannt, wobei dies dasjenige Unternehmen sei, zu dem die Arbeitnehmer ständig entsandt waren, ohne jedoch mit diesem durch einen Arbeitsvertrag verbunden gewesen zu sein. [1180]

Dass das entsendende Unternehmen, also der Verleiher, vertraglicher Arbeitgeber der entsandten Arbeitnehmer ist, ist auch nach der allgemeinen Meinung im deutschen Recht unbestritten. Anderes gilt zwar für die Figur des nichtvertraglichen Arbeitgebers. Allerdings entspricht sie im Rahmen eines Betriebsübergangs unter ganz bestimmten, engen Voraussetzungen der Richtlinie und dem § 613a Abs. 1 S. 1 BGB. Wie sogleich noch im Hinblick auf die Lösung der gespaltenen Veräußererstellung näher erörtert wird, ist dies eine Konsequenz der in dieser Arbeit vertretenen Auslegung. Problematisch ist der Ansatz des EuGH dennoch, da trotz die-

---

1177 Siehe hierzu oben, vierter Teil, § 9 D., S. 215.
1178 EuGH v. 21.10.2010 – Rs. C-242/09 (*Albron*), NJW 2011, 439 (Rn. 19).
1179 EuGH v. 21.10.2010 – Rs. C-242/09 (*Albron*), NJW 2011, 439, 440 (Rn. 29).
1180 EuGH v. 21.10.2010 – Rs. C-242/09 (*Albron*), NJW 2011, 439, 440 (Rn. 20).

ser beiden Arbeitgeber offensichtlich nur der nichtvertragliche Arbeitgeber maßgeblich für die übergehenden Rechte und Pflichten ist. Das überzeugt jedoch, wie bereits ausführlich dargestellt, aus dem Grund nicht, dass entscheidende Rechte und Pflichten nur zwischen dem Leiharbeitsunternehmen und dem Leiharbeitnehmer bestehen, die konsequenterweise dann nicht übergehen könnten.

2. Zuordnungslösung

Die Vertreter der Zuordnungslösung gehen zwar wohl davon aus, dass rechtlich das Leiharbeitsunternehmen Arbeitgeber der Arbeitnehmer vor dem Betriebsübergang ist. Allerdings wird für den Betriebsübergang und all dessen Auswirkungen das Entleihunternehmen so behandelt, als sei es der (einzige!) Arbeitgeber. Einen zusätzlichen (nichtvertraglichen) Arbeitgeber gibt es nicht. Es kommt nach dieser Lösung demnach auf ein etwaiges nichtvertragliches Rechtsverhältnis zwischen dem Arbeitnehmer und dem Entleiher nicht an. Es wird die Situation vielmehr so behandelt, als gäbe es den Verleiher nicht, und als sei der Arbeitsvertrag zwischen dem Entleiher und dem Leiharbeitnehmer abgeschlossen worden. Sämtliche Rechte und Pflichten, insbesondere das Weisungsrecht des Entleihers und die übrigen vertraglichen Rechte und Pflichten des Verleihers, werden also auf die Person des Entleihers vereint.

3. Lösung über den Rechtsmissbrauch bzw. eine unzulässige Umgehung

Nach allen dargestellten Spielarten des Rechtsmissbrauchs bzw. der unzulässigen Umgehung ist zwar rechtlich das Leiharbeitsunternehmen Arbeitgeber der Arbeitnehmer vor dem Betriebsübergang. Allerdings wird für den Betriebsübergang und all dessen Auswirkungen auch nach diesem Weg das Entleihunternehmen so behandelt, als sei es der (einzige!) Arbeitgeber. Einen zusätzlichen (nichtvertraglichen) Arbeitgeber gibt es nicht. Insofern entspricht dies der soeben für die Zuordnungslösung dargestellten Konstruktion.

4. Zurechnungslösung

Arbeitgeber der Arbeitnehmer vor dem Betriebsübergang ist nach der Zurechnungslösung nur das Leiharbeitsunternehmen. Einen zusätzlichen (nichtvertraglichen) Arbeitgeber gibt es auch nach diesem Begründungsweg nicht. Allerdings spielt hier ausschließlich das Leiharbeitsunternehmen eine Rolle; die Person des Entleihers wird völlig ausgeblendet.

5. Lösung der gespaltenen Veräußererstellung

Nach der Lösung der gespaltenen Veräußererstellung ist das Leiharbeitsunternehmen Arbeitgeber der Arbeitnehmer. Zu diesem besteht ein Arbeitsvertrag, also ein vertragliches Arbeitsverhältnis.

Aus der Auslegung hat sich allerdings auch ergeben, dass unter besonderen Umständen das Verhältnis zwischen dem Entleiher und dem Leiharbeitnehmer ebenfalls von Art. 3 Abs. 1 UAbs. 1 der Richtlinie bzw. § 613a Abs. 1 S. 1 BGB erfasst ist. Konsequenterweise muss es sich hierbei um ein nichtvertragliches Arbeitsverhältnis handeln. Entleiher und Leiharbeitnehmer stehen also unter den besonderen Voraussetzungen in einem Arbeitsverhältnis zueinander; in diesem Kontext ist der Entleiher dann bei einem Betriebs(teil)übergang seines Betriebs(teils) auch Arbeitgeber der Leiharbeitnehmer. Diese Feststellung ist nicht allgemeingültig für das Verhältnis zwischen Entleiher und Leiharbeitnehmer, sondern nur im Rahmen eines Betriebsübergangs unter den nach der Lösung der gespaltenen Veräußererstellung dargestellten engen Voraussetzungen. Außerdem reicht es nur in Verbindung mit dem Arbeitsverhältnis des Leiharbeitnehmers zum Verleiher aus: Beide Arbeitsverhältnisse zusammen ergeben *insgesamt* ein übergangsfähiges Arbeitsverhältnis im Sinne der Betriebsübergangsregeln mit dem bereits oben ausführlich dargestellten Inhalt.[1181] Dies gilt es zu beachten.

1181 Siehe dazu oben, vierter Teil, § 9 E. V. 4., S. 303 ff.

C. Zuordnung der Arbeitnehmer

Des Weiteren stellt sich die Frage, inwiefern nach den jeweiligen Lösungswegen eine Zuordnung der Arbeitnehmer zu dem Leiharbeitsunternehmen und/oder dem Entleihunternehmen erfolgt.

Da sich im Folgenden sowohl mit Betriebs(teil)übergängen des Leiharbeitsunternehmens als auch des entleihenden Unternehmens befasst wird, ist die Frage der Zuordnung hier genereller gefasst als die soeben erörterte Frage nach der Arbeitgebereigenschaft. Insofern gehen die folgenden Erkenntnisse nicht notgedrungen mit den soeben gefundenen Ergebnissen einher.

I. Ansatz des nichtvertraglichen Arbeitgebers

Nach dem vom EuGH gewählten Ansatz des nichtvertraglichen Arbeitgebers findet eine Zuordnung zum Entleihunternehmen statt. Dies schließt allerdings keineswegs eine Zuordnung auch zum Leiharbeitsunternehmen aus.

Es kann sich durchaus die Frage gestellt werden, ob sich diese Zuordnung der Arbeitnehmer zum Entleihunternehmen überhaupt in die bisherige Rechtsprechung des EuGH einfügt oder ob möglicherweise eine Änderung der Rechtsprechung gewollt ist. Einerseits geht es hierbei um die generelle Frage, ob eine „doppelte Zuordnung" möglich ist bzw. sein kann (dazu unter 1.), andererseits um die Zuordnung der Leiharbeitnehmer im Speziellen (dazu unter 2.).

1. Eindeutige Zuordnung erforderlich?

Folgt man der hier vertretenen Interpretation der Ausführungen des EuGH im Fall *Albron*, so ergibt sich folgendes Ergebnis: Eine Zuordnung der Leiharbeitnehmer zum Entleiher ist möglich. Ausdrücklich wird dies für den Dauerverleih bejaht. Allerdings gilt dies nach hier vertretener Interpretation auch in Fällen nur vorübergehenden Verleihs, weil die Argumentation des EuGH hier gleichermaßen eingreift. Allerdings muss die Richtlinie 2001/23/EG ebenso für Leiharbeitsverhältnisse – hiermit ist anders als zum herkömmlichen Sprachgebrauch das Verhältnis zwischen dem

Leiharbeitsunternehmen und dem Leiharbeitnehmer gemeint –[1182] bei einer Übertragung des Leiharbeitsunternehmens eingreifen, wie sich ausdrücklich aus Art. 2 Abs. 2 UAbs. 2 lit. c.) ergibt. Dass diese „Leiharbeitsverhältnisse“ also von der Richtlinie erfasst sind hat zur Folge, dass in diesem Fall eine Zuordnung der Leiharbeitnehmer zum Leiharbeitsunternehmen stattfindet. Daraus ergibt sich, dass die Ausführungen des EuGH eine zweifache Zuordnung zur Folge hätten. Fraglich ist, ob jedoch gerade eine eindeutige Zuordnung unbedingt erforderlich ist.

a) Sichtweise des EuGH

Eine zweifache, und damit eben nicht eindeutige Zuordnung der Leiharbeitnehmer scheint der bisherigen Rechtsprechung des EuGH zu widersprechen. Schon aus der Entscheidung des EuGH in der Rechtssache *Botzen*[1183] könnte man folgern, dass die Richtlinie eine eindeutige Zuordnung erfordere. So heißt es in den Entscheidungsgründen:

> „Für die Beurteilung, ob die Rechte und Pflichten aus einem Arbeitsverhältnis gemäß der Richtlinie 77/187 aufgrund eines Übergangs im Sinne des Artikels 1 Absatz 1 dieser Vorschrift übergegangen sind, genügt es daher festzustellen, *welchem Unternehmens- oder Betriebsteil* [Hervorhebung des Verfassers] der betreffende Arbeitnehmer angehörte.“[1184]

Mit den Worten „welchem Unternehmens- oder Betriebsteil“ verwendet der EuGH die Einzahl und macht deutlich, dass der Arbeitnehmer einem bestimmten Unternehmens- oder Betriebsteil angehört. Man könnte daher von dem Erfordernis einer eindeutigen Zuordnung ausgehen. Und auch die Ausführungen des EuGH in der Rechtssache *Rask*[1185] könnten für eine Zuordnung zu nur einer bestimmten wirtschaftlichen Einheit angeführt werden. Dort heißt es:

> „Die Richtlinie gewährt nach Artikel 1 Absatz 1 namentlich auch dann Schutz, wenn die Übertragung nur einen Betrieb oder einen Betriebsteil, d. h. einen Teil des Unternehmens betrifft. Der Schutz gilt dann für die in diesem Unternehmensteil beschäftigten Arbeitnehmer, da […] das Arbeitsverhältnis inhaltlich durch die Verbindung zwischen dem Arbeitnehmer und *dem* Unter-

---

1182 Dies ergibt sich aus dem Verweis auf Art. 1 Nr. 2 der Richtlinie 91/383/EWG.

1183 EuGH v. 7.2.1985 – Rs. 186/83 (*Botzen*), Slg. 1985, 519, 524 ff.

1184 EuGH v. 7.2.1985 – Rs. 186/83 (*Botzen*), Slg. 1985, 519, 528 (Rn. 15).

1185 EuGH v. 12.11.1992 – Rs. C-209/91 (*Rask*), Slg. 1992, I-5755, 5773 ff.

nehmensteil gekennzeichnet wird, *dem* er zur Erfuellung seiner Aufgabe angehört [Hervorhebungen sind solche des Verfassers].“[1186]

Wiederum könnte man argumentieren, die Verwendung des Singulars durch das Wort „dem“ mache deutlich, dass es nur ein bestimmtes Unternehmen oder einen bestimmten Betrieb bzw. Unternehmens- oder Betriebsteil geben könne, dem der Arbeitnehmer zugeordnet werden könne. Es ist festzuhalten, dass sich dieses Verständnis der Rechtsprechung nicht deutlich aus den ergangenen Ausführungen ergibt, aber zumindest möglich erscheint.

b) Rechtsprechung des BAG

Wesentlich deutlicher ergibt sich dieses Erfordernis aus Rechtsprechung des BAG. Eine solche eindeutige Zuordnung entspricht ausdrücklich der ständigen Rechtsprechung des Bundesarbeitsgerichts.[1187] Das Bundesarbeitsgericht führt aus:

> „§ 613a BGB setzt voraus, daß jedes Arbeitsverhältnis *nur einem* Betrieb oder Betriebsteil zugeordnet werden kann. […] Der Schutzzweck des § 613a BGB gebietet nur, daß eine *eindeutige Zuordnung* erreicht wird [Hervorhebungen sind solche des Verfassers].“[1188]

c) Eindeutige Zuordnung aber keineswegs immer notwendig

Trotz der aufgezeigten Rechtsprechung darf ein entscheidender Unterschied der behandelten Konstellationen nicht ohne Beachtung bleiben. So stellten sich Zuordnungsprobleme, zu denen auch die zitierten Ausführungen ergingen, bisher immer nur dann, wenn innerhalb ein und desselben Unternehmens eine Zuordnung zu einem bestimmten Betrieb oder Betriebsteil erfolgen musste. Vorliegend geht es nunmehr um eine Zuordnung nicht innerhalb eines Unternehmens, sondern zwischen zwei Unter-

---

1186 EuGH v. 12.11.1992 – Rs. C-209/91 (*Rask*), Slg. 1992, I-5755, 5778 (Rn. 16).

1187 BAG v. 20.7.1982 – 3 AZR 261/80, AP Nr. 31 zu § 613a BGB; BAG v. 25.6.1985 – 3 AZR 254/83, NZA 1986, 93, 94. Auch die Literatur spricht sich für eine eindeutige Zuordnung aus, vgl. nur *Kreitner*, NZA 1990, 429, 430, sowie *Lieb*, ZfA 1994, 229, 235.

1188 BAG v. 20.7.1982 – 3 AZR 261/80, AP Nr. 31 zu § 613a BGB.

nehmen. Es stellt sich das Problem also bereits nicht mit der gleichen Brisanz. Läge nur ein Betriebsübergang des Leiharbeitsunternehmens vor, so würde eine Zuordnung zu diesem erfolgen. Läge hingegen nur ein Betriebsübergang des Entleihunternehmens vor, wäre der Arbeitnehmer diesem zuzuordnen. Die Zuordnung wäre eindeutig.[1189] Es könnten sich nur dann Probleme stellen, wenn das Leiharbeits- und das Entleihunternehmen exakt zum gleichen Zeitpunkt auf verschiedene Erwerber übergingen und jeweils ein Betriebsübergang vorläge. Nur dann müsste eine Entscheidung getroffen werden, die die Zuordnung sowohl im Hinblick auf das Leiharbeits- als auch das Entleihunternehmen festlegte, ohne dass *dabei* eine doppelte Zuordnung möglich sein würde. Auf diese – eher nur theoretisch möglichen – Fälle wird noch weiter unten eingegangen.[1190] Ansonsten wäre eine „doppelte" Zuordnung nicht weiter problematisch. Führte der Erwerber nämlich beide Unternehmen zusammen, dann läge ja gerade die ausführlich in dieser Arbeit behandelte Konstellation vor; eine Zuordnung wäre reine Formsache, da die Arbeitnehmer – unabhängig davon, ob sie vor dem Betriebsübergang dem Leiharbeits- oder dem Entleihunternehmen zuzuordnen waren – auf das gleiche Unternehmen des Erwerbers übergingen. Und dass in den übrigen Fällen der – aus Sicht des Arbeitnehmers – zufällige Zeitpunkt des Betriebsübergangs entweder des Leiharbeits- oder des Entleihunternehmens über seinen Übergang auf einen Erwerber entscheidet, wäre hinzunehmen, um dem Arbeitnehmer einen ausreichenden Schutz zu gewähren.[1191] Dies gilt umso mehr, da sich beim Übergang des Leiharbeitsunternehmens für den Arbeitnehmer faktisch regelmäßig nichts ändern wird; er wird weiterhin im entleihenden Unterneh-

---

1189 Das heißt jedoch keineswegs, dass dies auch *in jedem Fall* überzeugend wäre. Überzeugen kann dies nur unter den in dieser Arbeit herausgearbeiteten, engen Voraussetzungen, die sich in der Lösung über die gespaltene Veräußererstellung niederschlagen, siehe dazu auch noch sogleich. Hierzu gehört unter anderem das Vorliegen eines Dauerverleihs, welchen der Ansatz über den nichtvertraglichen Arbeitgeber wohl gerade nicht als erforderlich erachtet. Siehe hierzu ausführlich oben, vierter Teil, § 9 E. I. 3. a), S. 234.

1190 Dazu sogleich in diesem Bearbeitungsteil, fünfter Teil, § 10 C. VI., S. 332.

1191 An dieser Stelle muss dann gerade – dem Begründungsweg entsprechend – vorausgesetzt werden, dass auch bei nur vorübergehendem Verleih der Schutz der Richtlinie zu gewähren ist.

men tätig sein. Überdies verbliebe dem Arbeitnehmer ja nichtsdestotrotz die Möglichkeit eines Widerspruchs.[1192]

Aufgrund der unterschiedlichen Problemkonstellationen, einerseits die bisher in der Rechtsprechung beurteilten, andererseits die vorliegende Konstellation, kann das Erfordernis der eindeutigen Zuordnung also schon nicht in beiden Fällen gleichermaßen gelten. Insofern ist es auch für die Zuordnung zum Leiharbeits- aber auch zum Entleihunternehmen nicht hinderlich, dass die bisherige Rechtsprechung des EuGH eine eindeutige Zuordnung durch Verwendung des Singulars nahelegt.

2. EuGH Fall *Jouini*

Allerdings könnte der Ansatz des EuGH, namentlich eine Zuordnung der Arbeitnehmer zumindest auch zum Entleihunternehmen, den Ausführungen des EuGH in seinem Urteil vom 13.9.2007 widersprechen.[1193]

An dieser Stelle geht es nicht um die bereits dargestellte Tatsache,[1194] dass im Fall *Jouini* das Leiharbeitsunternehmen veräußert wurde und nicht das entleihende Unternehmen wie im Fall *Albron*, was deutlich gegen eine Vergleichbarkeit der Urteile spricht. Vielmehr geht es um eine vom EuGH im Zuge der Argumentation gemachte Aussage im Hinblick auf die Leiharbeitnehmer. So wurde ausdrücklich festgestellt, dass die Leiharbeitnehmer „wesentliche Elemente" des Leiharbeitsunternehmens darstellen und zu diesem gehören.[1195] Es muss sich also die Frage gestellt werden, ob die Arbeitsverhältnisse der Leiharbeitnehmer auf Rechtsfolgenseite des Betriebsübergangs trotzdem noch dem Entleihunternehmen zugeordnet werden können, wenn sie schon wesentliche Elemente des Leiharbeitsunternehmens sind und der EuGH zudem von ihrer Zugehörigkeit zum Unternehmen des Leiharbeitsunternehmens sprach. Könnten die Arbeitsverhältnisse der Leiharbeitnehmer dem Entleihunternehmen nämlich nicht dennoch zugeordnet werden, dann könnten diese auch nicht bei einer Veräußerung des Entleihunternehmens auf den Erwerber übergehen.

1192 Siehe hierzu die Bearbeitungen zum Widerspruch des Arbeitnehmers bei einem Betriebsübergang weiter unten, fünfter Teil, § 11 C., S. 373.

1193 EuGH v. 13.9.2007 – Rs. C-458/05 (*Jouini*), NJW 2007, 3195.

1194 Siehe dazu oben, dritter Teil, § 5 B., S. 110, sowie vierter Teil, § 9 A. I. 1., S. 170.

1195 EuGH v. 13.9.2007 – Rs. C-458/05 (*Jouini*), NJW 2007, 3195, 3197 (Rn. 36).

a) Meinungsstand in der Literatur

Einen Widerspruch scheinen zumindest solche Autoren nicht zu sehen, die gegen die Anwendbarkeit der Richtlinie einen nicht von der Richtlinie bezweckten doppelten Schutz anführen.[1196] Grob skizziert besteht die Argumentation darin, dass sich Leiharbeitnehmer als Folge der Anwendbarkeit auch im Fall *Albron* auf die Richtlinie berufen könnten, wenn der Betrieb des Verleihers übertragen werde, aber auch, wenn der Betrieb des Entleihers übertragen werde. Aus diesen Äußerungen kann eine entscheidende Feststellung exzerpiert werden, setzen diese Äußerungen doch voraus, dass die Zuordnung nicht ausschließlich zu *einem* Betrieb erfolgt. Dieses Rechtsverständnis stünde den Ausführungen im Urteil *Jouini* damit deswegen nicht entgegen, weil eben *beides* möglich ist. Jedenfalls ist danach dem Urteil *Jouini* nicht zu entnehmen, dass eine Zuordnung der Leiharbeitnehmer zum Entleihunternehmen auf *Rechtsfolgen*seite eine Zuordnung der Leiharbeitnehmer zum Leiharbeitsunternehmen auf *Rechtsfolgen*seite und anders herum ausschließt. Diese Folge wird von den Autoren nämlich nicht gerügt, sondern einzig der nicht beabsichtigte doppelte Schutz.

b) Kein Zuordnungsproblem in dieser Rechtssache

Die Entscheidung *Jouini* ist im Rahmen des Kontextes des Problems, das sich in dieser Rechtssache stellte, zu beurteilen. Das vorlegende österreichische Gericht argumentierte, dass die meisten Arbeitnehmer nicht im Betrieb des Verleihers arbeiteten, sondern in den Betrieben der verschiedenen entleihenden Unternehmen.[1197] Deswegen gebe es keinen organisatorischen Rahmen und eine übergangsfähige wirtschaftliche Einheit könne nicht vorliegen.[1198]

Der EuGH versuchte in dieser Entscheidung deutlich zu machen, dass allein die Eingliederung und Tätigkeit der Leiharbeitnehmer in den entleihenden Unternehmen nicht dazu führen könne, dass die Arbeitnehmer

1196 Siehe hierzu ausführlich oben, vierter Teil, § 9 A. III. 4. b), S. 198. Einen doppelten Schutz sieht bspw. *Mückl*, GWR 2011, 45, als Konsequenz.
1197 OHG v. 16.11.2005 – 8 ObA 140/04b, S. 11 f.
1198 OHG v. 16.11.2005 – 8 ObA 140/04b, S. 12.

nicht mehr als Teile des Leiharbeitsunternehmens angesehen werden.[1199] Dies ist im Hinblick auf das durch einen Arbeitsvertrag konstituierte Arbeitsverhältnis zum Leiharbeitsunternehmen überzeugend. Außerdem soll dieses Verhältnis gem. Art. 2 Abs. 2 UAbs. 2 lit. c) der Richtlinie 2001/23/EG gerade erfasst sein.[1200]

Der EuGH äußerte sich in seinem Urteil keinesfalls dahingehend, dass die Arbeitnehmer *daneben* nicht auch Teile des entleihenden Unternehmens darstellen könnten. Erst recht finden sich keinerlei Ausführungen zu den Rechtsfolgen eines Betriebsübergangs. So wurde vom EuGH im Fall *Jouini* kein Wort zu solchen Leiharbeitnehmern verloren, die nicht von dem Erwerber übernommen wurden, die also auf Tatbestandsseite des Betriebsübergangs noch keine Rolle gespielt hatten, sondern wenn überhaupt erst auf Rechtsfolgenseite. Vielmehr ging es nur um die ohnehin übernommenen Leiharbeitnehmer, wie sich aus den Ausführungen zum Ausgangsverfahren ergibt.[1201] Es ging dem EuGH lediglich darum, einen organisatorischen Rahmen des Leiharbeitsunternehmens (oder etwas Vergleichbares) herauszuarbeiten, um zu begründen, warum auch ein Leiharbeitsunternehmen eine wirtschaftliche Einheit ausmachen könne und möglicherweise aus mehreren wirtschaftlichen Einheiten bestehen könne. Nicht hingegen ist dem Urteil zu entnehmen, dass der EuGH eine eindeutige Zuordnung der Leiharbeitnehmer vornehmen wollte. Außerdem wurde oben dargestellt, dass eine eindeutige Zuordnung für die vorliegende Problematik regelmäßig nicht erforderlich ist.[1202] Insofern besteht in der Zuordnung der Leiharbeitnehmer zum Entleihunternehmen, wie im Fall *Albron* geschehen, auch *kein* Widerspruch zur Rechtsprechung im Fall *Jouini*.

3. Zwischenergebnis

Nach der Lösung über den nichtvertraglichen Arbeitgeber findet eine Zuordnung zum Entleihunternehmen statt. Allerdings ist hierdurch eine Zuordnung auch zum Leiharbeitsunternehmen keineswegs ausgeschlossen.

1199 Vgl. EuGH v. 13.9.2007 – Rs. C-458/05 (*Jouini*), NJW 2007, 3195, 3197 (Rn. 36).
1200 So unter anderem auch OHG v. 16.11.2005 – 8 ObA 140/04b, S. 12.
1201 EuGH v. 13.9.2007 – Rs. C-458/05 (*Jouini*), NJW 2007, 3195.
1202 Siehe dazu soeben, fünfter Teil, § 10 C. I. 1., S. 321.

Solch eine doppelte Zuordnung ist auch vor dem Hintergrund der bisherigen Rechtsprechung möglich.

II. Zuordnungslösung

Das Kernelement der Zuordnungslösung besteht in der Zuordnung der Leiharbeitnehmer zur übertragenen wirtschaftlichen Einheit, namentlich dem Entleihunternehmen. Auf diese Zuordnung wurde abgestellt, weil für diesen Begründungsweg der Gedanke essentiell ist, dass die Rechte der Arbeitnehmer durch die wirtschaftliche Einheit verliehen werden, der die Arbeitnehmer angehören. Wesentlich ist mithin allein, an *welche* wirtschaftliche Einheit das Arbeitsverhältnis gekoppelt ist.

1. Vorab: eindeutige Zuordnung als Ziel?

Dass eine eindeutige Zuordnung für die vorliegende Konstellation nicht gleichermaßen zu fordern ist, wurde soeben im Rahmen des Ansatzes über den nichtvertraglichen Arbeitgeber aufgezeigt. Die Zuordnungslösung scheint auf den ersten Blick aber dennoch auf eine eindeutige Zuordnung abzuzielen, wohl um die vom BAG in ständiger Rechtsprechung geforderte eindeutige Zuordnung nichtsdestotrotz beizubehalten.

Kehrseite dieser Lösung wäre allerdings, dass bei einem Übergang des Leiharbeitsunternehmens in einigen Fällen nicht begründet werden könnte, warum die Leiharbeitnehmer dennoch auch diesem zuzuordnen sein sollten. Bei einer eindeutigen Zuordnung zum Entleihunternehmen unter bestimmten Voraussetzungen wäre solch eine Zuordnung konsequenterweise zu verneinen. Ein Schutz über das Leiharbeitsunternehmen bestünde dann nicht. Diese Konsequenz scheint zumindest *Raab* jedoch nicht mit letzter Deutlichkeit zu ziehen. Aus seiner Argumentation, dass ein doppelter Schutz der Leiharbeitnehmer – aus ganz anderen Gründen – nicht bestehe, kann man nämlich durchaus schlussfolgern, dass der doppelte, also zweite Schutz über das Leiharbeitsunternehmen nicht an der Zuordnung scheitern würde. Dann bestünde aber eben doch wieder eine „doppelte" Zuordnung. An einer anderen Stelle seiner Ausführungen spricht er sich aber wohl doch für eine eindeutige Zuordnung aus.[1203] So stellt er fest, in einem Fall (gemeint ist die Rechtssache *Jouini*) seien die Leiharbeitnehmer dem Leiharbeitsunternehmen zuzuordnen gewesen, im vorliegenden Fall aber seien die Leiharbeitnehmer aufgrund der Umstände gerade nicht jenem Unternehmen, sondern dem Entleihunternehmen zuzuordnen.[1204] Dass die Arbeitnehmer „nicht" dem Leiharbeitsunternehmen zuzuordnen seien, ist aufgrund des Kontextes für den vorliegenden Fall mit einem „niemals" gleichzusetzen.

Insofern kann die Zuordnungslösung mit gutem Grund auch so verstanden werden, dass die Leiharbeitnehmer nur entweder dem Leiharbeits- oder dem Entleihunternehmen zugeordnet werden können.

2. Zuordnung jedoch nur als rechtliche Konstruktion

Verfolgt diese Lösung also möglicherweise eine eindeutige Zuordnung, dann müsste es das Ziel der weiteren Ausführungen sein, maßgebliche Kriterien für die Zuordnung von Leiharbeitnehmern zu finden, mithilfe derer im Ergebnis eine solche eindeutige Zuordnung der Leiharbeitnehmer möglich ist. Dies entspräche einer Zuordnung von Arbeitnehmern im Rahmen eines Betriebsübergangs, wie man sie auch sonst in problematischen Fällen kennt, wenn die Zuordnung der Arbeitsverhältnisse beispielsweise aufgrund organisatorischer Verknüpfungen erschwert wird.[1205]

Doch es ist für diesen Begründungsweg bei näherem Hinsehen nicht sinnvoll, für die Zuordnungsentscheidung auf die bisher anerkannten Voraussetzungen der Zuordnung einzugehen und hieraus möglicherweise Kriterien zu benennen, die für diesen Begründungsansatz eine Rolle spielen. Die Zuordnung stellt für diesen Lösungsweg nämlich eine rechtliche Konstruktion dar, die lediglich als Ergebnis eingreift, wenn bestimmte Voraussetzungen vorliegen. Sind diese Voraussetzungen auch nicht allzu klar,[1206] so haben diese nichts mit den bekannten Kriterien für eine Zuordnung von Arbeitnehmern zu tun. Genau so wie nach der Zurechnungslösung beim Vorliegen bestimmter Voraussetzungen *als Ergebnis* die Veräußerung dem Verleiher zugerechnet werden soll, so sollen nach der Zuordnungslösung

1203 Vgl. *Raab*, EuZA 2011, 537, 552.
1204 *Raab*, EuZA 2011, 537, 552.
1205 Dazu weiter unten in diesem Teil, fünfter Teil, § 10 C. VI. 3. b), S. 337.
1206 Dazu schon oben in der Kritik, vierter Teil, § 9 E. II. 2. c), S. 255.

beim Vorliegen bestimmter Voraussetzungen *als Ergebnis* die Arbeitnehmer dem Entleiher zugeordnet werden. Jeweils handelt es sich um eine rechtliche Konstruktion. Die Voraussetzungen wie das Vorliegen eines Dauerverleihs, die Tatsache, dass den Arbeitnehmern innerhalb des Leiharbeitsunternehmens keine eigenständige, von der Tätigkeit im Entleihunternehmen zu trennende Funktion zukommt und dass die Arbeitnehmer von vornherein ausschließlich in einem anderen Unternehmen tätig werden sollen, sind zwar noch auf den Arbeitnehmer bezogen, wie dies auch bei Zuordnungsentscheidungen in bekannten Problemfällen der Fall ist. Zumindest aber die letzte Voraussetzung, namentlich dass das Leiharbeitsunternehmen keinen eigenständigen unternehmerischen Zweck verfolgen dürfe, hat direkt nichts mit dem Arbeitnehmer zu tun und zeigt, dass es keineswegs um eine Zuordnungsproblematik an sich geht, sondern die Zuordnung eben nur das Ergebnis dieses Begründungswegs ist.

3. Ergebnis zur Zuordnungslösung

Nach der Zuordnungslösung erfolgt eine Zuordnung zum Entleihunternehmen. Als Kehrseite scheinen die Vertreter dieser Lösung anzunehmen und zu akzeptieren, dass die Arbeitnehmer dem Leiharbeitsunternehmen unter den Voraussetzungen dieser Lösung nicht zugeordnet werden, ihnen also niemals ein Schutz über das Leiharbeitsunternehmen zukommt. Schließlich ist anzumerken, dass die Zuordnung der Arbeitnehmer zum Entleiher lediglich eine rechtliche Konstruktion, ein Ergebnis darstellt. Dies ist gerade nicht vergleichbar mit der oftmals schwierigen Zuordnungsentscheidung von Arbeitnehmern bei organisatorischen Verknüpfungen.

III. Lösung über den Rechtsmissbrauch bzw. eine unzulässige Umgehung

Nach der Lösung über den Rechtsmissbrauch und die unzulässige Umgehung wird der Verleiher ausgeblendet. Die Situation wird so behandelt, als seien die Arbeitsverträge mit dem Entleiher abgeschlossen worden. Nur hierauf wird abgestellt, sodass eine Zuordnung zum Entleihbetrieb(steil) angenommen wird.

Allerdings kann Gleiches kaum für einen Betriebs(teil)übergang des Leiharbeitsunternehmens gelten. In diesen Fällen eine Zuordnung zum Leiharbeitsunternehmen zu verneinen, weil sich bei einem Betriebs(teil)übergang des Entleihunternehmens die rechtliche Ausgestaltung als rechtsmissbräuchlich bzw. als eine unzulässige Umgehung darstellen würde, kann nicht überzeugen. Man würde dann einen nach den Vorgaben der Richtlinie und des § 613a BGB einschlägigen Schutz versagen, nur weil sich dessen Nichtgewährung *an anderer Stelle* als rechtsmissbräuchlich bzw. als eine unzulässige Umgehung darstellen würde. Durch die Anwendung des Gedankens des Rechtsmissbrauchs bzw. einer unzulässigen Umgehung sollen jedoch nur *zusätzliche* Konstellationen erfasst werden, keineswegs jedoch erfasste Konstellationen aus dem Anwendungsbereich der Betriebsübergangsregeln hinausfallen. Außerdem ist auch hier erneut festzuhalten, dass eine „doppelte Zuordnung" hinzunehmen ist, um dem Arbeitnehmer einen ausreichenden Schutz zu gewähren.[1207] Dies muss schon deswegen gelten, da sich beim Übergang des Leiharbeitsunternehmens für den Arbeitnehmer faktisch regelmäßig nichts ändern wird; er wird weiterhin im entleihenden Unternehmen tätig sein. Dass der Leiharbeitnehmer bei einem Übergang des entleihenden Unternehmens übergeht und fortan nur noch ein Arbeitsverhältnis zu dem Erwerber besteht, ist aber ebenfalls überzeugend, wenn ein Rechtsmissbrauch bzw. eine unzulässige Umgehung vorliegt.[1208] Überdies verbliebe dem Arbeitnehmer ja nichtsdestotrotz die Möglichkeit eines Widerspruchs.[1209]

IV. Zurechnungslösung

Für die Zuordnung kommt es ebenfalls einzig auf die arbeitsvertragliche Beziehung der Arbeitnehmer an. Wie schon oft erwähnt, wird allerdings nicht der Verleiher, sondern der Entleiher komplett ausgeblendet. Somit findet eine Zuordnung einzig zum Leiharbeitsunternehmen statt. Im Ergebnis sind die Leiharbeitnehmer nach diesem Begründungsweg also immer nur dem Leiharbeitsunternehmen zugeordnet. Dies ändert jedoch nichts daran, dass sie unter bestimmten Voraussetzungen aufgrund der Zu-

---

1207 An dieser Stelle muss dann gerade wegen eines Rechtsmissbrauchs bzw. einer unzulässigen Umgehung der Schutz der Richtlinie gewährt werden.

1208 Problematisch ist allerdings, wann denn solch ein Rechtsmissbrauch bzw. eine unzulässige Umgehung vorliegt. Für diesen Kritikpunkt sei auf die Stellungnahme zu diesem Begründungsweg verwiesen, siehe oben, vierter Teil, § 9 E. III., S. 263 ff.

1209 Siehe hierzu die Bearbeitungen zum Widerspruch des Arbeitnehmers bei einem Betriebsübergang weiter unten, fünfter Teil, § 11 C., S. 373.

rechnung der Veräußerung auch bei einem Betriebs(teil)übergang des entleihenden Unternehmens auf den Erwerber übergehen.

V. Lösung der gespaltenen Veräußererstellung

Die Lösung der gespaltenen Veräußererstellung hat keineswegs zur Folge, dass eine Zuordnung einzig zum Entleihunternehmen erfolgt. Nach dieser Lösung soll ein Schutz über das Leiharbeitsunternehmen grundsätzlich[1210] immer erfolgen, wenn die Voraussetzungen der Richtlinie vorliegen. Eine Zuordnung zum Leiharbeitsunternehmen erfolgt also weiterhin. Unter den besonderen Voraussetzungen, die diesem Lösungsweg zugrunde liegen, soll aber zusätzlich[1211] auch ein Schutz bei der Übertragung des Entleihunternehmens erfolgen. Hierbei spielt es keine entscheidende Rolle, ob dies tatsächlich einer Zuordnung zum Entleihunternehmen gleichkommt. Von solch einer Zuordnung ist zwar konsequenterweise zumindest zu einem bestimmten, für einen Übergang ausreichenden Teil, auszugehen, sonst könnte ein Schutz beim Übergang des Entleihunternehmens nicht erfolgen. Aber eine wie auch immer geartete „Zuordnung" ist nach diesem Begründungsweg nur ein Ergebnis beim Vorliegen der genannten besonderen Voraussetzungen, sodass dem keine gesonderte Bedeutung zukommt, sondern es sich nur um eine formale Bezeichnung handelt.

VI. Zuordnung in – theoretisch möglichen – Zweifelsfällen

Es wurde deutlich gemacht, dass eine doppelte Zuordnung, wie sie sich nach der Lösung über den nichtvertraglichen Arbeitgeber, einen Rechtsmissbrauch bzw. eine unzulässige Umgehung und schließlich die gespalte-

---

1210 Einzige Ausnahme ist der spezielle Fall, dass ein Betriebsübergang sowohl des Leiharbeits- als auch des Entleihunternehmens zum exakt gleichen Zeitpunkt gegeben ist und zudem die speziellen Voraussetzungen der Lösung über die gespaltene Veräußererstellung vorliegen. Hier muss ein Schutz einzig über das Entleihunternehmen erfolgen, dazu sogleich ausführlich, fünfter Teil, § 10 C. VI. 1., S. 333.

1211 Einzige Ausnahme ist wiederum der in Fußnote 1210 geschilderte spezielle Fall, dass ein Betriebsübergang sowohl des Leiharbeits- als auch des Entleihunternehmens zum exakt gleichen Zeitpunkt gegeben ist und zudem die speziellen Voraussetzungen der Lösung über die gespaltene Veräußererstellung vorliegen.

ne Veräußererstellung ergibt, praktisch wohl kaum Probleme bereitet und insofern nicht gegen die bisher überwiegend vertretene Meinung spricht, dass eine eindeutige Zuordnung erforderlich sei. Probleme könnten sich allerdings für den Fall ergeben, dass ein Betriebsübergang des Leiharbeits- und des Entleihunternehmens zum exakt gleichen Zeitpunkt erfolgt. Für diese Fälle – und nur für diese – bedarf es möglicherweise zusätzlich zu den jeweiligen Voraussetzungen dieser Begründungswege bestimmter Kriterien, um eine Zuordnungsentscheidung vorzunehmen.

1. Keine Probleme nach der Lösung der gespaltenen Veräußererstellung

Es wurde deutlich gemacht, dass sich Probleme der doppelten Zuordnung nur dann stellen können, wenn ein Betriebsübergang sowohl des Leiharbeits- als auch des Entleihunternehmens zum exakt gleichen Zeitpunkt gegeben ist.

Wirft man einen Blick auf die Voraussetzungen der Lösung der gespaltenen Veräußererstellung, so ist eine dieser Voraussetzungen, dass keine anderweitige Einsatzmöglichkeit für den Leiharbeitnehmer im Leiharbeitsunternehmen oder bei einem dritten Entleiher gegeben ist. Diese Voraussetzung muss auch beim vorliegenden Problem Beachtung finden. Zwar führt diese zusammen mit weiteren Voraussetzungen dazu, dass die Arbeitnehmer bei einem Betriebs(teil)übergang des Entleihbetriebs(teils) auf den Erwerber übergehen. Dass ihr *zusätzlich* die Bedeutung zukommen soll, dass die Arbeitnehmer deswegen bei einem Betriebs(teil)übergang des Verleihbetriebs(teils) nicht auf den dritten[1212] Erwerber übergehen, ist hiermit nicht gesagt. Auch bestand der Grund für diese Voraussetzung keineswegs darin, den Schutz über das Leiharbeitsunternehmen zu versagen. Ein Schutz soll ja gerade weiterhin immer auch über das Leiharbeitsunternehmen gegeben sein. Dennoch muss – ausschließlich – in der geschilderten Situation, in der ein Betriebsübergang sowohl des Leiharbeits- als auch des Entleihunternehmens zum exakt gleichen Zeitpunkt gegeben ist, der Voraussetzung diese schutzverneinende Funktion im Hinblick auf das Leiharbeitsunternehmen zukommen. Würde der Leiharbeitnehmer nämlich in dieser Situation auf den dritten Erwerber übergehen,

1212 Ist der Erwerber des Verleihbetriebs(teils) identisch mit dem Erwerber des Entleihbetriebs(teils), dann stellt sich die vorliegende Zuordnungsproblematik bereits nicht, siehe oben, fünfter Teil, § 10 C. I. 1. c), S. 323.

und gäbe es zum Zeitpunkt des Betriebsübergangs keine anderweitige Einsatzmöglichkeit für den Arbeitnehmer, so stellt sich die Situation für den Arbeitnehmer genau so dar, wie die Situation, die dieser Begründungsweg zu verhindern beabsichtigt. Dadurch, dass das Entleihunternehmen auf einen anderen Erwerber übergeht, müssten die Arbeitnehmer zum Leiharbeitsunternehmen zurückkehren; in diesem, also dann dem Leiharbeitsunternehmen des Erwerbers, gäbe es aber keine anderweitige Einsatzmöglichkeit, und auch bei dritten Entleihern könnten sie nicht eingesetzt werden. Folge wäre eine Kündigung, die nicht nach § 613a Abs. 4 BGB unwirksam ist. Es handelte sich nicht um eine Kündigung wegen des Betriebsübergangs, sondern um eine normale Kündigung durch ein Leiharbeitsunternehmen aus betrieblichen Gründen, genauer aufgrund mangelnder Einsatzmöglichkeit, wobei eine negative Prognose erforderlich ist. Im Ergebnis würde sich eine Zuordnung zum Leiharbeitsunternehmen damit negativ auswirken; die von der Richtlinie verfolgte Kontinuität wäre nicht gesichert. Genau hierfür wurde ja unter anderem die Voraussetzung keiner anderweitigen Einsatzmöglichkeit aufgestellt, sodass diese folglich dazu führt, dass in der aufgezeigten Konstellation eine Zuordnung zum Entleihunternehmen erfolgt.

Für die umgekehrte Situation, in der es eine anderweitige Einsatzmöglichkeit im vom Erwerber übernommenen Leiharbeitsunternehmen oder bei einem dritten Entleiher gibt, stellt sich das Problem schon nicht, weil es dann bereits an ebendieser Voraussetzung fehlt, die für den Begründungsweg der gespaltenen Veräußererstellung notwendig ist.

2. Ebenfalls keine Probleme bei Anwendung der Begründung über einen Rechtsmissbrauch bzw. eine unzulässige Umgehung

Auch wenn es nach diesem Begründungsweg mangels bestimmter Voraussetzungen äußerst schwer fällt, vorauszusagen, wann ein Rechtsmissbrauch bzw. eine unzulässige Umgehung vorliegen wird, so ist dies doch typischerweise dann zu verneinen, wenn im Zeitpunkt der Beurteilung ein Schutz über das Leiharbeitsunternehmen gewährleistet ist. Da es aber vorliegend ausschließlich um die Situation geht, in der zum exakt gleichen Zeitpunkt des Übergangs des entleihenden Unternehmens ein Übergang des Leiharbeitsunternehmens gegeben ist, ist der Arbeitnehmer ja über das Leiharbeitsunternehmen ausreichend geschützt. Der grundlegende Gedanke hinter diesem Begründungsweg, dass ein Schutz über das Leiharbeitsunternehmen typischerweise nicht gewährleistet ist, greift in dieser Situation gerade nicht ein. Ein Rechtsmissbrauch bzw. eine unzulässige Umgehung ist demnach zu verneinen. Einer Zuordnung zum entleihenden Unternehmen bedarf es folglich nicht mehr, eine ausschließliche Zuordnung zum Leiharbeitsunternehmen ist ausreichend.

3. Lösung der Problemfälle bei Anwendung der Begründung über den nichtvertraglichen Arbeitgeber

Die Lösung über den nichtvertraglichen Arbeitgeber sieht keine solch einschränkende Voraussetzung keiner anderweitigen Einsatzmöglichkeit vor. Auch greift die Argumentation anders als bei der Lösung über einen Rechtsmissbrauch bzw. eine unzulässige Umgehung ebenso in der speziellen Situation eines Betriebsübergangs sowohl des Leiharbeits- als auch des Entleihunternehmens zum exakt gleichen Zeitpunkt. Mithin stellt sich hier das eingangs erwähnte Zuordnungsproblem, wenn ein Betriebsübergang sowohl des Leiharbeits- als auch des Entleihunternehmens zum exakt gleichen Zeitpunkt gegeben ist.

Es sei erneut kurz angemerkt, dass es sich nach dem bisherigen Verständnis auf Rechtsfolgenseite eines Betriebsübergangs nicht um ein Problem der Zuordnung der Leiharbeitnehmer entweder zum Leiharbeitsunternehmen oder zum Entleihunternehmen handelte. Vielmehr stellte sich *kein* Zuordnungsproblem.[1213] Dies war der Annahme geschuldet, dass ein Arbeitsverhältnis zum Entleihunternehmen fehle. Die Leiharbeitnehmer gingen also beim Übergang des Entleihunternehmens nicht auf den Erwerber über, die Zuordnung (einzig) zum Leiharbeitsunternehmen wurde demnach als selbstverständlich empfunden.[1214] Insofern wurde sich mit einer Zuordnung von Leiharbeitnehmern – soweit ersichtlich – noch nicht befasst. Im Folgenden sollen daher zunächst die bisher allgemein anerkannten Zuordnungskriterien vorgestellt werden, um sodann diese Kriterien, soweit möglich und übertragbar, auf die vorliegende Problematik anzuwenden.

1213 Vgl. ErfK-*Preis*, § 613a BGB, Rn. 67; Willemsen/Hohenstatt/Schweibert/Seibt-*Willemsen*, G, Rn. 128.

1214 Siehe hierzu auch die sogleich folgenden Ausführungen zur personellen Komponente.

a) Allgemeine Kriterien

aa) Personelle Komponente

Zunächst muss die personelle Komponente erfüllt sein. Es sind demnach „Arbeitsverhältnisse aller Arbeitnehmer erfasst, unabhängig davon, ob es sich um Arbeiter, Angestellte, Auszubildende oder leitende Angestellte handelt“[1215].

Nach bisherigem Verständnis scheiterte eine Zuordnung der Leiharbeitnehmer zum Entleiher bereits an dieser Stelle. Mangels der Annahme eines Arbeitsverhältnisses fehlte es an dieser personellen Komponente, sodass die Frage nach der Angehörigkeit gar nicht mehr zu klären gewesen ist. Von einem Arbeitsverhältnis ist jedoch (fortan) auszugehen,[1216] die personelle Komponente mithin erfüllt.

bb) „Angehören“

Sodann sind Arbeitnehmer nach allgemeiner Meinung einer wirtschaftlichen Einheit dann zuzuordnen, wenn sie dieser angehören.[1217]

Diese Angehörigkeit ist in vielen Fällen sehr einfach zu bestimmen und bereitet keinerlei Schwierigkeiten. Man kann hier die Zuordnung der Arbeitnehmer „aus dem Bauch heraus“[1218] vornehmen. Etwaiger Kriterien bedarf es für diese Zuordnung nicht und solche sind deswegen auch nicht geklärt.[1219]

1215 *Kühn*, NJW 2011, 1408, 1411, mit Verweis auf BAG v. 22.2.1978 – 5 AZR 800/76, AP Nr. 11 zu § 613a BGB.

1216 Erneut sei darauf hingewiesen, dass dieses Arbeitsverhältnis des Leiharbeitnehmers zum Entleiher nach Ansicht des EuGH ausreichend sein soll; überzeugenderweise ist jenes Arbeitsverhältnis aber nur zusammen mit dem Arbeitsverhältnis zum Verleiher ausreichend, damit *insgesamt* von einem übergangsfähigen Arbeitsverhältnis im Sinne der Betriebsübergangsregeln ausgegangen werden kann.

1217 Vgl. nur EuGH v. 7.2.1985 – Rs. 186/83 (*Botzen*), Slg. 1985, 519, 524 ff.

1218 *Haupt*, Zuordnung, S. 16.

1219 *Haupt*, Zuordnung, S. 16.

b) Umgang mit Problemfällen

Es gibt Fälle, in denen aufgrund organisatorischer Verknüpfungen die Zuordnung der Arbeitsverhältnisse erschwert wird,[1220] wobei es das Kriterium der Angehörigkeit ist, welches sich als problematisch erweist. Unterschieden wird hierbei häufig zwischen Arbeitnehmern in übergeordneten Unternehmensbereichen[1221] (oftmals auch – anlehnend an *Müller/Thüsing* – als „mittelbar übergangsbetroffene Arbeitnehmer“[1222] bezeichnet) und Arbeitnehmern mit wechselnden Einsatzorten (oftmals auch – wiederum anlehnend an *Müller/Thüsing* – als „arbeitsplatzvariable Arbeitsverhältnisse“[1223] bezeichnet).[1224] Für diese Fälle muss die Frage, wann die Arbeitnehmer einer wirtschaftlichen Einheit „angehören“, näher geklärt werden.

aa) Arbeitnehmer in übergeordneten Unternehmensbereichen

Das Bundesarbeitsgericht führt hierzu – in konformer Linie mit den Entscheidungen des EuGH[1225] – in ständiger Rechtsprechung aus:

> „Der Übergang eines Arbeitsverhältnisses setzt voraus, daß der Arbeitnehmer dem übertragenen Betriebsteil zuzuordnen ist. Dabei ist nach der Rechtsprechung des Senats nicht ausreichend, daß er, ohne dem Betriebsteil anzugehören, als Beschäftigter einer Verwaltungsabteilung des Unternehmens Tätigkeiten für den übertragenen Teil des Unternehmens verrichtet.“[1226]

1220 Dies erkannte auch das BAG schon früh, siehe hierzu bspw. BAG v. 20.7.1982 – 3 AZR 261/80, AP Nr. 31 zu § 613a BGB; BAG v. 5.5.1988 – 2 AZR 795/87, NZA 1989, 18, 20 f. Dazu auch Bernsau/Dreher/Hauck-*Dreher*, § 613a BGB, Rn. 138; *Haupt*, Zuordnung, S. 15.

1221 *Haupt*, Zuordnung, S. 17.

1222 *Müller/Thüsing*, ZIP 1997, 1869, 1870.

1223 *Müller/Thüsing*, ZIP 1997, 1869, 1870.

1224 *Haupt*, Zuordnung, S. 19. Zu weiteren Einzelfällen siehe *Haupt*, Zuordnung, S. 20.

1225 Vgl. nur EuGH v. 7.2.1985 – Rs. 186/83 (*Botzen*), Slg. 1985, 519, 528 (Rn. 14). Entscheidend sei allein, „ob die Abteilung, der sie [die Arbeitnehmer] angehörten und die den *organisatorischen Rahmen* bilde, innerhalb dessen sich das Arbeitsverhältnis konkretisiere, übertragen worden sei“ [Ergänzungen und Hervorhebungen sind solche des Verfassers].

1226 BAG v. 8.8.2002 – 8 AZR 583/01, NZA 2003, 315, 318. Siehe hierzu auch: BAG v. 11. 09.1997 – 8 AZR 555/95, NJW 1998, 1253, 1255 (zu B 3 a der Gründe); BAG v. 13.11.1997 – 8 AZR 375/96, NZA 1998, 249, 251 (zu II 3 der

Hieraus geht zweierlei hervor. Zum einen wird einer funktionsorientierten Betrachtungsweise nicht gefolgt. Jene entspricht der früheren Rechtsprechung des Bundesarbeitsgerichts.[1227] Danach kam es auf die funktionale Ausrichtung der Tätigkeit an,[1228] mit anderen Worten, für welchen Betrieb(steil) der betroffenen Arbeitnehmer tätig war.[1229] Eine organisatorische Eingliederung in diesen Betrieb(steil) war indes nicht erforderlich. Zum anderen geht aus dem Zitat hervor, dass das Bundesarbeitsgericht nunmehr eine strukturorientierte Betrachtungsweise vertritt, es also gerade auf die organisatorische Eingliederung des Arbeitnehmers in den übertragenen Betrieb(steil) ankommt; dies wird als „angehören" bezeichnet.[1230] Die Frage, *für* welchen Betrieb(steil) der betroffene Arbeitnehmer tätig war (Funktion), spielt hierbei keine Rolle,[1231] sondern nur die Frage, *in* welchem Betrieb(steil) dies der Fall war.

Diese Vorgehensweise ist für die Beurteilung der Fallgruppe von Arbeitnehmern in übergeordneten Unternehmensbereichen sehr gut geeignet.

bb) Arbeitnehmer mit wechselndem Einsatzort

Die zitierte Rechtsprechung erging jedoch nicht ausdrücklich für die Fälle von Arbeitnehmern mit wechselndem Einsatzort (zu den einzelnen Fallgruppen noch unten). Die Behandlung letzterer Fallgruppe gestaltet sich als schwierig, da hier die Arbeitsverhältnisse strukturell sowohl in die

---

Gründe); BAG, Urteil v. 21.1.1999 – 8 AZR 298/98 (zu II 1 b aa der Gründe); BAG, Urteil v. 23.9.1999 – 8 AZR 650/98 (zu III 2 der Gründe).

1227 Willemsen/Hohenstatt/Schweibert/Seibt-*Willemsen*, G, Rn. 134.

1228 *Haupt*, Zuordnung, S. 23.

1229 Siehe zur alten Rechtsprechung bspw. BAG v. 20.7.1982 – 3 AZR 261/80, AP Nr. 31 zu § 613a BGB; BAG, Urteil v. 22.5.1985 – 5 AZR 55/84; BAG v. 25.6.1985 – 3 AZR 254/83, NZA 1986, 93, 94; BAG v. 13.11.1986 – 2 AZR 771/85, NZA 1987, 458, 459 f.; BAG v. 5.5.1988 – 2 AZR 795/87, NZA 1989, 18, 20 f.

1230 EuGH v. 7.2.1985 – Rs. 186/83 (*Botzen*), Slg. 1985, 519, 524 ff.; EuGH v. 12.11.1992 – Rs. C-209/91 (*Rask*), Slg. 1992, I-5755, 5778 (Rn. 16); BAG v. 11. 09.1997 – 8 AZR 555/95, NJW 1998, 1253, 1255 (zu B 3 a der Gründe); BAG v. 13.11.1997 – 8 AZR 375/96, NZA 1998, 249, 251 (zu II 3 der Gründe); BAG, Urteil v. 21.1.1999 – 8 AZR 298/98 (zu II 1 b aa der Gründe); BAG, Urteil v. 23.9.1999 – 8 AZR 650/98 (zu III 2 der Gründe); Willemsen/Hohenstatt/Schweibert/Seibt-*Willemsen*, Umstrukturierung, G, Rn. 134.

1231 *Haupt*, Zuordnung, S. 26.

übertragene als auch in andere wirtschaftliche Einheiten eingegliedert waren.[1232] Eine rein strukturorientierte Betrachtungsweise hilft hier demnach für die Zuordnung des Arbeitsverhältnisses im Einzelfall nicht in gleichem Maße weiter, sodass es weiterer Kriterien bedarf.[1233] Die Lösung dieser Fälle ist umstritten.

(1) Rechtsprechung

Entscheidungen des EuGH zu dem Fall eines Arbeitnehmers mit wechselndem Einsatzort gibt es – soweit ersichtlich – nicht. Die Rechtssache *Botzen*[1234] betraf die Fallgruppe der Arbeitnehmer in übergeordneten Unternehmensbereichen bzw. der „mittelbar übergangsbetroffenen Arbeitnehmer"[1235].[1236] Auch die Entscheidungen des Bundesarbeitsgerichts zu Fällen unklarer Zuordnung betrafen andere Fälle.[1237]

(2) Meinungsstand in der Literatur

In der Literatur entsprechen sich die Lösungsansätze für die Fälle von Arbeitnehmern mit wechselnden Einsatzorten überwiegend, wobei oftmals auf Entscheidungen des Bundesarbeitsgerichts Bezug genommen wird, obwohl jene andere Fallgestaltungen betrafen und zudem vor der weiter oben skizzierten Rechtsprechungsänderung von einer funktions- zu einer strukturorientierten Betrachtungsweise ergingen.[1238] Allgemein wird der objektive Tätigkeitsschwerpunkt des Arbeitnehmers als maßgeblich erachtet.[1239] Die Kriterien zur Ermittlung dieses Tätigkeitsschwerpunkts sind

---

1232 Vgl. Willemsen/Hohenstatt/Schweibert/Seibt-*Willemsen*, Umstrukturierung, G, Rn. 135.

1233 *Haupt*, Zuordnung, S. 105 ff.; Willemsen/Hohenstatt/Schweibert/Seibt-*Willemsen*, Umstrukturierung, G, Rn. 135 ff.

1234 EuGH v. 7.2.1985 – Rs. 186/83 (*Botzen*), Slg. 1985, 519, 524 ff.

1235 *Müller/Thüsing*, ZIP 1997, 1869, 1870.

1236 *Haupt*, Zuordnung, S. 104 f.; *Müller/Thüsing*, ZIP 1997, 1869, 1870; *Wang*, Arbeitsverhältniszuordnung, S. 63.

1237 *Haupt*, Zuordnung, S. 105 f.

1238 Siehe hierzu die Ausführungen bei *Haupt*, Zuordnung, S. 105 ff.

1239 MünchAnwHb-*Cohnen*, § 53, Rn. 50; Bernsau/Dreher/Hauck-*Dreher*, § 613a BGB, Rn. 140; *Kreitner*, NZA 1990, 429, 430 f.; *Loritz*, RdA 1987, 65, 80; *Lo*-

vielfältig, wobei oftmals der überwiegende Arbeitsort, der zeitliche Arbeitsaufwand oder die Bedeutung einzelner Tätigkeiten für das Unternehmen genannt werden. Diese – nicht abschließend – genannten Kriterien sollen im Rahmen einer Gesamtschau Beachtung finden.[1240] *Loritz* hingegen sieht speziell das zeitliche Moment als ausschlaggebend an.[1241] Abgesehen von der grundsätzlichen Bestimmung des Schwerpunkts ist im Folgenden einerseits umstritten, ob ein relativer oder absoluter Schwerpunkt entscheidend sein muss und zudem herrscht Streit darüber, wie zu verfahren ist, wenn trotz genannter Kriterien kein Schwerpunkt ermittelt werden kann. Auf letztgenannte Streitpunkte soll hier mangels Besonderheiten für das vorliegende Problem nicht weiter eingegangen werden.[1242]

c) Übertragbarkeit der Lösungsansätze zu Problemfällen

aa) Vergleichbarkeit mit einem bekannten Problemfall

Die Leiharbeitnehmer sind nicht in irgendeiner Art übergeordnet, sodass die Fallgruppe der Arbeitnehmer in übergeordneten Unternehmensbereichen nicht vergleichbar ist. Die Fallgruppe der Arbeitnehmer mit wechselnden Einsatzorten (bzw. der arbeitsplatzvariablen Arbeitsverhältnisse) hingegen kommt dem Einsatz von Leiharbeitnehmern am nächsten und ist

---

ritz, Anmerkung u.a. zu BAG, Urteil v. 25.6.1985 – 3 AZR 254/83, SAE 1986, 136, 144; *von Hoyningen-Huene/Windbichler*, RdA 1977, 329, 334; MünchKommBGB-*Müller-Glöge*, § 613a, Rn. 86 f.; ErfK-*Preis*, § 613a BGB, Rn. 72; APS-*Steffan*, § 613a BGB, Rn. 88; Wollenschläger/*Pollert*, ZfA 1996, 547, 553. Vgl. auch *Gentges*, RdA 1996, 265, 269 ff.

1240 *Haupt*, Zuordnung, S 108.

1241 *Loritz*, RdA 1987, 65, 80, mit Verweis auf BAG v. 25.6.1985 – 3 AZR 254/83, NZA 1986, 93. Diese Entscheidung des BAG bespricht *Loritz* auch in der SAE, siehe *Loritz*, Anmerkung u.a. zu BAG, Urteil v. 25.6.1985 – 3 AZR 254/83, SAE 1986, 136, 144. Zu beachten ist, dass diese Entscheidungen – wie auch die Ausführungen *Loritz*‘ – aus der Zeit vor der Rechtsprechungsänderung von einer funktionsorientierten zu einer strukturorientierten Betrachtungsweise stammen. Die zeitliche Komponente in den Vordergrund stellt auch das LAG Hamm, allerdings hält es die schwerpunktmäßige Abgrenzung nach realen Zeitanteilen nur für möglich, ohne sich abschließend festzulegen, siehe LAG Hamm, Urteil v. 15.4.1999 – 8 Sa 2302/98 (Rn. 59).

1242 Siehe hierzu *Gentges*, RdA 1996, 265, 266 ff.; *Kreitner*, NZA 1990, 429, 431; *Lieb*, ZfA 1994, 229, 235 ff.; *Müller/Thüsing*, ZIP 1997, 1869, 1870 ff.

am ehesten auf die Zuordnungsproblematik von Leiharbeitnehmern übertragbar. Dass auch diese Fallgruppe als Grundvoraussetzung einen Arbeitsvertrag des Arbeitnehmers zu dem Betrieb oder Unternehmen verlangte, zu dem schließlich eine Zuordnung erfolgen sollte, dies jedoch bei Leiharbeitnehmern im Verhältnis zum Entleiher gemeinhin verneint worden ist, kann fortan nicht mehr im Wege stehen, wie oben bereits deutlich gemacht worden ist.[1243] Mithin kann im Folgenden auch ausgeblendet werden, dass bei der Leiharbeit ein Einsatz in verschiedenen *Unternehmen* erfolgt, der Einsatz der Arbeitnehmer mit wechselnden Einsatzorten sich – zumindest wenn diese Fallgruppe genannt wird – auf den Einsatz in verschiedenen Betrieben oder Betriebsteilen beschränkt.[1244]

Für diese Vergleichbarkeit spricht, dass die Arbeitnehmer in beiden Fällen an wechselnden Einsatzorten tätig werden. Dadurch, dass die Arbeitnehmer im jeweiligen Betriebsteil, Betrieb oder – so oftmals bei der Leiharbeit – Unternehmen *tatsächlich* tätig werden und Weisungen unterliegen, sind die Arbeitnehmer dort während ihres Einsatzes strukturell eingebunden.[1245]

Unterschiede in rechtstatsächlicher Hinsicht mögen sich dadurch ergeben, dass die Leiharbeitnehmer jeweils für einen längeren Zeitraum am Einsatzort tätig sind und demnach nicht so häufig von Einsatzort zu Einsatzort „springen"[1246], wie dies bei den Arbeitnehmern der genannten Fallgruppe normalerweise der Fall ist. Gegen eine Vergleichbarkeit spricht allerdings auch Folgendes: Nachdem der Einsatz des Leiharbeitnehmers an einem Einsatzort (Unternehmen) beendet worden ist, besteht zu diesem Unternehmen kein für die Zuordnungsentscheidung maßgebliches Verhältnis mehr zwischen dem Leiharbeitnehmer und dem ehemaligen Entleiher. Die Arbeitnehmer der genannten Fallgruppe indes werden regelmäßig zu späterer Zeit an dem Einsatzort, an dem der Einsatz vorerst nicht mehr erfolgt, tätig, sodass eben auch diese der Vergangenheit angehörenden Ein-

1243 Siehe soeben die Ausführungen zur personellen Komponente, fünfter Teil, § 10 C. VI. 3. a) aa), S. 336.

1244 Zur Fallgruppe: *Haupt*, Zuordnung, S. 19.

1245 Zur Leiharbeit: BAG v. 31.3.1993 – 7 AZR 338/92, NZA 1993, 1078, 1079; Ulber-*Ulber*, AÜG, Einl. C., Rn. 34, sowie § 1, Rn. 31, 157 f. und 162. Zur genannten Fallgruppe: *Haupt*, Zuordnung, S. 19; Willemsen/Hohenstatt/Schweibert/Seibt-*Willemsen*, Umstrukturierung, G, Rn. 135.

1246 In Anlehnung an die ebenfalls häufig verwendete Bezeichnung dieser Fallgruppe bzw. nach anderer Ansicht einen Unterfall dieser Fallgruppe, die sogenannten „Springer".

sätze im Rahmen der Zuordnungsentscheidung zu beachten sind. Im Ergebnis beschränkt sich bei der Leiharbeit die Zuordnungsentscheidung mithin auf eine Zuordnung entweder zum Verleiher oder zum *aktuellen* Entleiher. Ehemalige Entleiher bleiben außer Betracht.

Trotz dieser Unterschiede ist es sinnvoll, die Lösungsansätze, und damit die geschilderte Schwerpunktbetrachtung, auch auf die Zuordnung von Leiharbeitnehmern anzuwenden. Die Einsätze bei vorherigen Entleihern können nämlich – da es nur um eine Entscheidung zwischen dem Verleiher und dem aktuellen Entleiher geht – im Vergleich zu der aktuellen Zeit beim Entleiher als Zeiten beim *Verleiher* angesehen werden.

bb) Anwendung der Schwerpunktbetrachtung

Es ist also für die Ermittlung des Tätigkeitsschwerpunkts der überwiegende Arbeitsort, der zeitliche Arbeitsaufwand und auch die Bedeutung einzelner Tätigkeiten für das Unternehmen maßgeblich, wobei eine Gesamtschau vorzunehmen ist.[1247] Leiharbeitnehmer arbeiten während eines Einsatzes im Entleihbetrieb; der zeitliche Arbeitswand für den Entleihbetrieb(steil) wird daher gerade auch an diesem Arbeitsort vollbracht. Es ist somit ausreichend, lediglich auf den zeitlichen Arbeitsaufwand abzustellen, weil dieser das Kriterium des überwiegenden Arbeitsortes praktisch mit abdeckt. Die Beurteilung der Bedeutung einzelner Tätigkeiten im entleihenden Unternehmen muss außen vor bleiben, will man nicht die Arbeitnehmerüberlassung *per se* gegenüber der Tätigkeit im Entleihbetrieb diskreditieren. Es ergibt sich demnach, dass für die Leiharbeitnehmer das zeitliche Moment ausschlaggebend ist, wie dies *Loritz* für alle Fälle der oben beschriebenen Fallgruppe vorsieht.[1248]

1247 *Haupt*, Zuordnung, S 108.

1248 *Loritz*, RdA 1987, 65, 80, mit Verweis auf BAG v. 25.6.1985 – 3 AZR 254/83, NZA 1986, 93. Diese Entscheidung des BAG bespricht *Loritz* auch in der SAE, siehe *Loritz*, Anmerkung u.a. zu BAG, Urteil v. 25.6.1985 – 3 AZR 254/83, SAE 1986, 136, 144. Zu beachten ist, dass diese Entscheidungen – wie auch die Ausführungen *Loritz*' – aus der Zeit vor der Rechtsprechungsänderung von einer funktionsorientierten zu einer strukturorientierten Betrachtungsweise stammen. Die zeitliche Komponente in den Vordergrund stellt auch das LAG Hamm, allerdings hält es die schwerpunktmäßige Abgrenzung nach realen Zeitanteilen nur für möglich, ohne sich abschließend festzulegen, siehe LAG Hamm, Urteil v. 15.4.1999 – 8 Sa 2302/98 (Rn. 59).

Es kommt damit entscheidend auf die Dauer des Verleihs zum aktuellen Entleiher an. Sollte es im Entleihbetrieb einen Datenpool derart geben, dass solche Leiharbeitnehmer, die sich bewährt haben, wieder und wieder geliehen werden, so sind wohl im Rahmen der Schwerpunktermittlung nicht nur die aktuelle, sondern auch diese früheren Zeiten beim gleichen Entleiher zu berücksichtigen.[1249] Schließlich können sich die allgemeinen Streitfragen zur Schwerpunktermittlung ergeben. So wäre zu klären, ob ein relativer oder absoluter Schwerpunkt zu fordern ist und wie zu verfahren ist, wenn sich kein Schwerpunkt feststellen lassen sollte.[1250] Letzteres ist wohl kaum von Relevanz im vorliegenden Fall, da es nur auf die zeitliche Komponente ankommt und diese vergleichsweise einfach zu bestimmen ist.

4. Widerspruch der EuGH-Lösung

Wie genau die Zuordnung in dem geschilderten Problemfall nach der Lösung über den nichtvertraglichen Arbeitgeber auszusehen hat, hat der EuGH in seiner Begründung nicht näher benannt. Es liegt jedoch nahe, wie soeben dargestellt, die bisher anerkannten Kriterien und Methoden heranzuziehen. Hierbei wurde gezeigt, dass es überzeugenderweise auf eine Schwerpunktbetrachtung ankommen muss, bei der es aufgrund der Besonderheiten der Leiharbeit nur auf die Dauer des Einsatzes einerseits bei dem bestimmten Entleiher, dessen Betrieb(steil) übergeht, und andererseits bei dem Verleiher, wozu auch Zeiten bei dritten Entleihern zählen müssen, ankommen kann.

Damit ergibt sich jedoch regelmäßig ein deutlicher Widerspruch in der Lösung des nichtvertraglichen Arbeitgebers. Einerseits wurde festgestellt, dass es für diesen Begründungsweg und damit die Zuordnung der Arbeitnehmer zum Entleihbetrieb(steil) nicht auf die Dauer des Verleihs ankommt. Andererseits müsste es wohl bei dem soeben dargestellten Pro-

---

1249 Einen solchen Datenpool gibt es beispielsweise bei Airbus, siehe *Meyer*, Vortrag vom 17.2.2011 beim Zentrum für Arbeitsbeziehungen und Arbeitsrecht, S. 10, abrufbar unter: http://www.zaar.uni-muenchen.de/download/event/vortrag/2011/vr_110217_meyer_ho.pdf (Abrufdatum: 11.9.2013).

1250 Siehe hierzu *Gentges*, RdA 1996, 265, 266 ff.; *Kreitner*, NZA 1990, 429, 431; *Lieb*, ZfA 1994, 229, 235 ff.; *Müller/Thüsing*, ZIP 1997, 1869, 1870 ff.

blemfall für eine Zuordnung regelmäßig[1251] gerade auf die Dauer des Verleihs an den betroffenen Entleiher ankommen. Zusammenfassend macht es nach dieser Lösung mithin einen gewaltigen Unterschied, ob nur ein Betriebsübergang des Entleihbetriebs(teils) gegeben ist, oder ob zum exakt gleichen Zeitpunkt auch ein Betriebsübergang des Leiharbeitsunternehmens vorliegt. In dem ersten Fall gehen die Leiharbeitnehmer nämlich immer unabhängig von der Dauer bei Übertragung des Entleihbetriebs(teils) über. Im zweiten Fall hingegen nur dann, wenn die Schwerpunktermittlung für eine Zuordnung zum Entleihbetriebs(teil) spricht. Hieran merkt man wiederum, dass ein Übergang unabhängig von der Verleihdauer nicht überzeugen kann.

VII. Abschließende Beurteilung

Wie gezeigt ergibt sich nach der Zurechnungs- und auch der Zuordnungslösung eine eindeutige Zuordnung der Arbeitnehmer.

Nach den anderen Begründungswegen wird eine doppelte Zuordnung angenommen. Im Rahmen der Lösung der gespaltenen Veräußererstellung ergeben sich aber niemals Probleme. Selbst dann, wenn exakt zum gleichen Zeitpunkt ein Betriebsübergang sowohl des Leiharbeits- als auch des Entleihunternehmens gegeben ist, kommt es weiterhin nur auf die Voraussetzungen dieses Lösungswegs an. Liegen diese vor, bedarf es keiner weiteren Zuordnungsentscheidung, sondern ein Schutz erfolgt über den übertragenen Entleihbetrieb(steil). Grund hierfür sind erneut teleologische Gesichtspunkte. Für die Begründung über einen Rechtsmissbrauch bzw. eine unzulässige Umgehung ist festzuhalten, dass ein Rechtsmissbrauch bzw. eine unzulässige Umgehung in dieser speziellen Konstellation eines Betriebs(teil)übergangs des Entleih- sowie des Leiharbeitsunternehmens im exakt gleichen Zeitpunkt wohl zu verneinen ist. Schließlich ist dann ein Betriebs(teil)übergang des Leiharbeitsunternehmens tatsächlich gegeben und den Leiharbeitnehmern kommt hierüber der Schutz der Richtlinie und des § 613a BGB folglich zu.

1251 Eine Ausnahme besteht wohl nur dann, wenn ein Datenpool gegeben ist, wie er weiter oben beschrieben worden ist. Denn hier zählt nicht nur die aktuelle Verleihdauer zu dem bestimmten Entleiher, sondern auch frühere Verleihzeiten an ebendiesen Entleiher.

Nach der Lösung des nichtvertraglichen Arbeitgebers ergeben sich hingegen Problemfälle. Allerdings sind diese mit den allgemeinen Kriterien und Methoden zur Zuordnung von Arbeitnehmern zu lösen. Indes ergibt sich im Zuge dessen ein deutlicher Widerspruch innerhalb dieses Begründungswegs, der eine Schwäche dieses Weges deutlich macht.

D. Verleiher: Verlust seiner Leiharbeitnehmer

Wie bereits mehrfach erwähnt, hat ein Übergang der Leiharbeitnehmer grundsätzlich zur Folge, dass das Leiharbeitsunternehmen seine Leiharbeitnehmer verliert. Allerdings tritt diese Folge dann nicht ein, wenn die Leiharbeitnehmer dem Übergang widersprechen, weil sie es vorziehen, Leiharbeitnehmer zu bleiben und keine Stammarbeitnehmer des Erwerbers werden wollen.[1252] Fest steht, dass es nicht der Verleiher ist, der den Verlust seiner Arbeitnehmer verhindern kann. Durch dieses Ergebnis werden die Interessen des Verleihers deutlich hinter andere (Schutz-)Gesichtspunkte zugunsten der Arbeitnehmer gestellt.[1253] Wie die Auslegung der Richtlinie und des § 613a Abs. 1 S. 1 BGB gezeigt hat, ist dies allerdings aus teleologischen Gründen gerechtfertigt und damit hinzunehmen.

Außerdem sind auch aus der Rechtsprechung des EuGH[1254] und des Bundesarbeitsgerichts[1255] ähnliche Fälle bekannt, bei denen der Arbeitgeber seine Arbeitnehmer im Zuge eines Betriebsübergangs „verliert“, ob-

---

1252 *Heuchemer/Schielke*, BB 2011, 758, 763. Eine weitere Frage besteht darin, ob der Arbeitnehmer dann als Leiharbeitnehmer weiterhin beim Entleiher tätig ist oder aber zurück in das Leiharbeitsunternehmen kehren muss. Hierzu sogleich, fünfter Teil, § 11 C., S. 373.

1253 Vgl. *Gaul/Ludwig*, DB 2011, 298, 300.

1254 Es geht hier um Fälle, in denen keine unmittelbare Beziehung zwischen dem bisherigen Betriebsinhaber (der in diesen – alten – Fällen natürlich zugleich Arbeitgeber ist) und dem Erwerber besteht. Ausführungen hierzu finden sich bspw. in EuGH v. 7.3.1996 – Verb. Rs. C-171/94 u. C-172/94 (*Merckx und Neuhuys*), NZA 1996, 413, 414 f.; EuGH v. 19.5.1992 – Rs. C-29/91 (*Redmond Stichting*), NZA 1994, 207 f.

1255 Es geht hier um Fälle, in denen keine unmittelbare Beziehung zwischen dem bisherigen Betriebsinhaber (der in diesen – alten – Fällen natürlich zugleich Arbeitgeber ist) und dem Erwerber besteht. Ausführungen hierzu finden sich bspw. in BAG v. 26.8.1999 – 8 AZR 827/98, NZA 2000, 371, 373; BAG v. 11.12.1997 – 8 AZR 729/96, NZA 1998, 534, 535 f.; BAG v. 25.3.1981 – 5 AZR 991/78, NJW 1981, 2212.

wohl er keinerlei Disposition diesbezüglich getroffen hat.[1256] Besonders deutlich wird dies in dem sogenannten „Pächterfall“ vom 25.2.1981.[1257] In diesem Fall war eine Arbeitnehmerin zunächst als Verkäuferin bei einer Pächterin einer Kantine des Landes Berlin angestellt. Der Pachtvertrag endete. Eine dritte Person pachtete danach die Kantine direkt vom Land Berlin und führte diese mit dem gleichen Betriebszweck fort. Es bestand kein Kontakt zwischen der früheren und der neuen Pächterin. Dennoch ging das Arbeitsverhältnis der Verkäuferin von der früheren auf die neue Pächterin gem. § 613a Abs. 1 S. 1 BGB über. Entscheidend war hierfür der Sinn und Zweck des § 613a BGB.[1258] Es sei ein Schutzgesetz zugunsten der Arbeitnehmer und in erster Linie müssten die bestehenden Arbeitsverhältnisse geschützt werden.[1259] Gerade wenn der Erwerber die Übernahme einzelner Arbeitnehmer ablehnen könnte, wäre auch eine Kündigung durch den bisherigen Arbeitgeber zu befürchten, was gegen den Gedanken des Bestandsschutzes der Arbeitnehmer spräche.[1260] Schließlich müsse § 613a BGB aus systematischen Gründen immer dann bei Übergängen eingreifen, wenn keine Gesamtrechtsnachfolge vorliege.[1261] Allein hiervon sei also abzugrenzen mithilfe des Kriteriums „durch Rechtsgeschäft“,[1262] was in der Richtlinie den Worten „vertragliche Übertragung“ in Art. 1 Abs. 1 lit. a) entspricht. Es zeigt sich, dass der Schutz der Arbeitnehmer deutlich im Vordergrund steht und eine unmittelbaren Beziehung zwischen derjenigen Person, die ihre Arbeitnehmer „verliert“ und jener, mit der die Arbeitsverhältnisse fortbestehen, nicht erforderlich ist. Insofern ist auch im Hinblick auf diese Rechtsprechung hinzunehmen, dass es nicht der Verleiher ist, der den Verlust seiner Arbeitnehmer verhindern kann.

Nach allen Begründungswegen tritt die Folge des Verlusts der Arbeitnehmer ein; es bestehen insoweit keine Unterschiede.

1256 Ähnlich auch *Kühn*, NJW 2011, 1408, 1410.

1257 BAG v. 25.3.1981 – 5 AZR 991/78, NJW 1981, 2212.

1258 BAG v. 25.3.1981 – 5 AZR 991/78, NJW 1981, 2212.

1259 BAG v. 25.3.1981 – 5 AZR 991/78, NJW 1981, 2212.

1260 BAG v. 25.3.1981 – 5 AZR 991/78, NJW 1981, 2212.

1261 BAG v. 25.3.1981 – 5 AZR 991/78, NJW 1981, 2212 f.

1262 BAG v. 25.3.1981 – 5 AZR 991/78, NJW 1981, 2212, 2213. So auch BAG v. 26.8.1999 – 8 AZR 827/98, NZA 2000, 371, 373.

§ 11 Auswirkungen des neuen Verständnisses

A. Haftung

Nach Art. 3 Abs. 1 UAbs. 1 der Richtlinie 2001/23/EG gehen sämtliche Rechte und Pflichten aus dem Arbeitsvertrag oder Arbeitsverhältnis auf den Erwerber über, sodass dieser nun in Bezug auf die Rechte des Arbeitnehmers dessen Schuldner ist. Allerdings bedeutet dies nicht, dass der Arbeitnehmer sich nur an diesen wenden kann. Vielmehr kommt auch eine Weiterhaftung einer weiteren bzw. weiterer Person(en) in Betracht, wobei hier zunächst strikt zwischen Vorgaben der Richtlinie und denjenigen in § 613a Abs. 2 BGB zu trennen ist.

I. Weiterhaftung an sich – gesetzliche Vorgaben

1. Regelung in der Richtlinie

In der Richtlinie heißt es in Art. 3 Abs. 1 UAbs. 2.

> „Die Mitgliedstaaten können vorsehen, dass der Veräußerer und der Erwerber nach dem Zeitpunkt des Übergangs gesamtschuldnerisch für die Verpflichtungen haften, die vor dem Zeitpunkt des Übergangs durch einen Arbeitsvertrag oder ein Arbeitsverhältnis entstanden sind, der bzw. das zum Zeitpunkt des Übergangs bestand.“[1263]

Es geht also um die Haftung für Verpflichtungen, „die vor dem Zeitpunkt des Übergangs durch einen Arbeitsvertrag oder ein Arbeitsverhältnis entstanden sind, der bzw. das zum Zeitpunkt des Übergangs bestand.“ Der Erwerber haftet hier ohnehin aufgrund der Regelung in Art. 3 Abs. 1 UAbs. 1. Hierin besteht der durch die Richtlinie vorgesehene Mindeststandard; dass der – der Diktion der Richtlinie folgend – Veräußerer nach dem Betriebsübergang weiterhaftet, ist demnach nicht zwingend vorgesehen.[1264] Allerdings eröffnet Art. 3 Abs. 1 UAbs. 2 solch eine Möglichkeit. Wird hiervon Gebrauch gemacht, so wird indes kein europarechtlich vorgegebener Tatbestand umgesetzt, sondern vielmehr sind die Mitgliedstaa-

---

1263 Dies entspricht – bis auf den erst mit der Richtlinie 98/50/EG eingefügten Zusatz „gesamtschuldnerisch“ – der Fassung in der ursprünglichen Richtlinie 77/187/EWG.

1264 *Alsbæk*, Betriebsübergang, S. 196.

ten hierbei in ihrer Gestaltung frei.[1265] Dies wird umso deutlicher, wenn man einen Blick auf die Historie der Richtlinie wirft. Als die ursprüngliche zum Betriebsübergang ergangene Richtlinie 77/187/EWG[1266] durch die Richtlinie 98/50/EG[1267] gewisse Änderungen und Anpassungen erfahren hat, war zunächst im Vorschlag der Kommission hierzu eine geänderte Regelung zur Verantwortlichkeit des Veräußerers nach dem Betriebsübergang vorgesehen.[1268] Eine Weiterhaftung sollte verpflichtend eingeführt werden.[1269] Allerdings wurde diese Verpflichtung in der endgültigen Fassung der Richtlinie 98/50/EG nicht übernommen,[1270] sodass eine Weiterhaftung weiterhin nach der Richtlinie zwar möglich, aber nicht notwendig ist.

2. Regelung in § 613a Abs. 2 BGB

Von der in Art. 3 Abs. 1 UAbs. 2 vorgesehenen Möglichkeit einer Weiterhaftung des – der Diktion der Richtlinie folgend – Veräußerers hat der deutsche Gesetzgeber in § 613a Abs. 2 BGB Gebrauch gemacht.

1265 *Alsbæk*, Betriebsübergang, S. 196.

1266 Richtlinie 77/187/EWG des Rates vom 14.2.1977 zur Angleichung der Rechtsvorschriften der Mitgliedstaaten über die Wahrung von Ansprüchen der Arbeitnehmer beim Übergang von Unternehmen, Betrieben oder Betriebsteilen, ABl. Nr. L 61, 26, vom 5.3.1977.

1267 Richtlinie 98/50/EG des Rates vom 29.6.1998 zur Änderung der Richtlinie 77/187/EWG zur Angleichung der Rechtsvorschriften der Mitgliedstaaten über die Wahrung von Ansprüchen der Arbeitnehmer beim Übergang von Unternehmen, Betrieben oder Betriebsteilen, ABl. Nr. L 201, 88, vom 17.7.1998.

1268 Vorschlag für eine Richtlinie des Rates zur Angleichung der Rechtsvorschriften der Mitgliedstaaten über die Wahrung von Ansprüchen der Arbeitnehmer beim Übergang von Unternehmen, Betrieben oder Betriebsteilen, KOM(1994) 300 endg. vom 8.9.1994.

1269 Vorschlag für eine Richtlinie des Rates zur Angleichung der Rechtsvorschriften der Mitgliedstaaten über die Wahrung von Ansprüchen der Arbeitnehmer beim Übergang von Unternehmen, Betrieben oder Betriebsteilen, KOM(1994) 300 endg. vom 8.9.1994. Der geänderte Art. 3 Abs. 1 UAbs. 2 beginnt hier mit den Worten „Die Mitgliedstaaten sehen vor…".

1270 Richtlinie 98/50/EG des Rates vom 29.6.1998 zur Änderung der Richtlinie 77/187/EWG zur Angleichung der Rechtsvorschriften der Mitgliedstaaten über die Wahrung von Ansprüchen der Arbeitnehmer beim Übergang von Unternehmen, Betrieben oder Betriebsteilen, ABl. Nr. L 201, 88, vom 17.7.1998. In dieser Fassung heißt es dann nur noch „Die Mitgliedstaaten können vorsehen…".

Die grundsätzliche Weiterhaftung findet sich in § 613a Abs. 2 S. 1 BGB:

> „Der bisherige Arbeitgeber haftet neben dem neuen Inhaber für Verpflichtungen nach Absatz 1, soweit sie vor dem Zeitpunkt des Übergangs entstanden sind und vor Ablauf von einem Jahr nach diesem Zeitpunkt fällig werden, als Gesamtschuldner."

Eine Haftung besteht somit für solche Verpflichtungen, die vor dem Zeitpunkt des Übergangs entstanden sind und vor Ablauf von einem Jahr nach diesem Zeitpunkt fällig werden. Erst recht greift die Haftung dann auch für Verpflichtungen, die vor dem Zeitpunkt des Übergangs entstanden *und fällig* geworden sind.[1271]

Ursprünglich sollte es bei dieser Ausgestaltung der Haftung bleiben.[1272] Aufgrund eines Änderungswunsches des Bundesrats[1273] wurde die Weiterhaftung jedoch eingeschränkt.[1274] Diese greift nun nur noch „*pro rata temporis*, soweit also die Ansprüche bis zum Betriebsübergang erdient waren"[1275]. Hierzu heißt es in § 613a Abs. 2 S. 2 BGB:

> „Werden solche Verpflichtungen nach dem Zeitpunkt des Übergangs fällig, so haftet der bisherige Arbeitgeber für sie jedoch nur in dem Umfang, der dem im Zeitpunkt des Übergangs abgelaufenen Teil ihres Bemessungszeitraums entspricht."

Der Sinn dieser Einschränkung besteht darin, dass die Weiterhaftung nicht für die Vergütung von Leistungen der Arbeitnehmer eingreifen soll, die erst nach Übergang des Betriebes erbracht worden sind.[1276]

1271 BAG v. 22.6.1978 – 3 AZR 832/76, AP Nr. 12 zu § 613a BGB; Staudinger-*Annuß*, § 613a, Rn. 251; *Erman-Edenfeld*, § 613a BGB, Rn. 97; MünchKommBGB-*Müller-Glöge*, § 613a, Rn. 164; ErfK-*Preis*, § 613a BGB, Rn. 136; *von Steinau-Steinrück*, Arbeitnehmerschutz, S. 31.

1272 BT-Drs. 6/1786, S. 27, 28 (Text der Norm), S. 59 (Einzelbegründung).

1273 BT-Drs. 6/1786, S. 67 (Änderungswunsch des Bundesrates).

1274 BT-Drs. 6/2729, S. 64 (Text der Norm). In BT-Drs. zu 6/2729, S. 35, findet sich die Einzelbegründung.

1275 *Von Steinau-Steinrück*, Arbeitnehmerschutz, S. 30.

1276 BT-Drs. zu 6/2729, S. 35.

II. Wer haftet neben dem Betriebserwerber?

Ist der Umfang der Weiterhaftung somit eindeutig bestimmt, gilt Gleiches nicht für die Person desjenigen, den diese Weiterhaftung betrifft, zumindest für die hier vorliegende Konstellation von vier beteiligten Personen (Verleiher, Entleiher, Erwerber und Arbeitnehmer). Im Folgenden ist zu klären, welche der in Betracht kommenden Personen – der Verleiher und bzw. oder der Entleiher – nach den Vorgaben der Richtlinie bzw. des § 613a BGB weiterhaften muss. Zur Klärung wird eine ausführliche Auslegung vorgenommen.

1. Wortlaut

Wie bereits festgehalten worden ist, enthält die Richtlinie selbst keine ausgestaltete Regelung. Es findet sich lediglich die Vorgabe des europäischen Normgebers in Art. 3 Abs. 1 UAbs. 2, dass die Mitgliedstaaten vorsehen können, dass „der *Veräußerer* und der Erwerber…haften" [Hervorhebung des Verfassers].

Wiederum[1277] findet sich in der deutschen Regelung das Wort „Veräußerer" nicht. Vielmehr ist die Rede von dem „bisherigen Arbeitgeber". Aufgrund des Zusammenhangs ergibt sich, dass jemand der frühere Inhaber gewesen sein muss, könnte doch sonst der Erwerber nicht als „neuer Inhaber" betitelt werden.[1278]

Es stellt sich allerdings ein Problem: Sämtliche Ausführungen hierzu befassen sich mit dem Grundfall des Betriebsübergangs, in dem die unterschiedlich als bisheriger Arbeitgeber, bisheriger Inhaber oder schlicht als Veräußerer bezeichnete Person ein und dieselbe ist. Es herrscht Personenidentität, gemeint ist jeweils die gleiche Person. Doch zumindest für die vorliegend zu beurteilenden Fälle ist hier ein Umdenken bezüglich der Bezeichnungen erforderlich und eine genaue Trennung danach, welche Voraussetzungen für eine Weiterhaftung erfüllt sein müssen, notwendig.

Der Wortlaut hilft hier keineswegs weiter.

1277 Die grundsätzliche Regelung des § 613a Abs. 1 S. 1 BGB spricht – anders als Art. 3 Abs. 1 UAbs. 1 – ebenfalls nicht von Veräußerer und Erwerber. Dort ist vielmehr die Rede von „Inhaber".

1278 Diese geradezu selbsterklärende Feststellung ist im Folgenden noch von Wichtigkeit.

2. Systematik

Man könnte meinen, aus einer Zusammenschau des § 613a Abs. 1 und Abs. 2 BGB ergäbe sich, dass der bisherige Arbeitgeber auch früherer Inhaber des übergegangenen Betriebs sein müsste. Schließlich wird in § 613a Abs. 2 S. 1 BGB lediglich klargestellt, dass die Haftung nach Absatz 1, die für den Erwerber als anderen Inhaber gilt, ebenfalls – in gewissem Umfang – für den bisherigen Arbeitgeber gilt. Durch diesen Bezug auf Absatz 1 könnte man denken, der bisherige Arbeitgeber müsse notgedrungen der frühere Inhaber des übergegangenen Betriebs sein. Dagegen spricht jedoch, dass § 613a Abs. 1 S. 1 BGB nicht ausdrücklich bestimmt, die übergehenden Arbeitsverhältnisse bestünden auch mit dem früheren Inhaber; mit wem diese Arbeitsverhältnisse bestehen, ist gerade nicht festgeschrieben, sodass sich schon aus § 613a Abs. 1 S. 1 BGB eine solche Erkenntnis nicht ergibt. Und auch aus der Formulierung in § 613a Abs. 2 S. 1 BGB, wo es heißt, „der bisherige Arbeitgeber haftet neben dem neuen Inhaber", ergibt sich nicht, dass der bisherige Arbeitgeber zwingend früherer Inhaber gewesen sein muss. Selbst wenn man hiervon für den Grundfall ausgehen mag, so wurde im Rahmen der Auslegung der Richtlinie und des § 613a Abs. 1 S. 1 BGB gezeigt, dass diese Annahme für die vorliegenden Konstellationen nicht überzeugen kann und abzulehnen ist.[1279]

Die Systematik hilft an dieser Stelle ebenfalls nicht weiter.

3. Historie

Der ursprüngliche Vorschlag[1280] der Kommission zur Richtlinie 77/187/EWG sah keinerlei Aussagen zur Weiterhaftung vor. So schreibt dann auch der Wirtschafts- und Sozialausschuss in seiner Stellungnahme[1281] hierzu, es sei nicht geklärt, „ob auch der frühere Arbeitgeber neben

1279 Siehe hierzu die Ausführungen zum „Grundsatz der Identität von Arbeitgeber- und Betriebsinhaberschaft" im Rahmen der Erläuterung der Lösung über die gespaltene Veräußererstellung oben, vierter Teil, § 9 E. V. 3. a), S. 298.

1280 Vorschlag einer Richtlinie des Rates zur Harmonisierung der Rechtsvorschriften der Mitgliedstaaten über die Wahrung von Ansprüchen und Vergünstigungen der Arbeitnehmer bei Gesellschaftsfusionen, Betriebsübertragungen sowie Unternehmenszusammenschlüssen, KOM(1974) 351 endg. vom 29.5.1974.

1281 Stellungnahme des Wirtschafts- und Sozialausschusses vom 23. und 24.4.1975, ABl. Nr. C 255, 25, vom 7.11.1975.

dem neuen Betriebsinhaber für die vor dem Zeitpunkt des Betriebsübergangs […] entstandenen, von ihm zum Zeitpunkt des Vorgangs aber noch nicht erfüllten Ansprüche der Arbeitnehmer weiterhaftet“[1282]. Hier findet sich also die Wortwahl[1283] des bereits existierenden § 613a Abs. 2 BGB. Allerdings wird aus den weiteren Ausführungen in der Stellungnahme deutlich, dass der „frühere Arbeitgeber“ mit „Veräußerer“ gleichzusetzen ist. So heißt es nämlich, der Ausschuss habe in Erwägung gezogen, „ob es zweckmäßiger wäre, diese haftungsrechtlichen Fragen […] im Sinne einer gesamtschuldnerischen Haftung von *Veräußerer [Hervorhebung des Verfassers]* und Erwerber zu regeln“[1284]. Demnach scheint es für den Ausschuss keinen Unterschied zu machen, ob man von einem „früheren Arbeitgeber“ oder von „Veräußerer“ spricht. Gleiches lässt sich wohl auch für die Kommission behaupten: In der endgültigen Fassung der Richtlinie findet sich die letztgenannte Formulierung „Veräußerer“.[1285] Dass die Wahl auf die Formulierung „Veräußerer“ fiel, geht wohl einher mit der Änderung der Definition des Veräußerers in der Richtlinie. Dort wurde auch seit dem geänderten Vorschlag auf das Wort „Arbeitgeber“ verzichtet. Dies sollte lediglich „der Vereinfachung der Sprachregelung im Richtlinienvorschlag dienen“[1286]. Es ist also davon auszugehen, dass sich durch die Wahl des Begriffs „Veräußerer“ statt „Arbeitgeber“ inhaltlich keine Änderungen ergeben sollten. Ansonsten wäre zu erwarten gewesen, dass die Kommission diese Wahl noch einmal näher begründet, was jedoch nicht der Fall gewesen ist. Hierzu ist anzumerken, dass die Kommission

1282 Stellungnahme des Wirtschafts- und Sozialausschusses vom 23. und 24.4.1975, ABl. Nr. C 255, 25, 27, Punkt 1.6, vom 7.11.1975.

1283 Einziger Unterschied ist der Gebrauch des Wortes „früherer“ anstelle von „bisheriger“ Arbeitgeber.

1284 Stellungnahme des Wirtschafts- und Sozialausschusses vom 23. und 24.4.1975, ABl. Nr. C 255, 25, 27, Punkt 1.8, vom 7.11.1975.

1285 Art. 3 Abs. 1 UAbs. 2 der Richtlinie 77/187/EWG des Rates vom 14.2.1977 zur Angleichung der Rechtsvorschriften der Mitgliedstaaten über die Wahrung von Ansprüchen der Arbeitnehmer beim Übergang von Unternehmen, Betrieben oder Betriebsteilen, ABl. Nr. L 61, 26, vom 5.3.1977.

1286 Geänderter Vorschlag einer Richtlinie zur Harmonisierung der Rechtsvorschriften der Mitgliedstaaten über die Wahrung von Ansprüchen und Vergünstigung[en, Zusatz des Verfassers] der Arbeitnehmer bei Gesellschaftsfusionen, Betriebsübertragungen sowie Unternehmenszusammenschlüssen, KOM(1975) 429 endg. vom 25.7.1975, S. 6.

zunächst in ihrem geänderten Vorschlag[1287] weiterhin keine Regelung zur Weiterhaftung aufgenommen hat,[1288] sich diese dann aber – soweit ersichtlich ohne Begründung – in der endgültigen Fassung der Richtlinie findet.[1289]

Die Verwendung der Person des „bisherigen Arbeitgebers" findet sich so bereits in der ursprünglichen Fassung des § 613a Abs. 2 BGB vom 15.1.1972.[1290] Am Anfang dieser Arbeit wurde dargestellt, dass die Richtlinie 77/187/EWG erst fünf Jahre später in Kraft trat, § 613a BGB also zunächst keine Umsetzungsnorm gewesen ist. Insofern verwundert es auch nicht, dass zu jener Zeit das Wort „Veräußerer" keinerlei Eingang in den deutschen Normtext gefunden hat. Erst mit dem EG-Anpassungsgesetz vom 13.8.1980 wurde die Richtlinie 77/187/EWG in deutsches Recht umgesetzt, indem § 613a BGB um gewisse Teile ergänzt worden ist.[1291] Damit wurde § 613a BGB generell die Umsetzungsnorm für die genannte Richtlinie, was die schon seit 1972 vorhandenen Bestimmungen einschließt.[1292] Dadurch, dass weiterhin auf das Wort Veräußerer für die weiterhaftende Person verzichtet worden ist, wird deutlich, dass nach Ansicht des deutschen Gesetzgebers die Vorgaben der Richtlinie bereits als erfüllt angesehen worden sind. Dies lässt nur den Schluss zu, dass für den deutschen Gesetzgeber zum Zeitpunkt des Anpassungsgesetzes die Person des bisherigen Arbeitgebers zumindest der Person des Veräußerers entsprach,

1287 Geänderter Vorschlag einer Richtlinie zur Harmonisierung der Rechtsvorschriften der Mitgliedstaaten über die Wahrung von Ansprüchen und Vergünstigung[en, Zusatz des Verfassers] der Arbeitnehmer bei Gesellschaftsfusionen, Betriebsübertragungen sowie Unternehmenszusammenschlüssen, KOM(1975) 429 endg. vom 25.7.1975.

1288 Dies lag daran, dass die Weiterhaftung in einem eigenen Rechtsakt geregelt werden sollte, siehe Stellungnahme des Wirtschafts- und Sozialausschusses vom 23. und 24.4.1975, ABl. Nr. C 255, 25, 27, Punkt 1.6 bis 1.8, vom 7.11.1975. Dies befürwortete auch der Wirtschafts- und Sozialausschuss.

1289 Art. 3 Abs. 1 UAbs. 2 der Richtlinie 77/187/EWG des Rates vom 14.2.1977 zur Angleichung der Rechtsvorschriften der Mitgliedstaaten über die Wahrung von Ansprüchen der Arbeitnehmer beim Übergang von Unternehmen, Betrieben oder Betriebsteilen, ABl. Nr. L 61, 26, vom 5.3.1977.

1290 Betriebsverfassungsgesetz vom 15.1.1972, BGBl. I, S. 13.

1291 Gesetz über die Gleichbehandlung von Männern und Frauen am Arbeitsplatz und über die Erhaltung von Ansprüchen bei Betriebsübergang (Arbeitsrechtliches EG-Anpassungsgesetz) vom 13.8.1980, BGBl. I, S. 1308.

1292 Vgl. Bernsau/Dreher/Hauck-*Dreher*, § 613a BGB, Rn. 2; *Meyer*, Tatbestand, S. 47; *Sieg/Maschmann*, Unternehmensumstrukturierung, Rn. 19.

den Veräußerer also einschloss. Der Grund für die Bezeichnung als „bisheriger Arbeitgeber“ (und des Erwerbers als „neuer Inhaber“) liegt in der Rechtsprechung des Bundesarbeitsgerichts vor Kodifikation des Betriebsübergangs.[1293] Es wurde insoweit der Wortlaut der einschlägigen Entscheidungen übernommen, da mit der Kodifikation die Rechtsprechung nicht geändert, sondern lediglich festgeschrieben und auf alle Arbeitnehmer erstreckt werden sollte.[1294] Die Gleichsetzung des bisherigen Arbeitgebers mit dem Veräußerer kann aber nur darauf beruhen, dass man als Voraussetzung des Veräußerers immer eine arbeitsvertragliche Beziehung zum Arbeitnehmer vorausgesetzt hat, was ja im Grundfall[1295] des Betriebsübergangs – und nur diesen galt es zu beurteilen – auch der Fall ist; eine Auswirkung bzw. Bedeutung hatte die Unterscheidung somit nicht. Demnach lässt sich festhalten, dass für den deutschen Gesetzgeber der bisherige Arbeitgeber dem Veräußerer entspricht, und das durchaus auch bis zum heutigen Zeitpunkt, jedoch nur dann, wenn für die Person des Veräußerers eine arbeitsvertragliche Beziehung zum Arbeitnehmer vorausgesetzt wird. Wird der Entleiher – der keine arbeitsvertragliche Beziehung zum Leiharbeitnehmer unterhält – nun als Veräußerer angesehen, so gilt diese Gleichsetzung gerade nicht.

Für eine Weiterhaftung ist folglich nach der Regelung des § 613a Abs. 2 BGB unter historischen Gesichtspunkten bisher immer eine arbeitsvertragliche Beziehung zum Arbeitnehmer vor dem Betriebsübergang erforderlich gewesen. Allerdings ging es hierbei immer nur um den Grundfall eines Betriebsübergangs; Folgerungen für den geschilderten Fall, dass die Weiterhaftung mehrerer bzw. unterschiedlicher Personen in Betracht zu ziehen ist, können hieraus nicht gezogen werden. Der Spezialfall entspricht nicht der Denkweise, die den obigen historischen Gesichtspunkten zugrunde liegt bzw. lag.

Auch die Historie hilft demnach nicht weiter.

1293 BAG v. 18.2.1960 – 5 AZR 472/57, AP Nr. 1 zu § 419 BGB Betriebsnachfolge; BAG v. 29.11.1962 – 2 AZR 176/62, AP Nr. 6 zu § 419 BGB Betriebsnachfolge.

1294 BT-Drs. 6/1786, S. 59.

1295 Wie schon oben mehrfach verwendet, bezeichnet dieser vom Verfasser gewählte Begriff die Konstellation, dass es neben dem Erbwerber und dem Arbeitnehmer nur noch eine dritte Partei gibt.

4. Zweck

Der Wortlaut hilft nicht weiter; hinsichtlich der Berücksichtigung systematischer Aspekte sowie der Beurteilung historischer Gegebenheiten wurde deutlich, dass nur Aussagen für den Grundfall des Betriebsübergangs getroffen werden können, wenn es also neben dem Erwerber und dem Arbeitnehmer nur noch *eine* dritte Partei gibt, die zugleich bisheriger Arbeitgeber und Veräußerer ist. Mithin kann nur der Zweck der Weiterhaftung dafür ausschlaggebend sein, wen diese Weiterhaftung trifft, wobei der Verleiher und der Entleiher in Betracht kommen.

Die Weiterhaftung auch nach dem Betriebsübergang ist laut dem deutschen Gesetzgeber notwendig.[1296] Anders sieht dies wohl der europäische Gesetzgeber,[1297] wurde die verpflichtende Ausgestaltung der Weiterhaftung doch einerseits nur aus Harmonisierungsgründen vorgeschlagen[1298] und andererseits schlussendlich auch nicht eingeführt.[1299] Die Notwendigkeit der Weiterhaftung und damit einhergehend der Sinn und Zweck des § 613a Abs. 2 BGB ist darin begründet, dass die Ansprüche des Arbeitnehmers zu sichern sind.[1300] Nicht jedoch hatte der Gesetzgeber „etwaige Belange des neuen Betriebsinhabers im Blick“[1301].

a) Keine Beeinflussung des Vertragspartnerwechsels

Zwar erhält der Arbeitnehmer mit dem Betriebsübergang einen neuen Schuldner; wie *Hergenröder* richtigerweise feststellt, ist es dem Arbeitnehmer allerdings grundsätzlich nicht möglich gewesen, diesen Vertrags-

---

1296 BT-Drs. 6/1786, S. 59.

1297 Das macht auch der EuGH noch einmal deutlich, siehe EuGH v. 5.5.1988 – C-144/87 und 145/87 (*Berg/Besselsen*), NZA 1990, 885, 886 (Rn. 13 f.).

1298 Vorschlag für eine Richtlinie des Rates zur Angleichung der Rechtsvorschriften der Mitgliedstaaten über die Wahrung von Ansprüchen der Arbeitnehmer beim Übergang von Unternehmen, Betrieben oder Betriebsteilen, KOM(1994) 300 endg. vom 8.9.1994, S. 16 f.

1299 Siehe dazu schon oben, fünfter Teil, § 11 A. I. 1., S. 347.

1300 BT-Drs. 6/1786, S. 59.

1301 BGH v. 19.3.2009 – III ZR 106/08, NZA 2009, 848 (Rn. 10).

partnerwechsel[1302] zu beeinflussen.[1303] Dass diejenige Person, die sich der Arbeitnehmer ausgesucht hat, hier weiterhaftet, ist erforderlich, um Nachteile für den Arbeitnehmer aufgrund des Betriebsübergangs zu vermeiden.[1304] Dass der Arbeitnehmer sich nur den Verleiher als (solventen) Vertragspartner ausgewählt hat, spricht für eine ausschließliche Weiterhaftung des Verleihers. Es geht hierbei gerade um diejenige Person, die vor dem Betriebsübergang der Schuldner des Arbeitnehmers, speziell mit Blick auf dessen Entlohnung, gewesen ist. Dies ist der Verleiher gewesen.

b) Erhalt des Erlöses

Nachteile für den Arbeitnehmer können aber auch dann noch bestehen und sich sogar verstärken, wenn der neue Arbeitgeber nicht ebenso solvent ist wie die bisher verpflichtete Person und er deswegen die Ansprüche des Arbeitnehmers tatsächlich nicht erfüllen kann.[1305] Dass der Erwerber nicht die erforderliche Leistungsfähigkeit aufweist, ist bereits deswegen nicht unwahrscheinlich, weil er oftmals „erhebliche finanzielle Mittel“[1306] für den Erwerb hat aufbringen müssen. Genau dies spricht aber auf der Kehrseite für eine gesteigerte Leistungsfähigkeit derjenigen Person, die diese finanziellen Mittel als Veräußerungserlös erhalten hat.[1307] Dass der Erhalt dieses Erlöses für eine Weiterhaftung spricht, ist damit zu begründen, dass die Höhe des Erlöses von der Wertsteigerung abhängt, „die der Betrieb

1302 Dass hier und im Folgenden die Rede von *Vertrags*partner ist, ist wiederum dem Grundfall eines Betriebsübergangs geschuldet. Es geht hier allerdings nicht um den *Vertrag* an sich, sondern nur um die Person, die sich der Arbeitnehmer selbst ausgesucht hat und gegenüber der die Ansprüche des Arbeitnehmers bestehen.

1303 *Hergenröder*, AR-Blattei SD 500.1, Rn. 76.

1304 *Hergenröder*, AR-Blattei SD 500.1, Rn. 76, mit Verweis auf Erman-*Edenfeld*, § 613a BGB, Rn. 95, sowie ErfK-*Preis*, § 613a BGB, Rn. 133.

1305 Erman-*Edenfeld*, § 613a BGB, Rn. 95; *Hergenröder*, AR-Blattei SD 500.1, Rn. 76 und 1326; ErfK-*Preis*, § 613a BGB, Rn. 133.

1306 Erman-*Edenfeld*, § 613a BGB, Rn. 95; *Hergenröder*, AR-Blattei SD 500.1, Rn. 1326.

1307 Erman-*Edenfeld*, § 613a BGB, Rn. 95; *Hergenröder*, AR-Blattei SD 500.1, Rn. 1326; vgl. HWK-*Müller-Bonanni*, § 613a BGB, Rn. 296; ErfK-*Preis*, § 613a BGB, Rn. 133.

durch die Arbeit der Belegschaft erzielt hat"[1308].[1309] Dieser teleologische Gesichtspunkt spricht für eine Weiterhaftung des Entleihers: Nur dieser hat den Veräußerungserlös vom Erwerber erhalten und ist damit nach dem Betriebsübergang solventer als vorher. Auch der dritte, hierauf aufbauende teleologische Aspekt der Wertsteigerung des Betriebs kann nur für den Entleiher und seinen Betriebs gelten. Die Arbeit der Arbeitnehmer hat den Wert seines Betriebs gesteigert. Solch eine Wertsteigerung wurde im Betrieb des Verleihers nicht erzielt. Zwar hat der Verleiher ein Entgelt für die Überlassung der Arbeitnehmer erhalten; jedoch würde dieses bei einem Betriebsübergang nicht an den Erwerber veräußert werden, betrifft also nicht die hier gemeinte Wertsteigerung.

c) Vermeidung einer unangemessenen Erweiterung der Haftung

Ein weiteres Motiv zur Einführung der Weiterhaftung war die Vermeidung einer „unangemessenen Erweiterung der Haftung des bisherigen Arbeitgebers"[1310]. Ganz im Sinne der obigen Erörterungen ist dieses derart zu verstehen, dass eine unangemessen Erweiterung der Haftung derjenigen Person(en), die neben dem Erwerber in Frage kommt bzw. kommen, vermieden werden soll.

Dies scheint auf den ersten Blick gegen eine Haftung des Entleihers zu sprechen. Vor dem Betriebsübergang schuldete er dem Arbeitnehmer keinen Lohn, nach dem Betriebsübergang soll er dann aber hierfür haften. Allerdings würde dies nur im Außenverhältnis gelten. Er muss im Innenverhältnis einen Anspruch gegen den Verleiher auf die Haftungssumme haben, sodass der Entleiher am Ende doch nicht hierfür aufkommen muss. Nur bei einer Insolvenz des Verleihers könnte dies problematisch sein, da dieser Anspruch auf die Haftungssumme im Innenverhältnis dann nichts wert wäre. Der Aspekt einer Vermeidung einer unangemessenen Erweiterung der Haftung ist aber ohnehin anders zu verstehen. Dieses Motiv ist vielmehr so zu verstehen, dass keine Haftung für Verpflichtungen begrün-

---

1308 Erman-*Edenfeld*, § 613a BGB, Rn. 95.

1309 Erman-*Edenfeld*, § 613a BGB, Rn. 95; *Hergenröder*, AR-Blattei SD 500.1, Rn. 1326; HWK-*Müller-Bonanni*, § 613a BGB, Rn. 296; ErfK-*Preis*, § 613a BGB, Rn. 133.

1310 BT-Drs. 6/1786, S. 67 (Änderungswunsch des Bundesrates). Dazu wiederum BGH v. 19.3.2009 – III ZR 106/08, NZA 2009, 848 (Rn. 10).

det werden soll, die *nach* dem Betriebsübergang entstanden sind.[1311] Die vor dem Betriebsübergang entstandenen Verpflichtungen sind von diesem Motiv gar nicht erfasst. Insofern spricht dieser teleologische Aspekt nicht gegen eine Haftung des Entleihers.

d) Ergebnis zur Auslegung nach dem Zweck

Der Arbeitnehmer konnte sich als Schuldner einzig den Verleiher aussuchen. Der Entleiher wird hingegen vom Verleiher bestimmt, der Erwerber in der vorliegenden Konstellation wiederum vom Entleiher. Um dem Arbeitnehmer diesen ausgewählten Schuldner zu erhalten, ist eine Weiterhaftung des Verleihers angebracht. Allerdings ist es ebenso im Interesse des Arbeitnehmers und dem Sinn der Weiterhaftung, die Ansprüche des Arbeitnehmers zu sichern, dass die Person weiterhaftet, die typischerweise die notwendige Solvenz aufweist. Solch eine Solvenz findet er üblicherweise gerade bei dem Entleiher, weil dieser den Veräußerungserlös erhalten hat. Dies spricht für eine Weiterhaftung des Entleihers, ungeachtet einer etwaigen vertraglichen Beziehung zum Leiharbeitnehmer. Da sich die Leistungsfähigkeit allerdings nicht einzig aus dem Veräußerungserlös ergibt, ändert dies nichts an einer Weiterhaftung auch des Verleihers. Dies gilt umso mehr, als der Veräußerungserlös die Solvenz des Entleihers zumeist nur steigert, diese jedoch nicht begründet. Mit anderen Worten: War der Verleiher vor dem Betriebsübergang solvent und ist er dies auch weiterhin, so wird der Arbeitnehmer ein Interesse daran haben, diese Solvenz weiterhin auszunutzen.

Nach dem Zweck ergibt sich somit, dass der Verleiher in jedem Fall weiterhaften muss. Daneben ist auch eine Haftung des Entleihers angebracht.

5. Ergebnis zur Auslegung

Es wird deutlich, dass solche Lösungswege das mithilfe der Auslegung gefundene Ergebnis nicht abbilden können, die eine der Parteien (Verleiher oder Entleiher) rechtlich ausblenden.

1311 Vgl. ErfK-*Preis*, § 613a BGB, Rn 136.

Nach der Zuordnungslösung wie auch der Lösung über den Rechtsmissbrauch bzw. eine unzulässige Umgehung wird der Entleiher so behandelt, als sei er und nur er Arbeitgeber der Arbeitnehmer gewesen. Diejenige Stellung, die rein rechtlich der Verleiher innehat, wird also von diesem genommen und dem Entleiher zugeführt. Die Situation stellt sich dar, als gäbe es keinen Verleiher. Jener kann daher auch nicht für die Weiterhaftung von Bedeutung sein. Damit kommt auch einzig der Entleiher als weiterhaftende Person in Betracht. Weil sich der Arbeitnehmer aber einzig den Verleiher als Schuldner seiner Ansprüche ausgesucht hat, muss diesen eine Weiterhaftung treffen. Dass die genannten Begründungswege diese Weiterhaftung nicht vorsehen, ist äußerst kritisch zu beurteilen. Zwar erfüllt die Zurechnungslösung diese Weiterhaftung des Verleihers. Doch dafür kann der Entleiher nicht weiterhaften, wird er doch bei dieser Lösung völlig ausgeblendet. Dies kann wie gezeigt nicht überzeugen, weil dieser ja tatsächlich den Veräußerungserlös erhalten hat, was sich auch durch die Zurechnung für Zwecke des Betriebsübergangs nicht ändert. Aus teleologischen Gesichtspunkten wäre die Weiterhaftung auch des Entleihers angebracht.

Ein näherer Blick muss auf die Lösung über den nichtvertraglichen Arbeitgeber geworfen werden. Zwar werden hierbei die tatsächlichen Gegebenheiten derart abgebildet, dass sowohl der Verleiher als auch der Entleiher Arbeitgeber der Arbeitnehmer sind. Jedoch ist nach diesem Begründungsweg im vorliegenden Fall einer Übertragung des Entleihunternehmens ausschließlich der Entleiher die maßgebliche Person. Man könnte nun andenken, dass den Verleiher die Weiterhaftung trotzdem treffen könne, weil er eben anders als nach der Zuordnungslösung und der Lösung über den Rechtsmissbrauch bzw. eine unzulässige Umgehung weiterhin als existent angesehen wird. Hierdurch ergeben sich allerdings Friktionen innerhalb dieses Begründungswegs. Der Verleiher ist nicht in den Betriebsübergang involviert, ihn würde aber dennoch eine Weiterhaftung treffen. Das kann nicht sein, sodass dieser Begründungsweg im Hinblick auf die Weiterhaftung ähnlich kritisch zu sehen ist wie die Zuordnungslösung und die Lösung über den Rechtsmissbrauch bzw. eine unzulässige Umgehung. Zudem wird deutlich, dass es nicht zuletzt aufgrund dieser Friktionen überzeugender wäre, wenn der Verleiher als vertraglicher Arbeitgeber neben dem Entleiher als nichtvertraglichem Arbeitgeber von vornherein mitentscheidend wäre, namentlich bereits im Rahmen des Art. 3 Abs. 1 UAbs. 1.

Nach der Lösung der gespaltenen Veräußererstellung, nach der die tatsächliche Personenmehrheit (Verleiher und Entleiher) rechtlich auch im Rahmen des Betriebsübergangs Auswirkungen haben soll, spielen sowohl der Verleiher als auch der Entleiher eine Rolle, sodass beide Parteien auch einer Weiterhaftung unterliegen können. Nicht zuletzt hieran zeigt sich, dass die rechtliche Abbildung und Einbindung beider Personen überzeugende Vorteile aufweist und nur so die teleologisch überzeugenden Ergebnisse zur Weiterhaftung erreicht werden können.

III. Weitere Regelungen im deutschen Recht

1. § 25 HGB

§ 25 Abs. 1 S. 1 HGB hat drei Voraussetzungen: Der Veräußerer muss ein Handelsgewerbe unter einer Firma betrieben haben, es muss sich um den Erwerb eines Handelsgeschäfts unter Lebenden handeln und schließlich muss das Handelsgeschäft unter der bisherigen Firma fortgeführt werden. Im Unterschied zu § 613a BGB gehen bei § 25 HGB die Arbeitsverhältnisse *nicht* auf den Erwerber über, der Erwerber haftet lediglich zusätzlich für diese.[1312] Bei § 25 HGB beträgt die Nachhaftungsbegrenzung für den bisherigen Inhaber gem. § 26 HGB fünf Jahre;[1313] im Rahmen des § 613a BGB haftet der bisherige Inhaber nur nach § 613a Abs. 2 BGB wie oben dargestellt. Schließlich ist die Haftung nach § 25 HGB nicht zwingend, § 25 Abs. 2 HGB.[1314]

2. § 28 HGB

Bringt der bisherige Arbeitgeber[1315] sein Unternehmen in eine Kommanditgesellschaft ein, haftet er nach § 28 Abs. 1 S. 1 HGB neben der Gesellschaft für solche Verbindlichkeiten, die in seinem bisherigen Betrieb be-

---

1312 ErfK-*Preis*, § 613a BGB, Rn. 142.
1313 ErfK-*Preis*, § 613a BGB, Rn. 142.
1314 ErfK-*Preis*, § 613a BGB, Rn. 142.
1315 Gemeint ist hier der frühere Einzelunternehmer, siehe ErfK-*Preis*, § 613a BGB, Rn. 143.

gründet worden sind.[1316] Dies gilt auch bei Bildung einer oHG.[1317] Die Gesellschaft und der bisherige Arbeitgeber[1318] haften hierbei als Gesamtschuldner.[1319] Für die Haftung nach § 28 Abs. 1 S. 1 HGB gilt ebenfalls die Haftungsbegrenzung des § 26 HGB.[1320] Diese Haftungsregelung geht dem § 613a Abs. 2 BGB vor,[1321] greift aber wie gezeigt nur in der speziellen Situation ein, dass der bisherige Arbeitgeber sein Unternehmen in eine KG einbringt oder eine oHG gebildet wird und der bisherige Arbeitgeber sein Handelsgeschäft in diese einbringt.[1322] Dieser besondere Fall soll in der vorliegenden Arbeit nicht weiter ausgeführt werden.

3. § 419 BGB a.F.

Die Haftungsnorm des § 419 BGB a.F. für Vermögensübernahme wurde zum 1.1.1999 aufgehoben.[1323] Eine Anwendung dieser Norm kommt damit nur für Sachverhalte vor dieser Aufhebung in Betracht,[1324] die Norm ist für die vorliegende Arbeit also unbeachtlich.

B. Unterrichtung

I. Allgemeines zur Unterrichtungspflicht

Mit der Unterrichtungspflicht in § 613a Abs. 5 BGB wird Art. 7 Abs. 6 der Richtlinie 2001/23/EG umgesetzt.[1325] Aus Art. 7 Abs. 3 und Abs. 6 ergibt sich, dass eine Verpflichtung zur Unterrichtung der Arbeitnehmer nur in

---

1316 ErfK-*Preis*, § 613a BGB, Rn. 143.
1317 Baumbach/Hopt-*Hopt*, HGB, § 28, Rn. 1.
1318 Gemeint ist hier der frühere Einzelunternehmer, siehe ErfK-*Preis*, § 613a BGB, Rn. 143.
1319 Bernsau/Dreher/Hauck-*Dreher*, § 613a BGB, Rn. 237.
1320 ErfK-*Preis*, § 613a BGB, Rn. 143.
1321 ErfK-*Preis*, § 613a BGB, Rn. 143.
1322 Baumbach/Hopt-*Hopt*, HGB, § 28, Rn. 1.
1323 Bernsau/Dreher/Hauck-*Dreher*, § 613a BGB, Rn. 238; Willemsen/Hohenstatt/Schweibert/Seibt-*Willemsen*, Umstrukturierung, G, Rn. 209.
1324 Bernsau/Dreher/Hauck-*Dreher*, § 613a BGB, Rn. 238; Willemsen/Hohenstatt/Schweibert/Seibt-*Willemsen*, Umstrukturierung, G, Rn. 209.
1325 BT-Drs. 14/7760, S. 19.

solchen Betrieben besteht, die nicht betriebsratsfähig sind.[1326] Das deutsche Recht gilt indes unabhängig von dem Bestehen eines Betriebsrats oder der Betriebsratsfähigkeit für sämtliche Betriebe.[1327]

Grundgedanke der Unterrichtungspflicht ist es, eine Wissensgrundlage für den Arbeitnehmer zu schaffen.[1328] Laut dem deutschen Gesetzgeber soll dem Arbeitnehmer hierdurch eine Entscheidung darüber ermöglicht werden, ob er von seinem Widerspruchsrecht Gebrauch macht.[1329] Konsequenz dessen ist auch, dass die Widerspruchsfrist erst und nur dann zu laufen beginnt, wenn eine ausreichende Unterrichtung gegenüber dem Arbeitnehmer erfolgt ist.[1330] Diese wechselseitige Beziehung[1331] und damit Verbindung der Unterrichtungsverpflichtung mit dem Widerspruchsrecht ist in der Richtlinie nicht vorgesehen.[1332]

Die Bereiche der notwendigen Unterrichtung sind in § 613a Abs. 5 BGB, der insoweit wortgleich ist mit Art. 7 Abs. 1, auf den Art. 7 Abs. 6 verweist, festgeschrieben. Es ist zu unterrichten über (1) den Zeitpunkt bzw. den geplanten Zeitpunkt des Übergangs, (2) den Grund für den Übergang, (3) die rechtlichen, wirtschaftlichen und sozialen Folgen des Übergangs für die Arbeitnehmer sowie (4) die hinsichtlich der Arbeitnehmer in Aussicht genommenen Maßnahmen. Da sich insoweit kaum Besonderheiten für die vorliegende spezielle Konstellation ergeben, soll auf die inhalt-

---

1326 MünchKommBGB-*Müller-Glöge*, § 613a, Rn. 104; ErfK-*Preis*, § 613a BGB, Rn. 84; APS-*Steffan*, § 613a BGB, Rn. 202. Vgl. dazu auch *Willemsen/Lembke*, NJW 2002, 1159.

1327 Dazu BT-Drs. 14/7760, S. 19.

1328 BAG v. 13.7.2006 – 8 AZR 305/05, NZA 2006, 1268 f. (Orientierungssätze 1 und 6, dazu Rn. 17 und 33); BAG v. 21.8.2008 – 8 AZR 407/07, NZA-RR 2009, 62, 64 (Rn. 32); BAG v. 23.7.2009 – 8 AZR 538/08, NZA 2010, 89, 91 (Rn. 18); ErfK-*Preis*, § 613a BGB, Rn. 84.

1329 BT-Drs. 14/7760, S. 19.

1330 BAG v. 13.7.2006 – 8 AZR 305/05, NZA 2006, 1268, 1270 (Rn. 16 f.); BeckOKArbR-*Gussen*, § 613a BGB, Rn. 157; *Hauck*, NZA 2004, Sonderbeilage 1, 43; *Hauck*, NZA 2004, Sonderbeilage zu Heft 18, 17, 20 f.; MünchKommBGB-*Müller-Glöge*, § 613a, Rn. 114; ErfK-*Preis*, § 613a BGB, Rn. 93; APS-*Steffan*, § 613a BGB, Rn. 201; *Willemsen/Lembke*, NJW 2002, 1159, 1164; *Worzalla*, NZA 2002, 353, 357.

1331 BT-Drs. 14/7760, S. 12, 20.

1332 Das Widerspruchsrecht ist in der Richtlinie nicht kodifiziert, allerdings vom EuGH anerkannt worden. Dazu ausführlich unten bei der Behandlung des Widerspruchsrechts, fünfter Teil, § 11 C., S. 373.

lichen Anforderungen nur dort näher eingegangen werden, wo diese Konstellation möglicherweise Auswirkungen haben kann.

II. Verpflichteter?

1. Bisher immer Personenidentität

Erneut stellt sich das Problem, dass sich sämtliche Ausführungen hierzu mit dem Grundfall des Betriebsübergangs befassen. Dort ist die unterschiedlich als bisheriger Arbeitgeber, bisheriger Inhaber oder schlicht als Veräußerer bezeichnete Person ein und dieselbe. Die Richtlinie spricht in Art. 7 von dem „Veräußerer“, in § 613a Abs. 5 BGB ist die Rede von dem „bisherigen Arbeitgeber“. Vorliegend ist ein Umdenken erforderlich. Nicht die Bezeichnungen können über eine Verpflichtung entscheiden; vielmehr muss mithilfe einer Auslegung der einschlägigen Regelungen der Richtlinie und des § 613a BGB herausgearbeitet werden, welche Person(en) unterrichtungsverpflichtet ist bzw. sind.

2. Auslegung

Diese Voraussetzungen sollen mithilfe einer Auslegung herausgearbeitet werden.

a) Wortlaut

Wie soeben dargestellt, hilft der Wortlaut nicht weiter. Vielmehr sind die Voraussetzungen für eine Unterrichtungsverpflichtung herauszuarbeiten, die nicht von den Begrifflichkeiten abhängen können.

b) Systematisch-teleologisch

aa) Information über die rechtlichen Folgen – Weiterhaftung

Im Hinblick auf systematisch-teleologische Aspekte ist es hilfreich, einen näheren Blick auf den Inhalt der Unterrichtung zu werfen, wobei an dieser

Stelle die Information über „die rechtlichen[...] Folgen des Übergangs für die Arbeitnehmer" interessiert.

Eine dieser rechtlichen Folgen ist die oben bereits ausführlich erläuterte Weiterhaftung. In den Fällen, in denen die weiterhaftende Person vor dem Betriebsübergang *alleiniger* Schuldner war, nach dem Betriebsübergang aber nur noch *neben* dem Erwerber weiterhaftet, ist es auch in dessen Interesse, den Arbeitnehmer von diesen veränderten Umständen zu informieren. Schon aufgrund dieses Gesichtspunkts wäre zu erwarten, dass derjenige, der auch nach dem Betriebsübergang weiterhaftet, hierüber gleichzeitig zu unterrichten hat. Da für die vorliegende Konstellation der Verleiher zunächst alleiniger Schuldner gewesen ist, sodann aber – wie dargestellt – zumindest auch weiterhaftet, müsste die Unterrichtungspflicht für diesen gelten. Ein vergleichbares Interesse hat der Entleiher üblicherweise nicht: Er haftet ja nun beispielsweise für den rückständigen Lohn, obwohl er dem Arbeitnehmer diesen vor dem Betriebsübergang gar nicht geschuldet hatte. Dennoch muss auch er zur Unterrichtung verpflichtet sein: Denn weil diese (Weiter-)Haftung des Entleihers nach dem Betriebsübergang gegeben ist, wäre es unbillig, dem Entleiher die Möglichkeit zu gewähren, das Nichtwissen des Arbeitnehmers auszunutzen. Mit anderen Worten: Weil die Weiterhaftung des Entleihers besteht, muss dieser den Arbeitnehmer auch darüber unterrichten. Eine Interesse an der Verheimlichung dieser Stellung ist keineswegs schützenswert und abzulehnen. Konsequenterweise ist demnach auch der Entleiher Unterrichtungsverpflichteter.

bb) Auskunftsanspruch des Arbeitnehmers

Auch wenn dies von einigen Autoren bestritten wird,[1333] so handelt es sich doch nach herrschender Meinung bei der Unterrichtungspflicht um eine

1333 *Bauer/von Steinau-Steinrück*, ZIP 2002, 457, 458. Auch die Gesetzesmaterialien vermitteln den Eindruck einer bloßen Obliegenheit, BT-Drs. 14/7760, S. 19: „Nach der Rechtsprechung des Bundesarbeitsgerichts *obliegt* es dem Arbeitgeber *bereits* nach geltendem Recht, die Arbeitnehmer [...] zu unterrichten [Hervorhebungen sind solche des Verfassers]".

echte Rechtspflicht.[1334] Wie *Willemsen/Lembke*[1335] überzeugend darstellen, spricht hierfür zum einen die eigenständige Regelung der Unterrichtungspflicht sowie die eigenständige Regelung des Rechtsnachteils (die Widerspruchsfrist beginnt nicht zu laufen); bei bloßen Obliegenheiten ist der Rechtsnachteil zumeist in der Regelung zur Obliegenheit selbst zu finden.[1336] Zum anderen bestimmt Art. 9 der Richtlinie, dass die Mitgliedstaaten den Arbeitnehmern die Möglichkeit geben müssen, „ihre Forderungen durch Gerichtsverfahren einzuklagen".[1337] Der Arbeitnehmer hat also einen Anspruch auf die Auskunft, den er, wenn nötig, mit einer Klage geltend machen kann.[1338]

Der Verleiher wird diesen Anspruch wohl kaum erfüllen können, ist er doch nicht direkt in die Übertragung bzw. Veräußerung involviert und wird er deswegen normalerweise erst sehr spät von dem Betriebsübergang erfahren. Diese mangelnde Kenntnis spricht aber bei näherem Hinsehen nicht gegen eine Unterrichtungspflicht auch des Verleihers. Auch der Erwerber kann – sogar im Grundfall eines Betriebsübergangs – oftmals die Unterrichtungspflicht selbst nicht erfüllen, sondern ist auf Informationen desjenigen angewiesen, von dem er den Betrieb erwirbt. Diese mangelnde Kenntnis steht nach allgemeinen Grundsätzen einer Gesamtschuld jedoch nicht entgegen.[1339] Er muss sich die Informationen einholen. Ist ihm dies nicht möglich, beispielsweise aufgrund einer Verweigerung desjenigen, der die Kenntnisse besitzt, so haftet er dem Verleiher im Außenverhältnis, kann sich dann aber im Innenverhältnis schadlos halten.[1340]

1334 *Franzen*, RdA 2002, 258, 262; *Hauck*, NZA 2004, Sonderbeilage 1, 43, 45 f.; *Hauck*, NZA 2004, Sonderbeilage zu Heft 18, 17, 23; *Nehls*, NZA 2003, 822, 824; Willemsen/Hohenstatt/Schweibert/Seibt-*Willemsen*, Umstrukturierung, G, Rn. 211; *Willemsen/Lembke*, NJW 2002, 1159, 1161.

1335 *Willemsen/Lembke*, NJW 2002, 1159, 1161.

1336 *Willemsen/Lembke*, NJW 2002, 1159, 1161, verweisen hierzu auf § 121 Abs. 1 BGB sowie § 149 BGB.

1337 *Franzen*, RdA 2002, 258, 262; *Willemsen/Lembke*, NJW 2002, 1159, 1161.

1338 *Giesen*, Jahrbuch des ArbR 46 (2009), 41, 57; *Hauck*, NZA 2004, Sonderbeilage 1, 43, 45 f.; *Hauck*, NZA 2004, Sonderbeilage zu Heft 18, 17, 23; *Willemsen/Lembke*, NJW 2002, 1159, 1161.

1339 BeckOKArbR-*Gussen*, § 613a BGB, Rn. 143; APS-*Steffan*, § 613a BGB, Rn. 203.

1340 BeckOKArbR-*Gussen*, § 613a BGB, Rn. 143 a.E.

Mithin lassen sich aus der Tatsache, dass der Arbeitnehmer einen Auskunftsanspruch hat, keine Rückschlüsse *gegen* die Verpflichtung des Verleihers zur Unterrichtung ziehen.

cc) Gesamtschuldner

Zwischen den Unterrichtungsverpflichteten besteht nach ganz herrschender Meinung eine wechselseitige Verpflichtung in Form einer Gesamtschuldnerschaft im Sinne der §§ 421 ff. BGB.[1341] Jeder der Verpflichteten kann die Pflicht demnach erfüllen, wobei dies dann auch für den (oder die) anderen wirkt, § 422 Abs. 1 S. 1 BGB.[1342]

Aufgrund der Gesamtschuldnerschaft wird in der Literatur häufig der Vorschlag gemacht, die Frage danach, wer von den Unterrichtungsverpflichteten die betroffenen Arbeitnehmer unterrichtet, im Übernahme- bzw. Veräußerungsvertrag zu regeln.[1343] Dies macht Sinn, um Probleme des Informationsinhalts und der Informationsübermittlung zu vermeiden und zugleich im Innenverhältnis Klarheit über den Umfang der jeweiligen Pflichten zu schaffen, falls später Schadensersatzansprüche der Unterrichtungsverpflichteten untereinander im Raum stehen sollten.[1344] Typischerweise sind an solch einem Übernahme- bzw. Veräußerungsvertrag in der zu beurteilenden speziellen Situation nur der Entleiher und der Erwerber beteiligt. Dies spräche folglich gegen eine Verpflichtung des Verleihers, da dieser an der Veräußerung und schon gar nicht an den Verträgen hierzu beteiligt ist. Seine Pflichten könnten insofern kaum im Vertrag festgelegt werden, ohne dass von einem unzulässigen Vertrag zu seinen Lasten auszugehen wäre. Für diese spezielle Konstellation, in der es neben dem Arbeitnehmer drei Personen gibt (Erwerber, Verleiher und Entleiher), könnte man einen zusätzlichen dreiseitigen Vertrag abschließen, in dem man die jeweiligen Unterrichtungspflichten festlegt. Hierzu muss der Verleiher je-

1341 *Hauck*, NZA 2004, Sonderbeilage 1, 43, 45; *Hauck*, NZA 2004, Sonderbeilage zu Heft 18, 17, 22; *Willemsen/Lembke*, NJW 2002, 1159, 1162. A.A. *Giesen*, Jahrbuch des ArbR 46 (2009), 41, 57 f.

1342 *Hauck*, NZA 2004, Sonderbeilage 1, 43, 45; *Hauck*, NZA 2004, Sonderbeilage zu Heft 18, 17, 22; *Willemsen/Lembke*, NJW 2002, 1159, 1162.

1343 *Willemsen/Lembke*, NJW 2002, 1159, 1162. Ähnlich *Hauck*, NZA 2004, Sonderbeilage 1, 43, 45; *Hauck*, NZA 2004, Sonderbeilage zu Heft 18, 17, 23.

1344 So auch *Hauck*, NZA 2004, Sonderbeilage 1, 43, 45; *Hauck*, NZA 2004, Sonderbeilage zu Heft 18, 17, 23.

doch über die Veräußerung frühzeitig informiert werden und ihm von dem Entleiher und Erwerber die Gelegenheit zur Teilnahme gegeben werden. Er selbst kann seine Aufnahme in den Vertrag wohl kaum verlangen. Dies spricht gegen eine Unterrichtungsverpflichtung des Verleihers. Außerdem muss auch die Folge bedacht werden, wenn es keine vertragliche Einigung über den Umfang der Pflichten geben sollte: Der Verleiher wird dann möglicherweise von dem Betriebsübergang überrascht, er soll aber trotzdem der gesetzlich vorgeschriebenen Gesamtschuldnerschaft unterliegen. Damit wäre er zunächst vollständig gegenüber dem Arbeitnehmer informationsverpflichtet und erst einmal zu einem Drittel[1345] im Innenverhältnis gegenüber den anderen Unterrichtungsverpflichteten verpflichtet. Dies erscheint mangels Beteiligung an dem Veräußerungsgeschäft unbillig und daher gegen eine Pflicht des Verleihers, die Arbeitnehmer nach § 613a Abs. 5 BGB zu unterrichten, zu sprechen. Wiederum ist jedoch darauf zu verweisen, dass allein die Tatsache, dass der Verleiher praktisch Schwierigkeiten haben wird, überhaupt Informationen über den Unternehmenskauf und die damit verbundenen Folgen zu erlangen, nicht gegen eine dennoch bestehende Unterrichtungspflicht im Außenverhältnis sprechen kann. Im Innenverhältnis wird er dann wohl kaum die Konsequenzen einer mangelnden Unterrichtung tragen müssen, wenn er sich um die Erlangung der Kenntnisse bemüht hat, diese ihm aber von dem Erwerber oder Verleiher verschwiegen worden sind.

dd) Zeitpunkt der Unterrichtung

Die Unterrichtung der Arbeitnehmer hat nach § 613a Abs. 5 BGB *vor* dem Übergang zu erfolgen. Doch es kann durchaus vorkommen, dass der Verleiher als in die Veräußerungsverhandlungen und -verträge nicht involvierte Person von dem Übergang erst sehr spät, möglicherweise sogar erst mit bzw. nach dem Übergang erfährt. Den Verleiher jedoch als Unterrichtungsverpflichteten nach § 613a Abs. 5 BGB anzusehen und ihn damit im Außenverhältnis dieser frühzeitigen Unterrichtungspflicht auszusetzen, wäre dementsprechend unbillig. Dies spricht also dafür, neben dem Erwerber nur den Entleiher als Unterrichtungsverpflichteten anzuerkennen.

1345 Sollte er allerdings nur wenige oder keine Informationen haben, so vermindert sich dieser Anteil im Innenverhältnis natürlich dementsprechend.

ee) Ergebnis zu den systematisch-teleologischen Aspekten

Letzterer Aspekt des Zeitpunkts der Unterrichtung spricht gegen eine Unterrichtungsverpflichtung des Verleihers neben dem Entleiher. Die bestehende Weiterhaftung des Verleihers und die hiermit notwendigerweise einhergehende Unterrichtung hierüber ist jedoch ausschlaggebend dafür, eine Verpflichtung des Verleihers anzunehmen. Hiergegen sprechen auch keine weiteren Aspekte, wenn auch die Aspekte eines Auskunftsanspruchs und der Gesamtschuldnerschaft ebenso nicht für die Verpflichtung des Verleihers sprechen. Der mögliche Einwand, man könne dem Verleiher dann auch nur die teilweise Unterrichtung, namentlich über die Weiterhaftung, auferlegen, trägt nicht; eine teilweise Unterrichtungspflicht im Außenverhältnis – und hierum geht es vorliegend – sieht weder die Richtlinie noch § 613a Abs. 5 BGB vor. Vielmehr sind dies Fragen des Innenverhältnisses zwischen den Unterrichtungsverpflichteten. Insofern überzeugt es auch, bereits aus diesem einzelnen Aspekt der Weiterhaftung eine Unterrichtungsverpflichtung *insgesamt* anzunehmen.

c) Historie

In der Gesetzesbegründung heißt es wie auch in § 613a Abs. 5 BGB, dass der „bisherige Arbeitgeber oder der neue Inhaber“[1346] zur Unterrichtung verpflichtet sind. Es kann davon ausgegangen werden, dass sich an den bereits vorhandenen Regelungen des § 613a BGB orientiert worden ist und aus diesem Grund von dem „bisherigen Arbeitgeber“ die Rede ist. Wiederum[1347] gilt auch hier, dass es für die Unterrichtungsverpflichtung bisher immer einer arbeitsvertraglichen Beziehung zum vom Betriebsübergang betroffenen Arbeitnehmer bedurft hat. Doch da dies wiederum nur für den Grundfall des Betriebsübergangs Geltung beanspruchen kann, sind Folgerungen für den vorliegenden Spezialfall nicht möglich. Die Historie kann nicht weiterhelfen. Wie bereits erläutert, ist ein Umdenken erforderlich, wobei es ganz besonders auf die soeben erörterten systematisch-teleologischen Aspekte und weitere teleologische Gesichtspunkte (dazu sogleich) ankommt.

1346 BT-Drs. 14/7760, S. 19.

1347 Wie auch schon oben im Rahmen der Erörterungen zur Haftung, fünfter Teil, § 11 A. II 3., S. 351.

d) Zweck

aa) Klarheit über Akzeptanz des Betriebsübergangs

Ein Zweck der Unterrichtung besteht darin, dass Klarheit darüber gewonnen werden soll, welche Arbeitnehmer den Betriebsübergang akzeptieren und welche nicht.[1348]

Dies ist zum einen für den Verleiher von ganz erheblicher Bedeutung. Der Betriebsübergang hätte nämlich den Übergang der Arbeitnehmer auf den Erwerber zur Folge. Aufgrund dieses Verlustes seines Personals hat der Verleiher ein Interesse daran, möglichst schnell zu erfahren, gegenüber welchen Arbeitnehmern er auch weiterhin vertraglich berechtigt und verpflichtet ist. Überdies muss er möglicherweise Planungen treffen, um die widersprechenden Arbeitnehmer – ungeachtet etwaiger Schadensersatzansprüche gegenüber dem Entleiher aus dem Dienstverschaffungsvertrag[1349] – anderweitig einzusetzen. Dem Verleiher muss nicht zuletzt aus diesen Gründen eine Unterrichtung möglich sein.

Doch auch der Entleiher hat ein Interesse daran, Klarheit zu gewinnen. Er muss wissen, welche Arbeitnehmer auf den Erwerber übergehen. Dies kann Auswirkungen auf den Kaufpreis haben oder gar das Zustandekommen des Unternehmenskaufvertrags an sich, wenn der Erwerber (wenn auch möglicherweise nur teilweise) kein Interesse daran hat, diese Arbeitnehmer weiter zu beschäftigen. Sollte die Unterrichtung entgegen der gesetzlichen Regelung (dazu soeben) zu spät erfolgen, so ist der Kaufvertrag möglicherweise schon abgeschlossen. Dann kann die Anzahl der Arbeitnehmer, die den Betriebsübergang akzeptieren und damit auf den Erwerber übergehen, im Rahmen von Schadensersatzansprüchen[1350] des Erwerbers gegen den Entleiher eine tragende Rolle spielen. Jeder Arbeitnehmer, der nicht auf den Erwerber übergeht, kann eine Verringerung der Höhe des Schadensersatzanspruches zur Folge haben. Auch dem Entleiher muss also eine Unterrichtung möglich sein.

1348 BT-Drs. 14/7760, S. 19; *Hauck*, NZA 2004, Sonderbeilage 1, 43, 47; *Hauck*, NZA 2004, Sonderbeilage zu Heft 18, 17, 24; *Nehls*, NZA 2003, 822; *Willemsen/Lembke*, NJW 2002, 1159, 1163.

1349 Dazu ausführlich unten, fünfter Teil, § 11 E., S. 416.

1350 Dazu ausführlich unten, fünfter Teil, § 11 F., S. 442.

bb) Unmittelbare Unterrichtung geboten

Wie oben bereits kurz festgestellt, ergibt sich aus Art. 7 Abs. 3 und Abs. 6, dass eine Verpflichtung zur Unterrichtung der Arbeitnehmer nur in solchen Betrieben besteht, die nicht betriebsratsfähig sind.[1351] Das deutsche Recht gilt allerdings unabhängig von dem Bestehen eines Betriebsrats oder der Betriebsratsfähigkeit für sämtliche Betriebe.[1352]

Laut der Gesetzesbegründung sei diese unmittelbare Unterrichtung (gemeint ist eine Unterrichtung ohne den Umweg über Arbeitnehmervertreter) der vom Betriebsübergang betroffenen Arbeitnehmer geboten, da ein Betriebsinhaberwechsel für den einzelnen Arbeitnehmer dessen Arbeitsbedingungen wesentlich verändern könne und auch seine beruflichen Entwicklungsmöglichkeiten.[1353] Es kommt also nicht auf das Bestehen eines Betriebsrats oder die Betriebsratsfähigkeit an; auch eine etwaige Betriebszugehörigkeit im Sinne des Betriebsverfassungsgesetzes ist unerheblich. Es muss wohl vielmehr darum gehen, wer die bisherigen Arbeitsbedingungen bestimmt, die sich so wesentlich verändern können, und woran bisher die Entwicklungsmöglichkeiten des Arbeitnehmers hängen. Die Arbeitsbedingungen der täglichen Arbeit legt maßgeblich der Entleiher fest, in dem er den Betrieb organisiert, in dem der Arbeitnehmer tätig ist und ihm gegenüber Weisungen erteilt, die direkt die Tätigkeit des Arbeitnehmers betreffen. Auch die Entlohnung stellt eine Arbeitsbedingung dar; diese nimmt der Verleiher vor, sodass dann auch dieser eine Rolle spielt. Unter die Entwicklungsmöglichkeiten fällt wohl auch die Entwicklung der Entlohnung, sodass hier der Verleiher eine umso größere Rolle spielt. Mit Blick auf die Entwicklungsmöglichkeiten ist aber der Entleiher ebenfalls wichtig. Steigen in dessen Betrieb die Anforderungen an den Leiharbeitnehmer, so kann der Leiharbeitnehmer in seinem weiteren Berufsleben hierauf verweisen und dadurch möglicherweise bessere Kenntnisse und Fertigkeiten nachweisen. Auch kann sich durch die höheren Anforderungen die im Dienstverschaffungsvertrag gegenüber dem Verleiher vereinbarte Vergütung verändern; dies sollte sich wiederum auf die Entlohnung des Leiharbeitnehmers niederschlagen. Mit der höheren Entlohnung kann

---

1351 MünchKommBGB-*Müller-Glöge*, § 613a, Rn. 104; ErfK-*Preis*, § 613a BGB, Rn. 84; APS-*Steffan*, § 613a BGB, Rn. 202. Vgl. dazu auch *Willemsen/Lembke*, NJW 2002, 1159.

1352 Dazu BT-Drs. 14/7760, S. 19.

1353 Dazu BT-Drs. 14/7760, S. 19.

auch speziell eine größere Verantwortung im Entleihbetrieb einhergehen, was für den Arbeitnehmer eine wichtige Rolle spielen wird. Um auf die Arbeitsbedingungen und Entwicklungsmöglichkeiten durch einen Übergang eingehen zu können, bedarf es allerdings der Kenntnisse hierüber. Diese hat – betrachtet man nur den Verleiher und den Entleiher – wohl eher der Entleiher als Partei des Unternehmenskaufvertrags. Er hat sich über den Erwerber informiert; dem Verleiher wird diese Möglichkeit wohl kaum zustehen. Wie soeben indes bereits ausgeführt, hindert diese Unkenntnis eine Unterrichtungspflicht grundsätzlich nicht; allerdings wird hierdurch aber natürlich auch keine Unterrichtungsberechtigung oder gar -verpflichtung begründet. Hierzu bedarf es vielmehr anderer Argumente, die zuvor genannt worden sind.

Nichtsdestotrotz folgt aus diesem teleologischen Gesichtspunkt im Ergebnis, dass eine Unterrichtung sowohl durch den Verleiher als auch den Entleiher dem *Telos* der Unterrichtung entspricht.

cc) Zwischenergebnis zum Zweck

Hat die Unterrichtung im Zusammenhang mit dem Widerspruch auch gewisse Vorteile für den Verleiher und den Entleiher, da sie unter anderem Klarheit über die Anzahl der Arbeitnehmer erhalten, die den Betriebsübergang und dessen Folgen akzeptieren, so liegt doch das Hauptaugenmerk der Unterrichtung wiederum auf dem Schutz der Arbeitnehmer. Eine Berechtigung zur Unterrichtung kann also nicht ausreichen und entspricht allein weder den gesetzlichen Vorgaben noch dem *Telos*. Vielmehr gibt es eine Verpflichtung zur Unterrichtung. Aus diesem Zusammenhang von einerseits Berechtigung, andererseits Verpflichtung, folgt, dass aufgrund der sich aus teleologischen Aspekten ergebenden Unterrichtungsberechtigung von Verleiher und Entleiher auch eine Unterrichtungsverpflichtung ebendieser beider Personen anzunehmen ist.

e) Ergebnis zur Auslegung

Im Ergebnis ist sowohl der Verleiher als auch der Entleiher dazu verpflichtet, die vom Betriebsübergang betroffenen Arbeitnehmer über den Betriebsübergang und dessen Folgen zu unterrichten.

3. Abgleich mit den Ergebnissen der Begründungswege

Die bereits zur Weiterhaftung aufgezeigten Probleme stellen sich teilweise auch hier im Rahmen der jeweiligen Begründungswege. Wird der Verleiher wie nach der Zuordnungslösung und der Lösung über einen Rechtsmissbrauch bzw. eine unzulässige Umgehung beim Betriebsübergang des entleihenden Unternehmens als nicht existent behandelt, so kann dieser auch nicht unterrichtungsverpflichtet sein; dies kann allerdings nicht überzeugen im Hinblick auf die oben durchgeführte Auslegung. Entsprechendes gilt für die Zurechnungslösung, da hier der Entleiher völlig ausgeblendet wird, eine Unterrichtungspflicht jedoch auch diesen trifft.

Für die Lösung über den nichtvertraglichen Arbeitgeber ergibt sich ein gleiches Bild wie schon bei der Weiterhaftung. Wiederum ist insofern festzuhalten, dass der Verleiher anders als nach der Zuordnungslösung und der Lösung über den Rechtsmissbrauch bzw. eine unzulässige Umgehung weiterhin als existent angesehen wird. Würde man aufgrund der rechtlichen Existenz des Verleihers nach diesem Lösungsweg eine Unterrichtungsverpflichtung des Verleihers annehmen, so ergäben sich die gleichen Friktionen wie bei der Weiterhaftung: Der Verleiher ist nicht in den Betriebsübergang involviert, ihn würde aber dennoch eine Unterrichtungsverpflichtung treffen, was nicht überzeugt. Man erkennt auch hier, dass es überzeugender wäre, wenn der Verleiher als vertraglicher Arbeitgeber neben dem Entleiher als nichtvertraglichem Arbeitgeber von vornherein ebenfalls maßgeblich wäre, namentlich bereits im Rahmen des Art. 3 Abs. 1 UAbs. 1. Da jedoch nach diesem Begründungsweg im vorliegenden Fall einer Übertragung des Entleihunternehmens ausschließlich der Entleiher die maßgebliche Person ist, wäre eine Unterrichtungsverpflichtung des Verleihers hierzu widersprüchlich. Damit entspricht dieser Begründungsweg aber nicht den Ergebnissen der soeben erfolgten Auslegung und ist auch deswegen insgesamt abzulehnen.

Schließlich überzeugt es erneut, wenn sowohl der Verleiher als auch der Entleiher rechtlich abgebildet und eingebunden werden. Somit kann der teleologisch erforderlichen Unterrichtungspflicht für beide Personen nachgekommen werden. Dies ist nur über die Lösung der gespaltenen Veräußererstellung in durchweg überzeugender Weise möglich.

III. Abschließende Beurteilung

Wie auch bei der Weiterhaftung ergibt die Auslegung für die Unterrichtungsverpflichtung, dass sowohl der Verleiher als auch der Entleiher hiervon betroffen sein müssen. Es überzeugt demnach auch hier, die *beiden* Personen (Verleiher und Entleiher) rechtlich zu erfassen.

C. Widerspruchsrecht des Arbeitnehmers

Ein Widerspruchsrecht ist in der Richtlinie 2001/23/EG zwar nicht geregelt, wurde jedoch vom EuGH anerkannt.[1354] Dass das Widerspruchsrecht dem Arbeitnehmer auch für die vorliegende, spezielle Konstellation zustehen muss, ist eine klare Konsequenz, wenn man von dem Übergang seines Arbeitsverhältnisses ausgeht.[1355]

I. Folge der Ausübung des Widerspruchsrechts

Zunächst ist es notwendig, die Folge der Ausübung des Widerspruchsrechts nach der Rechtsprechung des EuGH sowie der Regelung des § 613a Abs. 6 BGB darzustellen und für die zu beurteilenden problematischen Fälle zu klären.

1. Meinungsstand und gesetzliche Grundlagen

a) Rechtsprechung des EuGH

aa) Maßgebliche Person

Da das Widerspruchsrecht in der Richtlinie 2001/23/EG gar nicht geregelt ist, ist auch keine Folge dessen Ausübung genannt. Hat der EuGH auch

---

1354 EuGH v. 15.12.1992 – Rs. C-132/91, 138/91, 139/91 (*Katsikas u.a.*), NZA 1993, 169, 170 (Rn. 31 ff.); EuGH v. 24.1.2002 – Rs. C-51/00 (*Temco*), NZA 2002, 265, 268 (Rn. 36).

1355 *Gaul/Ludwig*, DB 2011, 298, 300.

das Widerspruchsrecht an sich anerkannt,[1356] so hat er die Rechtsfolge indes nicht konkret benannt. Allerdings ergibt sich diese aus den Ausführungen in den genannten Entscheidungen sowie in der Rechtssache *Berg/ Besselsen*[1357].

In der Rechtssache *Katsikas u. a.*[1358] schreibt der EuGH,

> „Die Richtlinie 77/187/EWG verpflichtet die Mitgliedstaaten folglich nicht, die Aufrechterhaltung des Arbeitsvertrags oder Arbeitsverhältnisses *mit dem Veräußerer* [Hervorhebung des Verfassers] für den Fall vorzusehen, daß der Arbeitnehmer sich frei dafür entscheidet, den Arbeitsvertrag oder das Arbeitsverhältnis nicht mit dem Erwerber fortzusetzen. Es ist Sache der Mitgliedstaaten, zu bestimmen, was in einem solchen Fall mit dem Arbeitsvertrag oder Arbeitsverhältnis geschieht."[1359]

Offensichtlich geht der EuGH demnach davon aus, dass es der Veräußerer ist, mit dem das Arbeitsverhältnis aufrechterhalten wird. Dies geht auch aus der Antwort auf die Frage der vorlegenden Gerichte hervor, wo in diesem Zusammenhang mehrmals die Rede von „Veräußerer" ist.[1360] Die konkret möglichen Folgen benennt der EuGH ebenfalls:

> „Die Mitgliedstaaten können insbesondere vorsehen, daß der Arbeitsvertrag oder das Arbeitsverhältnis
> in diesem Fall als entweder vom Arbeitnehmer *oder vom Arbeitgeber* gekündigt gilt. Sie können auch vorsehen, daß der Arbeitsvertrag oder das Arbeitsverhältnis *mit dem Veräußerer* bestehen bleibt."[1361] [Hervorhebungen sind solche des Verfassers]

Wiederum ist es der Veräußerer, mit dem das Arbeitsverhältnis bestehen bleiben soll. Zwar schreibt der EuGH auch, dass das Arbeitsverhältnis als vom Arbeitgeber gekündigt gelten könne. Doch fielen in der genannten

---

1356 EuGH v. 15.12.1992 – Rs. C-132/91, 138/91, 139/91 (*Katsikas u.a.*), NZA 1993, 169, 170 (Rn. 31 ff.); EuGH v. 24.1.2002 – Rs. C-51/00 (*Temco*), NZA 2002, 265, 268 (Rn. 36).

1357 EuGH v. 5.5.1988 – Rs. 144/87 und 145/87 (*Berg/Besselsen*), NZA 1990, 885.

1358 EuGH v. 15.12.1992 – Rs. C-132/91, 138/91, 139/91 (*Katsikas u.a.*), NZA 1993, 169.

1359 EuGH v. 15.12.1992 – Rs. C-132/91, 138/91, 139/91 (*Katsikas u.a.*), NZA 1993, 169, 170 (Rn. 35).

1360 EuGH v. 15.12.1992 – Rs. C-132/91, 138/91, 139/91 (*Katsikas u.a.*), NZA 1993, 169, 170 (Rn. 37).

1361 EuGH v. 15.12.1992 – Rs. C-132/91, 138/91, 139/91 (*Katsikas u.a.*), NZA 1993, 169, 170 (Rn. 36).

Rechtssache Arbeitgeber und Veräußerer zusammen.[1362] Zudem wurde sich nach deutschem Recht – dies sei vorweggegriffen – ohnehin gegen die Fiktion einer Kündigung des Arbeitsvertrags oder Arbeitsverhältnisses entschieden, sodass die Alternative gar nicht einschlägig ist. Mit direktem Verweis auf selbiges Zitat hält der EuGH in der Rechtssache *Temco*[1363] fest:

> „Der Vertrag, der den Arbeitnehmer an *das veräußernde Unternehmen* bindet, kann entweder vom Arbeitgeber oder vom Arbeitnehmer gekündigt werden oder er kann *mit diesem Unternehmen* bestehen bleiben (vgl. namentlich Urteil Katsikas u.a., Rdnr. 36) [Hervorhebungen sind solche des Verfassers].“[1364]

Geht es um die Alternative des Bestehenbleibens des Vertrags[1365], so bleibt dieser mit dem veräußernden Unternehmen bestehen; wiederum ist der Veräußerer entscheidend.

Schließlich spricht auch die Rechtssache *Berg/Besselsen*[1366] für den Befund, dass die Rechtsfolge der Ausübung des Widerspruchsrechts eine Fortsetzung des Arbeitsvertrags oder Arbeitsverhältnisses mit dem Veräußerer ist, wenn man sich – wie nach dem deutschen Recht – gegen die oben erwähnte Fiktion einer Kündigung entscheidet. So heißt es:

> „Sie bezweckt jedoch nicht die Fortsetzung des Arbeitsvertrags oder -verhältnisses mit dem Veräußerer für den Fall, daß die in dem Unternehmen beschäftigten Arbeitnehmer ihre Tätigkeit nicht für den Erwerber fortsetzen wollen.“[1367]

Dass die Richtlinie eine Fortsetzung des Arbeitsvertrags oder Arbeitsverhältnisses nicht bezweckt heißt hierbei nicht, dass dies nicht möglich ist.

1362 Dies war im Ausgangsverfahren des ArbG Bamberg (Rs. C-132/91) *A. Konstantinidis*, im Ausgangsverfahren des ArbG Hamburg (Rs. 138/91 und 139/91) die *PCO Stauereibetrieb Paetz & Co. Nfl. GmbH.*

1363 EuGH v. 24.1.2002 – Rs. C-51/00 (*Temco*), NZA 2002, 265.

1364 EuGH v. 24.1.2002 – Rs. C-51/00 (*Temco*), NZA 2002, 265, 268 (Rn. 36).

1365 Beachtlich scheint zunächst, dass der EuGH hier explizit nur vom „Vertrag“ spricht, hat er doch sonst immer von einem Arbeitsvertrag oder Arbeitsverhältnis gesprochen und damit den Richtlinientext in seine Ausführungen aufgenommen. Wie sogleich zu zeigen sein wird, legte sich der EuGH – anders als die Formulierung vermuten lässt – dennoch nicht ausschließlich auf den Vertrag fest.

1366 EuGH v. 5.5.1988 – Rs. 144/87 und 145/87 (*Berg/Besselsen*), NZA 1990, 885.

1367 EuGH v. 5.5.1988 – Rs. 144/87 und 145/87 (*Berg/Besselsen*), NZA 1990, 885 (Rn. 12).

Diese Worte sind als Klarstellung zu verstehen, dass eine Fortsetzung nicht notwendige, aber mögliche Folge ist. Dies hat der EuGH ja auch später in den Rechtssachen *Katsikas u. a.* [1368] und *Temco*[1369] verdeutlicht. Es ergibt sich aus diesem Satz allerdings, dass eine Fortsetzung überhaupt nur mit dem Veräußer möglich ist.

Im Ergebnis hat die Ausübung des Widerspruchsrechts nach der Rechtsprechung des EuGH damit zur Folge, dass der Arbeitsvertrag oder das Arbeitsverhältnis mit dem Veräußerer fortgesetzt wird, wenn sich – wie nach deutschem Recht – gegen die Fiktion einer Kündigung entschieden wird.

bb) Arbeitsvertragliche Beziehung zu dieser Person erforderlich?

Ist in der Rechtsprechung des EuGH – wie gezeigt – von dem „Veräußerer" als maßgeblicher Person die Rede, so sagt dies direkt nichts über dessen Voraussetzungen aus.

Im Folgenden soll somit wiederum ein Blick auf die Rechtsprechung[1370] des EuGH geworfen werden, um zu untersuchen, ob diese Rechtsprechung die Voraussetzung einer vertraglichen Beziehung bestätigt oder aber im Gegenteil dies nicht für erforderlich hält. Zwar wurde an anderer Stelle dieser Arbeit ausführlich dargestellt, warum sich aus dem in der Richtlinie verwandten Begriff „Veräußerer" keine eindeutigen Voraussetzungen ergeben.[1371] Es geht hier aber einzig um die Voraussetzungen, die im Rahmen des Widerspruchsrechts für erforderlich gehalten worden sind, ob hier also – trotz möglicherweise pauschaler Verwendung des Begriffs Veräußerer – eine arbeitsvertragliche Beziehung als Voraussetzung gegeben sein muss. Die folgenden Ausführungen stellen keine Auslegung

---

1368 EuGH v. 15.12.1992 – Rs. C-132/91, 138/91, 139/91 (*Katsikas u.a.*), NZA 1993, 169, 170 (Rn. 36).

1369 EuGH v. 24.1.2002 – Rs. C-51/00 (*Temco*), NZA 2002, 265, 268 (Rn. 36).

1370 Im Besonderen die bereits angeführten Entscheidungen: EuGH v. 5.5.1988 – Rs. 144/87 und 145/87 (*Berg/Besselsen*), NZA 1990, 885; EuGH v. 15.12.1992 – Rs. C-132/91, 138/91, 139/91 (*Katsikas u.a.*), NZA 1993, 169; EuGH v. 24.1.2002 – Rs. C-51/00 (*Temco*), NZA 2002, 265.

1371 Siehe oben, vierter Teil § 9 A. III. 1. b), S. 180, sowie vierter Teil, § 9 E. V. 3. a), S. 298.

dar;[1372] es geht lediglich um eine erläuternde Beschreibung der von der Rechtsprechung des EuGH gemachten Aussagen.

In der Rechtssache *Berg/Besselsen*[1373] spricht der EuGH im Zusammenhang mit dem Begriff des Veräußerers überwiegend von dessen „Pflichten aus dem Arbeitsvertrag oder Arbeitsverhältnis“[1374]. Dies spricht gegen das Erfordernis einer arbeitsvertraglichen Beziehung. Daran ändert auch die Tatsache nichts, dass der EuGH ebenfalls an einer Stelle nur davon spricht, dass „die Pflichten aus den Arbeitsverträgen *ipso iure* auf den Erwerber übergehen“[1375]. Es handelt sich hier um eine Aussage zu dem konkreten Sachverhalt, bei dem nur der Übergang von einem arbeitsvertraglichen Verhältnis in Frage stand und der EuGH insofern an dieser Stelle auch nur dieses arbeitsvertragliche Verhältnis beurteilte. Insgesamt bleibt der EuGH also seiner Linie treu, die Worte „Arbeitsvertrag oder Arbeitsverhältnis“ zu verwenden; eine arbeitsvertragliche Beziehung zum Arbeitnehmer wird gerade nicht für erforderlich angesehen. Dieser Befund wird in dem Urteil *Katsikas u. a.* [1376] bestätigt. Es mag angeführt werden, dass sich aus der Argumentation in diesem Fall etwas anderes ergibt. So ist ein Hauptargument für die Anerkennung eines Widerspruchsrechts, dass eine Verpflichtung des Arbeitnehmers zur Fortsetzung seines Arbeitsverhältnisses (hier offensichtlich als Oberbegriff gebraucht und damit den Arbeitsvertrag einschließend) mit dem Erwerber gegen Grundrechte des Arbeitnehmers verstieße, der *bei der Wahl seines Arbeitgebers* frei sein müsse und nicht verpflichtet werden könne, für einen Arbeitgeber zu arbeiten, den er nicht frei gewählt habe.[1377] Hieraus ließe sich der Schluss ziehen, dass die Person, bei der der Arbeitnehmer vor dem Betriebsübergang gearbeitet hat, dessen Arbeitgeber gewesen sein musste. Aufgrund dessen aber auf das Erfordernis eines Arbeitsvertrags zu schließen wäre falsch: Man darf hierbei nicht den Fehler machen, den Begriff des Arbeit-

---

1372 Eine Auslegung erfolgt im Anschluss an die Erörterungen zum Stand der Rechtsprechung des EuGH und den gesetzlichen Vorgaben des § 613a BGB.

1373 EuGH v. 5.5.1988 – Rs. 144/87 und 145/87 (*Berg/Besselsen*), NZA 1990, 885.

1374 EuGH v. 5.5.1988 – Rs. 144/87 und 145/87 (*Berg/Besselsen*), NZA 1990, 885 f. (Rn. 7, 11, 14).

1375 EuGH v. 5.5.1988 – Rs. 144/87 und 145/87 (*Berg/Besselsen*), NZA 1990, 885, 886 (Rn. 13).

1376 EuGH v. 15.12.1992 – Rs. C-132/91, 138/91, 139/91 (*Katsikas u.a.*), NZA 1993, 169, 170 (besonders Rn. 34, 35).

1377 EuGH v. 15.12.1992 – Rs. C-132/91, 138/91, 139/91 (*Katsikas u.a.*), NZA 1993, 169, 170 (Rn. 32).

gebers nach deutschem Recht zu verstehen und hierunter nur einen vertraglichen Arbeitgeber zu fassen. Auch hier gilt aufgrund der fortwährenden Verwendung der Worte „Arbeitsvertrag oder Arbeitsverhältnis", dass es zur Arbeitgeberstellung nicht notwendigerweise eines Arbeitsvertrags bedarf.[1378] Im Ergebnis spricht dieses Hauptargument also ebenfalls nicht dafür, dass es nach Ansicht des EuGH einer arbeitsvertraglichen Beziehung zum Arbeitnehmer bedürfe. Auch ein (sonstiges) Arbeitsverhältnis ist ausreichend. Ähnliches gilt auch für die Ausführungen in der Rechtssache *Temco*[1379]. Zwar schreibt der EuGH von einem „Vertrag, der den Arbeitnehmer an das veräußernde Unternehmen bindet" und verwendet in jenem Absatz nur die Alternative des Arbeitsvertrags, ohne die Worte „oder Arbeitsverhältnis" anzufügen.[1380] Allerdings bezieht sich der EuGH direkt auf die Rechtssache *Katsikas* und es ist nicht ersichtlich, dass die Ausführungen jener Entscheidung eingeschränkt werden sollen. Im Gegenteil soll diese Rechtsprechung wohl eher bestärkt und fortgeführt werden. Dazu passt auch die Antwort auf die Vorlagefrage in der Rechtssache *Temco*, bei der wieder von „Arbeitsvertrag[s] oder des Arbeitsverhältnis[ses]" die Rede ist.[1381]

Es bedarf nach alledem im Ergebnis nach der Rechtsprechung des EuGH keines Arbeitsvertrags, damit im Rahmen der Ausübung eines Widerspruchsrechts von einem Veräußerer gesprochen werden kann. Es wurde eingangs aufgezeigt, dass es dieser Veräußerer ist, zu dem das Arbeitsverhältnis nach Ausübung des Widerspruchsrechts fortbesteht. Daraus lässt sich folgern, dass die Person, zu der das Arbeitsverhältnis aufrecht erhalten bleibt, mit diesen Arbeitnehmern nicht arbeitsvertraglich verbunden sein muss.

b) Folge des § 613a BGB

Besteht die Folge der Ausübung des Widerspruchsrechts demnach nach Ansicht des EuGH darin, dass das Arbeitsverhältnis zum Veräußerer be-

1378 Daran ändert auch die Feststellung nichts, dass eine Argumentation allein mit dem nichtvertraglichen Arbeitgeber für die vorliegende Konstellation nicht überzeugen kann, siehe dazu oben, vierter Teil § 9 E. I. 1., S. 224.

1379 EuGH v. 24.1.2002 – Rs. C-51/00 (*Temco*), NZA 2002, 265.

1380 EuGH v. 24.1.2002 – Rs. C-51/00 (*Temco*), NZA 2002, 265, 268 (Rn. 36).

1381 EuGH v. 24.1.2002 – Rs. C-51/00 (*Temco*), NZA 2002, 265, 268 (Rn. 37).

stehen bleibt, kann Gleiches zumindest nicht unmittelbar auch für die Folge eines Widerspruchs nach § 613a Abs. 6 BGB gelten. Grund dafür ist die Tatsache, dass sich das Wort „Veräußerer" nur in der Richtlinie, nicht in § 613a BGB findet. Geht es um die Person(en) neben dem Erwerber, so spricht § 613a BGB immer von dem „bisherigen Arbeitgeber". Allein aus dem Kontext des § 613a BGB, speziell dessen Abs. 1 S. 1, geht hervor, dass dieser bisherige Arbeitgeber auch Inhaber eines Betriebs gewesen sein muss. Die Bezeichnung „Veräußerer" ist aber an keiner Stelle erwähnt. Das ist auch der Grund dafür, warum als Folge des Widerspruchs in den Urteilen hierzu die Rede von dem bisherigen Arbeitgeber ist.[1382] In der Literatur ist – wohl im Hinblick auf den Sprachgebrauch der Richtlinie – unterschiedlich von einem Verbleiben des Arbeitsverhältnisses zum bisherigen Arbeitgeber[1383] oder aber zum Veräußerer[1384], teilweise zum bisherigen Inhaber[1385] die Rede, obwohl jeweils ein und dieselbe Person gemeint ist.

Um Arbeitgeber sein zu können, ist nach bisheriger allgemeiner Ansicht ein Arbeitsvertrag erforderlich gewesen. Es kam hierbei nämlich mittelbar auf den allgemeinen Arbeitnehmerbegriff des deutschen Rechts an, der – wie an anderer Stelle dieser Arbeit ausführlich gezeigt – eines Arbeitsvertrags zum Arbeitgeber bedarf. Der „bisherige" Arbeitgeber ist also der vertragliche Arbeitgeber. Ein Veräußerer, der zum Arbeitnehmer keine arbeitsvertragliche Beziehung hat, war demnach unter keinen Umständen von dem Begriff des „bisherigen Arbeitgebers" in § 613a BGB erfasst, sodass er hiernach bei Ausübung des Widerspruchsrechts keine Rolle gespielt hat.

1382 Bspw. BAG v. 30.10.2003 – 8 AZR 491/02, NZA 2004, 481, 483; BAG v. 30.9.2004 – 8 AZR 462/03, NZA 2005, 43, 45.

1383 ErfK-*Preis*, § 613a BGB, Rn. 105.

1384 So ebenfalls ErfK-*Preis*, § 613a BGB, Rn. 105, nur zwei Sätze später. Zudem Schaub-*Koch*, § 118, Rn. 46; vgl. HWK-*Willemsen*, § 613a BGB, Rn. 355, der zunächst nur vom bisherigen Betriebsinhaber spricht, wenig später aber auch von Veräußerer.

1385 HWK-*Willemsen*, § 613a BGB, Rn. 355.

2. Umdenken hinsichtlich der Verwendung der Bezeichnungen erforderlich

Nicht zuletzt aufgrund des direkten Zusammenhangs von Unterrichtungsverpflichtung und Widerspruchsrecht stellt sich bei der Feststellung derjenigen Person, zu der der Arbeitnehmer nach Ausübung des Widerspruchs sein Arbeitsverhältnis fortsetzt, das gleiche Problem: Sämtliche Ausführungen hierzu befassen sich mit dem Grundfall des Betriebsübergangs, in dem die unterschiedlich als bisheriger Arbeitgeber, bisheriger Inhaber oder schlicht als Veräußerer bezeichnete Person ein und dieselbe ist. Es herrscht Personenidentität, gemeint ist jeweils die gleiche Person. Handelte es sich bisher nur um die Verwendung unterschiedlicher Terminologie für die gleiche Person, so muss hier fortan in Anbetracht des Falles *Albron* genauer unterschieden werden, wenn eine Dreiecksbeziehung wie bei der Leiharbeit gegeben ist. Wie an mehreren Stellen in dieser Arbeit gezeigt,[1386] ist die Person des Veräußerers dann nicht notgedrungen identisch mit der Person des bisherigen Arbeitgebers.

a) Auslegung

aa) Wortlaut

Da die verschiedenen Begriffe für ein und dieselbe Person verwendet worden sind, kann es nicht weiterhelfen, sich an diesen Begrifflichkeiten zu orientieren, da ihnen direkt keine Aussagekraft zukommt.

bb) Historie

Die Historie liefert zu diesem Problem keine Anhaltspunkte.

1386 Siehe oben, insbesondere fünfter Teil, § 11 A. II. 1., S. 350, sowie fünfter Teil, § 11 B. II. 1., S. 363.

cc) Zweck

(1) Freie Wahl des Arbeitgebers

Nach dem Normzweck soll das Widerspruchsrecht dazu dienen, dass der Arbeitnehmer nicht kraft Gesetzes dazu verpflichtet wird, für einen Arbeitgeber zu arbeiten, den er nicht frei gewählt hat.[1387] Es soll ihm kein Arbeitgeberwechsel aufgezwungen werden. Der Arbeitnehmer hat sich direkt nur dazu verpflichtet, für den Verleiher zu arbeiten; diesen hat er frei gewählt. Deswegen muss ein Verbleiben bei diesem immer möglich sein. Allerdings ist für die besondere Konstellation der Leiharbeit zu beachten, dass sich der Arbeitnehmer mit seiner freien Wahl des Verleihers als Arbeitgeber auch verpflichtet hat, für jede Person zu arbeiten, die von dem Verleiher für ihn ausgewählt wird. Dies ist vorliegend der Entleiher. Auch eine Tätigkeit für den Entleiher ist also Ausfluss der freien Wahl des Arbeitgebers durch den Leiharbeitnehmer, sodass es auch möglich sein muss, dass der Arbeitnehmer weiterhin bei diesem tätig wird und nicht notgedrungen sein Arbeitsverhältnis nur mit dem Verleiher fortsetzen kann. Insofern spielt es keine Rolle, ob auch der Entleiher im Rahmen des Betriebsübergangs unter bestimmten Voraussetzungen Arbeitgeber des entsandten Arbeitnehmers ist, da die Fortsetzung mit diesem schon aus der Wahl des Verleihers als Arbeitgeber folgt.

(2) Sicherung des status quo

Daneben soll durch das Widerspruchsrecht nach Ansicht des BAG der vertragsrechtliche *status quo* gesichert werden.[1388] Man könnte hieraus folgern, dass es nur um die Aufrechterhaltung der vertraglichen Bindung geht. Allerdings würde hierbei übersehen, dass es nicht um die vertragliche Beziehung allein geht, sondern vielmehr um einen ganzen Status, der aus der vertragsrechtlichen Beziehung folgt. Damit ist aber sowohl die vertragliche Verbindung zum Verleiher erfasst als auch die Entsendung zum Entleiher und die damit einhergehende Abtretung des Weisungsrechts

---

1387 EuGH v. 15.12.1992 – Rs. C-132/91, 138/91, 139/91 (*Katsikas u.a.*), NZA 1993, 169, 170 (Rn. 32); BAG v. 22.4.1993 – 2 AZR 50/92, AP Nr. 103 zu § 613a BGB.

1388 BAG v. 30.9.2004 – 8 AZR 462/03, NZA 2005, 43, 47.

an den Entleiher. Dieser *status quo* soll aufrecht erhalten werden. Damit bleibt der Arbeitnehmer – soweit möglich – im Entleihbetrieb tätig; die Rechte und Pflichten des Verleihers sowie des Entleihers zum Arbeitnehmer verändern sich zu der Situation vor dem Betriebsübergang nicht.

(3) Widerspruchsrecht als Durchsetzungsvehikel

Schließlich wird der Sinn und Zweck des Widerspruchsrechts auch darin gesehen, dass es das „Durchsetzungsvehikel“[1389] für das Informationsinteresse des Beschäftigten, also die Unterrichtung, darstellt.[1390] Entgegen teilweise geäußerter Ansicht[1391] stellt die Information hierüber einen Teil der Unterrichtungspflicht dar.[1392] Denn durch die Unterrichtung soll ja gerade eine Wissensgrundlage für die Entscheidung des Arbeitnehmers für oder gegen einen Widerspruch geschaffen werden;[1393] es wäre somit „paradox, das Recht zum Widerspruch von der Informationspflicht auszunehmen“[1394]. Die Information über das Widerspruchsrecht beinhaltet unter anderem den Hinweis auf die Folgen der Ausübung. Auch die Unterrichtung hierüber gehört zu einer umfassenden Unterrichtung gem. § 613a Abs. 5 BGB; und allein durch eine umfassende Information wird die Widerspruchsfrist in Gang gesetzt.[1395] Erst mit Ablauf dieser Frist ist ein Widerspruch der Arbeitnehmer nicht mehr möglich, und es herrscht Klarheit darüber, welche Arbeitnehmer den Betriebsübergang akzeptieren und welche diesem widersprechen.[1396] Die Unterrichtungsverpflichteten werden also

---

1389 *Grau*, Unterrichtung und Widerspruchsrecht, S. 17.

1390 *Franzen*, RdA 2002, 258, 263; *Grau*, Unterrichtung und Widerspruchsrecht, S. 17.

1391 *Willemsen/Lembke*, NJW 2002, 1159, 1163.

1392 BAG v. 20.3.2008 – 8 AZR 1016/06, NZA 2008, 1354, 1357 (Rn. 34); *Grau*, Unterrichtung und Widerspruchrecht, S. 173 f.; *Hauck*, NZA 2004, Sonderbeilage 1, 43, 46; ErfK-*Preis*, § 613a BGB, Rn. 88a.

1393 Siehe die Ausführungen zur Unterrichtung, fünfter Teil, § 11 B. I., S. 361.

1394 BAG v. 20.3.2008 – 8 AZR 1016/06, NZA 2008, 1354, 1357 (Rn. 34).

1395 BAG v. 13.7.2006 – 8 AZR 305/05, NZA 2006, 1268, 1270 (Rn. 16 f.); BeckOKArbR-*Gussen*, § 613a BGB, Rn. 157; *Hauck*, NZA 2004, Sonderbeilage 1, 43; *Hauck*, NZA 2004, Sonderbeilage zu Heft 18, 17, 20 f.; MünchKommBGB-*Müller-Glöge*, § 613a, Rn. 114; ErfK-*Preis*, § 613a BGB, Rn. 93; APS-*Steffan*, § 613a BGB, Rn. 201; *Willemsen/Lembke*, NJW 2002, 1159, 1164.

1396 *Grau*, Unterrichtung und Widerspruchsrecht, S. 17. Vgl. BT-Drs. 14/7760, S. 19; *Hauck*, NZA 2004, Sonderbeilage 1, 43, 47; *Hauck*, NZA 2004, Sonderbeilage aufgrund dieser Konsequenz ein besonderes Interesse daran haben, die Arbeitnehmer umfassend nach den gesetzlichen Vorgaben zu informieren.

Diese Konstruktion des Ineinandergreifens von Unterrichtung und Widerspruchsrecht kann als „Verzahnung“[1397] bezeichnet werden. Dieser Verzahnung entspricht es, dass derjenige, der zur Unterrichtung verpflichtet ist, *gleichzeitig* auch jemand sein muss, den ein möglicher Widerspruch, als Konsequenz zur Unterrichtung, direkt betreffen kann. Wäre dies nicht der Fall, dann stellte der Widerspruch auch nicht das Durchsetzungsvehikel für die Unterrichtung dar. Warum sollte jemand unterrichten, wenn ihn die Folgen eines Widerspruchs niemals betreffen könnten und er insofern auch keine Klarheit über die Akzeptanz des Betriebsübergangs bei den betroffenen Arbeitnehmern anstreben werden wird? Anders ausgedrückt: Bejaht man eine Unterrichtungsverpflichtung einer Person, dann muss man schon deswegen auch eine Aufrechterhaltung der Tätigkeit mit dieser Person annehmen, will man die gesetzliche Verzahnung von Unterrichtung und Widerspruch nicht aufbrechen.

b) Ergebnis der Auslegung

Es zeigt sich, dass im Ergebnis sowohl der Verleiher als auch der Entleiher eine Rolle bei der Ausübung des Widerspruchsrechts spielen.

3. Beurteilung der Begründungswege

Es ergibt sich, dass das Arbeitsverhältnis des Arbeitnehmers in jedem Fall mit dem Arbeitgeber, den der Arbeitnehmer direkt frei gewählt hat, bestehen bleiben muss.[1398] Das ist der Verleiher. Da der Verleiher im Rahmen der Zuordnungslösung sowie der Lösung über den Rechtsmissbrauch bzw. eine unzulässige Umgehung als nicht vorhanden behandelt wird, ist dies ein deutlicher Kritikpunkt an diesem Begründungsweg. Man könnte zwar bei einem Widerspruch wiederum von der rechtlichen Konstruktion einer

---

zu Heft 18, 17, 24; *Nehls*, NZA 2003, 822; *Willemsen/Lembke*, NJW 2002, 1159, 1163.

1397 So *Grau*, Unterrichtung und Widerspruchsrecht, S. 17.

1398 Siehe hierzu insbesondere EuGH v. 15.12.1992 – Rs. C-132/91, 138/91, 139/91 (*Katsikas u.a.*), NZA 1993, 169, 170 (Rn. 32).

„Als-ob-Betrachtung“ abweichen und die Personenmehrheit wiederum auch rechtlich abbilden; dann müsste man allerdings Gleiches aufgrund der Verzahnung von Unterrichtung und Widerspruchsrecht auch bereits im Rahmen der Unterrichtung annehmen. Da letztere aber vor dem Widerspruch liegt, griffe hier noch die ursprüngliche „Als-ob-Betrachtung“. Es ergäben sich Widersprüche, die nicht aufzulösen sind und gegen die genannten Lösungen sprechen.

Ermöglicht die Zurechnungslösung auch eine Aufrechterhaltung mit dem Verleiher, so wird nach dieser Lösung der Entleiher völlig ausgeblendet und als inexistent behandelt, was ebenso im Hinblick auf die soeben erfolgte Auslegung nicht zu überzeugen vermag. Behandelte man bei einem Widerspruch die Situation wiederum so, wie sie tatsächlich vorlag, bildete man also die Personenmehrheit auch rechtlich ab, so gilt die eben zur Zuordnungslösung und der Lösung über den Rechtsmissbrauch bzw. eine unzulässige Umgehung geäußerte Kritik entsprechend. Es ergäben sich Widersprüche, die nicht aufzulösen sind.

Solche Widersprüche ergeben sich nach der Lösung über den nichtvertraglichen Arbeitgeber nicht. Zwar ist auch dort für die Übertragung der Rechte und Pflichten nach Art. 3 Abs. 1 UAbs. 1 ausschließlich der Entleiher maßgeblich gewesen; jedoch war er dies als nichtvertraglicher Arbeitgeber. Eine „Als-ob-Betrachtung“ und damit die Überleitung des Arbeitsvertrags zwischen dem Verleiher und dem Leiharbeitnehmer auf das Verhältnis zwischen dem Entleiher und dem Leiharbeitnehmer erfolgt nach diesem Begründungsweg also gerade nicht. Der Verleiher ist hier vertraglicher Arbeitgeber und weiterhin existent, auch wenn er im Rahmen des Art. 3 Abs. 1 UAbs. 1 nach dieser Begründung zunächst keine Rolle spielt. Es ist somit auf den ersten Blick möglich, dass das Arbeitsverhältnis des Arbeitnehmers mit dem Arbeitgeber, den der Arbeitnehmer direkt frei gewählt hat, namentlich dem Verleiher, aufgrund eines Widerspruchs bestehen bleiben kann. Dann ließe dieser Begründungsweg also zu, dass das Ergebnis der Auslegung abgebildet würde und überzeugte insoweit. Neben dem Argument der freien Arbeitgeberwahl wäre nach diesem Begründungsweg zudem eine Sicherung des *status quo* möglich. Die Situation könnte rechtlich so beibehalten werden, wie sie sich tatsächlich darstellt, namentlich mit dem Verleiher und dem Entleiher. Doch dies ergäbe Friktionen innerhalb dieses Begründungswegs: Im Rahmen der Erörterungen zur Unterrichtung ist dargestellt worden, dass eine Unterrichtungsverpflichtung des Verleihers Friktionen zur Weiterhaftung zur Folge hätte. Aufgrund der Verzahnung von der Unterrichtung und dem Widerspruchsrecht gilt Gleiches dann auch für die Folge des Widerspruchs. Da die Folge des Widerspruchs – hier neben der Rückkehr zum Entleiher *auch* die Rückkehr zum Verleiher – erst nach dem Betriebsübergang liegt, scheinen die dadurch ausgelösten Friktionen nicht ebenso stark. Auch wenn man dem zustimmen mag, so sind diese aber weiterhin vorhanden, was kritisch zu beurteilen ist. Wiederum gilt, dass es überzeugender wäre, wenn der Verleiher als vertraglicher Arbeitgeber neben dem Entleiher als nichtvertraglichem Arbeitgeber von vornherein mitentscheidend wäre, namentlich bereits im Rahmen des Art. 3 Abs. 1 UAbs. 1.

Bei der Lösung der gespaltenen Veräußererstellung, bei der auch rechtlich von zwei Personen ausgegangen wird, muss dann ein Wahlrecht bestehen. Ein Unterschied zu den übrigen Lösungen besteht in tatsächlicher Hinsicht dann darin, dass bei einer Wahl für das Arbeitsverhältnis mit dem Entleiher der Arbeitnehmer weiterhin dort auch tätig ist. Der Arbeitnehmer bleibt hier ein Leiharbeitnehmer, was dem Zustand vor dem Betriebsübergang entspricht. Was oben als Fortbestand des vertraglichen Arbeitsverhältnisses umschrieben wurde, heißt in diesem Zusammenhang hingegen, dass der Arbeitnehmer zunächst in den Betrieb des Verleihers zurückkehrt. Hier bedarf es dann einer neuen Weisung des Verleihers, damit der Arbeitnehmer wieder im Betrieb des Entleihers tätig wird und werden darf. Zu beachten ist noch, dass das Wahlrecht dann faktisch leer läuft, wenn der ganze Entleihbetrieb auf den Erwerber übergeht; in diesen Fällen hat der Entleiher keine Möglichkeit, den Leiharbeitnehmer einzusetzen, sodass der Leiharbeitnehmer faktisch zum Verleiher zurückkehren wird. Nicht zuletzt deswegen mag es sein, dass dieses Wahlrecht faktisch nicht viel helfen wird; das ändert aber nichts daran, dass es erst einmal gewährt werden sollte.

II. Adressat des Widerspruchs

Schließlich gilt es noch zu klären, welche Person Adressat eines Widerspruchs sein kann, wem gegenüber der Arbeitnehmer also seinen Widerspruch erklären kann. Die Person des Adressaten ist deswegen so wichtig, weil der Widerspruch nur dann wirksam ist, wenn er unter anderem gegenüber dem richtigen Adressaten erklärt wird.[1399]

1399 *Willemsen/Lembke*, NJW 2002, 1159.

1. Auslegung

Die Frage nach dem Adressaten des Widerspruchs muss sich direkt an den oben ausgeführten teleologischen Erwägungen zur Folge des Widerspruchs orientieren.

Soll dem Arbeitnehmer ein Arbeitgeberwechsel nicht aufgezwungen werden, so folgt hieraus auch, dass der Arbeitnehmer sich gar nicht erst mit dem Erwerber als neuem Arbeitgeber befassen muss, dies aber natürlich kann. Vorliegend geht es aber nur um die Frage, ob der Verleiher, der Entleiher oder aber beide als Adressat in Betracht kommen müssen. Da der Arbeitnehmer den Verleiher direkt ausgewählt hat, muss ein Widerspruch diesem gegenüber möglich sein. Da allerdings auch die Tätigkeit für den Entleiher Ausfluss dieser Wahl ist, eine weitere Tätigkeit bei diesem also als Folge des Widerspruchsrechts in Betracht kommen muss (siehe oben), muss diesem gegenüber ebenfalls der Widerspruch möglich sein.

Wirft man einen Blick auf die teleologische Erwägung, dass der vertragsrechtliche *status quo* aufrecht erhalten werden soll, ergibt sich das gleiche Ergebnis. Zu diesem *status quo* gehört neben der vertraglichen Bindung zum Verleiher insbesondere auch der Verleih an den Entleiher mit den einhergehenden Rechten des Entleihers, speziell dem Weisungsrecht. Der Arbeitnehmer kann also bei Ausübung des Widerspruchs weiterhin für den Entleiher tätig sein und jener kann diesem per Weisungsrecht Arbeiten zuweisen. Dann muss der Arbeitnehmer dem Entleiher als maßgeblicher Person seiner weiteren Tätigkeit den Widerspruch gegenüber erklären können. Schließlich wirkt sich der Widerspruch diesem gegenüber und in dessen Betrieb direkt aus.

Und schließlich ergibt sich selbiges auch mit Blick auf die Funktion des Widerspruchsrechts als „Durchsetzungsvehikel“[1400] des Informationsinteresses der Beschäftigten. Die Information über das Widerspruchsrecht beinhaltet unter anderem den Hinweis darauf, gegenüber wem dieses auszuüben ist.[1401] Hierbei wäre es konsequent, denjenigen, der hierüber zu unterrichten verpflichtet ist, *gleichzeitig* als Adressaten des Widerspruchs anzusehen. So verleiht man der wechselseitigen Beziehung von Unterrichtung und Widerspruchsrecht Ausdruck. Dies wurde schon entsprechend

---

1400 *Grau*, Unterrichtung und Widerspruchsrecht, S. 17.

1401 BAG v. 20.3.2008 – 8 AZR 1016/06, NZA 2008, 1354, 1357 (Rn. 34).

bei der Folge der Ausübung des Widerspruchsrechts ausgeführt. Bejaht man also eine Unterrichtungsverpflichtung einer Person, dann muss man schon deswegen auch diese Person als möglichen Adressaten des Widerspruchs ansehen, will man die gesetzliche Verzahnung von Unterrichtung und Widerspruch nicht aufbrechen.

2. Beurteilung der jeweiligen Begründungswege

Auch bei der Frage des Adressaten eines Widerspruchs gilt entsprechend zu den obigen Ausführungen zur Weiterhaftung und der Unterrichtungsverpflichtung, dass die Zuordnungslösung und die Lösung über einen Rechtsmissbrauch bzw. eine unzulässige Umgehung nicht zu überzeugen vermögen. Obwohl der Verleiher Adressat sein müsste, ist dies nach den genannten Lösungen gar nicht möglich. Ebenso gilt für die Zurechnungslösung, dass die Ausblendung des Entleihers verhindert, dass jener Adressat des Widerspruchs sein kann, was den Ergebnissen der durchgeführten Auslegung widerspricht und mithin einen Kritikpunkt darstellt.

Erneut kann neben dem Entleiher zwar auch der Verleiher Adressat des Widerspruchs sein, wenn man dem Weg über den nichtvertraglichen Arbeitgeber folgte. Wiederum ist aber zu konstatieren, dass sich innerhalb dieses Ansatzes erhebliche Friktionen ergeben. Dies gilt für die Frage nach dem Adressaten des Widerspruchs bereits deswegen, weil sich wie erwähnt direkt an den oben ausgeführten teleologischen Erwägungen zur Folge des Widerspruchs orientiert werden muss. Dort wurden die Friktionen ausführlich geschildert; dies gilt vorliegend entsprechend.

Weil die Lösung der gespaltenen Veräußererstellung beide Personen, namentlich den Verleiher und den Entleiher, abbildet und von vornherein einbindet, sind auch beide Personen mögliche Adressaten. Dies ist positiv zu bewerten.

III. Ergebnis zum Widerspruchsrecht

Die Folge der Ausübung des Widerspruchsrechts besteht darin, dass das vor dem Betriebsübergang bestehende Arbeitsverhältnis fortgesetzt wird. Die Folge des Widerspruchs ist eine Fortsetzung des Arbeitsverhältnisses mit dem Verleiher *oder* dem Entleiher. Faktisch ist also oftmals eine Rückkehr sowohl zum Verleiher als auch zum Entleiher möglich. Der Arbeitnehmer hat insofern ein Wahlrecht. Zugegebenermaßen werden die praktischen Auswirkungen nicht allzu unterschiedlich sein, bleibt der Arbeitnehmer bei einer Rückkehr zum Entleiher doch ein Leiharbeitnehmer, was dem Zustand vor dem Betriebsübergang entspricht.

Es ist jedoch zu konstatieren, dass solche Lösungen, die jeweils den Verleiher oder den Entleiher rechtlich ausblenden und somit als nicht existent behandeln, dieses Wahlrecht nicht gewähren können. Dies wird der Auslegung nicht gerecht. Die geschilderte „Als-ob-Betrachtung" oder aber die Zurechnung der Veräußerung im Rahmen des Widerspruchs wieder „rückgängig" zu machen, und folglich wieder von zwei Parteien auszugehen, stellt sich aufgrund der Verzahnung mit der Unterrichtung als widersprüchlich dar. Eine Aufrechterhaltung des Arbeitsverhältnisses zum Verleiher (Zuordnungslösung und Lösung über einen Rechtsmissbrauch bzw. eine unzulässige Umgehung) bzw. zum Entleiher (Zurechnungslösung) wäre hiernach nicht ohne Widersprüche begründbar und damit unmöglich. Auch der Weg über einen nichtvertraglichen Arbeitgeber kann hinsichtlich der Folge eines Widerspruchs nicht überzeugen.

Mögliche Adressaten des Widerspruchs müssen neben dem Erwerber sowohl der Verleiher als auch der Entleiher sein. Dies ermöglicht ohne etwaige Friktionen nur die Lösung der gespaltenen Veräußererstellung. Die Lösung über den nichtvertraglichen Arbeitgeber sieht sich erheblichen Widersprüchen ausgesetzt, weil nur allzu deutlich wird, dass dem Verleiher von vornherein im Rahmen eines Betriebsübergangs des Entleihunternehmens Beachtung geschenkt werden sollte, wie dies bei der Lösung der gespaltenen Veräußererstellung der Fall ist.

D. Betriebszugehörigkeit

I. Maßgeblichkeit der Betriebszugehörigkeit

Die Betriebszugehörigkeit spielt in vielen Bereichen des Arbeitsrechts eine erhebliche Rolle.

1. Betriebszugehörigkeit „an sich"

In einigen Bereichen geht es nur um die Betriebszugehörigkeit an sich, ohne dass es auf eine bestimmte Dauer ebendieser ankäme. Dazu zählt besonders das Betriebsverfassungsrecht. Viele Vorschriften in dem Betriebsverfassungsgesetz (BetrVG) stellen auf die Anzahl (regelmäßig) Beschäftigter ab,[1402] so beispielsweise § 9 BetrVG für die Berechnung der Anzahl der Betriebsratssitze, § 99 BetrVG für die Mitbestimmung bei personellen Einzelmaßnahmen oder § 111 BetrVG für die Beteiligungsrechte des Betriebsrats bei Betriebsänderungen.

Die Frage, ob Leiharbeitnehmer neben den Stammarbeitnehmern zu berücksichtigen sind, ist höchst umstritten. Aktuell haben zumindest der zweite Senat für § 23 KSchG[1403] und der siebte Senat für § 9 BetrVG[1404] eine Änderung der Rechtsprechung vollzogen. Nach dieser neuen Rechtsprechung sind die Leiharbeitnehmer bei den Schwellenwerten zu berücksichtigen. Allerdings ist für andere Normen, in denen es um die Betriebszugehörigkeit „an sich" geht, jeweils einzeln zu prüfen, ob Leiharbeitnehmer zu berücksichtigen sind.[1405] Vorliegend soll es aber nicht um die Betriebszugehörigkeit „an sich" gehen, sondern um die Dauer ebendieser. Normen wie § 9 BetrVG oder § 23 KSchG und damit auch die genannte (geänderte) Rechtsprechung sind daher im Folgenden nicht von Bedeutung.

2. Dauer der Betriebszugehörigkeit

In anderen Bereichen wiederum geht es nicht nur um die Betriebszugehörigkeit an sich, sondern auch um deren Dauer. Vorliegend wird sich auf die Rolle der Dauer der Betriebszugehörigkeit und ihre Folgen beschränkt, nicht hingegen geht es um die Betriebszugehörigkeit „an sich".

Insbesondere im Bereich der Kündigungen kommt es auf die Dauer der Betriebszugehörigkeit an. So sieht § 1 Abs. 1 KSchG für das Eingreifen des Kündigungsschutzes nach dem KSchG eine Wartezeit von sechs Monaten vor. Es geht dort um den ununterbrochenen rechtlichen Bestand des Arbeitsverhältnisses,[1406] wobei dies dem Begriff der Betriebszugehörig-

---

1402 Schüren-*Schüren*, AÜG, § 14, Rn. 114.

1403 BAG v. 24.1.2013 – 2 AZR 140/12, NZA 2013, 726, 727 ff.

1404 BAG v. 13.3.2013 – 7 ABR 69/11, NZA 2013, 789, 790 ff.

1405 *Künzel/Schmid*, NZA 2013, 300.

1406 APS-*Dörner/Vossen*, § 1 KSchG, Rn. 37; ErfK-*Oetker*, § 1 KSchG, Rn. 32; vgl. MünchKommBGB-*Hergenröder*, § 1 KSchG, Rn. 32; MünchAnwHb-*Ulrich*, § 43, Rn. 75 f.

keit entspricht.[1407] Nach ständiger Rechtsprechung sind Zeiten eines früheren Arbeitsverhältnisses mit demselben Arbeitgeber anzurechnen, wenn das neue Arbeitsverhältnis in einem engen sachlichen Zusammenhang mit dem früheren Arbeitsverhältnis steht, wobei es insbesondere auf Anlass und Dauer der Unterbrechung sowie auf die Art der Weiterbeschäftigung ankommt.[1408] Abweichende, den Zeitraum von sechs Monaten verlängernde Vereinbarungen sind unwirksam.[1409] Für den Bestand des Arbeitsverhältnisses ist der Zeitpunkt des Zugangs der Kündigung entscheidend.[1410]

Diese Grundsätze greifen entsprechend für die Kündigung eines schwerbehinderten Menschen nach § 90 Abs. 1 Nr. 1 SGB IX ein.[1411]

Des Weiteren ist die Dauer der Betriebszugehörigkeit ein „betriebsbezogenes Sozialdatum von erheblichem Gewicht“[1412]: Bei der Sozialauswahl nach § 1 Abs. 3 KSchG ist dieses Datum als einer der Hauptfaktoren[1413] heranzuziehen. Für die Bestimmung gelten die Grundsätze, die für die oben erwähnte Wartezeit entwickelt worden sind.[1414] Beachtlich ist, dass eine vertragliche Anerkennung von früheren Beschäftigungszeiten mit bindender Wirkung auch für die Sozialauswahl möglich ist. Allerdings

---

1407 In BAG v. 6.12.1976 – 2 AZR 470/75, NJW 1977, 1309, 1310, erfolgt im Rahmen der Begründung eine Gleichstellung mit der Betriebszugehörigkeit, siehe 3. d): „...in denen die Rechtsstellung des Arbeitnehmers ebenfalls von der Dauer der Betriebszugehörigkeit abhängig ist“. In BAG v. 23.9.1976 – 2 AZR 309/75, NJW 1977, 1311, 1312, heißt es, der Begriff sei „ebenso zu verstehen wie der Begriff der Betriebszugehörigkeit im Urlaubsrecht“. So ausdrücklich auch APS-*Dörner/Vossen*, § 1 KSchG, Rn. 37.

1408 BAG v. 19.6.2007 – 2 AZR 94/06, NZA 2007, 1103, 1104; BAG v. 22.9.2005 – 6 AZR 607/04, NZA 2006, 429 f. Dazu APS-*Dörner/Vossen*, § 1 KSchG, Rn. 37 ff.; MünchKommBGB-*Hergenröder*, § 1 KSchG, Rn. 32 ff.; ErfK-*Oetker*, § 1 KSchG, Rn. 39 ff.; MünchAnwHb-*Ulrich*, § 43, Rn. 76.

1409 APS-*Dörner/Vossen*, § 1 KSchG, Rn. 5 f.; ErfK-*Oetker*, § 1 KSchG, Rn. 33; HWK-*Quecke*, § 1 KSchG, Rn. 9; MünchAnwHb-*Ulrich*, § 43, Rn. 80; vgl. MünchKommBGB-*Hergenröder*, § 1 KSchG, Rn. 20.

1410 APS-*Dörner/Vossen*, § 1 KSchG, Rn. 31; MünchKommBGB-*Hergenröder*, § 1 KSchG, Rn. 29; ErfK-*Oetker*, § 1 KSchG, Rn. 49; HWK-*Quecke*, § 1 KSchG, Rn. 19; MünchAnwHb-*Ulrich*, § 43, Rn. 79.

1411 APS-*Vossen*, § 90 SGB IX, Rn. 4. Zur alten Gesetzesfassung schon BAG v. 4.2.1993 – 2 AZR 416/92, NZA 1994, 214, 216.
BAG v. 19.6.2007 – 2 AZR 94/06, NZA 2007, 1103, 1104.

1412 Schaub-*Linck*, § 135, Rn. 29.

1413 Der Begriff „Hauptfaktor“ findet sich bei ErfK-*Oetker*, § 1 KSchG, Rn. 329, als Überschrift.

1414 Schaub-*Linck*, § 135, Rn. 30; ErfK-*Oetker*, § 1 KSchG, Rn. 331.

darf diese nicht rechtsmissbräuchlich sein, sondern muss auf sachlichen Gründen beruhen.[1415]

Erfolgt eine Kündigung des Arbeitnehmers, wird jedoch im arbeitsgerichtlichen Kündigungsschutzverfahren festgestellt, dass diese Kündigung sozialwidrig ist, so eröffnet § 9 Abs. 1 KSchG dem Arbeitnehmer die Möglichkeit, statt einer Fortsetzung des Arbeitsverhältnisses eine Abfindung vom Arbeitgeber zu erhalten. Hierfür muss eine Fortsetzung dem Arbeitnehmer nicht zumutbar sein. Bei der Höhe der Abfindung spielt dann wiederum die Betriebszugehörigkeit eine erhebliche Rolle, da deren Dauer neben dem Lebensalter des Arbeitnehmers nach § 10 Abs. 2 KSchG ein festgeschriebenes Kriterium darstellt. Auch hier gelten die gleichen Grundsätze wie für die Wartezeit nach § 1 Abs. 1 KSchG.[1416]

Auch spielt die Dauer der Betriebszugehörigkeit bei der Berechnung der Dauer der jeweiligen gesetzlichen Kündigungsfristen eine Rolle. § 622 Abs. 2 S. 1 BGB stellt nämlich auf den Bestand des Arbeitsverhältnisses mit dem kündigenden Arbeitgeber ab. So beträgt die grundsätzliche Kündigungsfrist nach § 622 Abs. 1 BGB nur vier Wochen, wobei eine Kündigung zum Fünfzehnten oder zum Ende des Kalendermonats erfolgen kann; bestand das Arbeitsverhältnis hingegen seit zwanzig Jahren, so gilt eine Kündigungsfrist von sieben Monaten ausschließlich zum Ende des Kalendermonats, § 622 Abs. 2 S. 1 Nr. 7 BGB.

Schließlich berücksichtigt das BAG die Dauer der Betriebszugehörigkeit bei der Interessenabwägung einer außerordentlichen Kündigung nach § 626 Abs. 1 BGB.[1417] Es geht dann um die Unzumutbarkeit der Weiterbeschäftigung des Arbeitnehmers zumindest bis zum Ablauf der Kündigungsfrist. Bestand ein Arbeitsverhältnis für eine lange Dauer und verlief dieses störungsfrei, so spricht dies gegen eine Unzumutbarkeit, sodass nur eine ordentliche Kündigung in Betracht kommt.

Neben der Maßgeblichkeit für die Kündigung besteht eine solche auch im Rahmen des Bundesurlaubsgesetzes (BUrlG). Nach § 4 BUrlG wird

---

1415 BAG v. 2.6.2005 – 2 AZR 480/04, NZA 2006, 207, 210; MünchHdbArbR-*Berkowsky*, Band 1, § 113, Rn. 129; Schaub-*Linck*, § 135, Rn. 30; HWK-*Quecke*, § 1 KSchG, Rn. 371.

1416 ErfK-*Kiel*, § 10 KSchG, Rn. 4; HWK-*Thies*, § 10 KSchG, Rn. 9.

1417 BAG v. 10.11.2005 – 2 AZR 623/04, NZA 2006, 491, 493; BAG v. 13.12.1984 – 2 AZR 454/83, NZA 1985, 288. Dazu APS-*Dörner/Vossen*, § 626 BGB, Rn. 100 f.; MünchKommBGB-*Henssler*, § 626, Rn. 82; ErfK-*Müller-Glöge*, § 626 BGB, Rn. 42; BeckOKArbR-*Stoffels*, § 616 BGB, Rn. 77.

der volle Urlaubsanspruch erstmalig nach sechsmonatigem Bestehen des Arbeitsverhältnisses erworben. Das „Bestehen eines Arbeitsverhältnisses" entspricht hier dem Begriff der Betriebszugehörigkeit.[1418] Die Grundsätze zu der Wartefrist nach § 1 Abs. 1 KSchG gelten auch hier entsprechend.[1419]

Darüber hinaus stellen viele kollektivrechtliche Regelungen und auch Arbeitsverträge auf die Dauer der Betriebszugehörigkeit ab, beispielsweise wenn es um ein zusätzliches Urlaubsgeld geht oder um einen Anstieg der Entlohnung nach einer gewissen Dauer des Arbeitsverhältnisses.[1420]

II. Betriebsübergang und Betriebszugehörigkeit

Nach Art. 3 Abs. 1 UAbs. 1 der Richtlinie gehen die Rechte und Pflichten des Veräußerers aus einem Arbeitsvertrag oder Arbeitsverhältnis auf den Erwerber über. Gem. § 613a Abs. 1 S. 1 BGB tritt der Erwerber kraft Gesetzes in die Rechte und Pflichten aus den im Zeitpunkt des Übergangs bestehenden Arbeitsverhältnisse ein.

1. Grundfall

Für den Grundfall eines Betriebsübergangs, bei dem der Veräußerer sogleich bisheriger Arbeitgeber sowie alter Betriebsinhaber ist, fällt unter diese jeweils genannten „Rechte und Pflichten" auch die „beim Veräußerer" erworbene Betriebszugehörigkeit.[1421] Diese Betriebszugehörigkeit ist bei all den, im Wesentlichen oben genannten, gesetzlichen Vorschriften zu berücksichtigen. Verallgemeinernd lässt sich festhalten, dass eine Berücksichtigung immer dann erfolgen muss, wenn die sich daraus ergebenden Ansprüche dem Arbeitnehmer schon gegen den – zumindest nach bisherigem Verständnis – Veräußerer zustanden.[1422] Daraus folgt, dass eine Be-

---

1418 Vgl. Schaub-*Koch*, § 118, Rn. 17.

1419 BAG v. 23.9.1976 – 2 AZR 309/75, NJW 1977, 1311, 1312.

1420 Schaub-*Koch*, § 118, Rn. 17.

1421 *Fuchs*, Betriebliche Sozialleistungen, S. 69; BeckOKArbR-*Gussen*, § 613a BGB, Rn. 96; APS-*Steffan*, § 613a BGB, Rn. 96; HWK-*Willemsen/Müller-Bonanni*, § 613a BGB, Rn. 236.

1422 BeckOKArbR-*Gussen*, § 613a BGB, Rn. 96; HWK-*Willemsen/Müller-Bonanni*, § 613a BGB, Rn. 236.

rücksichtigung dieser Betriebszugehörigkeit in den Fällen nicht zwingend erfolgen muss, in denen erstmals beim Erwerber eine bestimmte Leistung aufgrund einer gewissen Dauer der Betriebszugehörigkeit zu gewähren ist, es beim Veräußerer diese Leistung jedoch nicht gegeben hat.[1423] Besteht also beispielsweise nur beim Erwerber ein bestimmtes Versorgungssystem für die betriebliche Altersversorgung, so kann der Erwerber die Zeiten der Betriebszugehörigkeit des nach § 613a Abs. 1 S. 1 BGB übergegangenen Arbeitnehmers unberücksichtigt lassen.[1424] Gleiches gilt, wenn ein etwaiger Zuschlag zum Urlaubsgeld aufgrund eines Tarifvertrags zu gewähren ist, der nicht beim Veräußerer galt, sondern nur beim Erwerber gilt.[1425]

2. Umdenken für den Spezialfall

Ist von dem Übergang nach § 613a Abs. 1 S. 1 BGB demnach auch die – nach bisherigem Sprachgebrauch – „beim Veräußerer“ erworbene Betriebszugehörigkeit umfasst[1426], so gilt es auch an dieser Stelle für den besonderen Fall, in dem neben dem Arbeitnehmer drei Parteien (Erwerber sowie Verleiher und Entleiher) involviert sind, nicht auf die Begrifflichkeiten wie „Veräußerer“ oder „bisheriger Arbeitgeber“ sowie „früherer oder alter Inhaber“ abzustellen. Vielmehr sind die Voraussetzungen herauszuarbeiten, die hinter diesem Gedanken stehen, dass die erworbene (Dauer der) Betriebszugehörigkeit auf den Erwerber übergeht.

Wie erläutert geht die Dauer der Betriebszugehörigkeit bereits aufgrund der Grundnorm des Art. 3 Abs. 1 UAbs. 1 bzw. des § 613a Abs. 1 S. 1 BGB auf den Erwerber über. Es handelt sich um einen Teil der dort genannten „Rechte und Pflichten“. Diese können sich – wie sich deutlich aus Art. 3 Abs. 1 UAbs. 1 der Richtlinie ergibt – aus einem Arbeitsvertrag

---

1423 BAG v. 25.8.1976 – 5 AZR 788/75, AP Nr. 41 zu § 242 BGB Gleichbehandlung; BAG v. 24.7.2001 – 3 AZR 660/00, NZA 2002, 520, 522; LAG Düsseldorf v. 9.11.2000 – 13 Sa 1272/00, LAGE Nr. 80a zu § 613a BGB; *Fuchs*, Betriebliche Sozialleistungen, S. 69; Schaub-*Koch*, § 118, Rn. 17; APS-*Steffan*, § 613a BGB, Rn. 96; HWK-*Willemsen/Müller-Bonanni*, § 613a BGB, Rn. 236.

1424 BAG v. 24.7.2001 – 3 AZR 660/00, NZA 2002, 520, 522.

1425 LAG Düsseldorf v. 9.11.2000 – 13 Sa 1272/00, LAGE Nr. 80a zu § 613a BGB.

1426 *Fuchs*, Betriebliche Sozialleistungen, S. 69; BeckOKArbR-*Gussen*, § 613a BGB, Rn. 96; APS-*Steffan*, § 613a BGB, Rn. 96; HWK-*Willemsen/Müller-Bonanni*, § 613a BGB, Rn. 236.

oder einem nichtvertraglichen[1427] Arbeitsverhältnis ergeben. Es muss nun im Folgenden geklärt werden, ob sich die (Übernahme der) Betriebszugehörigkeit notgedrungen aus einem Arbeitsvertrag ergibt. Dann wäre nur das Verhältnis zwischen dem Verleiher und dem Leiharbeitnehmer maßgeblich. Andernfalls könnte sich diese (Übernahme der) Betriebszugehörigkeit möglicherweise auch aus einer nichtvertraglichen Verbindung ergeben, wie diese zwischen dem Entleiher und dem Leiharbeitnehmer besteht. Diese Frage nach der Notwendigkeit einer vertraglichen Beziehung für die Übernahme der Betriebszugehörigkeit im Rahmen eines Betriebsübergangs ist gleichzusetzen mit der Frage danach, ob die jeweiligen Normen, nach denen die Dauer der Betriebszugehörigkeit eine Rolle spielt, eine vertragliche Verbindung voraussetzen oder nicht. Gerade für diese Normen kommt es nämlich auf die Dauer der Betriebszugehörigkeit an; zur Sicherung der mit diesen Normen verbundenen (Rechten und)[1428] Pflichten geht die Dauer der Betriebszugehörigkeit auf den Erwerber über. Zur Beantwortung soll eine Auslegung der oben erwähnten und praktisch wichtigen Normen wie bspw. § 1 Abs. 1 KSchG, § 1 Abs. 3 KSchG oder § 4 BUrlG erfolgen und dadurch *allgemein* ein Ergebnis für das aufgeworfene Problem herausgearbeitet werden

Zu beachten ist, dass sich das Problem praktisch dann nicht stellt, wenn die Einsatzzeit beim Entleiher dem Zeitraum der vertraglichen Bindung zum Verleiher entspricht. Es stellt sich dieses Problem allerdings in tatsächlicher Hinsicht dann, wenn die Dauer der ununterbrochenen Tätigkeit des Leiharbeitnehmers beim Entleiher von der Dauer des arbeitsvertraglichen Verhältnisses zum Verleiher abweicht.

1427 Siehe hierzu oben im Rahmen der Auslegung des Wortlauts des Art. 3 Abs. 1 der Richtlinie 2001/23/EG, vierter Teil, § 9 A. III. 1. a), S. 178.

1428 Dieser Teil ist hier in Klammern gesetzt, da es bei diesen Normen auf die Pflichten gegenüber dem Arbeitnehmer ankommt, beispielsweise die Einhaltung einer längeren Kündigungsfrist (§ 622 Abs. 2 S. 1 BGB), die Beachtung des Kündigungsschutzgesetzes (§ 1 Abs. 1 KSchG) sowie die Gewährung von Urlaub (§§ 1, 4 BUrlG). Auf die Rechte gegenüber dem Arbeitnehmer kommt es hier nicht an.

III. Einzig vertragliches Verhältnis zwischen Verleiher und Leiharbeitnehmer entscheidend?

Wie bereits erläutert, soll mithilfe einer Auslegung der oben genannten Normen geklärt werden, ob der Übergang der Betriebszugehörigkeit nach Art. 3 Abs. 1 UAbs. 1 bzw. nach § 613a Abs. 1 S. 1 BGB einzig aus einer vertraglichen Verbindung herrühren kann. Wäre dies der Fall, so würde das Verhältnis zwischen dem Entleiher und dem Leiharbeitnehmer schon allein deswegen hierbei keine Rolle spielen, ungeachtet der Ausformung dieses nichtvertraglichen Verhältnisses.

1. Wortlaut

Die oben genannten Normen stellen überwiegend darauf ab, wie lange das „Arbeitsverhältnis" bestanden hat (so § 1 Abs. 3 KSchG, § 90 Abs. 1 Nr. 1 SGB IX, § 9 Abs. 1 KSchG iVm. § 10 Abs. 2 KSchG, § 4 BUrlG). Dass es notwendigerweise eines Arbeitsvertrags bedarf, legt der Wortlaut nicht nahe. Gleiches gilt auch für § 1 Abs. 3 KSchG, wo die Rede von der „Dauer der Betriebszugehörigkeit" ist. Deutlich stellt hingegen § 626 Abs. 1 BGB auf den Vertrag ab. Dort heißt es, dass „das Dienstverhältnis von jedem Vertragsteil […] gekündigt werden kann". Geht es im Rahmen der Interessenabwägung also nach Ansicht des BAG auch um die Dauer des Dienstverhältnisses, so kann hiermit notgedrungen nur die Dauer des Vertragsverhältnisses gemeint sein, und damit nur das Verhältnis zwischen Verleiher und Leiharbeitnehmer.

2. Systematik

a) Systematik innerhalb der einzelnen Normen

§ 1 Abs. 1 KSchG spricht von der „Kündigung eines Arbeitsverhältnisses gegenüber dem Arbeitnehmer". Der Entleiher kann das Verhältnis mit dem Leiharbeitnehmer jedoch *diesem gegenüber* nicht kündigen.[1429] In tatsächlicher Hinsicht beendet der Entleiher das Verhältnis mit dem Leiharbeit-

1429 MünchHdbArbR-*Schüren*, Band 2, § 318, Rn. 106; Schüren-*Schüren*, AÜG, Einl., Rn. 267; ErfK-*Wank*, Einl. AÜG, Rn. 17a.

nehmer dadurch, dass er gegenüber dem Verleiher den Dienstverschaffungsvertrag kündigt;[1430] erst dadurch wird das Verhältnis zum Leiharbeitnehmer nach Ablauf der vertraglich festgesetzten Frist beendet. Ein Vorgehen gegenüber dem Leiharbeitnehmer hätte keine Wirkung. Als Kündigungsberechtigter im Sinne des § 1 Abs. 1 KSchG kann demnach nur der Verleiher gemeint sein. Folglich ist das Arbeitsverhältnis in diesem Sinne auch nur das (vertragliche!) Verhältnis zwischen dem Verleiher und dem Leiharbeitnehmer. Aufgrund des direkten Bezugs des § 1 Abs. 3 KSchG zu § 1 Abs. 1 KSchG gilt für jene Norm das Gleiche, ebenso wie für die Abfindungsregelung des § 9 Abs. 1 iVm. § 10 Abs. 2 KSchG, die sich direkt auf die Kündigung bezieht.

Für § 622 BGB ergibt sich aus dessen Absatz 6, dass eine Kündigung entweder vom Arbeitgeber gegenüber dem Arbeitnehmer oder aber vom Arbeitnehmer gegenüber dem Arbeitgeber erfolgen kann. Da aber, wie soeben ausgeführt, eine Kündigung gegenüber dem Arbeitnehmer – und im Übrigen auch vom Arbeitnehmer gegenüber dem Arbeitgeber – ohnehin nur zwischen dem Verleiher und dem Leiharbeitnehmer erfolgen kann, ist der Entleiher von dieser Regelung ebenfalls nicht betroffen. Das genannte Arbeitsverhältnis ist mithin nicht das Verhältnis von dem Leiharbeitnehmer zum Entleiher, sondern nur zum Verleiher. Wie bereits im Rahmen der Wortlautauslegung deutlich gemacht, stellt § 626 Abs. 1 BGB explizit auf den Vertrag ab, was im Umkehrschluss deutlich macht, dass die Regelung keine nichtvertraglichen Verhältnisse erfasst, demnach auch nicht das Verhältnis zwischen dem Entleiher und dem Leiharbeitnehmer.

§ 90 Abs. 1 Nr. 1 SGB IX stellt für die Berechnung der Dauer des Bestandes des Arbeitsverhältnisses auf den „Zeitpunkt des Zugangs der Kündigungserklärung" ab. Da die Kündigungserklärung aber wie aufgezeigt in tatsächlicher Hinsicht nicht vom Entleiher an den Leiharbeitnehmer, sondern nur vom Verleiher an den Leiharbeitnehmer erfolgen kann, scheidet auch für § 90 Abs. 1 Nr. 1 SGB IX eine Subsumtion des nichtvertraglichen Verhältnisses zwischen Entleiher und Leiharbeitnehmer unter diese Norm aus.

Einzig für § 4 BUrlG ergibt sich allein aus dieser einzelnen Norm kein[1431] systematischer Gesichtspunkt, der gegen die Erfassung auch des

---

1430 ErfK-*Wank*, Einl. AÜG, Rn. 17a.

1431 Natürlich kann nur der Verleiher dem Leiharbeitnehmer Urlaub gewähren, der in § 4 BUrlG genannte „Urlaubsanspruch" kann dem Leiharbeitnehmer also nur gegen den Verleiher zustehen. Dass allerdings nur der Verleiher dem Leiharbeit-

Verhältnisses zwischen Entleiher und Leiharbeitnehmer durch den Begriff des Arbeitsverhältnisses spricht.

b) Systematik innerhalb des jeweiligen Gesetzes

aa) KSchG

Auch hinsichtlich der Systematik des KSchG gilt das zur Systematik innerhalb der Normen des § 1 Abs. 1 KSchG, des § 9 Abs. 1 KSchG iVm. § 10 Abs. 2 KSchG sowie des § 1 Abs. 1 KSchG Gesagte. Das KSchG regelt die Kündigung *gegenüber dem Arbeitnehmer*, weswegen in tatsächlicher Hinsicht das Verhältnis zwischen dem Entleiher und dem Leiharbeitnehmer hiervon niemals betroffen sein kann.

bb) SGB IX

Auch für das SGB IX ergibt sich dieses Ergebnis. Machte schon § 90 Abs. 1 Nr. 1 SGB IX deutlich, dass es auf eine Kündigung *gegenüber dem Arbeitnehmer* ankommt, so verdeutlicht dies § 85 SGB IX, wonach die Kündigung des Arbeitsverhältnisses eines schwerbehinderten Menschen durch den Arbeitgeber der Zustimmung des Integrationsamtes bedarf. Geht man von dem Bestehen eines Arbeitsverhältnisses zwischen dem Entleiher und dem Leiharbeitnehmer aus, so kann der Entleiher dieses nicht direkt kündigen; er kann lediglich durch eine Kündigung des Vertrags mit dem Verleiher das Verhältnis zum Leiharbeitnehmer zur Beendigung bringen. Insofern kann es sich bei § 85 SGB IX ebenso wie bei § 90 Abs. 1 Nr. 1 SGB IX nicht um das Verhältnis von dem Entleiher zum Leiharbeitnehmer handeln.

cc) §§ 611 ff. BGB

Wie sich aus § 611 BGB ergibt, regeln die §§ 611 – 630 BGB den Dienst*vertrag*. Sämtliche Normen in diesem Abschnitt setzen demnach

---

nehmer Urlaub gewähren kann, ergibt sich nicht systematisch aus der einzelnen Norm.

grundsätzlich[1432] ein Vertragsverhältnis voraus, welches zwischen dem Entleiher und dem Leiharbeitnehmer nicht gegeben ist. Dieses Verhältnis spielt also auch im Rahmen des § 622 Abs. 2 S. 1 BGB sowie des § 626 BGB keinerlei Rolle.

dd) BUrlG

Das Urlaubsentgelt nach § 11 BUrlG bemisst sich nach dem durchschnittlichen Arbeitsverdienst.[1433] Der Arbeitsverdienst, also der Lohn bzw. das Arbeitsentgelt, wird dem Leiharbeitnehmer nur vom Verleiher, und gerade nicht vom Entleiher bezahlt. Auch aus der Norm des § 13 BUrlG, welche die Dispositivität der einzelnen Regelungen des BUrlG betrifft, ergibt sich, dass nur das Verhältnis zwischen Verleiher und Leiharbeitnehmer maßgeblich ist. § 13 Abs. 1 S. 2 BUrlG bestimmt, dass tarifvertragliche Regelungen bei nichttarifgebundenen Parteien nur eingreifen, wenn die Parteien das Eingreifen dieser Tarifverträge individuell vereinbart haben. Der Entleiher trifft aber mit dem Leiharbeitnehmer keine derartigen Vereinbarungen, steht die Auswahl des Leiharbeitnehmers und dessen Austausch regelmäßig im Belieben des Verleihers. Das Verhältnis zwischen dem Entleiher und dem Leiharbeitnehmer ergibt sich aus dem Dienstverschaffungsvertrag zwischen Verleiher und Entleiher einerseits und dem Arbeitsvertrag zwischen Verleiher und Leiharbeitnehmer andererseits, fußt jedoch nicht auf etwaigen Vereinbarungen zwischen dem Entleiher und dem Leiharbeitnehmer. Dies spricht demnach ebenfalls dafür, dass nicht das Verhältnis zwischen Entleiher und Leiharbeitnehmer erfasst ist. Schließlich ergibt sich dies schon aus § 1 BUrlG. Der Arbeitnehmer hat Anspruch auf „bezahlten Erholungsurlaub“, was bedeutet, dass der Lohn bzw. das Entgelt auch während des Urlaubs fortgezahlt wird. Wie oben bereits erwähnt, wird dem Leiharbeitnehmer der Lohn bzw. das Entgelt nur vom Verleiher und gerade nicht vom Entleiher bezahlt.

1432 Dass dies bei § 613a Abs. 1 S. 1 BGB anders sein muss, wurde oben ausführlich mithilfe teleologischer Argumente begründet.

1433 Dazu ErfK-*Gallner*, § 11 BUrlG, Rn. 2 ff.; BeckOKArbR-*Lampe*, § 11 BUrlG, Rn. 2 ff.

c) § 14 AÜG

§ 14 AÜG regelt die betriebsverfassungsrechtliche Stellung des Leiharbeitnehmers.[1434] Diese Norm regelt zwar die Betriebszugehörigkeit des Leiharbeitnehmers während eines Verleihs; jedoch geht es hierbei nur um die betriebsverfassungsrechtlichen Rechte des Leiharbeitnehmers.[1435] Die in § 14 AÜG geregelte Betriebszugehörigkeit ist damit nicht gleichzusetzen mit der Betriebszugehörigkeit in § 1 Abs. 3 KSchG. Mit der Verwendung dieses Begriffs ist in § 1 Abs. 3 KSchG vielmehr der Bestand des Arbeitsverhältnisses im Sinne des § 1 Abs. 1 KSchG gemeint.[1436] Gleiches gilt generell für die vorliegende Problematik: Wenn die oben angeführten Normen von dem Bestand des Arbeitsverhältnisses sprechen, so stellen sie nicht auf die Betriebszugehörigkeit im Sinne des § 14 AÜG ab, sodass diese Norm direkt keine Aussage für die vorliegende Problematik trifft.

Möglicherweise kann aber dadurch, dass in § 14 Abs. 2 und 3 AÜG dem Leiharbeitnehmer die Betriebszugehörigkeit an sich für die Ausübung der betriebsverfassungsrechtlichen Rechte zugesprochen wird, im Umkehrschluss gefolgert werden, dass eine Betriebszugehörigkeit des Leiharbeitnehmers im Übrigen, beispielsweise bei § 1 Abs. 3 KSchG, zu verneinen ist. Schließlich wurde letztere nicht geregelt. Solch ein Umkehrschluss trägt jedoch nicht. § 14 AÜG ist eine betriebsverfassungsrechtliche Norm.[1437] Der Sinn dieser Norm besteht darin, dass der Leiharbeitnehmer in die Betriebsorganisation des Entleihers eingegliedert ist und daher ebenso schutzbedürftig ist wie die dort tätigen Stammarbeitnehmer.[1438] Aufgrund dieser Schutzbedürftigkeit sollen dem Leiharbeitnehmer gewisse betriebsverfassungsrechtliche Rechte ebenso zukommen.[1439] Durch die Norm soll also nicht mehr als die Stellung des Leiharbeitnehmers in betriebsverfassungsrechtlicher Hinsicht geregelt werden; Aussagen für andere Bereiche sind hiermit nicht beabsichtigt. Insofern können keine Um-

---

1434 Ulber-*Dohna-Jaeger*, AÜG, § 14, Rn. 1 f.; Thüsing-*Thüsing*, AÜG, § 14, Rn. 3. Vgl. *Däubler/Hjort/Schubert/Wolmerath*, Arbeitsrecht, § 14 AÜG, Rn. 1.

1435 Dazu BeckOKArbR-*Kock/Milenk*, § 14 AÜG, Rn. 10 ff.; ErfK-*Wank*, § 14 AÜG, Rn. 8 ff.

1436 BAG v. 6.2.2003 – 2 AZR 623/01, NJOZ 2003, 3166, 3168; Schaub-*Linck*, § 135, Rn. 30.

1437 *Däubler/Hjort/Schubert/Wolmerath*, Arbeitsrecht, § 14 AÜG, Rn. 1; Ulber-*Dohna-Jaeger*, AÜG, § 14, Rn. 1; ErfK-*Wank*, § 14 AÜG, Rn. 1.

1438 Ulber-*Dohna-Jaeger*, AÜG, § 14, Rn. 11.

1439 Ulber-*Dohna-Jaeger*, AÜG, § 14, Rn. 11.

kehrschlüsse für andere, von der Betriebsverfassung unterschiedliche Bereiche gezogen werden.

d) Ergebnis

Aus der Systematik ergibt sich deutlich, dass es in den genannten Normen nur auf das Verhältnis zwischen dem Leiharbeitnehmer und dem Verleiher, nicht aber dem Entleiher, ankommt.

3. Historie

In historischer Hinsicht ist festzuhalten, dass bei den genannten Regelungen trotz Verwendung des Wortes Arbeitsverhältnis immer schon davon ausgegangen worden ist, dass Grundlage dieses Verhältnisses ein Arbeitsvertrag ist.[1440] Nicht zuletzt fußt dieses Verständnis auf dem allgemeinen Arbeitnehmerbegriff und dem hiermit einhergehenden Arbeitgeberbegriff. Arbeitnehmer ist hiernach, „wer auf Grund eines privatrechtlichen Vertrages im Dienst eines anderen zur Arbeit verpflichtet ist"[1441]. Der Arbeitgeber wird vom BAG als „Vertragspartner des Arbeitnehmers" bezeichnet.[1442] Auch aus Art. 30 des Einigungsvertrags vom 31.8.1990 wird deutlich, dass der Gesetzgeber davon ausging, dass die Beziehungen zwischen Arbeitnehmer und Arbeitgeber eines Arbeitsvertrags bedürfen. Es sollte nämlich ausdrücklich das Arbeits*vertrags*recht gesetzlich geregelt werden, Art. 30 Abs. 1 Nr. 1 des Einigungsvertrags, womit das Arbeitsrecht insgesamt gemeint gewesen ist. Immer dann, wenn das jeweilige Gesetz keine eigene Definition des Arbeitnehmers bzw. Arbeitgebers vornimmt, greifen die obigen allgemeinen Begriffsbestimmungen ein. So gilt auch für die angeführten Regelungen, dass jeweils eine vertragliche Verbindung erforder-

---

1440 Vgl. BAG v. 27.3.1991 – 5 AZR 194/90, NZA 1991, 933 f. (Arbeitsverhältnis wird in dieser Entscheidung mit Arbeitsvertrag gleichgesetzt); von *Hoyningen-Huene/Linck*, KSchG, Einl., Rn. 1.

1441 BAG v. 24.3.1992 – 9 AZR 76/91, NZA 1992, 1129, 1130. Dazu Neumann/Pahlen/Majerski-Pahlen-*Neumann*, SGB IX, § 73, Rn. 19; ErfK-*Preis*, § 611 BGB, Rn. 35; MünckKommBGB-*Thüsing*, § 6 AGG, Rn. 4.

1442 BAG v. 8.4.1992 – 7 ABR 56/91, NZA 1993, 415, 416 f.; Schaub-*Vogelsang*, § 16, Rn. 1. Vgl. auch APS-*Preis*, C. Grundbegriffe, Rn. 73.

lich ist, das Verhältnis zwischen Entleiher und Leiharbeitnehmer demnach nicht hierunter fällt.

4. Zweck

a) § 1 Abs. 1 KSchG

Der Zweck der Wartezeit bestand ursprünglich darin, dass dem Arbeitgeber Gelegenheit gegeben werden sollte, seinen Mitarbeiter zunächst kennenzulernen.[1443] Das BAG sieht den Zweck des Kennenlernens als für beide Seiten wichtig an, die Parteien sollen mithin „eine gewisse Zeit lang prüfen können, ob sie sich auf Dauer binden wollen“[1444]. Auch besteht der Zweck der Norm laut BAG darin, „da[ss] der Arbeitnehmer erst durch eine gewisse Dauer der Zugehörigkeit zum Betrieb oder Unternehmen das Recht auf eine Arbeitsstelle erwerben soll“[1445]. Der erstgenannte Zweck greift im Verhältnis des Entleihers zum Leiharbeitnehmer regelmäßig nicht. Der Entleiher kann vom Verleiher einen geeigneten Arbeitnehmer und gegebenenfalls dessen Austausch fordern, sollte er sich nicht als geeignet erweisen. Eine Bindung auf Dauer steht für den Entleiher außerdem in erster Linie nur zum Verleiher aufgrund des Dienstverschaffungsvertrags in Frage; dass sich der Entleiher aber auf Dauer für einen einzigen Leiharbeitnehmer entscheidet, folgt daraus nicht notgedrungen. Tut der Entleiher dies, so nimmt er aber gleichzeitig in Kauf, dass der Arbeitnehmer sofort das Recht auf eine Arbeitsstelle in dem Sinne, dass dieser Arbeitnehmer für den Entleiher arbeitet, erwirbt. Andernfalls wäre auch kaum zu erwarten, dass sich der Entleiher im Dienstverschaffungsvertrag auf einen bestimmten Arbeitnehmer festlegt. Hier greift der genannte Zweck dann aber nicht ein, da der Entleiher gerade auf eine Wartefrist ver-

---

1443 Regierungsentwurf eines Bundeskündigungsschutzgesetzes vom 23.1.1951, abgedruckt in RdA 1951, 58, 63.

1444 BAG v. 24.11. 2005 – 2 AZR 614/04, NZA 2006, 366, 367. Dazu ErfK-*Oetker*, § 1 KSchG, Rn. 32.

1445 BAG v. 23.9.1976 – 2 AZR 309/75, NJW 1977, 1311.

zichtet.[1446] Wiederum ist das Verhältnis zwischen Entleiher und Leiharbeitnehmer nicht erfasst im Rahmen der Regelung des § 1 Abs. 1 KSchG.

b) § 1 Abs. 3 KSchG

Dass die Dauer der Betriebszugehörigkeit als Sozialdatum in § 1 Abs. 3 KSchG eine Rolle spielt, liegt nach Ansicht des BAG darin begründet, dass „mit zunehmender Betriebszugehörigkeit [...] im allgemeinen auch der Beitrag [wächst], den der Arbeitnehmer zum Wert des Unternehmens leistet“[1447]. Zudem „nimmt typischer Weise die persönliche Bindung zu, die etwa in einer arbeitsplatzbezogenen Wahl des Wohnortes und der Entwicklung von Freundschaften und Lebensgewohnheiten zum Ausdruck kommen kann“[1448]. Und dies führe dazu, dass „die Beendigung eines Arbeitsverhältnisses [...] deshalb den langjährig beschäftigten Arbeitnehmer oft besonders hart [trifft]“[1449]. Das BAG stellt aber auch klar, dass „die Betriebszugehörigkeit als Sozialdatum im Rahmen der Auswahl nach § 1 III KSchG nicht identisch mit derjenigen Zeitspanne [ist], in der ein Arbeitnehmer in demselben Betrieb arbeitet“[1450]. Entscheidend sei „vielmehr die Beschäftigung bei demselben Arbeitgeber, auch wenn sie in verschiedenen Betrieben stattfand“[1451]. Grund hierfür sei, dass „auch mit einer nicht allein an den Betrieb anknüpfenden, sondern arbeitgeberbezogenen Bindung [...] oft die erwähnten wirtschaftlichen und sozialen Wirkungen verbunden“[1452] seien. Nicht zuletzt deswegen seien auch „die Grundsätze heranzuziehen, die auch die Bemessung der Wartezeit nach § 1 I KSchG bestimmen“[1453].

Hierzu ist Folgendes festzuhalten: Der Arbeitnehmer leistet mit seiner Tätigkeit sowohl einen Beitrag zum Leiharbeitsunternehmen als auch zum

1446 In der Praxis wird sich der Entleiher regelmäßig dann auf einen bestimmten Leiharbeitnehmer festlegen, wenn er diesen ohnehin schon aufgrund früherer Tätigkeiten kennt und mit den geleisteten Diensten zufrieden gewesen ist. Dann erklärt es sich auch, warum er auf eine solche „Wartefrist“ verzichten mag.

1447 BAG v. 6.2.2003 – 2 AZR 623/01, NJOZ 2003, 3166, 3167.

1448 BAG v. 6.2.2003 – 2 AZR 623/01, NJOZ 2003, 3166, 3167.

1449 BAG v. 6.2.2003 – 2 AZR 623/01, NJOZ 2003, 3166, 3167 f.

1450 BAG v. 6.2.2003 – 2 AZR 623/01, NJOZ 2003, 3166, 3168.

1451 BAG v. 6.2.2003 – 2 AZR 623/01, NJOZ 2003, 3166, 3168.

1452 BAG v. 6.2.2003 – 2 AZR 623/01, NJOZ 2003, 3166, 3168.

1453 BAG v. 6.2.2003 – 2 AZR 623/01, NJOZ 2003, 3166, 3168.

Entleihunternehmen. Durch die Vergütung, die der Entleiher aufgrund der Tätigkeit des Leiharbeitnehmers an den Verleiher zahlt, wächst der Wert des Leiharbeitsunternehmens. Gleichzeitig wächst aber auch der Wert des Entleihunternehmens durch die getätigten Arbeiten des Leiharbeitnehmers. Die Zunahme einer persönlichen Bindung trifft bei einem Leiharbeitnehmer eher auf das Verhältnis zum Entleiher zu, da der Leiharbeitnehmer gerade bei diesem und für diesen seine Arbeit verrichtet. Zwar wird der Arbeitnehmer seinen Wohnort aufgrund der Ungewissheit der Verleihdauer regelmäßig vom Ort des Leiharbeitsunternehmens und eher nicht vom Entleihunternehmen ausmachen; bei geplanten langen Verleihdauern – insbesondere bei einem Dauerverleih – wird diese Entscheidung aber natürlich oftmals anders ausfallen. Überträgt man den anschließend genannten Aspekt, namentlich den Fokus auf die arbeitgeberbezogene Bindung, auf die vorliegende Problematik, so ist damit entsprechend der Fokus auf das Verhältnis gemeint, welches ungeachtet verschiedener Einsatzorte ständig erhalten bleibt; in Bezug auf den Leiharbeitnehmer ist dies das Verhältnis zum Verleiher. Dieses ist damit maßgeblich. Bei einem Dauerverleih bleibt allerdings auch das Verhältnis zum Entleiher bestehen, sodass eine Maßgeblichkeit allein des Verhältnisses zum Verleiher kaum mehr gegeben sein wird.

Sprechen also mehrere Aspekte dafür, dass – zumindest bei einem Dauerverleih – nach Sinn und Zweck des § 1 Abs. 3 KSchG auch das Verhältnis des Leiharbeitnehmers zum Entleiher entscheidend sein kann, so kann der Sinn und Zweck aber natürlich nicht völlig ohne den größeren Zusammenhang betrachtet werden. Es geht nämlich bei der „Dauer der Betriebszugehörigkeit" in § 1 Abs. 3 KSchG um einen Aspekt der sozialen Rechtfertigung einer Kündigung; die Kündigung kann aber eben nur der Verleiher aussprechen, sodass sich der Sinn und Zweck bereits nur auf dieses Verhältnis beziehen kann und gerade nicht auf das Verhältnis des Leiharbeitnehmers zum Entleiher.

c) § 9 iVm. § 10 Abs. 2 KSchG

Telos dafür, die Dauer der Betriebszugehörigkeit bei der Abfindung nach § 9 iVm. § 10 Abs. 2 KSchG zu berücksichtigen, ist die Tatsache, dass sich darin sowohl die vom Arbeitnehmer erbrachte Betriebstreue als auch der erworbene soziale Besitzstand spiegeln.[1454] Wird die Betriebstreue als entscheidend angesehen, so liegt dies daran, dass vorausgesetzt wird, dass der Arbeitnehmer es ausschließlich selbst in der Hand hatte, sein Arbeitsverhältnis zu beenden, es aber jeweils vorgezogen hat, in dem Arbeitsverhältnis zu verbleiben. Im Fall des Leiharbeitnehmers trifft dies jedoch nur auf das Verhältnis zum Verleiher zu. Dass der Leiharbeitnehmer im Betrieb des Entleihers arbeitet und nicht in einem anderen Betrieb, hängt von den Vereinbarungen zwischen dem Verleiher und dem Entleiher und dem abgeschlossenen Dienstverschaffungsvertrag ab. Der Leiharbeitnehmer selbst hat hierauf keinen direkten Einfluss. Seine Betriebstreue kann sich demnach nur auf den Verleih- und nicht den Entleihbetrieb beziehen.

d) § 90 Abs. 1 Nr. 1 SGB IX

Für die Wartefrist nach § 90 Abs. 1 Nr. 1 SGB IX sind die gleichen Grundsätze wie für die Wartefrist in § 1 Abs. 1 KSchG heranzuziehen.[1455] Sinn und Zweck entsprechen sich insoweit. Weitergehend besteht der spezielle Zweck von § 90 Abs. 1 Nr. 1 SGB IX darin, dass der Arbeitgeber „die fachliche und persönliche Eignung des schwerbehinderten Arbeitnehmers sechs Monate lang ohne die Bindung der §§ 85 ff. SGB IX überprüfen können [soll]“[1456], damit Einstellungshemmnisse überwunden werden, was im Ergebnis den Interessen schwerbehinderter Menschen insgesamt diene.[1457] Aus zweierlei Gesichtspunkten wird deutlich, dass hier nur das Verhältnis zwischen Verleiher und Leiharbeitnehmer gemeint sein kann. Zum einen erhält der Entleiher aufgrund des Dienstverschaffungsvertrags einen geeigneten Arbeitnehmer von dem Verleiher. Die Überprüfung, ob der schwerbehinderte Arbeitnehmer geeignet ist, trifft also einzig auf den Verleiher zu, der testen muss, ob der Arbeitnehmer für etwaige Verleihdienste geeignet ist. Zum anderen können durch den Regelungsgehalt der Norm nur Einstellungshemmnisse des Verleihers überwunden werden, denn nur dieser stellt den Arbeitnehmer ein, nicht der Entleiher. Nach Sinn

1454 APS-*Biebl*, § 10 KSchG, Rn. 23.

1455 BAG v. 19.6.2007 – 2 AZR 94/06, NZA 2007, 1103, 1104; BAG v. 4.2.1993 – 2 AZR 416/92, NZA 1994, 214, 216; ErfK-*Rolfs*, § 90 SGB IX, Rn. 1; APS-*Vossen*, § 90 SGB IX, Rn. 4; vgl. BeckOKSozR-*Gutzeit*, § 90 SGB IX, Rn. 4.

1456 BAG v. 19.6.2007 – 2 AZR 94/06, NZA 2007, 1103, 1104.

1457 BAG v. 19.6.2007 – 2 AZR 94/06, NZA 2007, 1103, 1104.

und Zweck des § 90 Abs. 1 Nr. 1 SGB IX ist das Verhältnis zwischen Entleiher und Leiharbeitnehmer mithin nicht erfasst.

e) § 4 BUrlG

Der Grund dafür, den Urlaubsanspruch erst nach der in § 4 BUrlG festgelegten Wartefrist entstehen zu lassen, ist laut *Gallner* darin zu sehen, dass „die wechselseitigen Beziehungen […] bis zu diesem Zeitpunkt so locker [sind], dass die Lasten einer umfangreichen Freistellung vom [Arbeitgeber] noch nicht verlangt werden können“[1458]. Erst nach Ablauf der Wartefrist hätten sich die Beziehungen ausreichend verfestigt.[1459]

Die Freistellung erfolgt durch den Verleiher.[1460] Denn gegenüber dem Entleiher hat sich der Verleiher regelmäßig verpflichtet, einen geeigneten Arbeitnehmer zur Verfügung zu stellen. Sollte sich der Leiharbeitnehmer im Urlaub befinden, so tangiert dies die vertragliche Verpflichtung des Verleihers zum Entleiher nicht; weiterhin muss dem Entleiher ein geeigneter Arbeitnehmer zur Verfügung gestellt werden.[1461] Die Lasten einer Freistellung treffen demnach den Verleiher, sodass dies dafür spricht, dass nur das Verhältnis zwischen dem Verleiher und dem Leiharbeitnehmer betroffen ist. Zwar ist es möglich, dass eine Speziesschuld zwischen dem Verleiher und dem Entleiher im Dienstverschaffungsvertrag vereinbart wird;[1462] dann treffen die Lasten der Freistellung aufgrund Urlaubs den Entleiher, der Verleiher muss für diese Zeit keinen anderen geeigneten Leiharbeitnehmer zur Verfügung stellen.[1463] Doch auch für diesen Fall greift der oben genannte Sinn und Zweck im Verhältnis zwischen Entleiher und Leiharbeitnehmer nicht ein. Der Entleiher legt sich hier ja selbst vertraglich darauf fest, im Fall des Urlaubs des Leiharbeitnehmers keinen Ersatz zu verlangen, indem er die Speziesschuld vereinbart. Der Entleiher verzichtet demnach durch diese freiwillige vertragliche Vereinbarung auf den Ablauf einer Wartefrist im Verhältnis zum Leiharbeitnehmer, es kommt ihm also auf die ausreichende Verfestigung nicht an und er nimmt die Las-

---

1458 ErfK-*Gallner*, § 4 BUrlG, Rn. 1.
1459 ErfK-*Gallner*, § 4 BUrlG, Rn. 1.
1460 Thüsing-*Thüsing*, AÜG, Einf., Rn. 41; ErfK-*Wank*, Einl. AÜG, Rn. 25.
1461 Thüsing-*Thüsing*, AÜG, Einf., Rn. 41.
1462 Thüsing-*Thüsing*, AÜG, Einf., Rn. 42.
1463 Thüsing-*Thüsing*, AÜG, Einf., Rn. 42.

ten der Freistellung in Kauf. Auch der Sinn und Zweck des § 4 BUrlG spricht somit gegen die Erfassung des Verhältnisses zwischen Entleiher und Leiharbeitnehmer.

f) § 622 Abs. 2 BGB

Die längeren Kündigungsfristen je nach Dauer des Bestands des Arbeitsverhältnisses bezwecken den Schutz des Arbeitnehmers. Diesem soll ausreichend Zeit gegeben werden, sich einen neuen Arbeitsplatz zu suchen und somit möglichst nahtlos in ein anderes Arbeitsverhältnis überzugehen und dementsprechend auch Lohn zu erhalten, damit ihm keine wirtschaftlichen Nachteile bspw. aufgrund einer Arbeitslosigkeit erwachsen.[1464] Da es besonders um diese wirtschaftlichen Nachteile und damit die Entlohnung geht, kann auch hier nur das Verhältnis zwischen dem Verleiher und dem Leiharbeitnehmer gemeint sein. Schließlich ist für die Entlohnung einzig der Verleiher zuständig und gerade nicht der Entleiher.

g) § 626 BGB

Im Rahmen der Interessenabwägung des § 626 BGB geht es maßgeblich darum, ob das Arbeitsverhältnis tatsächlich sofort beendet werden muss oder nicht doch die ordentliche Kündigungsfrist einzuhalten ist.[1465] War der Arbeitnehmer erst kurz beschäftigt, und hat er trotz dieser kurzen Zeit bereits eine im Rahmen des § 626 BGB beachtliche Pflichtverletzung begangen, so ist eine Kündigung eher wirksam, als wenn der Arbeitnehmer sich über Jahre hinweg ordnungsgemäß verhalten hat.[1466] Im letzteren Fall können nämlich die bisher geleisteten Dienste die Auswirkungen einer fristlosen Kündigung überwiegen.[1467] Begeht der Leiharbeitnehmer auch regelmäßig die Pflichtverletzungen, die zu einer außerordentlichen Kündi-

---

1464 *Kaiser* in: FS Konzen, S. 381, 385; ErfK-*Müller-Glöge*, § 622, Rn. 1; vgl. Staudinger-*Preis*, § 622, Rn. 9.

1465 BAG v. 13.12.1984 – 2 AZR 454/83, NZA 1985, 288; MünchAnwHb-*Schulte*, § 44, Rn. 11; BeckOKArbR-*Stoffels*, § 626 BGB, Rn. 73; vgl. APS-*Dörner/Vossen*, § 626 BGB, Rn. 96 f.; ErfK-*Müller-Glöge*, § 626 BGB, Rn. 24 f.

1466 BAG v. 13.12.1984 – 2 AZR 454/83, NZA 1985, 288.

1467 BAG v. 13.12.1984 – 2 AZR 454/83, NZA 1985, 288.

gung durch den Verleiher führen können, beim Entleiher, so heißt dies dennoch nicht, dass es im Rahmen der Interessenabwägung nur um die Zeit beim Entleiher ginge. Auch hier darf der Sinn und Zweck nicht völlig losgelöst vom größeren Zusammenhang betrachtet werden. Es geht wie oben ausgeführt bei den §§ 611 – 630 BGB nur um Vertragsverhältnisse, sodass sich der Sinn und Zweck bereits nur auf dieses Verhältnis beziehen kann und gerade nicht auf das Verhältnis des Leiharbeitnehmers zum Entleiher. Außerdem wäre es unbillig, wenn der Leiharbeitnehmer über lange Zeit keine, dann aber nach kurzer Zeit bei einem neuen Entleiher eine Pflichtverletzung beginge, und hier nur der kurze Zeitraum des neuen Verleihs maßgeblich wäre. Blendete man hier die gesamte vorherige Zeit des Verhältnisses zum Verleiher aus, so ließe man auch die bisher in jener Zeit geleisteten Dienste völlig unbeachtet, was nicht zu rechtfertigen wäre. Dies gilt umso mehr, da mit der Kündigung das gesamte Verhältnis zum Verleiher beendet werden würde und nicht nur der möglicherweise noch recht kurze Verleih zum Entleiher.

5. Ergebnis zur Auslegung

Die Auslegung ergibt äußerst deutlich, dass das Verhältnis des Entleihers zum Leiharbeitnehmer nicht maßgeblich ist, sondern vielmehr nur das Verhältnis des Verleihers zum Leiharbeitnehmer.

IV. Grundsatz bei Übernahme der Leiharbeitnehmer durch den Entleiher

Aus der Auslegung ergibt sich auch, wie sich die Übernahme der Leiharbeitnehmer durch den Entleiher auf die Betriebszugehörigkeit der Leiharbeitnehmer auswirkt. Stellt der Entleiher die Leiharbeitnehmer fortan als Stammarbeitnehmer ein, so beginnt deren Betriebszugehörigkeit „bei Null“.[1468] Dies liegt daran, dass das vertragliche Verhältnis des Leiharbeitnehmers zum Verleiher keinesfalls übernommen wird, sondern der Entleiher mit dem Leiharbeitnehmer einen *neuen* Vertrag abschließt. Die von dem Arbeitnehmer in Bezug auf den Verleiher angesammelte Dauer der Betriebszugehörigkeit geht also nicht über. Der Gedanke, zumindest die

---

1468 Siehe dazu *von Hoyningen-Huene/Linck*, KSchG, § 1, Rn. 103; HWK-*Quecke*, § 1 KSchG, Rn. 10.

Zeiten des bisherigen Verleihs an den Entleiher zu berücksichtigen, trägt gemäß der obigen Auslegung gerade nicht.[1469]

V. Besonderheiten für den Fall des Übergangs der Leiharbeitnehmer beim Betriebs(teil)übergang des Entleihbetriebs(teils)

Im Fall *Albron* bzw. der vorliegend behandelten, allgemeineren Situation, gibt es zwei Aspekte bei der Übernahme der Dauer der Betriebszugehörigkeit, die es zu beachten gilt.

1. Betriebsübergang selbst

Zum einen liegt der Betriebsübergang selbst vor. Wie die Auslegung gezeigt hat, geht die Dauer der Betriebszugehörigkeit als Teil der Rechte und Pflichten *aus einem Arbeitsvertrag* bzw. – um die Diktion des § 613a Abs. 1 S. 1 BGB aufzugreifen und zu konkretisieren – aus einem *vertraglichen* Arbeitsverhältnis über. Maßgeblich ist also die Dauer des bisherigen vertraglichen Arbeitsverhältnisses zwischen dem Verleiher und dem Leiharbeitnehmer.

2. Leiharbeitnehmer werden zu Stammarbeitnehmern

Neben dem Betriebsübergang selbst und dem Übergang der Rechte und Pflichten auf den Erwerber liegt überdies eine weitere wichtige rechtliche Veränderung vor. Die Arbeitnehmer, die zuvor Leiharbeitnehmer gewesen sind, werden nunmehr Stammarbeitnehmer.

3. Zeitliche Abfolge der Beurteilung wichtig

Diese zwei Aspekte erfolgen zur gleichen Zeit. Dennoch sind diese bei der rechtlichen Beurteilung hintereinander zu beurteilen. Zu klären ist im Folgenden, welcher Aspekt dem anderen vorgeht.

1469 So im Ergebnis auch *von Hoyningen-Huene/Linck*, KSchG, § 1, Rn. 103; HWK-*Quecke*, § 1 KSchG, Rn. 10.

Es wurde ausgeführt, dass die Dauer der Einsatzzeit beim Entleiher bei Übernahme der Leiharbeitnehmer zu Stammarbeitnehmern keine Rolle spielt, die Betriebszugehörigkeit vielmehr „bei Null" beginnt. Dieses Ergebnis würde man auch vorliegend erhalten, wenn man die zeitliche Abfolge derart konstruierte, dass der Leiharbeitnehmer in einem ersten Schritt zu einem Stammarbeitnehmer wird und erst in einem zweiten Schritt durch einen Betriebsübergang auf den Erwerber übergeht. Diese Konstellation könnte dann wohl in ihren Auswirkungen auf die Betriebszugehörigkeit nicht anders als die Situation behandelt werden, in der die Leiharbeitnehmer, ohne dass ein Betriebsübergang vorläge, vom Entleiher als Stammarbeitnehmer übernommen werden. In beiden Fällen waren die Arbeitnehmer zunächst Leih- und sodann Stammarbeitnehmer. Konsequenterweise kann in Anlehnung an die obige Auslegung und den nicht zuletzt daraus folgenden Grundsatz bei Übernahme der Leiharbeitnehmer die Dauer des bisherigen Einsatzes beim Entleiher auch keine Rolle für die Betriebszugehörigkeit dieses neuen Stammarbeitsverhältnisses spielen. Die Betriebszugehörigkeit müsste wieder „bei Null" beginnen. Beim sich rechtlich anschließenden Betriebsübergang könnte dann nur diese Betriebszugehörigkeit von „Null" übergehen. Dieses Ergebnis wäre äußerst widersprüchlich zu dem von der Richtlinie 2001/23/EG verfolgten Ziel. Es soll nämlich gerade der Arbeitnehmer geschützt werden und dessen Rechte bewahrt werden. Würde man die zeitliche Abfolge aber wie beschrieben konstruieren, verlöre der Arbeitnehmer *wegen der Richtlinie* seine Rechte, die aus der Betriebszugehörigkeit folgen.

Die rechtliche Abfolge muss insofern anders verstanden werden: In einem ersten Schritt gehen die Leiharbeitnehmer aufgrund des Betriebsübergangs auf den Erwerber über. Sodann werden diese vom Erwerber – und das ist rechtlich der zweite Schritt – nicht mehr als Leiharbeitnehmer, sondern nunmehr als Stammarbeitnehmer eingesetzt. Die vertraglichen Rechte und Pflichten, so auch die Dauer der Betriebszugehörigkeit, sowie die übrigen Rechte und Pflichten, wie insbesondere das Weisungsrecht, sind zwar durch den Betriebsübergang auf den Erwerber übergegangen. Deren Vereinigung in *einem* Verhältnis erfolgt jedoch erst nach bzw. mit dem Betriebsübergang, *nicht davor*. Die vertragliche Bindung und damit auch die Dauer ebendieser, also die Dauer der Betriebszugehörigkeit, verändert sich durch die Statusänderung von einem Leiharbeitnehmer zu einem Stammarbeitnehmer nicht, weil der Vertragspartner des Arbeitnehmers zu diesem Zeitpunkt ein und derselbe, nämlich der Erwerber, ist. Es ändert sich lediglich der Arbeitszweck von der Überlassung zur Arbeitsleistung zur Erbringung einer ganz bestimmten Tätigkeit.

4. Ergebnis

Maßgeblich muss im Ergebnis die zurückgelegte Zeit beim Verleiher sein. Bei der rechtlichen Beurteilung ist davon auszugehen, dass zunächst aufgrund des Betriebsübergangs diese Betriebszugehörigkeit auf den Erwerber übergeht und die nachfolgende Änderung des Status' des Arbeitnehmers von einem Leih- zu einem Stammarbeitnehmer hierauf keine Auswirkungen mehr hat.

VI. Auswirkungen nach den jeweiligen Lösungen

1. Nichtvertraglicher Arbeitgeber

Die Lösung über den nichtvertraglichen Arbeitgeber bildet die Situation vor dem Betriebsübergang rechtlich genau so ab, wie sie sich auch tatsächlich darstellt. Der Arbeitnehmer war vor dem Betriebsübergang ein Leiharbeitnehmer, tätig im Betrieb des Entleihers. Nach dem Betriebsübergang wird er zu einem Stammarbeitnehmer des Erwerbers. Allerdings erfolgt die Übertragung der Rechte und Pflichten wohl nur durch den Entleiher, sodass auch nur die Dauer der Tätigkeit bei diesem, also die Dauer des Verleihs, maßgeblich sein kann.

Dass nur der Entleiher für den Übergang der Pflichten maßgeblich ist, widerspricht zum einen dem Ergebnis der obigen Auslegung, wonach die Dauer der Betriebszugehörigkeit nur in Bezug auf ein vertragliches Verhältnis übergehen kann. Das Verhältnis zwischen dem Entleiher und dem Leiharbeitnehmer ist jedoch nicht vertraglich und soll auch nicht, wie nach einigen anderen Lösungen, als ein solches behandelt werden. Der grundsätzliche Übergang der Dauer der Betriebszugehörigkeit auf den Erwerber lässt sich demnach mit diesem Begründungsweg nicht begründen.

Zum anderen ist es nicht mit dem Arbeitnehmerschutz zu vereinen, dass der Arbeitnehmer möglicherweise einem Teil seiner angesammelten Betriebszugehörigkeit beraubt wird, weil die nach diesem Begründungsweg maßgebliche Dauer des Verleihs an den Entleiher kürzer ist als die Dauer des vertraglichen Verhältnisses zum Verleiher. Dass die Dauer des Verleihs an den Entleiher kürzer ist als die Dauer des vertraglichen Verhältnisses zum Verleiher kann durchaus häufig der Fall sein, da keine Beschränkung auf eine bestimmte Dauer des Verleihs erfolgt. Damit wird die Verleihdauer häufig (wesentlich) kürzer sein als die Dauer des Verhältnisses zum Verleiher. Außerdem müssen nach dieser Lösung keine weiteren Voraussetzungen vorliegen, insbesondere muss kein Rechtsmissbrauch oder eine unzulässige Umgehung gegeben sein. Diese Lösung scheint also jeden Fall der Leiharbeit zu erfassen. Bei einem Betriebsübergang würde aber nun nach dem oben Gesagten nur die Zeit beim Entleiher auf den Erwerber übergehen. Doch dann bliebe die bis zu diesem Zeitpunkt „angesammelte" Dauer der Betriebszugehörigkeit zum Verleiher unberücksichtigt, was die Rechte des Arbeitnehmers schmälern würde, *weil die Richtlinie eingreift*. Das wäre unbillig und nicht mit dem Ziel der Richtlinie zu vereinbaren (vgl. oben) und ist mithin abzulehnen. Zwar mag andererseits aus Sicht des Erwerbers nicht recht ersichtlich sein, warum dieser den gesamten Zeitraum der Betriebszugehörigkeit aufgrund eines Betriebsübergangs übernehmen sollte. Diese Konsequenz wäre aber aufgrund des überwiegenden Arbeitnehmerschutzes hinzunehmen.

Zusammenfassend ist festzuhalten, dass sich der grundsätzliche Übergang der Dauer der Betriebszugehörigkeit auf den Erwerber mit diesem Begründungsweg nicht begründen lässt. Zudem kann es praktisch nach dieser Lösung oftmals der Fall sein, dass dem Schutz der Arbeitnehmerrechte nicht ausreichend Rechnung getragen wird durch den Wegfall eines (wesentlichen) Teils der Betriebszugehörigkeit. Dies sind erhebliche Kritikpunkte an dieser Lösung.

2. Zuordnungslösung

Nach der Zuordnungslösung wird die Situation so behandelt, als gäbe es keinen Leiharbeitnehmer. Es wird angenommen, der Arbeitnehmer hätte seinen Arbeitsvertrag mit dem Entleiher abgeschlossen. Der Arbeitnehmer wird wie ein Stammarbeitnehmer des Entleihers behandelt. Konsequenterweise muss dann die Zeit, die der Arbeitnehmer im Betrieb des Entleihers zurückgelegt hat, ausnahmsweise Berücksichtigung finden; denn diese Beziehung wird im Rahmen dieser Lösung ja gerade als eine vertragliche behandelt. Die Voraussetzung einer vertraglichen Bindung ist also – wenn auch für dieses Verhältnis konstruiert – erfüllt. Festzuhalten ist damit, dass sich mit diesem Begründungsweg der grundsätzliche Übergang der Dauer der Betriebszugehörigkeit auf den Erwerber zunächst überzeugend begründen lässt.

Dieses Ergebnis ist jedoch in folgendem Fall problematisch, den zwar nicht *Raab* von seiner Lösung erfasst sieht,[1470] aber konsequenterweise der Generalanwalt mit seinem Ansatz erfassen müsste. Dieser problematische Fall stellt sich ähnlich wie jene Konstellationen dar, die soeben im Rahmen der Lösung über den nichtvertraglichen Arbeitgeber dargestellt worden sind, er wird allerdings in der Praxis nicht so häufig vorkommen, da nach der Zuordnungslösung immerhin ein Dauerverleih zu fordern ist. Man bilde den Fall, dass der Leiharbeitnehmer vom Verleiher zunächst – möglicherweise für lange Zeit – an ein anderes Entleihunternehmen ausgeliehen wird. Erst später schließt der Verleiher einen Überlassungsvertrag mit dem Entleihunternehmen, welches wiederum später seinen Betrieb veräußert. Bei einem Betriebsübergang würde aber nun nach dem soeben Gesagten nur die Zeit beim Entleiher auf den Erwerber übergehen. Man müsste nämlich nach der Zuordnungslösung wohl argumentieren, der Arbeitnehmer werde erst ab dem Zeitpunkt wie ein Stammarbeitnehmer des Entleihers behandelt, ab dem er an den Entleiher verliehen wurde. Doch dann bliebe die bis zu diesem Zeitpunkt „angesammelte" Dauer der Betriebszugehörigkeit unberücksichtigt, was die Rechte des Arbeitnehmers schmälern würde, *weil die Richtlinie eingreift*. Auch hier ist zu konstatieren, dass dies unbillig wäre und nicht mit dem Ziel der Richtlinie zu vereinbaren ist (vgl. oben). Dass die Übernahme des gesamten Zeitraums der Betriebszugehörigkeit zum Verleiher möglicherweise für den Erwerber ebenfalls unbillig ist, ist wiederum aufgrund des überwiegenden Arbeitnehmerschutzes hinzunehmen. Da die Zuordnungslösung aber zu diesem Ergebnis nicht kommen könnte, also nur die Dauer beim Entleiher berücksichtigen könnte, stellt diese negative Auswirkung auf die Rechte des Arbeitnehmers einen Kritikpunkt an dem Begründungsweg dar.

3. Rechtsmissbrauch bzw. unzulässige Umgehung

Auch nach der Lösung über den Rechtsmissbrauch bzw. eine unzulässige Umgehung wird die Situation so behandelt, als sei der Arbeitnehmer kein

---

1470 *Raab* verlangte als eine Voraussetzung, dass der Arbeitnehmer von vornherein nur an den Entleiher verliehen werde, siehe dazu oben, vierter Teil, § 8 B. II., S. 127. Zur Kritik dazu vierter Teil, § 9 E. II. 2. c), S. 255.

Leiharbeitnehmer, sondern ein Stammarbeitnehmer des Entleihers gewesen. Wie bereits im Rahmen der Folgen nach der Zuordnungslösung dargestellt, geht die Dauer der Tätigkeit beim Entleiher ausnahmsweise als Dauer der bisherigen Betriebszugehörigkeit auf den Erwerber über, weil das Verhältnis zwischen dem Entleiher und dem Leiharbeitnehmer als ein vertragliches behandelt wird. Auch hier gilt, dass sich mit diesem Begründungsweg der grundsätzliche Übergang der Dauer der Betriebszugehörigkeit auf den Erwerber zunächst überzeugend begründen lässt.

Zur Problematik und der damit verbundenen Kritik an diesem Begründungsweg gilt das soeben zur Zuordnungslösung Ausgeführte entsprechend. Da die Lösung über den Rechtsmissbrauch bzw. eine unzulässige Umgehung allerdings anders als die Zuordnungslösung nicht nur bei einem Dauerverleih, sondern auch bei einem vorübergehenden Verleih eingreifen kann,[1471] kann die genannte Problematik in tatsächlicher Hinsicht wesentlich deutlichere Auswirkungen haben. Da nämlich auch nach dieser Lösung nur die Zeit beim Entleiher berücksichtigt wird, diese jedoch eventuell nur sehr kurz gewesen ist, fällt oftmals eine erhebliche Dauer der Betriebszugehörigkeit zum Verleiher weg. In tatsächlicher Hinsicht ist es also nicht fernliegend, dass sich diese negativen Auswirkungen ergeben. Es ist vielmehr durchaus typisch, dass ein Arbeitnehmer erst an (mehrere) andere Unternehmen verliehen wird, bevor er dann an das Unternehmen verliehen wird, welches nach der Richtlinie bzw. § 613a BGB auf den Erwerber übergeht. Weil letzterer Verleih nicht wie nach der Zuordnungslösung notwendigerweise dauerhaft erfolgen muss, kann eine solche Situation wesentlich häufiger vorliegen, sich die Lösung über den Rechtsmissbrauch bzw. eine unzulässige Umgehung wesentlich häufiger negativ für den Arbeitnehmer auswirken. Dies ist ein weiterer Kritikpunkt an dieser Lösung. Da zwar kein Dauerverleih, aber ein Rechtsmissbrauch bzw. eine unzulässige Umgehung festgestellt werden muss, sind allerdings dennoch längst nicht so viele Fälle erfasst wie nach der Lösung über den nichtvertraglichen Arbeitgeber.

Problematisch ist überdies bei einer Lösung über diesen Begründungsweg die Berechnung der bisherigen Betriebszugehörigkeit, die nach § 613a Abs. 1 S. 1 BGB übergeht, dann, wenn der Leiharbeitnehmer nicht dauerhaft an den Entleiher verliehen war, sondern nur vorübergehend. Fraglich ist dann, ob kurze Unterbrechungen, beispielsweise durch kurz-

1471 Dies wurde oben festgestellt, vierter Teil, § 9 E. III. 1. b) aa), S. 264.

zeitige Einsätze in anderen Entleihbetrieben, die Dauer der Betriebszugehörigkeit neu beginnen lassen, im Gegenteil unbeachtlich sind, oder gar bei der Berechnung mitzuzählen sind. Hier sind die allgemeinen Grundsätze zur Berechnung der Dauer der Betriebszugehörigkeit wie beispielsweise für § 1 Abs. 1 KSchG oder § 4 BUrlG wohl *entsprechend* anzuwenden: Die Zeiten des (Leih-)Arbeitsverhältnisses beim Entleiher vor der Unterbrechung sind anzurechnen, wenn das neue (Leih-)Arbeitsverhältnis in einem engen sachlichen Zusammenhang mit dem früheren (Leih-)Arbeitsverhältnis steht, wobei es insbesondere auf Anlass und Dauer der Unterbrechung sowie auf die Art der Weiterbeschäftigung ankommt.[1472] Bei nur kurztätigen Unterbrechungen sollten diese also unbeachtlich sein, wenn der Leiharbeitnehmer danach wieder die gleiche Tätigkeit beim Entleiher verrichtet, sodass die Betriebszugehörigkeit nach der Unterbrechung weiterläuft und deren Dauer nicht von vorne beginnt. Allerdings ist der Unterbrechungszeitraum selbst – der allgemeinen Regel[1473] folgend – nicht anzurechnen.

4. Zurechnungslösung

Die Zurechnungslösung sieht den vertraglichen Arbeitgeber als Veräußerer im Sinne der Richtlinie 2001/23/EG an. Der Entleiher wird völlig ausgeblendet. Konsequenterweise geht die Dauer der Betriebszugehörigkeit zum Verleiher auf den Erwerber über, die Dauer der Tätigkeit für den Entleiher findet hingegen keinerlei Beachtung. Dies entspricht dem Ergebnis der Auslegung in allen Belangen.

5. Gespaltene Veräußererstellung

Die Lösung der gespaltenen Veräußererstellung differenziert bei dem Übergang der Rechte und Pflichten danach, zu wem diese vor dem Betriebsübergang bestanden haben. Solche Rechte und Pflichten, die zwi-

---

1472 Vgl. für das vertragliche Arbeitsverhältnis BAG v. 19.6.2007 – 2 AZR 94/06, NZA 2007, 1103, 1104; BAG v. 22.9.2005 – 6 AZR 607/04, NZA 2006, 429 f.

1473 Siehe zur ständigen Rechtsprechung bspw. BAG v. 17.6.2003 – 2 AZR 257/02, AP Nr. 61 zu § 622 BGB (unter B. I. 2. d)). Dazu auch HWK-*Quecke*, § 1 KSchG, Rn. 16.

schen dem Entleiher und dem Leiharbeitnehmer bestanden haben, insbesondere das Weisungsrecht, gehen *aus diesem Verhältnis* auf den Erwerber über. Die übrigen vertraglichen Rechte und Pflichten, die zum Verleiher bestanden haben, gehen aus *jenem – vertraglichen – Verhältnis* auf den Erwerber über.

Aus letzterem, vertraglichem Verhältnis zum Verleiher folgt der Übergang der Betriebszugehörigkeit. Das Ergebnis der Auslegung kann ohne Probleme in diesen Begründungsweg aufgenommen werden.

VII. Ergebnis

Aus der Auslegung hat sich ergeben, dass die Dauer der Tätigkeit beim Entleiher grundsätzlich keine Rolle für die Berechnung der Dauer der Berücksichtigung spielen kann, sondern es einzig auf das Verhältnis zum Verleiher ankommen kann. Dies ist damit zu begründen, dass die Maßgeblichkeit der Dauer der Betriebszugehörigkeit gerade an einem Vertragsverhältnis hängt. Wird ein Vertragsverhältnis wie im Rahmen der Lösung über einen Rechtsmissbrauch bzw. eine unzulässige Umgehung sowie der Zuordnungslösung konstruiert, kann also auch die Dauer dieses – dann – vertraglichen Verhältnisses eine Rolle spielen. Festzuhalten bleibt aber, dass die Dauer der Betriebszugehörigkeit nur übergehen kann, wenn *vor* dem Betriebsübergang ein Bezug zu einem vertraglichen Verhältnis bestanden hat, mag dieses Verhältnis auch konstruiert werden.

Bis auf die Lösung über den nichtvertraglichen Arbeitgeber kann damit ein Übergang der Betriebszugehörigkeit nach allen Begründungswegen im Grundsatz überzeugend begründet werden. Allerdings ist für die Lösungen, die das Vertragsverhältnis als zum Entleiher bestehend ansehen, kritisch anzumerken, dass die Arbeitnehmer dadurch unter Umständen eines Teils ihrer zurückgelegten Betriebszugehörigkeit beraubt werden. Da die Richtlinie die Sicherung der Ansprüche der Arbeitnehmer zum Ziel hat, muss schon allein dieser teilweise Verlust kritisch beurteilt werden, wird das Ziel der Richtlinie dann doch teilweise nicht erreicht.

E. Abwicklung des Vertrags zwischen Verleiher und Entleiher

I. Bestehen eines Dienstverschaffungsvertrags zwischen Verleiher und Entleiher vor dem Betriebsübergang

Vor dem Betriebsübergang bestand zwischen dem Verleiher und dem Entleiher ein Arbeitnehmerüberlassungsvertrag, der einen Unterfall des Dienstverschaffungsvertrags darstellt.[1474] In diesem Vertrag verpflichtet sich der Verleiher typischerweise gegenüber dem Entleiher „zur Überlassung eines geeigneten Arbeitnehmers für die Zeit der vereinbarten Leihfrist und der Entleiher zur Zahlung einer entsprechenden Vergütung"[1475]. Es muss beachtet werden, dass der Verleiher nicht selbst die Arbeitsleistung schuldet, sondern er muss lediglich einen geeigneten Arbeitnehmer auswählen und zur Verfügung stellen.[1476] Insofern ist der Leiharbeitnehmer auch nicht sein Erfüllungsgehilfe gem. § 278 BGB,[1477] der Verleiher haftet nicht für dessen Schlechtleistung.[1478]

II. Kein Übergang dieses Vertrags auf den Erwerber

Bei einem Betriebsübergang nach der Richtlinie und somit dem § 613a BGB gehen zwar die Arbeitsverhältnisse und Arbeitsverträge auf den Erwerber über; anderweitige Verträge betrifft dies jedoch nicht. Auch der zwischen dem Verleiher und dem Entleiher bestehende Dienstverschaffungsvertrag geht damit nicht nach § 613a BGB auf den Erwerber über. Ebenfalls findet ein Vertragsübergang nach der Haftungsnorm des § 25 HGB nicht statt.[1479] Wie schon an anderer Stelle dieser Arbeit festgestellt,

1474 *Becker*, ZfA 1978, 131, 134; *Boemke*, Schuldvertrag und Arbeitsverhältnis, S. 562; Schüren-*Hamann*, AÜG, § 1, Rn. 75; *Rüthers/Bakker*, ZfA 1990, 245, 274; Thüsing-*Waas*, AÜG, § 1, Rn. 49a.

1475 Thüsing-*Waas*, AÜG, § 1, Rn. 49a.

1476 BAG v. 5.5.1992 – 1 ABR 78/91, NZA 1992, 1044, 1045; Thüsing-*Thüsing*, AÜG, Einf., Rn. 41.

1477 BGH v. 9.3.1971 – VI ZR 138/69, NJW 1971, 1129; Thüsing-*Thüsing*, AÜG, Einf., Rn. 41.

1478 BAG v. 5.5.1992 – 1 ABR 78/91, NZA 1992, 1044, 1045; Thüsing-*Thüsing*, AÜG, Einf., Rn. 41.

1479 So die h.M., siehe bspw. Staub-*Burgard*, § 25 HGB, Rn. 21, 77; *Canaris*, Handelsrecht, § 7, Rn. 39; Heymann-*Emmerich*, § 25 HGB, Rn. 25b; *Habersack*, JuS 1989, 738, 743; Baumbach/Hopt-*Hopt*, HGB, § 25, Rn. 10; Koller/Roth/Morckbleibt der bisherige Inhaber des Handelsgeschäfts Vertragspartner, der Erwerber haftet nach § 25 HGB lediglich neben diesem.[1480] Es handelt sich um einen gesetzlichen Schuldbeitritt,[1481] wobei bisheriger Inhaber und Erwerber Gesamtschuldner im Sinne der §§ 421 ff. BGB sind.

Eine Vertragsübernahme durch den Erwerber ist aber natürlich möglich. Dazu bedarf es eines Vertrags zwischen Verleiher, Entleiher und Erwerber. Hinsichtlich des Dienstverschaffungsvertrags als Dauerschuldverhältnis[1482] reicht es hierzu aus, „dass der Dritte das Schuldverhältnis mit dem Erwerber fortführt, indem er direkt mit ihm die wechselseitigen Pflichten abwickelt"[1483], und dass sich aus dem Verhalten des bisherigen Vertragspartners, also vorliegend aus dem Verhalten des Entleihers, „zumindest konkludent eine Billigung der neuen Abwicklung des Schuldverhältnisses ergibt"[1484]. Der Verleiher muss demzufolge den Vertrag mit dem Erwerber fortführen und der Entleiher diese Fortführung billigen. Da der Leiharbeitnehmer aber ohnehin auf den Erwerber übergeht, wird der Erwerber den Vertrag wohl kaum zusätzlich übernehmen wollen. Außerdem wird der Verleiher den Dienstverschaffungsvertrag mit dem Erwerber nur dann fortführen, wenn er die Leistung aus dem Vertrag auch erfüllen kann, was ihm zumindest nicht mehr mit dem übergegangenen Leiharbeitnehmer möglich ist (zur Vereinbarung einer Gattung- oder Speziesschuld siehe sogleich unten). Insofern wird eine Vertragsübernahme wohl praktisch ausscheiden.

Roth, HGB, § 25, Rn. 7; GK-HGB-*Streitz*, § 25, Rn. 20; Oetker-*Vossler*, HGB, § 25, Rn. 29; Ebenroth/Boujong/Joost/Strohn-*Zimmer*, HGB, Band 1, § 25, Rn. 58 ff.; *Zöllner*, ZGR 1983, 82, 89. A.A. *K. Schmidt*, Handelsrecht, § 8 I 4 c; MünchKommHGB-*Thiessen*, § 25, Rn. 81.

1480 Baumbach/Hopt-*Hopt*, HGB, § 25, Rn. 10; Ebenroth/Boujong/Joost/Strohn-*Zimmer*, HGB, Band 1, § 25, Rn. 58 ff. Siehe auch schon oben, fünfter Teil, § 11 A. III. 1., S. 360.

1481 So schon RG v. 15.12.1931 – III 10/31 (Zivilsenat), RGZ 135, 104, 106 f.; Baumbach/Hopt-*Hopt*, HGB, § 25, Rn. 10; Ebenroth/Boujong/Joost/Strohn-*Zimmer*, HGB, Band 1, § 25, Rn. 58.

1482 *Boemke*, Schuldvertrag und Arbeitsverhältnis, S. 562; Schüren-*Brors*, AÜG, Einl., Rn. 385; Thüsing-*Thüsing*, AÜG, Einf., Rn. 40; vgl. zudem ErfK-*Wank*, Einl. AÜG, Rn. 18.

1483 Ebenroth/Boujong/Joost/Strohn-*Zimmer*, HGB, Band 1, § 25, Rn. 61. Dazu auch *Canaris*, in: FS Frotz, S. 11, 37.

1484 Ebenroth/Boujong/Joost/Strohn-*Zimmer*, HGB, Band 1, § 25, Rn. 61. So auch – mit einer etwas anderen Formulierung – *Commandeur/Kleinebrink*, Betriebsübernahme, Rn. 1145.

Forst ist der Ansicht, der Dienstverschaffungsvertrag müsse übergehen.[1485] Dies fußt auf dem Verständnis, dass ohnehin nur das Leiharbeitsverhältnis auf den Erwerber übergehen soll und der Leiharbeitnehmer gerade nicht Stammarbeitnehmer beim Erwerber wird.[1486] Auf der Suche nach einem Nachfolgetatbestand, wodurch der Dienstverschaffungsvertrag als Nachfolgeobjekt auf den Erwerber übergehen könnte, denkt *Forst* eine Einzelanalogie zu § 613a BGB an, aber auch eine Gesamtanalogie zu den §§ 613a, 566 BGB, § 95 VVG. Ebenfalls zieht er eine Analogie zu den §§ 774, 401 BGB in Betracht.[1487] All diese Tatbestände lehnt er jedoch im Ergebnis ab, und auch eine Rechtsfortbildung auf der Grundlage des § 613a Abs. 1 S. 1 BGB, wonach dem Erwerber ein Anspruch auf Vertragsübernahme zugebilligt werden könnte, sei seiner Ansicht nach nicht vertretbar.[1488] Nach hier vertretener Ansicht kann bereits das Ergebnis *Forsts*, wonach eben nur das Leiharbeitsverhältnis auf den Erwerber übergeht, nicht überzeugen,[1489] sodass sich auch nicht weiter mit den angedachten Nachfolgetatbeständen befasst werden muss. Der Dienstverschaffungsvertrag geht nicht auf den Erwerber über. Somit besteht zwischen dem Verleiher und dem Entleiher nach dem Betriebsübergang auch kein Vertragsabwicklungsverhältnis wie von *Forst* beschrieben: Obwohl der Entleiher zwar hinsichtlich des Arbeitnehmerüberlassungsvertrags nicht mehr der Vertragspartner des Verleihers sei, sondern nunmehr der Erwerber, bestünden seiner Meinung nach zwischen dem Verleiher und Entleiher weiterhin gewisse Ansprüche aus ebendiesem Vertragsabwicklungsverhältnis.[1490] Nach hier vertretener Ansicht bestehen die Ansprüche vielmehr weiterhin aus dem Dienstverschaffungsvertrag selbst, die Vertragspartner ändern sich nicht.

1485 *Forst*, RdA 2011, 228, 234.

1486 Dies ist allerdings abzulehnen, siehe hierzu ausführlich oben, vierter Teil, § 9 D., S. 215.

1487 *Forst*, RdA 2011, 228, 234.

1488 *Forst*, RdA 2011, 228, 234.

1489 Siehe dazu oben, vierter Teil, § 9 D., S. 215.

1490 *Forst*, RdA 2011, 228, 234.

III. Abwicklungsschwierigkeiten

Der Entleiher kann nach dem Betriebs(teil)übergang einen anderen Leiharbeitnehmer des Verleihers zumeist nicht mehr beschäftigen. Entweder, weil der gesamte Betrieb auf den Erwerber übergegangen ist, oder aber, weil zwar nur ein Betriebsteil vom Übergang erfasst ist, der Leiharbeitnehmer aber möglicherweise auch nur für diesen Betriebsteil beschäftigt werden sollte und konnte.

Nichtsdestotrotz besteht der Dienstverschaffungsvertrag zum Verleiher fort, wenn dieser nicht zuvor beendet worden ist. Dann ergibt sich für den Entleiher auch weiterhin die Pflicht, dem Verleiher die vereinbarte Vergütung zu entrichten.[1491] Es kann also sein, dass der Entleiher die Vergütung entrichten muss, obwohl er den Arbeitnehmer nicht einsetzen kann.

Natürlich muss der Arbeitnehmer vom Verleiher ausgewählt und dem Entleiher zur Verfügung gestellt werden, da die Vergütung andernfalls nicht fällig werden kann. Dies wird der Verleiher typischerweise machen, besteht doch seine Pflicht weiterhin, dem Entleiher einen geeigneten Arbeitnehmer für die Zeit der vereinbarten Leihfrist zu überlassen,[1492] wenn der Dienstverschaffungsvertrag nicht zuvor beendet worden ist. Meistens ist in den Arbeitnehmerüberlassungsverträgen kein bestimmter Leiharbeitnehmer genannt, vielmehr ist nur allgemein formuliert, dass ein geeigneter Arbeitnehmer überlassen werden muss; es handelt sich dann um eine Gattungsschuld.[1493] In diesem Fall darf der Verleiher ohne Probleme einen anderen Arbeitnehmer überlassen, solange dieser geeignet ist. Der Verleiher hat hier eine Beschaffungspflicht übernommen.[1494] Dies kann sogar dazu führen, dass er Leiharbeitnehmer eines anderen Verleihers in Anspruch nimmt, wenn er keine eigenen geeigneten Arbeitnehmer haben sollte.[1495] Erfüllungsschuldner ist hierbei der Verleiher selbst, nicht der andere Verleiher als Dritter.[1496]

1491 Zu einer etwaigen Unmöglichkeit siehe sogleich. Zu Möglichkeiten der Beendigung des Dienstverschaffungsvertrages siehe weiter unten, fünfter Teil, § 11 E. V., S. 435 ff.

1492 *Gaul/Ludwig*, DB 2011, 298, 300.

1493 Schüren-*Brors*, AÜG, Einl., Rn. 395; Thüsing-*Thüsing*, AÜG, Einf., Rn. 41.

1494 Schüren-*Brors*, AÜG, Einl., Rn. 395.

1495 Schüren-*Brors*, AÜG, Einl., Rn. 395.

1496 Schüren-*Brors*, AÜG, Einl., Rn. 389.

Problematischer für den Verleiher ist indes mit den in dieser Arbeit gefundenen Ergebnissen die Situation, in der sich in dem Arbeitnehmerüberlassungsvertrag auf einen ganz bestimmten Leiharbeitnehmer geeinigt worden ist, was möglich ist.[1497] Ebenfalls kann die Leistung des Verleihers mit der Überlassung eines bestimmten Arbeitnehmers analog[1498] § 243 Abs. 2 BGB konkretisiert werden.[1499] Die Bindungswirkung dieser Konkretisierung richtet sich nach dem Überlassungsvertrag;[1500] bei langen Einarbeitungszeiten kann beispielsweise eine Auswechslung aus Sicht des Entleihers nicht gewünscht sein.[1501] Sollte der Entleiher den bestimmten Leiharbeitnehmer auch nach dem Betriebsübergang wie vertraglich vorgesehen beschäftigen können und wollen, so kann der Verleiher dem nicht nachkommen: Der Leiharbeitnehmer ist – außer bei einem Verzicht oder der Ausübung des Widerspruchsrechts – nunmehr Arbeitnehmer des Erwerbers. Für eine Rückkehr des Arbeitnehmers zum Verleiher bedürfte es einer Einigung sowohl mit dem Arbeitnehmer selbst als auch dem Erwerber als neuem Arbeitgeber. Verweigert nur einer von diesen diese Rückkehr endgültig, so ist dem Verleiher die Überlassung des bestimmten Arbeitnehmers folglich (subjektiv) unmöglich gem. § 275 Abs. 1 Var. 1 BGB.[1502] Dass gerade der Arbeitnehmer eine Rückkehr zum Verleiher verweigert, liegt hier äußerst nahe, hätte er doch sonst einem Übergang seines

1497 AG Solingen v. 8.8.2000 – 13 C 236/00, NZA-RR 2000, 579, 580; Thüsing-*Thüsing*, AÜG, Einf., Rn. 42. Dies hält *Schüren* wohl zumindest für vorformulierte Verträge für unzulässig, Schüren-*Schüren*, AÜG, Einl., Rn. 376 ff.

1498 Hierzu Schüren-*Brors*, AÜG, Einl., Rn. 386. Die analoge Anwendung ergibt sich laut *Brors* deshalb, da die Regelung der Konkretisierung gem. § 243 Abs. 2 BGB direkt nur für Sachlieferungen anwendbar sei.

1499 Schüren-*Brors*, AÜG, Einl., Rn. 386. Es ist jedoch abzulehnen, immer dann von einer Konkretisierung auszugehen, wenn der Verleiher einen bestimmten Arbeitnehmer überlässt. Gegen solch eine Konkretisierung auch Ulber-*Ulber*, AÜG, § 12, Rn. 23.

1500 Schüren-*Brors*, AÜG, Einl., Rn. 387.

1501 Ähnlich Schüren-*Brors*, AÜG, Einl., Rn. 387.

1502 Dazu MünchKommBGB-*Ernst*, § 275, Rn. 51.

Arbeitsverhältnisses widersprechen können.[1503] Es wird also zumeist eine subjektive Unmöglichkeit gem. § 275 Abs. 1 Var. 1 BGB gegeben sein.
Es ergeben sich demnach gewisse Abwicklungsschwierigkeiten.[1504]

IV. Konsequenzen der Abwicklungsschwierigkeiten – Schadensersatz

1. Ansprüche des Entleihers

a) §§ 280 Abs. 1 und 3, 281 BGB: Schadensersatz statt der Leistung wegen Nichtleistung

Zunächst kommt ein Anspruch des Entleihers gegen den Verleiher aus §§ 280 Abs. 1 und 3, 281 BGB auf Schadensersatz statt der Leistung wegen Nichtleistung in Betracht. Hierzu muss aber weiterhin die Möglichkeit zur Leistung gegeben sein.[1505] Mithin scheidet solch ein Anspruch dann aus, wenn sich vertraglich auf einen bestimmten Leiharbeitnehmer geeinigt oder die Leistung auf diesen konkretisiert worden ist, und dieser Leiharbeitnehmer aufgrund des Betriebsübergangs auf den Erwerber übergegangen ist. In diesem Fall ist die Überlassung dieses bestimmten Arbeitnehmers für den Verleiher zumeist unmöglich, § 275 Abs. 1 Var. 1 BGB.[1506] Liegt hingegen eine Gattungsschuld vor, bleibt die vertragliche Leistung, Überlassung eines geeigneten Arbeitnehmers, erst einmal möglich. Hier wird aber häufig eine Unmöglichkeit nach § 275 Abs. 1 Var. 2 BGB wegen Zeitablaufs gegeben sein.[1507] Die Verpflichtung zur Überlassung ist üblicherweise eine absolute Fixschuld; eine Leistung nach dem vereinbarten Zeitpunkt kann hier keine Erfüllung mehr sein.[1508] In diesen Fällen ist eine Nachholbarkeit nicht gegeben; eine solche Nachholbarkeit

---

1503 Insofern wird der Arbeitnehmer wohl auch dann, wenn es nur auf ihn ankommt (beispielsweise weil er sein Arbeitsverhältnis zum Erwerber durch Kündigung beendet hat), eine Rückkehr verweigern, was dem Verleiher die Leistung gegenüber dem Entleiher subjektiv unmöglich machte im Sinne des § 275 Abs. 1 Alt. 1 BGB.

1504 *Gaul/Ludwig*, DB 2011, 298, 300, sprechen von „erheblichen" Abwicklungsschwierigkeiten.

1505 Schüren-*Brors*, AÜG, Einl., Rn. 405.

1506 Siehe soeben, fünfter Teil, § 11 E. III., S. 419.

1507 Schüren-*Brors*, AÜG, Einl., Rn. 394 sowie 405.

1508 Schüren-*Brors*, AÜG, Einl., Rn. 394.

kann indes vertraglich vereinbart werden.[1509] Dann kommt es nicht zu einer Unmöglichkeit aufgrund Zeitablaufs und ein Anspruch aus §§ 280 Abs. 1 und 3, 281 BGB bleibt möglich. Hierbei ist besonders zu beachten, dass es wegen der Übernahme des Beschaffungsrisikos gem. § 276 Abs. 1 S. 1 BGB a.E. keines Verschuldens des Verleihers bedarf.[1510] Zu ersetzen ist das Erfüllungsinteresse des Entleihers gem. §§ 249 ff.[1511]

Bei Nichtleistung des Verleihers kann die Möglichkeit zur außerordentlichen Kündigung nach § 314 BGB wegen erheblicher Pflichtverletzung gegeben sein. Hierauf wird weiter unten näher eingegangen.[1512]

b) §§ 280 Abs. 1 und 3, 283 BGB: Schadensersatz statt der Leistung wegen nachträglicher Unmöglichkeit

Aufgrund der zumeist gegebenen Unmöglichkeit ist der Anspruch aus §§ 280 Abs. 1 und 3, 283 BGB auf Schadensersatz statt der Leistung wegen nachträglicher Unmöglichkeit wesentlich bedeutsamer. Auch hier haftet der Verleiher wegen der Übernahme des Beschaffungsrisikos gem. § 276 Abs. 1 S. 1 BGB a.E. auch ohne Verschulden.[1513] Dies gilt nur bei Übernahme einer Gattungsschuld. Konnte der Verleiher dem Entleiher beispielsweise keinen geeigneten Arbeitnehmer zum vereinbarten Zeitpunkt überlassen, liegt insoweit eine Unmöglichkeit wegen Zeitablaufs vor. Der Verleiher haftet ohne Verschulden, wobei sich die Rechtsfolge nach den §§ 249 ff. bestimmt.[1514] Dass es dem Verleiher für die gesamte im Überlassungsvertrag bestimmte Zeit unmöglich ist, einen geeigneten Arbeitnehmer zu überlassen, ist unwahrscheinlich. Sollte dies jedoch der Fall sein, besteht der Anspruch aus §§ 280 Abs. 1 und 3, 283 BGB ebenso, wobei es auf ein Verschulden ebenfalls nicht ankommt. Wurde sich hingegen vertraglich auf einen bestimmten Leiharbeitnehmer geeinigt oder ist die Leistung auf diesen konkretisiert worden, greift der normale Verschuldensmaßstab nach § 276 Abs. 1 S. 1 BGB. Fraglich ist hierbei, ob der Verleiher die Unmöglichkeit der Überlassung dieses bestimmten Arbeitnehmers zu

1509 Schüren-*Brors*, AÜG, Einl., Rn. 394.
1510 Schüren-*Brors*, AÜG, Einl., Rn. 402; ErfK-*Wank*, Einl. AÜG, Rn. 15.
1511 Schüren-*Brors*, AÜG, Einl., Rn. 400.
1512 Siehe sogleich unten, fünfter Teil, § 11 E. V. 2., S. 441.
1513 Schüren-*Brors*, AÜG, Einl., Rn. 402; ErfK-*Wank*, Einl. AÜG, Rn. 15.
1514 Schüren-*Brors*, AÜG, Einl., Rn. 400.

vertreten hat. Dies wird nach § 280 Abs. 1 S. 2 BGB vermutet. Diese Vermutung wird der Verleiher aber widerlegen können: Der Leiharbeitnehmer ist aufgrund des Betriebsübergangs auf den Erwerber übergegangen. Der Verleiher konnte dies nicht beeinflussen. Damit scheidet ein Anspruch des Entleihers gegen den Verleiher nach §§ 280 Abs. 1 und 3, 283 BGB insofern aus.

c) §§ 280 Abs. 1 und 2, 286 BGB Verzögerungsschaden

Bei dem Anspruch aus §§ 280 Abs. 1 und 2 BGB geht es um Schadensersatz neben der Leistung. Es geht um den Verzögerungsschaden der dadurch entsteht, dass nicht zum vereinbarten Zeitpunkt geleistet worden ist. Notwendigerweise muss also eine Erfüllung der Leistung durch den Verleiher noch möglich, die Überlassung demnach nachholbar sein.[1515] Eine Mahnung ist aufgrund des vereinbarten Überlassungstermins entbehrlich, § 286 Abs. 2 Nr. 2 BGB.[1516] Zum Verschulden gilt das bereits im Rahmen der anderen Ansprüche Gesagte.[1517]

Als mögliche Schadensposten kommen hier insbesondere solche Kosten in Betracht, die der Entleiher aufbringen muss, um eine Ersatzkraft zu bezahlen, aber auch entgangener Gewinn, wenn der Entleiher mangels der Arbeit durch den fehlenden Leiharbeitnehmer beispielsweise einen Auftrag nicht annehmen kann.[1518]

2. Ansprüche des Verleihers

a) Anspruch auf Vergütung

Der Verleiher hat aus dem Arbeitnehmerüberlassungsvertrag einen Anspruch auf die Vergütung der Überlassung. Für etwaige Schadensersatzansprüche, die sich hieraus ergeben, bestehen keine Besonderheiten, sodass

1515 Schüren-*Brors*, AÜG, Einl., Rn. 412. Siehe zur Nachholbarkeit schon soeben, fünfter Teil, § 11 E. IV. 1. a), S. 421.
1516 Schüren-*Brors*, AÜG, Einl., Rn. 412.
1517 Siehe oben, fünfter Teil, § 11 E. IV. 1. a) und b), S. 421.
1518 Schüren-*Brors*, AÜG, Einl., Rn. 411.

diese nicht weiter behandelt werden. Näherer Betrachtung bedarf indes die Norm des § 326 BGB.

aa) § 326 BGB

(1) § 326 Abs. 1 S. 1 Hs. 1 BGB

Gem. § 326 Abs. 1 S. 1 Hs. 1 BGB entfällt der Anspruch des Verleihers auf die Vergütung, wenn der Verleiher die Überlassung nach § 275 Abs. 1 bis 3 BGB nicht zu leisten braucht. Wie gezeigt liegt solch ein Fall vor, wenn sich vertraglich auf einen bestimmten Leiharbeitnehmer geeinigt oder die Leistung auf diesen konkretisiert worden ist, und dieser Leiharbeitnehmer aufgrund des Betriebsübergangs auf den Erwerber übergegangen ist. Da der Überlassungsanspruch des Entleihers aufgrund der Unmöglichkeit ausgeschlossen ist und der Vergütungsanspruch nach § 326 Abs. 1 S. 1 Hs. 1 BGB entfiele, wäre der Arbeitnehmerüberlassungsvertrag insofern inhaltsleer. Allerdings bliebe der Arbeitnehmerüberlassungsvertrag selbst bestehen,[1519] sodass eine Kündigung möglich und zur Beendigung des Schuldverhältnisses auch notwendig wäre.

(2) § 326 Abs. 2 S. 1 Alt. 1 BGB

Der Anspruch des Verleihers auf die Vergütung bleibt aber nach § 326 Abs. 2 S. 1 Alt. 1 BGB dann bestehen, wenn der Entleiher für den Umstand, aufgrund dessen der Verleiher nach § 275 Abs. 1 bis 3 BGB nicht zu leisten braucht, allein oder weit überwiegend verantwortlich ist.

An dieser Stelle gilt es zu klären, wie es zu bewerten ist, dass der bestimmte Arbeitnehmer aufgrund des Betriebsübergangs auf den Erwerber übergegangen ist, was zur Unmöglichkeit der Leistung aus dem Arbeitnehmerüberlassungsvertrag geführt hat. Immerhin trat der Betriebsübergang aufgrund der Veräußerung durch den Entleiher ein. Aus diesem Grund könnte zumindest eine überwiegende Verantwortlichkeit im Sinne des § 326 Abs. 2 S. 1 Alt. 1 BGB gegeben sein. Im Zuge der Schuldrechtsreform wurde der Begriff des „Vertretenmüssens" aus der Vorgängernorm

---

1519 Vgl. Schulze-*Schulze*, BGB, § 326, Rn. 7.

des § 324 BGB a.F. durch den Begriff der „Verantwortlichkeit" ersetzt.[1520] Was unter dieser „Verantwortlichkeit" zu verstehen ist, wurde jedoch nicht konkretisiert;[1521] gesetzliche Regelungen hierzu fehlen.[1522] Dementsprechend ist die Handhabung dieses Kriteriums umstritten.

(a) Sphärentheorie

So wird vertreten, es seien Sphärengesichtspunkte maßgeblich und in § 326 Abs. 2 S. 1 Alt. 1 BGB eine Verantwortlichkeit für die eigene, gesamte Risikosphäre gemeint.[1523] Es erfolgt hier eine objektive Bestimmung der Risikosphären. Entscheidend ist, ob das Leistungshindernis aus dem Gefahrenbereich des Gläubigers stammt.[1524] Dies ist für die vorliegende Konstellation zu bejahen: Der Betriebsübergang und damit der Übergang des bestimmten Arbeitnehmers auf den Erwerber ist aufgrund der Veräußerung durch den Entleiher, im obigen Sinne Gläubiger, eingetreten. Auf ein Verschulden kommt es bei der Sphärentheorie nicht an.

(b) Vorrangig vertragliche Vereinbarungen, §§ 276, 278 BGB entsprechend

Unter anderem die Rechtsprechung geht davon aus, in erster Linie komme es auf die vertraglichen Vereinbarungen an.[1525] Nach der Rechtsprechung handelt es sich um einen Fall des § 326 Abs. 2 S. 1 Alt. 1 BGB unter anderem dann, „wenn der Gläubiger in dem Vertrag ausdrücklich oder konkludent das Risiko des betreffenden Leistungshindernisses übernommen

---

1520 MünchKommBGB-*Ernst*, § 326, Rn. 48; Bamberger/Roth-*Grothe*, § 326, Rn. 14; Staudinger-*Otto*, § 326, Rn. C5.

1521 Staudinger-*Otto*, § 326, Rn. C5.

1522 MünchKommBGB-*Ernst*, § 326, Rn. 48; Bamberger/Roth-*Grothe*, § 326, Rn. 14.

1523 Sogenannte Sphärentheorie, dazu: MünchKommBGB-*Ernst*, § 326, Rn. 50, sowie Bamberger/Roth-*Grothe*, § 326, Rn. 14.

1524 *Esser/Schmidt*, Schuldrecht AT, Teilband 2, § 23 II 2 (S. 29), dort auf die Lehre vom Betriebsrisiko – von der die Sphärentheorie abstammt – eingehend.

1525 BGH v. 18.10.2001 – III ZR 265/00, NJW 2002, 595. Dazu MünchKommBGB-*Ernst*, § 326, Rn. 55 ff.

hat"[1526] und „sich dieses Leistungshindernis verwirklicht"[1527]. Hierbei kommt es dementsprechend auf die vertraglich übernommenen Risiken an, ein Verschulden ist dann nicht erforderlich.[1528] Es wird damit von einer Risikotragung ausgegangen.[1529] Diese Ansicht bezieht sich immer auf irgendwie geartete Mitwirkungshandlungen des Gläubigers, also etwaige Beiträge zum Erfüllungsgeschehen, die er vertraglich übernommen hat.[1530] Zwar ist diesbezüglich keine Mitwirkungs*pflicht* des Gläubigers erforderlich,[1531] jedoch muss der Vorgang, für den die Verantwortlichkeit zu bestimmen ist, in Beziehung zu dem vertraglichen Verhaltensprogramm des Gläubigers stehen.[1532] Allerdings macht *Ernst* als Vertreter dieser Ansicht deutlich, dass eine Verantwortlichkeit im Sinne des § 326 Abs. 2 S. 1 Alt. 1 BGB nach dieser Ansicht auch dann in Betracht kommt, wenn „eine Herbeiführung des zur Primärschuldbefreiung führenden Umstandes durch eigenes freies Verhalten des Gläubigers in einer Weise [erfolgt], dass es mit § 242 BGB unvereinbar wäre, wenn sich der Gläubiger anschließend trotzdem auf seine Befreiung [von der Gegenleistung, *Zusatz des Verfassers*] beriefe (Verbot des venire contra factum proprium)"[1533]. Hiermit referiert *Ernst* wohl die Rechtsprechung, wonach eine Mitwirkungsobliegenheit dann nicht beachtet worden ist, wenn „der Gläubiger nach Treu und Glauben den vom Schuldner herzustellenden Erfolg durch sein Verhalten nicht verhindern durfte"[1534], diesen Erfolg jedoch verhindert hat.[1535] Dies sei laut dem BGH dann der Fall, „wenn der Gläubiger jenen Erfolg durch sein eigenes freies, ihm zurechenbares Verhalten selbst unmöglich macht"[1536].

1526 BGH v. 18.10.2001 – III ZR 265/00, NJW 2002, 595. So auch schon BGH v. 26.10.1979 – V ZR 58/76, NJW 1980, 700.

1527 BGH v. 13.1.2011 – III ZR 87/10, NJW 2011, 756, 758.

1528 MünchKommBGB-*Ernst*, § 326, Rn. 55.

1529 MünchKommBGB-*Ernst*, § 326, Rn. 58.

1530 Siehe dazu die Ausführungen von *Ernst*, MünchKommBGB-*Ernst*, § 326, Rn. 55 ff.

1531 MünchKommBGB-*Ernst*, § 326, Rn. 60.

1532 MünchKommBGB-*Ernst*, § 326, Rn. 61.

1533 MünchKommBGB-*Ernst*, § 326, Rn. 53.

1534 BGH v. 31.10.1962 – V ZR 24/61, NJW 1963, 345, 347. So auch schon RG v. 10.2.1941 – II 63/40 (Zivilsenat), RGZ 166, 134, 147.

1535 Staudinger-*Otto*, § 326, Rn. C13.

1536 BGH v. 31.10.1962 – V ZR 24/61, NJW 1963, 345, 347.

Solch ein Verhalten ist in der Veräußerung durch den Entleiher zu erblicken. Auf ein etwaiges Verschulden muss es hierbei aber wohl auch nach dieser Ansicht ankommen; die Vertreter machen nicht ausreichend deutlich, dass ein Verschulden niemals maßgeblich ist. Schließlich soll nach dieser Ansicht nur „in erster Linie“[1537] die vertragliche Vereinbarung, insbesondere eine Risikoübernahme, entscheidend sein. Ansonsten muss aber ein Verschulden vorliegen, so folglich auch bei dem oben erwähnten Verhalten des Entleihers, welches mit § 242 BGB unvereinbar ist. Dass ein Verschulden zu fordern ist, folgt auch daraus, dass der BGH ausführt, es sei anerkannt, dass „neben § 276 BGB[1538] vorrangig an den Inhalt des jeweiligen Vertrages anzuknüpfen ist“[1539]. Durch diese Bezugnahme auf § 276 BGB ist immer ein Verschulden zu fordern, wenn nicht vertraglich eine Risikoübernahme vereinbart worden ist.[1540] Oftmals ist hier die Rede von einem „Verschulden gegen sich selbst“,[1541] weil man verschuldet, dass die Leistung, die man selbst erhalten will, nach § 275 Abs. 1 bis 3 BGB nicht mehr geleistet zu werden braucht. Damit zeigt sich, dass diese Ansicht einer entsprechenden Anwendung der §§ 276, 278 BGB entspricht.[1542] Denn bei § 276 BGB kommt es gerade in erster Linie auf die vertragliche Vereinbarung an, also auf eine „ausdrückliche oder konklu

---

1537 MünchKommBGB-*Ernst*, § 326, Rn. 51.

1538 Gemeint ist hier § 276 BGB a.F. Doch auch diese Norm bestimmte eine Haftung für eigenes Verschulden und ist insoweit mit § 276 BGB n.F. identisch. Lediglich der Teil, dass ein abweichender Haftungsmaßstab sich ausdrücklich bei Übernahme einer Garantie oder eines Beschaffungsrisikos oder aus der Natur der Schuld ergeben könne, war noch nicht aufgenommen worden. Insofern schreibt *Unberath* zu Recht, „§ 276 n.F. entspricht der Rechtslage vor dem [Schuldrechtsmodernisierungsgesetz, Zusatz des Verfassers], nur sind wichtige Abweichungen vom regelmäßigen Zurechnungsmaßstab nunmehr im zutreffenden systematischen Zusammenhang [...] in der Vorschrift selbst geregelt“, Bamberger/Roth-*Unberath*, § 276, Rn. 1. Vgl. auch MünchKommBGB-*Grundmann*, § 276, Rn. 3; Staudinger-*Löwisch/Caspers*, § 276, Rn. 1 f.; Jauernig-*Stadler*, § 276, Rn. 1.

1539 BGH v. 18.10.2001 – III ZR 265/00, NJW 2002, 595.

1540 Anders sieht dies zumindest für die Ausführungen von *Ernst* im Münchner Kommentar zum BGB *Otto*, der *Ernst* eine Spielart der Sphärentheorie attestiert, weil eben kein Verschulden gefordert werde, Staudinger-*Otto*, § 326, Rn. C5.

1541 *Medicus/Lorenz*, Schuldrecht I AT, § 37, Rn. 444; Staudinger-*Otto*, § 326, Rn. C5.

1542 Vgl. *Medicus/Lorenz*, Schuldrecht I AT, § 37, Rn. 444.

dente Risikoübernahme“[1543], § 276 Abs. 1 S. 1 BGB a.E. *Ernst* hingegen erweckt zumindest den Eindruck, die Ansicht der vorrangigen Maßgeblichkeit vertraglicher Regelungen sei hiervon zu trennen; dies mag stimmen, wenn man tatsächlich niemals ein Verschulden fordern würde, besonders auch dann nicht, wenn keine vertragliche Risikoübernahme gegeben ist. Speziell der BGH sieht dies aber – wie soeben gezeigt – anders. Hiervon ist auch im Folgenden auszugehen.[1544]

Wenn es sich bei dem objektiv zurechenbaren Fehlverhalten um keine Pflicht, sondern wie hier um eine Obliegenheit handelt, geht es indes nicht um ein Verschulden im Sinne der §§ 276 ff. BGB, sondern um einen „Sorgfaltsverstoß bei der Wahrnehmung eigener Interessen“[1545]. Solch ein Sorgfaltsverstoß müsste darin bestehen, dass der Entleiher eine Veräußerung getätigt hat, obwohl bei ihm der bestimmte Leiharbeitnehmer, der laut Arbeitnehmerüberlassungsvertrag bei ihm eingesetzt werden soll, beschäftigt gewesen ist. Für die Beurteilung eines Sorgfaltsverstoßes muss nach dem Zeitpunkt des Veräußerungsvertrags unterschieden werden. Bis zur Entscheidung im Fall *Albron* am 21.10.2010 muss dieser aufgrund eines beachtlichen Rechtsirrtums verneint werden.[1546] Zwar gelten hierfür strenge Maßstäbe, wobei der Entleiher „die Rechtslage sorgfältig prüfen, soweit erforderlich, Rechtsrat einholen und die höchstrichterliche Rechtsprechung sorgfältig beachten muss“[1547].[1548] Jedoch war es, wie am Anfang dieser Arbeit dargestellt,[1549] einhellige Meinung im deutschen Recht,

1543 *Medicus/Lorenz*, Schuldrecht I AT, § 37, Rn. 444.

1544 Eine Darstellung der Einzelheiten und möglichen Unterschiede der vertretenen Lösungswege würde den Rahmen dieser Arbeit sprengen. *Medicus/Lorenz*, Schuldrecht I AT, § 37, Rn. 444, merken hierzu zu Recht an, dass sich die unterschiedlichen Lösungsansätze „im Ergebnis häufig sehr nahe kommen“. Eine sehr ausdifferenzierte Darstellung liefert Staudinger-*Otto*, § 326, Rn. C5 ff. Zu möglichen Unterschieden zwischen einer vorrangigen Maßgeblichkeit vertraglicher Vereinbarungen und einer entsprechenden Anwendung der §§ 276, 278 BGB siehe MünchKommBGB- *Emmerich*, 4. Auflage 2001, § 324 a.F., Rn. 10 und 18.

1545 Staudinger-*Otto*, § 326, Rn. C15.

1546 *Forst*, RdA 2011, 228, 235. Allerdings beziehen sich seine Ausführungen dort auf das Verhältnis von dem Entleiher zum Erwerber und überdies auf ein Verschulden. Für die Beurteilung eines Rechtsirrtums macht dies indes keinen Unterschied.

1547 BGH v. 4.7.2001 – VIII ZR 279/00, NJW 2011, 3114, 3115.

1548 *Forst*, RdA 2011, 228, 235.

1549 Siehe oben, erster Teil, § 1, S. 1, sowie dritter Teil, § 5 A., S. 107.

dass Leiharbeitnehmer bzw. deren Arbeitsverhältnisse bei einem Betriebsübergang des entleihenden Unternehmens nicht auf den Erwerber übergehen, sondern vielmehr beim Verleiher bleiben. Für Veräußerungsverträge nach dem genannten Datum hingegen muss die neue Rechtslage beachtet werden und ein Rechtsirrtum scheidet diesbezüglich aus; ein Sorgfaltsverstoß des Entleihers ist dann zu bejahen,[1550] die Verantwortlichkeit im Sinne des § 326 Abs. 2 S. 1 Alt. 1 BGB mithin nach dieser Ansicht insgesamt gegeben.

(c) Sphärentheorie verstößt gegen das Verschuldensprinzip und die Privatautonomie

Nach der Sphärentheorie kommt es auf ein Verschulden niemals an. Allerdings kennt das Bürgerliche Gesetzbuch eine verschuldensunabhängige Sphärenhaftung nur in besonders geregelten Ausnahmefällen.[1551] Im Regelfall – und somit auch im Rahmen des § 326 Abs. 2 S. 1 Alt. 1 BGB – ist am Verschuldensprinzip festzuhalten.[1552] Dies spricht gegen die zuerst erwähnte Sphärentheorie. Die Sphärentheorie verstößt zusätzlich gegen das Prinzip der Privatautonomie,[1553] erfolgt hier doch eine objektive Betrachtung, die möglicherweise erfolgte vertragliche Regelungen unbeachtet lässt. Im Ergebnis ist die Sphärentheorie damit abzulehnen.

Es kann im Ergebnis nur eine vorrangige Maßgeblichkeit der vertraglichen Vereinbarungen und damit eine entsprechende Anwendung der §§ 276, 278 BGB überzeugen. Der Privatautonomie wird hiermit ausreichend Rechnung getragen und zudem liegt diesem Vorgehen überzeugenderweise das Verschuldensprinzip zugrunde.

1550 So auch *Forst*, RdA 2011, 228, 235. Allerdings beziehen sich seine Ausführungen dort ebenfalls auf das Verhältnis von dem Entleiher zum Erwerber und überdies auf ein Verschulden. Für die Beurteilung eines Rechtsirrtums macht dies indes keinen Unterschied.

1551 BGH v. 18.3.1997 – XI ZR 117/96, NJW 1997, 1700, 1701.

1552 Vgl. BGH v. 18.3.1997 – XI ZR 117/96, NJW 1997, 1700, 1701.

1553 MünchKommBGB-*Ernst*, § 326, Rn. 62.

(3) Zwischenergebnis zu § 326 BGB

Zusammenfassend lässt sich konstatieren, dass die Verantwortlichkeit im Rahmen des § 326 Abs. 2 S. 1 Alt. 1 BGB durch eine entsprechende Anwendung der §§ 276, 278 BGB auszufüllen ist. Sollte keine vertragliche Vereinbarung getroffen worden sein, so kommt es auf ein Verschulden an. Ein Verschulden des Entleihers, im Sinne der Vorschrift der Gläubiger, kann für die vorliegende Konstellation nur für Sachverhalte nach dem 21.10.2010 bestehen. Der Anspruch des Verleihers auf die Vergütung kann mithin nur für Sachverhalte nach dem 21.10.2010 gem. § 326 Abs. 2 S. 1 Alt. 1 BGB bestehen bleiben. Theoretisch sind auch Fälle denkbar, in denen es zu einem Betriebsübergang des Entleihbetriebs(teils) und – beim Vorliegen der erforderlichen Voraussetzungen – zu einem Übergang der Leiharbeitnehmer auf den Erwerber kommt, ohne dass der Entleiher dies zu verschulden hat und ohne dass eine vertragliche Risikoübernahme vereinbart worden ist. Kommt es auf ein Verschulden an, so muss dies also natürlich je nach Einzelfall geprüft werden.

bb) Ergebnis zum Anspruch auf die Vergütung

Der Anspruch des Verleihers auf die Vergütung bleibt nur für Sachverhalte nach dem 21.10.2010 nach § 326 Abs. 2 S. 1 Alt. 1 BGB bestehen. Vergütungsansprüche vor diesem Zeitpunkt entfallen regelmäßig nach § 326 Abs. 1 S. 1 Hs. 1 BGB.

b) Nichtbeschäftigung des Leiharbeitnehmers

Näher beleuchtet werden muss zudem die Situation, dass eine Gattungsschuld vorliegt und der Verleiher dementsprechend dem Entleiher einen anderen geeigneten Arbeitnehmer überlässt, der Entleiher den Leiharbeitnehmer jedoch nicht einsetzen kann oder will. Dadurch, dass der Entleiher den Leiharbeitnehmer tatsächlich nicht beschäftigt, könnte er eine Hauptpflicht gegenüber dem Verleiher verletzen, die zum Schadensersatz neben der Leistung gem. § 280 Abs. 1 BGB führen könnte.[1554]

1554 Ein Schadensersatzanspruch statt der Leistung nach §§ 280 Abs. 1 und 3, 281 BGB entspricht wohl kaum dem Begehren des Verleihers. Es geht hier außer-

Ob es sich bei der tatsächlichen Beschäftigung des Leiharbeitnehmers nur um eine Obliegenheit des Entleihers oder aber um eine weitere Hauptleistungspflicht neben der Zahlung der Vergütung handelt, ist umstritten.[1555] Für die Einstufung als reine Obliegenheit spricht die Tatsache, dass der Entleiher die Vergütung an den Verleiher unabhängig davon zahlen muss, ob er den Leiharbeitnehmer beschäftigt oder nicht.[1556] Allerdings ist zu beachten, dass der Beschäftigungsanspruch des Leiharbeitnehmers von dem Verleiher in Zeiten des Verleihs nicht erfüllt werden kann. Es ist nur der Entleiher, der in diesen Zeiten den Beschäftigungsanspruch erfüllen kann, indem er den Leiharbeitnehmer bei sich einsetzt.[1557] Die Argumentation, der Verleiher sei auch während einer Überlassung an den Entleiher nicht gehindert, den Leiharbeitnehmer an einem anderen Ort einzusetzen, kann nicht überzeugen.[1558] Denn um seine nichtsdestotrotz aus dem Arbeitnehmerüberlassungsvertrag bestehende Pflicht gegenüber dem Entleiher zu erfüllen, jenem einen geeigneten Leiharbeitnehmer zu überlassen, muss der Verleiher eben gerade einen Leiharbeitnehmer überlassen. Hier den zunächst vorgesehenen Leiharbeitnehmer woanders einzusetzen bedeutete nur, das Problem der Erfüllung des Beschäftigungsanspruchs auf einen anderen Leiharbeitnehmer zu übertragen, es jedoch keinesfalls zu lösen. Dass der Entleiher den Beschäftigungsanspruch für den Verleiher auch erfüllen soll, ist für den Entleiher mit Abschluss des Arbeitnehmerüberlassungsvertrags – nicht zuletzt aufgrund der besonderen Bedeutung dieses Beschäftigungsanspruchs –[1559] erkennbar.[1560] Dass der Beschäftigungsanspruch möglicherweise einiger Modifizierungen bedarf, wenn Leiharbeitnehmer betroffen sind, mag sein;[1561] allerdings kann dies

dem maßgeblich um den bereits entstandenen Schaden durch eine Nichtbeschäftigung, der auch durch eine spätere tatsächliche Beschäftigung nicht mehr beseitigt werden kann.

1555 Für eine Hauptleistungspflicht und einen daraus resultierenden Schadensersatzanspruch: Thüsing-*Thüsing*, AÜG, § 12, Rn. 36; Ulber-*Ulber*, AÜG, § 12, Rn. 29. Gegen einen solchen Schadensersatzanspruch Schüren-*Brors*, AÜG, Einl., Rn. 443, sowie ErfK-*Wank*, § 12 AÜG, Rn. 9.

1556 ErfK-*Wank*, § 12 AÜG, Rn. 9. Dieses Argument findet sich auch bei Thüsing-*Thüsing*, AÜG, § 12, Rn. 36.

1557 Thüsing-*Thüsing*, AÜG, § 12, Rn. 36; Ulber-*Ulber*, AÜG, § 12, Rn. 29.

1558 So aber Schüren-*Brors*, AÜG, Einl., Rn. 443.

1559 Siehe hierzu BAG v. 10.11.1955 – 2 AZR 591/54, NJW 1956, 359.

1560 Ulber-*Ulber*, AÜG, § 12, Rn. 29.

1561 So Schüren-*Brors*, AÜG, Einl., Rn. 443.

nicht dazu führen, dass die Nichtbeschäftigung des Leiharbeitnehmers *per se* mit dessen Anspruch auf Beschäftigung vereinbar ist. Im Ergebnis hätte der Leiharbeitnehmer dann nämlich überhaupt keinen Beschäftigungsanspruch: Eine Nichteinsatzzeit stellte keine Persönlichkeitsverletzung dar,[1562] für eine Nichtbeschäftigung trotz vereinbarter Einsatzzeit würde das Gleiche gelten. Es handelte sich damit nicht um eine Modifizierung des Beschäftigungsanspruchs, vielmehr würde dieser dem Leiharbeitnehmer schlichtweg nicht zugesprochen. Das kann nicht überzeugen. Es muss also auch für den Leiharbeitnehmer einen Beschäftigungsanspruch geben, und weil während der Überlassungszeit nur der Entleiher diesen erfüllen kann, handelt es sich bei der tatsächlichen Beschäftigung des Leiharbeitnehmers mithin um einen der Vertragszwecke des Arbeitnehmerüberlassungsvertrags.[1563] Dies spricht für die Einstufung als Hauptleistungspflicht.

Es ergibt sich im Ergebnis die Möglichkeit eines Schadensersatzanspruchs des Verleihers gegen den Entleiher aus § 280 Abs. 1 BGB wegen der Nichtbeschäftigung des Leiharbeitnehmers, sollte der Entleiher die tatsächliche Nichtbeschäftigung auch zu vertreten haben, § 280 Abs. 1 S. 2 BGB.

In dem speziellen Fall, in dem der Entleiher nur einen Betrieb hat und dieser auf den Erwerber übergegangen ist, mithin eine Beschäftigung des Leiharbeitnehmers beim Entleiher nach dem Betriebsübergang unmöglich ist, hat der Verleiher einen Anspruch aus §§ 280 Abs. 1 und 3, 283 BGB. Fraglich ist hierbei, ob die Voraussetzung des Vertretenmüssens erfüllt ist. Den Entleiher müsste ein Verschulden dadurch treffen, dass er seinen gesamten und einzigen Betrieb veräußert hat, obwohl er aufgrund des Arbeitnehmerüberlassungsvertrags zur Beschäftigung eines Leiharbeitnehmers verpflichtet ist. Dieses Verschulden ist zu bejahen, unabhängig davon, ob der Entleiher davon ausgeht, dass der Leiharbeitnehmer aufgrund des Betriebsübergangs auf den Erwerber übergeht oder nicht. Schließlich geht der Dienstverschaffungsvertrag gerade nicht auf den Erwerber über und damit bleibt seine Verpflichtung zur Beschäftigung des Leiharbeitnehmers für die vereinbarte Zeit bestehen. Dem Entleiher muss klar sein, dass er selbstverständlich dieser Pflicht ohne einen Betrieb nicht nachkommen kann. Der Entleiher hat in diesem Fall den Eintritt der Unmöglichkeit zu

1562 Schüren-*Brors*, AÜG, Einl., Rn. 443.
1563 Ulber-*Ulber*, AÜG, § 12, Rn. 29.

vertreten, ein Anspruch nach §§ 280 Abs. 1 und 3, 283 BGB wäre damit gegeben.

Zu ersetzen ist nach den §§ 249 ff. BGB der Schaden, den der Verleiher dadurch erleidet, dass der Entleiher den Leiharbeitnehmer tatsächlich nicht beschäftigt. Der Leiharbeitnehmer müsste also gegenüber dem Verleiher seinen Beschäftigungsanspruch geltend gemacht haben; die dem Verleiher hieraus entstehenden Kosten (auch aufgrund eines folgenden Schadensersatzanspruchs) wären dann zu ersetzen.

c) §§ 280 Abs. 1, 241 Abs. 2 BGB: Verletzung von Nebenpflichten

Aus Sicht des Verleihers kommen insbesondere Schadensersatzansprüche nach §§ 280 Abs. 1, 241 Abs. 2 BGB wegen der Verletzung von Nebenpflichten in Betracht. Wie *Brors* ausführt, hat der Entleiher „in vielfältiger Weise direkten Einfluss auf das wertvollste „Betriebsmittel“ des Verleihers“[1564]. Deswegen sei der Entleiher gehalten, „die daran anknüpfenden Vermögensinteressen des Verleihers zu wahren“[1565].

aa) Veräußerung und damit einhergehender Verlust der Arbeitnehmer

(1) Leiharbeitnehmer wird zum Stammarbeitnehmer

Schaut man sich den speziellen Fall an, dass der Leiharbeitnehmer aufgrund des Betriebsübergangs auf den Erwerber übergeht, so kann nicht nur daran gedacht werden, dass der Anspruch auf die Vergütung nach § 326 Abs. 2 S. 1 Alt. 1 BGB aufrecht erhalten wird, sondern zusätzlich, dass der Entleiher dem Verleiher aufgrund der zum Betriebsübergang führenden Veräußerung zum Schadensersatz verpflichtet ist. Schließlich verliert der Verleiher aufgrund des Betriebsübergangs sein wertvollstes „Betriebsmittel“[1566], seinen Leiharbeitnehmer.

Problematisch ist hierbei die Voraussetzung des Vertretenmüssens. Den Entleiher müsste ein Verschulden dadurch treffen, dass er die Veräußerung getätigt hat, obwohl bei ihm Leiharbeitnehmer beschäftigt gewesen sind.

1564 Schüren-*Brors*, AÜG, Einl., Rn. 429.
1565 Schüren-*Brors*, AÜG, Einl., Rn. 429.
1566 Schüren-*Brors*, AÜG, Einl., Rn. 429.

Im Folgenden ist – wie oben bereits in anderem Zusammenhang deutlich gemacht –[1567] nach dem Zeitpunkt des Veräußerungsvertrags zu unterscheiden. Bis zur Entscheidung im Fall *Albron* am 21.10.2010 muss ein Verschulden aufgrund eines beachtlichen Rechtsirrtums verneint werden.[1568] Wie oben bereits erwähnt, gelten für einen unverschuldeten Rechtsirrtum zwar strenge Maßstäbe, „wobei der Schuldner die Rechtslage sorgfältig prüfen, soweit erforderlich, Rechtsrat einholen und die höchstrichterliche Rechtsprechung sorgfältig beachten muss“[1569].[1570] Jedoch war es, wie am Anfang dieser Arbeit dargestellt,[1571] einhellige Meinung im deutschen Recht, dass Leiharbeitnehmer bzw. deren Arbeitsverhältnisse bei einem Betriebsübergang des entleihenden Unternehmens nicht auf den Erwerber übergehen, sondern vielmehr beim Verleiher bleiben. Auch an dieser Stelle gilt jedoch wiederum, dass für Veräußerungsverträge nach dem genannten Datum die neue Rechtslage beachtet werden muss und ein Rechtsirrtum diesbezüglich ausscheidet; ein Verschulden des Entleihers ist dann zu bejahen.[1572]

Im Ergebnis kann also ein Anspruch des Verleihers gegen den Entleiher nach §§ 280 Abs. 1, 241 Abs. 2 BGB aufgrund der zum Betriebsübergang führenden Veräußerung bestehen. Dieser Anspruch hängt sehr eng mit dem nach der gleichen Anspruchsgrundlage bestehenden Anspruch wegen Verletzung der Informationspflichten – dazu sogleich – zusammen.

(2) Exkurs: Nur das Leiharbeitsverhältnis geht über

Nähme man an, dass nur das Leiharbeitsverhältnis auf den Erwerber überginge, so käme ebenfalls ein Schadensersatzanspruch nach §§ 280 Abs. 1, 241 Abs. 2 BGB aufgrund der Veräußerung in Betracht. Beim Vorliegen eines Betriebsübergangs verlöre der Verleiher den Entleiher als bisherigen

1567 Siehe oben, fünfter Teil, § 11 E. IV. 2. a) aa) (2) (b), S. 425.

1568 *Forst*, RdA 2011, 228, 235. Allerdings beziehen sich seine Ausführungen dort auf das Verhältnis von dem Entleiher zum Erwerber. Für die Beurteilung eines Rechtsirrtums macht dies indes keinen Unterschied.

1569 BGH v. 4.7.2001 – VIII ZR 279/00, NJW 2011, 3114, 3115.

1570 *Forst*, RdA 2011, 228, 235.

1571 Siehe oben, erster Teil, § 1, S. 1, sowie dritter Teil, § 5 A., S. 107.

1572 So auch *Forst*, RdA 2011, 228, 235. Allerdings beziehen sich seine Ausführungen dort ebenfalls auf das Verhältnis von dem Entleiher zum Erwerber. Für die Beurteilung eines Rechtsirrtums macht dies indes keinen Unterschied.

und erhielte dafür den Erwerber als neuen Vertragspartner. Entstünde dem Verleiher hierdurch ein Schaden – beispielsweise aufgrund einer Insolvenz des Erwerbers –, so könnte er diesen Schaden gegenüber dem Entleiher geltend machen, wenn der Entleiher dem Verleiher nicht die Möglichkeit gegeben hat, die Überlassung der Leiharbeitnehmer zu beenden bzw. sich in anderer Weise mit dem Entleiher über die Vorgehensweise für den konkreten Betriebsübergang abzustimmen.[1573]

bb) Verletzung von Informationspflichten

Neben den bekannten Informationspflichten[1574] muss in Anbetracht des Falles *Albron* in Zukunft auch eine Pflicht des Entleihers dahingehend bestehen, den Verleiher so früh wie möglich über einen anstehenden Betriebsübergang des Entleihbetriebs zu informieren. Tut er dies nicht und entsteht dem Verleiher deswegen ein Schaden, so hat der Entleiher diesen gem. §§ 280 Abs. 1, 241 Abs. 2 BGB zu ersetzen. Dieser Anspruch geht wohl häufig einher mit dem Anspruch nach §§ 280 Abs. 1, 241 Abs. 2 BGB aufgrund der zum Betriebsübergang führenden Veräußerung. Zu beachten ist, dass der gleiche Schaden hier nicht zweimal ersetzt verlangt werden kann.

V. Vermeidung bzw. Verringerung dieser Abwicklungsschwierigkeiten

1. Beendigung des Dienstverschaffungsvertrags vor bzw. mit dem Zeitpunkt des Betriebsübergangs

Die dargestellten Abwicklungsschwierigkeiten könnten dadurch verhindert werden, dass es zum Zeitpunkt des Betriebsübergangs keine Leiharbeitnehmer des Verleihers mehr im übergehenden Betrieb des Entleihers gibt. Es könnten dann schlicht keine Leiharbeitnehmer auf den Erwerber übergehen.

1573 *Forst*, RdA 2011, 228, 234.

1574 Dazu Schüren-*Brors*, AÜG, Einl., Rn. 444 ff.; Thüsing-*Thüsing*, AÜG, § 12, Rn. 38.

a) Auflösende Bedingung

Es ist möglich, eine auflösende Bedingung zu vereinbaren, sodass mit deren Eintritt die Überlassung endet.[1575] Ist eine zulässige auflösende Bedingung wirksam vereinbart worden, so bringt dies mit sich, dass eine ordentliche Kündigung ausscheidet, sollte diese Möglichkeit von den Parteien nicht explizit vereinbart worden sein.[1576] Für eine in jedem Fall mögliche außerordentliche Kündigung werden die Voraussetzungen vor dem Betriebsübergang kaum gegeben sein. Es bedarf hierzu – nach Setzung einer Nachfrist oder erfolgter Abmahnung – einer erheblichen Pflichtverletzung des Verleihers oder des Entleihers.[1577]

aa) Vorliegen eines Betriebsübergangs des entleihenden Unternehmens als auflösende Bedingung

Es könnte angedacht werden, das Vorliegen eines Betriebsübergangs des entleihenden Unternehmens als auflösende Bedingung zu vereinbaren. Allerdings könnte dies gegen den zwingenden Charakter des § 613a BGB sprechen.

(1) Zwingender Charakter der Richtlinie 2001/23/EG und des § 613a BGB

Der EuGH führte zu dem zwingenden Charakter der Richtlinie 2001/23/EG aus:

> „Wie oben festgestellt worden ist, soll die Richtlinie 77/187/EWG sicherstellen, dass den durch den Übergang des Unternehmens betroffenen Arbeitnehmern ihre Ansprüche aus dem Arbeitsvertrag oder dem Arbeitsverhältnis erhalten bleiben. Da dieser Schutz des zwingenden Rechts ist und daher der Verfügung der Parteien des Arbeitsvertrags entzogen ist, sind die Bestimmungen der Richtlinie, insbesondere die über den Schutz der Arbeitnehmer gegen eine Kündigung auf Grund des Übergangs als zwingend in dem Sinne anzuse-

---

1575 ErfK-*Wank*, § 12, Rn. 11.
1576 ErfK-*Wank*, § 12, Rn. 11.
1577 ErfK-*Wank*, § 12, Rn. 11.

hen, dass von ihnen nicht zum Nachteil der Arbeitnehmer abgewichen werden darf.[1578]

Und auch im deutschen Recht wird allgemein von dem zwingenden Charakter des § 613a BGB ausgegangen.[1579] Veräußerer und Erwerber können bei einem Betriebsübergang mithin keine Vereinbarungen treffen, die für den Arbeitnehmer nachteilig von den gesetzlichen Folgen des § 613a BGB abweichen. Selbst mit Zustimmung des Arbeitnehmers soll es nach überwiegender Ansicht nicht möglich sein, abstrakt einen Verzicht zu erklären, unabhängig von einem konkreten, bevorstehenden Betriebsübergang.[1580] [1581]

1578 EuGH v. 10.2.1988 – Rs. 324/86 (*Daddy's Dance Hall*), Slg. 1988, 739, 754 (Rn. 14).

1579 BAG v. 29.10.1975 – 5 AZR 444/74, NJW 1976, 535, 536; BAG v. 12.5.1992 – 3 AZR 247/91, NZA 1992, 1080, 1081; BAG v. 19.3.2009 – 8 AZR 722/07, NZA 2009, 1091, 1093 (Rn. 21); Staudinger-*Annuß*, § 613a, Rn. 33; Kasseler-Handbuch-*Hattesen*, Band 2, 6.7, Rn. 170; MünchKommBGB-*Müller-Glöge*, § 613a, Rn. 10; ErfK-*Preis*, § 613a BGB, Rn. 82; HWK-*Willemsen/Müller-Bonanni*, § 613a BGB, Rn. 247; vgl. auch Kittner/Zwanziger/Deinert-*Bachner*, § 99, Rn. 1 ff.; *Kracht*, Kündigungsverbot, S. 150.

1580 Staudinger-*Annuß*, § 613a, Rn. 34; Kittner/Zwanziger/Deinert-*Bachner*, § 99, Rn. 4; *Kracht*, Kündigungsverbot, S. 150. MünchKommBGB-*Müller-Glöge*, § 613a, Rn. 10. Anders indes ErfK-*Preis*, § 613a BGB, Rn. 82, wonach auch solch ein abstrakter Verzicht möglich ist, wenn er auf Wunsch des Arbeitnehmers in den Arbeitsvertrag aufgenommen wird und das Ziel verfolgt, den bisherigen Arbeitgeber auch bei einem Betriebsübergang zu behalten. Gleichzeitig ist der Klausel dann zu entnehmen, dass der Veräußerer auf das Recht einer betriebsbedingten Kündigung verzichtet. Auch *Annuß* verneint – obwohl *Preis* auf diesen verweist – die Möglichkeit eines abstrakten Verzichts, Staudinger-*Annuß*, § 613a, Rn. 35.

1581 Anlässlich eines konkreten Betriebsübergangs wird ein Verzicht auf den Übergang allerdings für möglich gehalten, dazu BAG v. 29.10.1975 – 5 AZR 444/74, NJW 1976, 535, 536 (unter 2. der Gründe); Staudinger-*Annuß*, § 613a, Rn. 34; MünchKommBGB-*Müller-Glöge*, § 613a, Rn. 10; ErfK-*Preis*, § 613a BGB, Rn. 83; vgl. Kittner/Zwanziger/Deinert-*Bachner*, § 99, Rn. 2. A.A. wohl KasselerHandbuch-*Hattesen*, Band 2, 6.7, Rn. 170. Jedoch widerspricht jedweder Verzicht wohl der zuvor zitierten Rechtsprechung des EuGH, siehe EuGH v. 10.2.1988 – Rs. 324/86 (*Daddy's Dance Hall*), Slg. 1988, 739, 754 (Rn. 14).

(2) Unzulässige Bedingung

Liegen die Voraussetzungen für einen Übergang der Leiharbeitnehmer bei einem Betriebs(teil)übergang des entleihenden Unternehmens vor, so gehen die Leiharbeitnehmer auf den Erwerber über. Die Vereinbarung einer auflösenden Bedingung im oben genannten Sinne würde aber genau diese Rechtsfolge verhindern. Das liefe darauf hinaus, dass die Parteien des Dienstverschaffungsvertrags ohne Mitwirkung des Arbeitnehmers die dem Arbeitnehmerschutz dienenden Regelungen der Richtlinie und des § 613a BGB außer Kraft setzten. Die zwingende Wirkung wäre aufgehoben, weswegen diese Möglichkeit abzulehnen ist. Dass hier keine Vereinbarung mit dem Erwerber gegeben ist, sondern es sich um eine Vereinbarung nur auf der Veräußererseite handelt, ist der speziellen Dreieckssituation der Leiharbeit geschuldet: Das Verhältnis des Leiharbeitnehmers zum Entleiher wird durch die Vereinbarungen des Verleihers mit dem Entleiher bestimmt. Es kann aber keinen Unterschied machen, ob die Vereinbarung zwischen diesen beiden Personen erfolgt oder aber der Erwerber involviert ist. Für den Leiharbeitnehmer wirken sich die Vereinbarungen nämlich im Falle eines Betriebs(teil)übergangs des entleihenden Unternehmens in beiden Fällen unmittelbar auf dessen Übergang auf den Erwerber aus. Überdies steht bei einer solchen Vereinbarung normalerweise ein Betriebsübergang nicht konkret an. Es handelte sich also um eine abstrakte Einigung. Eine abstrakte Einigung auf einen Verzicht – um etwas anderes handelte es sich nämlich nicht – wäre aber nicht einmal bei einer Mitwirkung des Arbeitnehmers zulässig.[1582] Und nach der Rechtsprechung des EuGH wäre ohnehin jedweder Verzicht unzulässig.

bb) Ergebnis

Im Ergebnis ist festzuhalten, dass es möglich ist, eine auflösende Bedingung zu vereinbaren. Mit deren Eintritt endet die Überlassung. Allerdings ist die Vereinbarung des Eintritts eines Betriebs(teil)übergangs des entlei-

1582 Siehe hierzu die Ausführungen in Fußnote 1580. Selbst wenn man von der Möglichkeit eines abstrakten Verzichts ausginge, dann müsste der Arbeitnehmer zumindest bei Vereinbarung dieser Regelung beteiligt werden, damit sie eine rechtliche Wirkung entfalten könnte. Dies ist aber üblicherweise beim Abschluss des Dienstverschaffungsvertrags nicht der Fall.

henden Unternehmens als auflösende Bedingung der Überlassung im Arbeitnehmerüberlassungsvertrag unzulässig.

b) Aufhebungsvertrag

Um das Überlassungsverhältnis zu beenden, kommt auch ein Aufhebungsvertrag in Betracht.[1583] Weil sowohl der Verleiher seinen Vergütungsanspruch als auch der Entleiher den Anspruch auf Überlassung eines geeigneten Arbeitnehmers verliert, ist es eher unwahrscheinlich, dass beide Parteien gewillt sind, einen solchen Vertrag abzuschließen. Außerdem wird der Verleiher einen Aufhebungsvertrag praktisch wohl nur abschließen, wenn er die Leiharbeitnehmer dann auch anderweitig bei sich einsetzen kann. Dann aber fehlt es schon an einer der Voraussetzungen für einen Übergang der Leiharbeitnehmer auf den Erwerber, nämlich der Voraussetzung keiner anderweitigen Einsatzmöglichkeit. Würde der Verleiher mit dem Entleiher dennoch einen Aufhebungsvertrag schließen, obwohl sämtliche Voraussetzungen für einen Übergang der Leiharbeitnehmer auf den Erwerber vorliegen, so wäre solch ein Aufhebungsvertrag konsequenterweise gem. § 134 BGB nichtig, wenn er „objektiv der Umgehung der zwingenden Rechtsfolgen des § 613a Abs. 1 S. 1 BGB"[1584] dient. Diese ständige Rechtsprechung des Bundesarbeitsgerichts bezieht sich zwar nur auf Aufhebungsverträge zwischen einem Arbeitgeber und seinem Arbeitnehmer, nicht jedoch auf einen Dienstverschaffungsvertrag zwischen einem Verleiher und einem Entleiher, ohne dass es direkt um die Beendigung des Arbeitsverhältnisses des Arbeitnehmers geht. Auch sind die Folgen eines solchen Aufhebungsvertrags nicht identisch: In dem Fall, der der ständigen Rechtsprechung zugrunde liegt, wird das Arbeitsverhältnis des Arbeitnehmers durch den Aufhebungsvertrag *sofort* beendet. Durch einen Aufhebungsvertrag des Dienstverschaffungsvertrags wird das Arbeitsverhältnis des Arbeitnehmers zunächst jedoch nicht tangiert und *besteht fort*. Jedoch wird dem eine Kündigung des Arbeitnehmers durch den Verleiher folgen, sodass genau das eintritt, was durch den Übergang des Arbeitnehmers auf den Erwerber vermieden werden soll und warum ein Übergang

---

1583 Schaub-*Koch*, § 120, Rn. 85; ErfK-*Wank*, § 12, Rn. 11.

1584 BAG v. 25.10.2007 – 8 AZR 917/06, NZA-RR 2008, 367, 370; BAG v. 11.7.1995 – 3 AZR 154/95, NZA 1996, 207, 208. Dazu auch Bamberger/Roth-*Fuchs*, § 613a BGB, Rn. 68.

für erforderlich gehalten wird. Als Ergebnis wäre ein Schutz des Arbeitnehmers nicht gewährleistet, was sich nach der Auslegung der Richtlinie und des § 613a Abs. 1 S. 1 BGB als nicht mit den Vorgaben dieser Regelungen vereinbar dargestellt hat und das Risiko des Betriebsübergangs, nicht ein solches der Leiharbeit, würde sich verwirklichen.[1585] Insofern ist auch hier entsprechend von einer Umgehung der zwingenden Regelungen des Betriebsübergangs und damit einer Nichtigkeit des Aufhebungsvertrags nach § 134 BGB auszugehen. Dies gilt nur dann nicht, wenn der Arbeitnehmer diesem Aufhebungsvertrag ebenso zustimmt. Solch ein Vertrag wäre dann – wiederum entsprechend der Rechtsprechung[1586] – wirksam. Zu einem Aufhebungsvertrag zwischen einem Arbeitgeber und einem Arbeitnehmer führt das Bundesarbeitsgericht aus:

> „Es ist grundsätzlich von Rechts wegen nicht zu beanstanden, wenn ein Arbeitnehmer, der weder beim Betriebsveräußerer noch beim Betriebserwerber weiterarbeiten will, mit dem Betriebsveräußerer einen Aufhebungsvertrag abschließt. Der Arbeitnehmer eines durch Betriebsveräußerung übertragenen Betriebsteils kann durch Widerspruch verhindern, daß sein Arbeitsverhältnis auf den Betriebserwerber übergeht [...]. Er muß auch die Möglichkeit haben, sein Arbeitsverhältnis einvernehmlich mit dem Betriebsveräußerer aufzuheben, wenn er an seinem bisherigen Arbeitsplatz in keinem Falle mehr weiterarbeiten will."

Überträgt man dies auf die vorliegende Konstellation, so gestaltet sich eine Zustimmung dann für den Arbeitnehmer sogar noch besser als in den Fällen, die dieser Rechtsprechung zugrunde liegen. Schließlich müsste der Verleiher bei einer Kündigung dennoch die Kündigungsfrist einhalten, den Arbeitnehmer in dieser Zeit also insbesondere auch weiter entlohnen. Sein Arbeitsverhältnis endet gerade nicht sofort durch den beschriebenen Aufhebungsvertrag. Wie gezeigt bedarf es aber dieser Zustimmung für eine Wirksamkeit des Aufhebungsvertrags, ist ein solcher Vertrag doch andernfalls als nichtig gem. § 134 BGB anzusehen.

1585 Siehe hierzu die Ausführungen im Rahmen der Stellungnahme oben, vierter Teil, § 9 A. III. 4. a) aa) und dd), S. 186 und S. 189.

1586 Vgl. BAG v. 25.10.2007 – 8 AZR 917/06, NZA-RR 2008, 367, 370; BAG v. 11.7.1995 – 3 AZR 154/95, NZA 1996, 207, 208. Allerdings könnte hierin ein Widerspruch zur oben zitierten Rechtsprechung des EuGH vorliegen, siehe EuGH v. 10.2.1988 – Rs. 324/86 (*Daddy's Dance Hall*), Slg. 1988, 739, 754 (Rn. 14).

c) Kündigung

Ist keine auflösende Bedingung vereinbart worden, so kann der Dienstverschaffungsvertrag auch ordentlich gekündigt werden. Es finden sich hierzu für gewöhnlich in den Dienstverschaffungsverträgen die einzuhaltenden Kündigungsfristen. Da es sich bei dem Dienstverschaffungsvertrag um ein Dauerschuldverhältnis handelt, auf das die allgemeinen Regeln des Schuldrechts anwendbar sind,[1587] ergeben sich insoweit keine Besonderheiten.

d) Beendigung aufgrund des Übergangs des Leiharbeitnehmers?

Schließlich kann angedacht werden, dass der Überlassungsvertrag automatisch mit dem Zeitpunkt des Betriebsübergangs dadurch endet, dass der Leiharbeitnehmer auf den Erwerber übergeht und nicht länger Arbeitnehmer des Verleihers ist. Allerdings ist beispielsweise für den Fall des Todes des Leiharbeitnehmers anerkannt, dass der Vertrag dann nicht endet.[1588] Dies liegt an der oben dargestellten zumeist vereinbarten Gattungsschuld, die der Verleiher übernommen hat.[1589] Selbst für den Fall, dass sich auf einen bestimmten Arbeitnehmer geeinigt worden ist, wäre keine Beendigung gegeben. Zwar wäre dem Verleiher die Erfüllung – wie oben dargestellt bei einer Weigerung des- bzw. derjenigen, der bzw. die die Leistung ermöglichen könnten – dauerhaft subjektiv unmöglich gem. § 275 Abs. 1 Var. 1 BGB. Das Schuldverhältnis bestünde aber dennoch fort, könnte allerdings gem. § 314 Abs. 1 BGB außerordentlich gekündigt werden.

2. Möglichkeiten, den Vertrag nach dem Betriebsübergang zu beenden

Die Möglichkeiten der Parteien des Arbeitnehmerüberlassungsvertrags, den Vertrag *nach* dem Betriebsübergang zu beenden, unterscheiden sich in rechtlicher Hinsicht nicht von den soeben dargestellten Möglichkeiten einer Beendigung vor oder mit dem Zeitpunkt des Betriebsübergangs. In tatsächlicher Hinsicht sind allerdings andere Gegebenheiten zu berück-

---

1587 Thüsing-*Thüsing*, AÜG, Einf., Rn. 40.
1588 ErfK-*Wank*, § 12, Rn. 11.
1589 ErfK-*Wank*, § 12, Rn. 11.

sichtigen, wobei die Option der außerordentlichen Kündigung gem. § 314 BGB in den Vordergrund rückt. Dies kommt bei einer erheblichen Pflichtverletzung der jeweils anderen Partei des Dauerschuldverhältnisses in Betracht. Speziell aus Sicht des Entleihers kann hierbei die Nichtleistung, also keine Überlassung eines geeigneten anderen Arbeitnehmers, eine erhebliche Pflichtverletzung des Verleihers darstellen; der Entleiher könnte gem. § 314 Abs. 1 BGB außerordentlich kündigen.[1590] Natürlich müsste hierbei aber Beachtung finden, inwiefern der Verleiher von dem Betriebsübergang wusste oder ob der Entleiher möglicherweise die zu dem Betriebsübergang führenden Dispositionen ohne (ausreichende) Information an den Verleiher getroffen hat.

Da auch bei einer Unmöglichkeit der Überlassung eines bestimmten Arbeitnehmers nach § 275 Abs. 1 BGB das Schuldverhältnis weiterhin besteht,[1591] ist auch in diesem Fall eine Kündigung möglich, soweit deren Voraussetzungen vorliegen. Nach § 314 Abs. 2 S. 1 BGB muss der Entleiher erfolglos eine zur Abhilfe bestimmte Frist gesetzt haben. Diese Fristsetzung ist nur in den Fällen des § 323 Abs. 2 BGB entbehrlich, § 314 Abs. 2 S. 2 BGB.

F. Haftung des Entleihers gegenüber dem Erwerber aus Mängelgewährleistungsrecht

Bei einem Unternehmenskauf ist das Unternehmen „sonstiger Gegenstand" im Sinne des § 453 Abs. 1 BGB,[1592] die §§ 434 ff. BGB sind somit entsprechend anzuwenden.[1593] Geht man davon aus, dass im Fall *Albron* die Übernahme der Leiharbeitnehmer zwischen dem Entleiher *Heineken Nederland* und dem Erwerber *Albron* im Kaufvertrag nicht vereinbart worden ist, so könnte *Albron* gegen *Heineken Nederland* die Mängelrechte aus §§ 437 ff. BGB geltend machen.[1594]

1590 Dazu Schüren-*Brors*, AÜG, Einl., Rn. 423.

1591 Schulze-*Schulze*, BGB, § 326, Rn. 7.

1592 Vgl. die Begründung zum Regierungsentwurf, BT-Drs. 14/6040 vom 14.5.2001, S. 242.

1593 Staudinger-*Beckmann*, § 453, Rn. 24; Baumbach/Hopt-*Hopt*, HGB, Einl. vor § 1, Rn 46; *Weitnauer*, NJW 2002, 2511, 2515 ff.

1594 *Forst*, RdA 2011, 228, 235.

I. Nacherfüllung, Rücktritt und Minderung

Das Recht des Erwerbers zur Nacherfüllung nach § 437 Nr. 1 BGB sowie das Rücktritts- und Minderungsrecht nach § 437 Nr. 2 BGB sind schuldunabhängig.[1595] Es kommt also nicht darauf an, ob der Entleiher davon ausgehen muss(te), dass die Leiharbeitnehmer auf den Erwerber übergehen (würden).

1. Vorliegen eines Mangels

Fraglich ist aber, ob mit dem Übergang der Leiharbeitnehmer bzw. ihrer Arbeitsverhältnisse auch ein Mangel gegeben ist. Bei einem Unternehmenskauf besteht ein Sach- oder Rechtsmangel in jedem Fall dann, wenn das Unternehmen *insgesamt* einen Mangel aufweist.[1596]

Liegt ein Sach- oder Rechtsmangel nur an einzelnen Gegenständen vor, so ist die Behandlung solcher Fälle im Hinblick auf den Unternehmenskaufvertrag umstritten. Zudem ergingen die Entscheidungen des Bundesgerichtshofs zu dieser Fragestellung vor der Schuldrechtsreform. Mit dieser Reform wurden die Unterschiede zwischen der Sach- und der Rechtsmängelhaftung auf Rechtsfolgenseite jedoch vereinheitlicht,[1597] sodass die in diesen Entscheidungen des Bundesgerichtshofs getroffenen Feststellungen möglicherweise nicht mehr aufrechtzuerhalten sind.[1598] Aufgrund gewisser Parallelen werden im Folgenden sowohl die Konsequenzen bei einzelnen Sach- wie auch Rechtsmängeln behandelt.

1595 Zum Nacherfüllungsrecht: Palandt-*Weidenkaff*, § 439, Rn. 4. Zum Rücktritts- und Minderungsrecht: Palandt-*Weidenkaff*, § 437, Rn. 22, 30.

1596 RG v. 22.11.1932 – II 148/32 (Zivilsenat), RGZ 138, 354, 356 f.; BGH v. 27.2.1970 – I ZR 103/68, WM 1970, 819, 821 (Der BGH hält hier einen Mangel indes nur für möglich); Baumbach/Hopt-*Hopt*, HGB, Einl. vor § 1, Rn. 46; vgl. Oetker-*Vossler*, HGB, Anh. §§ 25-28, Rn. 35.

1597 *Holzapfel/Pöllath*, Unternehmenskauf, Rn. 612; *Jagersberger*, Unternehmenskauf, S. 254.

1598 *Jagersberger*, Unternehmenskauf, S. 205. Ähnlich: *Breuer*, Unternehmenskauf, S. 56.

a) Sachmangel an einem einzelnen Gegenstand

aa) Vor der Reform

Besteht ein Mangel an einzelnen Sachen, so stellte dies nach Ansicht des Bundesgerichtshofs und der herrschenden Ansicht in der Literatur einen Mangel an dem Unternehmen nur dann dar, wenn dieser auf das Unternehmen durchschlug.[1599] Dies ist beispielsweise angenommen worden, wenn die wirtschaftliche Grundlage hierdurch erschüttert[1600] worden ist.[1601] Es musste demnach die Funktionstauglichkeit des Unternehmens als Ganzes beeinträchtigt werden.[1602]

Wenn der Mangel an einem einzelnen Gegenstand nicht auf das Unternehmen durchschlug, so wurde die Rechtsfolge dieses Mangels nicht einheitlich beurteilt.[1603]

Einige Autoren waren der Ansicht, eine Einzelgewährleistung scheide in diesen Fällen aus.[1604] Das Unternehmen müsse als Ganzes, als Einheit angesehen werden. Ein Unternehmen sei gerade nicht lediglich die Summe aller Sachen, sondern vielmehr „ein komplexes Gebilde, das nur aufgrund seines organisierten Zusammenwirkens in der Lage sei, Erträge zu erzielen“[1605]. Dieses organisierte Zusammenwirken unterscheide den Kauf eines Unternehmens von dem Kauf sämtlicher Einzelteile.[1606] Dieser Unterschied müsse sich gewährleistungsrechtlich dann auch auf der Rechtsfolgenseite auswirken, weswegen eine Einzelgewährleistung abzulehnen sei.[1607]

1599 *Breuer*, Unternehmenskauf, S. 21; Baumbach/Hopt-*Hopt*, HGB, Einl. vor § 1, Rn 46; *Jagersberger*, Unternehmenskauf, S. 140; Oetker-*Vossler*, HGB, Anh. §§ 25-28, Rn. 37.

1600 BGH v. 27.2.1970 – I ZR 103/68, WM 1970, 819, 821.

1601 Baumbach/Hopt-*Hopt*, HGB, Einl. vor § 1, Rn 46. Dagegen in Bezug auf das neue Recht: Oetker-*Vossler*, HGB, Anh. §§ 25-28, Rn. 37.

1602 *Jagersberger*, Unternehmenskauf, S. 140.

1603 *Breuer*, Unternehmenskauf, S. 22.

1604 *Angermann*, Unternehmenskauf, S. 83; MünchKommHGB-*Lieb*, 2. Auflage 2005, Anh. § 25, Rn. 82 (zum alten wie zum neuen Recht); *Lieb*, in: FS Gernhuber, S. 259, 272 f.

1605 *Breuer*, Unternehmenskauf, S. 22.

1606 *Breuer*, Unternehmenskauf, S. 22.

1607 *Breuer*, Unternehmenskauf, S. 22.

Huber meinte, es könne keinen Unterschied machen, ob die Sachen einzeln oder als Einheit veräußert würden.[1608] Insofern müsse auch jeweils eine Einzelgewährleistung möglich sein.[1609] Dass der Mangel auf Unternehmensebene durchschlage, sei hiernach nicht erforderlich.

bb) Nach der Reform

Die vor der Reform vorherrschende Ansicht beruhte nicht zuletzt auf der Bagatellklausel des früheren § 459 Abs. 1 S. 2 BGB a.F.,[1610] der Norm, in der die Haftung für Fehler geregelt gewesen ist. Nunmehr ist der Sachmangel in § 434 BGB geregelt. In dessen Abs. 1 fehlt allerdings eine entsprechende Bagatellklausel.[1611]

Hieraus ziehen einige Autoren den Schluss, dass auch bei einem Unternehmenskauf nunmehr jeder Mangel, sei er noch so gering, einen Mangel im Sinne des § 434 BGB begründe;[1612] mithin könnte der Erwerber auch in diesen Fällen seine Mängelrechte gem. §§ 437 ff. BGB geltend machen.[1613] Ob der Mangel auch auf das Unternehmen „durchschlägt" wäre mithin fortan unbeachtlich.[1614] Andere Autoren widersprechen dieser Ansicht.[1615] Auch weiterhin müsse ein einzelner Mangel im Rahmen des Unternehmenskaufvertrags einen „Unternehmensmangel"[1616] begründen.

1608 Soergel-*Huber*, 12. Auflage 1991, § 459 a.F., Rn. 259.

1609 Soergel-*Huber*, 12. Auflage 1991, § 459 a.F., Rn. 259. Dazu *Breuer*, Unternehmenskauf, S. 22.

1610 *Jagersberger*, Unternehmenskauf, S. 140.

1611 *Jagersberger*, Unternehmenskauf, S. 140.

1612 *Breuer*, Unternehmenskauf, S. 57; *Fischer*, DStR 2004, 276, 279; *Gaul*, ZHR 166 (2002), 35, 48; *Grimm/Böker*, NZA 2002, 193, 194; Erman-*Grunewald*, 11. Auflage 2004, § 434 BGB, Rn. 44; *Holzapfel/Pöllath*, Unternehmenskauf, Rn. 623; *Knott*, NZG 2002, 249, 251; *Seibt/Reiche*, DStR 2002, 1135, 1140; Oetker-*Vossler*, HGB, Anh. §§ 25-28, Rn. 37; *Wolf/Kaiser*, DB 2002, 411, 414 f.; *Wunderlich*, WM 2002, 981, 985. Wohl auch *Klein-Blenkers*, NZG 2003, 903.

1613 *Jagersberger*, Unternehmenskauf, S. 140.

1614 *Jagersberger*, Unternehmenskauf, S. 140.

1615 *Barnert*, WM 2003, 416, 422; Jauernig-*Chr. Berger*, § 453, Rn. 14; Bamberger/Roth-*Faust*, § 453, Rn. 27; *Haas*, in: Das neue Schuldrecht, Kap. 5, Rn. 547; *Jagersberger*, Unternehmenskauf, S. 140; MünchKommHGB-*Thiessen*, Anh. § 25, Rn. 79 f.; MünchKommBGB-*Westermann*, § 453, Rn. 27.

1616 *Jagersberger*, Unternehmenskauf, S. 141.

Da die Leiharbeitnehmer ab dem Zeitpunkt des Betriebsübergangs, also des Vollzugs des Erwerbs,[1617] einen Anspruch auf Lohn gegen den Erwerber als neuen Arbeitgeber haben, ist jedoch von einem Rechtsmangel im Sinne des § 435 BGB auszugehen.[1618] Ein Rechtsmangel kann sich nämlich auch aus lediglich schuldrechtlichen Positionen Dritter ergeben, die gegenüber dem Käufer wirken.[1619] Eine Entscheidung, welche Ansicht für die Behandlung einzelner Sachmängel nach der Reform überzeugt, muss daher nicht erfolgen. Die Kenntnis der Behandlung von Sachmängeln vor und nach der Reform erleichtert allerdings den Zugriff auf die folgenden Ausführungen zur Gewährleistung bei Rechtsmängeln.

b) Rechtsmangel an einem einzelnen Gegenstand

Es handelt sich also um einen Rechtsmangel, wenn die Leiharbeitnehmer bzw. deren Arbeitsverhältnisse auf den Erwerber übergehen, ohne dass dies im Unternehmenskaufvertrag vereinbart worden ist. Auch wenn der Erwerber die Arbeitnehmer ohnehin übernehmen wollte bzw. übernommen hat, so stellt allein die Pflicht zur Entlohnung, die aufgrund des Übergangs der Rechte und Pflichten nach Art. 3 Abs. 1 UAbs. 1 der Richtlinie 2001/23/EG bzw. des § 613a Abs. 1 S. 1 BGB besteht, einen Rechtsmangel dar, wenn diese Entlohnung höher ist als die vom Erwerber geplante Entlohnung.

Da jedoch das Unternehmen selbst nicht direkt betroffen ist,[1620] liegt kein Rechtsmangel des Unternehmens vor. Fraglich ist auch für einzelne Rechtsmängel, welche gewährleistungsrechtlichen Folgen diese auslösen.

1617 Dies ist grundsätzlich der maßgebende Zeitpunkt bei der Beurteilung, ob ein Rechtsmangel gegeben ist, Palandt-*Weidenkaff*, § 435, Rn. 7.

1618 *Forst*, RdA 2011, 228, 235.

1619 Bamberger-Roth-*Faust*, § 435, Rn. 14; Staudinger-*Matusche-Beckmann*, § 435, Rn. 14.

1620 Ein Beispiel wäre etwa, dass die unternehmenseigene Produktion gegen ein gewerbliches Schutzrecht eines Dritten verstößt, RG v. 20.11.1908 – Rep. II 199/08 (Zivilsenat), RGZ 69, 429, 431 f. Dazu *Jagersberger*, Unternehmenskauf, S. 207 f.

aa) Vor der Reform

Das Vorliegen und die Rechtsfolgen eines einzelnen Rechtsmangels wurden unterschiedlich beurteilt.

Eine Einzelgewährleistung bei einzelnen Rechtsmängeln hielt der Bundesgerichtshof für möglich.[1621] Zugleich sollte – abweichend vom grundsätzlichen Vorrang der Rechtsmängelhaftung –[1622] dieser einzelne Rechtsmangel auch einen Sachmangel begründen und somit die Sachmängelhaftung auslösen,[1623] sollte er entsprechendes Gewicht besitzen.[1624]

Daneben wurde vertreten, eine Einzelgewährleistung wegen einzelner Rechtsmängel sei nicht möglich, vielmehr müsse der Rechtsmangel das Unternehmen selbst betreffen, damit er eine Gewährleistung auslöse.[1625] Nach *Canaris* sollten einzelne Rechtsmängel wohl stets ohne Wirkung bleiben.[1626] Anders sah dies *Lieb* trotz des gleichen Ausgangspunkts.[1627] So konnte seiner Meinung nach ein solcher Rechtsmangel auf Ebene des Unternehmens einen Sachmangel begründen, soweit er sich auf die Funktionsfähigkeit und die Ertragskraft des Unternehmens auswirkte.[1628]

1621 BGH v. 7.1.1970 – I ZR 99/68, NJW 1970, 556, 557; BGH v. 19.9.1975 – I ZR 73/74, WM 1975, 1166.

1622 *Jagersberger*, Unternehmenskauf, S. 204.

1623 BGH v. 7.1.1970 – I ZR 99/68, NJW 1970, 556, 557; BGH v. 19.9.1975 – I ZR 73/74, WM 1975, 1166; MünchKommBGB-*Westermann*, 3. Auflage 1995, § 437 a.F., Rn. 18. Dagegen Soergel-*Huber*, 12. Auflage 1991, § 459 a.F., Rn. 276.

1624 *Breuer*, Unternehmenskauf, S. 24. Der BGH spricht von „je nach ihrer Art und ihrem Umfang“, siehe BGH v. 7.1.1970 – I ZR 99/68, NJW 1970, 556, 557.

1625 *Canaris*, ZGR 1982, 395, 428; *Lieb*, in: FS Gernhuber, S. 259, 274. Dazu *Breuer*, Unternehmenskauf, S. 24, sowie *Jagersberger*, Unternehmenskauf, S. 205.

1626 *Canaris*, ZGR 1982, 395, 428. Auf Seite 432 schreibt *Canaris* indes, die Rechtsordnung habe erst dann „einen Anlaß zur Reaktion, wenn die Schwelle zur schweren Äquivalenz- oder Zweckstörung überschritten ist bzw. wenn, aus Sicht der h.L. gesehen, der Einzelmangel so schwer wiegt, daß er in einen Unternehmensmangel umschlägt“. Dies spricht dafür, dass er möglicherweise doch davon ausgeht, dass ein Einzelmangel eine gewisse Wirkung haben kann. Wenig später bezeichnet *Canaris* allerdings dies wiederum als „verfehlte Trennung zwischen den einzelnen Gegenständen und dem Unternehmen“, *Canaris*, ZGR 1982, 395, 432. Dies spricht gegen jegliche Wirkung eines einzelnen Rechtmangels. So versteht auch *Jagersberger* die Ausführungen *Canaris*‘, siehe *Jagersberger*, Unternehmenskauf, S. 205.

1627 *Lieb*, in: FS Gernhuber, S. 259, 274.

1628 *Lieb*, in: FS Gernhuber, S. 259, 274.

Wiederum andere meinten, es stünden dem Erwerber neben dem Erfüllungsanspruch die Rechte aus § 440 Abs. 1 BGB a. F. zu;[1629] über § 440 Abs. 1 BGB a. F. wurde bereits nach altem Recht nach den Regelungen des allgemeinen Leistungsstörungsrechts gehaftet.[1630] Hiernach war eine Rechtsmängelhaftung hinsichtlich des einzelnen Rechtsmangels immer möglich.

Eine Rechtsmängelhaftung hinsichtlich des einzelnen Rechtsmangels in jedem Fall bejahte auch *Grunewald*.[1631] Überdies könne darin aber weitergehend, bei entsprechender Relevanz für das gesamte Unternehmen, zugleich ein Rechtsmangel des gesamten Unternehmens liegen.[1632]

bb) Nach der Reform

(1) Einzelner Rechtsmangel überhaupt als Mangel des Unternehmens?

Zunächst gilt es zu klären, ob einzelne Rechtsmängel überhaupt einen Sach- oder Rechtsmangel des Unternehmens begründen können. Wie schon im Rahmen der Behandlung von einzelnen Sachmängeln kurz erwähnt, führt grundsätzlich seit der Reform jeder noch so kleine Mangel zur Auslösung der Rechte aus §§ 437 ff. BGB. Die Bagatellklausel des § 459 Abs. 1 BGB a. F. ist nicht in das neue Recht übernommen worden, und einen ähnlichen Vorbehalt hat der Gesetzgeber im neuen Recht zudem nur für den Rücktritt in § 323 Abs. 5 S. 2 BGB sowie für den Schadensersatz statt der Leistung in § 281 Abs. 1 S. 3 BGB vorgesehen.[1633] Als Umkehrschluss ergibt sich, dass es auf die Wesentlichkeit des Mangels nicht ankommt.[1634] Dann aber müsste auch vorliegend jeder einzelne Rechtsmangel die Gewährleistungsrechte auslösen. Warum dies aber bei einem Unternehmenskauf(vertrag) möglicherweise anders behandelt werden kann, liegt in § 453 Abs. 1 BGB begründet. Dort ist die Rede von einer „entsprechenden Anwendung“ der kaufvertraglichen Gewährleistungsvor-

1629 Soergel-*Huber*, 12. Auflage 1991, § 434 a.F., Rn. 74; Soergel-*Huber*, 12. Auflage 1991, § 459 a.F., Rn. 276 f. Dazu *Jagersberger*, Unternehmenskauf, S. 205.
1630 *Jagersberger*, Unternehmenskauf, S. 193.
1631 *Grunewald*, ZGR 1981, 622, 633.
1632 *Grunewald*, ZGR 1981, 622, 633 f.
1633 *Jagersberger*, Unternehmenskauf, S. 261.
1634 *Jagersberger*, Unternehmenskauf, S. 261.

schriften, sodass sich aufgrund der Besonderheiten eines Unternehmenskaufvertrags durchaus Abweichungen ergeben können.[1635] Dies bedeutet allerdings nicht, dass die Rechte des Käufers bei einzelnen Rechtsmängeln komplett ausgeschlossen sind.[1636] Dies stellte eine Härte für den Käufer dar, die so nicht zu rechtfertigen wäre.[1637] Zumindest dann, wenn ein einzelner Rechtsmangel einen Rechtsmangel des Unternehmens bildet, sich also auf der Ebene des Unternehmens auswirkt,[1638] müssen die Gewährleistungsrechte des Käufers eingreifen.[1639] Ob eine solche Relevanz des Mangels gegeben ist, muss dann im Einzelfall geklärt werden. Hingegen scheiden die Gewährleistungsrechte aus, wenn eine solche Relevanz, also ein wirtschaftliches Gewicht für die Unternehmensebene,[1640] nicht gegeben ist. Dies kann sich bereits durch die Vertragsauslegung ergeben, wonach möglicherweise ein konkludenter Haftungsausschluss im Sinne von § 435 BGB vereinbart worden ist.[1641] Vielmehr ergibt sich dies aber aus der Überlegung heraus, dass Gegenstand des Kaufvertrags eben nicht die jeweiligen einzelnen (Sachen und) Rechte sind, sondern das Unternehmen als komplexes Gebilde[1642] in seiner Gesamtheit[1643]. Es geht um das organisierte Zusammenwirken dieser Sachen und Rechte.[1644] Daher muss aber auch ein einzelner (Rechts-)Mangel eine Auswirkung auf das Unternehmen an sich haben, damit die Gewährleistungsrechte ausgelöst werden.[1645]

1635 *Jagersberger*, Unternehmenskauf, S. 206.
1636 So aber wohl *Canaris*, ZGR 1982, 395, 428. Siehe dazu schon die Ausführungen in der Fußnote 1626.
1637 *Jagersberger*, Unternehmenskauf, S. 206.
1638 *Jagersberger*, Unternehmenskauf, S. 206.
1639 *Breuer*, Unternehmenskauf, S. 69; Bamberger/Roth-*Faust*, § 453, Rn. 28; *Jagersberger*, Unternehmenskauf, S. 206.
1640 *Jagersberger*, Unternehmenskauf, S. 206.
1641 *Jagersberger*, Unternehmenskauf, S. 206.
1642 *Breuer*, Unternehmenskauf, S. 57 (zum Sachmangel), auf S. 69 verweist *Breuer* aber hierauf auch für den Rechtsmangel.
1643 *Jagersberger*, Unternehmenskauf, S. 140.
1644 Ähnlich Bamberger/Roth-*Faust*, § 453, Rn. 27.
1645 So u. a. auch Bamberger/Roth-*Faust*, § 453, Rn. 27 f.; *Jagersberger*, Unternehmenskauf, S. 206.

(2) Einzelner Rechtsmangel als Sach- oder Rechtsmangel des Unternehmens?

Bei entsprechender Relevanz des Rechtsmangels stellte sich die Folgefrage, ob es sich dann um einen Sach- oder einen Rechtsmangel des Unternehmens handelt. Eine Entscheidung war aufgrund der unterschiedlichen Rechtsfolgen vor der Reform sehr wichtig. Wegen der Vereinheitlichung dieser Rechtsfolgen bei Sach- und Rechtsmängeln gilt dies seit der Schuldrechtsreform nicht mehr,[1646] eine Entscheidung kann dahinstehen.

(3) Zwischenergebnis zum Vorliegen eines Mangels

Im Ergebnis handelt es sich bei dem Übergang der Arbeitnehmer, soweit dies nicht vereinbart worden ist, um einen (einzelnen) Rechtsmangel. Je nach Anzahl der gem. § 613a Abs. 1 S. 1 BGB übergehenden Arbeitnehmer und dem Verhältnis zu dem Unternehmen als Ganzem, gerade auch sämtlicher Arbeitnehmer des übergehenden Unternehmens, kann es sich um einen Rechtsmangel des Unternehmens handeln; nur dann stehen dem Erwerber nach hier vertretener Ansicht die Gewährleistungsrechte gem. § 437 ff. BGB zu. Da im Rahmen der Lösung der gespaltenen Veräußererstellung jedoch eine wirtschaftliche Einheit des Leiharbeitsunternehmens im übertragenen Entleihbetrieb(steil) zu fordern ist, wird es sich wohl häufig um einen Rechtsmangel des Unternehmens handeln.

Gehen wie im Fall *Albron* sämtliche Leiharbeitnehmer, die in dem übergehenden Unternehmen tätig waren, auf den Erwerber über, so ist ein Rechtsmangel von ausreichendem wirtschaftlichen Gewicht wohl zu bejahen, sodass ein Mangel des Unternehmens vorliegt. Dem Erwerber stehen dann die Gewährleistungsrechte gem. §§ 437 ff. BGB zu. Gehen nur verhältnismäßig wenige Leiharbeitnehmer über, sodass sich dies nicht auf Unternehmensebene auswirkt, so sind dem Erwerber die Gewährleistungsrechte mangels eines Mangels des Unternehmens zu versagen.

1646 *Breuer*, Unternehmenskauf, S. 69; Palandt-*Putzo*, § 434 BGB, Rn. 95a.

2. Vorrang der Nacherfüllung

Ist ein Mangel gegeben, so kann der Erwerber vom Entleiher Nacherfüllung gem. §§ 437 Nr. 1, 439 BGB verlangen. Die Nacherfüllung ist vorrangig vor den weiteren Gewährleistungsrechten.[1647] Das Nacherfüllungsverlangen ist auch bei einem Unternehmenserwerb notwendig.[1648]

3. Nacherfüllung in Form der Nachlieferung oder Nachbesserung

§ 439 Abs. 1 BGB sieht eine Nachlieferung sowie eine Nachbesserung vor.

Der Nachlieferungsanspruch ist bei dem Kauf eines Unternehmens regelmäßig (subjektiv und objektiv) unmöglich im Sinne des § 275 Abs. 1 BGB.[1649] Ein Unternehmen als individuelles Gebilde lässt sich nicht durch ein anderes Unternehmen ersetzen.[1650]

Somit bleibt nur die Nachbesserung. Fraglich ist, wie einer solchen Nachbesserung im Fall der übergegangenen Leiharbeitnehmer durch den Entleiher nachzukommen ist. Möglich erscheint einzig eine Ablösung der Verbindlichkeiten,[1651] also die Entlohnung der Leiharbeitnehmer durch den Entleiher. Auf die Arbeitsverhältnisse an sich hat der Entleiher schließlich keinen Einfluss; Arbeitgeber ist nach dem Betriebsübergang einzig der Erwerber. Nur dieser kann den Leiharbeitnehmern kündigen und dadurch die Pflicht zur Entlohnung beenden. Doch auch bei erfolgter Kündigung bestehen die betroffenen Arbeitsverhältnisse bis zum Ende der Kündigungsfrist fort, sodass zumindest insoweit auch nach erfolgter Kün-

---

1647 Oetker-*Vossler*, HGB, Anh. §§ 25-28, Rn. 44.

1648 OLG Köln v. 29.1.2009 – 12 U 20/08, WM 2009, 2063, 2066. A.A. *Fischer*, DStR 2004, 276.

1649 *Fischer*, DStR 2004, 276; *Gaul*, ZHR 166 (2002), 35, 53 f.; *Holzapfel/Pöllath*, Unternehmenskauf, Rn. 650; *Jagersberger*, Unternehmenskauf, S. 153, 258; *Larisch*, Gewährleistungshaftung, S. 83; *Schmitz*, RNotZ 2006, 561, 585; *Triebel/Hölzle*, BB 2002, 521, 526.

1650 *Jagersberger*, Unternehmenskauf, S. 153; *Schmitz*, RNotZ 2006, 561, 585. Ähnlich auch *Gaul*, ZHR 166 (2002), 35, 53 f.; *Holzapfel/Pöllath*, Unternehmenskauf, Rn. 650; *Schröcker*, ZGR 2005, 63, 82.

1651 Vgl. *Holzapfel/Pöllath*, Unternehmenskauf, Rn. 650; *Knott*, NZG 2002, 249, 252.

digung eine Nachbesserung in Betracht kommt, die weiterhin nur in der Ablösung der Verbindlichkeiten erblickt werden kann.

4. Rücktritt und Minderung

Wird die Nacherfüllung durch den Entleiher verweigert, unmöglich, oder schlägt diese fehl, so besteht für den Erwerber die Möglichkeit, vom Unternehmenskaufvertrag gem. § 453 Abs. 1 iVm. §§ 437 Nr. 2, 440, 323 Abs. 1 BGB zurückzutreten.[1652] Hierbei ist die Erheblichkeitsschwelle des § 323 Abs. 5 S. 2 BGB zu beachten. Es ist davon auszugehen, dass diese regelmäßig überschritten sein wird, wenn der einzelne Rechtsmangel sich sogar auf Unternehmensebene auswirkt, was beim Vorliegen einer wirtschaftlichen Einheit des Leiharbeitsunternehmens im übertragenen Entleihbetrieb(steil) häufig der Fall sein wird. Die Rückabwicklung eines Unternehmenskaufvertrags ist äußerst schwierig[1653] und üblicherweise von beiden Parteien auch nicht gewollt, sodass eine solche zumeist vertraglich ausgeschlossen wird.[1654] Ist solch ein Ausschluss nicht geregelt, so sind im Fall eines Rücktritts die gegenseitig gewährten Leistungen zurück zu gewähren gem. §§ 346 ff. BGB.[1655] Diese Rückabwicklung erfolgt soweit der Vertrag bereits vollzogen ist.[1656] Der Käufer hat „das Unternehmen grundsätzlich in dem Zustand zurück zu gewähren, in dem es sich im Zeitpunkt der Rücktrittserklärung befindet“[1657]. *Holzapfel/Pöllath* beschreiben dies als „die misslichste aller denkbaren Konstellationen einer Rückabwicklung“[1658]. Zu bedenken ist hierbei aber, dass in den meisten Fällen ohnehin kein gegenständlicher Austausch erfolgt, sondern Wertersatz gem. § 346 Abs. 2 BGB zu leisten ist oder ein Bereicherungsausgleich nach § 346 Abs. 3 BGB erfolgt.[1659] Der Käufer wird sich also regelmäßig mit einem finanziellen Ausgleich abfinden müssen.[1660]

1652 *Holzapfel/Pöllath*, Unternehmenskauf, Rn. 653.
1653 Beisel/Klumpp-*Klumpp*, Unternehmenskauf, Kap. 16, Rn. 82.
1654 *Holzapfel/Pöllath*, Unternehmenskauf, Rn. 654; *Kindl*, WM 2003, 409, 410; vgl. *Knott*, NZG 2002, 249, 253.
1655 Bamberger/Roth-*Faust*, § 437, Rn. 43.
1656 *Holzapfel/Pöllath*, Unternehmenskauf, Rn. 714.
1657 Beisel/Klumpp-*Klumpp*, Unternehmenskauf, Kap. 16, Rn. 87.
1658 *Holzapfel/Pöllath*, Unternehmenskauf, Rn. 714.
1659 *Jagersberger*, Unternehmenskauf, S. 321.
1660 *Jagersberger*, Unternehmenskauf, S. 321.

Sollte aber tatsächlich eine Rückabwicklung hinsichtlich der Arbeitnehmer bzw. der Arbeitsverhältnisse im Raum stehen, so ist äußerst fraglich, wie diese zu erfolgen hätte. Die ehemaligen Leiharbeitnehmer sind beim Erwerber Stammarbeitnehmer geworden. Insofern müssten sie zu dem Entleiher zurückkehren, allerdings dann auch als Stammarbeitnehmer; diesen Status besaßen die Arbeitnehmer schließlich im Zeitpunkt der Rücktrittserklärung. Vor der Durchführung des Unternehmenskaufvertrags und damit vor dem Betriebsübergang waren die Arbeitnehmer indes lediglich als Leiharbeitnehmer beim Entleiher tätig. Hinsichtlich ihres Verhältnisses zum/beim Entleiher stünden sie mithin wesentlich besser als vorher, auch wenn nicht vergessen werden darf, dass die Arbeitnehmer beim Verleiher Stammarbeitnehmer gewesen sind. Da es aber nur auf die Verhältnisse im Zeitpunkt der Rücktrittserklärung ankommt,[1661] wäre diese Besserstellung eine Konsequenz.

Problematisch an der Rückabwicklung ist, dass die Arbeitnehmer dem (Rück-)Übergang ihrer Arbeitsverhältnisse widersprechen könnten. Hierfür müsste es sich zwar wiederum um einen Betriebsübergang im Sinne der Richtlinie 2001/23/EG bzw. des § 613a BGB handeln. Dies ist jedoch aufgrund der zunächst für einen Übergang der Arbeitnehmer auf den Erwerber geforderten Voraussetzung einer wirtschaftlichen Einheit des Leiharbeitsunternehmens im übertragenen Entleihbetrieb(steil) möglich. All diese müssten ja zurück übertragen werden. Dem Erwerber wäre die Rückgewähr der widersprechenden Arbeitnehmer nach § 346 Abs. 1 BGB unmöglich. Als Folge könnte dem Entleiher ein Anspruch auf Schadensersatz gem. §§ 346 Abs. 4, 280 Abs. 1 und 3, 283 BGB zustehen; dieser scheiterte allerdings dann, wenn der Erwerber die Unmöglichkeit nicht zu vertreten hat, § 280 Abs. 1 S. 2 BGB, wovon wohl auszugehen wäre. Dann aber verblieben die widersprechenden Arbeitnehmer beim Erwerber.[1662] Der Erwerber wäre weiterhin Arbeitgeber der Arbeitnehmer und müsste seinen Arbeitgeberpflichten, speziell der Entlohnung, nachkommen. Was der Erwerber durch den Rücktritt also versucht hat zu verhindern, würde letzten Endes doch eintreten.

1661 Beisel/Klumpp-*Klumpp*, Unternehmenskauf, Kap. 16, Rn. 87.

1662 Der Erwerber muss wohl sogar Wertersatz gem. § 346 Abs. 2 S. 1 BGB leisten, weil ihm die Rückgewähr der empfangenen Leistungen unmöglich ist. Zwar liegt keiner der dort explizit genannten Fälle vor, jedoch ist die Aufzählung nicht abschließend, *Medicus/Lorenz*, Schuldrecht I AT, § 49, Rn. 564.

Statt zurückzutreten, und damit – abgesehen von der Erheblichkeitsschwelle des § 323 Abs. 5 S. 2 BGB, § 441 Abs. 1 S. 2 BGB – unter den gleichen Voraussetzungen wie denjenigen des Rücktritts, kann der Käufer den Kaufpreis mindern, § 441 Abs. 1 S. 1 BGB.[1663] Gem. § 441 Abs. 3 BGB ist der Kaufpreis in dem Verhältnis herabzusetzen, in welchem zur Zeit des Vertragsschlusses der Wert des Unternehmens in mangelfreiem Zustand zu dem wirklichen Wert gestanden haben würde. Trotz der Möglichkeit einer Schätzung gem. § 441 Abs. 3 S. 2 BGB gestaltet sich die Berechnung der Höhe der Minderung in der Praxis oftmals problematisch.[1664]

II. Schadensersatzansprüche

Schließlich können dem Erwerber/Käufer Schadensersatzansprüche gegen den Entleiher/Verkäufer zustehen. Hierbei ist zwischen einem Schadensersatz neben und statt der Leistung zu unterscheiden.

1. Schadensersatz neben der Leistung

Zunächst kämen Ansprüche auf Schadensersatz neben der Leistung nach §§ 437 Nr. 3, 280 Abs. 1 BGB in Betracht. Grund ist, dass der Entleiher ursprünglich nicht mangelfrei geleistet hat.[1665] Dieser Anspruch betrifft den Ersatz solcher Schäden, die durch eine Nacherfüllung auch im spätestmöglichen Zeitpunkt nicht beseitigt werden könnten.[1666] Bei derartigen Schäden ist konsequenterweise keine Frist zur Nacherfüllung zu setzen, da diese die Schäden ohnehin nicht beseitigen könnte.[1667] In der vorliegenden Konstellation könnten die Schäden durch die übergegangen Leiharbeitnehmer, namentlich deren Ansprüche gegen den Käufer auf Vergütung, durch den Verkäufer abgelöst und damit beseitigt werden. Ein Schadensersatz neben der Leistung kommt aber dann in Betracht, wenn der Käufer die Leiharbeitnehmer schon entlohnen musste, der Schaden also schon ent-

---

1663 Dazu *Holzapfel/Pöllath*, Unternehmenskauf, Rn. 656.
1664 *Schmitz*, RNotZ 2006, 561, 586.
1665 Bamberger/Roth-*Faust*, § 437, Rn. 140.
1666 Bamberger/Roth-*Faust*, § 437, Rn. 141.
1667 *Holzapfel/Pöllath*, Unternehmenskauf, Rn. 658.

standen ist. Ebenso ist ein Schadensersatzanspruch neben der Leistung denkbar, wenn die Arbeitnehmer gegen den Erwerber selbst Schadensersatzansprüche geltend machen bzw. gemacht haben wegen einer Verletzung ihres Beschäftigungsanspruchs, sollte der Erwerber diese nicht in seinem Betrieb beschäftigen (können). Arbeitnehmer haben nämlich grundsätzlich einen Anspruch auf Beschäftigung.[1668] Kommt der Arbeitgeber diesem Anspruch nicht nach, können den Arbeitnehmern unter Umständen Schadensersatzansprüche gegen den Arbeitgeber nach § 280 Abs. 1 BGB zustehen.[1669]

Das Bestehen des Schadensersatzanspruchs des Erwerbers gegen den Entleiher wegen ursprünglich nicht mangelfreier Leistung hängt vom Vertretenmüssen des Entleihers ab. Es geht hierbei um die Frage, ob der Entleiher davon ausgehen musste, dass die Leiharbeitnehmer auf den Erwerber übergehen würden. Wie oben bereits in anderem Zusammenhang[1670] deutlich gemacht, ist nach dem Zeitpunkt des Veräußerungsvertrags zu unterscheiden. Bis zur Entscheidung im Fall *Albron* am 21.10.2010 muss ein Verschulden aufgrund eines beachtlichen Rechtsirrtums verneint werden.[1671] Wie oben ebenfalls bereits erwähnt, gelten für einen unverschuldeten Rechtsirrtum zwar strenge Maßstäbe, „wobei der Schuldner die Rechtslage sorgfältig prüfen, soweit erforderlich, Rechtsrat einholen und die höchstrichterliche Rechtsprechung sorgfältig beachten muss“[1672].[1673]

1668 Dies ist allgemein anerkannt, siehe hierzu grundlegend: BAG v. 10.11.1955 – 2 AZR 591/54, NJW 1956, 359, 360; BAG (Großer Senat) v. 27.2.1985 – GS 1/84, NZA 1985, 702, 703. Zu dem Beschäftigungsanspruch auch ErfK-*Preis*, § 611 BGB, Rn. 563; *Ruhl/Kassebohm*, NZA 1995, 497. Gegen diesen Anspruch indes *Weber/Weber*, RdA 2007, 344.

1669 *Löwisch/Caspers/Klumpp*, Arbeitsrecht, S. 67, Rn. 219; vgl. BAG v. 18.3.1999 – 8 AZR 344/98, ZTR 1999, 516. Sicherlich ist aber auch zu bedenken, dass den Erwerber zumindest zunächst kein Verschulden trifft, wenn er plötzlich, ohne dies irgendwie eingeplant zu haben, mehr Arbeitnehmer hat und insofern deren Beschäftigung gar nicht (ein-)planen konnte, vgl. hierzu auch ErfK-*Preis*, § 611 BGB, Rn. 563. Zudem spielt der von dem BAG in der Entscheidung herangezogene „Berufsschaden“ (bspw. der Verlust an Ansehen, den ein Bühnenkünstler erleidet, weil er längere Zeit nicht auftritt) wohl nur in seltenen Fällen einen Rolle.

1670 Siehe oben im Rahmen der Ausführungen zum Abwicklungsverhältnis zwischen Verleiher und Entleiher, fünfter Teil, § 11 E. IV. 2. a) aa) (2) (b), S. 425, sowie fünfter Teil, § 11 E. IV. 2. c) aa) (1), S. 433.

1671 *Forst*, RdA 2011, 228, 235.

1672 BGH v. 4.7.2001 – VIII ZR 279/00, NJW 2011, 3114, 3115.

1673 *Forst*, RdA 2011, 228, 235.

Jedoch war es, wie am Anfang dieser Arbeit dargestellt,[1674] einhellige Meinung im deutschen Recht, dass Leiharbeitnehmer bzw. deren Arbeitsverhältnisse bei einem Betriebsübergang des entleihenden Unternehmens nicht auf den Erwerber übergehen, sondern vielmehr beim Verleiher bleiben. Auch an dieser Stelle gilt abermals, dass für Veräußerungsverträge nach dem genannten Datum die neue Rechtslage beachtet werden muss und ein Rechtsirrtum diesbezüglich ausscheidet; ein Verschulden des Entleihers ist dann zu bejahen.[1675] Ein Schadensersatzanspruch des Erwerbers nach §§ 280 Abs. 1, 311 Abs. 2 BGB gegenüber dem Entleiher besteht.

2. Schadensersatz statt der Leistung

Des Weiteren könnte der Erwerber einen Schadensersatzanspruch statt der Leistung gem. §§ 437 Nr. 3, 280 Abs. 1 und 3, 281 Abs. 1 BGB haben.

Die Pflichtverletzung ist hierbei zunächst in der Nichtleistung der Nacherfüllung zu erblicken, § 281 Abs. 1 S. 1 Alt. 1 BGB. Ob der Entleiher diese Nichtleistung zu vertreten hat, ist im Einzelfall zu prüfen. Daneben ist aber auch die ursprünglich nicht mangelfreie Leistung möglicher Anknüpfungspunkt für die Pflichtverletzung, § 281 Abs. 1 S. 1 Alt. 2 BGB.[1676] Der Anspruch ist dann gegeben, wenn der Entleiher „es entweder zu vertreten hat, dass der Mangel eintrat oder wenn er es zu vertreten hat, dass der Mangel nicht [rechtzeitig] beseitigt wurde“[1677]. Diesbezüglich gelten die obigen Ausführungen zum Schadensersatz neben der Leistung entsprechend, sodass ein Vertretenmüssen ab dem 21.10.2010 zu bejahen ist.

Im Rahmen des sogenannten „kleinen“ Schadensersatzes ist der geltend gemachte Schadensersatz nur auf den mangelhaften Teil des Unternehmens beschränkt.[1678] Zu ersetzen ist das Äquivalenzinteresse des Käufers;

1674 Siehe oben, erster Teil, § 1, S. 1, sowie dritter Teil, § 5 A., S. 107.

1675 So auch *Forst*, RdA 2011, 228, 235.

1676 *Canaris*, DB 2001, 1815, 1816; Bamberger/Roth-*Faust*, § 437, Rn. 73; *Faust*, in: FS Canaris, Band 1, S. 219, 233 ff.; *Huber*, in: FS Schlechtriem, S. 521, 528; *Jaensch*, Jura 2005, 649, 652; *Looschelders*, in: FS Canaris, Band 1, S. 737, 747 ff.; *Tiedtke/Schmitt*, BB 2005, 615, 621 ff. A.A. *Dauner-Lieb*, in: FS Konzen, S. 63, 80 ff.; *Lorenz*, in: FS Huber, S. 423, 429; *Lorenz*, NJW 2002, 2497, 2503.

1677 Bamberger/Roth-*Faust*, § 437, Rn. 76.

1678 *Holzapfel/Pöllath*, Unternehmenskauf, Rn. 660.

der Kaufvertrag wird aber ansonsten wie vereinbart durchgeführt.[1679] Eine Rückgabe des Unternehmens wäre nur beim sogenannten „großen" Schadensersatz erforderlich.[1680] Solch ein Schadensersatzanspruch wird aber – wie auch das Rücktrittsrecht – regelmäßig individualvertraglich ausgeschlossen aufgrund der hiermit verbundenen Schwierigkeiten, sodass nur der kleine Schadensersatz in Betracht kommt.[1681] Zu ersetzen ist hierbei die Differenz zwischen der realen Lage mit dem Schaden und der hypothetischen Lage ohne den Schaden.[1682] Zu ersetzen ist damit in jedem Fall die bereits von dem Käufer an die Leiharbeitnehmer gezahlte Vergütung, wobei dieser Schaden nur einmal geltend gemacht werden kann.[1683] Weitere das Äquivalenzinteresse des Käufers betreffende Schäden können ebenfalls geltend gemacht werden.

3. Schadensminderungsobliegenheit des Erwerbers

Im Rahmen der Schadensminderungsobliegenheit des Erwerbers nach § 254 Abs. 2 S. 1 BGB ist zu fordern, dass der Erwerber den Arbeitnehmern im frühestmöglichen Zeitpunkt kündigt. Erfolgt eine solche Kündigung nicht, so ist ihm ein Schadensersatz insofern zu versagen, soweit dieser über den Ersatz des Schadens hinausgeht, der entstanden wäre, wenn er frühestmöglich gekündigt hätte. Dann hätte er nicht, wie nach § 254 Abs. 2 S. 1 BGB gefordert, alle zumutbaren Anstrengungen unternommen, um den Schaden so gering wie möglich zu halten.[1684] Er hätte mit anderen Worten eine Maßnahme unterlassen, die nach „gesundem Volksempfinden ein ordentlicher Mensch"[1685] zur Schadensminderung ergreifen würde.[1686]

1679 *Holzapfel/Pöllath*, Unternehmenskauf, Rn. 660.
1680 *Holzapfel/Pöllath*, Unternehmenskauf, Rn. 660.
1681 *Holzapfel/Pöllath*, Unternehmenskauf, Rn. 660.
1682 *Grigoleit/Riehm*, Schuldrecht IV, Rn. 537.
1683 Wird der kleine Schadensersatz geltend gemacht, so erfasst dieser dann eben auch die bereits gezahlte Vergütung, die – wird der Schadensersatz statt der Leistung nicht geltend gemacht – über den Schadensersatz neben der Leistung zu fordern wäre.
1684 *Grigoleit/Riehm*, Schuldrecht IV, Rn. 631.
1685 BGH v. 13.12.1951 – III ZR 83/51, NJW 1952, 299, 300.
1686 BGH v. 13.12.1951 – III ZR 83/51, NJW 1952, 299, 300; BGH v. 28.9.1978 – VII ZR 116/77, NJW 1979, 495, 496; Palandt-*Grüneberg*, § 254, Rn. 36; Bamberger/Roth-*Unberath*, § 254, Rn. 30.

Im Fall *Albron*, in dem der Erwerber die Leiharbeitnehmer ohnehin übernommen hat und diesen nicht kündigen will, bedeutete dies, dass der Erwerber nur den Schaden ersetzt verlangen kann, der ihm bis zum Ablauf der hypothetischen Kündigungsfrist entstanden ist. Dieser Schaden besteht in der Differenz der zu zahlenden höheren Vergütung (aufgrund der Rechtsfolge des Art. 3 Abs. 1 UAbs. 1 der Richtlinie bzw. des § 613a Abs. 1 S. 1 BGB) und der Vergütung, die der Erwerber mit den Arbeitnehmern selbst vertraglich vereinbart hatte.

4. Culpa in contrahendo, §§ 280 Abs. 1, 311 Abs. 2 BGB

Fraglich ist, inwiefern neben dem Gewährleistungsrecht Ansprüche aus *culpa in contrahendo* gem. §§ 280 Abs. 1, 311 Abs. 2 BGB möglich sind. Für diese Frage ist es unerheblich, ob die Gewährleistungsrechte nach §§ 434 ff. BGB aufgrund eines Sach- oder Rechtsmangels bestehen.[1687]

Nach Meinung einiger soll ein Vorrang der Gewährleistungsrechte bestehen, wenn es um solche Umstände geht, die zum Gegenstand einer Beschaffenheitsvereinbarung gemacht werden können, unabhängig davon, ob eine solche Vereinbarung und damit ein Mangel auch tatsächlich vorliegt.[1688] Bei einem wie hier vorliegenden Rechtsmangel kann jedoch nicht von der Möglichkeit, eine Beschaffenheitsvereinbarung zu treffen, die Rede sein; denn die Beschaffenheitsvereinbarung ist nur im Zusammenhang mit einem Sachmangel nach § 434 BGB relevant. Klarstellend schreibt *Grunewald* daher auch, eine Sperrwirkung bestehe dann nicht, „soweit es sich um Angaben [...] [bezüglich] eines Umstandes handelt, der kein Beschaffenheitsmerkmal der Kaufsache *und kein Rechtsmangel [Hervorhebung des Verfassers]* sein kann“[1689]. Der mit dem Übergang der Leiharbeitnehmer verbundene Rechtsmangel kann einen Rechtsmangel begründen, wenn er von ausreichender Relevanz für das Unternehmen ist. Allerdings kann er in den Fällen, in denen das Gewährleistungsrecht mangels Relevanz für das Unternehmen nicht eingreift, gerade kein Rechtsmangel sein. Diese Ansicht passt demnach nicht direkt auf die Fälle des

---

1687 Bamberger/Roth-*Faust*, § 437, Rn. 189; *Lorenz/Riehm*, Schuldrecht, Rn. 576.

1688 BGH v. 16.3.1973 – V ZR 118/71, NJW 1973, 1234 (zum alten Recht); *Breuer*, Unternehmenskauf, S. 134; *Seibt/Reiche*, DStR 2002, 1181, 1185; *Semler*, in: *Hölters*, Handbuch Unternehmenskauf, Teil VII, Rn. 224 f.

1689 Erman-*Grunewald*, Vor § 437 BGB, Rn. 16.

Unternehmenskaufs, wenn einzelne Rechtsmängel keinen Mangel des Unternehmens begründen und hilft insoweit nicht weiter.

Andererseits wird vertreten, ein Vorrang bestehe nur in solchen Fällen, in denen dem Käufer tatsächlich auch Gewährleistungsrechte zustünden.[1690] Hiernach wäre in dem Fall, dass ein Mangel *tatsächlich* besteht, dieser aber eben dennoch – weil der Kauf eines ganzen Unternehmens vorliegt – keine Gewährleistungsrechte auslöst, eine Haftung aus *culpa in contrahendo* denkbar. Das Bestehen dieses einzelnen Rechtsmangels würde dann nicht ausreichen, um einen Vorrang des Gewährleistungsrechts zu bejahen, da mangels Relevanz für das Unternehmen dem Käufer deswegen *tatsächlich* keine Gewährleistungsrechte zustehen.

Man könnte meinen, durch eine solche Möglichkeit der Haftung aus *culpa in contrahendo* umginge man in gewissem Maße die Tatsache, dass ein für die Unternehmensebene nicht relevanter Rechtsmangel, der mangels dieser Relevanz keine Haftung nach den §§ 437 ff. BGB auslösen sollte, im Ergebnis doch für eine Haftung des Verkäufers relevant wird, mag sich diese auch auf einen Anspruch richten, der „nur" auf Ersatz des negativen Interesses gerichtet ist. So scheint dies im Ergebnis auch das OLG Köln zu sehen. Das OLG Köln verneint nämlich einen Anspruch aus §§ 280 Abs. 1, 311 Abs. 2 BGB in einem ähnlichen Fall.[1691] Das Gericht führt hierzu aus:

> „Das Schuldrechtsmodernisierungsgesetz sollte […] ausdrücklich der Behebung der bisherigen Schwierigkeiten der Rechtsprechung auch und gerade beim Unternehmenskauf dienen, vgl. die Gesetzesbegründung zum Schuldrechtsmodernisierungsgesetz, BT-Drucks. 14/6040, S. 209. Demnach sollte das Nebeneinander unterschiedlicher Haftungssysteme gerade beseitigt werden, für Ansprüche aus dem Erwerb einer fehlerhaften Kaufsache nur noch das Mängelgewährleistungsrecht gelten. Der Senat sieht daher auch wegen Mängeln an Einzelgegenständen, die nicht auf das Unternehmen durchschlagen, für eine Anwendung der § 311 Abs. 2, § 280 BGB neben dem Sachmängelgewährleistungsrecht keinen Anwendungsraum, da die §§ 434 ff. BGB nach dem Willen des Gesetzgebers insoweit lex specialis und abschließende Regelung sind."[1692]

Hierfür spricht zwar insbesondere, dass sich der Verkäufer bei einem Anspruch aus *culpa in contrahendo* einer längeren Verjährungsfrist gem. §§ 195, 199 Abs. 1 BGB ausgesetzt sähe als im Fall des Eingreifens von

1690 *Canaris*, Karlsruher Forum Schuldrechtsmodernisierung, S. 5, 89 ff.
1691 Vgl. OLG Köln v. 29.1.2009 – 12 U 20/08, WM 2009, 2063, 2066.
1692 Vgl. OLG Köln v. 29.1.2009 – 12 U 20/08, WM 2009, 2063, 2066.

Gewährleistungsrechten, § 438 Abs. 1 Nr. 3 BGB, obwohl der Mangel geringer ist, als es ein Mangel *des Unternehmens* wäre. Allerdings kann dem durch eine analoge Anwendung des § 438 BGB abgeholfen werden.[1693] Es ist dem OLG Köln weiterhin zwar zuzugeben, dass die Sonderregelungen zum Gewährleistungsrecht unterlaufen werden würden, „wenn die Regeln über das Verschulden bei Vertragsschluss daneben stets anwendbar wären"[1694]. Dann hätte der Gesetzgeber „in sinnwidriger Weise etwas weithin Überflüssiges normiert" [1695], wovon „nicht ausgegangen werden"[1696] kann. Doch es geht hier nicht um die generelle Anwendbarkeit neben dem Gewährleistungsrecht, sondern nur um die Anwendbarkeit in den Fällen eines Unternehmenskaufs, in denen ein einzelner (Rechts-)Mangel nicht die Gewährleistungsrechte auslöst. Es ist hier angebracht, den Käufer nicht völlig schutzlos zu stellen. Speziell aufgrund der Tatsache, dass ein Anspruch aus *culpa in contrahendo* verschuldensabhängig ist, ist damit auch kein Widerspruch dazu zu erkennen, dass ein (verschuldens*un*abhängiger!) Nacherfüllungs-, Rücktritts- sowie Minderungsanspruch besteht. Und schließlich ist das Gewährleistungsrecht tatbestandlich gerade nicht einschlägig, weil kein Mangel am Gegenstand des Kaufvertrags, dem Unternehmen, gegeben ist; ein Anspruch aus *culpa in contrahendo* muss also möglich sein.[1697]

III. Aufwendungsersatz

Liegen die Voraussetzungen des Schadensersatzes statt der Leistung vor, so kann der Käufer an dessen Stelle einen Aufwendungsersatz nach

---

1693 So auch BGH v. 27.3.2009 – V ZR 30/08, DNotZ 2009, 760, 763, wonach allein das Argument der Verjährung eine Sperrwirkung nicht stützen könne. So auch schon *Canaris*, Karlsruher Forum Schuldrechtsmodernisierung, S. 5, 90.

1694 BGH v. 27.3.2009 – V ZR 30/08, DNotZ 2009, 760, 763.

1695 BGH v. 27.3.2009 – V ZR 30/08, DNotZ 2009, 760, 763.

1696 BGH v. 27.3.2009 – V ZR 30/08, DNotZ 2009, 760, 763.

1697 So stellt auch *Canaris*, Karlsruher Forum Schuldrechtsmodernisierung, S. 5, 90, fest, dass dann, wenn das Gewährleistungsrecht von vornherein tatbestandlich nicht einschlägig sei, dieses grundsätzlich auch keine Sperrwirkung gegenüber der *culpa in contrahendo* entfalten könne. So wie hier im Ergebnis wohl auch Baumbach/Hopt-*Hopt*, HGB, Einl. Vor § 1, Rn. 46; *Knott*, NZG 2002, 249, 253. Für eine freie Anspruchskonkurrenz in *jedem* Fall, also auch hier: *Barnert*, WM 2003, 416, 422; Bamberger/Roth-*Faust*, § 437, Rn. 190.

§§ 437 Nr. 3, 284 BGB geltend machen. Umfasst sind nach § 284 BGB all solche Aufwendungen, die der Käufer im Vertrauen auf den Erhalt der Leistung gemacht hat und billigerweise machen durfte, es sei denn, deren Zweck wäre auch ohne die Pflichtverletzung des Schuldners nicht erreicht worden. An einem Aufwendungsersatz wird der Erwerber in der vorliegenden Konstellation aber wohl kaum ein Interesse haben; es wird ihm hauptsächlich um den Ersatz der gezahlten und noch zu zahlenden Vergütung der Leiharbeitnehmer gehen, weswegen die Geltendmachung eines Schadensersatzes seinem Interesse wesentlich mehr entsprechen wird.

IV. Individualvertragliche Regelungen in der Praxis

In der Praxis wird die Gewährleistung in der Regel umfassend und abschließend individualvertraglich geregelt.[1698] Dies ist insbesondere in Bezug auf eine problematische Rückabwicklung sehr zu empfehlen.[1699] Um Probleme wie in der vorliegenden Konstellation der ungewollten Übernahme von Arbeitnehmern zu regeln, sollten vorab diejenigen Arbeitnehmer benannt werden, auf dessen Übernahme sich geeinigt wurde.[1700] Zudem ist es angebracht, Regelungen zu treffen, die sich mit Ausgleichsansprüchen und gegebenenfalls einer Kaufpreisminderung befassen.[1701]

1698 Baumbach/Hopt-*Hopt*, HGB, Einl. Vor § 1, Rn. 46b; *Semler*, in: *Hölters*, Handbuch Unternehmenskauf, Teil VII, Rn. 237. Vgl. Willemsen/Hohenstatt/Schweibert/Seibt-*Seibt/Hohenstatt*, Umstrukturierung, K, Rn. 22. Ausführlich dazu *Holzapfel/Pöllath*, Unternehmenskauf, Rn. 668 ff.

1699 *Weitnauer*, NJW 2002, 2511, 2517. Dazu auch *Schmitz*, RNotZ 2006, 587, 561; vgl. *Holzapfel/Pöllath*, Unternehmenskauf, Rn. 654; Willemsen/Hohenstatt/Schweibert/Seibt-*Seibt/Hohenstatt*, Umstrukturierung, K, Rn. 22.

1700 *Grimm/Böker*, NZA 2002, 193, 196; Willemsen/Hohenstatt/Schweibert/Seibt-*Seibt/Hohenstatt*, Umstrukturierung, K, Rn. 50.

1701 *Grimm/Böker*, NZA 2002, 193, 196; Willemsen/Hohenstatt/Schweibert/Seibt-*Seibt/Hohenstatt*, Umstrukturierung, K, Rn. 50.

Sechster Teil Endergebnis hinsichtlich der Begründungswege

§ 12 Abschließende Beurteilung

Im vierten Teil wurde aufgezeigt, dass Art. 3 Abs. 1 UAbs. 1 der Richtlinie und § 613a Abs. 1 S. 1 BGB auf Leiharbeitnehmer bei einem Betriebsübergang des Entleihunternehmens Anwendung finden müssen, wenn ein Leiharbeitnehmer dauerhaft an das übertragene Entleihunternehmen verliehen wird, das Leiharbeitsunternehmen im Zeitpunkt des Betriebsübergangs keine anderweitige Einsatzmöglichkeit für den Leiharbeitnehmer vorbehalten hat und zudem eine wirtschaftliche Einheit des Leiharbeitsunternehmens im übertragenen Entleihbetrieb(steil) gegeben ist. Liegen diese Voraussetzungen vor, so gehen die Leiharbeitnehmer auf den Erwerber über. Sowohl der Verleiher als auch der Entleiher sind hierbei Veräußerer – zumindest im Sinne des Art. 3 Abs. 1 UAbs. 1 der Richtlinie. Auf § 613a Abs. 1 S. 1 BGB ist dieses Verständnis derart zu übertragen, dass das dort erwähnte Arbeitsverhältnis sich aus dem Verhältnis zum Verleiher *und* zum Entleiher zusammensetzt. Am Ende des vierten und auch im Rahmen des fünften Teils wurde deutlich gemacht, dass für Folgefragen, die sich aufgrund der Anwendbarkeit der Richtlinie bzw. des § 613a BGB ergeben, jeweils eine eigenständige Auslegung erforderlich ist, um zu klären, ob nur eine der zwei Personen oder beide berechtigt bzw. verpflichtet werden.

Im Rahmen der Behandlung dieser Folgefragen wurde deutlich gemacht, dass sowohl der Verleiher als auch der Entleiher weiterhaften müssen. Für den Verleiher folgt dies daraus, dass sich der Arbeitnehmer einzig den Verleiher als Schuldner seiner Ansprüche ausgesucht hat. Die Weiterhaftung des Entleihers ergibt sich daraus, dass dieser tatsächlich den Veräußerungserlös erhalten hat.

Wie auch bei der Weiterhaftung hat die Auslegung für die Unterrichtungsverpflichtung ergeben, dass sowohl der Verleiher als auch der Entleiher hiervon betroffen sein müssen. Es überzeugt demnach auch hier, die *beiden* Personen (Verleiher und Entleiher) rechtlich zu erfassen. Mit der Unterrichtungsverpflichtung hängt die Beurteilung für das Widerspruchsrecht unmittelbar zusammen. Für das Widerspruchsrecht wurde festgestellt, dass die Folge der Ausübung des Widerspruchsrechts darin besteht, dass das vor dem Betriebsübergang bestehende Arbeitsverhältnis fortgesetzt wird. Die Folge des Widerspruchs ist eine Fortsetzung des Arbeitsverhältnisses mit dem Verleiher *oder* dem Entleiher. Der Arbeitnehmer hat insofern ein Wahlrecht. Praktisch werden die Auswirkungen nicht allzu unterschiedlich sein, bleibt der Arbeitnehmer bei einer Rückkehr zum Entleiher nichtsdestotrotz ein Leiharbeitnehmer, was dem Zustand vor dem Betriebsübergang entspricht. Es wurde jedoch deutlich, dass solche Lösungen, die jeweils den Verleiher oder den Entleiher rechtlich ausblenden und somit als nicht existent behandeln, dieses Wahlrecht nicht gewähren können und damit dem Ergebnis der Auslegung nicht gerecht werden. Besonders deutlich wurde im Rahmen der Unterrichtung und des Widerspruchsrechts, dass es aufgrund der Verzahnung des Widerspruchsrechts mit der Unterrichtung nicht auflösbare Widersprüche verursachen würde, wollte man die „Als-ob-Betrachtung" oder aber die Zurechnung der Veräußerung im Rahmen des Widerspruchs wieder „rückgängig" machen, und folglich wieder von zwei Parteien ausgehen. Schließlich wurde festgestellt, dass mögliche Adressaten des Widerspruchs neben dem Erwerber sowohl der Verleiher als auch der Entleiher sein müssen.

Nur für die Dauer der Betriebszugehörigkeit war der Entleiher nicht maßgeblich; entscheidend muss vielmehr die zurückgelegte Zeit beim Verleiher sein. Bei der rechtlichen Beurteilung ist davon auszugehen, dass zunächst aufgrund des Betriebsübergangs diese Betriebszugehörigkeit auf den Erwerber übergeht und die nachfolgende Änderung des Status' des Arbeitnehmers von einem Leih- zu einem Stammarbeitnehmer hierauf keine Auswirkungen mehr hat.

Abgesehen von der Lösung der gespaltenen Veräußererstellung bereiteten die Begründungswege immer wieder Probleme. Dies liegt entweder daran, dass eine der beteiligten Personen, namentlich der Verleiher oder der Entleiher, ausgeblendet und damit als rechtlich inexistent behandelt wird. Oder aber der Begründungsweg bereitet Schwierigkeiten, obwohl zwar keine Person ausgeblendet wird, diese jedoch für den Betriebsübergang an keiner Stelle maßgeblich sein soll. Es sind aber – wie gezeigt – der Verleiher und der Entleiher wichtig; beide Personen müssen für die rechtliche Beurteilung Beachtung finden, um den jeweiligen Regelungen des Betriebsübergangs gerecht zu werden. Die Erörterungen der Folgen eines Übergangs der Leiharbeitnehmer bei einem Betriebsübergang des Entleihunternehmens im fünften Teil haben bestätigt, dass die Lösung über eine gespaltene Veräußererstellung weiterhin am überzeugendsten ist. Nur nach diesem Ansatz ist es möglich, sowohl den Verleiher als auch den Entleiher so im Rahmen des Betriebsübergangs einzubinden, wie dies einer Auslegung der Betriebsübergangsregelungen entspricht.

Siebter Teil Wesentliche Ergebnisse

I. Dauerverleih

Im Rahmen der Grundlagen ist ausführlich auf das Problem des Dauerverleihs eingegangen worden. Es ist gezeigt worden, dass für eine Definition nur die sich aus der Systematik ergebende Orientierung an Art. 57 Abs. 3 AEUV überzeugen kann. Danach setzt ein Dauerverleih voraus, dass ein und derselbe Leiharbeitnehmer für den Entleiher auf einem bestimmten Arbeitsplatz tätig wird und der Entleiher beabsichtigt, auf diesem bestimmten Arbeitsplatz keine eigenen Arbeitnehmer mehr einzusetzen, sondern nur diesen Leiharbeitnehmer. Natürlich muss dazu kommen, dass der Verleiher auch gewillt ist, dass jener Leiharbeitnehmer an den Entleiher verliehen bleibt. Diese auch als Verstetigung bezeichneten Umstände sind jeweils im Einzelfall zu prüfen.

Im Folgenden wurde ausführlich dargestellt, dass ein Dauerverleih sowohl nach der Richtlinie 2008/104/EG als auch dem AÜG zulässig ist; er unterfällt allerdings der Richtlinie 2008/104/EG bzw. dem AÜG. Nur um das Ausmaß einer Entscheidung für und gegen die Zulässigkeit eines Dauerverleihs deutlich zu machen, wurde auch auf die Folgen eingegangen, wenn man den Dauerverleih entgegen hier vertretener Ansicht für unzulässig halten würde. Eine Unzulässigkeit des Dauerverleihs zöge keine Rechtsfolgen nach sich. Zwar müsste man ein Zustimmungsverweigerungsrecht bejahen, weil sich die Antwort hierauf notgedrungen aus dem Ergebnis zur Frage der Zulässigkeit des Dauerverleihs ergibt. Im Übrigen gibt es aber keine Rechtsfolgen, speziell nicht die Fiktion eines Arbeitsverhältnisses zum Entleiher.

II. Anwendbarkeit des Art. 3 Abs. 1 UAbs. 1 der Richtlinie 2001/23/EG und des § 613a Abs. 1 S. 1 BGB auf Leiharbeitnehmer bei einem Betriebs(teil)übergang des Entleihunternehmens und Voraussetzungen hierfür

Art. 3 Abs. 1 UAbs. 1 der Richtlinie und § 613a Abs. 1 S. 1 BGB finden auf Leiharbeitnehmer bei einem Betriebs(teil)übergang des Entleihunternehmens Anwendung, wenn ein Leiharbeitnehmer dauerhaft an das übertragene Entleihunternehmen verliehen wird, das Leiharbeitsunternehmen im Zeitpunkt des Betriebsübergangs keine anderweitige Einsatzmöglichkeit für den Leiharbeitnehmer vorbehalten hat und zudem eine wirtschaftliche Einheit des Leiharbeitsunternehmens im übertragenen Entleihbetrieb(steil) gegeben ist. Unter diesen Voraussetzungen gehen die Leiharbeitnehmer auf den Erwerber über. Der Übergang ist nicht auf Konzernsachverhalte beschränkt. Überzeugenderweise sind Veräußerer – zumindest im Sinne des Art. 3 Abs. 1 UAbs. 1 der Richtlinie – sowohl der Verleiher als auch der Entleiher. Im Rahmen des § 613a Abs. 1 S. 1 BGB ist dieses Verständnis derart zu übertragen, dass das dort erwähnte Arbeitsverhältnis sich aus dem Verhältnis zum Verleiher *und* zum Entleiher zusammensetzt. Für Folgefragen, die sich aufgrund der Anwendbarkeit der Richtlinie bzw. des § 613a BGB ergeben, muss jedoch im Einzelfall eine jeweils eigenständige Auslegung durchgeführt werden, um zu klären, welche Personen jeweils involviert werden müssen.

III. Auswirkungen eines Übergangs der Leiharbeitnehmer bei einem Betriebs(teil)übergang des Entleihunternehmens

Wie bereits erwähnt, sind sowohl der Verleiher als auch der Entleiher Veräußerer im Sinne des Art. 3 Abs. 1 UAbs. 1 der Richtlinie im Falle eines Übergangs der Leiharbeitnehmer bei einem Betriebs(teil)übergang des Entleihunternehmens. Dies gewährleistet nur die Lösung der gespaltenen Veräußererstellung; die übrigen Begründungswege stellen durchweg nur auf eine Person – den Verleiher oder den Entleiher – ab. Im Rahmen eines Betriebsübergangs ist der Entleiher unter den besonderen Voraussetzungen, die zu einem Übergang der Leiharbeitnehmer bei einem Betriebsübergang des Entleihunternehmens führen, neben dem Verleiher der Arbeitgeber der Leiharbeitnehmer. Auch muss eine Zuordnung der Arbeitnehmer zum Entleihbetrieb(steil) erfolgen; allerdings schließt diese Zuordnung eine Zuordnung zum Leiharbeitsbetrieb(steil) bei einem Betriebs(teil)übergang des Leiharbeitsbetriebs(teils) nicht aus; eine eindeutige Zuordnung nur zu dem Entleihbetrieb(steil) oder dem Leiharbeitsbetrieb(steil) ist nicht erforderlich. Bei einem Übergang der Leiharbeitnehmer verliert der Verleiher demnach seine beim Entleiher tätigen Arbeitnehmer, was aufgrund überwiegender Schutzgesichtspunkte hinzunehmen ist.

Die Weiterhaftung trifft in dem besonderen Fall des Übergangs der Leiharbeitnehmer bei einem Betriebsübergang des Entleihunternehmens sowohl den Verleiher als auch den Entleiher. Beide sind zudem neben dem Erwerber gegenüber den betroffenen Arbeitnehmern zur Unterrichtung verpflichtet. Ebenso sind beide neben dem Erwerber möglicher Adressat eines Widerspruchs des Arbeitnehmers und der Arbeitnehmer kann auch zu beiden zurückkehren, wenn er von seinem Widerspruchsrecht Gebrauch macht. Hier besteht ein Wahlrecht. Des Weiteren wurde festgestellt, dass die bisherige Betriebszugehörigkeit zum Leiharbeitsunternehmen auf den Erwerber übergehen muss.

Der Dienstverschaffungsvertrag zwischen dem Verleiher und dem Entleiher besteht trotz des Betriebsübergangs und eines möglichen Übergangs der Leiharbeitnehmer auf den Erwerber unverändert zwischen diesen beiden Parteien fort. Dies bringt Abwicklungsschwierigkeiten mit sich. Diese können jedoch vermieden werden, indem der Dienstverschaffungsvertrag am besten schon vor dem Betriebs(teil)übergang beendet wird. Schließlich haftet der Entleiher gegenüber dem Erwerber nach Gewährleistungsrecht im Rahmen des Unternehmenskaufs. Wenn der Übergang der Arbeitnehmer nicht vereinbart worden ist, handelt es sich um einen Mangel. Für die Schadensersatzansprüche ist seit der Entscheidung im Fall *Albron* am 21.10.2010 davon auszugehen, dass der Entleiher die ursprünglich nicht mangelfreie Leistung, namentlich den Übergang der Leiharbeitnehmer, zu vertreten hat; bis zu diesem Zeitpunkt liegt hingegen ein beachtlicher Rechtsirrtum vor.

Literaturverzeichnis

Abele, Roland: Betriebsübergang und Arbeitnehmerüberlassung im Konzern, FA 2011, S. 7-11

Alsbæk, Henriette: Der Betriebsübergang und seine individualarbeitsrechtlichen Folgen in Europa, Berlin 2001,
zitiert als: *Alsbæk*, Betriebsübergang

Angermann, Torsten: Zivilrechtliche Probleme beim Unternehmenskauf, – Unter besonderer Berücksichtigung der Erwerbssituation während der Insolvenz – §§ 459 ff. und § 613a BGB –, Dissertation, Hamburg 1987,
zitiert als: *Angermann*, Unternehmenskauf

Ascheid, Reiner; *Preis*, Ulrich; *Schmidt*, Ingrid (Hrsg.): Kündigungsrecht Großkommentar, 4. Auflage, München 2012,
zitiert als: APS-*Bearbeiter*

Bamberger, Heinz Georg; Roth, Herbert (Hrsg.): BGB, Kommentar, Band 1 (§§ 1-610 BGB, CISG), 3. Auflage, München 2012,
zitiert als: Bamberger/Roth-*Bearbeiter*

Bamberger, Heinz Georg; Roth, Herbert (Hrsg.): BGB, Kommentar, Band 2 (§§ 611-1296 BGB, AGG, ErbbauRG, WEG), 3. Auflage, München 2012,
zitiert als: Bamberger/Roth-*Bearbeiter*

Barnert, Thomas: Mängelhaftung beim Unternehmenskauf zwischen Sachgewährleistung und Verschulden bei Vertragsschluss im neuen Schuldrecht, WM 2003, S. 416-425

Bartl, Ewald; Romanowski, Roman: Keine Leiharbeit auf Dauerarbeitsplätzen!, NZA Online Aufsatz 3/2012, S. 1-7

Bauer, Jobst Hubertus; Steinau-Steinrück, Robert von: Neuregelung des Betriebsübergangs: Erhebliche Risiken und viel mehr Bürokratie!, ZIP 2002, S. 457-466

Bauer, Jobst-Hubertus; Medem, Andreas von: § 613a BGB: Übergang von Leiharbeitsverhältnissen bei Übertragung des Entleiherbetriebs?, NZA 2011, S. 20-23

Bauer, Jobst-Hubertus; Lingemann, Stefan; Diller, Martin; Haußmann, Katrin: Anwalts-Formularbuch, Arbeitsrecht, 4. Auflage, Köln 2011,
zitiert als: Bauer/Lingemann/Diller/Haußmann-*Bearbeiter*

Baumbach, Adolf; Hopt, Klaus J.: Handelsgesetzbuch mit GmbH & Co., Handelsklauseln, Bank- und Börsenrecht, Transportrecht (ohne Seerecht), Kommentar, 35. Auflage, München 2012,
zitiert als: Baumbach/Hopt-*Bearbeiter*, HGB

Baur, Jürgen F.: Der Missbrauch im deutschen Kartellrecht, Tübingen 1972,
zitiert als: *Baur*, Missbrauch

Beaurgeard, Paul Melot de: Kommentar zu EuGH, Urteil v. 13.9.2007 – Rs. C-458/05 (*Jouini*), RiW 2007, S. 937-941

Becker, Friedrich: Die Rechtsbeziehungen bei der Zeitarbeit, NJW 1971, S. 691-692

Becker, Friedrich: Haftungsfragen bei der gewerbsmäßigen Arbeitnehmerüberlassung, NJW 1976, S. 1827-1828

Becker, Friedrich: Zur Abgrenzung des Arbeitnehmerüberlassungsvertrages gegenüber anderen Vertragstypen mit drittbezogenem Personaleinsatz, ZfA 1978, S. 131-151

Becker, Friedrich; Kreikebaum, Hartmut: Zeitarbeit, – Gewerbsmäßige Arbeitnehmerüberlassung -, Arbeitsrechtliche, betriebswirtschaftliche, gewerberechtliche, privatrechtliche, sozialversicherungsrechtliche, steuerrechtliche und vermittlungsrechtliche Aspekte, 2. Auflage, Stuttgart, Wiesbaden, 1982,
zitiert als: *Becker/Kreikebaum*, Zeitarbeit

Beisel, Wilhelm; Klumpp, Hans-Hermann: Der Unternehmenskauf, Gesamtdarstellung der zivil- und steuerrechtlichen Vorgänge einschließlich gesellschafts-, arbeits- und kartellrechtlicher Fragen bei der Übertragung eines Unternehmens, 6. Auflage, München 2009,
zitiert als: Beisel/Klumpp-*Bearbeiter*, Unternehmenskauf

Bernsau, Georg; Dreher, Daniel; Hauck, Friedrich: Betriebsübergang, Kommentar, 3. Auflage, Köln 2010,
zitiert als: Bernsau/Dreher/Hauck-*Bearbeiter*

Boemke, Burkhard: Die EG-Leiharbeitsrichtlinie und ihre Einflüsse auf das deutsche Recht, RIW 2009, S. 177-190

Boemke, Burkhard: Schuldvertrag und Arbeitsverhältnis, München 2009,
zitiert als: *Boemke*, Schuldvertrag

Boemke, Burkhard: Wann ist eine Arbeitnehmerüberlassung vorübergehend?, Anmerkung zu ArbG Leipzig, Beschluss v. 23.3.2012 – 3 BV 84/11, jurisPR-ArbR 27/2012, Anm. 2

Boemke, Burkhard; Lembke, Mark (Hrsg.): Arbeitnehmerüberlassungsgesetz, Kommentar, 2. Auflage, Frankfurt am Main 2005,
zitiert als: *Boemke/Lembke*, AÜG

Böhm, Wolfgang: Änderungen für konzerninterne Personalgestellung durch § 1 AÜG n. F., DB 2012, S. 918-921

Borchardt, Klaus-Dieter: Der Europäische Gerichtshof, Besetzung, Anrufung, Zuständigkeiten, Vorabentscheidung und einstweiliger Rechtsschutz, Kommentar zu den Art. 220-245 EGV mit Textanhang, 1. Auflage, Köln 2000,
zitiert als: *Borchardt*, Gerichtshof

Borgsmidt, Kirsten: Der Generalanwalt beim Europäischen Gerichtshof und einige vergleichbare Institutionen, EuR 1987, S. 162-177

Boujong, Karlheinz; Ebenroth, Carsten Thomas (Begr.): Handelsgesetzbuch, Kommentar, hrsg. von Joost, Detlev/Strohn, Lutz, Band 1 (§§ 1-342e HGB), 2. Auflage, München 2008,
zitiert als: Ebenroth/Boujong/Joost/Strohn-*Bearbeiter*, HGB, Band 1

Breuer, Matthias: Mängelhaftung beim Unternehmens- und Beteiligungskauf nach dem Schuldrechtsmodernisierungsgesetz, Berlin 2006,
zitiert als: *Breuer*, Unternehmenskauf

Brors, Christiane: Zustimmungsverweigerungsrecht des Betriebsrats bei nicht nur „vorübergehender" Arbeitnehmerüberlassung?, Anmerkung zu ArbG Leipzig, Beschluss v. 15.2.2012 – 11 BV 79/11, jurisPR-ArbR 16/2012, Anm. 6

Brors, Christiane: „Vorübergehend", Zur Methodik der Auslegung von RL am Bsp. des Merkmals „vorübergehend" aus Art. 1 Abs. 1 der RL 2008/104/EG (Leiharbeits-RL), AuR 2013, S. 108-113

Bulla, Werner: Das Wahlrecht von Leiharbeitnehmern bei Betriebsratswahlen, DB 1975, S. 1795-1799

Calliess, Christian; Ruffert, Matthias (Hrsg.): Das Verfassungsrecht der Europäischen Union mit Europäischer Grundrechtecharta, Kommentar, 4. Auflage, München 2011,
zitiert als: Calliess/Ruffert-*Bearbeiter*

Canaris, Claus-Wilhelm: Leistungsstörungen beim Unternehmenskauf, ZGR 1982, S. 395-434

Canaris, Claus-Wilhelm: Unternehmenskontinuität als Haftungs- und Enthaftungsgrund im Rahmen von § 25 HGB?, in: Enzinger, Michael/Hügel, Hanns F./Dillenz, Walter (Hrsg.), Aktuelle Probleme des Unternehmensrechts, Festschrift Gerhard Frotz zum 65. Geburtstag, Wien 1993, S. 11-43
zitiert als: *Canaris*, in: FS Frotz, 1993

Canaris, Claus-Wilhelm: Schadensersatz wegen Pflichtverletzung, anfängliche Unmöglichkeit und Aufwendungsersatz im Entwurf des Schuldrechtsmodernisierungsgesetzes, DB 2001, S. 1815-1821

Canaris, Claus-Wilhelm: Die Neuregelung des Leistungsstörungs- und des Kaufrechts, – Grundstrukturen und Problemschwerpunkte -, in: Egon Lorenz (Hrsg.), Karlsruher Forum 2002: Schuldrechtsmodernisierung, Karlsruhe 2003,
zitiert als: *Canaris*, Karlsruher Forum Schuldrechtsmodernisierung

Canaris, Claus-Wilhelm: Handelsrecht, 24. Auflage, München 2006,
zitiert als: *Canaris*, Handelsrecht

Commandeur, Gert; Kleinebrink, Wolfgang: Betriebs- und Firmenübernahme, Eine Gesamtdarstellung der haftungsrechtlichen Folgen insbesondere bei Einzelrechtsnachfolge (§ 613a BGB, 324 UmwG, §§ 25 ff. HGB, § 75 AO), 2. Auflage, München 2002,
zitiert als: *Commandeur/Kleinebrink*, Betriebsübernahme

Commichau, Michael Friedrich: Nationales Verfassungsrecht und europäische Gemeinschaftsverfassung, 2. Auflage, Baden-Baden 1998,
zitiert als: *Commichau*, Gemeinschaftsverfassung

Däubler, Wolfgang; Hjort, Jens Peter; Schubert, Michael; Wolmerath, Martin (Hrsg.): Arbeitsrecht, Individualarbeitsrecht mit kollektivrechtlichen Bezügen, Handkommentar, 2. Auflage, Baden-Baden 2010,
zitiert als: *Däubler/Hjort/Schubert/Wolmerath*, Arbeitsrecht

Dauner-Lieb, Barbara: Im Labyrinth der Pflichtverletzungen, Schadensersatz bei Schlechtleistung, in: Dauner-Lieb, Barbara u.a. (Hrsg.), Festschrift für Horst Konzen zum siebzigsten Geburtstag, Tübingen 2006, S. 63-83,
zitiert als: *Dauner-Lieb*, in: FS Konzen, 2006

Düwell, Franz Josef: Die vorübergehende Überlassung im Ersten AÜG-Änderungsgesetz, ZESAR 2011, S. 449-455

Düwell, Franz Josef: Überlassung zur Arbeitsleistung – Neues aus Rechtsprechung und Gesetzgebung,

DB 2011, S. 1520-1522

Düwell, Franz Josef; Dahl, Holger: Verhinderung des missbräuchlichen Einsatzes von Arbeitnehmerüberlassung und Umsetzung der Leiharbeitsrichtlinie, DB 2010, S. 1759-1762

Eckhardt, Bernd: Einführung in das Recht der Arbeitnehmerüberlassung, JA 1989, S. 393-401

Ehricke, Ulrich: Die Bindungswirkung von Urteilen des EuGH im Vorabentscheidungsverfahren nach deutschem Zivilprozeßrecht und nach Gemeinschaftsrecht, Vortrag, gehalten am 17.12.1996, Saarbrücken 1997,
zitiert als: *Ehricke*, Bindungswirkung

Ensthaler, Jürgen (Hrsg.): Gemeinschaftskommentar zum Handelsgesetzbuch mit UN-Kaufrecht, 7. Auflage, Neuwied 2007,
zitiert als: GK-HGB-*Bearbeiter*

Erman, Walter (Begr.): Erman, Bürgerliches Gesetzbuch, Handkommentar, Band I, hrsg. von Westermann, Harm Peter, 11. Auflage, Köln 2004,
zitiert als: Erman-*Bearbeiter*, 11. Auflage 2004

Erman, Walter (Begr.): Erman, Bürgerliches Gesetzbuch, Handkommentar, Band I, hrsg. von Westermann, Harm Peter, 13. Auflage, Köln 2011,
zitiert als: Erman-Bearbeiter

Esser, Josef; Schmidt, Eike: Schuldrecht Band I, Allgemeiner Teil, Teilband 2, Durchführungshindernisse und Vertragshaftung, Schadensausgleich und Mehrseitigkeit beim Schuldverhältnis, Ein Lehrbuch, 8. Auflage, Heidelberg 2000,
zitiert als: *Esser/Schmidt*, Schuldrecht AT, Teilband 2

Everling, Ulrich: Das Vorabentscheidungsverfahren vor dem Gerichtshof der Europäischen Gemeinschaften, 1. Auflage, Baden-Baden 1986,
zitiert als: *Everling*, Vorabentscheidungsverfahren

Faust, Florian: Pflichtverletzung und Vertretenmüssen als Voraussetzungen des Anspruchs auf Schadensersatz statt der Leistung, in: Heldrich, Andreas u.a. (Hrsg.), Festschrift für Claus-Wilhelm Canaris zum 70. Geburtstag, München 2007, Band 1, S. 219-249,
zitiert als: *Faust*, in: FS Canaris, 2007, Band 1

Fischer, Michael: Die Haftung des Unternehmensverkäufers nach neuem Schuldrecht, DStR 2004, S. 276-282

Fitting, Karl (Begr.): Betriebsverfassungsgesetz mit Wahlordnung, Handkommentar, 25. Auflage, München 2010,
zitiert als: *Fitting*, BetrVG

Fleischer, Holger: Der Rechtsmißbrauch zwischen Gemeineuropäischem Privatrecht und Gemeinschaftsprivatrecht, JZ 2003, S. 865-874

Forst, Gerrit: Anmerkung zu EuGH, Urteil v. 21.10.2010 – Rs. 242/09 (*Albron*), EWiR 2010, S. 737-738

Forst, Gerrit: Leiharbeitnehmer im Betriebsübergang, RdA 2011, S. 228-236

Franzen, Martin: Informationspflichten und Widerspruchsrecht beim Betriebsübergang nach § 613a Abs. 5 und 6 BGB, RdA 2002, S. 258-272

Fuchs, Bernhard: Betriebliche Sozialleistungen beim Betriebsübergang, Unter besonderer Berücksichtigung unternehmensspezifischer Sozialleistungen, Köln 2000,
zitiert als: *Fuchs*, Betriebliche Sozialleistungen

Fuchs, Maximilian: Das Gleichbehandlungsgebot in der Leiharbeit nach der neuen Leiharbeitsrichtlinie, NZA 2009, S. 57-63

Gaul, Björn: Schuldrechtsmodernisierung und Unternehmenskauf, ZHR Band 166 (2002), S. 35-71

Gaul, Björn; Ludwig, David: Wird § 613a BGB jetzt uferlos?, DB 2011, S. 298-303

Gentges, Peter: Die Zuordnung von Arbeitsverhältnissen beim Betriebsübergang, RdA 1996, S. 265-275

Gerdom, Thomas: Neue Spielregeln bei der Personalgestellung, öAT 2011, S. 150

Gick, Dietmar: Gewerbsmäßige Arbeitnehmerüberlassung zwischen Verbot und Neugestaltung, Berlin 1984,
zitiert als: *Gick*, Gewerbsmäßige Arbeitnehmerüberlassung

Giesen, Richard: Die Unterrichtung über den Betriebsübergang nach § 613a Abs. 5 BGB, Jahrbuch des Arbeitsrechts, Band 46 (2009), S. 41-68

Giesen, Richard: Vorübergehend unklar, FA 2012, S. 66-69

Giesen, Tom; Müller, Marcel: Neue Spielregeln für die Leiharbeit – Wesentliche Neuerungen des AÜG und deren Auswirkungen auf die Praxis, KSzW 2012, S. 20-27

Goette, Wulf; Habersack, Mathias; Kalss, Susanne (Hrsg.): Münchener Kommentar zum Aktiengesetz, Band 1, §§ 1-75 AktG, 3. Auflage, München 2008,
zitiert als: MünchKommAktG-*Bearbeiter*

Grabitz, Eberhard; Hilf, Meinhard; Nettesheim, Martin (Hrsg.): Das Recht der Europäischen Union, Kommentar, Band I, EUV und Art. 1-89 AEUV, 48. Ergänzungslieferung, München, Stand 2012,
zitiert als: Grabitz/Hilf/Nettesheim-*Bearbeiter*

Grabitz, Eberhard; Hilf, Meinhard; Nettesheim, Martin (Hrsg.): Das Recht der Europäischen Union, Kommentar, Band III, Art. 223-358 AEUV, hrsg. von Nettesheim, Martin, 44. Ergänzungslieferung, München, Stand 2011,
zitiert als: Grabitz/Hilf/Nettesheim-*Bearbeiter*

Grau, Timon: Unterrichtung und Widerspruchsrecht der Arbeitnehmer bei Betriebsübergang gem. § 613a Abs. 5 und Abs. 6 BGB, Köln 2005,
zitiert als: *Grau*, Unterrichtung und Widerspruchsrecht

Grigoleit, Hans Christoph; Riehm, Thomas: Beck'sches Examinatorium Zivilrecht, hrsg. von Neuner, Jörg/Grigoleit, Hans Christoph, Schuldrecht IV, Deliktsrecht und Schadensrecht, 1. Auflage, München 2011,
zitiert als: *Grigoleit/Riehm*, Schuldrecht IV

Grimm, Detlef; Böker, Arndt: Die arbeits- und sozialversicherungsrechtliche Due Diligence, NZA 2002, S. 193-204

Grunewald, Barbara: Unerwartete Verbindlichkeiten beim Unternehmenskauf, ZGR 1981, S. 622-642

Haas, Lothar; Medicus, Dieter; Rolland, Walter; Schäfer, Carsten; Wendtland, Holger: Das neue Schuldrecht, 1. Auflage, München 2002,
zitiert als: *Bearbeiter*, in: Das neue Schuldrecht

Habersack, Mathias: Der praktische Fall, Handels- und Gesellschaftsrecht: Der lästige Gesellschafter, JuS 1989, S. 738-745

Hamann, Wolfgang: Erkennungsmerkmale der illegalen Arbeitnehmerüberlassung in Form von Scheindienst- und Scheinwerkverträgen, Berlin 1995,
zitiert als: *Hamann*, Illegale Arbeitnehmerüberlassung

Hamann, Wolfgang: Die Grenze zwischen illegaler Arbeitnehmerüberlassung und erlaubtem Fremdpersonaleinsatz im Rahmen von Dienst- und Werkverträgen, WiVerw 1996, S. 212-228

Hamann, Wolfgang: Betriebsverfassungsrechtliche Auswirkungen der Reform der Arbeitnehmerüberlassung, NZA 2003, S. 526-534

Hamann, Wolfgang: Anmerkung zu BAG, Urteil v. 21.5.2008 – 8 AZR 481/07, AP Nr. 354 zu § 613a BGB

Hamann, Wolfgang: Die Richtlinie Leiharbeit und ihre Auswirkungen auf das nationale Recht der Arbeitnehmerüberlassung, EuZA 2009, S. 287-331

Hamann, Wolfgang: Kurswechsel bei der Arbeitnehmerüberlassung?, NZA 2011, S. 70-77

Hamann, Wolfgang: Die Reform des AÜG im Jahr 2011, RdA 2011, S. 321-341

Hamann, Wolfgang: Vorbeschäftigungsverbot bei Arbeitnehmerüberlassung im Konzern, Anmerkung zu BAG, Urteil v. 9.2.2011 – 7 AZR 32/10, jurisPR-ArbR 29/2011, Anm. 1

Hamann, Wolfgang: Gewerbsmäßigkeit einer konzerninternen Arbeitnehmerüberlassung „zum Selbstkostenpreis", Anmerkung zu LArbG Hamm, Urteil v. 6.5.2011 – 7 Sa 1583/10, jurisPR-ArbR 34/2011, Anm. 3

Hamann, Wolfang: Dauerbeschäftigung von Leiharbeitnehmern als Zustimmungsverweigerungsgrund, Anmerkung zu LArbG Hannover, Beschluss v. 16.11.2011 – 17 TaBV 99/11, jurisPR-ArbR 13/2012, Anm. 2

Hamann, Wolfgang: Mitbestimmungsrecht des Betriebsrats bei der Substitution von Stammarbeitnehmern durch Leiharbeitnehmer?, Anmerkung zu ArbG Leipzig, Beschluss v. 23.3.2012 – 5 BV 85/11, jurisPR-ArbR 23/2012, Anm. 3

Hamann, Wolfang: Zustimmungsersetzung zum Einsatz von Leiharbeitnehmern als Verstoß gegen das AÜG, Anmerkung zu ArbG Cottbus, Beschluss v. 25.4.2012 – 2 BV 8/12, jurisPR-ArbR 40/2012, Anm. 1

Haratsch, Andreas; Koenig, Christian; Pechstein, Matthias: Europarecht, 8. Auflage, Tübingen 2012,
zitiert als: *Haratsch/Koenig/Pechstein*, Europarecht

Hauck, Friedrich: Der Widerspruch beim Betriebsübergang, NZA 2004, Sonderbeilage 1, S. 43-48

Hauck, Friedrich: Neueste Entwicklung der Rechtsprechung zu § 613a BGB, Rechtssichere Gestaltung von Betriebsübergängen, NZA 2004, Sonderbeilage zu Heft 18, S. 17-27

Haupt, Thorsten: Die Zuordnung von Arbeitsverhältnissen beim Betriebs- und Betriebsteilübergang, Hamburg 2009,
zitiert als: *Haupt*, Zuordnung

Heeder, Oliver: Fraus legis, Eine rechtsvergleichende Untersuchung über den Vorbehalt der Gesetzesumgehung in Deutschland, Österreich, der Schweiz, Frankreich und Belgien unter besonderer Berücksichtigung des Internationalen Privatrechts, Frankfurt am Main 1998,
zitiert als: *Heeder*, Fraus legis

Heiderhoff, Bettina: Gemeinschaftsprivatrecht, 2. Auflage, München 2007,
zitiert als: *Heiderhoff*, Gemeinschaftsprivatrecht

Heinze, Meinhard: Rechtsprobleme des sog. echten Leiharbeitsverhältnisses, ZfA 1976, S. 183-214

Hempel, Frank: Das Spannungsverhältnis zwischen dem sozialen Schutz der Arbeitnehmer und den wirtschaftlichen Interessen der Verleiher und der Entleiher bei der Arbeitnehmerüberlassung, Dissertation, Frankfurt am Main 1975,
zitiert als: *Hempel*, Spannungsverhältnis

Henssler, Martin; Willemsen, Heinz Josef; Kalb, Heinz-Jürgen (Hrsg.): Arbeitsrecht Kommentar, 5. Auflage, Köln 2012,
zitiert als: HWK-*Bearbeiter*

Hergenröder, Curt Wolfgang: Rechtsgeschäftlicher Betriebsinhaberwechsel, Arbeitsrecht-Blattei, Systematische Darstellungen, 500.1, Losebl., 165. Aktualisierung, Heidelberg 2007
zitiert als: *Hergenröder*, AR-Blattei SD 500.1

Hessel, Philipp: Besprechung, Das Arbeitszeugnis von Dr. Karl Schlessmann, Heidelberg 1973, AuR 1975, S. 49-50

Heuchemer, Frank-Karl; Schielke, Christian: Herausforderungen für die Zeitarbeitsbranche, BB 2011, S. 758-763

Heymann, Ernst: Handelsgesetzbuch (ohne Seerecht), Kommentar, Band 1, Erstes Buch (Einleitung; §§ 1-104), hrsg. von Horn, Norbert, 2. Auflage, Berlin 1995,
zitiert als: Heymann-*Bearbeiter*

Hölters, Wolfgang (Hrsg.): Handbuch Unternehmenskauf, 7. Auflage, Köln 2010,
zitiert als: *Bearbeiter*, in: *Hölters*, Handbuch Unternehmenskauf

Holzapfel, Hans-Joachim; Pöllath, Reinhard: Unternehmenskauf in Recht und Praxis, Rechtliche und steuerliche Aspekte, 14. Auflage, Köln 2010,
zitiert als: *Holzapfel/Pöllath*, Unternehmenskauf

Hoyningen-Huene, Gerrick von; Linck, Rüdiger: Kündigungsschutzgesetz, Kommentar, 14. Auflage, München 2007,
zitiert als: *Hoyningen-Huene/Linck*, KSchG

Hoyningen-Huene, Gerrick von; Windbichler, Christine: Der Übergang von Betriebsteilen nach § 613a BGB, RdA 1977, S. 329-336

Huber, Ulrich: Die Schadensersatzhaftung des Verkäufers wegen Nichterfüllung der Nacherfüllungspflicht des § 275 Abs. 2 BGB neue Fassung, in: Schwenzer, Ingeborg/Hager, Günter (Hrsg.), Festschrift für Peter Schlechtriem zum 70. Geburtstag, Tübingen 2003, S. 521-567,
zitiert als: *Huber*, in: FS Schlechtriem, 2003

Hueck, Alfred: Kettenverträge, RdA 1953, S. 85-88

Hüffer, Uwe: Aktiengesetz, 10. Auflage, München 2012,
zitiert als: *Hüffer*, AktG

Huke, Rainer; Neufeld, Tobias; Luickhardt, Vera: Das neue AÜG: Erste Praxiserfahrungen und Hinweise zum Umgang mit den neuen Regelungen, BB 2012, S. 961-969

Hümmerich, Klaus; Lücke, Oliver; Mauer, Reinhold (Hrsg.): Arbeitsrecht, Vertragsgestaltung, Prozessführung, Personalarbeit, Betriebsvereinbarungen, Nomos Formulare, 7. Auflage, Baden-Baden 2011,
zitiert als: Hümmerich/Lücke/Mauer-*Bearbeiter*, Arbeitsrecht

Hümmerich, Klaus; Boecken, Winfried; Düwell, Franz Josef (Hrsg.): Nomos Kommentar Arbeitsrecht, 2. Auflage, Baden-Baden 2010,
zitiert als: Hümmerich/Boecken/Düwell-*Bearbeiter*

Jacobi, Erwin: Betrieb und Unternehmen als Rechtsbegriffe, in: Festschrift der Leipziger Juristenfakultät für Victor Ehrenberg zum 30. März 1926, Leipzig 1927, S. 1-39,
zitiert als: *Jacobi*, in: FS Ehrenberg

Jacobs, Matthias: Tarifeinheit und Tarifkonkurrenz, Berlin 1999,
zitiert als: *Jacobs*, Tarifeinheit und Tarifkonkurrenz

Jaensch, Michael: Die Störung der Nacherfüllung im Kaufrecht, Jura 2005, S. 649-655

Jagersberger, Barbara: Die Haftung des Verkäufers beim Unternehmens- und Anteilskauf, Baden-Baden 2006,
zitiert als: *Jagersberger*, Unternehmenskauf

Jauernig, Othmar (Begr.): Bürgerliches Gesetzbuch mit Allgemeinen Gleichbehandlungsgesetz (Auszug), Kommentar, 14. Auflage, München 2011,
zitiert als: Jauernig-*Bearbeiter*

Junker, Abbo: Auswirkungen der neueren EuGH-Rechtsprechung auf das deutsche Arbeitsrecht, NZA 2011, S. 950-958

Junker, Abbo: Die Rechtsprechung des EuGH zum europäischen Arbeitsrecht im Jahr 2010, RiW 2011, S. 97-111

Kaiser, Dagmar: Bestands- und Abfindungsschutz durch Betriebszugehörigkeit?, in: Dauner-Lieb, Barbara u.a. (Hrsg.), Festschrift für Horst Konzen zum siebzigsten Geburtstag, Tübingen 2006, S. 381-411,
zitiert als: *Kaiser*, in: FS Konzen, 2006

Kim, Ki Sun: Die konzerninterne Arbeitnehmerüberlassung durch die Personalführungsgesellschaft und das Betriebsverfassungsrecht, Hamburg 2011,
zitiert als: *Kim*, Konzerninterne Arbeitnehmerüberlassung

Kindl, Johann: Unternehmenskauf und Schuldrechtsmodernisierung, WM 2003, S. 409-415

Kittner, Michael; Zwanziger, Bertram; Deinert, Olaf (Hrsg.): Arbeitsrecht, Handbuch für die Praxis, 6. Auflage, Frankfurt am Main 2011,
zitiert als: Kittner/Zwanziger/Deinert-*Bearbeiter*

Klein-Blenkers, Friedrich: Die Entwicklung des Unternehmenskaufrechts (Zivilrecht), NZG 2003, S. 903-908

Klumpp, Steffen: Betriebsübergang und Leiharbeit, Urteil des Europäischen Gerichtshofs vom 13.9.2007 – Rechtssache *Jouini*, EuZA 2009, S. 69-78

Knott, Hermann J.: Unternehmenskauf nach der Schuldrechtsreform, NZG 2002, S. 249-256

Kokott, Juliane: Anwältin des Rechts – Zur Rolle der Generalanwälte beim Europäischen Gerichtshof, Referat im Rahmen der Vortragsreihe „Rechtsfragen der Europäischen Integration", Bonn, den 6.2.2006, Bonn 2006,
zitiert als: *Kokott*, Generalanwälte

Koller, Ingo; Roth, Wulf-Henning; Morck, Winfried: Handelsgesetzbuch, Kommentar, 7. Auflage, München 2011,
zitiert als: Koller/Roth/Morck-*Bearbeiter*

Konzen, Horst: Arbeitsrechtliche Drittbeziehungen, – Gedanken über Grundlagen und Wirkungen der „gespaltenen Arbeitgeberstellung" -, ZfA 1982, S. 259-310

Kortstock, Ulf: Nipperdey Lexikon Arbeitsrecht, 15. Edition, München 2012,
zitiert als: *Kortstock*, Nipperdey Lexikon Arbeitsrecht

Kracht, Ortrud: Das Kündigungsverbot gemäß § 613a BGB – Anwendungsbereich und Umgehung –, Dissertation, Bonn 1988,
zitiert als: *Kracht*, Kündigungsverbot

Kraft, Alfons: Betriebsübergang und Arbeitsverhältnis in der Rechtsprechung des Bundesarbeitsgerichtes, in: Gamillscheg, Franz/Hueck, Götz/Wiedemann, Herbert (Hrsg.), 25 Jahre Bundesarbeitsgericht, München 1979, S. 299-314,
zitiert als: *Kraft*, in: 25 Jahre BAG

Krannich, Daniel; Simon, Regina: Das neue Arbeitnehmerüberlassungsgesetz – zur Auslegung des Begriffs „vorübergehend" in § 1 Abs. 1 AÜG n.F., BB 2012, S. 1414-1420

Kreitner, Jochen: Die Zuordnung von Arbeitsverhältnissen beim Betriebsinhaberwechsel, NZA 1990, S. 429-432

Kühn, Thomas: Der Betriebsübergang bei Leiharbeit, NJW 2011, S. 1408-1411

Künzel, Markus; Schmid, Erik: Wählen ja, zählen nein? Leiharbeitnehmer und Unternehmensmitbestimmung, NZA 2013, S. 300-303

Küttner, Wolfdieter (Begr.): Personalbuch 2012, Arbeitsrecht, Lohnsteuerrecht, Sozialversicherungsrecht, hrsg. von Röller, Jürgen, 19. Auflage, München 2012,
zitiert als: Küttner-*Bearbeiter*, Personalbuch

Lackum, Jens von: Die Gesetzesumgehung im Europarecht, Köln 2009,
zitiert als: *von Lackum*, Gesetzesumgehung

Larenz, Karl; Wolf, Manfred: Allgemeiner Teil des Bürgerlichen Rechts, 9. Auflage, München 2004,
zitiert als: *Larenz/Wolf*, Allgemeiner Teil

Larisch, Tobias: Gewährleistungshaftung beim Unternehmens- und Beteiligungskauf, Köln 2004,
zitiert als: *Larisch*, Gewährleistungshaftung

Laskawy, Dirk Helge; Lomb, Peggy: Anmerkung zu EuGH, Urteil v. 13.9.2007 – Rs. C-458/05 (*Jouini*), EWiR 2008, S. 155-156

Leinemann, Wolfgang (Hrsg.): Kasseler Handbuch zum Arbeitsrecht, Band 2, 2. Auflage, Neuwied 2000,
zitiert als: KasselerHandbuch-*Bearbeiter*, Band 2

Leitner, Anita: Anmerkung zu EuGH, Urteil v. 13.9.2007 – Rs. 458/05 (*Jouini*), ZESAR 2008, S. 350-354

Lembke, Mark: Aktuelle Brennpunkte der Zeitarbeit, BB 2010, S. 1533-1541

Lembke, Mark: Die geplanten Änderungen im Recht der Arbeitnehmerüberlassung, DB 2011, S. 414-420

Lembke, Mark: Neue Rechte von Leiharbeitnehmern gegenüber Entleihern, NZA 2011, S. 319-325

Lembke, Mark: Arbeitnehmerüberlassung im Konzern, BB 2012, S. 2497-2505

Leuchten, Alexius: Das neue Recht der Leiharbeit, Die wesentlichen Neuerungen im AÜG, NZA 2011, S. 608-612

Lieb, Manfred: Gewährleistung beim Unternehmenskauf, in: Lange, Hermann/Nörr, Knut Wolfgang/Westermann, Harm Peter (Hrsg.), Festschrift für Joachim Gernhuber zum 70. Geburtstag, Tübingen 1993, S. 259-279,
zitiert als: *Lieb*, in: FS Gernhuber, 1993

Lieb, Manfred: Betriebs(teil)übergang bei zentraler Unternehmensorganisation, ZfA 1994, S. 229-250

Liebers, Hans-Joachim (Hrsg.): Formularbuch des Fachanwalts Arbeitsrecht, 1. Auflage, Köln 2011,
zitiert als: Liebers-*Bearbeiter*, Formularbuch

Looschelders, Dirk: Der Bezugspunkt des Vertretenmüssens bei Schadensersatzansprüchen wegen Mangelhaftigkeit der Kaufsache,
in: Heldrich, Andreas u.a. (Hrsg.), Festschrift für Claus-Wilhelm Canaris zum 70. Geburtstag, München 2007, Band 1, S. 737-756,
zitiert als: *Looschelders*, in: FS Canaris, 2007, Band 1

Lorenz, Stephan: Rücktritt, Minderung und Schadensersatz wegen Sachmängeln im neuen Kaufrecht: Was hat der Verkäufer zu vertreten?, NJW 2002, S. 2497-2505

Lorenz, Stephan: Einmal Vertretenmüssen – immer Vertretenmüssen?, Zum Verhältnis von Fristablauf und Vertretenmüssen beim Schadensersatz statt der Leistung, in: Baums, Theodor u.a. (Hrsg.), Festschrift für Ulrich Huber zum siebzigsten Geburtstag, Tübingen 2006, S. 423-435
zitiert als: *Lorenz*, in: FS Huber, 2006

Lorenz, Stephan; Riehm, Thomas: Lehrbuch zum neuen Schuldrecht, München 2002,
zitiert als: *Lorenz/Riehm*, Schuldrecht

Loritz, Karl-Georg: Anmerkung zu BAG, Urteil v. 22.5.1985 – 5 AZR 30/84 und BAG, Urteil v. 25.6.1985 – 3 AZR 254/83, SAE 1986, S. 136-144

Loritz, Karl-Georg: Aktuelle Rechtsprobleme des Betriebsübergangs nach § 613a BGB, RdA 1987, S. 65-89

Löwisch, Manfred; Caspers, Georg; Klumpp, Steffen: Arbeitsrecht, Ein Studienbuch, 9. Auflage, München 2012,
zitiert als: *Löwisch/Caspers/Klumpp*, Arbeitsrecht

Löwisch, Manfred; Buschbaum, Jörg: Darlegungslast für die Betriebsbedingtheit einer Kündigung wegen Auftragsrückgangs, BB 2010, S. 1789-1792

Löwisch, Manfred; Domisch, Jörg: Zur Anwendbarkeit des Arbeitnehmerüberlassungsgesetzes auf Personalgestellung durch juristische Personen des öffentlichen Rechts, BB 2012, S. 1408-1410

Löwisch, Manfred; Rieble, Volker: Tarifvertragsgesetz, Kommentar, 3. Auflage, München 2012,
zitiert als: *Löwisch/Rieble*, TVG

Ludwig, Gero: Das Problem der dauerhaften Arbeitnehmerüberlassung, Zugleich Besprechung von LAG Berlin-Brandenburg, Urteile vom 16.10.2012 – 7 Sa 1182/12 und 9.1.2013 – 15 Sa 1635/12, BB 2013, S. 1276-1280

Mader, Peter: Rechtsmissbrauch und unzulässige Rechtsausübung, Wien 1994,
zitiert als: *Mader*, Rechtsmissbrauch

Marsch, Nikolaus; Sanders, Anna-Catharina: Gibt es ein Recht der Parteien auf Stellungnahme zu den Schlussanträgen des Generalanwalts? Zur Vereinbarkeit des Verfahrens vor dem EuGH mit Art. 6 Abs. 1 EMRK, EuR 2008, S. 345-363

Mayer-Maly, Theo: Das Leiharbeitsverhältnis, ZfA 1972, S. 1-34

Mebes, Reto-Gino: Die Rechtsumgehung im internationalen Privatrecht der Schweiz, Unter besonderer Berücksichtigung des Ehe-, Erb-, Vertrags-, und Gesellschaftsstatuts. Dissertation, Basel 1986,
zitiert als: *Mebes*, Rechtsumgehung

Medicus, Dieter: Allgemeiner Teil des BGB, 10. Auflage, Heidelberg u.a. 2010,
zitiert als: *Medicus*, BGB AT

Medicus, Dieter; Lorenz, Stephan: Schuldrecht I, Allgemeiner Teil, Ein Studienbuch, 19. Auflage, München 2012,
zitiert als: *Medicus/Lorenz*, Schuldrecht I AT

Meinel, Gernod; Heyn, Judith; Herms, Sascha: Teilzeit- und Befristungsgesetz, Kommentar, 4. Auflage, München 2012,
zitiert als: Meinel/Heyn/Herms-*Bearbeiter*

Mengel, Anja: Konzerneigene Arbeitnehmerüberlassung, in: Rieble, Volker/Junker, Abbo/Giesen, Richard (Hrsg.), Arbeitsrecht im Konzern, 2. ZAAR-Tagung, Hamburg, 10. September 2010, München 2010, S. 45-76,
zitiert als: *Mengel*, Arbeitsrecht im Konzern 2010

Meyer, Frank: Leiharbeitnehmereinsatz in der EADS – Wo drückt der Schuh?, Vortrag vom 17.2.2011 beim Zentrum für Arbeitsbeziehungen und Arbeitsrecht (ZAAR), abrufbar unter:
http://www.zaar.unimuenchen.de/download/event/vortrag/2011/vr_110217_meyer_ho.pdf (Abrufdatum 11.9.2013)

Meyer, Holger: Der Tatbestand des Betriebsübergangs nach der Rechtsprechung des Europäischen Gerichtshofs und des Bundesarbeitsgerichts, Frankfurt am Main 2004,
zitiert als: *Meyer*, Tatbestand

Molitor, Erich: Zum Begriff des Arbeitgebers, DB 1956, S. 21-22

Moll, Wilhelm (Hrsg.): Münchener Anwaltshandbuch Arbeitsrecht, 3. Auflage, München 2012,
zitiert als: MünchAnwHb-*Bearbeiter*

Mückl, Patrick: Anmerkung zu EuGH, Urteil v. 21.10.2010 – Rs. 242/09 (*Albron*), GWR 2011, S. 45

Mugdan, Benno: Die gesammten Materialien zum Bürgerlichen Gesetzbuch für das Deutsche Reich, I. Band, Einführungsgesetz und Allgemeiner Theil, Berlin 1899,
zitiert als: *Mugdan*, Materialien

Müller, Thomas; Thüsing, Gregor: Die Zuordnung von Arbeitsverhältnissen beim Betriebsübergang, ZIP 1997, S. 1869-1877

Müller-Freienfels, Wolfram: Zur Lehre vom sogenannten „Durchgriff" bei juristischen Personen im Privatrecht, AcP Band 156 (1957), S. 522-543

Müller-Glöge, Rudi; Preis, Ulrich; Schmidt, Ingrid (Hrsg.): Erfurter Kommentar zum Arbeitsrecht, 13. Auflage, München 2013,
zitiert als: ErfK-*Bearbeiter*

Mumot, F. Ulrich: Die betriebsverfassungsrechtlichen Beteiligungsrechte bei der Beschäftigung von Leiharbeitnehmern, Dissertation, Bonn 1975,
zitiert als: *Mumot*, Die betriebsverfassungsrechtlichen Beteiligungsrechte

Nehls, Albrecht: Die Neufassung des § 613a BGB – Bewertung und Gestaltungsmöglichkeiten, NZA 2003, S. 822-827

Neumann, Dirk; Pahlen, Ronald; Majerski-Pahlen, Monika: Sozialgesetzbuch IX – Rehabilitation und Teilhabe behinderter Menschen, Kommentar, 12. Auflage, München 2010,
zitiert als: Neumann/Pahlen/Majerski-Pahlen-*Bearbeiter*, SGB IX

Oberthür, Nathalie: Die Neuregelung des AÜG, Umsetzung der EU-Richtlinie und Einführung einer Lohnuntergrenze in der Leiharbeit, ArbRB 2011, S. 146-149

Oetker, Hartmut (Hrsg.): HGB, Kommentar, 2. Auflage, München 2011,
zitiert als: Oetker-*Bearbeiter*, HGB

Oppermann, Thomas; Classen, Claus Dieter; Nettesheim, Martin: Europarecht, Ein Studienbuch, 5. Auflage, München 2011,
zitiert als: *Oppermann/Classen/Nettesheim*, Europarecht

Ottersbach, Katrin: Rechtsmißbrauch bei den Grundfreiheiten des Europäischen Binnenmarktes, Baden-Baden 2001,
zitiert als: *Ottersbach*, Rechtsmissbrauch

Palandt, Otto (Begr.): Bürgerliches Gesetzbuch mit Nebengesetzen, 71. Auflage, München 2012,
zitiert als: Palandt-*Bearbeiter*

Pawlowski, Hans-Martin: Methodenlehre für Juristen, Theorie der Norm und des Gesetzes, Ein Lehrbuch, 3. Auflage, Heidelberg 1999,
zitiert als: *Pawlowski*, Methodenlehre

Pfaff, Ivo: Zur Lehre vom sogenannten in fraudem legis agere, Wien 1892,
zitiert als: *Pfaff*, Lehre

Pietzko, Joachim: Der Tatbestand des § 613a BGB, Berlin 1988,
zitiert als: *Pietzko*, Tatbestand

Preis, Ulrich; Willemsen, Heinz Josef (Hrsg.): Umstrukturierung von Betrieb und Unternehmen im Arbeitsrecht, Kölner Tage des Arbeitsrechts, Köln 1999,
zitiert als: Preis/Willemsen-*Bearbeiter*, Umstrukturierung

Raab, Thomas: Europäische und nationale Entwicklungen im Recht der Arbeitnehmerüberlassung, ZfA 2003, S. 389-446

Raab, Thomas: Betriebsübergang und Leiharbeit – Rechtsfolgen der Übernahme des Entleiherbetriebs für die dort beschäftigten Leiharbeitnehmer, Urteil des Europäischen Gerichtshofs vom 21.10.2010 – Rechtssache Albron Catering, EuZA 2011, S. 537-553

Raif, Alexander: Reform der Leiharbeit – Was ändert sich für Unternehmen?, GWR 2011, S. 303

Ramm, Thilo: Die Aufspaltung der Arbeitgeberfunktionen (Leiharbeitsverhältnis, mittelbares Arbeitsverhältnis, Arbeitnehmerüberlassung und Gesamthafenarbeitsverhältnis), ZfA 1973, S. 263-295

Rebmann, Kurt; Säcker, Franz Jürgen; Rixecker, Roland (Hrsg.): Münchner Kommentar zum Bürgerlichen Gesetzbuch, Band 2, Schuldrecht Allgemeiner Teil (§§ 241-432, FernAbsG), 4. Auflage, München 2001,
zitiert als: MünchKommBGB-*Bearbeiter*, 4. Auflage 2001

Reinsch, Julia: Das Rechtsverhältnis zwischen Entleiher und Leiharbeitnehmer, Baden-Baden 2009,
zitiert als: *Reinsch*, Rechtsverhältnis

Rengeling, Hans-Werner; Middeke, Andreas; Gellermann, Martin (Hrsg.): Handbuch des Rechtsschutzes in der EU, 2. Auflage, München 2003,
zitiert als: Rengeling/Middeke/Gellerman-*Bearbeiter*, Rechtsschutz

Richardi, Reinhard: Betriebsverfassungsgesetz mit Wahlordnung, Kommentar, 13. Auflage, München 2012,
zitiert als: Richardi-*Bearbeiter*, BetrVG

Richardi, Reinhard; Wißmann, Hellmut; Wlotzke, Otfried; Oetker, Hartmut (Hrsg.): Münchener Handbuch zum Arbeitsrecht, Band 1, Individualarbeitsrecht, 3. Auflage, München 2009,
zitiert als: MünchHdbArbR-*Bearbeiter*, Band 1

Richardi, Reinhard; Wißmann, Hellmut; Wlotzke, Otfried; Oetker, Hartmut (Hrsg.): Münchener Handbuch zum Arbeitsrecht, Band 2, Kollektivarbeitsrecht/Sonderformen, 3. Auflage, München 2009,
zitiert als: MünchHdbArbR-*Bearbeiter*, Band 2

Rieble, Volker; Vielmeier, Stephan: Umsetzungsdefizite der Leiharbeitsrichtlinie, EuZA 2011, S. 474-504

Rolfs, Christian: Die betriebliche Altersversorgung beim Betriebsübergang, NZA 2008, Beilage, S. 164-172

Rolfs, Christian; Kreikebohm, Ralf; Giesen, Richard; Udsching, Peter (Hrsg.): Beck'scher Online-Kommentar, Arbeitsrecht, Stand: 1.9.2012, Edition 25, München,
zitiert als: BeckOKArbR-*Bearbeiter*

Rolfs, Christian; Kreikebohm, Ralf; Giesen, Richard; Udsching, Peter (Hrsg.): Beck'scher Online-Kommentar, Sozialrecht, Stand: 1.6.2013, Edition 30, München,
zitiert als: BeckOKSozR-*Bearbeiter*

Roth, Andreas: Zur Problematik des Vertrags zu Lasten Dritter, in: Häuser, Franz u.a. (Hrsg.), Festschrift für Walther Hadding zum 70. Geburtstag am 8. Mai 2004, Berlin 2004, S. 253-270,
zitiert als: *Roth*, in: FS Hadding

Ruhl, Marion; Kassebohm, Kristian: Der Beschäftigungsanspruch des Arbeitnehmers, NZA 1995, S. 497-503

Rüthers, Bernd; Bakker, Rainer: Arbeitnehmerentsendung und Betriebsinhaberwechsel im Konzern, ZfA 1990, S. 245-335

Säcker, Franz Jürgen; Joost, Detlev: Betriebszugehörigkeit als Rechtsproblem im Betriebsverfassungs- und Mitbestimmungsrecht, Königstein/Ts. 1980,
zitiert als: *Säcker/Joost*, Betriebszugehörigkeit

Säcker, Franz Jürgen; Rixecker, Roland; Oetker, Hartmut (Hrsg.): Münchener Kommentar zum Bürgerlichen Gesetzbuch, Band 2, Schuldrecht, Allgemeiner Teil (§§ 241-432), 6. Auflage, München 2012,
zitiert als: MünchKommBGB-*Bearbeiter*

Säcker, Franz Jürgen; Rixecker, Roland; Oetker, Hartmut (Hrsg.): Münchener Kommentar zum Bürgerlichen Gesetzbuch, Band 4, Schuldrecht, Besonderer Teil II (§§ 611-704, EFZG, TzBfG, KSchG), 6. Auflage, München 2012,
zitiert als: MünchKommBGB-*Bearbeiter*

Säcker, Franz Jürgen; Rixecker, Roland; Oetker, Hartmut (Hrsg.): Münchener Kommentar zum Bürgerlichen Gesetzbuch, Band 10, Internationales Privatrecht, Rom I-Verordnung, Rom II-Verordnung, Einführungsgesetz zum Bürgerlichen Gesetzbuche (Art. 1-24), 5. Auflage, München 2010,
zitiert als: MünchKommBGB-*Bearbeiter*

Sagam, Adam: Die aktuelle Rechtsprechung des EuGH zum Recht der Gleichbehandlung und des Betriebsübergangs, ZESAR 2011, S. 412-423

Schaub, Günter (Begr.): Arbeitsrechts-Handbuch, bearbeitet von Koch, Ulrich/Linck, Rüdiger/Treber, Jürgen/Vogelsang, Hinrich, 14. Auflage, München 2011,
zitiert als: Schaub-*Bearbeiter*

Schleßmann, Hein: Das Arbeitszeugnis, Zeugnisrecht, Zeugnissprache, Bausteine, Muster, 16. Auflage, Heidelberg 2000,
zitiert als: *Schleßmann*, Arbeitszeugnis

Schliemann, Harald (Hrsg.): Das Arbeitsrecht im BGB, 2. Auflage, Berlin 2002,
zitiert als: ArbRBGB-*Bearbeiter*

Schmidt, Karsten: Handelsrecht, 5. Auflage, Köln, Berlin, Bonn, München 1999, zitiert als: *K. Schmidt*, Handelsrecht

Schmidt, Karsten (Hrsg.): Münchener Kommentar zum Handelsgesetzbuch, Band 1, Erstes Buch, Handelsstand (§§ 1-104 HGB), 2. Auflage, München 2005, zitiert als: MünchKommHGB-*Bearbeiter*, 2. Auflage 2005

Schmidt, Karsten (Hrsg.): Münchener Kommentar zum Handelsgesetzbuch, Band 1, Erstes Buch, Handelsstand (§§ 1-104a HGB), 3. Auflage, München 2010, zitiert als: MünchKommHGB-*Bearbeiter*

Schmitz, Christian: Mängelhaftung beim Unternehmenskauf nach der Schuldrechtsreform, RNotZ 2006, S. 561-602

Schön, Wolfgang: Der „Rechtsmissbrauch" im Europäischen Gesellschaftsrecht, in: Wank, Rolf u.a. (Hrsg.), Festschrift für Herbert Wiedemann zum 70. Geburtstag, München 2002, S. 1271-1295, zitiert als: *Schön*, in: FS Wiedemann

Schröcker, Stefan: Unternehmenskauf und Anteilskauf nach der Schuldrechtsreform, ZGR 2005, S. 63-100

Schulze, Reiner: Bürgerliches Gesetzbuch, Handkommentar, 7. Auflage, Baden-Baden 2012, zitiert als: Schulze-*Bearbeiter*, BGB

Schüren, Peter: Arbeitnehmerüberlassungsgesetz, Kommentar, 4. Auflage, München 2010, zitiert als: Schüren-*Bearbeiter*, AÜG

Schüren, Peter; Wank, Rolf: Die neue Leiharbeitsrichtlinie und ihre Umsetzung in deutsches Recht, RdA 2011, S. 1-12

Schuster, Norbert; Grüneberg, Jan: Neu geregeltes AÜG, Welche Auswirkungen haben die Änderungen auf die Konzernleihe?, AiB 2012, S. 81-85

Schwacke, Peter: Juristische Methodik mit Technik der Fallbearbeitung, 5. Auflage, Stuttgart 2011, zitiert als: *Schwacke*, Methodik

Seibt, Christoph H.; Reiche, Felix: Unternehmens- und Beteiligungskauf nach der Schuldrechtsreform (Teil II), DStR 2002, S. 1181-1187

Seibt, Christoph H.; Reiche, Felix: Unternehmens- und Beteiligungskauf nach der Schuldrechtsreform (Teil I), DStR 2002, S. 1135-1141

Serick, Rolf: Rechtsform und Relativität juristischer Personen, Ein rechtsvergleichender Beitrag zur Frage des Durchgriffs auf die Personen oder Gegenstände hinter der juristischen Person, 2. Auflage, Tübingen 1980, zitiert als: *Serick*, Rechtsform

Siebert, Wolfgang: Verwirkung und Unzulässigkeit der Rechtsausübung, Ein rechtsvergleichender Beitrag zur Lehre von den Schranken der privaten Rechte und zur exceptio doli (§§ 226, 242, 826 BGB), unter besonderer Berücksichtigung des gewerblichen Rechtsschutzes (§ 1 UWG), Marburg 1934, zitiert als: *Siebert*, Rechtsausübung

Sieg, Rainer; Maschmann, Frank: Unternehmensumstrukturierung aus arbeitsrechtlicher Sicht, 2. Auflage, München 2010,
zitiert als: *Sieg/Maschmann*, Unternehmensumstrukturierung

Sieker, Susanne: Umgehungsgeschäfte: typische Strukturen und Mechanismen ihrer Bekämpfung, Tübingen 2001,
zitiert als: *Sieker*, Umgehungsgeschäfte

Simon, Regina: Anmerkung zu EuGH, Urteil v. 21.10.2010 – Rs. 242/09 (*Albron*), ELR 2011, S. 97-99

Simon, Stefan; Hinrichs, Lars: Betriebsteilübergang bei Übergang von Arbeitnehmern zwischen zwei Leiharbeitsunternehmen, Anmerkung zum Urteil des EuGH v. 13.9.2007 – Rs. C-458/05 (*Jouini*), BB 2008, S. 115

Soergel, Hans Theodor (Begr.): Bürgerliches Gesetzbuch mit Einführungsgesetz und Nebengesetzen, Kommentar, Band 3, Schuldrecht II (§§ 433-515), 12. Auflage, Stuttgart 1991,
zitiert als: Soergel-*Bearbeiter*, 12. Auflage 1991

Soergel, Hans Theodor (Begr.): Bürgerliches Gesetzbuch mit Einführungsgesetz und Nebengesetzen, Kommentar, Band 4/1, Schuldrecht III/1 (§§ 516-651), 12. Auflage, Stuttgart 1998,
zitiert als: Soergel-*Bearbeiter*

Staub, Hermann (Begr.): Staub, Handelsgesetzbuch, Großkommentar, hrsg. von Canaris, Claus-Wilhelm/Habersack, Mathias/Schäfer, Carsten, Erster Band (Einleitung; §§ 1-47b), 5. Auflage, Berlin 2009,
zitiert als: Staub-*Bearbeiter*

Staudinger, Julius von (Begr.): Kommentar zum Bürgerlichen Gesetzbuch mit Einführungsgesetz und Nebengesetzen, Buch 2, Recht der Schuldverhältnisse, Einleitung zum Schuldrecht; §§ 241-243 (Treu und Glauben), Neubearbeitung 2009, Berlin 2009,
zitiert als: Staudinger-*Bearbeiter*,

Staudinger, Julius von (Begr.): Kommentar zum Bürgerlichen Gesetzbuch mit Einführungsgesetz und Nebengesetzen, Buch 2, Recht der Schuldverhältnisse, §§ 255-304 (Leistungsstörungsrecht 1), Neubearbeitung 2009, Berlin 2009,
zitiert als: Staudinger-*Bearbeiter*

Staudinger, Julius von (Begr.): Kommentar zum Bürgerlichen Gesetzbuch mit Einführungsgesetz und Nebengesetzen, Buch 2, Recht der Schuldverhältnisse, §§ 315-326 (Leistungsstörungsrecht 2), Neubearbeitung 2009, Berlin 2009,
zitiert als: Staudinger-*Bearbeiter*

Staudinger, Julius von (Begr.): Kommentar zum Bürgerlichen Gesetzbuch mit Einführungsgesetz und Nebengesetzen, Buch 2, Recht der Schuldverhältnisse, §§ 613a-619a (Dienstvertragsrecht 2), Neubearbeitung 2011, Berlin 2011,
zitiert als: Staudinger-*Bearbeiter*

Staudinger, Julius von (Begr.): Kommentar zum Bürgerlichen Gesetzbuch mit Einführungsgesetz und Nebengesetzen, Buch 2, Recht der Schuldverhältnisse, §§ 620-630 (Dienstvertragsrecht 3), Neubearbeitung 2012, Berlin 2012,
zitiert als: Staudinger-*Bearbeiter*

Steinau-Steinrück, Robert von: Haftungsrechtlicher Arbeitnehmerschutz bei der Betriebsaufspaltung, Berlin 1996,
zitiert als: *Steinau-Steinrück*, Arbeitnehmerschutz

Stenslik, Bastian-Peter: Altersdiskriminierung – Berücksichtigung der Beschäftigungszeiten vor dem 25. Lebensjahr bei Kündigungsfristen, Besprechung des Urteils EuGH v. 19.1.2010 – Rs. C-555/07, RdA 2010, S. 247-250

Steuer, Markus: Die Arbeitnehmerüberlassung als Mittel zur Förderung des Arbeitsmarktes in Deutschland, Besteht weiterer Reformbedarf zur Stärkung ihrer beschäftigungspolitischen Bedeutung?, Baden-Baden 2009,
zitiert als: *Steuer*, Arbeitnehmerüberlassung

Sturm, Dieter C.: Gewerbsmäßige Arbeitnehmerüberlassung und werkvertraglicher Personaleinsatz – Tatbestand, Rechtsfolgen und Zuordnung –, Dissertation, Bochum 1990,
zitiert als: *Sturm*, Gewerbsmäßige Arbeitnehmerüberlassung

Teichmann, Arndt: Die Gesetzesumgehung, Göttingen 1962,
zitiert als: *Teichmann*, Gesetzesumgehung

Teusch, Jan; Verstege, Sebastian: Vorübergehend unklar – Zustimmungsverweigerungsrecht des Betriebsrats bei Einstellung von Leiharbeitnehmern?, NZA 2012, S. 1326-1331

Thüsing, Gregor: Europarechtliche Bezüge der Bezugnahmeklausel, NZA 2006, S. 473-475

Thüsing, Gregor (Hrsg.): Arbeitnehmerüberlassungsgesetz, Kommentar, 2. Auflage, München 2008,
zitiert als: Thüsing-*Bearbeiter*, AÜG, 2. Auflage 2008

Thüsing, Gregor: Anmerkung zu EuGH, Urteil v. 21.10.2010 – Rs. 242/09 (*Albron*), ZESAR 2009, S. 487-488

Thüsing, Gregor: Anmerkung zu EuGH, Vorabentscheidungsverfahren v. 30.9.2009 – Rs. C-386/09 (*Briot*), ZESAR 2010, S. 69-70

Thüsing, Gregor: Europäisches Arbeitsrecht, 2. Auflage, München 2011,
zitiert als: *Thüsing*, Europäisches Arbeitsrecht

Thüsing, Gregor (Hrsg.): Arbeitnehmerüberlassungsgesetz, Kommentar, 3. Auflage, München 2012,
zitiert als: Thüsing-*Bearbeiter*, AÜG

Thüsing, Gregor; Stiebert, Tom: Zum Begriff „vorübergehend" in § 1 Abs. 1 Satz 2 AÜG, DB 2012, S. 632-635

Tiedtke, Klaus; Schmitt, Marco: Der Anwendungsbereich des kaufrechtlichen Schadensersatzes statt der Leistung nach §§ 437 Nr. 3, 280 Abs. 1 und 3, 281 Abs. 1 BGB, Anwendungsbereich, Abgrenzung und Bezugspunkt des Vertretenmüssens, BB 2005, S. 615-624

Triebel, Volker; Hölzle, Gerrit: Schuldrechtsreform und Unternehmenskaufverträge, BB 2002, S. 521-537

Trieschmann, Günther: Das Leiharbeitsverhältnis, DB 1956, Beilage 16

Tucci, Marco: Arbeitnehmermobilität im Konzern: unter besonderer Berücksichtigung der Möglichkeiten und Grenzen konzerninterner Arbeitnehmerüberlassung, Baden-Baden 2012,
zitiert als: *Tucci*, Arbeitnehmermobilität

Ulber, Jürgen: Die Richtlinie zur Leiharbeit, AuR 2010, S. 10-15

Ulber, Jürgen (Hrsg.): Arbeitnehmerüberlassungsgesetz, Kommentar, 4. Auflage, Frankfurt am Main 2011,
zitiert als: Ulber-*Bearbeiter*, AÜG

Ulber, Jürgen: Richtlinienwidrige Leiharbeit als Standortsicherung, AuR 2011, S. 231

Urban-Crell, Sandra; Schulz, Christian: Arbeitnehmerüberlassung und Arbeitsvermittlung, München 2003,
zitiert als: *Urban-Crell/Schulz*, Arbeitnehmerüberlassung

Vor, Rainer: Zeitarbeit im Rechtsvergleich Deutschland – Großbritannien sowie bei Grenzüberschreitung, Köln 1992,
zitiert als: *Vor*, Zeitarbeit

Waas, Bernd: Anmerkung zu BAG, Beschluss v. 18.10.1994 – 1 ABR 9/94, SAE 1996, S. 157-165

Waas, Bernd: Die Richtlinie des Europäischen Parlaments und des Rates über Leiharbeit, ZESAR 2009, S. 207-213

Walker, Wolf-Dietrich: Rechtsverhältnisse bei der gewerbsmäßigen Arbeitnehmerüberlassung und Schadensersatzansprüche des Entleihers wegen Schlechtleistung, AcP Band 194 (1994), S. 295-318

Wang, Ximeng: Betriebs(teil)übergang und Arbeitsverhältniszuordnung, München 2012,
zitiert als: *Wang*, Arbeitsverhältniszuordnung

Wank, Rolf: Die Neufassung des AÜG, JArbR 49, S. 23-40

Weber, Christoph: Das aufgespaltene Arbeitsverhältnis, Berlin 1992,
zitiert als: *Weber*, Arbeitsverhältnis

Weber, Hansjörg: Anmerkung zu BAG, Urteil v. 8.11.1978 – 5 AZR 261/77, AP Nr. 2 zu § 1 AÜG

Weber, Hansjörg; Weber, Jörg-Andreas: Zur Dogmatik eines allgemeinen Beschäftigungsanspruchs im Arbeitsverhältnis, RdA 2007, S. 344-352

Weitnauer, Wolfgang: Der Unternehmenskauf nach neuem Kaufrecht, NJW 2002, S. 2511-2517

Wenking, Thomas: Der Betriebsübergang im europäischen und deutschen Recht, Dissertation, Bonn 1999,
zitiert als: *Wenking*, Betriebsübergang

Westermann, Harm Peter; Rebmann, Kurt (Hrsg.): Münchner Kommentar zum Bürgerlichen Gesetzbuch, Band 3, Schuldrecht, Besonderer Teil I (§§ 433-606), Finanzierungsleasing, Verbraucherkreditgesetz, Haustürwiderrufsgesetz, Erbschaft- und Schenkungsteuergesetz, Gesetz zur Regelung der Miethöhe, Heizkostenverordnung, 3. Auflage, München 1995,
zitiert als: MünchKommBGB-*Bearbeiter*, 3. Auflage 1995

Willemsen, Heinz Josef: Erneute Wende im Recht des Betriebsübergangs- ein „Christel Schmidt II"-Urteil des EuGH?, NZA 2009, S. 289-294

Willemsen, Heinz Josef: Erosion des Arbeitgeberbegriffs nach der Albron-Entscheidung des EuGH? Betriebsübergang bei gespaltener Arbeitgeberfunktion, NJW 2011, S. 1546-1551

Willemsen, Heinz Josef;Lembke, Mark: Die Neuregelung von Unterrichtung und Widerspruchsrecht der Arbeitnehmer beim Betriebsübergang, NJW 2002, S. 1159-1165

Willemsen, Heinz Josef; Hohenstatt, Klaus-Stefan; Schweibert, Ulrike; Seibt, Christoph H. (Hrsg.): Umstrukturierung und Übertragung von Unternehmen, Arbeitsrechtliches Handbuch, 4. Auflage, München 2011,
zitiert als: Willemsen/Hohenstatt/Schweibert/Seibt-*Bearbeiter*, Umstrukturierung

Windbichler, Christine: Arbeitsrecht im Konzern, München, 1989,
zitiert als: *Windbichler*, Arbeitsrecht im Konzern

Witten, Tina: Vertragsgestaltung und Gesetzesbindung im Recht der Zeitarbeit, Dissertation, Göttingen 2001,
zitiert als: *Witten*, Vertragsgestaltung

Wolf, Manfred; Kaiser, Jochen: Die Mängelhaftung beim Unternehmenskauf nach neuem Recht, DB 2002, S. 411-420

Wolf, Manfred; Neuner, Jörg: Allgemeiner Teil des Bürgerlichen Rechts, 10. Auflage, München 2012,
zitiert als: *Wolf/Neuner*, Allgemeiner Teil

Wollenschläger, Michael; Pollert, Dirk: Rechtsfragen des Betriebsübergangs nach § 613a BGB unter Berücksichtigung betriebsverfassungsrechtlicher Fragen und des Rechts der Europäischen Union, ZfA 1996, S. 547-589

Worzalla, Michael: Neue Spielregeln bei Betriebsübergang- Die Änderungen des § 613a BGB, NZA 2002, S. 353-358

Wunderlich, Nils-Christian: Die kaufrechtliche Haftung beim asset deal nach dem SchuldRModG, WM 2002, S. 981-990

Zimmermann, André: Der Entwurf eines Gesetzes zur Änderung des AÜG – Verhinderung von Missbrauch der Arbeitnehmerüberlassung, ArbRAktuell 2011, S. 62

Zimmermann, Annette: Das Rechtsmißbrauchsverbot im Recht der Europäischen Gemeinschaften, Münster u.a. 2002,
zitiert als: *Zimmermann*, Rechtsmißbrauchsverbot

Zöllner, Wolfgang: Wovon handelt Handelsrecht?, ZGR 1983, S. 82-91